E. NITTNER

Die Geschichte der letzten zwei Jahrhunderte

4., berichtigte und
erweiterte Auflage

MAXIMILIAN-VERLAG HERFORD UND BONN

ISBN 3 7869 0060 4
© 1968 by Maximilian-Verlag Dr. Kurt Schober KG, Herford
Alle Rechte vorbehalten
Umschlagentwurf: E. A. Eberhard, Bad Salzuflen
Gesamtherstellung:
J. D. Küster Nachf. + Presse-Druck GmbH, 48 Bielefeld, Niedernstr. 23—27

Vorwort zur 4. Auflage

Den zahlreichen aus Schule, Volksbildung, Verwaltung, Polizei und in erfreulichem Maße aus der Bundeswehr kommenden Wünschen nach einer weiteren Neuauflage des Leitfadens komme ich nach und lege eine von Kapitel VII an überarbeitete und bis zum Ende des geschichtsträchtigen Jahres 1972 fortgeführte Neuauflage vor.

Hilden, Februar 1973   Ernst Nittner

Vorwort zur 2. Auflage

Die erfreuliche Aufnahme der 1. Auflage, besonders in der Lehrer- und Erwachsenenbildung, machte rasch eine Neuauflage notwendig, wobei auch einige Berichtigungen vorgenommen werden konnten. Für Hinweise und kritische Bemerkungen sei in diesem Zusammenhang gedankt.

In der Überzeugung, daß die Gegenwart in ihrem Wesen verstanden wird, wenn ihr Werden erkannt ist, und daß geschichtliche Bildung eng mit politischer Bildung zusammenhängt, wurde die Entwicklung bis zu den wichtigsten Ereignissen dieses Herbstes weitergeführt. Auch die Zeittafel sowie das Literaturverzeichnis wurden entsprechend ergänzt.

Koblenz, im November 1964   E. N.

Aus dem Vorwort zur 1. Auflage

Dieser Leitfaden der politischen Geschichte entstand aus der praktischen Lehrtätigkeit und soll vor allem dem Selbststudium dienen. Er bietet keinen vollständigen Abriß der Weltgeschichte, sondern beschränkt sich nach einem einleitenden Kapitel — „Das Erbe" —, in welchem ganz knapp und stichwortartig wichtige Kräfte und einige Fakten des geschichtlichen Ablaufes seit dem Altertum zusammengefaßt sind, auf die neueste Zeit ...

Das Geschehen nach 1933 — Nationalsozialismus und 2. Weltkrieg — sowie die Nachkriegszeit mit der globalen Ost-West-Spannung und der Spaltung Deutschlands, dem Zusammenwachsen der freien Welt, der Integration Europas und der Entwicklung der Bundesrepublik als freiheitlich-demokratischer Rechtsstaat werden ausführlich und bis zur unmittelbaren Berührung mit der Gegenwart behandelt.

Auf Grund öfters geäußerter Anregungen wurden eine Zeittafel, wichtige Dokumente zur Geschichte des freiheitlich-rechtsstaatlichen Denkens und ein Literaturverzeichnis aufgenommen.

Koblenz, im Januar 1964   E. N.

Inhaltsverzeichnis

Seite

Geschichte — wieso und wozu? 8

I. Das Erbe
1. Vor- und Frühgeschichte 9
2. Die Antike 9
3. Das Mittelalter 11
4. Die Wende zur Neuzeit 12
5. Deutschland zu Beginn der Neuzeit 13

II. Die Epoche der Revolutionen (1789—1850)
1. Die Aufklärung 14
2. Die Entstehung der Vereinigten Staaten von Nordamerika . 16
3. Die Französische Revolution 17
4. Die Zeit Napoleons I. (1798—1815) 19
5. Die Neuordnung Deutschlands und Europas auf dem Wiener Kongreß 1814/15 24
6. Restauration und Revolution — Das Ringen um die Demokratie in Deutschland 26
7. Die Revolution von 1848/49 30

III. Industrielle Revolution, Sozialismus und Nationalstaatsgedanke (1850—1890)
1. Die industrielle Revolution und ihre Auswirkungen . . 35
2. Kapitalismus und Sozialismus 38
3. Die angelsächsischen Staaten im 19. Jahrhundert . . . 42
4. Nationalismus und Nationalstaatsgedanke 45
5. Napoleon III. und seine Epoche 47
6. Bismarck und seine Zeit 51

IV. Die Epoche des Imperialismus (1890—1914)
1. Weltwirtschaft, Imperialismus und Kolonialismus . . . 63
2. Die Großmächte um die Jahrhundertwende 65
3. Krisenherde der Weltpolitik 71
4. Der Weg in den Weltkrieg 72

V. Der Erste Weltkrieg und seine Folgen (1914—1933)
1. Ausbruch und Verlauf des Ersten Weltkrieges bis 1917 . . 77
2. Das Entscheidungsjahr 1917 81

Seite

3. Kriegsende und Friedensverträge 84
4. Die Weimarer Republik 88
5. Die Welt nach 1918 105

VI. Deutschland unter der Herrschaft des Nationalsozialismus (1933—1945)
1. Wurzeln, Voraussetzungen und Ideologie des Nationalsozialismus 112
2. Hitlers Weg zur Macht 117
3. Die Innenpolitik nach 1933 121
4. Die deutsche Außenpolitik von 1933 bis 1939 135
5. Der Zweite Weltkrieg 140

VII. Die Nachkriegszeit
Deutschland, Europa und die Welt (1945—1964)
1. Das Erbe des Zweiten Weltkrieges und der Beginn des „kalten Krieges" 160
2. Die Sowjetunion und die Entstehung des Satellitenraumes . 168
3. Europa schließt sich zusammen 180
4. Das Ende des Kolonialismus und der Eintritt der afro-asiatischen Völker in die Weltpolitik 186
5. Weltpolitik 1948—1964 193
6. Die Bundesrepublik Deutschland als Partner und Glied der freien Welt 1949—1964 216

VIII. Weltgeschehen seit 1964
1. Kräfte, Wege und Probleme der Weltpolitik
   a) Die Vereinigten Staaten von Amerika 241
   b) Die Sowjetunion und der Satellitenraum 245
   c) China 253
   d) Japan 256
   e) Die Dritte Welt / Lateinamerika 257
   f) Südostasien 261
   g) Südasien 263
   h) Afrika 265
   i) Nordafrika und Naher Osten 269
   k) Europa und seine Einigung 274

2. Die Entwicklung in einzelnen europäischen Staaten seit 1964
   a) Österreich 277
   b) Großbritannien 278
   c) Frankreich 281
   d) Italien 285

- e) Benelux 287
- f) Nordeuropa 287
- g) Pyrenäenhalbinsel 289
- h) Balkanländer 291
- 3. Deutschland
  - a) Die Innenpolitik der Bundesrepublik Deutschland seit 1964
    - — Innenpolitik der Regierung Erhard 1964—1966 . . 295
    - — Die Große Koalition 1966—1969 295
    - — Der Machtwechsel von 1969 300
    - — Die sozial-liberale Koalition Brandt/Scheel . . . 301
    - — Das kritische Jahr 1972 306
    - — Die Wahlen zum 7. Deutschen Bundestag . . . 308
  - b) Die Außenpolitik der Bundesrepublik Deutschland seit 1964 und die Ostverträge
    - — Die Außenpolitik 1964—1969 311
    - — Die Außenpolitik seit 1969 315
    - — Ostpolitik und Ostverträge (1966—1972) 319
  - c) Die Berlinfrage 328
  - d) Die Deutsche Demokratische Republik seit 1964 . . . 331
  - e) Das innerdeutsche Gespräch bis zum Grundvertrag 1972 . 337
  - f) Die Bundeswehr seit 1964 348
- 4. Kultur und Zivilisation
  - a) Die christlichen Kirchen
    - — Vatikan und Papsttum 356
    - — Der deutsche Katholizismus 359
    - — Die Wiedervereinigung der Christen 360
    - — Die evangelischen Kirchen 361
  - b) Wissenschaft und Technik
    - — Naturwissenschaften 363
    - — Medizin 364
    - — Raumfahrt 364
  - c) Gesellschaft im Wandel
    - — Der soziale Wandel 366
    - — Das Schul- und Bildungswesen 367
    - — Das Generationenproblem 368
    - — Die kritische Philosophie 369
    - — Die Neue Linke 370

Anhang

- I. Zeittafel 376
- II. Dokumente 383
- III. Literaturhinweise 409
  Geschichtskarten

Geschichte — wieso und wozu?

Geschichte gehört zum Menschen; es gibt kein Heute und kein Morgen ohne Gestern. Nur das Tier kann ungeschichtlich leben.

„Was der Mensch ist, erfährt er nicht durch Grübeleien über sich selbst, auch nicht durch psychologische Experimente, sondern durch die Geschichte." (Jaspers)

Geschichtliche Bildung ist die unbedingte Voraussetzung für politische Orientierung.

„Wir erinnern uns im Hinblick auf die Zukunft."
(Ortega y Gasset)

„So ist das Verständnis der Gegenwart immer das letzte Ziel aller Historie." (Ernst Troeltsch)

„Der Geschichte fällt die Aufgabe zu, die Überlieferungen, die für unsere heutige politisch-rechtliche und gesellschaftliche Ordnung konstitutiv sind, sichtbar und das kulturelle Erbe, aus dem wir leben, bewußt zu machen."
(Deutscher Ausschuß für das Erziehungs- und Bildungswesen)

Umgekehrt ist jedoch Besinnung und Orientierung in der Gegenwart in Verantwortung vor der Zukunft die Voraussetzung für die Fragestellung und ein sinnvolles Interesse an der Geschichte.

„Das praktische Bedürfnis, auf das sich jedes geschichtliche Urteil gründet, verleiht der Geschichte die Eigenschaft, ‚zeitgenössische Geschichte' zu sein, weil sie in Wirklichkeit ... immer auf ein gegenwärtiges Bedürfnis, eine gegenwärtige Lage bezogen ist, in der diese Tatsachen mitschwingen ..." (Benedetto Croce)

„Tradition ist Überlieferung des **gültigen** Erbes der Vergangenheit." (Aus dem Traditionserlaß der Bundeswehr)

Spannung und Zusammenwirken von Recht und Macht sind Hauptthema der Politik und der Geschichte. Recht ohne Macht kann es in dieser Welt nicht geben — Macht ohne Recht bedeutet Chaos und Unmenschlichkeit.

„Wahre Politik kann keinen Schritt tun, ohne vorher der Moral gehuldigt zu haben." (Kant)

Der geschichtliche Mensch ist der zu höchsten und imponierenden Leistungen — aber auch zum Irrtum und Bösen fähige Mensch.

„Die Berufung auf die Dummheit oder die Gemeinheit der anderen ist immer eine Flucht aus der eigenen moralischen Verantwortung."
(Theodor Heuss)

Geschichtsbild und Tradition gibt es nur nach der Besinnung auf das für die Gegenwart Erinnerungswürdige. Normen können nicht aus der Geschichte gewonnen, sondern höchstens bestätigt werden.

„Die Geschichte ist die Lehrmeisterin des Lebens." (Cicero)

„Wir wollen durch Erfahrung nicht sowohl klug (für ein andermal) als weise (für immer) werden." (Jacob Burckhardt)

„Man kann aus der Geschichte lernen, aber man kann sie nicht anwenden." (Theodor Schieder)

I. Das Erbe

1. Vor- und Frühgeschichte

a) Geschichte bedeutet Bewegung und Veränderung. Jedes Ereignis ist Folge und Ursache zugleich. Die Vergangenheit ist nicht „vorbei", sondern Grundlage und Wurzelboden, von wo aus folgenden Generationen neue Aufgaben erwachsen. Geschichte ist wirklich und wirksam.

b) Die Geschichte der Menschheit umfaßt rund 600 000 Jahre — 99 Prozent davon sind Vorgeschichte und Urgeschichte.

c) Der tiefste Einschnitt der Vorgeschichte mit außerordentlichen Auswirkungen auf das gesellschaftliche und geistige Leben ist der Übergang vom Nomadentum zur Seßhaftigkeit und die Entstehung der ersten Bauernkulturen in der sogenannten Jungsteinzeit (Neolithikum), ungefähr 10 000 Jahre vor Christi Geburt.

d) Die **ersten Hochkulturen** mit Staatenbildung und hohen zivilisatorischen Leistungen (Schrift, Stadtkultur, Verwaltung, ständische Gliederung, Produktion und Handel, Wissenschaft und Kunst) wachsen aus der Bewältigung naturgegebener Schwierigkeiten (z. B. Flußüberschwemmungen) und in Auseinandersetzung zwischen seßhaften Bauernvölkern mit aggressiven Hirtenvölkern im Vorderen Orient (um 3000 v. Chr.):

    Ägypten
    Mesopotamien (Babylon und Assyrien).

e) Das zweite Jahrtausend vor Christi Geburt bringt die Einwanderung der sogenannten **Indogermanen** in die Räume zwischen Frankreich, Mittelmeer und Indien. Ihre Urheimat liegt wahrscheinlich zwischen Südskandinavien und dem Kaspisee. Neue entscheidende Kräfte wachsen durch sie in die Menschheitsgeschichte hinein und lösen große geistige und politische Bewegungen aus.

2. Die Antike

a) Die **Staaten des östlichen Mittelmeeres** werden für die Entwicklung der Menschheit von größter Bedeutung. Die Völker des Orients tragen entscheidend zur geistigen und materiellen Kultur bei:
1. Die **Ägypter** und die Völker **Mesopotamiens** legen den Grund nicht nur für Mathematik und Astronomie, sondern auch für Recht und Verwaltung.
2. Die **Phöniker** sind das wichtigste Handels- und Seefahrervolk. Sie entwickeln aus den ägyptischen Hieroglyphen und der babylonisch-assyrischen Keilschrift die erste Buchstabenschrift und werden damit die Schöpfer unseres Alphabetes, das über Griechenland und Rom ins Abendland eingeführt wird.

3. Die **Israeliten,** das Volk des Alten Testamentes, bewahren den Eingottglauben (Monotheismus), der ursprünglich alle vorgeschichtlichen Kulturen auszeichnet (Urmonotheismus), aber in frühgeschichtlicher Zeit zum Vielgottglauben (Polytheismus) oder zum Zauber- und Dämonenglauben absinkt.

b) Die **Griechen** liefern wichtigste Grundlagen für die abendländische Kultur:
1. Die Politik als verantwortliches Tun freier Menschen im Dienste der Ordnung hat ihren Ursprung im griechischen Stadtstaat (= Polis). Starke soziale und politische Spannungen sowie der Egoismus der Teilstaaten verhindern jedoch eine großräumige politische Ordnung.
2. Die Philosophie als zweckfreies Nachdenken über den Ursprung des Seins, über Wesen und Aufgaben des Menschen und der Gemeinschaft hat in Griechenland ihre ersten großen Vertreter:
   — Sokrates (gest. 399 v. Chr.) stellt die sittliche Verpflichtung gegenüber der staatlichen Ordnung heraus.
   — Platon (gest. 347 v. Chr.) ergründet bereits die Unsterblichkeit der Seele und spricht in seiner Staatslehre von Nährstand, Wehrstand und Lehrstand.
   — Aristoteles (gest. 322 v. Chr.) sieht im Menschen grundsätzlich ein Gemeinschaftswesen; er hat auch den Satz geprägt, daß jede Tugend die Mitte zwischen Extremen darstellt.
3. In der Kunst (Höhepunkt: die Zeit des Perikles, gest. 429 v. Chr.) ist das Streben nach Schönheit, Harmonie und Maß, nach körperlicher **und** geistiger Vollkommenheit die Grundlage des Menschenbildes. Das Drama (entstanden aus religiösen Handlungen) setzt sich mit letzten Fragen, wie Schuld, Schicksal u. ä., auseinander.
4. Durch eine große Kolonisation vermitteln die Griechen ihre Kultur dem ganzen Mittelmeerraum.
5. In den Perserkriegen (500—449 v. Chr.) verteidigen sie erfolgreich ihre politische und geistige Ordnung gegen den übermächtigen Feind und seine Verbündeten.
6. Das Reich Alexanders des Großen (356—323 v. Chr.) und die daraus erwachsende Kultur des Hellenismus verbinden zum erstenmal politische und geistige Kräfte in einem Großreich.

c) Die **Bedeutung der Römer** liegt auf dem Gebiet des staatlichen und des Rechtsdenkens:
1. Der Staat der Römer ist in den entscheidenden Jahrhunderten (etwa 500—31 v. Chr.) eine „Republik"; „res publica" bedeutet „Angelegenheit der Gesellschaft" im Gegensatz zur Königsherrschaft, für die der Staat eine „Privat"-Angelegenheit des Herrschers ist. Staatsgesinnung verantwortlicher Bürger, Opferbereitschaft und sittliche Qualitäten stehen hinter dem Wachstum des Staates und ermöglichen die erfolgreiche Abwehr gefährlicher Gegner (der gefährlichste ist Hannibal, der die Römer in der Schlacht bei Cannae — 216 v. Chr. — besiegt).
2. Politische Klugheit und Sinn für echten Kompromiß begründen für lange die Überlegenheit über alle Gegner.

3. Trotz geistiger, sozialer und politischer Spannungen und Auseinandersetzungen (Zeit der Gracchen, Marius und Sulla, Cäsar, Augustus) bleibt das Römerreich für Jahrhunderte — bis in die Zeit der germanischen Völkerwanderung — die politische Form der Mittelmeerländer.
4. Durch Cäsar (58—52 v. Chr. Gallischer Krieg), Augustus (31 v. Chr. bis 14 n. Chr.), Trajan (98—117 n. Chr.) u. a. wird das Römische Reich zur **Ökumene**, d. h., es umfaßt die ganze bekannte Welt. In Europa werden Spanien, Frankreich und Deutschland (bis zur Rhein-Limes-Donau-Linie) in die politische, wirtschaftliche, zivilisatorische und geistige Ordnung des römischen Weltreiches einbezogen.
5. Geistige, gesellschaftlich-soziale und vor allem politisch-militärische Kräfte (Einbruch der Germanen) führen zur Auflösung der Ordnung (476 n. Chr. Ende des weströmischen Reiches).
6. Seit etwa 400 n. Chr. entwickelt sich aus:

>Antike,
>Christentum
>und germanischen Stämmen
>(seit 600 n. Chr. auch slawischen)

die **abendländische Völkergemeinschaft**.

3. Das Mittelalter

a) Stärkste prägende Kraft wird das Christentum und die Kirche des Abendlandes:
1. durch das Menschenbild (Würde des Menschen, Erlösung durch Christus);
2. durch den Ordnungsgedanken und den Kulturauftrag, der besonders in den Ordensgemeinschaften — die älteste: der Benediktinerorden, erstes Kloster: Monte Cassino, 529 — vertreten wird (beten **und** arbeiten!);
3. durch die soziale Komponente (der Mensch als Bruder in Christus, alle Menschen sind vor Gott gleich);
4. durch die geistige Bereicherung in der Auseinandersetzung mit der Antike (Entstehung der Theologie und anderer Geisteswissenschaften, Bedeutung des Augustinus).

Die Kirche (mit ihren Orden) wird zum wichtigsten Kulturträger und fördert den geistigen und zivilisatorischen Fortschritt.

b) Für die politische Entwicklung am bedeutsamsten wird das **Frankenreich**, das unter Karl dem Großen (768—814) bewußt an die Tradition des römischen Imperiums anknüpft und die Einheit zwischen Reich und Kirche begründet (Kaiserkrönung des Jahres 800).

Durch die Teilung des Karolingerreiches (Vertrag von Verdun, 843) wird die Grundlage für die Entwicklung abendländischer Einzelstaaten gelegt: Frankreich, Deutschland, Italien und das Zwischenreich.

Fast 300 Jahre lang sind die deutschen Könige (Sachsen, Salier, Staufer) die Träger der Kaiserkrone.

c) Im Abendland entwickeln sich **Staat und Kirche** nebeneinander. Es gibt keinen Cäsaropapismus mit der Identität von kirchlichem und staatlichem Oberhaupt.

Dieses Nebeneinander von politischer und kirchlicher Gewalt führt zwar zu häufigen Spannungen und Kämpfen zwischen Kaisertum und Papsttum (Investiturstreit), macht aber auch geistige und politische Kräfte frei, welche sowohl der Kirche (staatsfreier Raum) wie auch dem Staat (Selbstbestimmung) zugute kommen.

d) In den **Kreuzzügen** zeigt sich die politische Macht der Kirche und des christlichen Abendlandes.

In der Christianisierung der slawischen Nachbarvölker und der friedlichen **Ostkolonisation** des 12. und 13. Jahrhunderts offenbart sich die schöpferische und missionarische Kraft des Abendlandes.

Die städtische und bäuerliche Kolonisation erfolgt im Auftrag böhmischer, polnischer und ungarischer Herrscher. Durch die Ostkolonisation werden die slawischen Nachbarvölker ins Abendland einbezogen und nehmen von nun an teil an der geistigen Entwicklung Europas.

Es entstehen die deutschen Neustämme ostwärts der Elbe bis zum Baltikum, in Böhmen-Mähren, in Österreich und Sprachinseln im Südosten (besondere Bedeutung des Deutschen Ritterordens im Nordosten).

e) Im 13. Jahrhundert bahnen sich wichtige Veränderungen an:
1. Schwächung der deutschen Kaisermacht durch
   Erstarkung der Stammesherzogtümer,
   Erstarkung der Nachbarstaaten;
2. Schwächung des Papsttums im erbitterten und entarteten Machtkampf mit dem Kaiser,
   durch die Spaltung der Kirche (1054 endgültiger Bruch mit der Ostkirche) und besonders durch das abendländische Schisma (Gegenpäpste);
3. starke Stellung des Königtums in Frankreich, Spanien, Polen und Böhmen;
4. wirtschaftlich-soziale Veränderungen und Spannungen durch das Aufkommen des Bürgertums (Geldwirtschaft, Städtegründungen, Hanse, Handel und Gewerbe, politisches Selbstbewußtsein) und Krise des Rittertums.

f) Im späten Mittelalter:
1. Ausbildung einer deutschen Wahlmonarchie (erste Verfassung: Goldene Bulle Karls IV. von 1356);
2. soziale und politische Rückschläge (Hussitismus, Vereinigung Polens und Litauens 1386, Niederlagen des Deutschen Ritterordens).

4. Die Wende zur Neuzeit

a) Wandel des Menschen- und Weltbildes:
1. Entdeckung der Persönlichkeit, der Mensch wird Mittelpunkt der Welt; Renaissance und Humanismus. Diesseitsbezogenheit.
2. Die Spannung zwischen Wissen und Glaube führt zum Auseinanderfallen der beiden Bereiche. Immer stärker werden Verstand und Wissenschaft betont.

b) Ausweitung des Weltbildes durch neue Naturerkenntnisse (Rückwirkung auf das religiöse Bewußtsein!):
Kreuzzüge — Entdeckungen — Aufschwung der Naturwissenschaften — Astronomie.

c) Erfindungen und deren Auswirkungen im sozial-wirtschaftlichen sowie politisch-geistigen Bereich:
— Kompaß (Handel!)
— Schießpulver (Heerwesen!)
— Buchdruckerkunst (Verbreitung und Konservierung von Gedanken!)

d) Politische Folgen der Entdeckungen: Frühkapitalismus und Stärkung des Bürgertums (Fugger, Welser). Spanisches Weltreich der Habsburger (Karl V., in dessen Reich die Sonne nicht untergeht).

e) Spaltung der abendländischen Christenheit: **Reformation:** Martin Luther, 1483—1546, Ulrich Zwingli, Johann Calvin, Heinrich VIII. von England).

Gründe: religiöse und theologische (Gnade, Ablaß, Papsttum);
        innerkirchliche Mißstände (Unwissenheit);
        sozial-wirtschaftliche (Bauern, Ritter);
        politische (Gegensatz zu Kaiser — Habsburg — und Reich; Egoismus der Landesherren).

5. Deutschland zu Beginn der Neuzeit

a) Besonders tiefgehende Auswirkungen der Glaubensspaltung in Deutschland.
Das Anliegen Martin Luthers wird
— durch innerpolitische Kräfte (Spannung Kaiser — Fürsten),
— durch sozial-politische Kräfte (feudale Mißstände, Not der Bauern und Kleinbürger, Gegensätze zum Landesherrn),
— durch außenpolitische Kräfte (Gegnerschaft Habsburg — Frankreich, Angriffe der Türken auf Mitteleuropa 1529, 1683)
von der religiös-geistigen Ebene auf die machtpolitische verschoben.
Am Ende steht 1555 ein Kompromiß (Augsburger Religionsfriede); die konfessionelle Spaltung Europas und Deutschlands wird für Jahrhunderte endgültig.

b) Der Dreißigjährige Krieg (1618—1648), erwachsen aus religiösen und innerpolitischen Spannungen, wird zu einem gesamteuropäischen Machtkampf.

c) Unter den deutschen Territorien treten hervor:
1. **Österreich,** das durch Prinz Eugen (gest. 1736) die Türkengefahr bannt und unter Karl VI. und Maria Theresia (1740—1780) europäische Großmacht im Donauraum wird;
2. **Brandenburg-Preußen,** wo Friedrich Wilhelm, der Große Kurfürst, der Soldatenkönig Friedrich Wilhelm und Friedrich II., der Große (1740—1786), einen straff organisierten, von Beamten und Soldaten getragenen Machtstaat schaffen.

d) Das 18. Jahrhundert bringt in Deutschland:
1. die kulturell-geistige Blüte der Barockzeit (Balthasar Neumann, Dientzenhofer, M. Braun usw.),
2. den Höhepunkt des Absolutismus, für den das Frankreich Ludwigs XIV. Vorbild wird; der Wille des Herrschers ist oberstes Gesetz; der Begriff des verantwortlichen Staatsbürgers ist unbekannt,
3. den Gipfel der deutschen Kleinstaaterei. Deutschland besteht aus Hunderten größeren, kleineren und kleinsten souveränen Territorien, weltlichen und geistlichen Fürstentümern, reichsunmittelbaren Städten usw.,
4. die Ausbildung des deutschen Dualismus und die erste schwere Auseinandersetzung zwischen Preußen und Österreich (Schlesische Kriege von 1740—1763, Verlust Schlesiens für Österreich).

e) Die außerdeutsche Entwicklung ist charakterisiert durch:
1. den englisch-französischen Kolonialgegensatz in den nordamerikanischen Gebieten (Frankreich verliert 1763 Kanada);
2. die Entstehung der russischen Großmacht. Peter der Große (1680—1725) verdrängt die Schweden aus der Ostsee, Rußland wird zum ständigen Gegner der Türkei (Meerengen- und Schwarzmeerfrage);
3. das Absinken der spanischen Weltmacht durch innere und äußere Gründe (England, Freiheitskampf der Niederlande);
4. Festigung des Parlamentarismus in England und Aufbau des großen Kolonialreiches.

II. Die Epoche der Revolutionen (1789—1850)
(Untertan oder freier Staatsbürger?)

1. Die Aufklärung

Diese mächtige gesamteuropäische Geistesbewegung beeinflußt — ohne in ein geschlossenes System (Ideologie) gebracht zu sein — alle Lebensbereiche.

a) **Welt- und Menschenbild:**
1. Die Aufklärung betont den Verstand (Rationalismus), vernachlässigt jedoch Gefühl und Willen. Sie ist kritisch gegenüber den alten Autoritäten in Staat und Kirche und erschüttert die bisherigen Grundlagen des politischen und gesellschaftlichen Lebens. Sie lehnt die Offenbarungsreligion ab und ist teilweise ausgesprochen kirchenfeindlich.
2. Sie fordert den freien, den „autonomen" Menschen, der durch Wissen und Forschung, durch Erfahrung und Verstand alle Weltprobleme löst und alle Unvollkommenheiten beseitigt. Sie ist optimistisch und fortschrittsgläubig, verkennt damit jedoch die Natur des Menschen.

3. Durch die Betonung des Gleichheitsgedankens wird die Aufklärung einerseits kosmopolitisch (weltbürgerlich) und gerät andererseits in Konflikt mit der alten feudalen Gesellschaftsordnung, mit ihren Privilegien und ständischen Verschiedenheiten.

4. Auswirkungen:

    aa) **Positive:** Streben nach Wahrheit und Erkenntnis, Bildungsfreudigkeit, Anregung für die Forschung, Beseitigung von Vorurteilen (Aberglauben), Absage an menschenunwürdige Praktiken (Folter), Forderung nach Toleranz. Streben nach Völkerversöhnung und Völkerbund. Übernahme des Humanitätsgedankens, Anregungen für sozialpolitische Fortschritte, Bauernbefreiung.

    bb) **Negative:** Verkennung der wahren Natur des Menschen, Überbetonung der reinen Verstandeskräfte, Zersetzung gewachsener Ordnungen in Staat und Gesellschaft, Verkennung und Mißachtung von Religion und Kunst, Kirchenfeindlichkeit, Atheismus, Glaube an die Bewältigung aller Menschheitsprobleme von außen her.

b) **Staatsdenken:**

Die Aufklärung vollendet eine Staatslehre, die in ihren Ansätzen schon seit Jahrhunderten (Marsilius von Padua, Hugo Grotius) entwickelt worden ist.

1. Der Staat ist nicht Machtmittel in der Hand des Fürsten, sondern dient dem gesamten Staatsvolk; die Regierungen sind nicht die Herren, sondern die Diener des Volkes.

2. Der Staat entsteht durch einen (kündbaren) Vertrag („Gesellschaftsvertrag"), der zwischen den Regierten und den Regierenden zum Schutz der Menschenrechte geschlossen wird.

3. Volkssouveränität und Selbstbestimmungsrecht sind Grundlagen der Staaten und der Regierungen. Die Souveränität findet ihren Ausdruck in der Gesetzgebung, die vom Volk oder seiner Vertretung (Parlament) ausgeübt wird. Die Rechte des Volkes sind in einer Verfassung niedergelegt, welche auch über dem Monarchen steht.

4. Die Säulen des Staates bzw. der Staatsgewalt sind:
    die Legislative (gesetzgebende Gewalt),
    die Exekutive (ausführende Gewalt),
    die Judikative (richterliche Gewalt).
Gewaltenteilung ist notwendig, da Vereinigung den Mißbrauch erleichtert und ein Rückfall in die Zeit des Absolutismus wäre.

5. Die wirtschaftspolitischen Gedanken entsprechen den geistigen Grundlagen: Die Aufklärung verlangt eine „natürliche" Wirtschaftsordnung, d. h., sie betont Landwirtschaft und Bauerntum — im Gegensatz zum Absolutismus, welcher Industrie und Handel fördert, um eine aktive Handelsbilanz zu erzielen.

Der politische Freiheitsgedanke wird im wirtschaftlichen Bereich zum

Wirtschaftsliberalismus, hinter dem der optimistische Glaube an eine natürliche Harmonie steht, die bei einem freien Spiel der Kräfte erreichbar ist.
Der Wirtschaftsliberalismus wird ein starker Motor für die industriellen Errungenschaften des 18. und 19. Jahrhunderts.

c) **Bedeutende Denker** der Aufklärungszeit:
John Locke (1632—1704 — Vertragsstaat); Adam Smith (1723—1790 — Wirtschaftsliberalismus); Montesquieu (1689—1755 — Gewaltenteilung); Jean Jacques Rousseau (1712—1778 — Gesellschaftsvertrag, Volkssouveränität); Gotthold Ephraim Lessing (1729—1781 — Toleranzgedanke); Immanuel Kant (1724—1804 — größter deutscher Philosoph der Aufklärungszeit).

2. Die Entstehung der Vereinigten Staaten von Nordamerika

a) Der Abfall der nordamerikanischen Kolonien vom englischen Mutterland erfolgt:
1. aus geistigen Kräften: Freiheit und Selbständigkeitsgefühl sind unter den Kolonisten seit der Einwanderungszeit lebendig;
2. aus politischen Gründen: Die Selbstverwaltung der Kolonien wird eingeschränkt, was angesichts der weiten Verbreitung liberaler und demokratischer Gedankengänge (Aufklärung) zum Widerstand führt;
3. aus wirtschaftspolitischen Gründen: Das englische Parlament (in dem die Kolonien nicht vertreten sind) verhängt nach dem englisch-französischen Krieg Einfuhrzölle für verschiedene Waren; die Kolonisten erkennen diese Maßnahmen nicht an.

b) Verlauf des Unabhängigkeitskrieges (1775—1783):
1. Bildung revolutionärer Komitees, Zwischenfälle, Boykott.
2. Der Krieg: Politischer und militärischer Führer: George Washington; sein Mitarbeiter: der deutsche General von Steuben. Unterstützung der Aufständischen durch Frankreich, das sich für den Verlust Kanadas an England revanchieren will.
1781 Kapitulation der Engländer bei York Town. Im Frieden von Paris (1782) wird die Unabhängigkeit der 13 Kolonien durch England anerkannt.
3. Die feierliche Unabhängigkeitserklärung vom 4. Juli 1776 (entworfen von Thomas Jefferson) mit der ausgesprochenen Berufung auf die neuen demokratischen Ideen und die Menschenrechte ist ein wichtiges Ereignis in der Entwicklung zum freiheitlichen Rechtsstaat.
1788 tritt die erste Verfassung in Kraft. George Washington wird erster Präsident.
4. Grundsätze der Verfassung: Bundesstaat, gesetzgebende Gewalt beim Kongreß (= Repräsentantenhaus + Senat); Exekutive beim Bundespräsidenten, der für vier Jahre gewählt wird und über große politische Befugnisse verfügt; richterliche Gewalt beim Obersten Bundesgericht, welches darüber wacht, daß Gesetze und Regierungsmaßnahmen mit der Verfassung übereinstimmen.

3. Die Französische Revolution

(**Revolution** ist eine gewaltsame Umwälzung der staatlichen, politischen und sozialen Ordnung durch Kräfte des eigenen Volkes.)

a) Ursachen

1. Zusammenstoß zwischen dem Geist der Aufklärung und dem absolutistischen Staat.
2. Schwierigkeiten und Mißstände:
   — Außenpolitische Mißerfolge unter Ludwig XV. und Ludwig XVI.;
   — moralische Krise der absolutistischen Monarchie und ihrer privilegierten Stände (Rokoko);
   — Zerrüttung der Finanzen und verbreitete Notlage, besonders der Bauern und der kleinen Bürger;
   — Forderung nach Freiheit und Gesetzesgleichheit durch den 3. Stand (Bürgertum), der geistig und wirtschaftlich führend, aber politisch rechtlos ist. Dagegen sind Adel und hohe Geistlichkeit (1. und 2. Stand) durch Steuer- und politische Privilegien im Besitz der gesamten Staatsmacht.
3. Das Vorbild der amerikanischen Kolonien. Frankreich hat wirtschaftliche und politische Bindungen zu den aufständischen Kolonien (Benjamin Franklin: amerikanischer Gesandter in Frankreich).

b) Verlauf im Innern

1. Dringend notwendige Finanzreformen (neue Steuern) zwingen Ludwig XVI., die seit 1614 nicht mehr versammelten Vertreter der drei Stände (= Generalstände) nach Versailles einzuberufen (5. Mai 1789).
   Der 3. Stand (das Bürgertum, in dem Intellektuelle und Großbürger führend sind) betrachtet sich als Repräsentant des Volkswillens, erklärt sich als Nationalversammlung und beginnt mit der Beratung einer neuen Verfassung.
   Am 14. Juli 1789 stürmt die großstädtische Masse die Bastille, das Pariser Staatsgefängnis. (Bis heute ist der 14. Juli in Frankreich Staatsfeiertag.)
2. Wichtige Beschlüsse der Verfassunggebenden Nationalversammlung (1789—1791):
   aa) Abschaffung aller Privilegien (Vorrechte) und aller feudalen Lasten (Abgaben der Bauern an die Grundherren).
   bb) Erklärung der Menschen- und Bürgerrechte; Forderung nach Freiheit, Gleichheit und Brüderlichkeit; amerikanisches Vorbild.
   cc) Einziehung des Kirchenbesitzes (Säkularisation).
   dd) Neue Verfassung (September 1791), durch welche Frankreich eine **konstitutionelle Monarchie** wird. Diese Verfassung wird vorbildlich für Europa. Ihre Hauptpunkte sind:
   — Beschränkung der königlichen Gewalt durch Gewaltenteilung
   — Gesetzgebung beim Parlament

— Begünstigung des Besitzbürgertums beim Wahlrecht
— Selbstverwaltung der Kreise und Gemeinden.
3. Radikalisierung in der neugewählten Gesetzgebenden Nationalversammlung; Bildung von Parteien;

aa) **Jakobiner**
Vertreter der radikalen Großstadtbevölkerung, Gegner der Monarchie, treten ein für soziale Gleichheit. Führer: Danton, Marat, Robespierre.

bb) **Girondisten**
Vertreter des gemäßigten Besitzbürgertums, meist Anhänger der konstitutionellen Monarchie, teilweise gemäßigte Republikaner.
Verschärfung durch die außenpolitische Entwicklung und den 1. Koalitionskrieg.
„Zweite Revolution", Sturm der Großstadtmassen auf das Königsschloß am 10. August 1792. Septembermorde in Paris (Hinrichtung von ca. 1600 Gegnern der Jakobiner); neues Wahlgesetz bringt das allgemeine Wahlrecht und damit eine Zunahme der Gegner des Königtums.
Neue Nationalversammlung.

4. Der Nationalkonvent 1792—1795 und die Zeit des Terrors.
Abschaffung der Monarchie, Prozeß gegen Ludwig XVI., Hinrichtung des Königs am 21. Februar 1793.
Einführung der republikanischen Zeitrechnung, Maßnahmen gegen die christliche Religion, Einführung eines „Kultes der Vernunft". Politische Führung liegt beim „Ausschuß für Öffentliche Sicherheit" (= „Wohlfahrtsausschuß"), einem Exekutivorgan des Nationalkonvents mit diktatorischen Vollmachten (9 Mitglieder).
Terror von August 1793 bis Oktober 1794. Das Revolutionstribunal als Gericht ohne Berufungsmöglichkeit fällt Tausende Todesurteile (Guillotine); die Hinrichtungen in Paris werden von Massenexekutionen in der Provinz begleitet.
Schließlich Hinrichtung Dantons durch Robespierre und Sturz Robespierres und dessen Hinrichtung (am 9. Thermidor = 27. Juli 1794). Neuerliche Verfassungsänderung: Ein Direktorium (5 Konventsmitglieder) als Regierung (1795—1799), dazu ein Rat der Alten (250 Mitglieder) und ein Großer Rat (500 Mitglieder). Bei den Neuwahlen zeigt sich eine Stärkung der gemäßigten und bürgerlichen Kräfte. Feldherr des Direktoriums wird Napoleon Bonaparte.

c) **Der 1. Koalitionskrieg 1792—1797**

Seit Herbst 1792 wird der Verlauf der Revolution entscheidend mitbestimmt durch den Krieg gegen das revolutionäre Frankreich.

1. **Ursachen**
aa) Mißtrauen der konservativen Mächte (Preußen, Österreich, Holland, England) gegen die Entwicklung in Frankreich.
bb) Propaganda der Revolution.

cc) Agitation der französischen (adeligen) Emigranten, besonders in Deutschland.
dd) Hoffnung Ludwigs XVI. auf Wiederherstellung seiner Position.

2. **Verlauf:**

aa) Kriegserklärung Frankreichs und Einmarsch der verbündeten Österreicher und Preußen in Frankreich (Feldzug in der Champagne, Goethe als Teilnehmer).

bb) Levée en masse (Massenaushebung) in Frankreich; Erfolge des begeisterten Volksheeres, Rückschläge der Verbündeten.

cc) Große Koalition (Österreich, Preußen, Holland, Spanien, England, Sardinien).

dd) Preußen scheidet 1795 im Sonderfrieden von Basel aus dem Krieg aus, das linksrheinische Gebiet wird an Frankreich abgetreten.

ee) Französische Angriffe auf Süddeutschland — 1796 — von Erzherzog Karl von Österreich bei Amberg und Würzburg zurückgeschlagen; gleichzeitig erfolgreicher Angriff des Generals Napoleon Bonaparte von Norditalien über die Ostalpen nach Österreich.

Dieses muß im Frieden von Campoformio 1797 Belgien und die Niederlande an Frankreich abtreten, verliert die Lombardei und erhält dafür Venedig.

4. Die Zeit Napoleons I. (1798—1815)

a) Der Aufstieg des Korsen

1. Geboren am 5. August 1769 auf Korsika, Artillerieoffizier, Jakobiner, Bewährung als Offizier besonders im 1. Koalitionskrieg.

2. Feldzug nach Ägypten (Ziel: Vorstoß gegen den Lebensnerv Englands). Napoleons Sieg bei den Pyramiden — jedoch schwere Niederlage zur See durch den englischen Admiral Nelson bei **Abukir** (1798).

3. Inzwischen Ausbau der französischen Machtstellung in Italien, Holland und in der Schweiz durch das Direktorium und Ausbruch des **2. Koalitionskrieges (1799—1802).**

Rußland unter Zar Paul I. schließt sich dem Bündnis zwischen Österreich und England (Pitt) an. Rückschläge der Franzosen, Rückkehr Napoleons aus Ägypten, Sieg über die Österreicher, Friede mit Österreich und mit England (1801/02).

4. Staatsstreich Napoleons:
— Sturz des Direktoriums
— Auflösung des Rates der 500 (9. November 1799)
— Schaffung einer Konsulatsverfassung.

Napoleon wird für 10 Jahre erster Konsul mit großer Machtbefugnis, 1802 durch Volksabstimmung Konsul auf Lebenszeit. 1804 neuerliche Verfassungsänderung, Volksabstimmung, **Kaisertitel.** Am 2. Dezember 1804 feierliche Krönung in Notre-Dame in Anwesenheit Papst Pius' V.

5. Innerpolitische Maßnahmen bis 1804:
   — Reorganisation der Verwaltung
   — Steuerreform
   — Beibehaltung der sozialen Errungenschaften der Revolution
   — Großes Gesetzbuch: „Code Napoléon" (Gleichheitsgrundsatz)
   — Konkordat mit der katholischen Kirche
   — Versöhnung mit den Emigranten.

b) **Napoleon und Europa**

1. Umgestaltung der deutschen Grenzen im Zusammenhang mit der seit langem geplanten Reichsreform und den Entschädigungen für verlorengegangene linksrheinische Gebiete. Ein vom Reichstag in Regensburg eingesetzter Sonderausschuß entwickelt unter bestimmendem Einfluß Napoleons die Grundgedanken für den **Reichsdeputationshauptschluß** (25. Februar 1803).

   Inhalt: Mediatisierung = Beseitigung der reichsunmittelbaren Gebiete (Freie Reichsstädte), außer Hamburg, Bremen, Lübeck, Frankfurt, Nürnberg und Augsburg. Säkularisierung = Beseitigung fast aller geistlichen Gebiete.

   Ergebnis: Schwächung Österreichs, großer Gewinn für Preußen, Bayern, Württemberg, Baden und Hessen.

2. **Der 3. Koalitionskrieg** (1805)

   England als Hauptgegner Napoleons verbündet mit Rußland, Österreich und Schweden. Spanien und die süddeutschen Staaten sind mit Napoleon verbündet, Preußen bleibt neutral.

   Sieg Nelsons bei Trafalgar; Sieg Napoleons in der Drei-Kaiser-Schlacht bei Austerlitz. Der Friede von Preßburg bringt Österreich Gebietsverluste; Bayern und Württemberg werden Königreiche und gewinnen neue Gebiete.

3. **Ende des Heiligen Römischen Reiches Deutscher Nation**

   16 süd- und westdeutsche Fürsten treten aus dem Reichsverband aus und gründen unter dem Protektorat Napoleons den **Rheinbund** (1811: 36 Mitglieder). Kaiser Franz II. — seit 1804 Kaiser Franz I. von Österreich — legt am 6. August 1806 die von Otto I. 962 begründete Kaiserkrone nieder.

4. **Niederwerfung Preußens 1806** (Friedrich Wilhelm III.: 1797—1840). Brüskierungen Preußens durch Napoleon; Verschärfung der Spannungen; schließlich Kriegserklärung Preußens; Schlacht bei Jena und Auerstädt am 14. Oktober 1806 (vollständiger Sieg Napoleons); im Frieden von Tilsit (1807) verliert Preußen alles westelbische Gebiet und die ehemals polnischen Landesteile (außer Westpreußen).

5. Gegen England erklärt Napoleon von Berlin aus die **Kontinentalsperre**, durch welche der Handel mit dem Inselstaat verboten wird.

c) **Napoleon auf dem Höhepunkt seiner Macht (1807/08)**

1. Österreich und Preußen bezwungen.
2. Errichtung eines Systems von Satellitenstaaten: z. B. Königreich West-

falen (= Braunschweig, Hessen-Kassel), Großherzogtum Warschau, Königreich Italien, Schweden usw.
3. Interessenabgrenzung mit Rußland, welches freie Hand im Osten, Nordosten (Finnland) und Südosten (Türkei) erhält gegen Wahrung der Neutralität beim Kampf Napoleons gegen England.
4. Erfurter Fürstenkongreß (Oktober 1808) mit Napoleon, Zar Alexander I. (1801—1825) und den Rheinbundfürsten.
Demonstration der Macht, Huldigung an Napoleon, Bündnis zwischen Frankreich und Rußland.
5. Schwächen des napoleonischen Systems:
— Kein voller Erfolg im Kampf gegen England (Versagen der Kontinentalsperre, Landungsplan aufgegeben)
— Konflikt mit dem Papst (der den Beitritt zur Kontinentalsperre verweigert und von Napoleon gefangengenommen wird)
— Zäher und verlustreicher Kleinkrieg in Spanien
— Russische Machterweiterung in Richtung Finnland und Türkei
— Widerstand allenthalben aus politischen (Unfreiheit), wirtschaftlichen (Armut, Not, Steuerdruck), nationalen (Erwachen des nationalen Selbstbewußtseins) Gründen.

d) Die geistige und nationale Erneuerung Deutschlands
1. Aufgeklärte Gedanken werden seit dem 18. Jahrhundert auch von deutschen Gelehrten vertreten.
Das freiheitliche Denken der Französischen Revolution findet von Anfang an in Deutschland ein starkes Echo. Viele Dichter und Denker begrüßen den Umbruch beim westlichen Nachbarn. Aber die Besetzung Deutschlands durch Napoleon mit ihren Nöten weckt eine kräftige Gegenbewegung gegen Napoleon, gegen Frankreich und gegen den Westen und sein Gedankengut überhaupt.
2. Die **Romantik** betont das Volk als Eigenwert und begründet den modernen Nationalismus als geistige und politische Kraft. Pflege der Muttersprache, des Volkstums (Sagen, Märchen, Volkslied) und der Geschichte (Heldenzeitalter) kennzeichnet diese geistige Bewegung. **Freiheit und Einheit des Volkes** werden politische Forderungen.
3. Die Reformen in Österreich.
Wien wird Sammelpunkt der deutschen Romantik. Mittelpunkt dieses Kreises ist Reichsgraf Johann Philipp Stadion (1763—1824), Leiter der österreichischen Politik. Sein Ziel: Stärkung des Nationalbewußtseins (Erhebung von 1809).
Leiter des Kriegswesens sind Erzherzog Karl, Fürst Schwarzenberg und Feldmarschall Radetzky. Heeresreformen auf der Grundlage des Volksheeres durchgeführt. Vorkämpfer für fortschrittliche Wirtschafts- und Sozialpolitik ist Erzherzog Johann.
4. Die Erneuerung Preußens.
Nach der Katastrophe von Jena und Auerstädt Berufung von Reformkommissionen durch den König. Sammelpunkt für **fortschrittlich und freiheitlich denkende Persönlichkeiten:**

Freiherr vom Stein (1757—1831) ist leitender Minister in Preußen bis 1808. Abfassung der „Nassauer Denkschrift" (1807). Hauptgedanken: Erziehung des Untertanen zur freien Persönlichkeit und zum politisch verantwortlichen Staatsbürger; Bauernbefreiung, Selbstverwaltung, Aufhebung der Kabinettsregierung (dafür verantwortliche Minister). Sein Nachfolger wird der liberale Fürst Hardenberg.

Wilhelm von Humboldt (1767—1835), Schwerpunkt: Kultur- und Schulpolitik; Gründer der Berliner Universität (1810). Hier berühmte Lehrer: Fichte, Schleiermacher, Niebuhr, Savigny u. a.

Gerhard von Scharnhorst (1755—1813) aus Hannover, Bauernsohn, militärischer Lehrer; preußischer General, setzt die allgemeine Wehrpflicht durch. Neithardt von Gneisenau (1760—1831) vertritt Gedanken eines Volksheeres, betont die sittlich-geistige Ausrichtung des Soldaten; wendet sich gegen Privilegien, ist Vorkämpfer des Gedankens vom „Bürger in Uniform". Die Offiziere Carl von Clausewitz, Hermann von Boyen und Karl v. Grolman, die Dichter E. M. Arndt, Th. Körner, Cl. Brentano, M. v. Schenkendorf und der Gelehrte und Publizist Jos. Görres wirken in derselben Richtung.

5. Hauptgedanken der preußischen Reformen:
   — Staat und Freiheit
   — Politik und Geist
   — Soldat und Bürger

   zu verbinden.

   Aus dem nur gehorchenden Untertanen soll ein verantwortlich handelnder Staatsbürger werden.

   Zivile Maßnahmen:
   — Bauernbefreiung (1807)
   — Städtische Selbstverwaltung (1808)
   — Neubildung der Ministerialbehörden (1808).

   Militärische Maßnahmen:
   — Aufstieg von Bürgerlichen zu Offizieren grundsätzlich möglich (1808) („Kenntnisse und Bildung im Frieden, Tapferkeit und Überblick im Kriege sind Voraussetzungen für den Offizier")
   — Abschaffung entehrender Leibesstrafen
   — Vorbereitung der allgemeinen Wehrpflicht durch das Krümpersystem (kurzfristige Ausbildung und damit Schaffung einer zahlenmäßig starken Reserve).

   Das allgemeine Wahlrecht wird noch nicht verwirklicht.

e) **Napoleons Stern sinkt**

1. Österreichs Erhebung von 1809 (Kanzler Stadion, Erzherzog Karl, Erzherzog Johann): Volksbewegung nach dem Vorbild Spaniens. Übergreifen des Aufstandes auf Preußen (Freikorps Schill). Niederlage Napoleons bei Aspern, aber Sieg bei Wagram. Friede von Schönbrunn: Salzburg und

Innviertel kommen an Bayern, Galizien an das Großherzogtum Warschau, Triest u. a. an Frankreich.

Volkserhebung in Tirol (Andreas Hofer, Speckbacher). Metternich an der Spitze der österreichischen Politik.

2. **Der russische Feldzug 1812**

aa) Gefährdung des napoleonischen Systems durch Rußlands Machterweiterung. Der Zar verbündet sich mit Schweden und England. Napoleon entschließt sich zum Angriff auf Rußland.

bb) Die „große Armee", 600 000 Franzosen, Deutsche, Italiener, Holländer u. a. Defensive Kriegführung der Russen (der russische Raum als Faktor der Kriegführung eingesetzt). Vorstoß bis Moskau, früher Winter, Ende Oktober verspäteter Rückzug aus der brennenden Hauptstadt, Katastrophe (Übergang über die Beresina).

3. Militärischer Gegenstoß Europas: **Die Befreiungskriege**

aa) Konvention von Tauroggen (30. Dezember 1812): Der Kommandierende General des preußischen Korps, von Yorck, schließt einen Sonderfrieden mit den Russen.

bb) Aufruf des Königs (aus Breslau) „An mein Volk", Gründung von Freikorps (z. B. Lützow); allgemeine Wehrpflicht, Landwehr, Landsturm; Stiftung des Eisernen Kreuzes.

cc) Bündnis zwischen Rußland, Preußen und Österreich; später auch Abfall der Rheinbundstaaten von Napoleon.

dd) Entscheidender Sieg der Verbündeten über Napoleon in der **Völkerschlacht bei Leipzig** (16. bis 19. Oktober 1813). Verfolgung (Blüchers Rheinübergang bei Kaub).

ee) Eingreifen Englands. Einzug der Verbündeten in Paris; in Frankreich allgemeiner Abfall von Napoleon; dieser dankt ab (erhält die Insel Elba als selbständiges Fürstentum). Wiedereinsetzung der Bourbonen.

ff) Erster Pariser Friede (30. Mai 1814). Frankreich wird in den Grenzen von 1792 wiederhergestellt. Keine Kollektivschuld des französischen Volkes!

gg) Während des Wiener Kongresses: überraschende Landung Napoleons in Frankreich (20. März 1815); Herrschaft der „Hundert Tage". Begeisterung für Napoleon, besonders bei den Soldaten.

Feldzug der Verbündeten:

Die Hauptentscheidung erkämpfen Engländer (Wellington) und Preußen (Blücher und Gneisenau) durch den Sieg bei Belle-Alliance **(Waterloo)** am 18. Juni 1815.

hh) Neuerliche Abdankung Napoleons, Verbannung nach St. Helena (gest. 1821).

Zweiter Friede von Paris, härter: Kriegsentschädigungen, Grenzen von 1790. Besetzung Frankreichs für 5 Jahre vorgesehen. Wieder Rückkehr der Bourbonen: Ludwig XVIII.

5. Die Neuordnung Deutschlands und Europas auf dem Wiener Kongreß 1814/15

a) Aufgaben

Neuordnung und territoriale Bereinigung in Europa nach Revolution und Krieg;
Regelungen betr. die politische Gestalt Deutschlands.

b) Geistige Grundlagen

Restauration = Wiederherstellung des politischen und verfassungsmäßigen Zustandes der Zeit vor der Revolution; gegen liberale und demokratische Bestrebungen. Abkehr von den Ideen des Jahres 1789.

Legitimität = Wiedereinsetzung der legitimen, d. h. rechtmäßigen Herrscher; auch Rehabilitierung Frankreichs: keine Kollektivschuld!

Konservatismus = „Neigung zum Erhalten und Geschicklichkeit zum Verbessern" (Engländer E. Burke). Wille und Fähigkeit zum Kompromiß; Beibehaltung wichtiger Entscheidungen und Errungenschaften der Revolution, z. B. Säkularisierung und Mediatisierung bleibt.

c) Vertreter der 5 Großmächte: Neben den Monarchen von Österreich und Rußland nehmen an den Beratungen entscheidend teil: für Österreich: **Fürst Metternich** (führende Persönlichkeit auf dem Kongreß und in den folgenden Jahren); für Preußen: Staatskanzler Hardenberg; für England: Lord Castlereagh; für Rußland: Minister Nesselrode und Frhr. v. Stein; für Frankreich: Minister Talleyrand.

d) Spannungen und Probleme

Gegensätze besonders hinsichtlich der künftigen deutschen Staatsform zwischen den „Patrioten", deren Ideal, ein deutscher Nationalstaat, nicht verwirklicht werden kann, und den Realpolitikern, welche die Unmöglichkeit eines zentralistischen deutschen Staates angesichts des deutschen Dualismus (Gegensatz zwischen Preußen und Österreich) erkennen.

Politische Spannungen vor allem über die polnisch-sächsische Frage; auf der einen Seite geht Preußen mit Rußland, auf der anderen Österreich mit England zusammen.

Die russisch-preußischen Pläne zielen darauf ab, Polen an Rußland und Sachsen an Preußen abzutreten.

Österreich und England wünschen aber keine Machterweiterung Rußlands gegen Westen, sie stellen sich auch gegen eine Vergrößerung Preußens auf Kosten Sachsens.

Zunehmende Spannungen führen zu Defensivbündnissen. Die Einigkeit wird wiederhergestellt durch die Landung Napoleons.

e) **Territoriale Regelungen in Europa:** (Kongreßakte vom 8. Juni 1815)

Rußland gewinnt bedeutende Territorien. Es erhält Finnland und einen wesentlichen Teil von Polen, das Königreich wird, aber in Personalunion mit Rußland verbunden bleibt.

England gewinnt ebenfalls beträchtliche Gebiete. Es bleibt Vormacht zur See. Malta und Helgoland werden wichtigste Stützpunkte.

Frankreich behauptet die Grenzen von 1792. Es leidet jahrzehntelang unter den Folgen der Kriege, aktive Außenpolitik ist nicht möglich.

Österreich wird im großen und ganzen in seinem Besitzstand wiederhergestellt; es behauptet Mailand, Venetien und Galizien. Es verliert die belgischen Gebiete.

Preußen bleibt in den Grenzen, die es vor Napoleon hatte, verliert einen Teil der polnischen Territorien, wird aber entschädigt durch einen Teil von Sachsen und andere Gebiete in Mitteldeutschland. Eine wesentliche Vergrößerung erfährt es durch die Erwerbung des Rheinlandes und in Westfalen.

Das Königreich der Niederlande entsteht aus dem alten Holland und dem österreichischen Belgien. Es wird verbunden mit Luxemburg. Schweden und Norwegen sind in Personalunion vereinigt.

Die Neutralität der Schweiz wird anerkannt.

Neapel und Sizilien bleiben weiterhin als „Königreich Beider Sizilien" unter einer bourbonischen Sekundogenitur vereinigt.

f) Die **deutsche Frage auf dem Wiener Kongreß** (Bestimmungen niedergelegt in der deutschen Bundesakte vom 18. Juni 1815).

Erneuerung der deutschen Kaiserherrlichkeit ist unmöglich. Selbst der Plan eines Bundesstaates scheitert an dem ausgeprägten Eigeninteresse der einzelnen deutschen Staaten. Die einzig mögliche Lösung ist daher ein lockerer Staatenbund: **Der Deutsche Bund** (1815—1866).

Der Deutsche Bund ist der Zusammenschluß von 39 souveränen Fürsten. Preußen und Österreich sind nur mit jenen Gebieten Mitglied, die auch Glieder des alten Reiches waren. Dagegen sind der König von Dänemark (für Holstein), der König von England (für Hannover) und der König der Niederlande (für Luxemburg) Mitglied des Deutschen Bundes.

Der Deutsche Bund hat weder gemeinsame Legislative noch gemeinsame Exekutive. Die Bundesversammlung (Tagungsort: Frankfurt am Main, den Vorsitz hat Österreich) ist ein Gesandtenkongreß. Bei den Abstimmungen ist Einstimmigkeit notwendig, wodurch eine Lähmung der praktischen Arbeit unumgänglich ist.

Ständische Verfassungen für die einzelnen Staaten werden zugesagt.

g) Die **Heilige Allianz** (26. Sept. 1815)

Sie ist weniger ein Bündnis als ein Regierungsprogramm der drei großen christlichen Herrscher (Alexander von Rußland, Franz I. von Österreich und Friedrich Wilhelm III. von Preußen). Die Heilige Allianz orientiert sich an den Wahrheiten der christlichen Religion und strebt eine überkonfessionelle Zusammenarbeit auch in außenpolitischen Fragen an. Nach und nach treten ihr die meisten christlichen Staaten bei — außer dem Kirchenstaat und England!

h) Im Anschluß an die Heilige Allianz entsteht auch der **Vierbund** vom 20. November 1815 zwischen Rußland, Österreich, Preußen und Großbritannien, ein Bündnis zur Wahrung des Legitimitätsprinzips (Gottesgnadenkönigtum). Das Bündnis hat das Recht der Intervention, d. h. der Einmischung in die inneren Zustände eines Landes, wenn die legitime monarchische Ordnung durch revolutionäre (liberale, nationale, demokratische) Kräfte bedroht scheint.

i) **Ergebnis und Beurteilung des Wiener Kongresses**

Die Erschütterungen der vorhergehenden Epoche werden auf dem Wege echter Kompromisse aufgearbeitet. Hinsichtlich der deutschen Frage kann nur ein Kompromiß zwischen dem nicht mehr lebensfähigen alten **Reich und** dem noch nicht erreichbaren Nationalstaat (der erst unter Bismarck Wirklichkeit wird) erzielt werden.

Im Bereich der Außenpolitik stabilisieren sich trotz tiefer Gegensätze und Spannungen die Verhältnisse, der Friede wird für fast 50 Jahre gesichert. Diese Friedensepoche ist für Deutschland die Voraussetzung für die industrielle Entwicklung und den zivilisatorischen Fortschritt geworden.

6. Restauration und Revolution — Das Ringen um die Demokratie in Deutschland

a) Geistige und politische Grundlagen der Restauration

Die freiheitlichen und nationalen Bestrebungen stoßen auf Widerstand und Gegnerschaft:

1. Das **konservative** Denken: Der Engländer Burke, dessen Gedanken von Metternich aufgegriffen werden, ist ein entscheidender Kritiker der Revolution und vertritt eine organische Staatsauffassung.
2. Das **restaurativ-legitimistische** Denken (Hauptvertreter ist der Schweizer C. L. Haller mit seinem Werk „Restauration der Staatswissenschaften") wendet sich vor allem gegen Volkssouveränität und Gesellschaftsvertrag und betont das Eigenrecht der Fürsten.
3. Die besonders in Preußen stark vertretenen Repräsentanten einer **feudalpatriarchalischen** Adelsschicht (z. B. v. d. Marwitz) richten sich gegen alle Reformen im politischen und militärischen Bereich. Diese Gegenspieler Steins und Gneisenaus verlangen eine ständische Gliederung der Gesellschaft und verneinen den Gedanken der politischen Gleichheit.

b) Die Zeit der Heiligen Allianz

1. Metternich sieht in den revolutionären Ideen eine Gefahr für die politische Ordnung und die friedliche Entwicklung; er wird zum Vorkämpfer der **konservativ-legitimistischen Politik;** er erkennt auch als erster die Gefahr des radikal-nationalen Denkens für das völkisch und sprachlich uneinheitliche Mitteleuropa.
2. Die Heilige Allianz wendet sich unter Anwendung von staatlichen Zwangsmitteln gegen alle an die Revolution erinnernden freiheitlichen und demokratischen Bestrebungen und unterdrückt — u. U. mit Gewalt — alle Versuche, Volkssouveränität, freiheitliche Verfassungen, Einschränkung der königlichen Gewalt usw. durchzusetzen.
3. Die freiheitlichen und nationalen Energien wirken weiter. Die Farben der demokratisch-freiheitlichen Bewegung werden **Schwarz-Rot-Gold.**

In Deutschland sind die Studenten (Gründung der Deutschen Burschenschaft in Jena 1815) die Vorkämpfer dieser Ideen (Wahlspruch: Freiheit! — Ehre! — Vaterland!), desgleichen die Deutsche Turnerschaft (Turnvater Jahn).

Ein Höhepunkt der nationalen Bewegung ist die 300-Jahr-Feier der Reformation — zugleich Jahrestag der Völkerschlacht bei Leipzig — im Jahre 1817 —, das **Wartburgfest,** bei welchem als Symbol des absolutistischen Polizeistaates Perücke, Korporalstock, Schnürbrust und reaktionäre Schriften verbrannt werden.

4. Sieg der Restauration in Deutschland.

   1819 wird der der zaristischen (reaktionären) Politik nahestehende Dichter Kotzebue von dem Studenten Ludwig Sand ermordet.

   Daraufhin Vorgehen gegen die radikalen Umtriebe. Durch die **Karlsbader Beschlüsse (1819)** werden Burschenschaften und Turnerschaft verboten, die Universitäten überwacht, die Pressezensur eingeführt, die Redefreiheit beschränkt und die polizeiliche Überwachung verdächtiger (d. h. freiheitlich denkender) Persönlichkeiten („Demagogen") angeordnet.

   Die Errungenschaften und Fortschritte der Reformzeit (freie Verfassungen, Bauernbefreiung, allgemeines Wahlrecht, demokratische Wehrverfassung) werden mehr oder weniger aufgehoben. Die führenden Männer der Befreiungskriege treten in den Hintergrund und verlieren an Bedeutung.

5. In anderen Staaten ist der politische Liberalismus zwar im Angriff: Aufstände gegen die Türken in Serbien (1817); Revolution in Spanien (1820), wo mit der Aufhebung der Verfassung von 1812 der Absolutismus wieder eingeführt wird.

   Nationale Unruhen (Gründung von Geheimbünden, z. B. der Carbonari) in Italien, wo die nationale Einheit noch nicht verwirklicht ist und die Herrschaft der alten Dynastien (Habsburger im Norden, Bourbonen im Süden) und der Kirchenstaat wiederhergestellt wird.

   Die Aufstände werden aber niedergeworfen.

c) Das Ende der Heiligen Allianz

1. Außenpolitisches Dilemma im **Unabhängigkeitskampf der spanischen Kolonien in Südamerika** (1819—1824), wo Simon Bolivar zum Vorkämpfer der Freiheit wird. Es entstehen selbständige lateinamerikanische Staaten, meistens Republiken: Mexiko, Kolumbien, Bolivien, Venezuela, Paraguay, Peru, Uruguay, Argentinien, Brasilien, Chile. Diese Entwicklung zur Selbständigkeit, an deren Ende der vollständige Verlust der spanischen Kolonien steht, wird möglich, weil die Heilige Allianz nicht eingreifen kann.

   aa) Das liberale England stellt sich hinter die Aufständischen;
   bb) der amerikanische Präsident Monroe lehnt die Einmischung der europäischen Mächte in amerikanische Angelegenheiten ab **(Monroe-Doktrin, 1823: „Amerika den Amerikanern!");**

cc) die Heilige Allianz hat keine Möglichkeiten (Flotte, wirtschaftliche Druckmittel), um in Übersee ihrem Willen mit Nachdruck Anerkennung zu erzwingen.

2. Zusammenbruch des Systems im **Freiheitskrieg des griechischen Volkes gegen die Türkei** (1821—1829). 1822 Unabhängigkeitserklärung der Griechen. Türkischer Terror, Freiheitskämpfer aus ganz Europa nach Griechenland. Die Heilige Allianz gerät in einen unlösbaren Widerspruch zwischen ihrer Verpflichtung, für die legitimen Herrscher einzutreten (was in diesem Fall Hilfe für den Sultan bedeutet hätte), und den politischen Realitäten: Rußlands antitürkische Haltung und das Bedürfnis nach einer Solidarität mit den christlichen Aufständischen machen ein Eingreifen der Heiligen Allianz zugunsten des türkischen Herrschers unmöglich.

Damit beginnt die moderne Balkan- und Meerengenfrage. Nach dem Sieg der vereinigten Flotten bei Navarino 1827 muß die Türkei im **Frieden von Adrianopel 1829** die Unabhängigkeit Griechenlands anerkennen, die im Londoner Protokoll 1830 von Rußland, England und Frankreich garantiert wird.

d) Die Revolution von 1830

1. Die Julirevolution in Frankreich

Unter den wiedereingesetzten Bourbonenkönigen wird eine reaktionäre Richtung eingeschlagen: Ende der Pressefreiheit usw. Das Bürgertum als Vorkämpfer liberaler und nationaler Gedanken drängt weiter auf Verwirklichung der Ziele von 1789. Offener Konflikt, als durch königliche Notverordnungen (Leiter der Politik: der ultrakonservative Fürst Polignac) entscheidende demokratische Rechte aufgehoben und die Volksvertretung aufgelöst wird (26. Juli 1830).

Straßenkämpfe, Abdankung des Königs, der nach England flieht. Der Sieg der Liberalen ist vollständig, ihre Mehrheit ist jedoch nicht republikanisch eingestellt. Daher kein Sturz des Königtums, sondern Errichtung des sogenannten **„Bürgerkönigtums":** Die Volksvertretung wählt einen liberal eingestellten Herzog aus einer Nebenlinie des Herrscherhauses, Louis Philipp (1830—1848). Bruch mit der Legitimität, Wiedereinführung der revolutionären Flagge, der Trikolore. Eine politische Beruhigung tritt aber nicht ein: Legitimisten und Republikaner sind Gegner des Bürgerkönigtums.

2. Auswirkungen der Julirevolution

Die Revolution in Frankreich findet starkes Echo:

aa) In **Belgien,** das seit 1815 mit den Niederlanden vereinigt ist, brechen Aufstände aus. Eine provisorische Regierung erklärt die Unabhängigkeit (18. 11. 1830) im Zeichen des Selbstbestimmungsrechtes. England, daran interessiert, daß kein Anschluß Belgiens an Frankreich erfolgt, setzt auf der Londoner Konferenz (1831) bei den Großmächten die Anerkennung der Unabhängigkeit und die Neutralität Belgiens durch. Die liberale Verfassung des belgischen Königreiches — König wird Leopold von Sachsen-Coburg — ist Vorbild für viele europäische Verfassungen.

bb) Auch in **Italien** werden die Patrioten wieder aktiv. Gründung des republikanischen Geheimbundes „Junges Italien" durch Giuseppe Mazzini (1831). Sein Ziel ist die Unabhängigkeit, Einheit und Freiheit des Vaterlandes. Bewaffnete Aufstände der Nationalisten und Freischärler (Giuseppe Garibaldi) werden von Österreich niedergeschlagen.

cc) In **Polen,** das seit 1815 in Personalunion mit Rußland verbunden und der reaktionären Innenpolitik des Zaren ausgeliefert ist (Nikolaus I. 1825 bis 1855), entstehen schon 1820 Unruhen. 1830 bricht die nationale Revolution der polnischen Patrioten unter Führung von Adeligen und Offizieren offen aus. Der Aufstand wird durch Rußland blutig niedergeworfen, Polen wie eine unterworfene Provinz behandelt, das nationale Eigenleben unterdrückt. Bestrafungen und Verbannungen berauben das Volk seiner Führungsschicht. Die restlichen Führer des Aufstandes fliehen nach Westen, Frankreich wird Mittelpunkt der polnischen Emigration und des polnischen Geisteslebens für Generationen. Sympathie der deutschen Liberalen für das polnische Volk.

dd) In den **Staaten des Deutschen Bundes** kommt es zu Unruhen: Hannover, Sachsen usw. Die Staaten erhalten Verfassungen. Bayern und Württemberg besitzen diese bereits seit 1818.
Literarisch-geistiger Ausdruck des liberalen Denkens ist die Bewegung „Junges Deutschland": Laube, Gutzkow, Heine, Boerne. Sie stehen in klarer Front gegen Klassik und Romantik und fordern Emanzipation des Bürgers vom Polizei- und Beamtenstaat. Georg Büchner vertritt republikanische und sozialistische Tendenzen (sein Drama „Danton" verherrlicht die Französische Revolution, bekannt ist sein Flugblatt: „Krieg den Palästen, Friede den Hütten!"). Das Hambacher Fest (1832) ist die erste große politische Volksversammlung in Deutschland: Die Redner fordern Völkerversöhnung und ein einiges, freies Deutschland als Bund von freien Republiken. Gemeinsame Zielsetzungen mit Franzosen und Polen.
Radikale Vertreter des demokratischen Denkens im Südwesten Deutschlands: z. B. Rottek, Welcker. Verschärfung durch Zwischenfälle, z. B. durch einen Überfall auf die Hauptwache in Frankfurt a. M. durch Studenten (1833). Daraufhin wieder politische Untersuchungen und Eingreifen der Polizei (zweite Demagogenverfolgung).

e) **Das Ende der Personalunion Englands mit Hannover** (von 1707 bis 1837) bringt in England die Königin Viktoria (1837—1901) zur Regierung, während in Hannover der konservativ eingestellte Ernst August folgt, der das Grundgesetz (Verfassung) von 1831 nicht anerkennt. Auf diesen Verfassungsbruch hin erklären sieben anerkannte Universitätsprofessoren von Göttingen **(die Göttinger Sieben),** daß sie sich in ihrem Gewissen dem Verfassungseid verpflichtet fühlten, was einem Protest gleichkommt, worauf sie entlassen werden.

f) Die **wirtschaftliche Einigung Deutschlands** (Zollverein) von 1834
Die Einzelstaaten des Deutschen Bundes sind eigene Zollgebiete, außerdem gibt es Binnenzölle. Dieser Zustand lähmt den wirtschaftlichen Fortschritt.

Vorkämpfer für ein geschlossenes mitteleuropäisches Wirtschaftsgebiet, das durch Schutzzölle nach außen abgesichert sein und eine harmonische Förderung von Landwirtschaft, Industrie und Handel betreiben soll, wird der Württemberger **Friedrich List** (1789—1846). Er fordert die wirtschaftliche Einigung Deutschlands, wird aber verfolgt, muß auswandern und stellt sein Wissen dem amerikanischen Wirtschafts- und Verkehrsaufbau zur Verfügung. In Deutschland fallen erst in der Neujahrsnacht 1833/34 zwischen den meisten Staaten die Zollgrenzen. Österreich aber bleibt ausgeschlossen. Die wirtschaftliche Einheit wird durch Einführung des Dezimalsystems verstärkt.

Bedeutung:
1. Der Zollverein ist Voraussetzung für den Aufschwung der deutschen Industrie.
2. Der Zollverein bereitet auf wirtschaftlichem Gebiet die kleindeutsche politische Einigung vor.

7. Die Revolution von 1848/49

Die politischen, nationalen und allmählich auch die sozialen Spannungen führen in West- und Mitteleuropa erneut zu folgenschweren Auseinandersetzungen.

a) **Frankreich:** Das „Bürgerkönigtum" Louis Philipps begünstigt das besitzende Bürgertum (das Wahlrecht ist an Besitz gebunden), es enttäuscht Kleinbürger und Arbeiter, die nach politischer Verantwortung (vor allem Wahlrecht!) verlangen. Außerdem muß Frankreich in der Orientkrise 1840/41 außenpolitische Mißerfolge einstecken, was die innerpolitische Opposition stärkt.

Im Februar 1848 („Februarrevolution") kommt es zu Straßenkämpfen und zum Sturz der Monarchie. Der König flieht nach England, am 24. Februar wird zum zweiten Male die Republik ausgerufen.

Vorübergehend regieren Bürgerliche und Sozialisten miteinander, führen das allgemeine Wahlrecht und den 10-Stunden-Tag ein, sie legen das „Recht auf Arbeit" gesetzlich fest, was zur Gründung der staatlichen Nationalwerkstätten führt, wo Arbeitslose beschäftigt werden. Die Radikalen (besonders die sozialistische Arbeiterschaft der Hauptstadt) bleiben in der Minderheit. Gegen die bürgerlichen Maßnahmen der Auflösung der „unproduktiven" Nationalwerkstätten kommt es zum ersten Arbeiteraufstand (Junischlacht), der von der bürgerlichen Regierung hart niedergeschlagen wird.

Nach Fertigstellung einer republikanischen Verfassung wird bei der vom Volk durchgeführten Präsidentenwahl im Dezember 1848 Louis Napoleon, ein Neffe Napoleons I., mit großer Mehrheit zum Präsidenten Frankreichs gewählt. Drei Jahre später ändert er nach einem Staatsstreich die freiheitlich-republikanische Verfassung (1851), läßt sich für 10 Jahre zum Präsidenten wählen und nimmt im Dezember 1852 den Kaisertitel an: Napoleon III. Die Wiedereinführung des Kaisertums wird in einer Volksabstimmung mit großer Mehrheit gebilligt.

b) Die 48er Revolution in Deutschland und der Versuch einer parlamentarischen Staatsgründung

Die sozialistische Komponente tritt noch zurück, desto stärker ist das Verlangen nach nationaler Einheit und nach Begründung einer freiheitlich-demokratischen Ordnung. Vor 1848 Anwachsen der politischen, wirtschaftlichen Spannungen („Vor-März"). Das westliche Nachbarland ist Vorbild. In den meisten deutschen Staaten wird die Forderung nach liberaler Regierung, Verfassung, Pressefreiheit, Volksbewaffnung und nach einer gesamtdeutschen Volksvertretung erneuert. Die sozialistischen und radikal-republikanischen Kräfte sind schwach. Die regierenden Fürstenhäuser werden nirgends gestürzt.

Die Bewegung vollzieht sich auf zwei Ebenen:
— in den deutschen Ländern,
— im ersten deutschen Parlament, der Frankfurter Nationalversammlung.

1. Die Revolution in den Ländern

In allen deutschen Ländern kommt es zu Unruhen und zur Bildung liberaler Regierungen: sogenannte Märzminister.

aa) In **Österreich** wendet sich die revolutionäre Bewegung vor allem gegen Metternich. Zusammenstöße und Straßenkämpfe. Metternich verzichtet, flieht nach England (13. März). Eine Verfassung und allgemeines Wahlrecht werden zugestanden.

Im österreichischen Vielvölkerstaat gewinnt die nationale Revolution besondere Bedeutung: In den Provinzen Norditaliens (Lombardei und Venetien) müssen die Österreicher Mailand räumen. Italienische Nationalisten proklamieren die Einheit Italiens.

In Ungarn wird ein selbständiger Staat ausgerufen. Radikaler Vorkämpfer ist Ludwig Kossuth.

Bei den Tschechen in Böhmen und Mähren erhebt die nationale Bewegung unter Führung von Franz Palacky separatistische und den Bestand der Monarchie gefährdende Forderungen.

bb) In **Preußen**, wo König Friedrich Wilhelm IV. (1840—1861), ein Gegner freiheitlicher und demokratischer Gedankengänge, regiert, steigern die Vorgänge in Paris und die Abdankung Metternichs die Erregung; ebenfalls Zusammenstöße, so daß der König Zugeständnisse machen muß: liberale Minister, Verfassung u. ä.

cc) **Scheitern der Revolution** in den Ländern. In Wechselwirkung mit den Ereignissen in Frankfurt erfährt die liberale Bewegung in den Ländern schwere Rückschläge und bricht schließlich zusammen. Die konservativen und reaktionären Kräfte siegen.

Schon im Sommer 1848 schlägt der österreichische Feldmarschall Radetzky die aufständischen Italiener bei Custozza, und wirft Fürst Windischgrätz die Revolution der Tschechen nieder. Er nimmt Prag ein.

Nach neuerlichen schweren Unruhen (der Hof flieht nach Olmütz, die Nationalversammlung tagt in Kremsier) besetzt im Herbst Fürst Windischgrätz auch Wien.

Ungarn, wo Kossuth als Diktator die Habsburgerdynastie absetzt und die

Trennung des Landes von Österreich verkündet, wird erst 1849 mit russischer Hilfe (!) niedergeworfen.
Der konservative Fürst Felix Schwarzenberg wird Ministerpräsident, **Franz Josef I.** (1848—1916) nach Abdankung seines Onkels Ferdinand österreichischer Kaiser. Der Reichstag von Kremsier wird aufgelöst, 1849 erhält Österreich eine neue oktroyierte, zentralistische Verfassung, die aber niemals verwirklicht wird.
Der **Neoabsolutismus** unterdrückt alle nationalen, liberalen und demokratischen Bestrebungen.
Auch in Preußen siegt die Gegenrevolution. Die konservativen Kreise um den König (zu denen auch der junge Bismarck gehört) setzen die Auflösung der Nationalversammlung und die Abberufung der liberalen Minister durch. Unter dem neuen Ministerpräsidenten Graf Brandenburg und Innenminister Otto von Manteuffel wird nach der Besetzung Berlins durch General Wrangel im November 1848 ebenfalls eine Verfassung oktroyiert, aber auch das neue Parlament wird im April 1849 aufgelöst.

2. Die erste Deutsche Nationalversammlung und ihr Schicksal

aa) Die Entstehung

Aus dem Streben nach freiheitlicher Staatsordnung und nationaler Einheit kommt es unter Billigung des Frankfurter Bundestages zu einer Besprechung nationaler und liberaler Politiker in Heidelberg und zur Konstituierung des Frankfurter Vorparlamentes, das am 31. März 1848 zusammentritt und Wahlen zu einer Verfassunggebenden Deutschen Nationalversammlung auf Grund des demokratischen Wahlrechtes vorbereitet.
Schon am 18. Mai tritt diese Deutsche Nationalversammlung (fast 600 Mitglieder, viele geistige Berufe) in der Paulskirche in Frankfurt a. M. zusammen. Vorherrschend ist ein gemäßigter Liberalismus; Konservative und Republikaner sind schwach vertreten.
Im Parlament der Paulskirche schließen sich zum ersten Male Politiker ähnlicher Gesinnung zusammen, was zur Entstehung der ersten Fraktionen führt, die sich zu politischen Parteien entwickeln.
Präsident der Nationalversammlung wird der hessische liberale Märzminister Heinrich von Gagern.
Da die Frage des Reichsoberhauptes erst später geregelt werden soll, wird der liberale Erzherzog Johann von Österreich zum Reichsverweser bestellt.

bb) Leistungen der Paulskirche

Fixierung der Grundrechte; Anerkennung des nationalen Minderheitenschutzes (in Sprache, Kirche, Schule, innerer Verwaltung, Rechtspflege).
Fertigstellung einer Reichsverfassung (28. März 1849) nach heftigen Auseinandersetzungen: Das Deutsche Reich soll unter Ausschluß Österreichs einen engeren Bund unter Preußens Führung darstellen. An der Spitze soll ein Erbkaiser stehen.
Der Entwurf wird mit 267 gegen 263 Stimmen angenommen. Bei der Kaiserwahl wird Friedrich Wilhelm von Preußen mit 290 Stimmen (bei 248 Enthaltungen) gewählt.

cc) Schwächen und Scheitern der Nationalversammlung

1. Die schleswig-holsteinische Frage: Schleswig und Holstein sind seit langem in Personalunion verbunden, gehören zu Dänemark; Holstein aber ist Mitglied des Deutschen Bundes. Dänemark will 1848 Schleswig seinem Staat einverleiben. Die beiden Herzogtümer geben sich daraufhin eine gemeinsame Regierung in Kiel. Diese Maßnahmen werden durch preußische Truppen gegen Dänemark unterstützt. Durch Intervention der Großmächte jedoch müssen Preußen und Schleswig-Holstein nachgeben. Die Frankfurter Nationalversammlung, die sich mit nationalem Schwung für die Rechte der beiden Herzogtümer einsetzt, ist nicht imstande, ihrem Willen Nachdruck zu verleihen.

2. Die kleindeutsch-großdeutsche Auseinandersetzung
Die Kleindeutschen streben ein unter preußischer Führung stehendes Deutsches Reich an und wünschen das Ausscheiden Österreichs, das unter Schwarzenberg eine Teilung in deutsche und nichtdeutsche Teile ablehnt. Die Großdeutschen, zu denen die Österreicher, die meisten Süddeutschen und verschiedene Gegner Preußens gehören, wünschen eine föderalistische Lösung in Mitteleuropa. Heinrich von Gagern versucht einen Kompromiß, der einen „engeren Bund" (das preußisch geführte kleindeutsche Reich) und einen „weiteren Bund" (eine Konföderation mit Österreich) vorsieht. Bei der Abstimmung siegt knapp die kleindeutsche Lösung.

3. Die Ablehnung der Kaiserkrone
Der König von Preußen, Friedrich Wilhelm IV., lehnt gegenüber der Paulskirchendeputation am 3. April 1849 die ihm angetragene Kaiserwürde schroff ab, da er, in Gedankengängen eines patriarchalischen Gottesgnadenkönigtums befangen, die Krone niemals dem Volk verdanken will.

dd) Ende und Ergebnis
Die meisten Abgeordneten werden von ihren Regierungen abberufen oder verlassen Frankfurt freiwillig. Ein Rest will in Stuttgart weitertagen, wird aber von der württembergischen Regierung aufgelöst (Sommer 1849). Preußen versucht, in einer **Union** den kleindeutschen Gedanken zur Grundlage einer Reichsgründung zu machen (Erfurter Parlament 1850). Aber die meisten nichtpreußischen Staaten Nord-, West- und Süddeutschlands wünschen eine Erneuerung des Deutschen Bundes. Österreich tritt den preußischen Unionsbestrebungen energisch entgegen.
Wiederherstellung des Deutschen Bundes, Frankfurter Bundestag wird wieder eröffnet (1. Sept. 1850). Radowitz, der Verfechter der Unionspolitik in Preußen, wird entlassen. An seine Stelle tritt Manteuffel. Er schließt mit Österreich den Vertrag von Olmütz (29. Nov. 1850) und verzichtet auf eine eigene deutsche Politik Preußens.

Ergebnisse:
— Der liberale und demokratische Gedanke ist äußerlich unterlegen. Er lebt jenseits der politischen Wirklichkeit weiter. Zunächst gestalten die restaurativen und reaktionären Kräfte den Deutschen Bund und später

den Staat Bismarcks. Die Weimarer Republik und die Bundesrepublik Deutschland aber können auf Grundgedanken der Paulskirche zurückgreifen.

— Die nationale Frage bleibt besonders für Österreich akut, das Verlangen nach einem Nationalstaat lebt in den Völkern der Donaumonarchie weiter.

— Der alte Dualismus erfährt eine neue Zuspitzung in der Auseinandersetzung über großdeutsche und kleindeutsche Lösung.

— Besonders im deutschen Bürgertum setzt sich eine tiefe Enttäuschung und Erschütterung durch, welche die liberale Komponente im politischen Bereich immer schwächer werden läßt, so daß schließlich nicht der freiheitliche Nationalismus (Schwarz-Rot-Gold), sondern der monarchische, autoritäre, antiliberale Nationalismus (Schwarz-Weiß-Rot) das politische Schicksal Deutschlands für Generationen bestimmt.

— Das Verlangen nach einem deutschen Einheitsstaat wird von Bismarck verwirklicht, allerdings nicht durch das deutsche Volk, sondern durch die Fürsten unter Führung Preußens.

— Die Paulskirchenversammlung wird die Wiege des deutschen Parteiwesens.

— Industrialisierung und soziale Frage bestimmen in zunehmendem Maß die gesellschaftliche Entwicklung, ohne daß diesen Kräften in Deutschland entsprechend Rechnung getragen wird.

III. Industrielle Revolution, Sozialismus und Nationalstaatsgedanke (1850—1890)

Eine neue Welt entsteht

Diese Epoche schafft geistig, politisch und ökonomisch wichtigste Voraussetzungen für die Fragen unserer Zeit.
Die zweite Hälfte des 19. Jahrhunderts steht im Zeichen einer durch Naturwissenschaft, Technik und Industrie geprägten Umwelt, einer in dieser Intensität noch nie dagewesenen Veränderung der Produktionsverhältnisse. Diese Veränderungen haben ihre Grundlagen und Voraussetzungen in der geistigen Haltung der Menschen (Aufklärung, Streben nach Erkenntnis, Förderung der Wissenschaften), zeigen aber stärkste Rückwirkungen auf das gesellschaftliche Leben und auf die soziale Schichtung. Parallel mit dieser in den verschiedenen Kulturräumen zu verschiedenen Zeitpunkten erfolgten industriellen Revolution mit ihren soziologischen Strukturveränderungen geht die Auseinandersetzung um das Verhältnis des einzelnen zum Staat (Demokratie oder autoritäre Monarchie) und um die Zuordnung von Volk und Staat.

1. Die industrielle Revolution und ihre Auswirkungen

a) Neue Erfindungen

Technik und Industrie wurzeln letztlich im Drang des (abendländischen) Menschen nach Erkenntnis und nach schöpferischer Arbeit. Aus diesen geistigen Grundlagen entwickeln sich die Naturwissenschaften.

Die **Technik** (die nichts anderes ist als praktisch angewandte Naturwissenschaft) und die **Industrie** (das ist die Produktion in Großbetrieben mit Maschinen, deren Voraussetzung wiederum die Technik ist) prägen das Maschinenzeitalter.

Von größter Bedeutung werden:

1. Die Dampfmaschine (1769 James Watt), die als Kraftmaschine zum Betrieb von Pumpen in Bergwerken, von Fahrzeugen (zu Wasser und zu Lande), anderen Arbeitsmaschinen (Textilindustrie, Buchdruck) u. v. a. die Grundlage für die Entwicklung der modernen Industrie wird.

2. Das Dampfschiff (1807 Fulton) und die Lokomotive (Georges Stephenson 1814) schaffen die Voraussetzung für den Transport von Massengütern und Menschen. 1841 wird in Deutschland die erste Lokomotive von Borsig gebaut, 1835 die erste Eisenbahn (von Nürnberg nach Fürth) in Betrieb genommen. Den ersten Motorflug führen im Jahre 1903 die Brüder Wright durch.

3. Der Hochofen (1815 bei Krupp in Essen der erste Gußstahl erzeugt) ist die Voraussetzung für die Schwerindustrie.

4. Die Spinnmaschine (1767 von Hargreaves erfunden — zuerst im Handbetrieb, später von Dampfmaschinen betrieben), der mechanische Webstuhl (1786 von Cartwright) ermöglichen die Entwicklung der Textilindustrie. In unserem Jahrhundert tritt die Kunstfaser in Konkurrenz mit der Textilfaser.

5. Für die Nachrichtenübermittlung sind die Deutschen Gauß und Weber (1833 elektrischer Telegraph) und der Amerikaner Morse bahnbrechend. Ihre Erfindungen werden technisch weiterentwickelt, vor allem durch Werner von Siemens. Das Telefon erfindet 1861 der Deutsche Reis. Die Verwendung der drahtlosen Telefonie wird erst 1906 möglich.

6. Die Agrikulturchemie, begründet durch Justus von Liebig (1840), ermöglicht ungeahnte Steigerungen des Bodenertrages durch künstliche Düngung. Der Beginn der chemischen Industrie (Badische Anilin- und Sodafabrik) fällt ins Jahr 1860. Im weiteren Verlauf der Entwicklung gewinnt die chemische Industrie große Bedeutung auch für die Volksgesundheit (Medikamente).

7. Die Erfindung der Schnellpresse (1811 durch Friedrich König) wird in Verbindung mit der Papierindustrie für Nachrichtenübermittlung und für die Beeinflussung großer Massen sehr wichtig.

8. Zu den Kraftmaschinen — zunächst nur Dampfmaschinen — treten gegen Ende des Jahrhunderts Elektromotor (Dynamomaschine) und Explosionsmotor (Otto- und Diesel-Motor).
Um 1885 nimmt durch Benz und Daimler die Automobilindustrie ihren Anfang.

b) Auswirkungen

Der unaufhaltsame „Siegeslauf der Maschine" beginnt in England und erreicht über Frankreich auch die Mitte Europas. Die maschinelle Fertigung ermöglicht eine schnellere, billigere, genauere Produktion als die Handarbeit und bringt ungeahnte Möglichkeiten der Entwicklung in allen Lebensgebieten mit sich.

Einerseits führt die Steigerung im Angebot von Gütern (durch Produktion und Transport) zu einer Anhebung des Lebensstandards.

Andererseits erfährt die gesellschaftliche Struktur einen tiefen Wandel; Krisen und bisher unbekannte Gefahren bedrohen den Menschen in seiner körperlichen und sittlich-geistigen Existenz.

Auswirkungen der industriellen Revolution und Wandlungen im Leben des Menschen:

1. Bevölkerungszunahme

Deutschland	1831:	36 Millionen Menschen
	1910:	65 Millionen Menschen
England	1831:	23 Millionen Menschen
	1910:	45 Millionen Menschen
Europa	1750:	140 Millionen Menschen
	1850:	270 Millionen Menschen
	1950:	580 Millionen Menschen
Welt	1750:	660 Millionen Menschen
	1850:	1100 Millionen Menschen
	1950:	2500 Millionen Menschen
	1963:	3076 Millionen Menschen
	1966:	3406 Millionen Menschen

Ursache ist vor allem der Rückgang der Sterblichkeit infolge der Entdeckungen und Möglichkeiten auf dem Gebiet der Medizin (Seuchenbekämpfung, Hygiene). Folge ist eine höhere Lebenserwartung und damit verbunden auch eine Vergreisung der Menschheit, was soziale Probleme mit sich bringt.

2. Steigerung der Produktion

Kohle und Eisen werden die Voraussetzung der gesamten industriellen Produktion:

Die Kohle als Treibstoff der Dampfmaschinen in der Industrie und in der Energiewirtschaft (elektrischer Strom), als Rohstoff für Kunstdünger, Farben, Arzneien, flüssige Treibstoffe und neuerdings auch als Grundlage in der Kunststoffindustrie.

Das Eisen ist die Basis der Schwerindustrie und der gesamten Maschinenfabrikation.

Kohlenförderung:

in Deutschland:	in England:
1860 17 Mill. t	1860 82 Mill. t
1880 59 Mill. t	1880 147 Mill. t
1900 147 Mill. t	1900 225 Mill. t
1911 235 Mill. t	1911 276 Mill. t

Roheisenerzeugung:

in Deutschland:	in England:
1840 0,140 Mill. t	1840 1,400 Mill. t
1870 1,400 Mill. t	1870 6,000 Mill. t
1900 8,500 Mill. t	1900 9,100 Mill. t
1910 14,800 Mill. t	1910 10,200 Mill. t

Baumwollproduktion der Erde:

1800 ca. 500 Mill. Pfd.
1890   5000 Mill. Pfd.

3. Soziale Veränderungen

aa) Zu den bisherigen Ständen Adel, Bauerntum und Bürgertum treten der Lohnarbeiter und der industrielle Unternehmer.

Zu Lohnarbeitern werden einerseits Bauern, die in die Stadt ziehen, andererseits Handwerker, welche mit der industriellen Produktion nicht konkurrieren können und ihre Selbständigkeit aufgeben.

bb) Dies führt zur Verstädterung: Zur Entstehung großer Industriezentren einerseits und zur Entvölkerung des Landes andererseits.

cc) Überangebot an Arbeitskräften und industrielle Produktion (die Maschine erzeugt in der Regel Massengüter und braucht eine breite Schicht von Verbrauchern) drücken die Löhne; daher werden auch Frauen und Kinder in die Fabriken geschickt. Soziale Rücksichten fehlen in der Anfangszeit der Industrialisierung. Soziale Gesetzgebung ist unbekannt. Not und Verzweiflung greifen um sich: In England stürmen die Arbeiter die Maschinen, weil sie glauben, daß sie durch sie um ihr Brot gebracht würden, in Deutschland wird der Aufstand der schlesischen Weber (1844, von Truppen niedergeschlagen) besonders bekannt.

dd) Entstehung von Klassengegensätzen

Dem Unternehmer (Kapitalist) tritt der Lohnarbeiter (Proletarier) gegenüber. Durch die Industrialisierung und die kapitalistische Wirtschaft entsteht die moderne „soziale Frage".

4. Veränderungen der Wirtschaftsstruktur

Die Produktionsmittel sammeln sich in den Händen weniger; der hohe Wert der Maschinen, der Fabrikgebäude führt zum Zusammenschluß von mehreren reichen Einzelunternehmern zu Gesellschaften (AG, GmbH, OHG u. a.), in deren Händen große wirtschaftliche Macht (Großeinkauf, Monopolstellung), aber auch große politische Macht (Zeitungskonzerne, Druckereibesitzer) liegt. Der Zusammenschluß von Gesellschaften und Unternehmern zur Wahrung gemeinsamer wirtschaftlicher Interessen führt zu einer weiteren Steigerung der Konzentration in Konzernen, Trusts, Syndikaten, welche nach Ausschaltung der Konkurrenz meistens allein entscheidend und bestimmend sind.

2. Kapitalismus und Sozialismus

a) Der Kapitalismus

Eigenart und Kennzeichen:

1. Trennung von Kapital und Arbeit.
   Kapital ist
   — die Gesamtheit der Produktionsmittel (= Produktivkapital);
   — der Geldwert des gesamten, dem Erwerb dienenden Vermögens (= Erwerbskapital).
   Der Kapitalbesitzer verrichtet nicht selbst mit seiner Familie die Arbeit. Kapitalbesitzer und Arbeiter stehen sich als zwei gesellschaftliche Gruppen gegenüber: Im Gegensatz zum handwerklichen oder bäuerlichen Betrieb.
2. Ziel des kapitalistischen Wirtschaftens ist die Verzinsung und die Vermehrung des eingesetzten Kapitals — und nicht nur standesgemäßer Lebensunterhalt und Wohlstand der Familie. Die Wirtschaft dient nicht mehr zuerst der Bedarfsdeckung, sondern dem Erwerb und der „Bedarfsweckung".
3. Voraussetzungen:
   aa) Geistige: das Menschenbild der Neuzeit, die Auflösung der Gesellschaft in Interessenverbände.
   bb) Geldwirtschaft.
   cc) Steigerung und Beschleunigung der Gütererzeugung durch die moderne Industrie.
   dd) Sieg des Liberalismus mit dem Gedanken der Gewerbefreiheit und des Freihandels unter Durchbruch des hemmungslosen Individualismus nach 1789.
   ee) Vermehrung der Bevölkerung, was einerseits eine Vermehrung der Arbeitskräfte, andererseits aber auch eine Vermehrung der Verbraucher zu Folge hat.
4. Auswirkungen:
   aa) Auflösung des alten Ständewesens und Entstehung von Klassen. (Klasse ist eine Gruppe, die sich auf dem Boden gleicher wirtschaftlicher Interessen zusammenschließt).
   bb) Gefährdung und Zerstörung des Mittelstandes.
   cc) Gefährdung und Erschütterung von Ehe und Familie (Trennung von Arbeitsplatz und Wohnung).
   dd) Einmischung in die Politik: In die Innenpolitik, weil sich Klassenkampf, soziale Frage, Mittelstandspolitik als wichtige Probleme der Innenpolitik (Finanzpolitik, Steuerpolitik) erweisen; und nach außen, weil das Bedürfnis nach Absatzmärkten und Rohstoffräumen die Außenpolitik der Staaten immer mehr bestimmt.

b) **Die Entstehung der sozialen Frage und die Anfänge der Sozialpolitik**

1. Soziale Probleme, Not, Invalidität hat es immer gegeben. Erst durch die industrielle Revolution, die ausbeuterische kapitalistische Wirtschaft und die Entstehung des Proletariats entsteht die soziale Frage des 19. Jahrhunderts; um Arbeitszeit, Arbeitslohn u. a. Arbeitsbedingungen — Kinder- und Frauenarbeit — ist es bis gegen die Mitte des Jahrhunderts schlecht bestellt; darin liegt eine ernste Gefahr für den arbeitenden Menschen und damit für die Gesellschaft.

2. Erste (aber unzulängliche) Maßnahmen — in den deutschen Staaten relativ früh — seitens des Staates bestehen darin, daß von Gesetzes wegen die Kinderarbeit eingeschränkt sowie Sonntags- und Nachtarbeit untersagt werden. Seit 1839 dürfen Kinder erst vom 9., seit 1853 erst vom 12. Lebensjahr an in Fabriken arbeiten. Auch eine Kontrolle der Fabriken durch Gewerbeinspektoren nach englischem Muster wird eingeführt.

3. Sozialreformer aus christlicher Verantwortung treten früh auf:

    aa) in der evangelischen Kirche: Fliedner (aus dem Rheinland), Sieveking in Hamburg, Wilhelm Löhe in Neuendettelsau und besonders Johann Hinrich Wichern (gest. 1881) mit seiner Forderung nach einer Inneren Mission auf dem Kirchentag in Wittenberg 1848;

    bb) in der katholischen Kirche: Adolf Kolping (1846 Gründung der Gesellenvereine) und Bischof Ketteler von Mainz, der Wegbereiter der christlichen Gewerkschaft, mit der Forderung nach einer Sozialpolitik, die über die notwendige karitative Tätigkeit der Kirchen hinausgeht und eine Angelegenheit des Staates sein muß.

    Von hier kommen Anregungen zur Sozialenzyklika des Papstes Leo XIII., Rerum Novarum, der ersten Fixierung der christlichen Soziallehre (1891).

4. Selbsthilfe der Lohnarbeiter, der kleinen Handwerker und der Kleinbauern:

    aa) Einkaufsgenossenschaften der Verbraucher, später Konsumvereine;

    bb) gewerbliche Genossenschaften kleiner Handwerker (1849 Gründung des preußischen Abgeordneten Schulze aus Delitzsch) zum gemeinsamen Einkauf von Material und Maschinen. Gleichzeitig entstehen auch Kreditgenossenschaften (Vorschußvereine).

    cc) Ähnlich gründen die Kleinbauern Spar- und Darlehnsvereine. Am bekanntesten werden die 1864 durch Raiffeisen gegründeten.

    dd) Entstehung der Gewerkschaften als Machtgruppen zur Durchsetzung von Besserungen der Lohn- und Arbeitsbedingungen (gerechter Lohn, gesetzlich geregelte Arbeitszeit, bezahlter Urlaub, soziale Sicherheit bei Krankheit, Unfall- oder Arbeitslosenunterstützung, Hinterbliebenenfürsorge, Tarifverträge, berufliche Fortbildung, Streikrecht). Die erste Gewerkschaft entsteht in England 1826. In Deutschland bilden sich Gewerkschaften im Anschluß an die politischen Parteien: Liberaldemokratisch orientiert ist der Hirsch-Dunckersche Gewerksverein von 1869, sozialdemokratisch sind die freien Gewerkschaften (1890); christliche Gewerkschaften gibt es seit 1899.

c) Der Sozialismus

Die Einsicht in Wesen und Folgen der industriellen Revolution und der damit zusammenhängenden sozialen und wirtschaftlichen Veränderungen führt zu konkreten Bestrebungen und Reformvorschlägen in politischer und wirtschaftlicher Hinsicht.

1. **In England** wendet sich der Fabrikant Robert Owen (gest. 1858) gegen den Wirtschaftsliberalismus, wie ihn Adam Smith, Bentham und Ricardo vertreten. Owen tritt auch für Produktivgenossenschaften (kommunistische Mustersiedlungen) ein und sieht in ihnen die Möglichkeit zur Begründung einer gerechten Gesellschaft mit gemeinsamem Besitz der Produktionsmittel.

   Die gemäßigten politischen und sozialen Forderungen der englischen Arbeiter werden 1838 in einer Charta zusammengefaßt. Diese Chartistenbewegung bricht zwar politisch zusammen, die Forderungen der Arbeiterschaft jedoch werden schrittweise verwirklicht.

2. **In Frankreich** kommen die theoretischen Vorkämpfer einer sozialistischen Bewegung meist aus freien Berufen.

   aa) Graf Saint Simon (gest. 1825) verlangt die Übertragung der Eigentumsrechte auf die Gesellschaft.

   bb) Charles Fourier (gest. 1837) stellt den genossenschaftlichen Gedanken in den Vordergrund, verlangt eine Beteiligung des Arbeiters am Profit des Unternehmers, ist ein Wegbereiter des Kindergartens und auch der Pfadfinderbewegung.

   cc) Pierre Joseph Proudhon (gest. 1865) lehnt als strenger Moralist insbesondere das arbeitslose Einkommen ab. Von hier ist sein Ausspruch „Eigentum ist Diebstahl" zu verstehen.

   dd) Louis Blanc (gest. 1882) fordert Arbeiterbetriebe mit staatlicher Unterstützung.

3. **Deutschland und der Marxismus**

   aa) Zu den Wegbereitern des Sozialismus in Deutschland gehören u. a. der Dichter Georg Büchner (1813—1837) und der Schneidergeselle Wilhelm Weitling, der einen christlichen Sozialismus vertritt.

   bb) Die Begründer des Systems einer sozialistischen Theorie werden Karl Marx und Friedrich Engels.

   cc) Marx und Engels und die Grundgedanken des Marxismus:
   — **Karl Marx** (1818—1883), aus einer bürgerlichen Familie stammend, studiert Philosophie, Rechtswissenschaften und Geschichte, wird Redakteur, gerät im Vormärz in Konflikt mit der Regierung und lebt seit 1845 meistens als Emigrant im Ausland.
   In Frankreich lernt Marx, ein Schüler des Philosophen Hegel, den utopistischen Sozialismus kennen, in England vor allem die modernen volkswirtschaftlichen Gedanken.
   Mit Friedrich Engels verfaßt Karl Marx als Mitglied des „Bundes der Kommunisten" das „Kommunistische Manifest" (1847), das jedoch zunächst wenig Beachtung findet. Sein wissenschaftliches Hauptwerk ist „Das Kapital" (**1867 erschienen**).

— **Friedrich Engels** (1820—1895) stammt aus einer Fabrikantenfamilie, emigriert ebenfalls nach England, ist mit Karl Marx eng befreundet und hat sich als Historiker entscheidend an der Ausbildung des marxistischen (materialistischen) Geschichtsbildes beteiligt.

— **Die Lehre von Marx und Engels** (Wissenschaftlicher Sozialismus, Kommunismus) verbindet
deutsche Philosophie,
französischen Sozialismus,
englische Wirtschaftstheorie
und stellt ein geschlossenes System einer Gesellschafts-, Wirtschafts- und Staatstheorie dar.

1. Das Menschenbild und die Geschichtsphilosophie sind bestimmt durch die Dialektik und durch den historischen Materialismus: Nicht die Ideen bestimmen das gesellschaftliche Dasein, sondern die jeweiligen ökonomischen Bedingungen bestimmen die geistige Verfassung von Mensch und Gesellschaft: „Es ist nicht das Bewußtsein der Menschen, das ihr Sein, sondern umgekehrt ihr gesellschaftliches Sein, das ihr Bewußtsein bestimmt."
Die Ideen sind Reflexe der jeweiligen Produktionsverhältnisse. In diese Gedanken sind Vorstellungen von einer deterministischen (zwangsläufigen) Geschichtsentwicklung eingebaut.

2. In seiner Wirtschaftstheorie stellt der Marxismus die menschliche Arbeit in die Mitte. Die Ausbeutungstheorie, die These vom Mehrwert, die Verelendungs-, Akkumulations- und die Krisentheorie führen zum Schluß, daß der Kapitalismus mit innerer Gesetzmäßigkeit durch sich selbst zerstört und zugrunde gehen wird.

3. Staat und Gesellschaft:
Der Staat ist Machtinstrument der jeweils herrschenden Klasse zur Unterdrückung der Beherrschten. Nicht durch soziale Reformen, sondern nur durch die sozialistische Revolution kann die unterdrückte Klasse (Proletarier) Freiheit und Gleichheit erringen. (Weltrevolution, Solidarität des internationalen Proletariats, Diktatur des Proletariats.) An die Stelle des bürgerlichen Klassenstaates wird der proletarische Klassenstaat treten, der aber zur klassenlosen Gesellschaft führt, wenn alles Eigentum an den Produktionsmitteln in die Hände der Gesellschaft überführt sein wird.

4. Die weitere Entwicklung des Marxismus ist:
aa) in geistig-ideologischer Hinsicht bestimmt durch zahlreiche Wandlungen, weil in der Beurteilung des Verhältnisses von Kapitalismus und Staat sowie in der Forderung nach einem gewaltsamen Umsturz die Meinungen der führenden Sozialisten bald auseinandergehen und sich einer Auffassung, die für eine allmähliche Anpassung an die bürgerliche Gesellschaft eintritt (Revisionismus, Neomarxismus, besonders in Süddeutschland, und Austromarxismus in Österreich), der orthodoxe Marxismus entgegenstellt, der an internationaler Solidarität und am Gedanken der Weltrevolution festhält;

bb) andererseits durch die politische Entwicklung in Rußland bedingt, wo die Radikalen (seit 1903 Bolschewisten) unter Lenin — der den Marxismus in besonderer Weise interpretiert, indem er u. a. die Revolution durch eine besondere Elite (Partei) betont —, mit der Revolution von 1917 an die Macht kommen.

d) Die deutsche Sozialdemokratie wächst aus den politischen und sozialen Problemen der Jahrhundertmitte und der Bismarckzeit.

1. Während der Revolution von 1848 stehen Liberale und Arbeiter in gemeinsamem Kampf für demokratische, politische Freiheit und soziale Besserstellung. Später, in der Zeit des Kapitalismus, treten die Klassengegensätze beherrschend in den Vordergrund.
2. Ferdinand Lassalle gründet 1863 den Allgemeinen Deutschen Arbeiterverein. Er entwickelt ein sozialistisches Programm, welches die nationale Komponente — im Gegensatz zu Marx — nicht ausklammert und die Verpflichtung des Staates zur Lösung der sozialen Frage bejaht. Der frühe Tod Lassalles (gefallen 1864 im Duell) gibt den Anhängern des orthodoxen, international orientierten Marxismus die Oberhand.
3. Wilhelm Liebknecht (gest. 1900) und August Bebel (gest. 1913), beide mit Marx befreundet, werden 1869 auf dem Parteitag in Eisenach die Gründer der Sozialdemokratischen Partei, an die sich auf dem Parteitag in Gotha (1875) auch die ehemaligen Anhänger Lassalles anschließen.
4. Bismarck unterdrückt die Partei, diese gewinnt aber an Stimmen, wird infolge des engen Anschlusses an Karl Marx und Friedrich Engels radikaler und erreicht kein positives Verhältnis zum deutschen Staat; das Klassendenken dominiert gegenüber dem Staatsdenken.

3. Die angelsächsischen Staaten im 19. Jahrhundert

a) Großbritannien

1. Allgemeine Lage

Nach dem Unabhängigkeitskrieg der nordamerikanischen Kolonien (1775 bis 1783), durch den Nordamerika (außer Kanada) für England verlorengeht, konsolidiert sich die politische Lage. In den Kriegen gegen Napoleon kann die englische Seeherrschaft fest begründet werden (Abukir, Trafalgar). Seit 1800 besteht die Bezeichnung „Vereinigtes Königreich Großbritannien und Irland".

Innenpolitisch geht die Entwicklung zur Liberalisierung und Demokratisierung der Monarchie weiter (Evolution statt Revolution). Die Industrialisierung und der Übergang zur kapitalistischen Wirtschaft (das Mutterland bildet sich vom Agrar- zum Industrieland um) wird für Innenpolitik und Außenpolitik in gleicher Weise bestimmend.

2. Die innenpolitische Entwicklung des Weltreiches (Empire)

Das Viktorianische Zeitalter (Königin Viktoria 1837—1901!) beginnt mit einer tiefen Diskrepanz zwischen staatlicher und gesellschaftlicher Entwicklung:

Während die industrielle Revolution die Gesellschaft von Grund auf verändert, ist z. B. das Wahlrecht noch an den Grundbesitz gebunden, so daß nur 200 000 Engländer wahlberechtigt sind.
Dennoch wird die zweite Hälfte des 19. Jahrhunderts zu einer der glücklichsten Epochen der englischen Geschichte. Nur die irische Frage kann nicht gelöst werden.
Gründe für den wirtschaftlichen und politischen Aufschwung Englands:
aa) Freihandel: Adam Smith und das Manchestertum, das bis zu einem gewissen Grad auch eine Milderung der sozialen Schwierigkeiten mit sich bringt, obwohl es durch Robert Owen bekämpft wird.

bb) Schrittweise Reformen des Staates, besonders durch Wahlgesetze, durch die Fabrikgesetzgebung, durch die Aufhebung der Testakte (welche seit 1661 die Katholiken benachteiligen), durch Steuerreformen, Sozialversicherung u. ä.
Diese Maßnahmen wirken radikalen Tendenzen entgegen. Vor allem bekommt der englische Arbeiter (anders als der deutsche im Bismarck-Staat) ein positives Verhältnis zu seinem Staat, schädigende Klassenkämpfe werden verhindert.

cc) Das politische Leben erfährt durch die geringen Unterschiede innerhalb der englischen Parteien (die liberalen Whigs, die konservativen Tories, dazu kommt 1906 die Labour Party) und durch das Mehrheitswahlrecht, welches die Entwicklung zum Zweiparteiensystem fördert, niemals eine staatsgefährdende Schärfe.

3. Die außenpolitische Entwicklung ist bestimmt durch die Stärkung der englischen Stellung in Europa, besonders während des Krimkrieges und durch den Erwerb von Rohstoff- und Absatzgebieten sowie die Sicherung der Seewege.

aa) In Ägypten (Baumwolle) besitzt Großbritannien seit 1875 die Aktienmehrheit der Gesellschaft, welche den vom Franzosen Lesseps erbauten Suezkanal verwaltet. Der Kanal ermöglicht eine wesentliche Verkürzung des Seeweges nach Indien.

bb) Der Nahe Osten ist bedeutsam als Landbrücke nach Indien, zur Sicherung des Seeweges und später durch seine Ölvorkommen. Hier wächst der englisch-russische Interessengegensatz (Meerengenfrage!). Seit 1878 besitzt England die Insel Zypern.

cc) Indien ist seit Beginn des 17. Jahrhunderts ein Kernstück des englischen Weltreiches (die Ostindische Kompanie hat das Monopol für den gesamten Indienhandel). Nach Ausschaltung Frankreichs (1763) wird die Ostindische Kompanie dem britischen Parlament unterstellt, 1857 nach einem schweren Aufstand der Sepoys aufgelöst; und das Land gehört jetzt direkt zur englischen Krone. 1877 Proklamation der Königin Viktoria zur „Kaiserin von Indien".

dd) Südafrika gewinnt Bedeutung durch die Diamantenfunde am Oranjefluß (1867). Englische Siedler annektieren große Gebiete, stoßen aber auf den Widerstand der Burenrepubliken. Nach deren Niederlage entsteht Britisch-Südafrika.

4. Bedeutende Persönlichkeiten:
   aa) Lord Palmerston (1784—1865), Wegbereiter einer liberalen Politik;
   bb) William Gladstone (1809—1898), der Hauptvertreter der liberalen Reformgesetzgebung;
   cc) Benjamin Disraeli (1804—1881), wichtigster Repräsentant einer imperialistischen Außen- und Kolonialpolitik.

b) Die Vereinigten Staaten von Nordamerika

1. Schwerpunkte und Faktoren der Entwicklung:
   aa) Festhalten am freiheitlichen Denken des 18. Jahrhunderts, Anteilnahme der Öffentlichkeit am politischen Leben; ausgeglichenes Verhältnis zwischen Staat und Gesellschaft; Demokratisierung, allgemeines Wahlrecht usw.
   bb) Europäisierung durch ständigen Zustrom von Einwanderern aus Europa (wirtschaftliche und politische Gründe, auch Abenteurer).
   cc) Erschließung des Westens (Pionierzeit, teilweise brutaler Kampf gegen Indianer) und Vordringen bis zum Pazifik (1829).
   dd) Ablehnung europäischer Einmischung (Monroe-Doktrin 1823), Isolationismus.
   ee) Gegensatz zwischen den Nordstaaten mit Industrie, dem Verlangen nach Schutzzoll (Binnenzoll), mit einer liberalen, sklavereifeindlichen Grundeinstellung und den Südstaaten, in denen vor allem Baumwolle erzeugt und exportiert wird, die freihändlerisch orientiert sind und die Abschaffung der Sklaverei ablehnen.

2. Der amerikanische Bürgerkrieg (1861—1865) und die Krise der Vereinigten Staaten.

   aa) Ursache und Veranlassung
   Verschiedene Beurteilung der Sklavenfrage in den Nord- und Südstaaten. Die Sklavereigegner („Republikaner") setzen sich allmählich gegen die Sklavenstaaten („Demokraten") durch, besonders als Abraham Lincoln (1809—1865) als Vertreter des Nordens Präsident der Vereinigten Staaten wird. Sieben Baumwollstaaten erklären den Austritt aus der Union und schließen sich zu einer Konföderation unter einem eigenen Präsidenten zusammen.
   bb) Im Sezessionskrieg, der sehr hart geführt wird und in seiner letzten Phase als „moderner" Krieg bezeichnet werden kann (Einsatz von Eisenbahn, Telegraph, Kampf gegen Zivilbevölkerung und Nachschublinien), siegen die Nordstaaten, d. h. der Unionsgedanke. Die Einheit des Staates bleibt gewahrt.
   cc) Ergebnisse des Bürgerkrieges:
   — Ende des Partikularismus in den Vereinigten Staaten, Sieg des föderativen Gedankens.
   — Der Sieg der industriell orientierten Nordstaaten bedeutet nicht nur Niederlage der feudal-patriarchalischen Sklavenstaaten, sondern ermöglicht auch die Entwicklung der USA zum eigenständigen Industriestaat, der nicht mehr nur Rohstofflieferant für Europa ist, sondern vom alten Erdteil unabhängig wird.

4. Nationalismus und Nationalstaatsgedanke
a) Begriffserklärung von Volk, Nation, Staat — Heimat, Vaterland.
1. **Volk**
   ist zunächst eine von Natur aus gegebene Anzahl von Menschen. Bis zum 19. Jahrhundert steht das „Volk" (als die Masse der politisch Rechtlosen, Ungebildeten, sozial Deklassierten) den Privilegierten und Gebildeten gegenüber. Bei Herder wird „Volk" zu einer geistig-seelischen Individualität, ist durch einen festen Bestand an Werten (wie Sprache, Religion, Kultur, Geschichte) zusammengeschlossen.
2. **Nation**
   Durch politisches Bewußtsein und durch politischen Willen (nicht die Sprache ist entscheidend!), d. h. durch Machtdenken entstehen Nationen. Nationalbewußtsein, d. h. gemeinsames nationales Bewußtsein mit Prestigeempfindlichkeit und Geltungsbewußtsein, hat es immer gegeben, aber erst seit dem 19. Jahrhundert wird der nationale Gedanke zu einer das Verbindende und Gemeinsame (z. B. den Reichsgedanken) ausschließenden Macht.
3. **Staat**
   ist ein Zweckverband, eine mit Macht ausgestattete Organisation, ein Rechtsverband mit dem Ziel, das Zusammenleben der Menschen zu sichern und die Ordnung zwischen Mensch und Mensch sowie Menschen und Gütern zu erhalten oder wiederherzustellen. Staatsvolk, Staatsgebiet und Staatsgewalt sind Voraussetzung.
4. **Heimat**
   hat wie Vaterland unmittelbar personalen Bezug. Dabei gehört der Heimatbegriff dem vorpolitischen, unpolitischen Bereich an und bezeichnet den engsten, von der Natur, den Beziehungen zum Mitmenschen (Eltern, Freunde) und zum Beruf gekennzeichneten Lebensraum.
5. **Vaterland**
   Dieser Begriff ist weiter, hat auch personalen Bezug, umfaßt aber alles, worin das Dasein wurzelt, also die Natur, aber auch den durch die kulturschaffenden Menschen in Freiheit gestalteten und geprägten Raum, das Land der Väter (Patriot, Patriotismus). Die Wertbezogenheit, die innere Anteilnahme am Schicksal dieses Raumes und die geistige Verbindung mit der politischen Ordnung sind für das Vaterlandsbewußtsein wichtiger als Sprache und Staatsgrenze.

b) Johann Gottfried Herder (1744—1803) und das nationale Denken der Romantik
Der in Ostpreußen geborene J. G. Herder wird für die nationale Entwicklung besonders in Mittel- und Ostmitteleuropa von größter Bedeutung.
1. Dem Zentralbegriff der Aufklärung: „Staat" (d. h. dem Organisierbaren) stellt Herder das organisch Gewachsene, den Zentralbegriff „Volk" gegenüber. Damit erhält auch die Vergangenheit und das geschichtlich Gewordene eine bisher unbekannte Bedeutung für das politische Denken.

2. Dieser Zentralbegriff „Volk" erhält einen neuen Inhalt, er wird zum Lebensprinzip, das hinter allen Lebensbereichen steht. Der einzelne Mensch wird nur verständlich als Glied seines Volkes, jedes Volk ist eine Persönlichkeit, ein Individuum, hat eine bestimmte Aufgabe im Schöpfungsplan Gottes. Kriterium für ein Volk ist bei Herder die Sprache.

3. Vom Kulturellen und Geistigen führt das Denken der Romantik verstärkt durch die politische Entwicklung unter Napoleon zur Entfaltung des deutschen Nationalbewußtseins.

Besonderen Einfluß übt Herder jedoch auf die slawischen Völker Europas aus, welche im 19. Jahrhundert eine nationale Wiedergeburt erleben.

c) Der Nationalliberalismus als europäische Bewegung

1. Der im Denken der Aufklärung wurzelnde Begriff der Volkssouveränität und die aus der Romantik stammende nationale Bewegung bestimmen in den meisten europäischen Ländern das politische Leben des 19. Jahrhunderts. Von besonderer Bedeutung wird dabei der **Nationalstaatsgedanke** mit der Forderung, daß jede Nation in einem eigenen Staat vereint sein soll, daß sich Volksgrenzen und Staatsgrenzen decken. Dieses Prinzip ist jedoch in Mitteleuropa, wo die Völker verzahnt, in „Gemengelage" siedeln, ohne Unrecht und Gewaltanwendung nicht zu verwirklichen.

2. **Die nationale Idee wandelt sich im 19. Jahrhundert zum Nationalismus,** zur Ersatzreligion, indem jeweils das wirkliche oder vermeintliche Wohl des eigenen Volkes oder des eigenen Nationalstaates zum obersten Wert schlechthin erhoben wird und im Namen der Nation auch Unrecht und Gewalt gebilligt werden und gerechtfertigt erscheinen.

d) Der deutsche Nationalismus

1. Das nationale Denken steht in Deutschland zunächst in enger Verbindung mit dem freiheitlichen Gedanken der Befreiungskriege (der Patriot setzt sich für die Freiheit seines Vaterlandes ein). Die Farben dieser freiheitlich-nationalen Bewegung sind Schwarz-Rot-Gold.

2. Durch den Kampf gegen Frankreich und durch den Sieg der Restauration im Innern der deutschen Staaten siegt das antiwestliche, das konservative Denken. Deutschland geht den Weg vom „libertären zum autoritären Nationalismus".

3. Der nationale Gedanke verbindet sich in großen Teilen des deutschen Volkes mit der Idee des nationalen Machtstaates, findet aber nach dem Scheitern der Paulskirche nur die kleindeutsche Verwirklichung des Bismarck-Staates.

e) Österreich und die Nationalitätenfrage

1. Der Habsburgerstaat entwickelt sich seit dem Wiener Kongreß weiter zur übernationalen Großmacht im Donauraum und ist die politische Heimat für viele Völker.

2. Das nationale Erwachen der Tschechen, Ungarn, Serben, Polen, Italiener u. a. geht den Weg vom Geistig-Kulturellen (Pflege der Volkssprache, Entwicklung einer Kultursprache, Sammlung von Volksliedern, Sagen, Volksepen) zum Historisch-Politischen, mit der Entstehung eines Geschichtsbildes und der Forderung nach einem eigenen Nationalstaat.
3. Die Verselbständigung der Nationalitäten jedoch muß zur Zerstörung Österreichs führen, ohne daß es möglich ist, national oder sprachlich homogene (einheitliche) Staaten zu errichten.
4. Österreich-Ungarns Politik (Außenpolitik, Heer, Marine und Zollpolitik sind gemeinsam) ist gekennzeichnet durch immer radikalere Nationalitätenkämpfe.

5. Napoleon III. und seine Epoche
a) Frankreich nach der Revolution von 1848
1. Napoleons Weg zur Macht.

Nach dem Ende der Monarchie setzen sich in Frankreich nicht die radikalen Republikaner oder die Sozialisten durch, sondern das Großbürgertum und der Bonapartismus. Bei der Wahl im Dezember 1848 wird der Abgeordnete der Nationalversammlung Louis Napoleon Bonaparte, ein Neffe Napoleons I., von einer großen Mehrheit des Volkes zum Präsidenten gewählt.

Kluge Versprechungen nach allen Seiten, Propaganda und Druck ebnen ihm den Weg. Schließlich bringt ihn ein Staatsstreich an die höchste Stelle (Dezember 1851). Er läßt sich durch Volksabstimmung das Recht erteilen, die Verfassung zu ändern; der Staat bleibt nur noch zum Schein eine Republik; auch dieser Schein verschwindet im folgenden Jahr: Am 2. 12. 1852 nimmt Napoleon den Kaisertitel an (Napoleon III.; als Napoleon II. wird der Sohn Napoleons I., der Herzog von Reichstadt, gezählt). Durch Volksabstimmung — fast 100prozentige Zustimmung! — läßt sich Napoleon III. seine Entscheidungen bestätigen.

2. Napoleon III. ist Abenteurer, Grübler und Diktator in einem. Er lebt in fantastischen Illusionen von Macht und Geltung in ganz Europa. Die allgemeine Wirtschaftskonjunktur kommt ihm entgegen. Frankreich erlebt im ersten Teil der Regierungszeit Napoleons III. einen bedeutenden Aufstieg: Ausbau der Hauptstadt, Pariser Weltausstellungen (1855, 1867), Arbeitsbeschaffung, Erwerb von Kolonien, Bau des Suezkanals (1859 bis 1869).

3. Napoleons Außenpolitik ist ausgerichtet auf Macht und Prestigegewinn. Am Ende soll die europäische Führungsrolle Frankreichs stehen. Napoleon III. ist an den großen Auseinandersetzungen bis 1870 zum Teil entscheidend beteiligt. Ansatzpunkte für die französische Außenpolitik sind:

aa) die orientalische Frage: Meerengenproblem, Schutz der katholischen Christen in der Türkei;

bb) die nationale Frage: Unterstützung der polnischen Freiheitsbestrebungen gegen Rußland, Unterstützung der italienischen Einigungsbewegung gegen Österreich, Förderung der nationalen Bestrebungen auf dem Balkan.

b) Der Krimkrieg (1855—1856) — ein Wendepunkt der europäischen Geschichte

1. Die europäische Lage um 1850

   aa) Das Bündnis der restaurativen Mächte Rußland, Preußen, Österreich hat sich 1848/49 im Kampf gegen die Revolution bewährt.

   bb) In Rußland festigt sich unter Zar Nikolaus I. (1825—1855) das autokratische System. Die Autonomie Polens, 1815 auf dem Wiener Kongreß festgelegt, ist schon seit 1831 vernichtet. Rußland nimmt die expansive Politik Peters d. Gr. und Katharinas d. Gr. in Richtung Schwarzes Meer wieder auf (Streben zum Mittelmeer, Meerengenfrage). Dadurch schiebt sich Rußland gegen österreichisches Interessengebiet vor.

   cc) In England festigt Lord Palmerston die liberale Politik; die englische Macht wird erweitert und gesichert (Mittelmeer, Weg nach Indien).

   dd) Frankreich betreibt unter Napoleon III. eine unberechenbare, ehrgeizige Politik und benutzt die nationale und liberale Frage als Einstieg.

   ee) Die Türkei wird durch den Vorstoß Österreichs (seit Prinz Eugen — Friede von Karlowitz 1699 —) und Rußlands bedrängt, verliert Gebiete und wird zum „kranken Mann am Bosporus"; sie bleibt in der Defensive sowohl gegen den Imperialismus Rußlands, das sich gegen die Meerenge und das Mittelmeer vorschiebt, wie auch gegen das nationale Erwachen der kleinen — meist slawischen — Balkanvölker. 1821—1829 haben die Griechen in ihrem Freiheitskampf ihre Unabhängigkeit errungen.

England, welches die Sicherung seines Weges nach Indien im Auge behalten muß, wird zum Gegenspieler Rußlands. Rußland kaschiert sein wahres Interesse, indem es sich zur Schutzmacht der orthodoxen Christen macht.

2. Ausbruch und Verlauf des Krieges

   aa) Rußland stellt an die Türkei territoriale Forderungen, welche die Türkei — gestützt auf England — verweigert. Rußland marschiert darauf in die Donaufürstentümer ein (1853), was ein Ultimatum und die Kriegserklärung der Westmächte (1854) zur Folge hat. Engländer und Franzosen landen auf der Krim und belagern von Oktober 1854 bis September 1855 die Festung Sewastopol. In den schweren Kämpfen zeichnen sich die Großfürstin Helene Pawlowna und die Engländerin Florence Nightingale in der Sorge für die von Hunger und Krankheiten heimgesuchten Heere besonders aus.

   bb) Die Stellung der Mittelmächte Österreich und Preußen wird für das Kriegsgeschehen von Bedeutung:

   1. **Preußen:** Hier siegt der konservative Kreis um den König, der rußlandfreundlich eingestellt ist und im Konflikt zwischen Rußland und den Westmächten unter Einfluß des späteren Ministerpräsidenten von Bismarck eine wohlwollende Neutralität gegenüber Rußland bekundet.

2. In **Österreich** setzt sich dagegen die gegen Rußland gerichtete Politik durch, es kommt zum Bündnis mit den Westmächten, ohne daß Österreich in den Krieg eintritt. Aber durch die drohende Haltung gegenüber Rußland binden die österreichischen Truppen russische Kräfte. Damit endet die noch im Kampf gegen die aufständischen Ungarn 1849 bewährte Freundschaft zwischen Österreich und Rußland.
3. Der Friede wird am 30. März 1856 in Paris unterzeichnet. Rußland ist der Unterlegene. Entgegen den Hoffnungen wird der Friede kein Gegenstück zum Wiener Kongreß. Die Dardanellen werden geschlossen, Rußland muß auf die Gebiete an der Donaumündung verzichten und darf keine Kriegsschiffe im Schwarzen Meer halten.
4. Die Folgen des Krimkrieges sind für die weitere Entwicklung der Außenpolitik groß:
— Die von Alexander II. (1855—1881) begonnenen Reformen, welche eine Liberalisierung mit Bauernbefreiung, Selbstverwaltung usw. anstreben, scheitern. Alexander wird das Opfer eines Attentates, und sein Nachfolger Alexander III. schlägt wiederum den Weg der Reaktion ein.
— Das Bündnis, 1815 durch die Heilige Allianz zwischen Preußen, Österreich und Rußland begründet, bricht endgültig auseinander. Die Enttäuschung und Erbitterung in Rußland gegen die Einstellung Österreichs im Krimkrieg ist tief. Die Rivalität zwischen Rußland und Österreich auf dem Balkan nimmt vom Krimkrieg ihren Ausgang.
— Dagegen festigt sich seit 1854 das russisch-preußische Verhältnis. Dies hat eine Rückendeckung für Preußen in den Kriegen 1866 und 1871 zur Folge.
— Das kleine Piemont-Sardinien (die Keimzelle der nationalen Einheit Italiens) erreicht durch seine Teilnahme am Krimkrieg einen großen Prestigegewinn, sichert sich die Freundschaft Frankreichs im Kampf gegen Österreich.
— Damit stellt der Krimkrieg die Weichen sowohl für die Einigung Italiens (1859) als auch für den Bruderkrieg Preußen — Österreich, den Deutsch-Französischen Krieg und die kleindeutsche Staatsgründung (1866/71) und auch für die Entwicklung zum 1. Weltkrieg, welcher aus der russisch-österreichischen Rivalität auf dem Balkan entspringt (1914).

c) Die nationalstaatliche Einigung Italiens
1. Die Apenninhalbinsel ist seit dem Ende der Römerzeit politisch stark gegliedert. Nach 1815 bestehen hier folgende Staaten:
   aa) das Königreich beider Sizilien unter einer bourbonischen Dynastie;
   bb) der Kirchenstaat;
   cc) Parma, Modena, Toskana (Herzogtümer unter habsburgischen Fürsten);
   dd) Venetien und die Lombardei bis zum Po gehören zu Österreich;
   ee) Korsika gehört zu Frankreich;

ff) Piemont-Sardinien ist unter einer einheimischen Dynastie eine konstitutionelle Monarchie.

Gegen die fremden Dynastien kommt es öfter zu Aufständen. Die Widerstände werden zunächst unterdrückt.

2. Das „Risorgimento" (= Wiedererstehen) Italiens: Seit Beginn des Jahrhunderts streben politische Kräfte die Einigung des Landes an. Zwei voneinander geschiedene nationale Strömungen wollen die Einheit:

aa) Eine radikale, republikanische (revolutionäre), nationale Bewegung mit den bedeutendsten Führern Mazzini und Garibaldi und ihren Freischärlern.

bb) Eine gemäßigte, liberal-konstitutionelle, teilweise föderalistische Strömung, an deren Spitze Piemont-Sardinien steht (König Viktor Emanuel). Leitender Minister von Piemont ist Graf Camillo **Cavour** (1810—1861), der „italienische Bismarck": seit 1847 Herausgeber der Zeitschrift „Risorgimento", Vertreter des Nationalstaatsgedankens, Realpolitiker; er sucht die außenpolitische Abstützung der nationalen Einigung besonders bei Napoleon III., dessen Vertrauen er durch die Beteiligung am Krimkrieg gewinnt.

3. Der Krieg Piemonts und Frankreichs gegen Österreich 1859

Cavour erhält von Napoleon III. die Zusage französischer Hilfe für einen provozierten Angriff auf Österreich und treibt den Habsburgerstaat zur Kriegserklärung.

Die österreichischen Truppen werden bei Magenta und Solferino (Juni 1859) geschlagen. Im Frieden mit Frankreich (Zürich) tritt Österreich die Lombardei an Frankreich ab, Napoleon III. gibt sie an Piemont weiter.

Die Schlacht von Solferino (24. Juni 1859) wird für den Schweizer Henri Dunant der Anlaß zur Gründung des „Roten Kreuzes".

4. Die Einigung

In Mittel- und Süditalien werden die alten Dynastien im Einvernehmen mit Cavour durch Volksaufstände und durch die Landung Garibaldis auf Sizilien 1860 vertrieben. Nur das Gebiet von Rom selbst bleibt unter dem Schutz Frankreichs (bis 1870).

Durch Volksabstimmungen wird der Anschluß an Piemont bestätigt. Am 17. März 1861 nimmt Viktor Emanuel den Titel „König von Italien" an. Hauptstadt ist Turin, dann Florenz. Italien wird konstitutionelle Monarchie.

5. Ergebnisse:

aa) Für Italien, das sich innenpolitisch konsolidiert und außenpolitisch keineswegs ein Satellit Frankreichs wird, fehlen zum Nationalstaat vor allem Rom (Kirchenstaat) und Venetien (bis 1866 bei Österreich).

Die nationalistische Irredenta fordert den Anschluß der „noch nicht erlösten" Gebiete, besonders von Triest und Südtirol. 1866 verbündet sich Italien mit Preußen gegen Österreich und gewinnt trotz seiner Niederlagen bei Custozza und bei Lissa (Seeschlacht) schließlich Venetien.

bb) Für Napoleon bedeutet die Einigung Italiens nur einen Teilerfolg, weil trotz der Abkehr von der autoritären Regierungsform und einer allgemeinen Amnestie die innenpolitischen Schwierigkeiten nicht zuletzt wegen der Preisgabe des Kirchenstaates wachsen.

d) **Das mexikanische Abenteuer und das Ende der napoleonischen Politik**
1. In die seit 1821 selbständige, aber innerlich noch nicht gefestigte Republik Mexiko entsenden 1861 im Zusammenhang mit europäerfeindlichen Ausschreitungen die Westmächte Truppen. England und Spanien ziehen diese sehr bald wieder zurück, Napoleon III. aber läßt Erzherzog Maximilian, einen Bruder des österreichischen Kaisers Franz Josef, zum Kaiser von Mexiko ausrufen. Maximilian kann sich nur mit französischer Hilfe halten. Als die USA im Sinn der Monroe-Doktrin den Abzug der Europäer fordern, nimmt auch Napoleon seine Truppen zurück und überläßt Maximilian seinem Schicksal. Dieser wird 1867 von den Republikanern (Präsident Juarez) erschossen. Das Ergebnis ist ein großer Prestigeverlust für Napoleon.
2. Auch der polnische Aufstand gegen Rußland (1863), den Napoleon in der Hoffnung auf ein selbständiges Polen als Bündnisgenossen Frankreichs unterstützt, scheitert, was die russische Neutralität im Deutsch-Französischen Krieg 1870 zur Folge hat.
3. Ebenso muß Napoleon III. seinen Plan, das Großherzogtum Luxemburg zu kaufen, aufgeben.
4. Schließlich bringt der Deutsch-Französische Krieg die Abdankung des Kaisers und die Ausrufung der Dritten Republik.

6. Bismarck und seine Zeit
Inhalt der Epoche:
— Verwirklichung der kleindeutschen nationalen Einheit
— Wandel vom Agrar- zum Industriestaat in Deutschland
— Diskrepanz zwischen bedeutender Industrialisierung und unterbliebener Demokratisierung = Spannung zwischen Staat und Gesellschaft.

a) Von der Paulskirche zur Reichsgründung
1. **Der Deutsche Bund nach 1848**
Das Werk der Frankfurter Nationalversammlung ist gescheitert. Die Einheitsbestrebungen haben sich nicht durchgesetzt. Der deutsche Dualismus erschwert eine gesamtdeutsche Politik. Sieg der Reaktion in den meisten deutschen Staaten. In Österreich die Verfassung aufgehoben; in Preußen Einführung des undemokratischen Dreiklassenwahlrechts. Maßgebender Einfluß der reaktionären Kamarilla. Preußens Gesandter beim Deutschen Bundestag in Frankfurt ist Otto von Bismarck.
2. **„Neue Ära", nationale Bewegung und Verfassungskonflikt in Preußen**
aa) Seit 1858 Regentschaft des Prinzen Wilhelm für seinen kranken Bruder mit einem gemäßigt liberalen Ministerium („Neue Ära").
bb) Aufschwung des liberalen und nationalen Denkens (Schwarz-Rot-Gold).
— durch die Einigung Italiens
— durch nationale Gedenkfeiern (Schillerjahr 1859)

— durch die Tätigkeit nationaler und nationalistischer Vereine: Deutscher Nationalverein, Turnvereine, Schützenvereine, Gesangvereine.

cc) In Preußen Ende der neuen Ära und offener Kampf zwischen den Liberalen und dem preußischen Obrigkeitsstaat durch den Heereskonflikt (Verfassungskonflikt):

1) Das Heer ist seit einer Generation reformbedürftig.

2) Gesetzesvorlage (ausgearbeitet von König Wilhelm und seinem konservativen Kriegsminister Albrecht von Roon) zur Heeresreorganisation: Verstärkung der aktiven Regimenter (Linie, feudaler Charakter des Offizierskorps).

Zurückdrängung der Landwehr (bürgerliches Element, Idee vom Volksheer).

Einführung eines dritten Dienstjahres (aus politischen Gründen, ohne militärische Notwendigkeit).

3) Offener Widerstand der liberalen Mehrheit im Landtag und Ablehnung aller Ausgaben für die Heeresreform mit größter Mehrheit (z. B. 270 gegen 68 Stimmen!).

König Wilhelm (1861—1888; geb. 1797; Regent seit 1858) findet kein Ministerium mehr, das bereit wäre, seine Heeresorganisation durchzusetzen. Er ist zur Abdankung entschlossen. In dieser Situation auf Anraten Roons Berufung des Gesandten Otto von Bismarck.

3. Otto von Bismarck 1815—1898

aa) Herkunft: Vater: märkischer Adel; Mutter: bürgerliche Beamtenkreise. Von hier Spannung in der Persönlichkeit. Beamtenlaufbahn abgebrochen, lebt als Landjunker; Hinwendung zur lutherischen Frömmigkeit (Einfluß seiner späteren Frau Johanna von Puttkammer).

bb) Werdegang: 1851 Bundestagsgesandter in Frankfurt, 1859 preußischer Gesandter in Petersburg, 1862 Gesandter in Paris, seit September 1862 preußischer Ministerpräsident, 1866 Bundeskanzler des Norddeutschen Bundes, seit 1871 Reichskanzler des Deutschen Reiches.

cc) Politische Einstellung: Konservativ, Ablehnung aller national-liberalen Bestrebungen, Gegner der Bewegung von 1848, für Wiederherstellung des Deutschen Bundes 1849; entzieht sich jedoch jeder Schablone. Die preußisch-deutsche Frage sieht er im europäischen Zusammenhang. Vertritt den Primat der Außenpolitik. Geht den Weg vom preußischen Politiker zum deutschen und europäischen Staatsmann. Er bestimmt für drei Jahrzehnte die deutsche Innen- und Außenpolitik und ist die markanteste Gestalt der kontinentaleuropäischen Diplomatie im letzten Viertel des 19. Jahrhunderts.

4. Der Weg zum deutschen Staat bis 1866:

aa) Das Ende des Konfliktes: Bismarck leitet vier Jahre die Regierung ohne verfassungsmäßig genehmigten Haushalt. Er führt zwei Kriege ohne Bewilligung der Mittel durch die Volksvertretung! Er bekämpft die liberale Opposition durch Maßregelung, Strafversetzungen usw., knebelt die freie politische Meinung und das politische Leben. Eine Zeit der Reaktion im Innern.

Im liberalen Bürgertum fehlt die geistige Tradition und infolge des Dreiklassenwahlrechts der Rückhalt im Volk. Die außenpolitischen Erfolge bringen die Opposition zum Schwinden.

bb) Erste außenpolitische Entscheidungen:
— Im Krimkrieg wohlwollende Neutralität gegenüber Rußland
— Im polnischen Aufstand (1863) stellt sich Bismarck durch die Alvenslebensche Konvention ebenfalls auf Rußlands Seite, vereinbart militärische Hilfe und sichert sich damit die russische Neutralität in den kriegerischen Auseinandersetzungen bis 1871.

cc) Der dänische Krieg 1864
führt die Krise von 1848 weiter. Schleswig-Holstein, durch Personalunion miteinander verbunden, gehören zu Dänemark; Holstein ist aber Glied des Deutschen Bundes, der dänische König kassiert Schleswig.

Das Londoner Protokoll von 1852 untersagt die Einverleibung in den dänischen Staat, bestätigt aber die Personalunion.

1863 erläßt der unter nationalistischem Einfluß stehende neue König Christian IX. eine auch für die beiden Herzogtümer geltende Verfassung. Die deutsche öffentliche Meinung sieht darin einen Bruch des Londoner Protokolls, ist erregt und verlangt die Unabhängigkeit Schleswig-Holsteins unter einer einheimischen Dynastie (Augustenburger).

Der Deutsche Bund beschließt militärische Maßnahmen gegen Dänemark. Bismarcks Ziel: Anschluß der Herzogtümer an Preußen: Österreich will die einseitige Machtsteigerung Preußens nicht zulassen. Formell halten sich Österreich und Preußen (im Gegensatz zur deutschen öffentlichen Meinung) an das Londoner Protokoll. Dänemark lehnt die Forderungen ab, darauf Einmarsch in Schleswig. Die Preußen erstürmen die Düppeler Schanzen, die Österreicher besetzen Jütland. Dänemark wird zum Frieden gezwungen: Schleswig und Holstein werden gemeinsam an Österreich und Preußen abgetreten.

dd) **Der deutsche Bruderkrieg 1866** und die preußische Lösung der deutschen Frage.

1. **Ursachen:** Der deutsche Dualismus, die Spannung zwischen großdeutscher und kleindeutscher Auffassung, die Vorstellungen vom deutschen Nationalstaat (ohne Österreich), Bismarcks Überzeugung, daß eine Reform des Deutschen Bundes unangebracht und nur eine gewaltsame Lösung möglich sei.

2. **Veranlassung:** Preußens Ziele in Schleswig-Holstein, „Schwierigkeiten" einer gemeinsamen Verwaltung durch Österreich und Preußen; der Kompromiß des Vertrages von Gastein (1865), durch den Preußen die Verwaltung in Schleswig übernimmt und Österreich die in Holstein, ist keine echte Lösung.
Ein preußisch-italienisches Geheimbündnis (durch Napoleon III. ver-

mittelt) sichert Italien den Gewinn Venetiens zu. Ablehnung einer von Bismarck vorgeschlagenen Reform des Deutschen Bundes durch die deutschen Staaten.

3. **Der Krieg:**
   — Mobilmachung des Deutschen Bundes gegen Preußen
   — Austritt Preußens aus dem Deutschen Bund
   — preußischer Einmarsch in Sachsen, Hannover, Kurhessen, Frankfurt, Franken
   — Entscheidungsschlacht in Böhmen bei Königgrätz 1866, technische (Zündnadelgewehr) und führungsmäßige (General Helmut von Moltke) Überlegenheit der Preußen
   — Niederlage der Italiener, aber dennoch Abtretung Venetiens durch Österreich.

4. **Der Friede der Mäßigung:**
   — Verzicht auf Prestigeerfolge (Gegensatz zwischen Bismarck und den Heerführern) und auf Gebietsabtretungen, Krieg ist für Bismarck ein Mittel der Politik, Österreichs Neutralität in den weiteren Auseinandersetzungen wird vorbereitet.
   — Waffenstillstand von **Nikolsburg** und Friede zu Prag: Österreich verzichtet auf Anrechte in Schleswig-Holstein und gibt seine Zustimmung zur Neuregelung des deutschen Gebietes.
   — Zurückweisung der Intervention und Kompensationsforderungen Napoleons III.

5. **Ergebnis:** Das Ausscheiden Österreichs aus dem Deutschen Bund bedeutet das Ende einer jahrhundertealten Gemeinsamkeit des österreichischen Raumes mit der deutschen Geschichte und den Beginn der endgültigen Auflösung der politischen Großraumordnung in Ost-Mitteleuropa.

ee) **Der Norddeutsche Bund**
1. Der Deutsche Bund wird aufgelöst.
2. Schleswig-Holstein, Hannover, Kurhessen, Nassau und Frankfurt kommen zu Preußen.
3. Schutz- und Trutzbündnisse der süddeutschen Staaten mit Preußen.
4. Die 22 deutschen Staaten nördlich des Mains werden zusammengefaßt zum Norddeutschen Bund.

Verfassung: (Grundlage für die Reichsverfassung von 1871) Bündnis der Fürsten mit dem König von Preußen als erblichem Präsidenten an der Spitze.

Allgemeines, gleiches und geheimes Wahlrecht für den Reichstag, der aber nur beschränkte Rechte hat und eine fast demütige Rolle spielt. Regierungsgewalt beim Bundesrat, in welchem die Vertreter der einzelnen Regierungen (nicht der Volksvertretungen!) mit maßgebendem Einfluß Preußens sitzen (Dreiklassenwahlrecht!), keine verantwortlichen Minister (nur Staatssekretäre).

Kanzler (als preußischer Ministerpräsident) ist nicht vom Mehrheitswillen des Parlaments, sondern vom König abhängig.

Einheitliche Bundesgesetzgebung in vielen Zweigen der Wirtschaft und Verwaltung (Post, Zoll, Handel und Gewerbe, Eisenbahn, Münz-, Maß-, Gewichtsordnung usw.).

Bestimmend im Norddeutschen Bund ist nicht das Volk, sondern die Macht der Fürsten (Obrigkeitsstaat).

5. Die Indemnitätsvorlage

Auf einer Woge nationaler Begeisterung läßt sich Bismarck die nicht genehmigten Haushaltspläne rückwirkend billigen. Angesichts der nationalen Erfolge schwindet die liberale Opposition dahin: mit 230 gegen 75 Stimmen wird dem Kanzler die „Indemnität" erteilt.

5. Der Deutsch-Französische Krieg 1870—1871

aa) Ursachen und Veranlassung

Schwierigkeiten und Prestigeverluste Napoleons III.: Mexiko, Italien, Mißerfolge der Kompensationsversuche am linken Rheinufer. Erreicht wird nur die Neutralisierung Luxemburgs.

Die spanische Frage

Nach einer Revolution und Vertreibung der Königin Isabella kommt es in Spanien zur Kandidatur des Erbprinzen Leopold von Hohenzollern (kath. Nebenlinie), die von Bismarck gefördert wird. Erregung in Frankreich, das sich eingekreist sieht (Erinnerungen an das Weltreich des Habsburgers Karl V.).

Napoleon verlangt Rücknahme der Kandidatur — was auch geschieht. Er steigert aber seine Forderungen und strebt einen diplomatischen Großerfolg an, indem er durch seinen Botschafter Benedetti von dem in Bad Ems zur Kur weilenden preußischen König den generellen Verzicht auf eine Hohenzollernkandidatur in Spanien auch für die Zukunft verlangt. Der König lehnt ab. Bismarck veröffentlicht den nach Berlin telegrafierten Bericht über die Vorgänge in Bad Ems und die Zurückweisung Benedettis durch den König gekürzt (Emser Depesche), was in Paris — wie von Bismarck erwartet — als Beleidigung der französischen Nation empfunden wird. Daher französische Kriegserklärung. Nationaler Begeisterungssturm in Deutschland. Österreich, Italien und Rußland halten sich zurück. Frankreich ist isoliert.

bb) Der Krieg

Operationen des Feldzuges durch Helmut von Moltke vorbereitet und geleitet.

Die französischen Armeen in Metz eingeschlossen bzw. in Sedan (2. September 1870) zur Kapitulation gezwungen. Napoleon III. in Gefangenschaft (gestorben 1873 in England).

In Paris Republik ausgerufen. Weiterführung des Krieges durch Gambetta, der eine allgemeine Volksbewaffnung organisiert. Wandlung des Kabinettskrieges zum nationalen Volkskrieg. Belagerung und Beschießung von Paris, Kapitulation am 19. 1. 1871.

cc) **Ergebnis**
- Vorfriede von Versailles; Friede von Frankfurt: Elsaß und Teile von Lothringen (Metz) werden trotz Ablehnung der Bevölkerung an Deutschland abgetreten. 5 Mrd. Franken Kriegsentschädigung und Besetzung des Landes bis zur Bezahlung.
- Verletzung des französischen Nationalgefühls und Belastung des deutsch-französischen Verhältnisses für Generationen.

6. **Die Reichsgründung**

aa) Die Kaiserproklamation:
Nationale Begeisterung als Folge der militärischen Siege und Beitritt der süddeutschen Staaten zum Norddeutschen Bund
Kaisertitel für König Wilhelm von Preußen nicht vom Volk (wie 1849 angestrebt), sondern vom König Ludwig II. von Bayern (auf Initiative Bismarcks) formell angeregt:
Proklamation des „Deutschen Kaisers" am 18. 1. 1871 in Versailles.

bb) Das Deutsche Reich und seine Verfassung:
Kleindeutsche, konstitutionelle Monarchie auf föderalistischer Grundlage mit stark autoritären Akzenten.
Verfassung vom 16. April 1871: Dieser deutsche Staat ist ein **Werk der monarchischen Obrigkeit, nicht der liberalen Volksbewegung.**

- Reichstag mit beschränkter Macht (397 Abgeordnete).
- Schwerpunkt beim Bundesrat (Vertretung der Fürsten). 58 Mitglieder, davon 17 von Preußen gestellt.
- Reichskanzler nur dem Kaiser verantwortlich, kann nur von ihm ernannt und entlassen werden.
- Der Kaiser ist der Vorsitzende eines Bundes gleichberechtigter Fürsten, er hat Außen- und Wehrpolitik in der Hand.
- Schwerpunkt der Innenpolitik liegt bei den 25 Einzelstaaten.
- Die Wirtschaftseinheit Deutschlands wird verwirklicht.
- Reichseinheitliche Rechtsgrundlagen: 1871 Strafgesetzbuch, 1900 Bürgerliches Gesetzbuch.

cc) Problematik der Reichsgründung:
1. Bismarck wird zum Gründer des deutschen Staates, weil er getragen ist von den Kräften einer neuen Epoche, welche — ihm selber wesensfremd und oft zuwider — in ihm den Vollender ihrer nationalen Sehnsucht und Träume sehen.
2. Der Bismarck-Staat ist ein „verkürzter Nationalstaat" (Golo Mann). Die Gleichsetzung von deutschem **Staat** und deutschem **Volk** ist nicht möglich. Dilemma zwischen **Staatsnation** und **Kulturnation.**
3. Kritik an der Reichsgründung wird durch die Zeitgenossen geäußert: durch großdeutsche Föderalisten, welche eine überstaatliche Ordnung für Mitteleuropa wünschen (bekanntester Theoretiker: der Preuße Constantin Frantz), durch nichtpreußische Patrioten (Hannoveraner, Bayern), durch Vertreter des Selbstbestimmungsrechtes (Elsaß-Lothringen, Polen).

b) Das Deutsche Reich unter der Führung Bismarcks (1871—1890)

1. Innenpolitik

aa) Die politischen Kräfte in Staat und Gesellschaft

1. Die politischen Parteien

„Politische Parteien sind der durch geschichtliche oder weltanschauliche Bindungen und durch praktisch-politische Erwägungen bestimmte Ausdruck des Verhältnisses zwischen Staat und Gesellschaft; sie sind keine Zufallsgebilde, sondern können nur in großen historischen Zusammenhängen verstanden werden. Politische Parteien und politische Programme entstehen nicht spontan — sie werden stets veranlaßt durch große politische oder kulturelle, wirtschaftliche oder soziologische Ereignisse." (W. Treue)

Die Vorgänger der heutigen Parteien entstehen in der Mitte des 19. Jahrhunderts. Interessen- und Gesinnungsgruppen gibt es schon in der Paulskirchenversammlung. Politisch, wirtschaftlich, weltanschaulich bedingte Vorstellungen führen zu Zusammenschlüssen:

Die Liberalen

1861 Gründung der Deutschen Fortschrittspartei. Von ihr lösen sich 1867 die zur Zusammenarbeit mit Bismarck bereiten Nationalliberalen. (Bedeutendste Persönlichkeit der Fortschrittspartei: der Arzt Virchow, Führer der Nationalliberalen Partei: Rudolf Bennigsen, linker Flügel: Eduard Lasker.)

In der nationalliberalen Partei sammeln sich Vertreter von „Bildung und Besitz".

Mehrfache Teilung und Abspaltung (z. B. Deutsche Freisinnige Partei).

Der politische Katholizismus wird aktiv im Zusammenhang mit der Auseinandersetzung über kleindeutsche und großdeutsche Staatsgründung. 1852 Gründung einer „Katholischen Fraktion". 1859 Bezeichnung „Zentrum" (führende Persönlichkeit: Ludwig Windthorst). Stärkung des konfessionellen Charakters des Zentrums durch den Kulturkampf.

Die sozialistischen Parteien wachsen aus der Arbeiterbewegung. 1863 Gründung des Allgemeinen Deutschen Arbeitervereins durch Ferd. Lassalle. 1864 Sozialdemokratische Arbeiterpartei von Bebel und Liebknecht in enger Anlehnung an Karl Marx gegründet. 1875 nach dem Tod Lassalles Vereinigung der beiden Gruppen. Radikalisierung und Gegensatz zum Bismarck-Staat.

Die Konservativen: lockerer Zusammenschluß 1867 zur Freien Konservativen Partei. Gutsbesitzer und höhere Beamte sind führend. 1876 Gründung der Deutsch-Konservativen Partei.

2. Die gesellschaftlichen Kräfte

Die neue Gesellschaft ist ein Nebeneinander verschiedener, nach Geltung, Gleichberechtigung und politischer Macht strebender Gruppen emanzipierter Menschen. Die Organisation von Interessengruppen bereitet die pluralistische Gesellschaft vor:

- Unternehmertum: Gründung von Aktiengesellschaften; Kapitalansammlung, Monopolisierung; Bildung von Kartellen, Syndikaten, Trusts, Konzernen.
- Industrie- und Handelskammern; Landwirtschaftskammern, Bund der Landwirte, Deutscher Bauernbund.
- Innungen und gewerbliche Genossenschaften.
- Gewerkschaften: Seit 1865 bestehen Einzelgewerkschaften. Politisch und weltanschaulich gibt es vier Richtungen: nationale, international-sozialistische, liberale (Hirsch-Dunckersche Organisation) und christliche Gewerkschaftsbewegung.

bb) **Bismarcks Wirtschaftspolitik**

Bismarck stützt sich in seiner Innenpolitik auf wechselnde Mehrheiten. In der ersten Zeit nach 1871 vertritt er eine liberale Wirtschaftspolitik (möglichst wenig Einmischung des Staates in die Wirtschaft).

„Gründerzeit". Folge: Starke Impulse für industrielle Neugründungen, aber auch Überinvestierungen. Daher: Krise 1873.

1878 Umstellung der Wirtschaftspolitik auf Schutzzoll, um die eigene Landwirtschaft vor billigen Getreideeinfuhren und die eigene junge Industrie vor dem Angebot der ausländischen Konkurrenz zu schützen. Im Zusammenhang mit der Schutzzollpolitik Bruch Bismarcks mit den Nationalliberalen und Zusammenarbeit mit Zentrum und Konservativen.

cc) **Der Kulturkampf**

Wurzeln: Erstarkung der katholischen Kirche seit der Romantik. Absage an den weltanschaulichen Liberalismus (Pius IX.), Vatikanisches Konzil 1870. Katholischer Bevölkerungsteil ist im Bismarck-Staat in der Minderheit. Streben nach Sicherung von Rechten und Freiheiten der Kirche im Staat.

Verlauf: Bismarck, unterstützt vom Liberalismus, strebt nach Unterordnung der Kirche unter den Staat. Kampfmaßnahmen: (1872—1879) Kanzelparagraph, Ausweisung der Jesuiten, Zivilehe statt kirchliche Trauung, staatliche Schulaufsicht anstelle der geistlichen, staatliche Aufsicht und Mitwirkung bei der Vorbildung und Anstellung der Priester; Gewaltmaßnahmen: Absetzung und Gefängnisstrafen für Bischöfe und Pfarrer, Auflösung von Ordensgemeinschaften. Viele Bischofs- und Pfarrstellen sind nicht besetzt.

Ende: Zunehmende Verschärfung, Zahl der Zentrumsabgeordneten im Reichstag wächst, die deutschen Protestanten stehen zum größten Teil auf seiten der Katholiken. Bismarck erkennt den Fehlschlag seiner Politik. Teilweiser Abbau der Kampfmaßnahmen. Entgegenkommen des neuen Papstes Leo XIII. (1878—1903).

dd) **Die soziale Frage und Bismarcks Sozialgesetzgebung**

Die soziale Frage wird seit der Jahrhundertmitte durch die Entstehung eines Industrieproletariats auch in Deutschland aktuell.

Soziale Bewegungen:

- **Marxistische:** Neben dem internationalen Flügel — Marx (1818—1883), Engels (1820—1895), Liebknecht (1826—1900), Bebel (1840—1913) — hat der nationale Sozialismus — Ferd. Lassalle (1825—1864) — Bedeutung, verliert diese aber nach dem frühen Tod Lassalles.

— Die **christliche** Sozialbewegung
Johann Hinrich Wichern (1808—1881)
Adolf Stoecker (1835—1909) — Hofprediger, Gründer einer christlichsozialen Arbeiterbewegung, Organisator des evangelisch-sozialen Kongresses.
Friedrich Naumann (1860—1919) — Gründung eines nationalsozialen Vereins, Vertreter des christlichen Sozialismus, später Vorsitzender der Demokratischen Partei.
Adolf Kolping (1813—1865)
Wilh. Emanuel Frh. v. Ketteler (1811—1877) — Bischof von Mainz, Begründer der kath. Soziallehre, die von den Päpsten weiterentwickelt wird (Enzyklika „Rerum Novarum" von Leo XIII. 1891; „Quadragesimo Anno" von Pius XI. 1931; „Mater et Magistra" von Johannes XXIII. 1961).

— **Der Kathedersozialismus**
Eine Richtung in der Wirtschaftswissenschaft mit sozialreformerischen Bestrebungen; lehnt einen hemmungslosen Wirtschaftsliberalismus ab. Diese Vertreter verlangen Eingreifen des Staates in die Wirtschaft zur Milderung der Klassengegensätze. Vertreter: Gustav Schmoller, Lujo Brentano, Adolph Wagner. 1872 wird der „Verein für Sozialpolitik" gegründet, welcher die Ziele der Kathedersozialisten fördert.

Bismarcks Kampf gegen die deutsche Sozialdemokratie
Der Kanzler steht der Arbeiterschaft an sich nicht feindlich gegenüber, verkennt jedoch infolge seiner Herkunft aus dem ostdeutschen Großgrundbesitz das Wesen der Industrialisierung und deren gesellschaftliche Konsequenzen. Er betont die staatliche Autorität und strebt eine staatlich gelenkte Sozialpolitik an. Zwei auf den Kaiser verübte Anschläge (die Attentäter stehen zur Sozialdemokratie in keiner Verbindung) sind für Bismarck der Anlaß, das „Gesetz gegen die gemeingefährlichen Bestrebungen der Sozialdemokratie" (1878, gültig bis 1890) zu erlassen. Im Reichstag findet sich die notwendige Mehrheit. Ohne die Partei aufzulösen, werden Organisation und Werbung verboten, Mitglieder ausgewiesen und verhaftet. Die Wählerschaft der Sozialdemokratie wächst während der Verfolgung. Ausbau einer Untergrundorganisation, illegale Publikationen usw. straffen und stärken die Bewegung.
Ergebnis: Die deutsche Arbeiterschaft findet im Bismarck-Staat keine politische Heimat (Bismarck: „Vaterlandslose Gesellen!"), was sich für die Zukunft als schwere Belastung auswirkt, weil auch nach dem Ende des Kaiserreiches das Klassendenken in weiten Kreisen gegenüber dem Staatsdenken die Oberhand behält.

Die Sozialgesetzgebung
Aus den Vorstellungen der Kathedersozialisten (jedoch Ablehnung durch die Sozialdemokratie) schafft Deutschland die fortschrittlichste Sozial-

gesetzgebung: Krankenversicherung 1883, Unfallversicherung 1884, Invalidität- und Altersversicherung 1889. Eine Arbeiterschutzgesetzgebung lehnt Bismarck ab.

2. Bismarcks Außenpolitik

Grundgedanken

Für Bismarck ist Deutschland „saturiert", er wünscht keinerlei territoriale Veränderung und stellt deshalb seine Außenpolitik auf die Erhaltung des Friedens und der bestehenden Machtverhältnisse ein.

Er ist ein Gegner einer nationalistisch-aggressiven Prestigepolitik und bleibt bestrebt, die Gefahr eines aus der Binnenlage Deutschlands sich ergebenden Bündnisses der Nachbarn mit Frankreich („Alpdruck der Koalitionen") zu bannen. Bismarck sieht in der Außenpolitik das Hauptstück eines staatsmännischen Tuns (Primat der Außenpolitik).

Das deutsch-französische Verhältnis bleibt wegen der Erbitterung in Frankreich durch den Verlust des Krieges 1870/71 und das Problem Elsaß-Lothringen belastet. 1875 kommt es zu einer erheblichen Verschlechterung der Beziehungen (Krieg-in-Sicht-Krise). Später tritt eine Entspannung ein. Bismarcks Politik zielt auf eine Isolierung Frankreichs ab.

Bismarcks Bündnissystem zur Friedenssicherung

— Dreikaiserabkommen (1873) und Dreikaiserbündnis (1881 und 1884) mit Österreich und Rußland; ist jedoch belastet durch den österreichisch-russischen Gegensatz auf dem Balkan.
— Zweibund mit Österreich-Ungarn 1879 (gültig bis 1918). Ein reines Verteidigungsbündnis, welches enger ist als das Dreikaiserabkommen; gedacht auch als spärlicher Ersatz für die 1866 verlorengegangene gesamtdeutsche politische Einheit.
— Dreibund Deutschland-Österreich-Italien (1882, 1887); geschwächt durch Triest- und Tirolfrage.
— Mittelmeerabkommen — 1887 — zwischen Österreich-Ungarn, Italien und Großbritannien von Bismarck ausdrücklich gefördert.
— Rückversicherungsvertrag mit Rußland, 1887; mit der Verpflichtung zu wohlwollender Neutralität beim Angriff einer dritten Macht.

Die Balkanfrage und der Berliner Kongreß 1878

aa) Der Balkan als Raum nationaler und religiöser Gegensätze wird zum Schauplatz vor allem der österreichisch-russischen Spannungen.

bb) Gleichzeitig verschärfen sich im Ostmittelmeer (Meerengen, Suezkanal, seit 1875 mit einer englischen Mehrheit im Aktienbesitz) die englisch-russischen Gegensätze.

cc) Die Türkei ist innerlich schwach („kranker Mann am Bosporus") und muß das nationale Erwachen und die politische Emanzipation besonders der Balkanslawen (die im Zeichen des Panslawismus von Rußland unterstützt werden) hinnehmen.

dd) Ein russisch-türkischer Krieg 1877—1878 endet mit einer völligen Niederlage der Türkei. Im Diktatfrieden von San Stefano muß sie eine beträchtliche Machterweiterung Rußlands anerkennen.

ee) Dieser Friede ist ein Schlag gegen die österreichischen und englischen Interessen, weil er die russische Herrschaft im Mittelmeer und auf dem Balkan sichergestellt hätte. Kriegsgefahr!

ff) Bismarck, der keinerlei deutsche Machtsteigerung auf dem Balkan anstrebt, übernimmt in gesamteuropäischer Verantwortung die undankbare Aufgabe, als Vorsitzender auf dem **Berliner Kongreß** eine Revision des Friedens von San Stefano durchzusetzen (1878). Rußland muß nachgeben, sein Machtbereich auf dem Balkan wird beschnitten.

Kolonialpolitik

aa) Bismarcks Einstellung:
Entgegen dem allgemeinen Zeitgeist wehrt sich der Reichskanzler aus außenpolitischen Gründen lange gegen koloniale Erwerbungen durch Deutschland. Er fürchtet vor allem eine Verschlechterung des deutschenglischen Verhältnisses. Er muß aber nachgeben und koloniale Besitzungen unter den Schutz des Reiches stellen.

bb) Deutsche Erwerbungen:
Nach der Gründung eines Kolonialvereins (1882) und Beteiligung deutscher Forscher (Nachtigal, Wißmann, Schnitzer, Peters) und Kaufleute an der Erschließung kolonialer Räume besetzt Deutschland: Lüderitz-Bucht mit Hinterland: Deutsch-Südwestafrika (1883), Togo und Kamerun (1884), Deutsch-Ostafrika (1885), Teile von Neuguinea (1885) und andere Inselgruppen im Südpazifik.

Ergebnis:
Ohne daß die deutschen kolonialen Erwerbungen (im Vergleich zu den Besitzungen anderer Kolonialmächte) von großer wirtschaftlicher Bedeutung sind, stellen sie für das 2. Reich eine außenpolitische Belastung dar; strategisch sind sie im Ernstfall nicht zu halten und verlieren ihre Verbindung mit dem deutschen Mutterland.

Die letzten Regierungsjahre und die Entlassung Bismarcks
Europäische Spannungen

aa) Anwachsen des österreichisch-russischen Gegensatzes und Ende des Dreikaiserbündnisses (1887).

bb) Abkühlung des deutsch-russischen Verhältnisses. Durch den Rückversicherungsvertrag (1887, für drei Jahre abgeschlossen) wird deutsche Neutralität bei einem österreichischen Angriff auf Rußland und russische Neutralität bei einem französischen Angriff auf Deutschland vereinbart.

cc) Steigerung der französischen Agitation gegen Deutschland, besonders unter Kriegsminister Boulanger.

Bismarcks Kartellpolitik

Trotz seiner Ablehnung gegen Parlament und Parteien strebt Bismarck nach einer gefügigen Mehrheit im Reichstag, die er aber zeitweise nicht hat. Die Wahlen von 1887 enden mit einem Sieg der Rechtsparteien: Konservative, Freikonservative, Nationalliberale. Für sie kommt der gemeinsame Begriff „Kartell" auf. Es bedeutet einen Zusammenschluß der agrarischen und industriellen Interessen; von 1887 bis 1890 arbeitet Bismarck mit dem „Kartell" zusammen, das die Parlamentsmehrheit hat. Die Wahlen von 1890 bringen jedoch eine Steigerung der Sozialdemokraten (von 11 auf 33 Abgeordnete).

Das Dreikaiserjahr
1888 stirbt Kaiser Wilhelm I., sein liberal eingestellter Sohn Friedrich ist todkrank, regiert nur noch 99 Tage. Es folgt der 29 Jahre alte Enkel Wilhelm II. (1888—1918, gest. 1941).

Bismarcks Sturz
Ursachen:
- Generationsunterschied, Gegensätze in der Wesensart zwischen dem empfindlichen, romantischen jungen Kaiser und dem alten Kanzler sowie sachliche Differenzen.
- In der Außenpolitik: Wilhelm lehnt die von Bismarck für unbedingt notwendig gehaltene Verlängerung des Rückversicherungsvertrages ab (Rolle der „Grauen Eminenz", des Geheimrates von Holstein).
- In der Sozialpolitik: Der christlich-sozial orientierte Kaiser wünscht eine Erweiterung der Sozialgesetzgebung und Zugeständnisse an die Arbeiterschaft. Bismarck lehnt beides ab.
- In der Innenpolitik: Bismarck denkt an eine vollständige Ausschaltung des Reichstages — notfalls durch Gewalt mit Hilfe eines Staatsstreiches, einer „Revolution von oben".

Veranlassung:
Konflikt über den direkten Kontakt zum Monarchen mit Übergehen des Reichskanzlers. Entlassungsgesuch Bismarcks am 20. März 1890 angenommen. Bismarck lebt bis zum 30. Juni 1898 in Friedrichsruh als kritischer Beobachter des Zeitgeschehens.

Zusammenfassung und Wertung
Bismarck ist kein Vorläufer Hitlers, kein brutaler Gewaltpolitiker, kein reiner Machtmensch. Nach seinem Tode wird das Bismarckbild von den Verehrern und den Nationalisten maßlos übertrieben und verzerrt. Aus Bismarck wird ein Götze des Nationalismus, der er niemals gewesen ist.
Bismarck war ein großer Deutscher und ein großer Staatsmann. Aber er hatte seine Grenzen, er stand den wichtigsten Strömungen seiner Zeit (vor allem dem demokratischen Denken) und den soziologischen Veränderungen verständnislos gegenüber. Politische Selbständigkeit und Verantwortungsfreudigkeit wurden durch seine Tätigkeit weitgehend erstickt. Er hat die Augen davor verschlossen, daß der deutsche Staat auch einmal nach ihm und ohne ihn wird weiterleben müssen.

„Das Bismarckporträt, das entstand, wurde in der populären Literatur der Alldeutschen ... noch weiter übersteigert zum Bild des ‚Eisernen Kanzlers' — einer reinen Phantasiegestalt —, der keiner Wirklichkeit mehr entsprach ... Wir unsererseits haben nicht die Absicht, irgend etwas zu beschönigen und aus dem schroffen, adeligen Herrenmenschen harmonisierend einen wohlgesinnten ‚Vater des Vaterlandes' und Volksfreund zu machen oder seinen rücksichtslosen Kampf um die Hegemonie Preußens im Stil patriotischer Schulbücher zu verharmlosen als restlose ‚Erfüllung des deutschen Einheitstraumes'.

... Er hat die Bereitschaft des deutschen Bürgertums zu verantwortlicher Mitarbeit am Staat eher gelähmt als gefördert, weil sie ihm unbequem war. Er hat das Einheitsstreben des deutschen Volkes soweit befriedigt, wie es damals möglich war: durch Schaffung des kleindeutschen Reiches; aber er hat im Innern die sozialen Spannungen und wirtschaftlichen Interessenkämpfe bewußt verschärft. Er hat die romantisierenden Träumer und Schwärmer zur Nüchternheit, zu klarer Sicht der politischen Wirklichkeit erzogen — aber doch auch zu einer Haltung, die mit realem, politischem Denken eine gefährliche Neigung zu politischem Zynismus verband. Dennoch bleibt er eine der wenigen ganz großen, unvergeßlichen Gestalten in unserer politischen Geschichte. Was uns daran anzieht, ist freilich ein anderer Bismarck als der des Klischeebildes: Es ist nicht der Mann des brutalen Willens, der eisernen Faust, sondern der staatsmännischen Weisheit, der eiskalten, überlegenen politischen Intelligenz, nicht der rücksichtslos wilde Kämpfer, sondern der nüchtern-besonnene Staatslenker, Meister der europäischen Diplomatie, Schöpfer dauerhafter Ordnungen. Es ist der Diplomat von unvergleichlicher Weltkenntnis, der um seine europäische Verantwortung weiß, der zwar den Krieg nicht unbedingt scheut, aber nur als die Ultima ratio regum zu entfesseln wagt, d. h. nur dann, wenn er einen Konflikt echter Lebeninteressen vor sich zu haben glaubt, der durch kein Mittel friedlichen Ausgleichs mehr aus der Welt geschafft werden kann, und der ihn vor allem zu bändigen weiß im Stil der alten Kabinettspolitiker, weil er schon mitten im Kampf an die Notwendigkeit denkt, nachher eine friedliche Dauerordnung neu aufzurichten..." (Gerhard Ritter)

IV. Die Epoche des Imperialismus (1890—1914)

1. Weltwirtschaft, Imperialismus und Kolonialismus

a) Charakteristik der Zeit

Imperialismus ist „Herrschaftsstreben, das den Machtbereich eines Staates auf benachbartes oder fernliegendes Gebiet erstrecken will" (Großer Brockhaus). Zu Ende des 19. Jahrhunderts werden die wirtschaftlichen, staatlichen und nationalen Energien durch die Bedürfnisse und Möglichkeiten des industriellen Zeitalters (Bevölkerungsvermehrung, Meinungsbeeinflussung, Anwachsen der Produktionskapazität, Massenkonsum, Weltverkehr) in einem noch nie dagewesenen Maße gesteigert. Wirtschafts- und Kolonialpolitik (Rohstoffbasen und Absatzgebiete), Sicherheitsbedürfnis (Sicherung der Verbindungswege zu den Kolonien) und Nationalismus führen zu einem Wettlauf um die noch nicht aufgeteilten Erdteile und schaffen eine ständige Atmosphäre des Mißtrauens, der Rivalität, der wirklichen oder vermeintlichen Bedrohung.

Merkmale des modernen Imperialismus:
1. Schrankenlosigkeit (globale Ausmaße des politischen Geschehens).
2. Rücksichtsloser Egoismus (Bereitschaft zur Gewaltanwendung, politische und wirtschaftliche Macht durch Gewalt).
3. Legitimierung durch das „Recht des Stärkeren" und durch den Erfolg („Dschungelmoral", Verfall der Gesinnungs- und Verantwortungsethik).

b) **Grundlagen und Wurzeln des modernen Imperialismus**

1. **Bevölkerungsvermehrung**

Weltbevölkerung:	Deutschland:	Amerika:
1800 840 Mill.	1800 25 Mill.	1800 30 Mill.
1900 1550 Mill.	1900 57 Mill.	1900 110 Mill.
1950 2500 Mill.		1950 320 Mill.

2. **Industrialisierung** (Produktionssteigerung)
   Als Beispiel: Roheisenproduktion

Deutschland:	England:	USA:
1850 0,2 Mill. t	1850 2,3 Mill. t	1850 0,58 Mill. t
1900 8,5 Mill. t	1900 9,1 Mill. t	1900 14,0 Mill. t
1910 14,8 Mill. t	1910 10,2 Mill. t	1910 27,7 Mill. t

3. **Kapitalismus:** Gewinnstreben führt zu großen Investitionen, was wiederum zur Produktionssteigerung führt. Erwerbswirtschaft tritt an die Stelle der Bedarfsdeckungswirtschaft. Enorme Steigerung der Kapitalansammlung, zum Teil nicht mehr in den Händen einzelner, sondern von Kapitalgesellschaften. Dadurch Entpersönlichung des Wirtschaftslebens: „Anonymes Kapital"; Interessenverflechtung.

4. **Nationalismus:** Herrschaftsbewußtsein, Sendungsglaube, Prestigeempfindlichkeit, Geltungsbedürfnis.

5. Eintritt der Massen in das politische Leben: Zunahme des Gewichtes gefühlsbetonter Entscheidungen im nationalen und sozialen Bereich.

c) **Soziologische Veränderungen**

Von Grund auf neues Verhältnis des Menschen zur Umwelt und zur Arbeit.

1. **Verstädterung**
   In Deutschland wohnen:
   1875 — 80,2 % der Bevölkerung auf dem Lande,
   1925 — 53,5 %.

2. **Vergreisung**
   Erhöhte Lebenserwartung (Ursache: medizinische Forschung, Fortschritte der Hygiene, Massenerzeugung von Medikamenten); dadurch Auftreten

sozialer Probleme: Existenzsicherung für den Lebensabend, Prozentsatz der nicht mehr im Erwerbsleben Tätigen steigt usw.
1850 sind ca. 2 % der Bevölkerung über 65 Jahre alt,
1910 sind es 5 %,
1950 sind es 10 %.

3. Massenkonsum; wachsende Bedeutung von Reklame; Konkurrenzstreben, Anreiz zum Konsum usw.
4. Frauenarbeit, Frauenbewegung (Gleichberechtigung der Frau!).
5. Auswirkungen auf die Familie: Trennung von Wohnstätte und Arbeitsplatz, Zerstörung des Zusammengehörigkeitsbewußtseins, zunehmender Einfluß des Arbeitsplatzes auf Gesinnung und Haltung des Menschen, Krise der Familie.

d) Das geistige Leben in der zweiten Hälfte des 19. Jahrhunderts

1. Fortschritte der Naturwissenschaften

    aa) Hinwendung zum Materialismus und Mechanismus (Büchner, Darwin, D. F. Strauß, E. Häckel).

    bb) Medizin: Virchow, Pasteur, Robert Koch.

    cc) Technik: Telefon, Glühlampe, Dynamomaschine, Explosionsmotor, Dynamit, Asphaltstraßen usw.

2. In den Geisteswissenschaften ist die Zeit charakterisiert durch den Positivismus (Auguste Comte) und Materialismus, durch den Historismus (Schliemann, Jacob Burckhardt, Gustav Freytag) und die Anfänge einer Kritik an der Herrschaft des Verstandes (Nietzsche), den Pessimismus (Schopenhauer) und die Anfänge der sozialen Kritik.

3. In der Kunst ist vorherrschend der Realismus und Naturalismus (Adolf Menzel, Max Liebermann, Theodor Storm, Gottfried Keller, Theodor Fontane, Friedrich Hebbel, Gerhart Hauptmann), typisch ist die nationale Romantik (Richard Wagner, Hermannsdenkmal, Niederwalddenkmal) und die Nachahmung verschiedener historischer Stile (Neuromanik, Neugotik).

2. Die Großmächte um die Jahrhundertwende

a) Deutschland unter Kaiser Wilhelm II.

1. **Innenpolitik („Neuer Kurs")**

    Der Kaiser ist Träger der deutschen Politik. Die Reichskanzler nach Bismarck: Caprivi 1890—1894; Hohenlohe 1894—1900; Bülow 1900—1909; Bethmann-Hollweg 1909—1917.

    Teilnahme am „Wettbewerb um die Weltherrschaft". Der Kaiser verkündet den „Übergang zur Weltpolitik". Gründung von Kolonialvereinen, Kriegervereinen, Flottenvereinen und anderen nationalistischen Verbänden, vor allem auch des „Alldeutschen Verbandes (1894)" mit rücksichtsloser nationalistischer Zielsetzung.

    Höhepunkt des Militarismus („Übertragung soldatischer Ordnungen und

Wertungen auf das Zivilleben und Vorrang des Militärischen gegenüber allen anderen Lebensbereichen, Interessen und Notwendigkeiten").

Die Wirtschaftskraft des Reiches steigt, Deutschland wird wirtschaftliche Großmacht und führender Industriestaat. Aber die Demokratisierung des Staates bleibt aus. Der Staat wird getragen vom feudalistisch eingestellten Großbürgertum, vom Großgrundbesitz und ähnlichen Kreisen. Auch durch Arbeiterschutzgesetze gelingt es nicht, die Sozialdemokratie in ein positives Verhältnis zum Staat zu bringen. Zunehmende Spannung zwischen Kapital und Arbeit.

2. **Außenpolitik**

aa) Das Bündnissystem Bismarcks wird — unter starkem Einfluß des Geheimrates von Holstein — aufgelöst. Als erstes erneuert Deutschland 1890 nicht den Rückversicherungsvertrag mit Rußland. Die Folge ist, daß sich Frankreich Rußland nähert. 1892 kommt es zu einer Militärkonvention, 1894 zu einem förmlichen Vertrag zwischen Rußland und Frankreich.

Dadurch Änderung der europäischen Kräftekonstellation von Grund auf: Frankreich ist nicht mehr allein, für Deutschland entsteht die Gefahr eines Zweifrontenkrieges. Europa ist aufgeteilt in Bündnissysteme. England steht in seiner Politik der „splendid isolation", der Bündnislosigkeit, den Machtblöcken fern. Sein Einvernehmen mit Deutschland ist gut.

bb) Deutschlands Hinwendung zur Weltpolitik:
— Einmischung im japanisch-chinesischen Krieg 1894—1895; Intervention zugunsten Chinas, Verschlechterung der deutsch-japanischen Beziehungen.
— Einmischung in Südafrika, wo England die bisher unabhängigen Burenrepubliken unterwirft. Sympathietelegramm Wilhelm II. an Präsident Krüger (Krüger-Depesche 1896), ohne zu wirklicher Hilfe fähig oder bereit zu sein.
— Ausbau der deutschen Kriegsflotte seit 1897 (starker Einfluß des Staatssekretärs im Reichsmarineamt, Tirpitz). Dadurch Spannungen mit England.
— Erwerbung von Kiautschou (mit Hafen Tsingtau) 1897.
— Orientpolitik: Deutschland wendet sich gegen englische Teilungspläne der Türkei. 1898 unternimmt der Kaiser eine Pilgerreise nach Jerusalem, bei der er eine araberfreundliche Rede in Damaskus hält. Wirtschaftliches Engagement, Bau der Bagdadbahn seit 1902.

b) In **Österreich-Ungarn** werden durch Einführung des allgemeinen Wahlrechtes 1907 die durch die Nationalitätenfrage aufgeworfenen Probleme und Schwierigkeiten verschärft und vergrößert.

Der Vielvölkerstaat (12 Mill. Deutsche, 10 Mill. Ungarn, 8 Mill. Tschechen und Slowaken, 5 Mill. Polen, 5 Mill. Serben und Kroaten, 5 Mill. Ruthenen, 3 Mill. Rumänen, 1 Mill. Slowenen, 1 Mill. Italiener usw.) ist durch den Nationalismus und den Nationalstaatsgedanken in seiner Existenz bedroht.

1. Die **innenpolitische** Entwicklung ist gekennzeichnet durch nationale Radikalisierung (Hinneigung der deutschen Bevölkerung zu den Alldeutschen,

der slawischen Völker zum Panslawismus mit Anlehnung an Rußland). Antisemitismus und Antiklerikalismus verstärken die destruktiven Kräfte. Außerdem schaukelt die österreichische Innenpolitik zwischen zentralistischen und föderalistischen Lösungsversuchen hin und her. Nach dem Ungarischen Ausgleich von 1867, durch den die Monarchie in eine österreichische und eine ungarische Reichshälfte geteilt wird (eigener Reichstag, eigenes Ministerium, aber einheitliche Außenpolitik, Finanzpolitik und gemeinsames Heerwesen), Verschärfung des Verhältnisses zu den slawischen Völkerschaften sowohl in der österreichischen wie auch in der ungarischen Reichshälfte. Akute Spannungen bestehen zwischen Rumänen und Ungarn, Kroaten und Ungarn, Deutschen und Ungarn, Deutschen und Tschechen, dazu kommt die italienische Irredenta in Triest und Südtirol. Ein Reformprogramm, das auf einen sprachlichen und politischen Ausgleich und eine Heranziehung der Slawen zur Staatsverantwortung abzielt (Trialismus), wird ausgearbeitet von dem unter Führung des Thronfolgers Erzherzog Franz Ferdinand stehenden Arbeitskreis, dem bedeutende Föderalisten verschiedener Nationalitäten angehören. Gerade Franz Ferdinand wird von großserbischen Nationalisten 1914 ermordet.

2. **Außenpolitisch** werden die Interessengegensätze zwischen Rußland und Österreich auf dem Balkan durch die Unterstützung der Balkanslawen durch Rußland verstärkt. Das gilt besonders für die Bestrebungen der Serben in den vorher türkischen, 1878 von Österreich auf Grund des Berliner Kongreßbeschlusses besetzten Gebiete von Bosnien und Herzegowina (1908 annektiert).

c) **England**

1. Die **Innenpolitik** ist bestimmt durch Industrialisierung und liberale Wirtschaftspolitik. Der radikale Sozialismus findet keine Plattform. Ausbildung des Zweiparteiensystems durch das Mehrheitswahlrecht. Liberale und Konservative tragen je nach Ausgang der Wahl abwechselnd die politische Verantwortung.

   Festigung der Demokratie: Allmähliche Ausweitung des Wahlrechts (1867, 1885).

   Sozialgesetzgebung: Organisation der Arbeiter in Gewerkschaften (Trade Unions) und Arbeiterpartei (Labour Party) ohne Einfluß des Marxismus.

2. Die **Außenpolitik** Großbritanniens, das seinen Kolonialbereich ständig erweitert, steht zunächst im Zeichen der Bündnislosigkeit (splendid isolation) und der Anfänge einer Umbildung des Weltreichs im freiheitlichen Sinne (Dominions mit weitgehender Selbstverwaltung), Aufbau des Commonwealth of Nations. Wegbereiter dieser Entwicklung ist der Kolonialminister Chamberlain.

   Indien ist Staatsbesitz und Kronkolonie. Der Weg nach Indien wird durch Gibraltar, Malta, Zypern und vor allem durch den Besitz Ägyptens mit dem Suezkanal (1869 fertiggestellt) gesichert. Kanada erhält schon 1867 Selbstverwaltung. Die Festsetzung in Südafrika (Burenkriege 1899—1900) und die Erreichung der Kap-Kairo-Linie (Cecil Rhodes) vollenden das britische Großreich in Afrika. Die australische Kolonie schließt sich 1901 zu einem Bundesstaat mit Selbstverwaltung zusammen. Neuseeland wird 1907 Dominion. 1909 wird Südafrika zur Union zusammengefaßt.

Das Ende der englischen „splendid isolation"

aa) Das Werben um Deutschland: Die weltweite Politik Großbritanniens schafft Spannungen zu Rußland (Naher Osten), zu Frankreich (Afrika) und auch zu den Vereinigten Staaten. England sucht daher nach Bundesgenossen und versucht mit Deutschland in engeren Kontakt zu kommen. Die deutsche Außenpolitik unter Bülow und Bethmann-Hollweg hält die Gegnerschaft Englands mit Rußland und Frankreich für unüberwindbar, will sich nicht binden und lehnt daher ab.

bb) Englands Bündnisse: England schließt daraufhin
1902 ein Bündnis mit Japan,
1904 nach Bereinigung kolonialer Differenzen in Zentralafrika (Faschoda) mit Frankreich die Entente und
1905 nach Abgrenzung der beiderseitigen Interessensphären in Persien und Afghanistan ein Abkommen mit Rußland.

d) **Frankreich**

1. **Innenpolitisch:** Die Dritte Republik überwindet die Kriegsfolgen von 1871 schnell. Stabilisierung der Republik. Streng parlamentarische Verfassung von 1875. Revanchegedanken und militanter Nationalismus (Clemenceau, Boulanger, Charles Maurras, R. Poincaré) führen zur Kriegsgefahr mit Deutschland. Die Frage Elsaß-Lothringen läßt keine Verständigung zustande kommen.

2. **Außenpolitisch:** Ausweitung des Kolonialreiches in Nord-, West- und Zentralafrika, Madagaskar und Indochina. Zusammenstoß mit englischen Kolonialinteressen in Faschoda. Frankreich zieht sich diplomatisch zurück, wendet sich wieder mehr der kontinentalen Politik zu und gewinnt, nachdem schon 1894 das russisch-französische Bündnis abgeschlossen worden war, nun auch England für die Entente (1904). Damit endet eine jahrhundertealte Feindschaft.

e) **Italien**

1. **Innenpolitik:** Unter Viktor Emanuel II. (1861—1878), Umberto I. (1878—1900) und Viktor Emanuel III. (1900—1946) Konsolidierung des neuen Staates. Industrieller Aufschwung (mit ausländischem Kapital), jedoch Abhängigkeit von englischen Kohleimporten. Soziale Spannungen und Reformbewegungen: Giovanni Giolitti, Benito Mussolini.

2. **Kolonial- und Außenpolitik:** Irridentismus fordert den Anschluß der „unerlösten Gebiete" (Istrien mit Triest, Friaul, Südtirol). Dennoch Anlehnung an die Mittelmächte (Dreibund 1882). Die geopolitische Lage und die wirtschaftliche Abhängigkeit verbieten aber eine antienglische Politik. Italien erwirbt 1889 Eritrea in Nordostafrika und Italienisch-Somaliland, wird beim Versuch, ganz Abessinien zu besetzen, 1896 bei Adua besiegt. Tripolis wird 1911 italienisch.

f) Rußland

1. **Innenpolitik:** Sozialstruktur: Über 90 % Landbevölkerung, kein führendes Bürgertum; Feudalordnung, leibeigenes Bauerntum. Industrie und Handwerk sind zurückgeblieben. Im 19. Jahrhundert Bevölkerungsvermehrung von 40 auf 140 Millionen. Berührung mit westlichen Vorstellungen vom verantwortlichen, freien Staatsbürger.

   Ansätze zu Selbstverwaltung und Bauernbefreiung (1861 Aufhebung der Leibeigenschaft), Städteordnung 1870, Justizreform 1874.

   Industrialisierung führt zur umfangreichen Anlage westlichen Kapitals in Rußland. Folge: Steuerdruck und Verschuldung. Verschärfung der sozialen Gegensätze. Arbeiter und Bauern stehen als Proletarier vor ähnlichen Problemen.

   Reaktionäre Innenpolitik; Polizeiaufsicht, Zensur, strenge Bestrafung (Sibirien).

   Zar Nikolaus I. (1825—1855) unterdrückt liberale und demokratische Bestrebungen. Sein Versuch eines Vorstoßes zum Mittelmeer und zum Balkan scheitert im Krimkrieg.

   Alexander II. (1855—1881) hebt die Leibeigenschaft auf, zeigt Ansätze zu liberalen Reformen, trotz allem revolutionäre Geheimbünde, Attentate usw. Folge: Rückkehr zum Absolutismus. 1881 Opfer eines Anschlages.

   Unter Alexander III. (1881—1894) und Nikolaus II. (1894—1917) Radikalisierung ohne ausreichende Reformen.

   Politische Bestrebungen:

   — Die „Slavophilen" haben antiwestliche, messianistische Vorstellungen (Dostojewski).

   — Der Panslawismus (geistiger Vater: Danilewski) vertritt ein Allslawentum mit Betonung der geistigen und politischen Gemeinsamkeiten. Eine Spielart des Panslawismus ist der Austroslawismus, der eine Vereinigung aller in der Habsburger Monarchie lebenden Slawenvölker anstrebt.

   — Die Westler streben den geistigen und wirtschaftlichen Anschluß Rußlands an den Westen an und sind reformfreudig (Vertreter: Alexander Herzen).

   — Die Narodniki (Nationalisten) stellen im Anschluß an romantische Vorstellungen den Dienst für das Volk besonders heraus, neigen aber ebenfalls zur Radikalisierung.

   — Der Nihilismus (Bakunin) verwirft alle Bindungen und Ordnungen, kämpft mit Attentaten und Aufständen gegen die bestehende und jede staatliche Ordnung.

   — Der Marxismus findet in Rußland im Laufe der Industrialisierung Eingang (1898 erster Parteitag der russisch-sozialdemokratischen Arbeiterpartei). Beim zweiten Parteitag 1903 spaltet sich die russisch-sozialdemokratische Bewegung in einen unter Lenins Führung (Wladimir Iljitsch Uljanow 1870—1924) stehenden radikalen Teil (Bolschewiken) und einen gemäßigten (Menschewiken) unter Plechanow.

Die erste Revolution 1905 im Zusammenhang mit dem Russisch-Japanischen Krieg überzieht mit Streiks, Attentaten usw. das ganze russische Land. Der Zar verspricht bürgerliche Freiheit, allgemeines Wahlrecht, Parlamentarisierung (das russische Parlament: Duma). Die Liberalisierung bleibt jedoch stecken, Restauration und Reaktion machen sich wieder breit unter Stolypin. Weitere Stärkung der Radikalen, zugleich im Zusammenhang mit den wirtschaftlichen und außenpolitischen Schwierigkeiten während des 1. Weltkrieges.

2. **Außenpolitik:** Streben nach den Meerengen und zum Balkan (Panslawismus, Krimkrieg, Russisch-Türkischer Krieg, Friede von San Stefano, Revision auf dem Berliner Kongreß). Zunehmende Spannung mit Österreich trotz des Drei-Kaiser-Abkommens.

Russifizierung im Baltikum und in Polen (besonders seit 1863).

Annäherung an Frankreich seit 1890 (Nichterneuerung des deutsch-russischen Rückversicherungsvertrages), 1892 Militärkonvention, 1894 Bündnis.

Expansion nach Osten. Spannungen mit England an der afghanisch-indischen Grenze. Nach Erreichen der Pazifikküste beginnen die Russen den Bau der Transsibirischen Eisenbahn (1891). Interessenkollision mit Japan in der Mandschurei und auf der Insel Sachalin.

Russisch-Japanischer Krieg 1904—1905 mit Niederlage der russischen Flotte bei Tsushima 1905; Friede von Portsmouth, in welchem Rußland Südsachalin an Japan abtritt und sich verpflichtet, die Mandschurei zu räumen.

g) Die Vereinigten Staaten von Amerika

1. **Innenpolitik:** Nach dem Sieg über die partikularistischen Kräfte im Bürgerkrieg konsolidiert sich das politische und wirtschaftliche Leben.

Erschließung des Kontinents wird vollendet. Industrialisierung in größtem Ausmaß mit Bildung von Kartellen, Trusts usw. (z. B. die Standard Oil Company und die Morgan-Gruppe von John Rockefeller), zunehmende Rolle der Gewerkschaften im sozialen und wirtschaftlichen Bereich. Scharfe Lohnkämpfe. Die USA werden die größte Industriemacht der Erde: Big Business; Anti-Trust-Gesetzgebung setzt sich nicht durch.

Zweiparteiensystem mit weitgehend gemeinsamer Außenpolitik.

2. **Außenpolitik:**
Die panamerikanische Bewegung:
Wirtschaftliche und strategische Gesichtspunkte: 1889 erste gesamtamerikanische Konferenz in Washington. Besonderer Schwerpunkt im karibischen Raum, 1914 Eröffnung des Panamakanals.

Im Spanisch-Amerikanischen Krieg 1898 greift die USA zum erstenmal über den Kontinent hinaus und gewinnt (Friede zu Paris) Kuba, Puerto Rico und die Philippinen. 1898 billigt der Kongreß den Anschluß der Hawaii-Inseln an die Vereinigten Staaten. Damit ist Amerika im pazifischen Raum engagiert, Ende des Isolationismus.

Im Fernen Osten vertreten die USA die Politik der „offenen Tür" (gegenüber den Plänen der europäischen Mächte, Interessensphären abzugrenzen). Gutes Einvernehmen mit China, Schiedsrichteramt im Russisch-Japanischen Krieg.

h) **Der Ferne Osten**

Kulturell und politisch ist der ostasiatische Raum bis Mitte des 19. Jahrhunderts isoliert. Die Entdeckungen des 16. und 17. Jahrhunderts und die Ansätze einer christlichen Mission wirken sich nicht aus.

1. **China** muß im Verlauf des 19. Jahrhunderts das wirtschaftliche Eindringen der Großmächte, besonders Englands und Frankreichs, hinnehmen.

Die illegale Opiumeinfuhr der Ostindischen Kompanie nach China führt zum Opiumkrieg 1839—1842. Im Vertrag von Nanking (1842) muß China Hongkong abtreten und andere Häfen der europäischen Einfuhr öffnen. Der Vertrag von Tientsin (1860) sichert die Gründung von Gesandtschaften der europäischen Mächte.

Erstarrung der geistigen und politischen Formen, Vergrößerung der politischen und sozialen Spannungen.

Der Chinesisch-Japanische Krieg um Korea (1894/95), welches unabhängig wird, bedeutet einen Gewinn für Japan.

Ein Aufstand gegen die Europäer (Boxeraufstand 1900 — Aufständische als Sportverbände getarnt —) wird nach Eingreifen der Großmächte (unter Beteiligung Deutschlands) niedergeworfen.

1911 stürzt die Revolution der Jungchinesen unter Sun Yat-sen die seit 1644 regierende Mandschu-Dynastie. China wird Republik; Wirren und Bürgerkriege dauern weiter.

2. **Japan**

Besonderheiten durch seine Insellage. Aristokratische Monarchie; Führerschicht der Samurai in Wirtschaft, Verwaltung und Militär.

Europäisierung seit der Mitte des 19. Jahrhunderts. Japan wird Industrie-, Handels- und Militärstaat.

Verfassung nach europäischem Muster: Konstitutionelle Monarchie unter dem Kaiser (= Tenno). Gewinn von Formosa und Korea, 1902 Bündnis mit England, Sieg über Rußland im Russisch-Japanischen Krieg um die Mandschurei. Japan ist Vormacht in Ostasien.

3. Krisenherde der Weltpolitik

a) **Europa**

1. Elsaß-Lothringen und der deutsch-französische Gegensatz.
2. Die Nationalitätenfrage in Mitteleuropa und der Kampf der kleinen Völker um einen eigenen Nationalstaat.
3. Der Balkan: Zusammenstoß österreichischer und slawischer (panslawistischer und russischer) Interessen.

b) Vorderer Orient

1. Die Türkei („kranker Mann"), innerlich korrupt, in Europa, Afrika, Kleinasien bedrängt von politischen, religiösen und nationalen Gegnern.
2. Der englisch-russische Gegensatz in der Meerengenfrage: Rußland strebt zum Mittelmeer, England will die Verbindung zu seinem Kolonialraum in Indien gesichert wissen.
3. Deutsch-englische Spannungen wegen des deutschen Engagements im Nahen Osten.

c) Ferner Osten

1. Russische Expansion und Zusammenstoß mit China und Japan im Fernen Osten (Mandschurei, Sachalin, Korea und Formosa).
2. Vordringen der Vereinigten Staaten in den pazifischen Raum (Hawaii, Philippinen).

d) Afrika

1. In Nord- und Westafrika (Algerien, Marokko, Niger-Gebiet) setzt sich Frankreich fest und dringt nach Zentralafrika vor. An der afrikanischen Ostküste ist Madagaskar französisch.
2. Nordostafrika (Ägypten) und Südafrika werden englisch. Der englische Nord-Süd-Vorstoß führt zur Berührung mit französischen Interessen und 1898 zum englisch-französischen Faschoda-Konflikt, in welchem Frankreich nachgibt und sich wiederum mehr seinen kontinentaleuropäischen Problemen zuwendet.
3. Deutsche Wirtschaftsinteressen stoßen besonders in Marokko mit französischen zusammen.

4. Der Weg in den Weltkrieg

Im Gegensatz zum Zweiten Weltkrieg, welcher provoziert wird, gibt es am Vorabend des 1. Weltkrieges keine Macht, welche die kriegerische Auseinandersetzung planmäßig vorbereitet oder auslöst. Die Staaten und Völker „schlittern" in den Krieg hinein. Es wird zuwenig getan, um den Krieg zu verhindern.

a) Die Auflösung von Bismarcks Bündnissystem und Deutschlands Weg in die Isolierung.

1. Nichterneuerung des Rückversicherungsvertrages durch Deutschland führt Frankreich und Rußland zusammen (1894).
2. Das Verhältnis zu England wird durch die Haltung Wilhelms II. im Burenkrieg, durch den Flottenbau und die Nahostpolitik getrübt.

Die „Kastanientheorie" Holsteins (Deutschland könnte von Großbritannien als „Festlandsdegen" gegen Rußland mißbraucht werden) und die These von der „Politik der freien Hand" (Bülow) lassen die Bündnisverhandlungen mit England scheitern.

Außerdem ist der neue englische König Eduard VII. (1901—1910) zwar der Onkel, aber kein Freund des deutschen Kaisers und neigt zu einem Ausgleich mit Frankreich und Rußland (Entente 1904, Ausgleich mit Rußland 1907).

3. Ein Versuch Wilhelms, an die abgebrochene Tradition Bismarcks anzuknüpfen und zu einer Verständigung mit Rußland zu kommen, scheitert (Zusammenkunft von Kaiser und Zar in Björkö Juli 1905).
4. Durch die „Daily-Telegraph-Affäre" (unbedachte Äußerungen des Kaisers in einem Interview über das deutsch-englische Verhältnis, die veröffentlicht werden) erhebt sich im Ausland wie in Deutschland Entrüstung über das unheilvolle persönliche Regiment Wilhelms. Zur Verfassungsänderung kommt es jedoch nicht. Bethmann-Hollweg wird Reichskanzler (1909—1917). Die Sozialdemokratische Partei wird die stärkste Partei im Reichstag.

b) **Der Abbau der englischen „splendid isolation" und die scheinbare Einkreisung Deutschlands.**
1. Die Burenkriege offenbaren die Isolierung Englands.
2. 1902 Bündnis mit Japan zur Sicherung gegen Rußland.
3. 1904 Entente cordiale mit Frankreich, zunächst ohne Militärbündnis.
4. 1907 englisch-russischer Ausgleich in Tibet, Afghanistan, Persien: Ausweitung der Entente zur Triple-Allianz. Zusammenbruch der außenpolitischen Konzeption Holsteins und Bülows.
5. Italien nähert sich England und Frankreich, sichert Neutralität zu für den Fall eines deutschen Angriffs auf Frankreich.
6. Deutschland und Österreich sind isoliert. Von einer systematischen Einkreisung kann keine Rede sein; Abneigung gegen Deutschland aus politischen, wirtschaftlichen und psychologischen Gründen ist allerdings weit verbreitet. Allgemeines Gefühl der Bedrohung auf beiden Seiten und Weiterführung der Rüstung.

c) **Die Marokkokrisen 1905/06 und 1911**

Frankreich strebt nach „friedlicher Durchdringung" Marokkos und nach Umwandlung des Sultanates in ein französisches Protektorat. Deutschland sieht darin eine Beeinträchtigung seiner wirtschaftlichen Interessen. Landung Wilhelms II. in Tanger; der Kaiser fordert Souveränität für den Sultan, Sicherheit der deutschen Wirtschaftsinteressen und eine internationale Konferenz.
Diese Konferenz von Algeciras 1906 macht die völlige Isolierung Deutschlands deutlich. Der Grundsatz der „offenen Tür" wird theoretisch anerkannt. Die Franzosen bauen ihre Stellung in Marokko weiter aus. Deutschland protestiert dagegen durch Entsendung des Kanonenbootes „Panther" („Panthersprung nach Agadir" 1911). Deutschland muß jedoch schließlich das französische Protektorat gegen eine geringe Entschädigung in Kamerun anerkennen. England und Frankreich arbeiten politisch und militärisch immer enger zusammen. Deutschland muß die diplomatische Niederlage hinnehmen.

d) Die Balkankrisen 1908/09 und 1912/13

1. Durch die Jungtürkische Revolution von 1908 wird die Türkei zwar ein moderner Verfassungsstaat mit demokratischen Grundlagen, der Verlust des Balkans aber ist nicht mehr aufzuhalten.
2. Österreich-Ungarn annektiert 1908 die auf dem Berliner Kongreß 1878 zur Besetzung zugewiesenen Provinzen Bosnien und Herzegowina. Rußland und Serbien wenden sich mit Nachdruck dagegen; allgemeine Krise und Kriegsgefahr wird durch die entschiedene Haltung Deutschlands beseitigt: Rußland gibt nach.
3. Der mit Spitze gegen die Türkei und Österreich gegründete Balkanbund (Serbien, Bulgarien, Montenegro, Griechenland — unter russischem Protektorat) beginnt 1912 den ersten Balkankrieg gegen die Türkei, die militärisch zusammenbricht. Ihr europäischer Besitz wird aufgeteilt: Bulgarien und Serbien gewinnen größere Territorien; Albanien wird selbständig.
4. Im Kampf um die Beute besiegen Serbien, Rumänien und Griechenland den Hauptgewinner Bulgarien. Eine Ausweitung des Krieges wird durch den mäßigenden Einfluß Englands auf Rußland und Deutschlands auf Österreich verhindert. Das Gewicht Rußlands, welches auch den antiösterreichischen serbischen Nationalismus auf dem Balkan schützt, wird deutlich.

e) Die Friedensbewegung

1. Geistige und politische Grundlagen: Angesichts der ungezügelten Konkurrenz der Staaten auch auf dem Gebiet der industriellen Rüstung Rückgriff auf das Völkerrecht und seine Möglichkeiten einer zwischenstaatlichen Ordnung.

    aa) Friedensidee als Streben, den Krieg durch internationale Organisationen und Abmachungen zu vermeiden.

    bb) Pazifismus als Haltung, die jeden Krieg um jeden Preis verneint und grundsätzliche Kriegsdienstverweigerung fordert.

    cc) Vertreter der modernen Friedensbewegung (in der damaligen deutschen Öffentlichkeit weitgehend abgelehnt):

Alfred Nobel	(1864—1921), Mitbegründer der Deutschen Friedens-Industrieller; 1895 Stiftung des Nobelpreises (für Physik, Chemie, Medizin, Literatur, Friedenspreis).
Bertha v. Suttner	(Gräfin Kinsky, 1843—1914), österreichische Schriftstellerin; Roman: „Die Waffen nieder!", begründet die österreichische Friedensgesellschaft.
A. H. Fried	(1864—1921), Mitbegründer der Deutschen Friedensgesellschaft, fordert Ausbau des Völkerrechts und internationales Schiedsgericht.

2. Organisationen:
    Erster Weltfriedenskongreß (ohne deutsche Vertreter), Paris 1889;
    Gründung der Deutschen Friedensgesellschaft, 1892;
    Stiftung des Friedens-Nobelpreises, 1897;

Carnegie-Stiftung in USA, 1910;
Evangelischer und Katholischer Friedensbund.
3. Die Haager Friedenskonferenzen 1899 und 1907:
aa) Einladung durch Zar Nikolaus II. (angeregt durch Finanzminister Witte und die Schrift von Staatsrat Bloch „Der Zukunftskrieg in seiner technischen, volkswirtschaftlichen und politischen Bedeutung" 1893).
bb) Ziel: Rüstungsstillstand auf fünf Jahre für Land- und drei Jahre für Seerüstung; Humanisierung des Krieges durch Verbot bestimmter Waffen; Ausbau der Schiedsgerichtsbarkeit.
cc) Verlauf: Zweck nicht erreicht; 1899: Allgemeine Skepsis gegen Rüstungsbeschränkung, Widerstand gegen Minderung der nationalstaatlichen Souveränität; undiplomatisches Verhalten Deutschlands infolge der schroffen Ablehnung durch Wilhelm II. Schaffung des Ständigen Gerichtshofes im Haag, aber keine obligatorische Anrufung. Haager Landkriegsordnung angenommen: Kodifizierung der Kriegsregeln in 56 Artikeln.
1907 zweite Konferenz; wiederum auf russische Initiative einberufen, vertreten fast alle Staaten der Erde; offener deutscher Widerstand gegen Abrüstung und obligatorisches Schiedsgericht führt zur diplomatischen und publizistischen Isolierung der Mittelmächte, obwohl sich die deutsche Haltung grundsätzlich nicht von der meisten anderen Großmächte unterscheidet und die Sache des nationalen Prestiges allgemein eine entscheidende Rolle spielt.
dd) Die Genfer Konvention (1864 auf Anregung von Henri Dunant getroffene „Übereinkunft zur Besserung des Loses der Verwundeten und Kranken der im Felde stehenden Heere") wird auf den Seekrieg ausgedehnt: unterschiedslose Pflege der Verwundeten, gegenseitige Mitteilung von Namen der Verwundeten und Gefallenen, Schutz von Lazaretten und Lazarettschiffen usw. (1929 Zusatzabkommen über Behandlung der Kriegsgefangenen, 1949 Neufassung).
4. Ergebnis: Zunächst noch Sieg des Prestigebedürfnisses und des Ehrgeizes souveräner Nationalstaaten; der Gedanke einer übernationalen Friedensordnung als Gegengewicht gegen Nationalismus und Imperialismus lebt weiter; Realisierungen: 1919: Völkerbund, 1945: Vereinte Nationen.

f) Der Vorabend des Ersten Weltkrieges

1. Das deutsch-englische Verhältnis als Schlüssel des Friedens: Zwischen den beiden Mächten gibt es wenig Konfliktstoff. Verhandlungen 1908 (zwischen Reichskanzler Bülow und dem englischen Außenminister E. Grey) und 1912 (Reichskanzler Bethmann-Hollweg mit Lord Grey und dem englischen Kriegsminister und Germanisten Richard Haldane — Haldanemission — in Berlin) scheitern. Die Schwierigkeiten können nicht aus der Welt geschafft werden; es bestehen weiter:
   — die deutschen Bedenken, daß eine „Einkreisung" vorliegt, die Rüstung und Flottenbau notwendig macht;
   — die englischen Bedenken, Deutschland strebe nach der Hegemonie auf dem Kontinent und gefährde die englische Position.

Die Verständigungsversuche scheitern, das Gefühl der Bedrohung überwiegt, Frankreich wünscht keinen deutsch-englischen Ausgleich.
2. Die Verhärtung der Bündnisse:
In den letzten drei bis vier Jahrzehnten vor 1914 wachsen die Rüstungsausgaben der Großmächte um ein Vielfaches; allein innerhalb der letzten fünf Jahre in England um 30 %, in Rußland um mehr als 50 %, in Deutschland um 69 %, in Frankreich um 86 % (Rüstungswettlauf). Die Zusammenarbeit der Generalstäbe von England und Frankreich wird zu einer ständigen Einrichtung. England fürchtet einen deutschen Angriff und bindet sich schließlich fest an seine Bündnisse mit Frankreich (Revanchegedanke lebendig in Ministerpräsident Poincaré) und Rußland. Dadurch verliert es seine politische Handlungsfreiheit für eine wirksame diplomatische Initiative im Sommer 1914.

Die österreichfeindlichen Kräfte in der Donaumonarchie sind sich der Rückendeckung bei den führenden panslawistischen Kreisen Rußlands sicher; der nationalistische Egoismus der Völker verhindert wirksame föderalistische Reformen (wie sie der Kreis um den Thronfolger Franz Ferdinand anstrebt). Die Isolierung Deutschlands bindet die Mittelmächte fester aneinander (Nibelungentreue, „Blankoscheck") und nimmt der deutschen Politik die Möglichkeit zur diplomatischen Offensive im Sommer 1914 beim offenen Ausbruch des serbisch-österreichischen Konfliktes.
3. Zusammenfassung und Wertung:
„Hat Deutschland oder irgendeine andere Macht im Jahre 1914 den Weltkrieg gewollt? Die Kriegsschuldforschung, an der sich alle betroffenen Nationen beteiligten, hat zu dem Ergebnis geführt, daß keiner Regierung der Vorwurf gemacht werden kann, sie habe bewußt auf einen allgemeinen Krieg hingearbeitet. Haben aber die Völker und die Regierungen den Frieden gewollt? Auch auf diese Frage muß die Antwort für alle Beteiligten nein lauten. Denn wie deutlich auch bei einigen Staaten der Wunsch und die Bereitschaft sichtbar wurden, den Frieden zu erhalten, keiner hat es zuwege gebracht, das Entscheidende zu tun, nämlich sich aus den bestehenden Bündnissen und Verpflichtungen herauszureißen und auf die Verfolgung bestimmter politischer Ziele zu verzichten..." (K. D. Erdmann)

„...Hätte es in Deutschland einen Bismarck, in Großbritannien einen Palmerston, in Amerika einen Roosevelt oder in Paris einen Clemenceau an der Macht gegeben, dann hätte die Katastrophe vermieden werden können und wäre meiner Überzeugung nach vermieden worden. Aber in keinem der großen Staaten sah man einen Mann von dieser Qualität am Ruder... Keiner der führenden Männer dieser Zeit hat den Krieg tatsächlich gewollt. Sie schlitterten gewissermaßen hinein, oder besser: sie taumelten oder stolperten hinein, vielleicht aus Torheit..." (Lloyd George, englischer Premierminister 1916—1922)

„Die Dokumente erlauben es nicht, im Jahre 1914 irgendeiner Regierung oder einem Volk den bewußten Willen zu einem europäischen Kriege zuzuschreiben..." (Erklärung deutscher und französischer Historiker, 1951)

V. Der Erste Weltkrieg und seine Folgen (1914—1933)

1. Ausbruch und Verlauf des 1. Weltkrieges bis 1917

a) Veranlassung und Ausbruch

1. Am 28. Juni 1914 wird der österreichische Thronfolger Franz Ferdinand, ein Neffe Kaiser Franz Josefs I., in Sarajevo von serbischen Terroristen erschossen. Wegen seines konstruktiven, föderalistischen Reformprogramms, das den Habsburgerstaat von Deutschen, Ungarn und Slawen getragen wissen will, sehen alle nationalen Extremisten in ihm einen Hauptfeind. Zwischen den serbischen Attentätern, ihrer Geheimorganisation und Rußland können enge Verbindungen nachgewiesen werden.

2. Österreich verlangt Sühne von Serbien (Generalstabschef Conrad v. Hötzendorf, Anhänger des Präventivkrieges). Frage der Lokalisierung des Konfliktes; Deutschland stellt sich bedingungslos hinter Österreich (Blankoscheck). Rußland deckt Serbien.
Verspätetes Ultimatum Österreichs an Serbien (23. Juli), teilweise abgelehnt. „Mechanismus" der Bündnisse ausgelöst. Englischer Vorschlag an Deutschland zur Einberufung einer europäischen Konferenz kommt zu spät!
Die innerpolitischen Spannungen treten in Deutschland zurück: „Burgfriede". Kaiser Wilhelm erklärt: „Ich kenne keine Parteien mehr, ich kenne nur noch Deutsche!" Im Reichstag werden die Kriegskredite durch alle Parteien genehmigt.

3. Kriegserklärungen:

Mobilisierung Serbiens	25. Juli
Russischer Kronrat beschließt Unterstützung Serbiens	25. Juli
Englisch-deutsche Vermittlungsversuche scheitern	26.—31. Juli
Kriegserklärung Österreichs an Serbien	28. Juli
Russische Teilmobilmachung gegen Österreich	29. Juli
Russische Totalmobilmachung	30. Juli
Österreichische Totalmobilmachung	31. Juli
Deutsches Ultimatum an Rußland und Frankreich	31. Juli
Mobilmachung Frankreichs	1. August
Mobilmachung Deutschlands	1. August
Kriegserklärung Deutschlands an Rußland	1. August
Deutsche Forderung nach Durchmarsch durch Belgien (abgelehnt)	2. August
Mobilmachung Englands	3. August
Deutsche Kriegserklärung an Frankreich	3. August

Deutscher Aufmarsch im Westen, Einmarsch in das neutrale Belgien	3./4. August
Kriegserklärung Belgiens an Deutschland	4. August
Ultimatum Englands an Deutschland, Kriegszustand	4. August
Neutralitätserklärung Italiens und Rumäniens	4. August
Japans Kriegserklärung an Deutschland	August 1914
Türkei auf Seite der Mittelmächte	Oktober 1914
Italiens Kriegserklärung an Österreich	Mai 1915
Bulgarien auf Seite der Mittelmächte	Oktober 1915
Kriegserklärung der USA an Deutschland	April 1917

4. Tiefere Ursachen für den Kriegsausbruch:

aa) Zurücktreten des Bewußtseins von wirtschaftlichen und kulturellen Gemeinsamkeiten der Völker hinter nationalen Prestige- und Machtfragen.

bb) Fehlen einer gesamteuropäischen Idee.

cc) Vorherrschen militärischer Gesichtspunkte gegenüber politischen, mangelnder Wille zu konstruktiven Kompromissen (= Interessenausgleich).

5. Allgemeine Fragen und Probleme des 1. Weltkrieges:

aa) Die Kriegsschuldfrage: Im § 231 des Vertrages von Versailles wird Deutschland die Alleinschuld für den Kriegsausbruch zugeschrieben. Die historische Forschung aller beteiligten Nationen hat die einseitige Kriegsschuldthese der Sieger von 1919 eindeutig widerlegt.

bb) Deutschland befindet sich infolge seiner geopolitischen Lage in einer Zwangssituation: Die Möglichkeit eines Zweifrontenkrieges muß die strategische Konzeption bestimmen. Plan des Generalstabschefs Alfred von Schlieffen (1833—1913) von 1905: Offensive im Westen mit starkem rechtem Flügel. Erzwingen der militärischen Entscheidung gegen Frankreich vor Abschluß des russischen Aufmarsches. Die operativen Notwendigkeiten bestimmen Deutschlands Kriegserklärungen 1914 im Westen.

cc) Abhängigkeit der rein militärischen Kriegführung von wirtschaftlichen Voraussetzungen und politischen Zielen nicht voll erkannt. Einfluß der Technik und der industriellen Produktion (Potential) auf das Kriegsgeschehen (Bewegung, Feuerkraft, Nachrichtenübermittlung), bisher in dieser Intensität unbekannt.

dd) Wandel des Krieges vom Kampf der Heere zum Kampf der Völker; Folge: nationale Fanatisierung, Bedeutung der Kriegspropaganda (psychologische Kriegführung), teilweise Entartung dieses Kampfes, Einbeziehung von Lüge und Hetze (Greuelpropaganda). Beginn des totalen Krieges.

ee) Gegenüberstellung und Potentialvergleich

— **Militärisch:**

1. Mittelmächte:
   160 Millionen Einwohner; bei Kriegsbeginn 3,8 Millionen Soldaten, im Laufe des Krieges 23 Millionen aufgeboten. Einheitlicher Ober-

befehl, Vorteil der inneren Linien, Eisenbahn und Straßennetz günstig.

2. Entente:
1390 Millionen Einwohner; bei Kriegsbeginn 5,7 Millionen Soldaten, im Laufe des Krieges 42 Millionen aufgeboten. Einheitlicher Oberbefehl erst spät, Nachteil der äußeren Linie, getrennte, z. T. isolierte Fronten (Rußland, Italien, Westen), ungesicherte Verbindungslinien.

— **Wirtschaftlich:**

1. Mittelmächte:
Mangel an wichtigen Rohstoffen, Isolierung von Übersee und den Kolonien durch Blockade, Schwächung und Minderung des Potentials mit Kriegsdauer.

2. Entente:
Praktisch unbeschränkte Rohstoffvorräte, Einfuhr von Übersee im großen und ganzen gesichert, durch den Kriegseintritt der Vereinigten Staaten eine weitere unermeßliche Steigerung der wirtschaftlichen und menschlichen Reserven.

— **Politisch:**

1. Mittelmächte:
Unklare und konzeptionslose politische Führung; Ablehnung und Mißtrauen gegen konstruktive Friedensvorschläge, Politik weitgehend bestimmt von den Wünschen und Vorstellungen des Generalstabs.
Keine Mitwirkung einer Volksvertretung; erst im Herbst 1918 Parlamentarisierung der Bismarckverfassung.

2. Entente:
Vorherrschen politischer Gesichtspunkte gegenüber militärischen; „Kreuzzugs"-Ideologie für Menschenrechte, Frieden und Rechte der kleinen Völker (Selbstbestimmungsrecht); erfolgreiche politische und Kulturpropaganda.

b) Der Verlauf des Krieges bis 1917

1. Operationspläne
Während die Entente den Ausbruch des offenen Kampfes hinauszögern will, bis der russische Aufmarsch vollzogen und der Einbruch der russischen „Dampfwalze" im Osten des Deutschen Reiches und Österreich-Ungarns möglich ist, hält der deutsche Generalstab an der Schlieffen-Konzeption (schneller Sieg über Frankreich) fest. Die Umgehung des französischen Festungssystems führt zum Angriff auf Belgien und zum Bruch der belgischen Neutralität. (Unmittelbarer Anlaß zum Kriegseintritt Englands und großer Schaden für das deutsche Ansehen. Aber auch die fran-

zösischen Aufmarschpläne sehen den Einmarsch in Belgien und den Bruch der Neutralität vor!)
Verwässerung des Schlieffen-Planes durch den Generalstabschef Moltke (jüngerer Moltke), notwendige Schwächung des rechten Angriffsflügels. Die von Schlieffen vorausgesetzten Heeresstärken stehen 1914 nicht zur Verfügung. Später wird weiterer Abzug von Truppen an die Ostfront notwendig, wo inzwischen die Russen eingedrungen sind.

2. Der Krieg im Westen

Nach planmäßiger Offensive eine erste Entscheidung in der Marneschlacht (September 1914), als nach einem französischen Gegenangriff die deutsche Offensive nicht nur zum Stehen kommt, sondern sogar der (umstrittene) Rückzugsbefehl gegeben wird (Mission Hentsch).

Beiderseitige Versuche, die gegnerische Front zu überflügeln, führen zum „Wettlauf zum Meer" (November 1914). Die Front erstarrt, Übergang zum Stellungskrieg. Beginn der Materialschlachten ohne Entscheidung. Neuer Generalstabschef: von Falkenhayn.

Deutsche Durchbruchsversuche bei Ypern (Gaseinsatz), in der Champagne, bei Verdun (1916) und der Entente an der Somme (1916). Schwerste Verluste, alle Durchbruchsversuche scheitern. Erster Einsatz von Fliegern und Panzern („Tanks").

3. Im Osten

Beginn des Krieges mit einer russischen Offensive auf Ostpreußen und Galizien.

Durch den Sieg bei Tannenberg (26.—31. August 1914, 8. Armee unter Hindenburg, sein Chef des Stabes, Ludendorff), bei den Masurischen Seen (September 1914) und in der Winterschlacht in Masuren (Februar 1915) wird der russische Angriff auf Ostpreußen gestoppt.

Eine weitere russische Offensive gegen Galizien-Karpaten-Ungarn wird aufgehalten durch den deutschen Durchbruch bei Gorlice-Tarnow (Mai 1915), dadurch Entlastung Österreichs und bedeutende Geländegewinne in Polen.

Gleichzeitig mit der Somme-Offensive der Engländer und Franzosen: Brussilow-Offensive und Durchbruch der Russen durch die österreichisch-ungarische Front im Osten. Stabilisierung mit deutscher Hilfe (Herbst 1916).

4. Nebenkriegsschauplätze:

aa) Besetzung Serbiens und Kriegseintritt Bulgariens auf der Seite der Mittelmächte stellen 1915 die Verbindung Deutschland-Türkei her (strategisch wichtig!). Landungsversuche der Entente bei Saloniki und Durchbruch durch die Dardanellen vereitelt.

bb) Die Kriegserklärung Italiens an die Mittelmächte (23. Mai 1915) führt zur Errichtung der von Österreich gehaltenen Front an Isonzo und Etsch (12 Isonzoschlachten).

cc) Der deutsche koloniale Besitz geht bald verloren; keine Verbindung zum Mutterland. Nur in Deutsch-Ostafrika hält sich General Lettow-Vorbeck, der Kommandeur der deutschen Schutztruppen, bis Kriegsende.

5. Der Krieg zur See

Die seit November 1914 über Deutschland verhängte britische Blockade beginnt sich 1916 auszuwirken. Zu entscheidenden Seeschlachten kommt es nicht. Neben bedeutenden Einzelleistungen deutscher Schiffe (Blockadebrecher, Durchbruch der „Goeben" und „Breslau" nach Konstantinopel) ist die Schlacht am Skagerrak (31. Mai und 1. Juni 1916) ein bedeutender Erfolg der deutschen Marine, ohne daß die Blockade beseitigt oder das Übergewicht der englischen Flotte ausgeglichen werden kann.

Rohstoff- und Nahrungsmittelmangel wirken sich immer stärker aus. Entstehung des Problems des uneingeschränkten U-Boot-Krieges, der zu einer wirksamen Bekämpfung der feindlichen Handelswege führen soll, aber vor allem das Problem der neutralen Schiffahrt (USA!) aufwirft.

6. Luftkrieg

Zuerst Einsatz von Ballons, Luftschiffen (Zeppelin) und Fliegern zur Aufklärung und Beobachtung. Seit Juli 1915 Abwurf von Bomben. Bildung von Kampfgeschwadern. 1915/16 nächtliche Angriffe von deutschen Zeppelin-Luftschiffen auf Paris und London. Überlegenheit der deutschen Kampfflieger in der Einzelleistung (Boelcke, Immelmann, Richthofen) seit 1916 (bei Verdun, an der Somme); Ausbau und Organisation der Luftwaffe und der Luftverteidigung; schließlich wachsende Luftüberlegenheit der Feindmächte.

2. Das Entscheidungsjahr 1917

a) Die Lage am Ende der ersten Kriegsphase

1. Eroberung großer Gebiete durch die Mittelmächte.
2. Übergang zum Stellungs- und Materialkrieg an allen Fronten.
3. Verlagerung der kriegsentscheidenden Gewichte von der militärischen auf die wirtschaftliche Seite.
4. Auswirkungen der Hungerblockade (Rationierung, Lebensmittelmarken).
5. Neue OHL (Oberste Heeresleitung): Hindenburg und Ludendorff.
6. Nationalistische Agitation fordert uneingeschränkten U-Boot-Einsatz und lehnt jeden Kompromiß zur Beendigung des Krieges ab.
7. Zunahme der innerpolitischen Spannungen (soziale Gegensätze, Dreiklassenwahlrecht).

b) Friedensbemühungen

1. Dezember 1916 Sondierungen der Mittelmächte; Friedensangebot von der Entente abgelehnt.
2. W. Wilson (Präsident der Vereinigten Staaten) unternimmt eine Friedensvermittlung (Wende 1916/17) mit dem Ziel eines „Friedens ohne Sieg". Aber Verständigung unmöglich, besonders infolge der inneren deutschen Diskussion über den uneingeschränkten U-Boot-Krieg und die Kriegsziele im allgemeinen.

3. 19. Juli 1917 Friedensresolution des Deutschen Reichstages (Zentrum, Sozialdemokraten, Fortschrittspartei) mit dem Ziel eines Verständigungsfriedens (statt Eroberungsfrieden). Gegensatz zwischen OHL und der Mehrheit der demokratischen Parteien.
Reichskanzler Bethmann-Hollweg entlassen, Nachfolger Michaelis, der Kandidat der OHL.
4. 1. August 1917 Friedensaktion des Papstes Benedikt XV.; ohne Erfolg.
5. Nach dem Tod des österreichischen Kaisers Franz Josef (21. Nov. 1916) wird dessen Großneffe Karl Nachfolger. Durch seine Gemahlin Zita von Bourbon-Parma und deren Bruder Sixtus (belgischer Offizier) Sonderfriedensaktion zwischen Frankreich und Österreich-Ungarn (1917); gleichzeitig Vorstoß des österreichischen Außenministers Graf Czernin. Ohne Erfolg.

c) **Die Revolution in Rußland und dessen Ausscheiden aus dem Krieg**

1. Wirtschaftliche und soziale Belastungen des Krieges, ungelöste Verfassungsfragen verstärken die Verbitterung über die Rückschläge an der Front. Wachsende Spannungen, Streiks, Unruhen, Ermordung des einflußreichen Mönches G. J. Rasputin.
2. Die erste Revolution bricht im März 1917 aus. Träger sind liberale, demokratische Kräfte und die gemäßigten Sozialisten. Am 15. 3. 1917 dankt der Zar ab. Bildung einer bürgerlich-demokratisch-sozialistischen Regierung mit Anlehnung an England. Führend: der Sozialrevolutionär Kerenski.
Letzte große russische Offensive mit Unterstützung der Entente (Kerenski-Offensive) im Juni/Juli 1917 bricht in einer deutsch-österreichischen Gegenoffensive zusammen. Die Mittelmächte besetzen Galizien, die Bukowina und Teile des Baltikums.
3. Zunehmende Agitation der radikalen Bolschewisten, deren Führer Lenin mit deutscher Hilfe (Absicht der OHL: den Krieg an der Ostfront zu beenden) aus seinem Exil in der Schweiz durch Deutschland nach Rußland geschleust wird. Seit April 1917 wachsender Einfluß der Radikalen durch Gründung von Sowjets (Soldaten- und Arbeiterräte). Ziel: Beendigung des Krieges, Sowjetrepubliken, Sozialisierung.
Die Ausrufung der Republik und die Diktatur Kerenskis (Sept. 1917) können den Sieg des Bolschewismus nicht mehr aufhalten. Die Oktoberrevolution (25./26. Oktober des russischen Kalenders, entspricht dem 7./8. November der Gregorianischen Zeitrechnung) erfaßt, von Petersburg ausgehend, das ganze Land. Die Armee steht z. T. auf seiten der Radikalen. Die Regierung bricht zusammen, Kerenski selbst flieht ins Ausland.
4. Die Anfänge des bolschewistischen Staates
Gesetz über den Frieden, Gesetz über die entschädigungslose Enteignung des Großgrundbesitzes, Gesetz über das Selbstbestimmungsrecht der Völker Rußlands; ein Rat der Volkskommissare bildet die oberste Regierungsgewalt.

Ein Parlament, das aus einer noch von Kerenski ausgeschriebenen Wahl hervorgeht (10 Millionen Bolschewisten, 10 Millionen Bürgerliche, 22 Millionen Sozialrevolutionäre), wird durch rote Truppen gesprengt. Nach Ermordung des Zaren und seiner Familie (17. Juli 1918) Kampf gegen antirevolutionäre (zaristische) Kräfte und gegen westliche Interventionen an mehreren Kriegsschauplätzen (Bürgerkrieg zwischen Weiß und Rot; Führer der zaristischen Truppen: Koltschak, Kornilow, Denikin, Wrangel, Judenitsch). Intervention der tschechischen Legionäre und Landung britischer und französischer Truppen in Murmansk. Infolge schlechter Koordinierung der einzelnen „weißen" Aktionen siegen schließlich die bolschewistischen Truppen.

5. Inzwischen seit Dezember 1917 Waffenstillstand mit Deutschland und Beginn der Friedensverhandlungen in Brest-Litowsk; russischer Unterhändler: Trotzki. Harte Forderungen der deutschen Delegation. Abbruch der Verhandlungen, Weiterführung des Krieges, deutscher Vormarsch. Nach Einschalten Lenins in die Verhandlungen schließlich Annahme der deutschen Bedingungen: Verzicht Rußlands auf Polen, auf die Ukraine, die als selbständiger Staat weiterbesteht; auch Finnland und das Baltikum werden vom russischen Staat abgetrennt. In diesem Sinne Abschluß des Friedens: deutscher Diktatfriede von Brest-Litowsk am 3. März 1918.

Für Deutschland endet damit der Zweifrontenkrieg, obwohl vollständiger Abzug der deutschen Truppen vom Osten nicht möglich ist.

d) Der uneingeschränkte U-Boot-Krieg und der Kriegseintritt der Vereinigten Staaten

1. OHL und Marineleitung beschließen in Überschätzung der militärischen Möglichkeiten gegen England den uneingeschränkten U-Boot-Krieg („letzte Karte") am 9. Januar 1917. Niederlage Englands binnen sechs Monaten vorausgesagt.

2. Abbruch der diplomatischen Beziehungen zwischen den USA und Deutschland. Empfindliche Verluste für England durch deutsche U-Boote, aber wettgemacht durch Neubauten und durch das Potential anderer Mächte, die auf seiten der Entente in den Krieg eintreten (fast ganz Mittel- und Südamerika u. a.).

3. Kriegserklärung der USA an Deutschland am 6. April 1917. Dadurch großer Gewinn für die Entente, mehr, als der Verlust des russischen Verbündeten im Osten ausmacht. Fehlrechnung der OHL, die im Gegensatz zu den einen Verständigungsfrieden anstrebenden demokratischen Parteien den „Feind durch Mittel der Kriegführung friedenswillig machen" will.

e) Das letzte Kriegsjahr

1. Absicht der Mittelmächte: Nach Entlastung durch Ausscheiden Rußlands soll die Entscheidung im Westen vor Eintreffen der US-Truppen erzwungen werden. Auch das Nachlassen der Widerstandsmöglichkeiten in Österreich-Ungarn, Bulgarien und der Türkei zwingt zu raschen Entschlüssen und Entscheidungen

2. Wende im U-Boot-Krieg: Gegenschlag durch Neubau und Minen.
3. Letzte Offensive: Rückverlegung der Front in die „Siegfried-Stellung"; durch elastische Verteidigung Abwehr aller Durchbruchsversuche der Engländer und Franzosen 1917 und Anfang 1918 (Arras, Flandern, Aisne, Champagne).
OHL (Diktatur Ludendorffs im militärischen und politischen Bereich) versucht in fünf mit äußerster Anstrengung unternommenen großen Offensiven (März bis Juli 1918) den Durchbruch. Große Erfolge (Vorstoß bis über die Marne), aber keine Entscheidung; im Gegenteil: schwerste Abnützung und Ermattung.
4. Gegenstoß seit 18. Juli und entscheidender Durchbruch (8. August 1918, „Schwarzer Freitag") bei Amiens der zum erstenmal unter einheitlichem Oberbefehl kämpfenden Entente. Allmähliche Rückverlegung der deutschen Front. Kein weiterer Durchbruch, aber pausenlose Angriffe. Wachsende Bedeutung der Panzerwaffe. —
Gleichzeitig rückt der Zusammenbruch Österreich-Ungarns, Bulgariens und der Türkei immer näher. Forderung nach sofortigen Waffenstillstandsverhandlungen durch Hindenburg und Ludendorff am 29. Sept. 1918.

3. Kriegsende und Friedensverträge

a) Militärischer Zusammenbruch der Mittelmächte und Waffenstillstand

1. Seit August ist es auch die Überzeugung der OHL, daß die Fortführung des Krieges aussichtslos sei. Daher Forderung nach Waffenstillstandsverhandlungen auf Grund der 14 Punkte Wilsons.
Schwierigkeit: Waffenstillstand ist weder innen- noch außenpolitisch vorbereitet!
2. Die „vierzehn Punkte Wilsons"
Woodrow Wilson, 1913—1921 Präsident der Vereinigten Staaten, fordert im Dezember 1916 die kriegführenden Mächte auf, ihre Kriegsziele zu nennen. Im Zusammenhang damit und auf Grund eines Gutachtens seiner Mitarbeiter richtet Wilson eine Botschaft über die Grundsätze einer gerechten Friedensordnung an den US-Kongreß (8. Januar 1918).
Grundgedanke: Ende der Geheimdiplomatie; Freiheit der Schiffahrt; Aufhebung aller Wirtschaftsschranken; gerechte Ordnung aller kolonialen Ansprüche; Räumung der russischen und der französischen Gebiete; Wiederherstellung der Souveränität Belgiens; Selbstbestimmungsrecht; autonome Entwicklung der Völker Österreich-Ungarns, Errichtung eines unabhängigen polnischen Staates; Gründung eines Völkerbundes.
3. Notenwechsel zwischen Deutschland und den USA auf Grund des überstürzten und überraschenden deutschen Waffenstillstandsangebotes. Die Verhandlungen dauern vom 3. Oktober bis 5. November. Bei der Entente wegen der von Deutschland selbst eingestandenen katastrophalen Lage keine Bereitschaft zum Verhandeln: „Demütigungsfriede" statt „Rechtsfriede". Forderung nach Beseitigung der monarchischen Staatsform. Wichtige Rolle des französischen Revanche- und Sicherheitsbedürfnisses.

4. Nach dem österreichischen Waffenstillstandsgesuch vom 27. Oktober 1918 und mit der Auflösung der Habsburgermonarchie wächst die Gefahr eines Angriffs auf Deutschland von Westen und Süden. Entsendung deutscher Unterhändler unter Führung des Zentrumsabgeordneten Erzberger zu den Waffenstillstandsverhandlungen im Walde von Compiègne und Unterzeichnung der unabänderlich harten Bestimmungen am 11. November 1918 entsprechen den politischen Notwendigkeiten und den Weisungen der OHL.

5. Inhalt: Kurzfristige Räumung der besetzten Länder und des linksrheinischen Gebietes einschließlich der Brückenköpfe Mainz—Koblenz—Köln, neutrale Zone von 10 km Breite, einseitige Entlassung der Kriegsgefangenen, Verzicht auf den Friedensvertrag von Brest-Litowsk, Abrüstung der Flotte und Vernichtung der Flugzeuge, Ablieferung von Wirtschafts- und Transportgütern. Befristung des Waffenstillstandes auf 36 Tage, Blockade bleibt.

b) Revolution in Deutschland

1. Forderungen nach Abschaffung des Dreiklassenwahlrechtes, nach Parlamentarisierung der obrigkeitsstaatlichen Verfassung und nach einem „Verständigungsfrieden ohne erzwungene Gebietsabtretungen und politische, wirtschaftliche und finanzielle Vergewaltigungen" werden schon während des Krieges von der Reichstagsmehrheit erhoben, aber von der OHL abgelehnt.
Wirtschaftlich-soziale Belastungen: Mangel an Rohstoffen und Nahrungsmitteln (Kohlrübenwinter 1916/17), Auswirkungen der Blockade, Entwicklung des Schleichhandels, Konjunktur für „Kriegsgewinner" sowie die um sich greifende Inflation, die Not und Elend vergrößert, beeinträchtigen die politische Geschlossenheit im Innern und den „Burgfrieden" von 1914. Dennoch werden die Kriegskredite von der Mehrheit des Reichstages weiterhin gebilligt.
Die Diskussion um die Friedensziele verschärft die Spannungen zwischen den nationalistischen Kräften und den demokratischen Parteien, welche die Mehrheit im Reichstag haben, sich aber auf Grund der Verfassung nicht durchsetzen können.

2. Revolutionäre Kräfte schließen sich unter Führung von Rosa Luxemburg und Karl Liebknecht in der „Unabhängigen Sozialdemokratischen Partei" (USPD) zusammen, die sich Anfang 1917 von den Mehrheitssozialisten trennt. Streiks und Demonstrationen haben im allgemeinen keinen revolutionär-politischen Hintergrund, sondern wenden sich gegen unzureichende Versorgung, gegen soziale Ungerechtigkeit u. ä.
Im Laufe des Jahres 1918 zunehmende Kriegsmüdigkeit, offene Ablehnung der aggressiven Kriegsziele; kommunistische Agitation, besonders unter den Arbeitern und im Heimatheer. Einflußlosigkeit der politischen Kräfte in Staat und Gesellschaft, Leitung der Politik vom Kaiser im wesentlichen Ludendorff überlassen.
Nach Bethmann-Hollweg und Michaelis wird im November 1917 Graf Hertling deutscher Reichskanzler — ohne Befragung des Parlamentes.

3. Der militärische Zusammenbruch und das von der OHL erzwungene überstürzte Waffenstillstandsangebot rufen einen allgemeinen Schock hervor und beschleunigen den Zusammenbruch.
   Die Ernennung des liberalen Prinzen Max von Baden zum Reichskanzler, die Abdankung Ludendorffs (emigriert nach Schweden) und die Parlamentarisierung der Bismarck-Verfassung (28. Oktober 1918) können die Entwicklung nicht aufhalten.
4. Meuterei auf der deutschen Hochseeflotte, die am Auslaufen zu einem letzten Kampf gehindert wird, Ausbreitung der Revolution über fast alle Großstädte, Bildung von Arbeiter- und Soldatenräten (Anfang November). Umsturz in Bayern (7. November), Flucht des Königs, Absetzung der Dynastie, Proklamierung einer Räterepublik. 9. November 1918 Revolution in Berlin. Thronentsagung des Kaisers und des Kronprinzen (10. November 1918 Flucht nach Holland).
5. Proklamierung der deutschen parlamentarischen Republik durch den Mehrheitssozialdemokraten Philipp Scheidemann, Rücktritt des Kanzlers Max von Baden. Übertragung der Geschäfte an Friedrich Ebert, den Vorsitzenden der Mehrheitssozialdemokraten.
   Nach Wahl durch die Berliner Arbeiter- und Soldatenräte Bildung einer provisorischen Regierung („Rat der Volksbeauftragten"), in welcher sich die gemäßigten Kräfte der Sozialdemokratie und mit ihnen der demokratisch-parlamentarische, der freiheitlich-rechtsstaatliche Gedanke gegen die z. T. von Rußland ferngesteuerten Bolschewisten und Kommunisten durchsetzen.
6. Die Politiker arbeiten die „Konkursmasse" des Zusammenbruchs auf. Dabei loyale Zusammenarbeit zwischen dem Rat der Volksbeauftragten und der unter Führung von General Groener (Nachfolger Ludendorffs) stehenden OHL. Es gelingt, das Feldheer in Ordnung in die Heimat zurückzuführen, die Bedingungen des Waffenstillstandes zu erfüllen, das allgemeine Chaos zu verhindern und damit die deutsche Heimat vor weiterer Not zu bewahren. Auch die gefährdete deutsche Ostgrenze kann abgesichert werden (Freikorps).

c) **Friedensverhandlungen in Paris und Vertrag von Versailles**

1. Nach dem Waffenstillstand, der dem Deutschen Reich die Weiterführung oder Wiederaufnahme des Kampfes unmöglich macht, seit Januar 1919 Friedensverhandlungen in Versailles. Leitung beim französischen Ministerpräsidenten Clémenceau.
   Maßgebend sind die „Großen Vier": Wilson, Clemenceau, Lloyd George, Orlando. Deutschland und Rußland sind nicht zugelassen.
2. Die 14 Punkte Wilsons und der Gedanke des Selbstbestimmungsrechtes werden in den Hintergrund gedrängt durch das französische Sicherheitsbedürfnis und die Forderung nach enormer Kriegsentschädigung. Wilson macht Zugeständnisse, um den Völkerbund zu verwirklichen, zieht sich später jedoch enttäuscht zurück.
   Am 16. 6. 1919 Übergabe des Vertragswerkes an die deutsche Delegation

mit ultimativer Forderung nach Annahme. Rücktritt der Regierung Scheidemann; der Vertrag wird von der Regierung Bauer unterzeichnet. Demütigende Behandlung der deutschen Delegation in Versailles. Aber auch die OHL (Hindenburg und Groener) stimmt schließlich unter dem Druck der Verhältnisse der Unterzeichnung zu. Diese Unterzeichnung findet im Spiegelsaal zu Versailles statt. Annahme durch die Weimarer Nationalversammlung unter Protest mit 237 gegen 138 Stimmen. Nach Ratifikation tritt der Versailler Vertrag am 10. Januar 1920 in Kraft.

3. **Inhalt des Versailler Vertrages:**
440 Artikel. An der Spitze stehen die Satzungen des Völkerbundes. Die nächsten Teile bestimmen die neuen Grenzen Deutschlands: Frankreich erhält Elsaß-Lothringen und die Benutzung der Saargruben, 15 Jahre wird das Rheinland besetzt. Polen erhält Posen, Westpreußen und Ostoberschlesien. Volksabstimmung wird in einigen Gebieten zugelassen, 3 Millionen Deutsche werden jedoch ohne Volksabstimmung an Nachbarstaaten abgetreten. Danzig kommt als freie Stadt unter Völkerbundsmandat, Litauen erhält das Memelland, Nordschleswig kommt zu Dänemark, das Hultschiner Ländchen an die CSR und Eupen-Malmedy an Belgien.
Andere Teile enthalten u. a. den deutschen Verzicht auf Kolonien. Die allgemeine Wehrpflicht wird aufgehoben, die künftige Reichswehr ist auf 100 000 Mann beschränkt und in der Bewaffnung eingeengt. Der Generalstab wird aufgelöst, die Marine begrenzt, die Luftwaffe untersagt. Über die Abrüstung wacht eine internationale Militärkontrolle. Die Auslieferung von Kriegsverbrechern (einschließlich des Kaisers) wird gefordert. Umfangreiche Reparationen werden durch die im Artikel 231 festgelegte alleinige Kriegsschuld Deutschlands und seiner Verbündeten begründet. Die Reparationshöhe wird im Jahre 1921 mit 269 Mrd. Goldmark berechnet. Eine Kommission wacht über die Einhaltung der bis ins einzelne festgelegten Lieferungen.

Wertung: „Man verharrte in Vorstellungen, die vor 1914 Geltung hatten." (v. Salis) — „Schon daß in den Friedensverträgen das Maß nicht eingehalten worden war, bedeutete eine schwere Belastung für die Zukunft." (W. Conze)

4. **Die übrigen Pariser Vorortverträge:**
aa) Im Frieden mit Österreich zu Saint-Germain (10. Sept. 1919) und im Frieden mit Ungarn zu Trianon (4. Juni 1920) wird die Donaumonarchie zertrümmert:
Italien, Jugoslawien, Rumänien, Polen erhalten österreichisches Gebiet. Die Tschechoslowakei wird aus Böhmen, Mähren, österreichisch Schlesien und der Slowakei (Teile von Nordungarn) als Nationalitätenstaat gebildet. Ungarn wird verkleinert. Das neue Österreich besteht als Republik nur aus den Alpenländern. Der Anschluß Österreichs an das Deutsche Reich wird von den Alliierten untersagt. Aufhebung der allgemeinen Wehrpflicht. Söldnerheer von 30 000 Mann. Bedrängte wirtschaftliche Lage.
bb) Im Frieden zu Neuilly wird Bulgarien verkleinert; es muß hohe Reparationen zahlen.

cc) Der Frieden von Sèvres beschränkt das türkische Reich im wesentlichen auf Kleinasien. Griechenland erhält Makedonien, Italien Rhodos und die türkischen Rechte in Tripolis, Frankreich vor allem Syrien; England bekommt Palästina, das Mandat in Mesopotamien (Irak), die Schutzherrschaft über Arabien und die türkischen Rechte über Zypern und Ägypten.

dd) **Ergebnis:** Die „Balkanisierung" Mittel- und Osteuropas, z. T. gedacht als „Cordon sanitaire" (= Schutzwall) gegen das bolschewistische Rußland, bedeutet keineswegs eine Konsolidierung, sondern trägt mit der Zerstörung alter politischer und wirtschaftlicher Einheiten und der Gründung kleiner, oft nationalistischer und eifersüchtiger Kleinstaaten (Litauen, Lettland, Estland, Polen, Tschechoslowakei, Ungarn, Rumänien, Bulgarien...), die innerlich nicht gefestigt sind, sondern ungelöste Nationalitätenprobleme in sich bergen, zur weiteren politischen und wirtschaftlich-sozialen Devastierung des Kontinentes bei.

4. Die Weimarer Republik
a) Die Entstehung des parlamentarischen Staates und seine Belastungen

1. **Grundsätzliches:** „Die deutsche Demokratie von 1918/19 war eine Notlösung; der verlorene Krieg, der die Ursache des Zusammenbruches der Monarchie war, ließ keine andere Regelung zu, es sei denn, die Diktatur des Proletariats nach sowjetrussischem Muster." (Theodor Eschenburg) „Was bei uns ‚Demokratie' heißt, das ist uns nicht in einer großen Stunde geschenkt worden, es ist nicht das öffentliche Klima, in dem wir zu atmen gewohnt sind. Zweimal ist sie zu uns gekommen auf einem Tiefpunkt unseres nationalen Schicksals, im Gefolge einer vernichtenden Niederlage, unter kräftiger und nicht immer geschickter Nachhilfe derer, die uns diese Niederlage bereitet hatten. Auf ihr liegt nicht der Glanz eines nationalen Aufschwungs, sondern der düstere Schatten einer zermalmenden Katastrophe. Die erste Aufgabe, die ihr gestellt ist, ist die Liquidation der Konkursmasse, die das durch sie abgelöste System hinterlassen hat — ist die Durchführung der Bußen und Verzichte, die der verlorene Krieg zur Folge hat. Wie leicht haben es ihre inneren Gegner, an denen kein Mangel ist, ihr alles das aufs Schuldkonto zu setzen, was sie in Erfüllung dieser Verpflichtungen dem Volke zuzumuten genötigt ist! Wie kann ein Staat, der unter solchen Umständen seine ersten Schritte in die Welt zu tun hat, für seine Bürger mehr sein als ein Notbau, an dem seine Bewohner wenig Freude haben; wie kann er ihnen mehr bedeuten als die äußere Form, die mit Leben zu erfüllen der Zukunft vorbehalten bleibt!" (Theodor Litt)

2. **Belastungen der Vergangenheit**
   — Im Laufe des 19. Jahrhunderts hat sich das monarchisch-autoritäre Prinzip in Deutschland durchgesetzt, das auch Grundlage der Verfassung von 1871 war. Deutschland ist den Weg „vom libertären zum autoritären Nationalismus" gegangen. Die gesamte Exekutivgewalt liegt in den Händen des Kaisers.

— In der Spannung zwischen Gesellschaft und Staat ist der Staat Sieger geblieben. Die gesellschaftliche Entwicklung (Wandel durch Industrialisierung) findet im staatlichen Leben keine Berücksichtigung, besonders die Industriearbeiterschaft besitzt im Staat kein politisches Heimatrecht: schwerwiegende Auswirkung für die Sozialdemokratie; sie steht bis zum Schluß im Dilemma zwischen Staatspartei und Klassenkampfpartei.

Nach dem ruhmlosen Untergang der Monarchie hat die Staatsgesinnung weitester deutscher Kreise keinen festen Halt („Demokratie ohne Demokraten", „Improvisierte Demokratie", „Defizit an politischer Gesinnung"). Die Weimarer Republik wird am Mangel an politischer Substanz zugrunde gehen. „Das Lebensgesetz der Republik, der Kompromiß zwischen Arbeiterschaft und Bürgertum, hat auf beiden Seiten das Verpflichtende des Anfangs verloren." (W. Besson)

— Belastungen durch das Kriegsende und den Diktatfrieden von Versailles:

wirtschaftlich: Armut, Not, Arbeitslosigkeit, Inflation, Reparationen;

politisch: Gebietsabtretungen, Bedrohung der deutschen Ostgrenze, Anschlußverbot, Demokratie als „Besserungsanstalt" auf Befehl der Siegermächte;

psychologisch: Diffamierung, Kriegsschuld, Schock für das deutsche Nationalbewußtsein, Trauma, Flucht aus der bitteren Wirklichkeit in Geschichtslüge und Selbstbetrug: Dolchstoßlegende und andere Geschichtslügen, sozialpsychologische Wirkungen durch Reduzierung des Heeres und Rückkehr vieler Soldaten in das bürgerliche Leben.

3. **Ergebnis:** Mangel an politischer Substanz und Staatsgesinnung; starke staatsfeindliche oder im besten Fall staatsindifferente Grundeinstellung in führenden Schichten von Großgrundbesitz, Großindustrie, Bildungsbürgertum und Offizierskorps. Neigung zu Negativismus und Radikalisierung beim Kleinbürgertum und der Arbeiterschaft. Entartung der politischen Auseinandersetzung (Beleidigungen, Diffamierungen, Morde, Straßenkämpfe, Terror).

Großer Verschleiß und früher Tod führender Persönlichkeiten: Erzberger (mit 45 Jahren ermordet), Rathenau (mit 54 Jahren ermordet), Helfferich (gestorben mit 52 Jahren), Ebert (gestorben mit 54 Jahren), Stresemann (gestorben mit 51 Jahren).

4. **Der Anfang der Weimarer Republik**

aa) Die Wahl zur ersten Nationalversammlung (19. 1. 1919) bringt bei einer Wahlbeteiligung von 82,4 % den drei großen demokratischen Parteien 329 von 421 Sitzen (Sozialdemokraten 163, Zentrum 91, Deutsche Demokratische Partei 75).

bb) Ständige Unruhen, besonders in Berlin, Bayern, Ruhrgebiet und Sachsen. Zusammentreten der Nationalversammlung in Weimar (6. 2. 1919). Friedrich Ebert wird Reichspräsident, Philipp Scheidemann bildet die erste Regierung: Koalition der drei großen demokratischen Parteien — Weimarer Koalition.

Hauptaufgaben der Nationalversammlung: 1. Ausarbeitung einer Verfassung (am 11. August 1919 vom Reichspräsidenten unterzeichnet) und 2. Auseinandersetzung über den Friedensvertrag (Ratifizierung am 10. 1. 1920).

cc) Öffentliches Klima: erregt und zu Gewalttaten neigend. Erste politische Morde, Frage der Auslieferung der „Kriegsverbrecher" (Auslieferung wird verhindert), Entwaffnung des Heeres, dadurch heimat- und beruflose Existenzen, Unruhen im Baltikum und in Oberschlesien, Streiks, zunehmende Inflation, weiterhin schlechte Ernährungslage.

b) Die Weimarer Verfassung

1. Entworfen vom Staatsrechtler und Innenminister Hugo Preuß unter Rückgriff auf die europäische und deutsche parlamentarische Tradition (1831 belgische Verfassung, 1848/49 Entwurf der Paulskirche). Farben der Republik sind: Schwarz-Rot-Gold: auch hierbei Rückgriff auf freiheitliche und nationale Symbole.

   Der neue deutsche Staat ist eine parlamentarisch-demokratische Republik, unitarisch, mit einer relativ starken Stellung des Reichspräsidenten.

2. Wichtigste Bestimmungen:
   — Allgemeines, gleiches, geheimes Wahlrecht, auch auf die Frauen ausgedehnt (Wahlalter: 20 Jahre).
   — Radikales Verhältniswahlrecht, was zur Zersplitterung führt und die Volksvertretung lähmt.
   — Reichstag als Volksvertretung und Reichsrat als föderatives Organ (Mitwirkung bei der Gesetzgebung).
   — Reichspräsident wird auf sieben Jahre vom ganzen Volk **direkt** gewählt.
   — Reichskanzler als Regierungschef vom Vertrauen des Parlamentes (kein konstruktives Mißtrauensvotum wie im Grundgesetz von 1949!) oder vom Vertrauen des Reichspräsidenten abhängig.
   — Notverordnungsrecht (Art. 48), welches die Gesetzgebung durch die Regierung (statt Volksvertretung) bei Gegenzeichnung durch den Reichspräsidenten vorsieht; dabei ist auch die Anwendung des Artikels 25 (Auflösung des Reichstages durch den Reichspräsidenten) möglich.

   Auf diesem Wege Gewichtsverlagerung vom Parteienstaat und vom Parlamentarismus zur Präsidialherrschaft.

3. Schicksal der Weimarer Verfassung

   Sie wird theoretisch bis 1945 nicht außer Kraft gesetzt, ist jedoch seit 1933 ihres Charakters völlig entkleidet. Die Zeit der Diktatur hebt die Grundrechte und andere Elemente des freiheitlichen Rechtsstaates auf und gestaltet Deutschland von Grund auf um.

c) Die erste Phase der Weimarer Republik (1919—1924)
1. Die politischen Kräfte
— Parteien —

aa) Sozialistische Parteien: In der MSPD (Mehrheitssozialdemokraten) sammeln sich die gemäßigten Sozialisten.
Die USPD (Unabhängige Sozialdemokraten) ist radikal; sie schließt sich später zum größeren Teil wieder der SPD an.
Der Spartakusbund wird Träger der kommunistischen Bewegung bei Kriegsende.
Die KPD (seit 1919 organisiert) ist eine autoritäre Partei und in erheblichem Maße von Rußland ferngesteuert; innerlich gespalten in einen nationalbolschewistischen und einen moskauhörigen Flügel.
bb) Das vorwiegend katholische Zentrum, von dem sich 1920 die stark föderalistisch eingestellte BVP (Bayerische Volkspartei) abspaltet.
cc) Die Deutsche Demokratische Partei (DDP), später Staatspartei, ist linksliberal eingestellt; ihr geistiger Vater: **Friedrich Naumann**.
dd) Die Deutsche Volkspartei (DVP) ist nationalliberal und hat ihre Anhänger im begüterten Bürgertum; sie führt die Tradition des weltanschaulichen und politischen Liberalismus weiter. Ihre große Zeit hat sie unter Stresemann.
ee) Die Deutsch-Nationale Volkspartei (DNVP) ist konservativ und restaurativ; sie vertritt den Großgrundbesitz und die Schwerindustrie (Hugenberg, Scherl, Ufa), hat aber auch im kleinen Bürgertum Anhänger. Sie verbündet sich später mit der NSDAP.
ff) NSDAP (National-Sozialistische Deutsche Arbeiterpartei) entstanden aus der DAP (Deutsche Arbeiterpartei). Seit 29. 7. 1921 ist Parteivorsitzender Adolf Hitler. Sie ist betont antidemokratisch und lehnt die Weimarer Republik ab. Zusammenarbeit mit General Ludendorff und nationalen Bünden.

— Interessengruppen —

(uneingeschränkte Koalitionsfreiheit ist durch die Weimarer Verfassung garantiert)

Die Unternehmer: Industrie, Handwerk, Großhandel, Einzelhandel, Bankgewerbe, Versicherungen, Landwirtschaft sind zu Machtverbänden zusammengeschlossen, die sich auch politisch auswirken.
Für die Arbeitnehmer gibt es keine Einheitsgewerkschaft; die Verbände sind meist politisch orientiert.
aa) ADGB (Allgemeiner Deutscher Gewerkschaftsbund) und AFA (Allgemeiner Freier Angestelltenbund) sind sozialistisch.
bb) Gesamtverband der Christlichen Gewerkschaften; Gesamtverband Deutscher Angestelltenverbände.
cc) Verband der Deutschen Gewerkvereine; Gewerkschaftsbund der Angestellten.

dd) Allgemeiner Deutscher Beamtenbund (gegründet 1921).
ee) Radikale Verbände: Rote Gewerkschaftsopposition; NSBO (Nationalsozialistische Betriebszellen-Organisation).

— **Militante Verbände** —
Zum Teil im Anschluß an politische Gruppen mit mehr oder weniger legalem Charakter.

aa) Freikorps: Paramilitärische Truppen aus Freiwilligen; eingesetzt im Baltikum und in Oberschlesien; meistens radikal nationalistisch ohne positives Verhältnis zum Weimarer Staat; betreiben Politik auf eigene Faust. Zwar Beitrag zur Stabilisierung an den Grenzen, später jedoch illegal.

bb) Stahlhelm, Frontkämpferverband; Bund ehemaliger Weltkriegsteilnehmer; seit 1925 Politisierung und auch Aufnahme von Nichtfrontkämpfern. Gemeinsam mit der NSDAP und der DNVP in der sogenannten „nationalen Opposition".

cc) SA (Sportabteilungen, Sturmabteilungen) und SS (seit 1925 Schutzstaffeln) als bewaffnete Parteitruppe der NSDAP. An der Spitze steht Hermann Göring, später Ernst Röhm.

dd) Reichsbanner (Schwarz-Rot-Gold), gegründet 1924, verfassungstreue Schutztruppe von SPD, Zentrum und DDP.

ee) Rotfrontkämpferbund als Parteimiliz der KPD.

2. **Die innerpolitische Entwicklung**
aa) Die Republik und ihre Feinde
— Die Gefahr von links (Spartakisten, roter Terror) zu Beginn des Jahres 1919 niedergeworfen; Einsatz der Freikorps; dabei Radikalisierung von rechts (weißer Terror, Geheimorganisationen); Fememorde; Ermordung K. Liebknechts und Rosa Luxemburgs durch fanatische Offiziere.

— Im Kapp-Putsch (März 1920) versucht der rechtsradikale Politiker Wolfgang Kapp mit General von Lüttwitz die Reichsregierung zu stürzen; diese flieht nach Stuttgart. Generalstreik der Gewerkschaften; der Putsch bricht sehr schnell zusammen, erhöht jedoch die politische Unsicherheit.

— Kommunistische Aufstände in Sachsen und im Ruhrgebiet. Ordnung durch Reichswehr wiederhergestellt.

— Reichstagswahl im Juni 1920 zeigt ein beträchtliches Anwachsen der rechts- und linksradikalen Parteien. Wachsende politische Erregung durch Abstimmung in Oberschlesien (20. März 1921): Obwohl sich 60 % der Bevölkerung für das Verbleiben beim Deutschen Reich aussprechen, werden wichtigste Teile des oberschlesischen Industriereviers von den Alliierten dem polnischen Staat zugesprochen.

Die nationalistische Hetze gegen die „Erfüllungspolitiker" führt zur Gründung von Geheimbünden mit antidemokratischen und antisemitischen Tendenzen. Ermordung Erzbergers (1921) und des Außenministers Walther Rathenau (1922), zweier der fähigsten Politiker der Republik, durch Rechtsradikale.

— Der Konflikt Bayern — Reich und der sogenannte Hitler-Putsch.

Die Radikalisierung von rechts und links beantwortet die Reichsregierung mit einer „Verordnung des Reichspräsidenten zum Schutz der Republik", die einen Konflikt mit Bayern auslöst, welches darin einen Eingriff in seine Souveränität sieht. Der Konflikt führt zur Verhängung des Ausnahmezustandes (Exekutivgewalt beim Reichswehrminister Dr. Gessler und dem Chef der Heeresleitung, General von Seeckt). Gleichzeitig kommunistische Unruhen in Sachsen und Besetzung des Ruhrgebietes durch Frankreich.

In dieser gespannten Atmosphäre versuchen Adolf Hitler und General Ludendorff mit ihren Anhängern, die Regierungen des Reiches und Bayerns zu stürzen und die Macht zu ergreifen. Weder die Öffentlichkeit noch Polizei und Reichswehr unterstützen den Putsch; ein Demonstrationszug in München („Marsch zur Feldherrnhalle" am 9. November 1923) wird zerstreut, Hitler verhaftet und zu Festungshaft verurteilt (bis 1924). General von Seeckt, als Chef der Exekutive, verbietet KP und NSDAP.

bb) Reparationen und Inflation

— Wiedergutmachungspflicht Deutschlands durch den Versailler Vertrag. Zahlung der hohen Reparationssummen unmöglich. 1921 werden festgelegt: Entschädigung von 269 Mrd. Goldmark, zahlbar in 42 Jahresraten, dazu 42jährige Abgabe von der deutschen Ausfuhr in Höhe von 12 % des Wertes.

Später Herabsetzung der Reparationen auf 132 Mrd.; Auswirkungen auf die Währung.

— Die Inflation

Begriff: Geldentwertung bei Senkung des Güterumlaufes gegenüber steigendem Geldumlauf; ständige Preissteigerung. Verfall der deutschen Währung schon während des Krieges, besonders jedoch seit 1922. Tiefpunkt im November 1923. (Ein Dollar = 1 000 000 000 000 Mark.)

— Folgen: Flucht in Sachwerte; Hamstern. Begünstigung des Schuldners gegenüber dem Gläubiger; Verfall der Wirtschaftsmoral. Begünstigung von Spekulationen (Inflationsgewinnler), Benachteiligung der Lohn- und Gehaltsempfänger gegenüber Sachwertbesitzern und Produzenten. Katastrophale Wirkungen für Sparer und Rentner, welche ihre gesamten Rücklagen und Ersparnisse verlieren.

Erhebliche politische und psychologische Konsequenzen!

— Währungsreform: Am 15. November 1923 Einführung der Rentenmark (Deckung durch Landwirtschaft und Industrie). Grundlage: Eine Rentenmark = eine Billion Papiermark. Schöpfer der Reform: Helfferich, Hilferding, Finanzminister Luther und Reichswährungskommissar Hjalmar Schacht.

Allmähliche wirtschaftliche Stabilisierung ohne Beseitigung der politischen und psychologischen Folgen.

cc) Der Ruhrkampf
- Zur Sicherstellung der deutschen Reparationslieferungen fordert Frankreich „produktive Pfänder". Wegen eines unbedeutenden Rückstandes in der Lieferung kommt es Dezember 1922 zu Sanktionen Frankreichs (Poincaré). Einmarsch französischer und belgischer Truppen ins Ruhrgebiet. England und USA sind zurückhaltend.
- Aufruf der Reichsregierung (Reichskanzler Cuno) zum passiven Widerstand. Januar 1923 Einstellung der Sachleistungen. Arbeitsniederlegungen, Streiks und Anschläge. Blutige Zusammenstöße, Verhaftungen, Entlassungen und andere harte französische Maßnahmen. (Leo Schlageter, Führer eines Sabotagetrupps, standrechtlich erschossen.) Auswirkungen auf die politische und wirtschaftliche Entwicklung. Währungszusammenbruch beschleunigt.
- Unter Förderung der Franzosen Separatistenbewegung in Aachen (Proklamierung einer „Rheinischen Republik") und in der Pfalz (Gründung eines „autonomen Pfalzstaates"). Die Bewegungen brechen schnell zusammen.
- Passiver Widerstand politisch und wirtschaftlich nicht durchzuhalten. Die neue Regierung (Stresemann) bricht ihn ab. Unter Vermittlung Englands (Baldwin und MacDonald) und der USA (Präsident Coolidge und Finanzsachverständiger Charles Dawes) Ausarbeitung eines realistischen Zahlungsplanes (Dawes-Plan — April 1924 — „Business, not politics") im Zusammenhang mit der Währungsreform. Frankreich, dem das Ausbleiben der Ruhrkohle für die lothringische Industrie Schwierigkeiten bereitet, gibt seine Zustimmung.
- Juli/August 1925 räumen die Besatzungstruppen das Ruhrgebiet.
- Folgen des Ruhrkampfes: Verschärfung des deutsch-französischen Gegensatzes; Verbitterung, Zusammenbruch der Wirtschaft beschleunigt, innere Gereiztheit und Radikalisierung wachsen.

3. Die außenpolitische Entwicklung

aa) Ungünstige Voraussetzungen: Ohnmacht, Isolierung, wirtschaftlicher und politischer Druck.
bb) Ziel: Revision des Versailler Friedens, Verwirklichung des Selbstbestimmungsrechtes, Eintritt in den Völkerbund, Gleichberechtigung.
cc) Das Verhältnis zu den Westmächten spitzt sich im Zeichen der französischen Sicherheitspolitik nach dem Rückzug der USA vom Kontinent immer mehr zu (Reparationen, Ruhrkampf).

dd) Der **Rapallovertrag**:
Dagegen gelingt die Annäherung zwischen dem Deutschen Reich und dem bolschewistischen Rußland.
Gründe: „Schwebezustand" in den deutsch-russischen Beziehungen nach der Aufhebung des Friedens von Brest-Litowsk.
Bestrebungen des bolschewistischen Staates, diplomatische Kontakte mit den europäischen Mächten herzustellen.
Die russische Situation nach dem Bürgerkrieg (großes Potential, aber Fehlen von Fachleuten) und die deutsche Situation nach Versailles

(Rüstungsbeschränkung, Reparationen) bieten mancherlei Möglichkeiten gegenseitiger Ergänzung.

Am 16. April 1922 wird der Vertrag während einer Weltwirtschaftskonferenz in Genua im benachbarten Rapallo zwischen dem deutschen Außenminister Rathenau und dem russischen Außenminister Tschitscherin abgeschlossen.

Inhalt: Aufnahme diplomatischer Beziehungen, Rußland verzichtet auf Kriegsentschädigungen von Deutschland.

Bedeutung: erste selbständige Aktion der Weimarer Republik in der Außenpolitik. Versuch, im Osten Rückhalt gegen die Westmächte zu gewinnen und einem französisch-russischen Bündnis zuvorkommen. Voraussetzungen für eine geheime Zusammenarbeit zwischen Reichswehr und Roter Armee auf dem Gebiet der militärischen Entwicklung und Ausbildung (Rußland als Basis für eine deutsche Wiederaufrüstung, Deutschland als Lieferant von Fachleuten und Ausbildern).

ee) Nach Inkrafttreten des Dawes-Plans (1924) unter Gustav Stresemann in Deutschland, Ramsey MacDonald in England (Ministerpräsident der ersten Labour-Regierung, Gegner einer „Knock-out-Politik" gegenüber Deutschland) und Aristide Briand, dem französischen Außenminister, Beginn einer Epoche der Entspannung.

d) Die zweite Phase der Weimarer Republik: Die Jahre der Konsolidierung (1924—1929)

1. Neuorientierung der deutschen und der französischen Politik unter Stresemann bzw. Briand

Gustav Stresemann (1878—1929), aus einer bürgerlichen Familie stammend, wird Syndikus im Verband der deutschen Schokoladenindustrie, gehört seit 1903 der nationalliberalen Partei an; Mitbegründer der DVP; 1923 Reichskanzler, 1923—1929 Außenminister.

Ziel seiner Politik: politische Gleichberechtigung Deutschlands, Verständigung mit Frankreich. Hohes Ansehen im Ausland. Ablehnung seiner Verständigungspolitik bei den Nationalisten; bedeutendster Staatsmann der Weimarer Republik nach Rathenau.

Aristide Briand (1862—1932), ursprünglich Sozialist, später bürgerlich orientiert; während des Krieges Anhänger eines Verständigungsfriedens. Zwischen 1921 und 1932 mehrfach Ministerpräsident und Außenminister. Kluges und mutiges Eintreten für den deutsch-französischen Ausgleich. Sein Ziel: „Die Vereinten Nationen von Europa".

Ausgangspunkt: Stabilisierung der Währung, Dawes-Plan, US-Kredite. Rückgang der Stimmen für KPD und NSDAP.

Der **Vertrag von Locarno** (unterzeichnet in London, 1. 12. 1925; in Kraft getreten nach Deutschlands Eintritt in den Völkerbund am 14. 9. 1926). Deutschland erkennt die durch den Versailler Vertrag geschaffene Westgrenze an. Deutschland und Frankreich verpflichten sich, keinen Angriffskrieg gegeneinander zu führen. England und Italien übernehmen die Garantie. Frankreich sichert allmähliche Räumung des Rheinlandes zu. Mit

Frankreich, Belgien, aber auch Polen und der Tschechoslowakei schließt Deutschland Schiedsabkommen.
Eine Garantie der deutschen Ostgrenze (Ostlocarno) lehnen Deutschland und Großbritannien ab. Frankreich schließt mit Polen und der Tschechoslowakei ein Garantieabkommen.
Eine tiefere deutsch-französische Zusammenarbeit, wie von Stresemann und Briand im Zeichen des „Geistes von Locarno" angestrebt, ist nicht möglich. Verzögerungen in der Räumung des Rheinlandes verbittern.
„Die Kräfte, die auf eine Verständigung zwischen beiden Völkern hinarbeiteten, sind in tragischer und für beide Nationen verhängnisvoller Weise unfruchtbar geblieben..." (Herzfeld)

Aufnahme Deutschlands in den Völkerbund: Herbst 1926.
Friedens-Nobelpreis für Stresemann und Briand.
Der **Kellogg-Pakt** (1928), angeregt vom US-Außenminister Kellog: 54 Staaten verurteilen den Krieg „als Mittel für die Lösung internationaler Streitigkeiten und verzichten auf ihn als Werkzeug nationaler Politik in ihren gegenseitigen Beziehungen" (Kriegsächtungspakt).
Deutschland ist Mitunterzeichner.
Briands Europaplan vom September 1929 wird nicht mehr verwirklicht. Er wird verhindert durch die Widerstände Englands und durch den frühen Tod Stresemanns.
Der **Young-Plan** (Herbst 1928), der neue, an die Stelle des Dawes-Plans tretende, von einer Sachverständigenkonferenz unter Vorsitz des US-Industriellen Young (deutscher Vertreter ist Reichsbankpräsident Schacht) ausgearbeitete Reparationsplan, sieht Zahlungen bis 1988 vor und beendet die ausländische Mitwirkung bei der Verwaltung von Reichsbahn und Reichsbank; er beendet die Rheinlandbesetzung, führt aber in Deutschland dennoch zu innerpolitischen Erschütterungen. Die NSDAP und DNVP führen einen Volksentscheid gegen den Young-Plan herbei, für den sich jedoch nur 13,8 % der Stimmberechtigten entscheiden. Der Reichstag nimmt 1930 das Gesetz über den Young-Plan an. Er wird bereits 1931 durch den Hoover-Plan außer Kraft gesetzt.

2. **Innenpolitik**

Nach dem Tod Friedrich Eberts (28. 2. 1925) Präsidentenwahl durch das Volk. Im ersten Wahlgang völlige Zersplitterung (7 Kandidaten!), für den zweiten Wahlgang wird von der DNVP Generalfeldmarschall Paul von Hindenburg (1847—1934) vorgeschlagen. Die Rechtsparteien und die Bayerische Volkspartei schließen sich dieser Kandidatur an. Hindenburg wird mit relativer Mehrheit gewählt. (Gegenkandidaten: der Zentrumsführer Marx — aufgestellt von den Parteien der Weimarer Koalition — und der Kommunist Thälmann.)
Das Wahlergebnis ist Ausdruck einer Rechtswendung in weiten Kreisen der Wählerschaft.
Hindenburg führt sein Amt loyal und streng im Rahmen der Verfassung. Er unterstützt die Verständigungs- und Erfüllungspolitik Stresemanns.
Beurteilung: „Bei aller repräsentativen Wirkung nach außen ist Hinden-

burg jetzt auf jeden Fall zu alt gewesen (78 Jahre), um sich noch zu entwickeln und in eine neue Welt hineinzuwachsen. Als seit 1929 die Weltwirtschaftskrise den Bestand der Weimarer Demokratie in ihren Grundlagen bedrohte, hat er mit wachsender Entfremdung gegen Parlamentarismus und Demokratie sich mehr an seine wechselnden Berater geklammert, als daß er vermocht hätte, in schwieriger Lage eine führende Rolle selbst auszufüllen." (Herzfeld)

Vorübergehender wirtschaftlicher Aufschwung („Silberstreifen am Horizont"):

— Einströmen fremden Kapitals — 30 Mrd. Mark! — als Folge der Wiederherstellung der deutschen Kreditfähigkeit. Steigerung des Sozialprodukts. Konzentration des Kapitals. Stellung des Staates als Schutzpatron der wirtschaftlichen Stärke. Kritik von links: Die Schulden werden sozialisiert, die Gewinne privatisiert. Erhöhung der Spareinlagen.

— Weiterer Ausbau der Sozialgesetzgebung: 1926 Arbeitslosenversicherung.

— Beachtlicher Wohnungsbau: zeitweise jährlich 300 000 neue Wohnungen erstellt. Bäuerliche Siedlungshilfe bleibt in Ansätzen stecken.

— Baumaßnahmen im staatlichen und kommunalen Bereich: Sportplätze, Schulen, Volksbildungseinrichtungen u. ä.

— Schwächen: Empfindlichkeit infolge des hohen Fremdkapitals (bei Banken 40 bis 50 %!). Die Auslandsgelder sind nicht lang-, sondern kurz- und mittelfristig angelegt. (Das bedeutet schnelle Auswirkung von Krisen.) Verflechtung der Agrarpolitik (Schaffung neuer Bauernsiedlungen) mit Parteipolitik über den ostdeutschen Großgrundbesitz. Nachwirkungen der Inflation.

Der vorzeitige Tod Gustav Stresemanns (3. 10. 1929 — 51 Jahre —) am Vorabend schwerer Krisen ist für die deutsche Republik ein schwerer Verlust.

e) **Krise und Ende der Weimarer Republik 1929—1933**

1. Die **Weltwirtschaftskrise** (1929—1932) wirkt sich in Deutschland ganz besonders stark aus und trägt entscheidend zum Untergang der Weimarer Republik bei.

aa) Ursachen: Überinvestition und Überproduktion in Amerika führen zum Bankkrach an der New Yorker Börse (29. 10. 1929). Absinken der Produktion in Industrie und Landwirtschaft. Ansteigen der Arbeitslosigkeit.

bb) Rückwirkungen in der ganzen Welt infolge der wirtschaftlichen Verflechtung Amerikas, seit 1930 besonders auch in Mitteleuropa: Zusammenbruch der österreichischen Kreditanstalt, bald darauf auch des deutschen Bankensystems, Zahlungseinstellung, Schließung der Banken, Konkurs großer Unternehmen (Abruf der kurzfristigen Kredite aus dem Ausland, die zu langfristigen Investitionen verwendet sind).

cc) Entlassung von Beschäftigten, dadurch Beschränkung der Kaufkraft, was zu weiterer Drosselung der Produktion führen muß.
Höchstzahlen an Arbeitslosen.
dd) Die latente Krise der Demokratie wird durch die Wirtschaftskrise verstärkt. Radikalisierung; Verständnislosigkeit gegenüber der Deflationspolitik der Regierung Brüning (Geldwertsteigerung durch Sparmaßnahmen, Gehaltskürzungen, Krediterschwerung, Minderung der Einfuhr).

2. Die Regierung Brüning (1930—1932)

aa) Die letzte große Koalition des Sozialdemokraten Hermann Müller — seit 1928 (bestehend aus SPD, Z, BVP, DVP, DDP) — zerbricht im März 1930 an der Diskussion über die Sofortmaßnahmen angesichts der Wirtschaftskrise. Müller tritt zurück.
bb) Hindenburg beauftragt den Zentrumspolitiker Heinrich Brüning mit der Neubildung der Regierung.
Dr. Heinrich Brüning (geb. 1885), katholischer Sozialpolitiker, Geschäftsführer des Christlichen Gewerkschaftsbundes, Fraktionsvorsitzender des Zentrums, bildet eine bürgerliche Regierung ohne Bindung an eine Koalition und versucht der Not durch Steuererhöhung, Gehaltskürzungen u. ä. Herr zu werden.
Alle Parteien der Linken und der Rechten lehnen seine Gesetze ab Daraufhin macht der Reichspräsident von seinem Recht nach Artikel 48 der Weimarer Verfassung Gebrauch und setzt die Gesetze als Notverordnungen — ohne die Genehmigung des Parlamentes — durch. Als die Mehrheit des Reichstages auch gegen die Notverordnungen stimmt, löst Brüning mit Billigung des Reichspräsidenten nach Artikel 25 der Verfassung den Reichstag auf, in der Hoffnung, der neugewählte Reichstag werde eine günstigere Zusammensetzung haben. Die Neuwahl ist normalerweise erst 1932 fällig!
cc) Die Reichstagswahl vom 14. September 1930 endet jedoch mit einer weiteren Radikalisierung: Von 575 Mandaten erhält die KPD 77 (bisher 54), die NSDAP (bisher 12) bringt es auf 107 Reichstagssitze!
Keine Mehrheit für die Regierung Brüning im Reichstag!
dd) Das Präsidialkabinett.
Da die einschneidenden Gesetze (Kürzung der Einnahmen, Erhöhung der Sozialleistungen und der Steuern) weiterhin vom Parlament nicht genehmigt werden, stützt die Regierung ihre Maßnahmen auf das Vertrauen und die Macht des Reichspräsidenten. Die Gesetze erscheinen als Notverordnungen; den Mißtrauensanträgen gegen die Regierung Brüning versagt sich jedoch die Sozialdemokratie (Duldungspolitik), so daß die Regierung — getragen vom Vertrauen des Reichspräsidenten — ohne parlamentarische Zustimmung aktionsfähig bleibt.
ee) Ziel der Regierung Brüning: Sparmaßnahmen, um den verarmten Volksschichten die Existenzgrundlagen zu sichern und Verständnis beim Ausland für die Streichung der Reparationszahlungen zu erlangen.
Ergebnis: Die Industrie- und Wirtschaftskrise wird gebändigt, die Zahl der Arbeitslosen jedoch wächst zunächst bis über sechs Millionen.

ff) Die „nationale Opposition" gegen die Republik (NSDAP und DNVP) schließt sich 1931 zur „Harzburger Front" zusammen (führende Männer: Adolf Hitler und Hugenberg, der weitgehend Film und Presse beherrscht), die einen fanatischen Kampf gegen die parlamentarische und demokratische Ordnung führt.

gg) Bei der 1932 fälligen Reichspräsidentenwahl wird Generalfeldmarschall von Hindenburg von den demokratischen Parteien aufgestellt, während Adolf Hitler der Kandidat der NSDAP und der DNVP ist. Im zweiten Wahlgang (10. April 1932) wird nach blutiger Wahlschlacht und einem gehässigen Wahlkampf Hindenburg (mit 19,4 Mill. Stimmen — auch mit denen der Sozialdemokraten) wiedergewählt. Hitler erhält über 13 Mill. Stimmen!

Brüning verbietet nach der Präsidentenwahl durch eine Notverordnung „zur Sicherung der Staatsautorität" die SA (die bewaffnete Wehrorganisation der NSDAP), um die innerpolitische Ruhe sicherzustellen.

3. Brünings Sturz

aa) Im Mai 1932 entzieht Reichspräsident Hindenburg dem Reichskanzler das Vertrauen. „Hundert Meter vor dem Ziel" wird Brüning das Opfer seiner politischen Gegner, vor allem der ostelbischen Großgrundbesitzer, die seine Agrar- und Sozialpolitik ablehnen und den greisen Reichspräsidenten in ihrem Sinn beeinflussen. Brüning muß zurücktreten.

bb) Erfolge der Politik Brünings

Zum erstenmal Stabilisierung des Verhältnisses mit Polen. Endlösung der Reparationsfrage grundsätzlich erreicht. Militärische Gleichberechtigung Deutschlands im Prinzip anerkannt. Überwindung der Wirtschaftskrise abzusehen.

cc) Wertung

Den hohen menschlichen Qualitäten, der persönlichen Integrität, dem Mut zur Unpopularität und einem beachtlichen Fachwissen stehen die politischen Intrigen in der Umgebung Hindenburgs und der fanatische Kampf der Rechts- und Linksradikalen entgegen. Brüning selbst hat die Bedeutung innerpolitischer Maßnahmen zum Teil unterschätzt.

Die Erfolge seiner Politik sind Hitler zugute gekommen. „Nie hätte dieser seine Schreckensherrschaft errichten, nie zu einem neuen Krieg rüsten können, wenn nicht seine Vorgänger die Fesseln des Versailler Vertrages so weitgehend gelockert und die Reichsfinanzen so erfolgreich saniert hätten. Die Schuld an seinem Sturz trifft in erster Linie Hindenburg. Der Dolchstoß, den er am 30. Mai 1932 mit einer Treulosigkeit ohnegleichen versetzt, hat nicht nur die deutsche Republik getötet, sondern auch den Frieden Europas..." (Eyck)

„Hindenburgs integrer Charakter soll damit nicht angezweifelt werden, aber die Luft um ihn herum war dick und trüb, und seine eigene Urteilskraft war nicht groß." (Meinecke)

4. Die Präsidialregierung Papen

aa) Hindenburg ernennt den ihm von General Schleicher vorgeschlagenen adeligen Großgrundbesitzer, den Zentrumspolitiker Franz von Papen (geb. 1879), welcher an der Spitze eines Kabinetts der nationalen Konzentration („Kabinett der Barone" vom 1. Juni bis 17. November 1932) tritt. Die Politik Brünings wird nicht fortgesetzt. General Schleicher wird Reichswehrminister.

Obwohl Papen Anlehnung nach rechts sucht und die „nationalsozialistische Flut kanalisieren" will, erzielt er keine Parlamentsmehrheit. Auch die eigene Partei lehnt die Zusammenarbeit mit ihm ab. Durch die Aufhebung des Verbotes von SA und SS und des von den Landesregierungen im Interesse der Aufrechterhaltung der Ordnung erlassenen Uniformverbotes am 28. Juni stürzt Deutschland in bürgerkriegähnliche Zustände. Hunderte Tote, Tausende Verletzte. Die Regierung Papen erläßt unsoziale Gesetze.

bb) Nach der Reichstagsauflösung enden Neuwahlen am 31. Juli mit einem weiteren Verlust der Mitte. Die NSDAP erzielt 230 von 608 Mandaten, d. h. 37,8 %. (Die KPD hat 14,3 %, die DNVP 5,9 %, so daß die beiden radikalen, die freiheitlich demokratische Ordnung bekämpfenden Flügel über rund 58 % der Reichstagssitze verfügen. KPD und NSDAP allein haben 319 von 608 Sitzen.)

cc) Die Konferenz von Lausanne beseitigt praktisch die Reparationsverpflichtungen Deutschlands.

dd) Staatsstreich in Preußen.

Die Landtagswahlen bringen auch in den Ländern ein starkes Anwachsen der links- und rechtsradikalen Kräfte und die damals übliche Zusammenarbeit der extremen Flügel bei negativen Beschlüssen gegen die demokratische Ordnung. In Preußen verliert dadurch die langjährige Regierungspartei, die SPD, den parlamentarischen Rückhalt (nur 37 % der Wähler stimmen für die demokratischen Parteien), muß aber im Amt bleiben wegen Unfähigkeit der Volksvertretung, zu einer Einigung über die künftige Regierung zu kommen. Mit Hilfe des Artikels 48 der Weimarer Verfassung verhängt Papen den Ausnahmezustand über Berlin und Brandenburg, setzt das preußische Kabinett (O. Braun, Severing) mit Gewalt ab und wird selbst Reichskommissar für Preußen (20. Juli 1932). Damit ist das größte deutsche Land als politischer Faktor ausgeschaltet und seine größte demokratische Partei gewaltsam aus der politischen Verantwortung gedrängt.

„Die Gleichschaltung Preußens ist nicht als Höhepunkt der Reichsreformbestrebungen, sondern als entscheidender Wendepunkt im Prozeß der von der Demokratie zur Diktatur führenden Machtverschiebung in die Geschichte eingegangen. Sie bedeutete den Verlust der politischen Selbständigkeit für ein deutsches Land mit der Bevölkerungszahl Frankreichs, recht eigentlich den Untergang Preußens. Sie dokumentiert zugleich die leichtfertige Selbstherrlichkeit, mit der Papens Präsidialkabinett seine politische Abhängigkeit zu tarnen und die aller demokratisch-parlamentarischen Begriffe entkleidete Machtverfügung auf eine ‚neue' Basis zu stellen suchte. Sie war ein Schritt auf jenem Weg zur gänzlichen Ausschaltung der SPD aus Regierungsbildung und Gesetzgebung, der in der Papen-Ideologie und ihrer interessenpolitischen Verwurzelung in Industrie- und Agrarwünschen begründet war. In seiner schrankenlosen Auslegung wurde hier der Artikel 48 zur alleinigen Stütze einer die Verfassungen ausschaltenden ‚Reform', zur Grundlage der ‚neuen Legitimität' eines autoritären Regierungssystems, das nur noch dem Reichspräsidenten und seinen eigenen Vorstellungen verantwortlich sein wollte." (Bracher)

ee) Völlige Auflösung der öffentlichen Ordnung, Straßenkämpfe, zunehmende Verbitterung und Fanatisierung.

Klare Absage an Papen durch den Reichstag (Reichstagspräsident ist Hermann Göring) am 12. September 1932: 512 Stimmen gegen, 42 für die Regierung Papen, 5 Enthaltungen.

Nach Auflösung des Reichstages abermalige Neuwahl: Am 6. November geht die Zahl der Stimmen für die Nationalsozialisten von 13,7 Mill. auf 11,7 Mill. (= 33,1 %) zurück; mit 196 (von 584) Abgeordneten bleibt die NSDAP aber die stärkste Partei. Hinter der Regierung Papen stehen wenig mehr als 10 % der Abgeordneten. Papen tritt am 17. November zurück.

5. Das Präsidialkabinett Schleicher

aa) Kurt von Schleicher (geb. 1882), Typ des politischen Generals, Mitarbeiter Seeckts, seit 1926 Leiter der politischen Abteilung im Reichswehrministerium, seit 1929 Chef des Ministeramtes und bisher nicht im Licht der Öffentlichkeit, ist an den Entscheidungen Hindenburgs der letzten Jahre wesentlich beteiligt. Unter Papen ist Schleicher bereits Reichswehrminister. Am 3. Dezember 1932 wird er von Hindenburg zum Reichskanzler ernannt.

Das neue Kabinett ist gegenüber dem vorhergehenden fast unverändert.

bb) Schleichers Ziel: Die in den letzten Wahlen etwas geschwächten Nationalsozialisten in die Verantwortung zu ziehen, die von einer inneren (und auch finanziellen) Krise erfaßte NSDAP zu spalten und mit dem linken, dem sog. Strasser-Flügel (Gregor und Otto Strasser vertreten eine von Hitler abweichende Konzeption) zusammenzuarbeiten; er sucht auch mit den christlichen und freien Gewerkschaften Verbindung und greift auf die Ziele Brünings (z. B. Osthilfe) zurück.

cc) Damit stößt Schleicher in seiner Steuer-, Finanz- und Agrarpolitik auch auf dieselben Gegner wie Brüning. Außerdem muß er scheitern, weil sich ihm die Gewerkschaften und die Sozialdemokratie verschließen und Gregor Strasser sich gegen Hitler in der NSDAP nicht durchsetzen kann; die NSDAP überwindet mit fremder Hilfe auch ihre finanzielle Krise.

dd) Von größter Bedeutung werden die Kontakte und Unterstützungen, welche — als Intrigen gegen die Regierung Schleicher — von Papen der Bewegung Hitlers durch deutsche Finanz- und Industriekreise vermittelt werden. Beim „Kölner Treffen", einem Gespräch zwischen Hitler (mit Heß, Himmler u. a.) und Papen in der Wohnung des Bankiers Freiherrn von Schröder am 4. Januar 1933 — der „Geburtsstunde des Dritten Reiches" (Bracher) —, wird vor allem ein Koalitionskabinett zwischen NSDAP und DNVP unter Führung von Hitler und Papen vereinbart (Duumvirat). Reichspräsident Hindenburg wehrt sich lange gegen eine Kanzlerschaft Hitlers, wird aber von seiner nächsten Umgebung, vor allem von Papen, dem er sehr vertraut, umgestimmt und gegen Schleicher eingenommen.

ee) Schleicher verliert das Vertrauen des Reichspräsidenten, ohne dessen Unterstützung die Führung eines Präsidialkabinettes (ohne Mehrheit im Reichstag) unmöglich ist. Hindenburg verweigert die Reichstagsauflösung. Am 28. Januar 1933 tritt Schleicher zurück.

6. **Hitlers Ernennung**

aa) Papen wird von Hindenburg mit der Klärung der Lage und einer Untersuchung der vorhandenen Möglichkeiten zur Regierungsneubildung beauftragt. Er einigt sich mit Hitler auf ein Kabinett, in welchem Hitler Reichskanzler, Papen Vizekanzler sein sollen. Die Ministerliste wird von Hindenburg genehmigt. Sie enthält neun Konservative und drei Nationalsozialisten.

bb) Am 30. Januar 1933 wird das Kabinett Hitler von Reichspräsident Hindenburg vereidigt.

Hitler leistet folgenden Eid: „Ich schwöre: ich werde meine Kraft für das Wohl des deutschen Volkes einsetzen, die Verfassung und die Gesetze des deutschen Volkes wahren, die mir obliegenden Pflichten gewissenhaft erfüllen und meine Geschäfte unparteiisch und gerecht gegen jedermann führen."

cc) Hitlers Ernennung zum Reichskanzler (von den Nationalsozialisten als „Machtergreifung" bezeichnet und durch große Umzüge der SA gefeiert) erfolgt zwar **legal** — d. h. äußerlich korrekt und formal durchaus nach den Buchstaben der Weimarer Verfassung —, ist aber nicht **legitim**, denn es widerspricht vollständig dem Geist der freiheitlichen demokratischen Ordnung, ihren geschworenen, fanatischen Feind an die Spitze des Staates zu stellen.

„Nach dem realen Ziel und Geist der Verfassung stellte die Ernennung eines Mannes, der nach seinen oftmaligen Erklärungen den Untergang der Verfassung zu seinem innerpolitischen Hauptziel gemacht hatte, den denkbar schwersten Verstoß gegen diese Verfassung dar. Rechnet man dazu, daß Hitler nicht durch eine Mehrheit der Wählerstimmen, vertreten im Parlament, zum Kanzler designiert, sondern vielmehr nur durch eine Clique von unverantwortlichen, außerverfassungsmäßigen Beratern des unselbständigen, doch machtbewußten und reaktionär voreingenommenen Präsidenten in Geheimverhandlungen an das Staatsruder geschoben wurde, so muß man vom größten Rechtsbruch sprechen, den die deutsche Geschichte bis dahin erlebt hatte." (Schwarz)

„Es waren durchaus unverantwortliche, außerverfassungsmäßige Exponenten politischer und wirtschaftspolitischer Bestrebungen und Illusionen, die

Hitler die Macht in die Hände spielten. Die rechtmäßig politisch verantwortlichen Instanzen dagegen, vor allem die Parteien, der Reichstag und der Reichspräsident, ließen sich von diesen Vorgängen ausschalten oder irreführen. Der Geist dieses Regierungswechsels war dem Sinne der Verfassung gänzlich zuwider. Man war sich gerade auf nationalsozialistischer Seite jetzt und in der Folgezeit mit zynischer Offenheit klar, daß die Legalität nur die äußere Ordnungsmäßigkeit der Ereignisse betreffe und ihren wahrhaft revolutionären Charakter nicht in Frage stelle. Denn Hitlers Ernennung war selbstverständlich legal im Sinne der äußeren Buchstabentreue, aber niemand wird behaupten, daß es dem inneren Sinn der Weimarer Verfassung entsprochen hätte, daß hier ihr geschworener Feind an die Spitze des Reiches gestellt würde. Hier und nicht erst mit dem Reichstagsbrand, Tag von Potsdam und Ermächtigungsgesetz begann die nationalsozialistische Revolution, die der Auflösung der Weimarer Republik die Zerstörung Deutschlands und seiner europäischen Nachbarn in einem Inferno von Gewalt und Vernichtung folgen ließ." (Bracher)

f) Heer und Staat in der Weimarer Zeit

1. Rückblick

Nach dem ersten Durchbruch des demokratisch-freiheitlichen Denkens — auch im Wehrkonzept — zu Beginn des 19. Jahrhunderts (unter Frh. vom Stein, Scharnhorst, Gneisenau, Clausewitz, Boyen, Grolmann) erfährt im dritten Jahrzehnt des 19. Jahrhunderts die autoritäre Monarchie eine nochmalige Festigung.

Das in seiner soziologischen Struktur verengte Heer bleibt auf diese autoritäre Monarchie und die sie tragenden Schichten ausgerichtet.

Die politische Haltung des Heeres erschöpft sich in unkomplizierter und unreflektierter Hinnahme des monarchischen Staates.

Gleichzeitig findet der neue Stand des Industriearbeiters im Bismarck-Staat keine politische Heimat, bleibt von der Monarchie und von der kaiserlichen Armee isoliert und entwickelt eine — auch emotional bedingte — Abneigung gegen das „kapitalistische" und „feudale" Heer.

2. Die historischen Belastungen im Verhältnis Heer und Staat werden nach 1918 durch die Schwierigkeiten und Probleme des Kriegsendes verstärkt. Trotz anfänglicher loyaler Zusammenarbeit zwischen der neuen Staatsführung (Mehrheitssozialdemokraten) und der Spitze der Armee (1918/19) fehlt den meisten Führern der Reichswehr ein klares, positives Verhältnis zur freiheitlich-parlamentarischen Demokratie. Genauso fehlt den Führern der deutschen Sozialdemokratie — und der Masse der deutschen Arbeiter — ein positives Verhältnis zur bewaffneten Macht und zum Wehrgedanken — obwohl der deutsche Sozialismus (abgesehen von extremen Linksradikalen) niemals grundsätzlich wehrfeindlich eingestellt war. Bis 1928 hat die SPD kein Wehrkonzept. Den Soldaten des Söldnerheeres von 100 000 Mann ist politische Betätigung verwehrt. Dem Heer fehlt der (bei allgemeiner Wehrpflicht selbstverständliche) lebendige Kontakt zu den politischen und gesellschaftlichen Kräften des Volkes.

3. Markstein und Wendepunkt im Verhältnis Heer und Staat für die Weimarer Zeit ist der Kapp-Putsch. Durch General Hans von Seeckt wird nach dem Ausscheiden der vermittelnden Kräfte (Reichswehrminister Noske und General Reinhardt) die Reichswehr in das „unpolitische" Verhältnis einer korrekten Partnerschaft zum Weimarer Staat gebracht. (Die politische Ordnung muß jedoch von ihrem potentiellen Verteidiger mehr verlangen: grundsätzliche Bejahung, kritisches Verständnis und inneres Engagement!)
„Mit dem Kapp-Putsch wurden auch zwei bedeutsame Auseinandersetzungen eingeleitet, die auf Jahrzehnte hinaus die Geschichte Deutschlands beeinflussen sollten. Der offene Bruch zwischen der Republik und dem Rechtsradikalismus, der dazu bestimmt war, sie zu vernichten, und der heimliche Kampf zwischen den Rechtsradikalen und den verantwortungsbewußten Elementen im deutschen Generalstab, der seinen tragischen Höhepunkt am 20. Juli 1944 erreichte." (H. J. Gordon)
4. Die unpolitische, in Wirklichkeit staatsfremde Haltung der Reichswehr, die schließlich in der Auseinandersetzung zwischen dem Staat und seinen Feinden neutral bleibt, verhindert einen wirksamen Schutz der freiheitlichen Ordnung und erleichtert Hitler die Usurpation des Staates.
5. „Die militärische Führung verkannte zweifellos die Gefahr, die Hitler darstellte — ebenso wie viele andere deutsche oder ausländische Beobachter der Zeit —, aber sie liebten weder die Führer der Partei noch trauten sie ihnen. Es gibt kaum einen Zweifel daran, daß die überwältigende Mehrheit des Offizierskorps, vor allem zu jener Zeit, den Standpunkt seiner Führung teilte. Die Nazis suchten ein Werkzeug zum Sturz der Republik. Die Reichswehrführung lehnte es ab, die Reichswehr zu diesem Zweck gebrauchen zu lassen, und Hitler vergab ihnen diesen Widerstand niemals." (H. J. Gordon)
6. Gegensätze der Auffassung
Wehrminister General Blomberg:
„Wir Soldaten stehen außerhalb des politischen Kampfes, wir gehören keiner Partei, keiner Klasse an, wir dienen dem ganzen Volk... Wir Soldaten sind uns der Verantwortung bewußt, daß wir die einzige bewaffnete Macht in Deutschland sind und bleiben werden..."
Adolf Hitler:
„Die Wehrmacht ist ein Instrument der Politik. Ich werde der Armee ihre Aufgabe zuweisen, wenn der Augenblick gekommen ist. Die Armee hat diese Aufgaben zu lösen und nicht zu diskutieren, ob die Aufgabe richtig oder falsch gestellt ist..."

g) Verlief die Entwicklung zwangsläufig?

„... Es ist heute noch meine felsenfeste Überzeugung: Wenn im Jahre 1933 diejenigen Instanzen des gemeinsamen Lebens, die bestimmte nationale Güter zu verteidigen hatten, ein gleich deutliches Nein ausgesprochen hätten gegenüber allen Versuchen, im Namen der Politik sie zu mediatisieren, das deutsche Schicksal hätte einen anderen Weg genommen. Damals, als Hindenburg noch lebte und im Amte war, als das ganze Ministerium noch amtierte, hätte ein gemeinsamer Widerspruch aus den Kreisen der Kirche, der autonomen Wissenschaft, der Rechtsprechung, zumal des Reichsgerichts, der führenden Kreise innerhalb des Militärs, der führenden Kreise in der Wissenschaft dem deutschen Schicksal einen anderen Gang gegeben. Aber jede dieser Instanzen sagte erstens: Wir wollen unseren Bezirk für uns verwalten, und zweitens: Wir allein können es doch nicht machen. Ja, wenn natürlich diese Instanzen alle übereinstimmend sagen, wir allein können es nicht machen, so kommt es nie zum Zusammenschluß, nie zur Aktion, und das Schicksal geht seinen Gang. Diese technische Denkweise, die versucht, Lebensbezirke auszugrenzen aus der Gesamtverantwortung, ist ein deutsches Unglück gewesen." (Theodor Litt)

5. Die Welt nach 1918

a) Allgemeine Entwicklung

— In Wissenschaft, Kunst und Religion spiegelt sich das „Ende der Neuzeit" (Guardini), d. h. das Ende des aufgeklärten Daseinsoptimismus und der menschlichen Selbstsicherheit. Parallel mit der Auflösung vieler Bindungen in Familie, Staat und Gesellschaft und der Hinwendung zu einem teils handfesten, teils sublimierten, teils ideologischen, teils praktischen Materialismus wird die Existenzphilosophie (Kierkegaard, Heidegger, Jaspers, Sartre) mit ihrer Antithese zum althergebrachten humanistischen und idealistischen Menschenbild und die zu ähnlichen Aussagen gelangende moderne Kunst (abstrakte Kunst, gegenstandslose Kunst, Surrealismus, Kubismus, Expressionismus, Dadaismus) zur charakteristischen Aussage über die Zeit und ihr Menschenbild. Die Tiefenpsychologie macht den Weg frei zur Aufhellung des Unbewußten und Unterbewußten (im Gegensatz zum Verstand und dem bewußten Seelenleben). Der religiöse Glaube erfährt eine Erneuerung und Vertiefung.

— Technik, Rationalisierung, Massenproduktion und Machbarkeit aller Dinge bestimmen den Lebensstil und auch das Denken des einzelnen und der Gesellschaft; neue Möglichkeiten für Information, Unterhaltung, Bildung. Soziale Veränderungen: Geburtenrückgang, Vergreisung, Auflösung der Familie. — Empfindlichkeit und Labilität des gesellschaftlichen und individuellen Verhaltens. Rückwirkungen auf das Verhältnis des einzelnen zum Staat (überhöhte Forderungen, Verminderung echter Kritikfähigkeit, Anfälligkeit für Massensuggestion, Massenhysterie) und auf das Zusammenspiel von Staat und Gesellschaft.

Die Entwicklung führt dazu, daß der „Unterschied von Monarchie und Republik im Vergleich zu dem tieferen Gegensatz von Demokratie und Diktatur fast zur Formsache wird." (Herzfeld)

— Die Krise Europas, welche zum Ausbruch des 1. Weltkrieges geführt hat, besteht weiter: Nationalstaatsdenken, Prestigepolitik und kollektiver Egoismus (im staatlichen und gesellschaftlichen Bereich) bestimmen die Entwicklung. Charakteristisch dafür ist die Entwicklung in Mitteleuropa: Die Auflösung übernationaler Ordnungen (z. B. Österreich-Ungarns) und die Befriedigung der verschiedenen nationalistischen Egoismen führt zu Spannungen im nationalen und wirtschaftlichen Bereich, zu dauernden nationalen und sozialen Kämpfen, zu Krisen und Eifersüchteleien, kurz: zu einer Unordnung, die für Nationalsozialismus und Bolschewismus einen guten Nährboden abgibt.

b) Frankreich

Die Dritte Republik geht als eigentlicher europäischer Sieger aus dem 1. Weltkrieg hervor und bleibt stärkste Macht auf dem Kontinent. Das starre Festhalten am Versailler Vertrag und eine die ganze Politik beherrschende Besorgnis um die eigene Sicherheit (Clemenceau, Poincaré) verhindern — mit Ausnahme der Epoche Stresemann-Briand — eine Annäherung an Deutschland. Aufbau eines eigenen europäischen Bündnissystems (mit Polen 1921, der Tschechoslowakei 1924, Begründung der Kleinen Entente zwischen Tschechoslowakei, Jugoslawien und Rumänien 1921, und schließlich französisch-sowjetischer Beistandspakt 1935).

Innerpolitisch bleibt Frankreich labil. Häufiger Regierungswechsel und unsichere parlamentarische Mehrheiten beeinträchtigen das politische Gewicht und die Handlungsfreiheit Frankreichs. Finanz- und Wirtschaftskrisen führen zum Anwachsen der Linken. Zusammenschluß der Sozialisten und Kommunisten zur Volksfront. Diese siegt 1936 bei den Wahlen zur Volksvertretung und kommt zur Regierung: Volksfrontregierung Léon Blum 1936/37. Die Regierung Daladier überwindet die innere Krise, hilft sich dabei durch Ermächtigungsgesetze. Unruhen, Streiks. Aufstände in Marokko (seit 1925 unter Abd el Krim) und in Syrien (Drusen im Libanon).

c) Großbritannien

Die während des Weltkrieges begonnene Umwandlung des Empires in das Commonwealth mit gleichberechtigten Partnern findet einen Abschluß: 1926 beseitigt eine Empirekonferenz die Überordnung des englischen Parlaments über die Dominions; realisiert wird das Abkommen 1931 durch das Westminsterstatut. Die einzelnen Teile des Reiches bleiben durch die Treue zur Krone verbunden. Irland wird Freistaat (1920; 1937 souverän), Nordirland mit eigenem Parlament und einem Gouverneur als Vertreter der Königin ist Teil des Vereinigten Königreiches.

Abbau der englischen Stellung in Persien, Afghanistan, Arabien, Ägypten. Das Zweiparteiensystem (Konservative und Liberale) tritt durch das Aufkommen der Arbeiterpartei (Labour Party) vorübergehend zurück. 1924 zum ersten Male Regierungsbildung unter Führung der Arbeiterpartei (MacDonald). Später verlieren die Liberalen an Bedeutung, und in neuer Form (Konservative und Arbeiterpartei, die sich in der Regierungsverantwortung abwechseln) wird das Zweiparteiensystem wiederhergestellt.

Auch in England wirtschaftliche und soziale Krisen. Nach dem Tod Georgs V. (1936) wird Eduard VIII. König, nach dessen Abdankung (1936) folgt ihm sein Bruder Georg VI. (1936—1952).

Gegenüber Europa und dem deutsch-französischen Gegensatz nimmt England eine zurückhaltende und vermittelnde Stellung ein. Bedenken gegen die Ordnung von Versailles; dadurch Gegensatz zu Frankreich in dessen Deutschlandpolitik; Aufgeschlossenheit für gewisse Revisionsbestrebungen in Mitteleuropa. Differenzen und Abbruch der diplomatischen Beziehungen mit Rußland (1927).

d) Die Vereinigten Staaten

Die USA sind politisch und wirtschaftlich führende Weltmacht. Es gelingt Wilson nicht, seine Vorstellungen eines Friedens ohne Sieger und Besiegte zu verwirklichen. Die USA ratifizieren die Pariser Friedensverträge nicht und treten auch dem Völkerbund nicht bei. 25. August 1921 deutscher Friedensvertrag mit den USA (ohne Kriegsschuldparagraphen!).

Bestrebungen zur Förderung einer internationalen Aussöhnung (1928 Kellogg-Pakt). Sieg des Isolationismus, aber infolge der Gläubigerstellung Beteiligung an Wirtschaftskonferenzen und besonders an der Regelung der deutschen Reparationszahlungen (Dawes-Plan, Young-Plan). Zweiparteiensystem bleibt erhalten.

Wirtschaftskrise (1929) dehnt sich infolge der weltweiten Beziehungen Amerikas über alle Schuldnerstaaten aus. Unter Präsident F. D. Roosevelt (1933—1945) Entwicklung eines wirtschafts- und sozialpolitischen Reformprogramms; New Deal mit Abkehr von der traditionellen, rein liberalen Wirtschaftspolitik: Schutz der Sparer, Arbeitsbeschaffung, Wettbewerbsregelung, allgemeine konjunkturpolitische Maßnahmen des Staates; Überwindung der Krise.

e) Italien

Trotz Kriegseintritt auf seiten der Entente 1915 („sacro egoismo") wirtschaftliche Schwierigkeiten und soziale Spannungen. Dazu Enttäuschung durch die Friedensbestimmungen (Gegensatz zu Jugoslawien in der Triestfrage, zu Österreich wegen Südtirol).

Auch innenpolitische Krisen, bolschewistische Infiltration. Bürgerkriegähnliche Kämpfe. Bildung nationaler, straff organisierter und militärähnlicher Kampfgruppen unter Benito Mussolini (Faschisten). 28. Oktober 1922 „Marsch auf Rom" der Anhänger Mussolinis; Rücktritt der demokratischen Regierung. König Viktor Emanuel III. (1900—1946) beauftragt Mussolini mit der Regierungsbildung und ermächtigt ihn zur Wiederherstellung von Ruhe und Ordnung. Ausbau des Staates im Zeichen eines Einparteiensystems; gewaltsames Vorgehen gegen oppositionelle Kräfte; Abbau der parlamentarischen Demokratie. Die Monarchie bleibt erhalten. Ausbau der Diktatur, Aufhebung von Wahlen, Benachteiligung und Verfolgung der Deutschen in Südtirol (Verbot deutschen Unterrichts und der deutschen Sprache 1923). Gespanntes Verhältnis zu Deutschland bis 1936.

Der italienische Faschismus:

— Grundlage: Die Philosophie G. Sorels (Mythos der Gewalt). Anlehnung an Gedanken von Nietzsche.

— Ablehnung der parlamentarischen Demokratie; Herrschaft der nationalistischen, faschistischen Partei in Staat und Gesellschaft.

— Keine Betonung der weltanschaulichen Totalität und des Rassegedankens — im Gegensatz zum deutschen Nationalsozialismus.

— Benito Mussolini (1883—1945), Lehrer, Journalist, Sozialist, Revolutionär. 1919 Begründung der „Fascio di combattimento". Mussolini wird „Duce" seiner „Schwarzhemden".

Nach Ausbau der Diktatur im Innern Inangriffnahme eines umfangreichen Wirtschafts- und Arbeitsbeschaffungsprogrammes; Aussöhnung mit der katholischen Kirche: 1929 Lateranverträge, welche die seit 1871 bestehende Spannung zwischen dem Heiligen Stuhl und der italienischen Regierung beenden. Beginn der außenpolitischen Aktivität:

Ziel: Erneuerung des Imperium Romanum (Erinnerungen an die Größe Roms in der Antike und die italienische Vorherrschaft im Mittelmeerraum). Dadurch Spannungen mit Frankreich. 1934 politische und wirtschaftliche Annäherung an Österreich und den Donauraum durch die Römischen Protokolle.

1935/36 Krieg mit Abessinien. Trotz der vom Völkerbund beschlossenen Sanktionen werden die Maßnahmen gegen Italien von den meisten Staaten nicht streng durchgeführt. Hitler unterstützt Italien offen. Dadurch Annexion Abessiniens möglich. Der König von Italien nimmt den Titel „Kaiser von Äthiopien" an. Begründung der Freundschaft zwischen Italien und Deutschland: „Achse Berlin—Rom".

Im spanischen Bürgerkrieg (1936—1939) Einsatz italienischer Freiwilliger auf seiten Francos.

f) Spanien

Neutral im 1. Weltkrieg, dennoch schwere politische und soziale Belastungen: Spannungen zwischen dem feudalen Obrigkeitsstaat (Herrschaft der Großgrundbesitzer, gestützt auf Armee und konservative Kirche) und den neuen gesellschaftlichen Kräften bei der Arbeiterschaft, vor allem des katalonischen Industriegebietes. Aufstand in Marokko (Rifkabylen).

Militärdiktatur des Generals Primo de Rivera (1923—1930) mit Zustimmung des Königs Alfons XIII. (1886—1931), hervorgerufen durch Autonomiebestrebungen Kataloniens. Sieg der Republikaner bei den Kommunalwahlen 1931, der König verläßt das Land.

Republik ausgerufen; Verschärfung der Gegensätze, Radikalisierung. Aufstände, Gewalttätigkeiten und Volksfrontregierung führen zur Militärrevolte unter General Franco (geb. 1892) in Marokko, die aufs Festland übergreift und infolge der Unterstützung der Sozialisten durch internationale Brigaden und Francos durch Mussolini und Hitler zum erbitterten und grausam geführten spanischen Bürgerkrieg (1936—1939) wird, der mit dem Sieg Francos und der Etablierung einer autoritären Einparteienherrschaft („Falange") endet.

Als Staatschef hält Franco den Radikalismus nationalsozialistischer und faschistischer Prägung von Spanien fern; das Land bleibt auch im 2. Weltkrieg neutral.

g) Die Nachfolgestaaten Österreich-Ungarns

Die durch die Verträge von St. Germain, Sèvres, Trianon und Neuilly erzielte Balkanisierung Mitteleuropas läßt eine Vielzahl kleiner, national, politisch und wirtschaftlich nicht homogener und keineswegs gefestigter und befriedeter, aus eigener Kraft kaum lebensfähiger, souveräner Staaten entstehen.

Österreich wird nach Regierungsverzicht Kaiser Karls und Aufteilung der Monarchie eine Bundesrepublik. Es bleibt beschränkt auf die Alpenländer; nach dem Verlust großer deutscher Gebiete an die Nachbarstaaten (besonders der Deutschen in Böhmen und Mähren an die Tschechoslowakei) und nach Verbot des Anschlusses an das Deutsche Reich bleibt es ein armes, wirtschaftlich abhängiges Land. Internationale Kredite unter Kontrolle des Völkerbundes halten es aufrecht. Belastung durch Inflation und soziale Spannungen. Verfassungsänderung und Umwandlung der Parlamentsrepublik zur Präsidialrepublik 1929. Deutsch-österreichische Zollunionspläne scheitern 1931 am Widerstand Frankreichs und der Kleinen Entente.

Seit Mai 1932 Kabinett Dollfuß, Anwachsen der nationalsozialistischen Kräfte, Aufhebung der parlamentarischen Verfassung, Ermächtigungsgesetz, berufsständische Ordnung, Verbot der nationalsozialistischen Partei, blutige Zusammenstöße.

1934 wird Dollfuß von Nationalsozialisten ermordet, Nachfolger Schuschnigg.

Ungarn wird im Frieden von Trianon 1920 von Österreich getrennt. Es verliert 68 % seines Territoriums. Zunächst Rätediktatur unter Bela Khun (1919). Versuche einer Rückkehr Karls von Habsburg scheitern 1920—1922. Sodann Horthy Reichsverweser. Gegensätze zu den Nachbarn. Innenpolitik belastet durch Agrarfrage und Bodenreform.

Tschechoslowakei: Der Staat ist ein Nationalitätenstaat mit 46 % Tschechen, 28 % Deutschen, 13 % Slowaken, 8 % Magyaren sowie Ukrainern, Polen u. a. Durch die österreichfeindliche Auslandspropaganda von Masaryk und Benesch wird die Errichtung einer selbständigen Tschechoslowakei schon während des Krieges bei der Entente vorbereitet. Mißachtung des Selbstbestimmungsrechtes und des Minderheitenschutzes. Anschluß der 3,5 Mill. Sudetendeutschen an Deutschösterreich mit Gewalt verhindert (Tote des 4. März 1919 bei Demonstrationen für das Selbstbestimmungsrecht). Eintritt in das Bündnissystem der Kleinen Entente 1920/21. Seit 1926 Regierungsbeteiligung deutscher Parteien (Sudetendeutscher Aktivismus). Wirtschaftskrise und Übergreifen nationalsozialistischer Gedanken führen zur Radikalisierung. Politische Sammelbewegung der Sudetendeutschen unter Konrad Henlein. Aktivistische Parteien verlieren angesichts der Verständnislosigkeit der tschechischen Politik und des nationalen Radikalismus unter den Deutschen ihre Anhängerschaft. Seit 1935 Eduard Benesch Staatspräsident.

Polen wird 1916 als freier Staat proklamiert. Seit 1918 ist es unabhängige Republik unter Joseph Pilsudski. Ungesicherte Grenzen in Ost und West. Kämpfe mit Rußland, französische Hilfe rettet Polen. Polnisch-russische Grenzziehung: Festlegung der Curzon-Linie. Deutsch-polnisches Verhältnis durch Minderheitenfrage und Grenzziehung belastet. 1926 Militärputsch Pilsudskis, autoritäre Regierung, aber starke Opposition. 1934 Nichtangriffspakt mit dem Deutschen Reich. Nach dem Tode Pilsudskis 1935 wird General Rydz Smigly Führer der Armee.

h) Der Balkan

Rumänien: Durch den Frieden von Bukarest 1918 kommt die Dobrudscha an Bulgarien, durch die Friedensschlüsse von St. Germain, Trianon, Neuilly werden Bessarabien und Siebenbürgen einverleibt und der Staat damit erheblich vergrößert. Minderheiten- und Agrarfragen belasten die Innenpolitik der Monarchie. Außenpolitische Sicherung durch die Kleine Entente. Wirtschaftlich und politisch ist der Staat nicht konsolidiert.

Jugoslawien: Vereinigung der Serben, Kroaten und Slowenen in einem Königreich; Beitritt der Kleinen Entente, aber keine Konsolidierung; Kroaten bleiben in der Opposition und entwickeln einen wachsenden Separatismus. 1929—1930 Diktatur des Königs Alexander. 1934 Abschluß eines Balkanpaktes zwischen Türkei, Griechenland, Rumänien und Jugoslawien. Alexander — überzeugter Gegner des Kommunismus und des zersetzenden Nationalismus — 1934 in Marseille bei einem Staatsbesuch ermordet. Nachfolger der minderjährige König Peter.

Bulgarien: Durch den Frieden von Neuilly territoriale Verluste. Ungelöstes Agrarproblem. Panslawistische und rußlandfreundliche Tendenzen. Autoritäres Regime unter Zar Boris.

Albanien ist seit 1925 Republik, seit 1928 Monarchie unter Achmed Zogu. Der Bestand des Staates ist gefährdet durch die Ansprüche Italiens, das 1939 Albanien besetzt.

Griechenland ist die längste Zeit im Weltkrieg neutral und bricht erst 1917 die Beziehungen zu den Mittelmächten ab. Es kann sein Gebiet im Norden auf Kosten der Türkei erweitern. Ein türkisch-griechischer Krieg 1920—1922 endet mit dem Sieg der Türkei. Im Vertrag von Lausanne 1923 wird zwischen Griechenland und Türkei ein Bevölkerungsaustausch (Umsiedlung von $1^1/_4$ Millionen Griechen) vereinbart. 1924 bis 1935 ist Griechenland Republik unter Ministerpräsident Venizelos. 1935 Rückkehr König Georgs II.

i) Sowjetunion

Nach dem Bürgerkrieg, in dem die gegenrevolutionären Truppen durch die Westmächte unterstützt werden, sich schließlich aber die Bolschewisten behaupten, seit 1921 Beginn der NEP-Periode, mit einer gewissen Milderung der starren bolschewistischen Grundsätze in der wirtschaftlichen Praxis und Abbau der radikalsten Neuerungen.
Verlegung der Hauptstadt von Petersburg (jetzt Leningrad) nach Moskau. Entstehung der UdSSR (als föderativer Bundesstaat) durch Anschluß von

Kaukasien und der Ukraine (die vorübergehend ein selbständiger Staat ist). Aufbau der bolschewistischen Diktatur: Regierung = Rat der Volkskommissare; maßgebend: das Generalsekretariat der KPdSU. Staatssicherheitsdienst (Tscheka, GPU, NKWD) ausgebaut.
1924 Tod Lenins, Nachfolger Stalin. 1928 Beginn des ersten Fünfjahresplanes: Entwicklung des Staatssozialismus. Aufschwung der Industrie, Kollektivierung der Landwirtschaft.
Allmähliche Anerkennung der UdSSR durch die Westmächte (schließlich 1933 auch durch die USA).
1933/34 und 1937/38 große Reinigungen der Partei von wirklichen und möglichen Gegnern; Schauprozesse.
Die russische Außenpolitik greift die Tradition der zaristischen Zeit auf: Im Rapallo-Vertrag 1922, im Neutralitätsabkommen mit Japan 1925, in Nichtangriffspakten mit Finnland, Polen, Lettland, Estland und Frankreich (1932); schließlich 1934 Aufnahme in den Völkerbund.

k) Vorderer Orient

Auf Kosten der Türkei, welche territoriale Verluste hinnehmen muß, entstehen neue Nationalstaaten; diese werden durch nationale und soziale Gegensätze erschüttert, stehen wegen ihres Reichtums an Naturschätzen (Öl!) jedoch im Mittelpunkt des Interesses der Großmächte.

In der **Türkei** wird der Friede von Sèvres vom Parlament nicht ratifiziert. Nationale Erhebung unter Mustafa Kemal Pascha. Der Sultan wird abgesetzt (1922). Der Friede von Lausanne revidiert die Bestimmungen von Sèvres: Unabhängigkeit der Türkei anerkannt, Befreiung von internationalen Verpflichtungen. Diktatorische Stellung des ersten Präsidenten Kemal Pascha (seit 1935 Kemal Atatürk), Kalifat abgeschafft.
Fortschrittliche Reformen, Europäisierung (lateinisches Alphabet, Gleichberechtigung aller Religionen, Ende der Polygamie, Emanzipation der Frauen, Frauenberufe anerkannt, Modernisierung des Geschäftslebens usw.).
1936 erhält die Türkei in den Verträgen von Montreux das Recht zur Wiederbefestigung der Meerengen. Normalisierung der Beziehungen zur Sowjetunion 1925, zu den Balkanstaaten (Balkanpakt 1934) und zu den Ostnachbarn (Ostpakt mit Persien, Irak und Afghanistan, schon 1926 im Mossul-Vertrag das Erdölgebiet an den Irak abgetreten).

Syrien und Libanon werden 1920 französisches Mandatsgebiet. Aufstände der Drusen unterdrückt.

Ägypten, seit 1923 Königreich (König Fuad), Nachfolger Faruk (1936—1953), englisches Protektorat erloschen. 1945 Gründung der Arabischen Liga. Verstärkung der englandfeindlichen, nationalistischen Wafd-Partei. 1952 Staatsstreich der Armee unter Nagib, Republik proklamiert.

Transjordanien, Arabien, Irak sind formal selbständig, aber in die Interessengegensätze der Großmächte einbezogen.

In **Palästina,** das unter englischem Mandat ist, dominiert der Gegensatz zwischen den orthodoxen Juden (Zionisten), die einen eigenen jüdischen Staat anstreben, und den Arabern, welche Anspruch auf das Gebiet erheben.

l) Ostasien

China, das seit 1917 auf seiten der Alliierten am Weltkrieg teilnimmt, bleibt erschüttert von inneren Unruhen. Dazu Bedrohung durch Japan. Nach dem Tode Sun Yat-sens (1925) Einigung durch die republikanische Nationalarmee unter Tschiang Kai-schek (seit 1926) angestrebt. Regierungssitz wird Nanking. 1928 Einnahme von Peking. Spannungen innerhalb der republikanischen Partei. Opposition der Kommunisten unter Mao Tse-tung. Ausschluß aus der Kuomintang. 1932 Verlust der Mandschurei, die als Mandschukuo ein unter japanischem Protektorat stehender unabhängiger Staat wird. Seit 1934 zunehmende kommunistische Einflüsse. 1937 chinesisch-japanischer Krieg, der in den 2. Weltkrieg übergeht.

Japan erfährt nach politischen und wirtschaftlichen Krisen (dazu 1923 Erdbeben mit 100 000 Toten) Festigung der demokratischen und liberalen Ordnung und Modernisierung des öffentlichen Lebens. Ziel der Expansion: Ostasiatischer Wirtschaftsblock. 1937 Abschluß des Antikominternpaktes mit Deutschland. Beginn des Krieges mit China.

VI. Deutschland unter der Herrschaft des Nationalsozialismus (1933—1945)

1. Wurzeln, Voraussetzungen und Ideologie des Nationalsozialismus

Im deutschen Nationalsozialismus verbinden sich
> gesamteuropäische Geistesströmungen
> mit spezifisch deutschen Gegebenheiten des politischen und geistigen Lebens; dazu kommt die Bedeutung Adolf Hitlers.

„Ohne die verhängnisvolle Persönlichkeit Adolf Hitlers ist der Aufstieg des Nationalsozialismus in dieser Form undenkbar." (W. Hofer)

a) Geistige Wurzeln

1. Verabsolutierung von Volk und Staat; Nationalismus als Ersatzreligion; Vergottung des Volkes.

2. Antidemokratisches und antiliberales Denken. Ablehnung des Parlamentarismus, besonders durch die jungkonservative nationalrevolutionäre Bewegung.
   (Deutscher Sozialismus; „konservative Revolution":
   A. Moeller van den Bruck, Oswald Spengler, Othmar Spann, Hans Grimm).

3. Vorstellung vom totalen Staat: Georges Sorel, Vilfredo Pareto, Wladimir Iljitsch Uljanow (= Lenin).

4. Die Lebensphilosophie als Gegenbewegung gegen Rationalismus und Positivismus („Der Geist als Widersacher der Seele") erhebt die Forde-

rung nach einem erd- und naturverbundenen, aus irrationalen Kräften gespeisten Leben (Nietzsche, Klages, Spengler).
5. Rassentheorie und Antisemitismus in Verbindung mit sozial-darwinistischen Vorstellungen (der französische Graf Gobineau, der Engländer Houston Stewart Chamberlain, Friedrich Nietzsche, Thule-Gesellschaft, Lanz von Liebenfels).
6. Kollektivdenken als Feind der Persönlichkeit und der Verantwortung, Krise der Eliten.
7. Ausschluß des Politischen aus dem Geistesleben; „tödliches Defizit an freiheitlicher Gesinnung".

b) Das antidemokratische Denken in der Weimarer Republik

„Seine Funktion liegt nicht allein darin, daß es weite Kreise für die nationalsozialistische Revolution geistig und seelisch empfänglich machte, sondern daß es zunächst einmal der demokratischen Republik die geistige Unterstützung versagte, deren sie so dringend bedurft hätte. Dadurch wurde erst der Raum frei für die erfolgreiche Agitation der Nationalsozialisten und jener anderen Gruppen, die das Weimarer ‚System' überwinden wollten." (K. Sontheimer)

1. Die Verbindung des freiheitlich-demokratischen und parlamentarischen Prinzips mit dem nationalen Denken ist in Deutschland im 19. Jahrhundert gescheitert an den feudalpatriarchalischen Kräften. Dieses nationale (völkische) Denken trägt in Deutschland einen deutlichen antidemokratischen Akzent und versteht sich selbst als Antithese zu den politischen Vorstellungen des Westens.
2. Nicht die naturrechtlichen Grundlagen (Menschen- und Bürgerrechte), die Gewaltenteilung, die Kontrolle über die Macht und ein ausgewogenes Verhältnis zwischen staatlichen und gesellschaftlichen Kräften werden als für die Demokratie wesensgemäß und entscheidend betrachtet, sondern Formalismus, Majorisierung, Vorherrschen von massiven Teilinteressen. Der Weimarer Staat liefert hierfür viele Beispiele falsch verstandener „Freiheit" im politischen Alltag.
3. Die psychologische Situation des Kleinbürgers (Krieg, Inflation, Weltwirtschaftskrise, Existenznot) ergänzt die passive, kritiklose, jedes Risiko scheuende, zur Verantwortung unfähige politische Grundhaltung. Dadurch stellt der Mittelstand den Idealtyp des nationalsozialistischen „Mitläufers".
4. Dem weltanschaulichen und wirtschaftlichen Liberalismus mit seinen das Gemeinschaftsleben zerstörenden Auswüchsen (Individualismus, Kapitalismus, Dekadenz) wird das Ideal von Ordnung und Autorität, Bindung und Verantwortung, Führer und Gefolgschaft, Gemeinschaft und Volksverbundenheit gegenübergestellt (besonders auch seitens der Jugendbewegung).
5. Repräsentanten des antidemokratischen Denkens, die den Weimarer Staat geistig ablehnen und dadurch — meist ohne selbst Anhänger Hitlers zu sein — zu Wegbereitern des Nationalsozialismus werden:

- Oswald Spengler, besonders mit seinem Werk „Preußentum und Sozialismus";
- Othmar Spann, der Begründer der Idee vom Ständestaat;
- Arthur Moeller van den Bruck wendet sich in seiner 1923 erschienenen Schrift „Das Dritte Reich" besonders gegen die zerstörenden Kräfte des Sozialismus und erhebt die Forderung nach einem „revolutionären Konservatismus";
- Carl Schmitt stellt dem Parlamentarismus und der plebiszitären Massendemokratie des industriellen Zeitalters den Führerstaat und die Diktatur entgegen.
- Ernst Niekisch ist der bekannteste Vertreter des nationalen Bolschewismus.

6. Die antidemokratischen und antiliberalen Gedanken mit der Ablehnung des Parlamentarismus und oft auch der naturrechtlichen Basis des Staates reichen in Deutschland in einem weiten Bogen von den Vorstellungen der völkisch konservativ Eingestellten bis zu den moskauhörigen Bolschewisten. Nationalsozialismus und Nationalbolschewismus sind besondere — aber verwandte — Ausprägungen.

c) Der Antisemitismus

1. Die **religiöse Gegnerschaft** oder Feindschaft gegen die Juden führt bereits im Altertum und im Mittelalter (Kreuzzüge) zu Benachteiligung und Verfolgung.

2. Der **wirtschaftliche** und **soziale Judenhaß** entwickelt sich in der Zeit des nach Geltung strebenden Bürgertums, welches in den Juden teils Konkurrenz, teils — weil die Juden lange Zeit allein das den Christen verbotene Zinsgeschäft betreiben — Ausbeuter sieht.

3. Der Rassenantisemitismus — das Wort kommt 1880 zum erstenmal vor — des 19. und 20. Jahrhunderts hat seinen Ursprung in der Judenemanzipation (bürgerliche Gleichstellung der Juden in der Zeit der Aufklärung) und wächst aus den Bestrebungen, den Einfluß der Juden auf politischem, geistigem und wirtschaftlichem Gebiet einzuschränken. Die Bezeichnung „Semiten" und „Jude" werden fälschlicherweise auf eine Rasse bezogen, während sie eine sprachliche bzw. religiöse Gemeinschaft bezeichnen (Begriffsverwirrung!).
Die antisemitische Rassenlehre mit ihren politischen und weltanschaulichen Wertungen und Abwertungen steht im Widerspruch zur wissenschaftlichen Rassenforschung.
Der Franzose Gobineau († 1882) ist der Begründer der unwissenschaftlichen Rassentheorie. Er schreibt der „arischen Rasse" besondere staatsbildende Kräfte zu und interpretiert die Weltgeschichte als Rassenkampf. Houston Stewart Chamberlain († 1927, Wahldeutscher, Schwiegersohn Richard Wagners) ist von Gobineau beeinflußt. Er sieht in der nordischarischen Rasse den alleinigen Kulturträger mit schöpferischen Kräften. Sein Hauptwerk: „Die Grundlagen des 19. Jahrhunderts".

Adolf Josef Lanz von Liebenfels († 1954), („Der Mann, der Hitler die Ideen gab"), stellt besonders in seiner Zeitschrift „Ostara" einen mystischen Antisemitismus heraus; seine Gedanken sind „religiöse Verirrungen eines Sektierers" (W. Daim) und gipfeln in einem okkult vereinfachten Geschichts- und Weltbild von den Blonden als den sittlich hochstehenden, adeligen, idealistischen, genialen, religiösen und schöpferischen Menschen — also den absolut Guten — und den anderen, insbesondere den Juden, als Repräsentanten des absolut bösen Prinzips.

4. Im Nationalsozialismus verbinden sich pseudowissenschaftliche Rassenlehre und Judenhaß zur völligen Abwertung und Ächtung der Juden im allgemeinen und auch des einzelnen Juden; Leugnung aller geschichtlichen und menschlichen Leistungen des Judentums. Gleichzeitig gibt „der Antisemitismus auch dem Mittelmäßigen Gelegenheit, sich ohne Anstrengungen als Mitglied einer Elite zu fühlen." (H. Vogt)
Der biologische Antisemitismus führt zusammen mit der Leugnung der Menschenrechte und Menschenwürde zur Forderung nach einem „judenfreien Deutschland" und im Verlauf des 2. Weltkrieges nach einem „judenfreien Europa" und läßt die Pläne zur systematischen physischen Ausrottung des Judentums („Endlösung der Judenfrage") entstehen.

d) Elemente einer nationalsozialistischen „Ideologie"

1. Es gibt kein geschlossenes Gedankengebäude des Nationalsozialismus. Mehr als andere politische Bewegungen greift Hitler Strömungen, Vorstellungen, Mythen, Vorurteile, Wertungen — auch einander widersprechende — auf und verbindet sie miteinander. Der Nationalsozialismus ist — nach seiner eigenen Überzeugung — nicht Partei, sondern Weltanschauung.
Das Programm übt „seine Wirkung mehr durch Radikalität der Fragestellungen, von denen es ausging, als durch die Antworten, die es im einzelnen gab. In einigen Fragen schien es die Probleme der Zeit klarer zu erkennen und die Daseinsnot der Menschen tiefer zu erfassen als andere Programme, die sich anboten. Die Befriedigung, sich in entscheidenden Nöten und Besorgnissen verstanden zu wissen, genügte, um viele gegenüber dem Nationalsozialismus so vertrauensselig zu machen, daß sie kein Bedürfnis empfanden, das Programm nüchtern auf seine Sachlichkeit zu prüfen. So nahm man den übersteigerten Nationalismus als Heilmittel für die Krankheit des deutschen Selbstbewußtseins... Aber man gab sich nicht Rechenschaft darüber, daß dieser Nationalismus politisch und menschlich gleich fragwürdig war..." (H. Mau)
2. Quellen des nationalsozialistischen Gedankengutes:
— Hitlers Buch „Mein Kampf", erschienen: 1. Teil 1925, 2. Teil 1927.
— Hitlers zweites Buch, 1928 entstanden, behandelt vor allem außenpolitische Fragen.
— Parteiprogramm vom 24. 2. 1920, verfaßt von Gottfried Feder.
— Alfred Rosenberg mit seinem Buch „Der Mythos des 20. Jahrhunderts" (1930) ist maßgebend für die nationalsozialistische Rassenlehre und Weltanschauung.

- Wichtigste Parteizeitungen: „Völkischer Beobachter", „Der Angriff", „Der Stürmer" (antisemitisches Hetzblatt), „Das Schwarze Korps" (Zeitung der SS-Verbände).

3. Hauptgedanken:

- „Im Zentrum der von Hitler verkündeten politischen Religion steht der Rassengedanke: die Vorstellung, daß das Urelement allen geschichtlichen Geschehens, aller Staatenbildung und Kulturschöpfung ein rassisches sei; Rasse wird verstanden als biologisch blutmäßige Substanz, die Völker und Menschen nicht nur körperlich bestimmt, sondern sie auch in ihren geistigen und seelischen Bereichen grundlegend voneinander scheidet in minder- und höherwertige, in kulturfähige und kulturlose Völker..." (W. Hofer)

- Fanatischer Antisemitismus: „Die Juden sind unser Unglück!" „Juda, verrecke!" (Parolen bei organisierten Schmieraktionen, auf Spruchbändern u. a.)

- Deutscher Volksstaat als autoritärer Führerstaat: Durchsetzung des Führerprinzips in Staat, Volk und Partei. Ablehnung des „Irrsinns der Demokratie" und des „Unsinns des Parlamentarismus". Betonung einer allgemeinen Volksgemeinschaft.

- Konkrete und klare Vorstellungen über Innenpolitik, Sozialpolitik fehlen; auch der Inhalt des Wortes „Sozialismus" bleibt vage und verschwommen.

- Naturrecht und Humanität werden bewußt ausgeschieden als dekadente Gefühlsduselei. „Die Freiheit der Persönlichkeit wird bedingungslos dem Willen des Staates und des Führers untergeordnet, der Katalog der Menschen- und Bürgerrechte mit höhnischer Geste zerrissen..." (W. Hofer) An die Stelle der Humanität soll die Natur treten; menschliches Gewissen wird zur Dummheit und Feigheit und schließlich zu einer Erfindung des Judentums.

- Vulgär-darwinistische Vorstellungen vom Kampf der Völker um Raum und Boden und vom Recht des Stärkeren sowie ein moralischer Nihilismus bestimmen die außenpolitischen Ziele. Die Forderung nach Lebensraum und Expansion nach Osten und Südosten resultiert z. T. auch aus der Rassenlehre. Ein Programm für die deutsche Hegemonie in Europa entwickelt Hitler bereits in seinem Buch.

- Zusammenfassung: „Der Kampf hat den Menschen groß gemacht. Welches Ziel der Mensch auch erreicht hat, er verdankt es seiner Schöpferkraft und seiner Brutalität... Das ganze Leben läßt sich in drei Thesen zusammenfassen:

    Der Kampf ist der Vater aller Dinge.
    Die Tugend ist eine Angelegenheit des Blutes.
    Führertum ist primär und entscheidend..."

    (Adolf Hitler)

2. Hitlers Weg zur Macht
a) Die Person Adolf Hitlers

1. **Lebenslauf:** Geboren 1889 in Braunau am Inn (Oberösterreich), Vater Schuhmacher und Zollbeamter; menschlich schwierige Verhältnisse; Vater früh gestorben; trotz Begabung keine abgeschlossene Berufsausbildung; vier Jahre Aufenthalt in Wiener Obdachlosenheimen; Autodidakt; Berührung mit nationalistischen, antisemitischen Gedanken. Teilnahme am 1. Weltkrieg als Freiwilliger in einem bayerischen Infanterieregiment; EK; Gefreiter. Nach Kriegsende in München Anschluß an die „Deutsche Arbeiterpartei", deren Vorsitzender Hitler wird und deren Name er in NSDAP ändert. Zusammenschluß mit anderen leidenschaftlichen Nationalisten und antisemitischen Fanatikern im Kampf gegen die Weimarer Republik und die Kriegsfolgen. Aufbau der Sturmabteilungen (SA).

   Putsch am 9. November 1923 scheitert, Partei verboten, Hitler verurteilt zu fünf Jahren Festungshaft, aber bereits Ende 1924 entlassen. Während der Haft in Landsberg Abfassung des Buches „Mein Kampf". 1925 Parteiverbot aufgehoben; Neugründung der NSDAP, die zur straffen Führerpartei entwickelt wird.

   Seit der Wirtschaftskrise Aufschwung der „Bewegung". Unterstützung durch konservative und nationale Gruppen; 1932 zwar Niederlage gegen Hindenburg bei der Reichspräsidentenwahl, aber 1933 als Vorsitzender der stärksten Partei (196 von 584 Abgeordneten im Reichstag, ca. 32 % der gültigen Stimmen) zum Reichskanzler ernannt.

   Nach dieser „Machtergreifung" Aufbau der Diktatur; Ausschaltung und Beseitigung aller wirklichen und vermeintlichen Gegner. 1937 Übergang zur offenen Aggression, die zum Weltkrieg führt.

   Terror und Zwang; Opposition und Widerstand, Attentatsversuche (am bekanntesten: 20. Juli 1944). Am Ende des totalen Krieges angesichts des militärischen Zusammenbruchs Selbstmord am 30. 4. 1945.

2. **Eigenart seiner Persönlichkeit:**
   Unverschuldete Ursachen (Vererbung, Fehlen einer häuslichen Geborgenheit, diffuse Einflüsse) und verschuldete Belastungen (Mangel an Zielstrebigkeit in der Berufsausbildung, verhängnisvolle Halbbildung) führen zu einem von Grund auf gestörten Umweltverhältnis und zu einer extremen Fehlentwicklung.

   Affekte, Vorurteile, Zwangsvorstellungen, Wunschdenken verbinden sich mit außerordentlichen Begabungen: Menschenbehandlung, Gedächtnis, Phantasie, taktisches Geschick, Machtinstinkt und mit einer starken suggestiven Wirkung auf Einzelmenschen und auf Massen. Diese Fähigkeiten treten in den Dienst eines biologischen Nationalismus. Zuletzt treten bei dem von Neurosen und Medikamentenmißbrauch gezeichneten Hitler alle anderen Züge gegenüber einer fanatischen Maßlosigkeit, einem grenzenlosen Machthunger, einem zerstörerischen Mißtrauen und einem dämonischen Haß zurück.

b) Die Nationalsozialistische Partei (NSDAP) bis 1933
1. Die Entstehung der NSDAP und der Hitler-Putsch 1923.
    Im September 1919 schließt sich Hitler in München der von Harrer und Drexler gegründeten „Deutschen Arbeiterpartei" als siebtes Mitglied an. In Anlehnung an die in Österreich und den Nachfolgestaaten schon seit Mai 1918 bestehende „Deutsche Nationalsozialistische Arbeiterpartei" (DNSAP) wird die Partei in NSDAP umbenannt. Seit 1921 ist Hitler Parteivorsitzender.
    Die kleine Partei, zu der andere nationale Kampfbünde stoßen (u. a. auch General Ludendorff) und zum „Deutschen Kampfbund" zusammengeschlossen werden, hält 1923 ihren ersten Parteitag in München. Der Versuch, im November 1923 an die Macht zu kommen, scheitert kläglich. Nach der vorzeitigen Haftentlassung gründet Hitler die Partei, die über Bayern hinauswächst, neu (1925).
2. Der kompromißlose Kampf gegen das „System" von Weimar, hemmungslose demagogische Agitation treibt der NSDAP die Masse der durch Kriegsende, Währungspolitik und Wirtschaftskrise besonders geschädigten Kreise, das straffe, kompromißlose Auftreten auch Teile der Jugend und des nationalgesinnten Bürgertums in die Arme.
    1924 (Mai) von insgesamt 472 Reichstagsmandaten = 32 (6,6 %)
    1924 (Dez.) von insgesamt 493 Reichstagsmandaten = 14 (3,0 %)
    1928 (Mai) von insgesamt 491 Reichstagsmandaten = 12 (2,6 %)
    1930 (Sept.) von insgesamt 577 Reichstagsmandaten = 107 (18,3 %)
    1932 (Juli) von insgesamt 608 Reichstagsmandaten = 230 (37,3 %)
    1932 (Nov.) von insgesamt 584 Reichstagsmandaten = 196 (33,1 %).
    Seit September 1930 ist die NSDAP, die zusammen mit der DNVP Hugenbergs und dem „Stahlhelm" in der „Harzburger Front" als „Nationale Opposition" die demokratische Regierung und den freiheitlichen Rechtsstaat bekämpft, ein politischer Faktor von großer Bedeutung.
    Die demokratischen Parteien schwanken zwischen der Bekämpfung des nationalen Radikalismus und dem Einbau in die Verantwortung, wovon eine Abnutzung erwartet wird.
3. Die gewalttätige Propaganda der NSDAP mit Terror, Saalschlachten und Anschlägen führt vor allem zu Zusammenstößen mit dem Rotfront-Kämpferbund der KP, welcher einen ähnlichen Stil der politischen Auseinandersetzung entwickelt. Stärke der KPD:
    1930 (Sept.) 77 Abgeordnete = 13,1 %
    1932 (Juli)   89 Abgeordnete = 14,3 %
    1932 (Nov.) 100 Abgeordnete = 16,9 %
    Die beiden feindlichen Parteien wirken jedoch trotz allem im Reichstag zusammen, wenn es um die Zerstörung der rechtsstaatlichen demokratischen Ordnung geht.
    Die Bedenkenlosigkeit des Kampfes gegen Recht und Ordnung kommt besonders zum Ausdruck im „Fall Potempa" (Herbst 1932), wo SA-Leute in dem schlesischen Dorf Potempa nachts in die Wohnung eines polnischen kommunistischen Arbeiters eindringen, ihn ermorden und verstümmeln.

Durch ein Ausnahmegesetz stehen auf politische Gewalttaten Zuchthaus oder Todesstrafe. Nachdem die Mörder von einem Sondergericht teils zum Tode, teils zu hohen Zuchthausstrafen verurteilt werden, erklärt Hitler in einem Telegramm, in dem er die Mörder als seine „Kameraden" begrüßt: „Eure Freiheit ist von diesem Augenblick an eine Frage unserer Ehre!"

4. Die „Machtergreifung" ist, formal gesehen, die Ernennung und Vereidigung einer Koalitionsregierung mit nur drei Nationalsozialisten (Hitler, Innenminister Frick, Minister ohne Geschäftsbereich Hermann Göring; dazu kommt am 13. März Joseph Goebbels als Minister für Volksaufklärung und Propaganda).

„Nach der damals vorherrschenden Lehre, daß in der Demokratie für die Gültigkeit eines Gesetzes formale Legalität hinreichend sei, war Hitler legal an die Macht gekommen. Doch die führenden Nationalsozialisten ließen keinen Zweifel darüber, daß sie — wenn überhaupt — nur aus taktischen Gründen die Fiktion der legalen Machtergreifung aufrechterhalten wollten und nicht daran dachten, ihre Revolution durch die Rechtsstaatlichkeit der Weimarer Demokratie begrenzen zu lassen." (H. Grebing)

„Ein universaler Irrtum über den Nationalsozialismus — die Quelle späterer Enttäuschungen — begleitete die Machtergreifung Hitlers und machte sie erst möglich." (Broszat)

c) Die NSDAP und ihre Gliederungen

1. Die Partei ist straff nach dem Führerprinzip aufgebaut: Die Amtsträger werden nicht gewählt, sondern von der jeweils höheren Instanz ernannt und haben allein Entscheidungsbefugnis. Die zentralistische Gliederung geht von Blockleitern über Zellenleiter, Ortsgruppen- und Kreisleiter zu Gauleitern, die meistens gleichzeitig auch Reichsstatthalter sind.
Die Reichsleitung der Partei hat ihren Sitz in München (im „Braunen Haus") und besteht aus dem „Führer", dem „Stellvertreter des Führers" und 19 Reichsleitern als Sachbearbeiter (Schatzmeister, Propagandaleiter, Reichspressechef, Leiter des Parteiamtes für Agrarpolitik, des Amtes für Volkswohlfahrt, für die Überwachung der weltanschaulichen Schulung, Leiter des kolonialpolitischen Amtes, Stabschef der SA, Reichsführer SS, Reichsjugendführer usw.). Nach der Krise der Partei um 1925 gelingt es Hitler, dessen Bedeutung und Ansehen zunächst keineswegs groß ist, sich durch sein organisatorisches und demagogisches Talent in der Parteiführung durchzusetzen. Der Aufbau einer ergebenen Parteibürokratie und die „konsequent durchgeführte Abhängigkeit aller Apparatteile vom Leiter der Partei, ohne daß es innerhalb der Mitgliedschaft eine freie und demokratische Meinungsbildung als Korrektiv der praktischen Herrschaft des Parteiführers gab", sichern die Stellung Hitlers seit 1926.

2. Parteiabzeichen und „Symbol der Bewegung" ist das Hakenkreuz (Svastika), ein seit Jahrtausenden bekanntes, besonders als Sonnenzeichen verwendetes Zeichen. Im 19. Jahrhundert wird es von nationalen Verbänden benutzt und schließlich mit starker antisemitischer Sinngebung von Hitler und den Nationalsozialisten übernommen.

Die Partei und ihre Gliederungen sind straff militärisch organisiert (einheitliche braune Uniform, Dienstgradabzeichen). Zentralorgan ist der Völkische Beobachter — später wird die gesamte deutsche Presse gleichgeschaltet. Die Parteitage sind seit 1926 in Nürnberg.

3. Die wichtigsten Gliederungen der NSDAP sind: SA, SS, NSKK (NS-Kraftfahr-Korps), HJ (Hitlerjugend), BdM (Bund deutscher Mädel), NS-Studentenbund, NS-Frauenschaft; dazu kommen angeschlossene Verbände: die DAF (Deutsche Arbeitsfront, welche Gewerkschaften und Unternehmer umfaßt), die NS-Volkswohlfahrt und die Fülle von NS-Fachverbänden (Ärzte, Rechtswahrer, Lehrer, Künstler usw.).

   Auf diese Weise werden auch Personen, welche nicht direkt Mitglieder der Partei sind, der NSDAP dienstbar gemacht und von ihr „erfaßt".

4. Führende Nationalsozialisten:

   Ernst Röhm, ehemaliger Hauptmann, Führer der SA, strebt Einbau der SA-Männer in die Armee und damit eine Art „Nationale Volksarmee" an. Er stößt aber auf Widerstand bei den führenden Reichswehroffizieren; er steht mit seinen Auffassungen im Gegensatz zu Hitler und wird deswegen bei der großen Reinigung im Jahre 1934 mit seiner SA-Führerschaft ermordet.

   Gottfried Feder, schon vor Hitler Mitglied der DAP, ist der Verfasser des Parteiprogramms; tritt nach 1933 in den Hintergrund.

   Rudolf Heß ist Sekretär Hitlers während der Haftzeit auf der Festung Landsberg und als engster Vertrauter Stellvertreter des Führers. 1941 geheimnisvoller Flug nach England; in Nürnberg zu lebenslänglichem Zuchthaus verurteilt.

   Hermann Göring, letzter Kommandeur der Richthofen-Staffel im 1. Weltkrieg, Träger des Pour le mérite, ist schon 1923 als oberster SA-Führer an dem Hitler-Putsch in München beteiligt. 1932 Präsident des Reichstages, 1935 Luftfahrtminister, Beauftragter für den Vierjahresplan. 1946 in Nürnberg Selbstmord.

   Alfred Rosenberg, Architekt, Baltendeutscher, Schriftleiter des Völkischen Beobachters, Beauftragter für die gesamte weltanschauliche Schulung und Erziehung der NSDAP. Im Krieg Reichsminister für die besetzten Ostgebiete; in Nürnberg hingerichtet.

   Julius Streicher, Volksschullehrer, Organisator der Partei in Nordbayern, Herausgeber des antisemitischen Hetzblattes „Der Stürmer", in Nürnberg hingerichtet.

   Gregor Strasser, Apotheker, Organisator der NSDAP in West- und Norddeutschland, Reichsorganisationsleiter, gerät aus grundsätzlichen Gründen in Gegnerschaft zu Hitler, wird 1934 auf Befehl Hitlers ermordet.

   Heinrich Himmler, Lehrer, Sekretär Gregor Strassers, seit 1929 Reichsführer der SS, Leiter der politischen Polizei, 1939 Reichskommissar für die Festigung des deutschen Volkstums, 1943 Reichsinnenminister, 1944 Befehlshaber des Ersatzheeres; geheime Verbindungen mit Schweden, 1945 von Hitler geächtet, nach Kriegsende Selbstmord.

Dr. Joseph Goebbels, Geschäftsführer der NSDAP im Ruhrgebiet, Gauleiter in Berlin, Herausgeber des „Angriff", Reichspropagandaleiter der Partei, Reichspropagandaminister, 1945 Selbstmord mit seiner Familie.

Martin Bormann, Freikorpskämpfer, 1941 Leiter der Parteikanzlei, übt beherrschenden Einfluß auf Hitler aus, 1945 wahrscheinlich in Berlin umgekommen.

5. Hitlers Anhänger

„Die unklare Programmatik gestattete es dem Nationalsozialismus, zugleich antikapitalistisch und antiproletarisch, restaurativ und revolutionär, nationalistisch und sozialistisch zu erscheinen. Die Partei vermochte infolgedessen auch Anhänger in allen sozialen Schichten des deutschen Volkes zu sammeln... Es wäre also verfehlt, anzunehmen, daß alle jene, die der NSDAP ihre Stimme gaben, deren Ideologie mit allen Konsequenzen akzeptierten oder auch nur kannten. Allzu viele interpretierten ihre eigenen Vorstellungen, Wünsche und Sehnsüchte in den Nationalsozialismus hinein, oder sie entnahmen der reichhaltigen Palette des Parteiprogramms dasjenige, was ihrem Fühlen und Wollen am besten entsprach, ohne sich groß Gedanken darüber zu machen, daß so und so viele andere Versprechen damit nicht in Einklang zu bringen waren..." (W. Hofer)

3. Die Innenpolitik nach 1933
a) Hitlers Präsidialkabinett und die Aufhebung der Menschenrechte

1. Hitler wird am 30. Januar 1933 nur Chef eines Koalitionskabinettes, bestehend aus NSDAP-, DNVP- und parteilosen Ministern der „Harzburger Front". Sein Ziel, die Mehrheit zu erringen, hat er nicht erreicht. Im Reichstage fehlt auch dieser Regierung die Mehrheit: Den 248 Abgeordneten der Koalition stehen 336 Abgeordnete der Mitte und der Linken gegenüber. Damit droht dem neuen Kanzler dasselbe Schicksal wie seinen Vorgängern Brüning, Papen und Schleicher.
2. Um die Gefahren einer Präsidialregierung, die ihn von der Zustimmung und dem Vertrauen des Reichspräsidenten abhängig macht, zu umgehen, strebt Hitler ein **Ermächtigungsgesetz** an, durch welches die Regierung vom Reichstag die Vollmacht erhält, Gesetze (Notverordnungen) selbst und allein zu erlassen. Vom derzeitigen Reichstag kann Hitler eine solche Ermächtigung nicht erlangen. Er erreicht von Reichspräsident Hindenburg (entgegen den der DNVP gemachten Zusagen) die Auflösung des Reichstages. Die Neuwahl wird für den 5. März festgesetzt. Die Wochen bis dahin werden für einen „Wahlkampf" im patriotischen Stil und mit christlicher Tarnung verwendet. Gleichzeitig werden 40 000 SA- und SS-Männer als Hilfspolizei mit vollen Polizeibefugnissen und einem besonderen Schießbefehl (17. 2. 1933) gegen die politischen Gegner eingesetzt.
3. Eine bedeutende Rolle in diesem Wahlkampf kommt dem **Reichstagsbrand** zu (27. 2. 1933). Die Frage, ob die Brandstiftung auf Nationalsozialisten oder Kommunisten zurückzuführen ist und inwieweit — im ersteren Fall — Hitler selbst informiert war, ist nicht geklärt. Auf alle Fälle bietet

der Brand der neuen Regierung die Handhabe zum entscheidenden Schlag gegen KPD, SPD und alle anderen politischen Gegner.
4. Die „Verordnung des Reichspräsidenten zum Schutz von Volk und Staat" vom 28. 2. 1933 wird die **wichtigste Grundlage der nationalsozialistischen Herrschaft** und ihres Terrors. Dem Schein nach zur Abwehr kommunistischer Aktionen, in Wirklichkeit aber gegen jeden Deutschen anwendbar, werden die Grundrechte der Weimarer Verfassung (Pressefreiheit, freie Meinungsäußerung, Schutz der Wohnung, Vereins- und Versammlungsfreiheit, Brief- und Postgeheimnis, Freiheit des Eigentums, Freizügigkeit) außer Kraft gesetzt. Diese Verordnung bleibt bis 1945 gültig! („Verfassungsurkunde des Dritten Reiches.")
Eine jahrhundertelange Entwicklung der Menschen- und Bürgerrechte im Abendland wird durch diese Verordnung für Deutschland ausgelöscht. Der einzelne ist völlig rechtlos, jeder Willkür (Beschränkung der Freiheit ohne gerichtliche Untersuchung, Schutzhaft, Einlieferung in Konzentrationslager ohne richterlichen Befehl, Wohnungsdurchsuchungen, Beschlagnahme, Bespitzelungen, Zensur, Verbot von Versammlungen, Vereinen und Verbänden) ist nun Tür und Tor geöffnet.

b) Das Ermächtigungsgesetz und der weitere Ausbau der Diktatur bis 1934

1. Die Wahl vom 5. März — die letzte Wahl des deutschen Volkes bis 1945 — bringt trotz erheblicher Beeinträchtigung durch Verhaftungen und Verfolgungen der Partei Hitlers nicht die absolute Mehrheit.

Von 647 Reichstagssitzen erhalten
die NSDAP 288 Mandate (= 43,9 %)
die DNVP 52 Mandate (= 8 %)

Die 81 Sitze der KP werden durch ein Gesetz vom 13. 3. 1933 für ungültig erklärt. Von den 120 Abgeordneten der SPD sind einige verhaftet. Auch die Zuteilung von Reichstagssitzen an die SPD wird (Gesetz vom 7. Juli 1933) unwirksam.

2. In den Ländern, welche keine nationalsozialistische Mehrheit haben (Hessen, Bayern, Württemberg, Sachsen, Baden und die drei Hansestädte), werden, entsprechend der Verordnung vom 28. 2. 1933, Reichskommissare eingesetzt, welche die Polizeigewalt in die Hände von SA- und SS-Führern legen.

3. Das **Ermächtigungsgesetz** („Gesetz zur Behebung der Not von Volk und Reich" vom 24. 3. 1933) wird nach Täuschung und Zustimmung des Zentrums mit 444 gegen 94 Stimmen (die Gegenstimmen sind die der SPD, deren Fraktionsvorsitzender Wels in diesem Zusammenhang die letzte freie Rede im Deutschen Reichstag hält) angenommen. Inhalt: Das Parlament ermächtigt die Regierung, Rechtsvorschriften (Gesetze) zu erlassen, die sogar von der Verfassung abweichen können. Die Gegenzeichnung durch den Reichspräsidenten fällt künftig weg. Das Ermächtigungsgesetz bedeutet die völlige Ausschaltung der Volksvertretung und einer parlamentarischen Kontrolle; sie bedeutet das Ende der Legislative. Das Gesetz wird bis 1945 verlängert; Hitler beauftragt schließlich sich selbst, die Befugnisse dieses Gesetzes auszuüben.

Von 931 Gesetzen, die bis 1945 in Kraft treten, sind 3 Notverordnungen, 7 werden vom Großdeutschen Reichstag „einstimmig" beschlossen, 921 werden als Regierungsgesetze erlassen!

4. Weitere Gesetze und Verordnungen des Jahres 1933 betreffen den Abbau der Menschenrechte, die „Abwehr heimtückischer Angriffe gegen die Regierung der nationalen Erhebung", die Einführung von Sondergerichten, den Vollzug der Todesstrafe, die Errichtung eines Volksgerichtshofes und die „Verhütung erbkranken Nachwuchses" (Sterilisierung). Schon am 24. 4. 1933 entsteht das Geheime Staatspolizeiamt, im November werden die Befugnisse der Gestapo erweitert und Konzentrationslager errichtet. Das „Gesetz zur Wiederherstellung des Berufsbeamtentums" (7. 4. 1933) bedeutet eine weitestgehende Handhabe gegen mißliebige Beamte und die Möglichkeit einer rein nationalsozialistischen Personalpolitik.

5. Juni und Juli 1933 bringen das Ende der demokratischen Parteien. Das „Gesetz gegen Neubildung von Parteien" vom 14. 7. sichert die Alleinherrschaft der NSDAP. Die machtlose DNVP gibt ihre Selbstauflösung bekannt, der „Stahlhelm" wird gleichgeschaltet. Tiefe Enttäuschung breitet sich in den Kreisen der Konservativ-Nationalen aus.

6. Gesetze vom 31. 3. und 7. 4. verfügen die Gleichschaltung der Länder mit dem Reich. Der 14. 2. 1934 bringt das Ende des Reichsrates und damit der föderativen Struktur des Reiches. Im „Gesetz zum Neubau des Reiches" vom 30. 1. 1934 bestimmt die Reichsregierung für sich selbst: „Die Reichsregierung kann neues Verfassungsrecht setzen."

c) Die Opposition des SA-Stabschefs Ernst Röhm, der 30. Juni 1934 und das Ende der unabhängigen Rechtsprechung

1. Die SA („Sport-Abteilungen", seit 1921 „Sturm-Abteilungen") als Träger des Macht- und Straßenkampfes vor 1933 ist besonders unter dem Stabschef Röhm der Boden revolutionärer nationalsozialistischer Gedanken im Sinne einer klaren Absage an die Kräfte des konservativen Nationalismus, wie er von der DNVP und der Leitung der Reichswehr vertreten wird. Röhms Vorstellungen entspricht eine nationalsozialistische Volksarmee als Krönung der „Machtergreifung". Röhm sieht in Hitlers positiver Einstellung zum Kapitalismus ein Abweichen von den Idealen und Zielen der nationalsozialistischen Revolution.

   Der Einschmelzung in die SA zu einer braunen Volksarmee widersetzt sich auch die Reichswehrführung (unter Minister Blomberg). Hitler entscheidet sich für die Reichswehr und gegen eine starke Machtposition der SA.

2. Die erste Hälfte des Jahres 1934 ist gekennzeichnet durch verbreitete Unzufriedenheit und Spannung. Vizekanzler von Papen hält am 17. 6. 1934 eine von seinem Sekretär Edgar Jung verfaßte Rede an der Universität Marburg, in der er sich kritisch über die herrschende Unfreiheit, das Einparteiensystem, die Eingriffe ins religiöse Leben und über den Personenkult äußert.

3. Hitler nimmt die Gelegenheit wahr, um sich seiner Gegner in der SA und auch außerhalb der Partei zu entledigen. Fingierte Nachrichten über eine bevorstehende Revolte der SA steigern das Mißtrauen der Reichswehr. Anläßlich einer SA-Führer-Tagung, zu der Röhm und das ganze Führerkorps kommen, läßt Hitler in zwei Großaktionen in München und Berlin am 30. 7. von SS-Kommandos Röhm, die gesamte SA-Führerschaft, aber auch andere wirkliche und vermeintliche Gegner ohne richterlichen Befehl und ohne Untersuchung ermorden.

   Opfer dieser planmäßigen Mordaktion sind u. a. auch der Leiter der Katholischen Aktion von Berlin, Ministerialdirektor Klausener, Gregor Strasser, Staatskommissar Kahr (Hitlers Gegenspieler vom November 1923) sowie General Schleicher mit seiner Frau und General von Bredow; auch die beiden Mitarbeiter von Papens, E. Jung und von Bose, gehören zu den Opfern.

4. Die von der Staatsregierung durchgeführten Mordaktionen werden durch ein Gesetz Hitlers vom 3. 7. 1934 als rechtens gebilligt. Damit ist das Ende des Rechtsstaates besiegelt. Die Willkür Hitlers tritt an die Stelle des Rechtes: „Unsere Verfassung ist der Wille des Führers." — „Recht hat nicht den Sinn, den einzelnen zu schützen, sondern den Bestand Deutschlands zu sichern." (Adolf Hitler)

5. Auswirkungen des 30. Juni 1934:

   Festigung der Position Hitlers, der in seiner Partei keine Rivalen mehr hat. Die SS, die bisher der SA unterstellt war, wird eine selbständige Gliederung der NSDAP unter dem „Reichsführer SS" Heinrich Himmler. Der Nachrichtendienst der SS, der SD (Sicherheitsdienst), wird dem ehemaligen Offizier Heydrich unterstellt. Die SS ist als nationalsozialistische Elite und als Parteiarmee gedacht.

   Die Reichswehr bleibt nur scheinbar Sieger über die SA (Pyrrhussieg). Die schweigende Zurückhaltung angesichts der Ermordung zweier führender Generale kompromittiert sie schwer.

   Mit dem Tod des Reichspräsidenten von Hindenburg — am 2. August 1934 — verliert die Reichswehr ihren letzten Protektor.

6. Schon am 1. 8. 1934 läßt Hitler durch das „Gesetz über das Staatsoberhaupt des Deutschen Reiches" die Ämter des Reichspräsidenten und des Reichskanzlers in seiner Person vereinigen („Führer und Reichskanzler").

7. Ohne rechtliche Grundlage befiehlt Reichswehrminister Blomberg überraschend, die bisher auf „Volk und Vaterland" vereidigte Wehrmacht auf die Person Hitlers als „Führer und Obersten Befehlshaber der Wehrmacht" zu vereidigen. Die neue Eidesformel fordert im Gegensatz zu der bisherigen „unbedingten" Gehorsam.

d) Der scheinbare Aufschwung und die angeblichen Errungenschaften der nationalsozialistischen Zeit

1. Idealismus, Fähigkeit, Aufbauwille und Opferbereitschaft vieler Deutscher haben sich dem neuen Regime entweder freiwillig zur Verfügung gestellt oder werden von ihm eingespannt und mißbraucht. Ihre Leistungen wer-

den in Leistungen des Nationalsozialismus umgefälscht. Es gelingt Hitler, Fleiß und Tüchtigkeit der Deutschen für seine Pläne zu aktivieren.

2. Wichtigste Voraussetzungen zur Überwindung der Wirtschaftskrise und zur Beseitigung der Diskriminierungen durch Versailles sind unter Stresemann, Brüning und auch unter Papen und Schleicher geschaffen worden. Hitler wird der Nutznießer in der Außenpolitik (Gleichberechtigung), in der Wirtschaft, auf dem Arbeitsmarkt und im inneren Aufbau.

3. Der Elan und die Rücksichtslosigkeit totalitärer Diktaturen hat gewisse Möglichkeiten, Menschen zu lenken und Energien dienstbar zu machen, wozu eine Welt falsch verstandener „Demokratie" nicht imstande ist.

4. Planmäßige Meinungsbildung, einseitige Beeinflussung und Propaganda haben es verstanden, in einer absoluten Schwarzweißmalerei alle Erfolge, Leistungen und Errungenschaften als alleiniges Verdienst des Regimes darzustellen und alle Schwächen, Schwierigkeiten, alle Mängel und Fehler den Gegnern zur Last zu legen.

5. Hitlers Antibolschewismus wurzelt nicht in einer geistigen oder weltanschaulichen Gegnerschaft. Hitler sieht im Bolschewismus teils eine „totalitäre Konkurrenz", teils eine Bastion des Weltjudentums. Vielfach ist das Verhältnis zu den Kommunisten und zur Sowjetunion recht unklar: Zusammengehen im innerpolitischen Kampf gegen die demokratische Ordnung, gemeinsame Politik mit der Sowjetunion in der ersten Phase des 2. Weltkrieges (bis 1941). Der Kampf gegen den Bolschewismus ist ein Vorwand für das Vorgehen gegen politische oder geistige Gegner im Innern oder eine Begründung für den leichtfertig begonnenen und durchgeführten Feldzug im Osten. Letztlich trägt Hitler, wenn auch ungewollt, entscheidend dazu bei, daß der sowjetrussische Imperialismus in Polen und im Baltikum Fuß fassen kann und am Ende des 2. Weltkrieges bis nach Mitteleuropa vordringt.

6. Eine Revision des Vertrages von Versailles ist keineswegs ein Monopol Hitlers, sondern entspricht den klaren und eindeutig angestrebten Zielen aller deutschen demokratischen Parteien. Wichtige Erfolge und entscheidende Voraussetzungen für weitere erfolgreiche Revisionsverhandlungen sind schon vor 1933 erreicht worden. „Der Versailler Vertrag war kein wirkungsvolles Instrument für die Stabilisierung des Friedens in Europa. Trotz aller innen- und außenpolitischen Erschwernisse hat die Weimarer Republik in friedlichen Verhandlungen auf dem Boden des Völkerrechts bis 1932 großartige Erfolge in der Revision des Versailler Vertrages errungen. Die zersetzenden Agitationen der Radikalen bis 1933 und die Verfälschungen der Wahrheit nach 1933 haben dafür gesorgt, daß die außenpolitischen Erfolge der Weimarer Republik nur schwach ins Bewußtsein des einzelnen gedrungen sind. Das Ausland hat nach 1933 zur Stärkung Hitlers beigetragen, indem es ihm oftmals das gewährte, was es der Weimarer Republik verwehrt hatte..." (H. J. Winkler)

7. Hitlers Erfolge gegen die Arbeitslosigkeit und die Maßnahmen zur Ankurbelung der deutschen Wirtschaft durch Autobahnbau, Aufrüstung, Wehrpflicht, Arbeitsdienst usw. sind in wesentlichen Teilen schon vorher

eingeleitet und teilweise auch verwirklicht: z. B. die Autobahnen seit 1926/27; Hitler übernimmt alle Pläne der bisherigen Gesellschaft, die nun von der Reichsbahn durchgeführt werden. Die ökonomischen Grundgedanken Hitlers gehen zurück auf die u. a. von dem jüdischen Wirtschaftstheoretiker Robert Friedlaender-Prechtl 1930/31 in Antithese zur Wirtschaftspolitik Brünings entwickelten, von Papen und Schleicher zeitweise übernommenen, aber vor allem auch von Gregor Strasser aufgegriffenen und propagierten Vorstellungen, daß nicht Kapital Arbeit, sondern Arbeit Kapital schaffe und die Erholung der Wirtschaft nicht als Finanzfrage, sondern als Arbeitsbeschaffungsfrage gesehen werden müsse.

Durch Notstands- und Ausbesserungsarbeiten (im Staat, in den Kommunen, bei Post und Bahn) wird schnell ein Rückgang der Arbeitslosigkeit erreicht, was sich im Volk besonders psychologisch günstig auswirkt. Arbeitsdienst, Parteiorganisationen, Wehrmacht entlasten den Arbeitsmarkt und kurbeln die Wirtschaft durch Aufträge an.

Arbeits- und Wirtschaftspolitik wird betrieben

aa) ohne Rücksicht auf Menschenwürde und Bürgerrechte (kein Streikrecht, kein Koalitionsrecht, keine Freizügigkeit, kein Kündigungsschutz; Arbeitsverpflichtung und Zwangsarbeit in steigendem Maße);

bb) unter weitgehender Vernachlässigung sozialer Verpflichtungen; im Gegensatz zu Gregor Strasser, der den sozialen Wohnungsbau fördern will, fordert Hitler vor allem propagandistisch wirksame Pläne. Der Wohnungs- und Schulbau geht gegenüber den großen repräsentativen Baumaßnahmen erheblich zurück;

cc) unter außerordentlicher Verschuldung des Staates (Mefo-Wechsel); am Ende stehen Zwangswirtschaft und staatlich diktierte Preise und Löhne — was zu Krieg oder Zusammenbruch führen muß. Letzte Auswirkung dieser Wirtschaftspolitik ist die Währungsreform von 1948.

e) Gleichschaltung und Unterwerfung aller Lebensbereiche

1. Nach Abschaffung der Grundrechte und völliger Entmachtung des Parlamentes folgt die Beseitigung der Parteien und Gewerkschaften und das Ende der Selbstverwaltung in Ländern und Gemeinden. Das „Gesetz über den Neubau des Reiches" vom 30. Januar 1934 hebt die Länderparlamente auf. Eine einheitliche Verwaltung wird jedoch nicht erreicht, denn das Nebeneinander von Verwaltung, Partei, Polizei, SS, Arbeitsfront, Wehrmacht und anderen Apparaten schafft ein Durcheinander von Kompetenzen und ein Chaos von Zuständigkeiten und Machtkämpfen bis zum Schluß.

2. Unabhängig hiervon aber strebt Hitler nicht nur eine Neuordnung im Staat an, sondern will alle Lebensbereiche und selbst die Freizeit mit der allein maßgebenden Ideologie erfüllen — ohne für die Entfaltung der Einzelpersönlichkeit Platz zu lassen. Die nationalsozialistische Weltanschauung „ist der Ausgangspunkt für die Stellungnahme zu allen Erscheinungen und Vorgängen des Lebens und damit ein bindendes und verpflichtendes Gesetz für jedes Wirken". (Adolf Hitler)

Schulung, Organisation, Kontrolle, schließlich Zwang und Terror machen sich nach und nach in allen Bereichen des Lebens bemerkbar und geltend. Schließlich dringt die nationalsozialistische Ideologie — z. B. der Rassengedanke — bis in kleinste Vereine ein.

3. Das wirtschaftliche Leben wird von der „Deutschen Arbeitsfront" (DAF) als Dach- und Befehlsorganisation von Staat und Partei erfaßt. In ihr sind Arbeitgeber und Arbeitnehmer vereinigt. Aufgabe der Wirtschaft ist, „in vier Jahren kriegsfähig zu sein" (Hitler 1936). Die Organisation „Kraft durch Freude" (KdF) soll die bisherigen Bildungs- und Unterhaltungseinrichtungen der aufgelösten Gewerkschaften ersetzen und übernimmt die Gestaltung von Freizeit, Erholung und Urlaub (in Verbindung mit Schulung und Kontrolle). Unter dem Deckmantel der Autarkie wird die deutsche Wirtschaft vom Ausland abgesperrt.

4. Die junge Generation wird in der Hitlerjugend (HJ, BDM) erfaßt. Mit Gesetz vom 1. 12. 1936 ist die „gesamte Jugend innerhalb des Reichsgebietes in der Hitlerjugend zusammengefaßt" und „körperlich, geistig und sittlich im Geiste des Nationalsozialismus zum Dienste am Volk und zur Volksgemeinschaft zu erziehen" (Art. 2 und 3 des Gesetzes vom 1. 12. 1936). Andere Jugendverbände sind verboten. „Der moralische Mißbrauch und der physische Verschleiß, dem die jungen deutschen Menschen ... ausgesetzt gewesen waren, ist denn auch ungeheuerlich gewesen und gehört zu den bösen Hinterlassenschaften des verhängnisvollen Systems." (W. Hofer)
Reichsarbeitsdienst (RAD) und Wehrdienst sollen den Dienst in der HJ fortsetzen.

5. Das kulturelle Leben wird durch Gesetze und Verordnungen völlig gleichgeschaltet (Presse- und Schriftleitergesetz vom 4. Oktober 1934; Kulturkammergesetz vom 22. 9. 1933).
Bedeutende Wissenschaftler und Denker werden (oft aus rassischen Gründen) abgelehnt, aus dem Dienst entlassen und begeben sich (was in den ersten Jahren noch möglich ist) als Emigranten ins Ausland. Die Hochschulen verlieren ihre Selbständigkeit, Kunst und Forschung werden dem Regime dienstbar gemacht. Die Überwachung der Kulturschaffenden und ihre Tätigkeit übernehmen nationalsozialistische Organisationen: Reichsschrifttumskammer, Reichspressekammer, Reichsrundfunkkammer, Reichstheaterkammer, Reichsmusikkammer, Reichskammer der bildenden Künste u. v. a.

f) Hitler und das Christentum

1. Das Parteiprogramm der NSDAP besagt im Punkt 24: „Wir fordern die Freiheit aller religiösen Bekenntnisse im Staat, soweit sie nicht dessen Bestand gefährden oder gegen das Sittlichkeits- und Moralgefühl der germanischen Rasse verstoßen. Die Partei als solche vertritt den Standpunkt eines positiven Christentums, ohne sich konfessionell an ein bestimmtes Bekenntnis zu binden."
Der Begriff „positives Christentum" ist unklar und ermöglicht im Zusammenhang mit der Prävalenz des Rassegedankens eine weitestgehende Einschränkung.

Aus taktischen Gründen wird in der allerersten Zeit nach dem 30. Januar 1933 nach außen die angebliche Vereinbarkeit des Christentums mit dem Weltanschauungsstaat des Nationalsozialismus betont.

2. Der erste völkerrechtliche Vertrag, den Hitler abschließt, ist das Reichskonkordat vom 20. Juli 1933 mit der katholischen Kirche. Er ist „ein Meisterstreich Hitlerscher Perfidie". (Glum)
Mit diesem Konkordat, welches der katholischen Kirche gewisse Rechte zusichert, andererseits aber die Ausschaltung des Zentrums und der christlichen Gewerkschaften zugesteht, erreicht Hitler einen Erfolg, der der Weimarer Republik versagt blieb. Obwohl sich Hitler in keiner Weise durch das Konkordat gebunden fühlt und von Anfang an sich nicht an die Bestimmungen hält, beruhigt er durch den Abschluß weite Kreise der katholischen Bevölkerung in Deutschland und täuscht auch das Ausland.

3. Nach Hitlers persönlicher Überzeugung und in der „Ideologie" der Partei sind Nationalsozialismus und Christentum unvereinbar. Volk, Schicksal und Blut treten an die Stelle des christlichen Gottes. „Eine deutsche Kirche, ein deutsches Christentum ist Krampf. Man ist entweder Christ oder Deutscher. Beides kann man nicht sein." „Ich bin von Natur aus Heide, es ist Zeit, daß die Vergiftung durch das Christentum zu Ende geht." „Das Christentum muß abfaulen wie ein brandiges Glied." (Hitler)

4. In der praktischen Kirchenpolitik wird zwischen evangelischer und katholischer Kirche ein Unterschied gemacht.
In der **evangelischen** Kirche wird vom Nationalsozialismus der Versuch unternommen, einen Teil, die „Deutschen Christen", als hitlerhörige, evangelische Staatskirche mit einem von Hitler eingesetzten „Reichsbischof" aufzubauen. Dieser Versuch mißlingt, als sich ihm die „Bekennende Kirche" mit der klaren Ablehnung der völkisch-rassischen Weltanschauung entgegenstellt: Bischof Wurm, Bischof Meiser, Karl Barth von der reformierten Kirche, Pastor Niemöller mit einem Pfarrernotbund. Der Kampf gegen die „Bekennende Kirche" wird hart und rücksichtslos geführt (Störung des Gottesdienstes, öffentliche Verdächtigungen und Beschimpfungen, Verhaftungen, Beeinträchtigung der kirchlichen Presse).

5. Das Verhältnis zur **katholischen** Kirche ist durch das Konkordat trotz des großen Vertrauensvorschusses seitens gewisser kirchlicher Kreise nur sehr kurz erträglich; Hitler verstößt von Anfang an gegen die Vereinbarungen, schränkt die Rechte der Kirche ein, behindert das katholische Schulwesen und das Leben der Ordensgemeinschaften usw., Jugendgruppen werden verboten, die Caritas in ihrer Tätigkeit lahmgelegt, die kirchliche Presse und die Veröffentlichungen religiösen Schrifttums beengt. Einsprüche und Mahnungen des Vatikans ändern nichts. 1937 kommt es zum Ausbruch des Konfliktes durch das päpstliche Rundschreiben „Mit brennender Sorge". In Deutschland sind vor allem Kardinal Graf Galen in Münster und Kardinal Faulhaber in München Vorkämpfer des kirchlichen Widerstandes auf katholischer Seite.

6. Seit 1937 offener Kampf gegen das Christentum, obwohl schon seit Januar 1934 Alfred Rosenberg als „Beauftragter des Führers zur Überwachung

der geistigen und weltanschaulichen Erziehung" tätig ist. Die Religion wird aus den Schulen verbannt, die kirchliche Jugendarbeit beeinträchtigt, Druckereien geschlossen, der Vertrieb religiöser Druckschriften verboten. Schauprozesse und Diffamierungen sollen das Ansehen kirchlicher Persönlichkeiten und der Kirche überhaupt schädigen. Schließlich werden Klöster geschlossen, Bildungseinrichtungen verboten und Geistliche in die KZ eingeliefert. Der Krieg beendet nur äußerlich den Kampf. Eingehende Pläne über die endgültige Ausmerzung des Christentums aus dem Leben des deutschen Volkes gibt es zwar nicht, aber im Rahmen der für die Zeit nach dem Krieg vorgesehenen Endabrechnungen mit den Feinden im Innern werden auch Maßnahmen für den weiteren Kampf gegen das Christentum erörtert: „Nationalsozialistische und christliche Auffassungen sind unvereinbar. Die christlichen Kirchen bauen auf der Unwissenheit der Menschen auf und sind bemüht, die Unwissenheit möglichst weiter Teile der Bevölkerung zu erhalten, denn nur so können die christlichen Kirchen ihre Macht bewahren. Demgegenüber beruht der Nationalsozialismus auf wissenschaftlichen Fundamenten. Das Christentum hat unveränderliche Grundsätze, die vor fast 2000 Jahren gesetzt und immer mehr zu wirklichkeitsfremden Dogmen erstarrt sind. Der Nationalsozialismus dagegen muß, wenn er seine Aufgabe auch weiterhin erfüllen soll, stets nach den neuesten Erkenntnissen der wissenschaftlichen Forschungen ausgerichtet werden...

Aus der Unvereinbarkeit nationalsozialistischer und christlicher Auffassungen folgt, daß eine Stärkung bestehender und jede Förderung entstehender christlicher Konfessionen von uns abzulehnen ist. Ein Unterschied zwischen den verschiedenen christlichen Konfessionen ist hier nicht zu machen...

Mit der Partei, ihren Gliederungen und angeschlossenen Verbänden hat der Führer sich und damit der deutschen Reichsführung ein Instrument geschaffen, das ihn von der Kirche unabhängig macht. Alle Einflüsse, die die durch den Führer mit Hilfe der NSDAP ausgeübte Volksführung beeinträchtigen oder gar schädigen könnten, müssen ausgeschaltet werden. Immer mehr muß das Volk den Kirchen und ihren Organen, den Pfarrern, entwunden werden. Selbstverständlich werden und müssen die Kirchen, von ihrem Standpunkt betrachtet, sich gegen diese Machteinbuße wehren. Niemals aber darf den Kirchen wieder ein Einfluß auf die Volksführung eingeräumt werden. Dieser muß restlos und endgültig gebrochen werden..." (Martin Bormann, 1942)

7. Gegen die Unmenschlichkeiten des Hitlerstaates (Massentötungen, Massenhinrichtungen, Vernichtung der Juden) wenden sich namhafte Vertreter der christlichen Kirchen (z. B. Anzeige des Bischofs Graf Galen wegen Mordes, Appell und Protest von Bischof Wurm u. v. a.). „Ganz folgerichtig steigert sich der kirchliche Widerstand so zum politischen Widerstand. Der Kampf um kirchliche und religiöse Rechte wird mit innerer Notwendigkeit zum Kampf um Menschenrechte schlechthin. So finden wir denn auch Geistliche beider Konfessionen an führender Stelle in der Widerstandsbewegung gegen Hitler." (W. Hofer)

g) Antisemitismus und Judenverfolgung

1. Hier liegen die schwersten Belastungen des deutschen Namens in der Welt. Die Maßnahmen gegen die Juden sind keine „Entartung" des Hitlerischen Nationalsozialismus, sondern wesensmäßig, da die Rassenfrage das Zentralproblem des Nationalsozialismus ist. An die Vernichtung von Juden denkt Hitler bereits frühzeitig:
   „Hätte man zu Kriegsbeginn und während des Krieges einmal 12 000 oder 15 000 dieser hebräischen Volksverderber so unter Giftgas gehalten, wie Hunderttausende unserer allerbesten deutschen Arbeiter aus allen Schichten und Berufen es im Felde erdulden mußten, dann wäre das Millionenopfer der Front nicht vergeblich gewesen. Im Gegenteil: 12 000 Schurken zur rechten Zeit beseitigt, hätte vielleicht einer Million ordentlicher, für die Zukunft wertvoller Deutscher das Leben gerettet..." (A. Hitler, „Mein Kampf")
   Zu Beginn des Jahres 1939 betont Hitler im Hinblick auf einen kommenden Weltkrieg, daß dieser die Vernichtung der jüdischen Rasse in Europa bringen werde.

2. Systematische Erziehung zum Rassenhaß ist von Anfang an ein wichtiges Ziel der Staats- und Parteiführung: „Die Juden sind unser Unglück. Für uns war, ist und bleibt der Jude unser Feind, dessen Wesensart ihm auf Grund seiner rassischen Zusammensetzung gebietet, Feind zu sein, und der nicht etwa aus eigenem Gutdünken unser Freund werden kann. Für uns gibt es keinen ‚anständigen' Juden, der ein so schlechter Jude ist, daß er beinahe als Arier gelten' könnte. Denn ein Mensch vermag seine Rasse nicht zu verleugnen, selbst wenn er es wollte..." (Das Schwarze Korps, 1938)

3. Das Vorgehen gegen die Juden vollzieht sich in vier Etappen:
   aa) Bis 1935 kommt es zu Einzelmaßnahmen, zur Boykotthetze gegen Geschäfte (zum erstenmal am 28. März 1933), zur Ausschaltung „nichtarischer" Beamter — doch erfolgt zu Lebzeiten Hindenburgs, der vor allem die jüdischen Weltkriegsteilnehmer schützt, keine direkte Großaktion.

   bb) In der zweiten Phase — 1935 bis 1938 — werden vor allem durch die Nürnberger Gesetze („Reichsbürgergesetz" und „Gesetz zum Schutz des deutschen Blutes und der deutschen Ehre" vom 15. September 1935 — beschlossen auf dem Reichsparteitag vom Reichstag durch Akklamation) und durch die darauf aufbauenden Gesetze und Verordnungen die jüdischen Mitbürger zu Staatsbürgern minderen Rechtes.
   Gesellschaftliche, politische, berufliche und schließlich menschliche Diskriminierung und Isolierung sind die Folge; Ausschaltung aus vielen Berufen und Stellungen; aus dem Schulbesuch und dem Wehrdienst; Verweigerung des Stimmrechtes, Beschränkung der Rechtsmittel vor Gericht. Ehen zwischen „Ariern" und „Nichtariern" sind verboten, auf bestehende Ehen wird politischer und gesellschaftlicher Druck ausgeübt und zur Scheidung gezwungen. Zahllose Familientragödien, Selbstmorde, aber auch Beispiele großartiger Hilfsbereitschaft und Treue.

Dabei Rechtsunsicherheit und Unmöglichkeit einer eindeutigen Bestimmung der rassischen Zugehörigkeit (Zugehörigkeit zur jüdischen Religionsgemeinschaft bedeutet Einordnung in die biologisch bedingte jüdische Rasse); „Wer Jude ist, bestimme ich!" (Göring). Allgemeine Einführung des „Arierparagraphen" und Forderung eines „Abstammungsnachweises".

cc) Eine weitere Phase der Verschärfung (1938 bis 1941) beginnt mit den planmäßig organisierten Ausschreitungen und Pogromen, die im Zusammenhang mit der Ermordung eines deutschen Botschaftsbeamten in Paris durch den polnischen Juden Grynspan im ganzen Reichsgebiet schlagartig einsetzen: „Reichskristallnacht", 9./10. November 1938. Zur Zerstörung von 267 Synagogen kommen die Demolierung von zahllosen Geschäften, Brandstiftungen und die ersten Deportationen.

„In schauerlicher Umkehrung aller Rechtsbegriffe werden den Opfern, den Leidtragenden, den Beraubten, nämlich den Juden" eine Sühne von einer Milliarde Reichsmark (Verfügung Görings vom 12. November 1938) auferlegt. Gleichzeitig verbietet die „Verordnung des Beauftragten für den Vierjahresplan zur Ausschaltung der Juden aus dem deutschen Wirtschaftsleben" den Juden die Betätigung in Gewerbe, Handwerk oder als leitender Angestellter. Weitere Tausende jüdischer Familien sind in ihrer wirtschaftlichen und gesellschaftlichen Existenz vernichtet.

Der Besuch von Theatern, Kinos und Museen und das Betreten einzelner Stadtbezirke, Gaststätten und Geschäfte usw. wird verboten. Einem Teil der jüdischen Bevölkerung gelingt die Auswanderung — oft mit Hilfe nichtjüdischer Freunde.

dd) Im Zweiten Weltkrieg werden die Maßnahmen gegen die Juden auf die eroberten und besetzten Gebiete ausgedehnt und die Schikanen und Demütigungen weiter gesteigert: Tragen des Judensternes, befohlen 1941, Verbot des Haltens von Haustieren, Verbot des Besitzes von elektrischen Geräten, Schallplatten, Schreibmaschinen, Fahrrädern u. v. a.
Mit der Einrichtung bewachter Gettos in Polen (die ersten entstehen 1940 in Lodz und Warschau, 1941 folgt eines in Theresienstadt in Böhmen) und der Zwangseinweisung der Juden aus den besetzten Gebieten in diese Lager wird die letzte Phase vorbereitet: die „Endlösung der Judenfrage". Dieser Begriff geht zurück auf eine Weisung Görings vom 31. Juli 1941 an den Chef der Sicherheitspolizei, Heydrich, und auf eine Besprechung führender Nationalsozialisten in Berlin-Wannsee (Wannsee-Protokoll vom 20. 1. 1942), bei der systematisch und bis in Einzelheiten die geplante Ermordung („Sonderbehandlung") beschlossen wird. Mit der Durchführung des Programmes wird Adolf Eichmann beauftragt.
Die Vernichtung erfolgt in Massenerschießungen durch „Einsatzgruppen" und „Sonderkommandos" im Osten, später durch Vergasung in besonders eingerichteten Vernichtungslagern: Auschwitz, Chelmno, Maidanek u. v. a. Der Vernichtung geht oft Sklavenarbeit bis zur völligen Erschöpfung voraus.

4. Den im einzelnen von unvorstellbaren Grausamkeiten begleiteten, aber mit bürokratischer Genauigkeit durchgeführten Vernichtungsaktionen

fällt der größte Teil des europäischen Judentums zum Opfer. Die Schätzungen über den zahlenmäßigen Umfang der Ausrottung schwanken zwischen 4,2 und 5,7 Millionen. A. Eichmann gibt im Prozeß in Jerusalem 6 Millionen an, H. Himmler hielt 6 Millionen für zu niedrig.

h) Die Wehrmacht im Staate Adolf Hitlers

1. Die „unpolitische" Reichswehr der Weimarer Republik wird innerhalb von weniger als einem Jahrzehnt zum „Schwertarm der Partei". (A. Hitler) Am Anfang gibt es unter den Offizieren nur „einzelne Nationalsozialisten, wenige Antinationalsozialisten, die meisten waren Nichtnationalsozialisten". (Generalinspekteur Heusinger) Eine völlige Gleichschaltung der Armee gelingt nie.

   Aber planmäßige Personalpolitik und die Ergänzung aus jüngeren, zum Teil aus der Hitlerjugend kommenden Offizieren schafft eine Führungsschicht, auf die sich Hitler weitgehend verlassen kann.

   Hitlers grundsätzliches Mißtrauen gegen die Reichswehrführung und die hohen Offiziere führt frühzeitig zum Aufbau und Ausbau der mit der Partei fest verbundenen SS, welche während des Krieges zur Konkurrenz der Wehrmacht wird und in zunehmendem Maße Einfluß bekommt: Der Reichsführer SS Heinrich Himmler ist zuletzt sogar Oberbefehlshaber des Ersatzheeres, die Gauleiter erhalten immer größere Befugnisse im militärischen Bereich.

   Aus den Reihen der Führungskräfte der Wehrmacht wächst — getragen vom Ethos des Soldaten — zu einem wesentlichen Teil der Widerstand gegen Hitler und seinen Unrechtsstaat.

2. Bis 1934 ändert sich gegenüber der Weimarer Zeit wenig, die Eigenständigkeit des militärischen Bereiches bleibt gewahrt, das „Sichheraushalten" aus dem politischen Bereich scheint möglich, obwohl der Rechts- und Verfassungsstaat vernichtet ist und die Menschenrechte aufgehoben sind. Die Armee erscheint sogar „als eine Zufluchtsstätte für junge Leute, die von der Partei sich freihalten und die Möglichkeit des Widerstandes innerhalb Deutschlands sich sichern wollten". (Hans Rothfels)

3. Mit dem Sommer 1934 ändert sich Entscheidendes:

   aa) In der Auseinandersetzung Hitlers mit der SA in der „Röhmkrise" bleibt die Reichswehrführung, die in der SA eine mögliche Konkurrenz sieht, neutral. Dieser „Pyrrhussieg" verbindet sich aber mit einer schweren Kompromittierung, weil die Ermordung zweier führender Offiziere tatenlos hingenommen wird. Unmittelbar nach der Röhmkrise wird die SS (Leibstandarte und „Verfügungstruppe", die spätere Waffen-SS) selbständig und weiter ausgebaut.

   Hitler bricht damit laufend das der Wehrmacht mehrfach gegebene Versprechen von der „Armee als dem einzigen Waffenträger der Nation".

   bb) Der Tod Hindenburgs am 2. August 1934 — des letzten Protektors der Reichswehr — veranlaßt Hitler, das Amt des Reichspräsidenten mit dem des Reichskanzlers zu vereinigen. Er ist somit nicht mehr nur Regierungschef, sondern auch Staatsoberhaupt und Oberbefehlshaber.

cc) Von größter Bedeutung wird die Vereidigung der Wehrmacht auf die Person Adolf Hitlers (bisher auf Volk und Vaterland) und die Bindung an ihn durch „unbedingten" Gehorsam. Die Einwände gegen die Rechtmäßigkeit des Eides vom formalen, inhaltlichen, positiv-rechtlichen und religiös-theologischen Standpunkt aus sind stichhaltig. Seine Bedeutung für die Haltung der Soldaten Hitler gegenüber ist jedoch groß.

„Dies bedeutet eine moralische Bindung, wie unmoralisch immer im Inhalt, und ein Hindernis, das nach allen überlieferten Maßstäben nicht leicht zu überwinden war, selbst nicht im Fall von offenbar ungesetzlichen Befehlen oder einer verbrecherischen Führung..." (Hans Rothfels)

4. Die Jahre 1935 bis 1937, in denen die Zersetzung des Rechtsstaates fortgesetzt wird, sind für die Wehrmacht durch das Aufgehen im Dienst erfüllt: Der 16. 3. 1935 bringt die Wiederherstellung der allgemeinen Wehrpflicht und die Aufrüstung von zunächst 36 Divisionen. Die plötzliche Vergrößerung mit den personellen Anforderungen bedeutet für die Wehrmacht das Ende der bisherigen Abseitsstellung und der inneren Distanz vom nationalsozialistischen Staat.

5. Im Herbst 1937 beginnt mit Darlegungen Hitlers am 5. November im engsten Kreis (Außenminister, Reichskriegsminister und die drei Oberbefehlshaber) über Probleme des deutschen Lebensraumes und dem offenen Bekenntnis zur aggressiven Politik (niedergelegt im Hoßbach-Protokoll) die Phase, in der die Wehrmacht zum Instrument der Gewaltpolitik wird.

Ein Teil der führenden Offiziere wendet sich — teils aus politischen, teils aus rüstungswirtschaftlichen, teils aus moralischen Gründen — gegen Hitlers Angriffspläne. Im „Führer" reift die lange schon gehegte Überzeugung, daß er bei der Führungsspitze der Wehrmacht mit der Verwirklichung seiner Pläne auf Widerstand stoßen würde. Im Februar 1938 wird der bisherige Außenminister von Neurath durch den Nationalsozialisten Joachim von Ribbentrop ersetzt, Hitler baut die Wehrmacht in ihrer organisatorischen Struktur und in personeller Hinsicht von Grund auf um: Anfang Februar werden der bisherige Reichskriegsminister von Blomberg und der Oberbefehlshaber des Heeres, General Frh. von Fritsch — letzterer als Opfer widerlicher, von der SS angestifteter Intrigen — entlassen. Mit ihnen werden 110 höchste Offiziere (Generale und Obersten) teils des Dienstes enthoben, teils versetzt. An die Stelle des bisherigen Ministeriums tritt das Hitler persönlich unterstellte Oberkommando der Wehrmacht (OKW) — entsprechend der Reichskanzlei und der Parteikanzlei.

Aus dem OKW macht sich Hitler durch personelle Maßnahmen ein ihm völlig ergebenes Führungsinstrument. Der Generalstab wird zum „militärischen Büro des Politikers Hitler".

6. Unmittelbar vor und im Krieg folgen weitere Einschränkungen der Kompetenzen und Führungsaufgaben der Wehrmacht: Übertragung des Festungsbaues an die Organisation Todt, Zerschlagung des Oberkomman-

dos des Heeres als Führungsorgan des Heeres (1941), Aufstellung militärischer Verbände durch die Gauleiter zu Ende des Krieges u. a.

7. Die Vorbereitungen zum Krieg lassen die offene Opposition gegen Hitlers Pläne bei führenden Offizieren deutlich werden. Der Chef des Generalstabes des Heeres, General Ludwig Beck, wendet sich im Mai 1938 in Denkschriften gegen Hitlers Mitteleuropapläne, weil er überzeugt ist, daß diese Politik zum Weltkrieg und zur Katastrophe führt.

   Im Sommer 1938 werden aussichtsreiche Pläne einer gewaltsamen Absetzung Hitlers durch die Wehrmacht von der Politik Englands und Frankreichs vereitelt; die Westmächte erfüllen Hitlers Wünsche, schließen mit ihm das Abkommen von München, stimmen der Abtretung der Sudetengebiete an das Deutsche Reich zu und ebnen Hitler damit die Wege für weitere Aktionen.

8. Während des 2. Weltkrieges, als die totalitäre Diktatur die Ebene des Naturrechtes und der Moral vollkommen verläßt und damit die bisher in der deutschen Geschichte selbstverständliche Basis des soldatischen Gehorsams zerstört, wenden sich viele Offiziere aus der Erkenntnis, daß die Pflicht gegenüber dem deutschen Vaterland mit der Pflichterfüllung gegenüber der Regierung Hitler unvereinbar sei, dem Widerstand zu und sind an den Attentats- und Staatsstreichversuchen gegen den „Führer" entscheidend beteiligt. Im Konflikt zwischen soldatischer und politischer Ordnung entscheiden sie sich für die naturrechtlichen Bindungen in der politischen Welt. Daß soldatischer Gehorsam dort eine Grenze findet, wo ihm die Befolgung verbrecherischer Befehle zugemutet wird, ist nicht nur eine Selbstverständlichkeit des alten kaiserlichen Heeres (Moltke: „Gehorsam ist das Prinzip, der Mensch steht über dem Prinzip"), sondern bleibt sogar im Militärstrafgesetzbuch der nationalsozialistischen Zeit verankert: „Der gehorchende Untergebene macht sich strafbar, wenn ihm bekannt gewesen ist, daß der Befehl des Vorgesetzten eine Handlung betraf, welche ein allgemeines Vergehen oder Verbrechen bezweckte..." (§ 47 des Militärstrafgesetzbuches von 1940). „Im militärischen Leben gibt es somit den Grundsatz des absoluten, d. h. blinden Gehorsams ebensowenig wie anderswo..." (Kommentar zum Militärstrafgesetzbuch, 1944)

9. Höhepunkt des Widerstandes ist das Attentat gegen Hitler vom 20. Juli 1944.

   „Die Tat des 20. Juli 1944 — eine Tat gegen das Unrecht und gegen die Unfreiheit — ist ein Lichtpunkt in der dunkelsten Zeit Deutschlands.

   Die tragische Wahrscheinlichkeit des Scheiterns vor Augen, entschlossen sich freiheitlich gesinnte Kräfte aus allen Lagern, in vorderster Front Männer aus den Reihen der Soldaten, zum Sturz des Tyrannen. Das christlich-humanistische Verantwortungsbewußtsein, das diesen Entschluß bestimmte, gab ihrem Märtyrertum die Weihe.

   Wir Soldaten der Bundeswehr stehen in Ehrfurcht vor dem Opfer dieser Männer, deren Gewissen durch ihr Wissen aufgerufen war. Sie sind die vornehmsten Zeugen gegen die Kollektivschuld des deutschen Volkes. Ihr Geist und ihre Haltung sind uns Vorbild." (General Heusinger, Generalinspekteur der Bundeswehr zum 15. Jahrestag des 20. Juli)

4. Die deutsche Außenpolitik von 1933—1939

a) Entsprechend den sozialdarwinistischen Vorstellungen, der These von der germanischen Herrenrasse und dem vorgegebenen „Kampf um Lebensraum" wächst das außenpolitische Programm Hitlers über die Bestrebungen zur Revision des Versailler Friedens weit hinaus: Deutschland soll nicht nur Großmacht, sondern Weltmacht werden. Dieses Ziel ist allein durch Krieg zu erreichen. Derartige Gedanken sind schon im Buch Hitlers niedergelegt: „Wir stoppen den ewigen Germanenzug nach dem Süden und Westen Europas und weisen den Blick nach dem Land im Osten. Wir schließen endlich ab die Kolonial- und Handelspolitik der Vorkriegszeit und gehen über zur Bodenpolitik der Zukunft. — Wenn wir aber heute in Europa von neuem Grund und Boden reden, können wir in erster Linie nur an Rußland und die ihm untertanen Randstaaten denken..." (Hitler, „Mein Kampf")

„Deutschland wird entweder Weltmacht oder überhaupt nicht sein." (Hitler)

Diese Gedanken werden auch unmittelbar nach der Machtübernahme ausgesprochen; schon am 3. 2. 1933 fordert Hitler in einer Befehlsbesprechung der Reichswehrführung: „Wie soll politische Macht, wenn sie gewonnen ist, gebraucht werden?... Vielleicht Erkämpfung neuer Exportmöglichkeiten, vielleicht — und wohl besser — Eroberung neuen Lebensraums im Osten und dessen rücksichtslose Germanisierung..." Am 28. 2. 1934 spricht Hitler vor Reichswehr- und SA-Führern vom Lebensraum, vom Widerstand der Westmächte und von notwendigen „kurzen, entscheidenden Schlägen", die notwendig werden, erst nach Westen, dann nach Osten. Die neue Armee müsse nach fünf Jahren für jede Verteidigung, nach acht Jahren für jeden Angriff geeignet sein.

b) Bis 1937 dauert eine scheinbar friedliche Epoche der Vorbereitung. Angesichts der militärischen Schwäche des Reiches und des Mißtrauens der Nachbarn muß die Gefahrenzone der Aufrüstung durch Tarnung und scheinbare Friedensliebe durchgestanden werden (z. B. Hitlers „Friedensrede" vom 17. Mai 1933). Im übrigen erntet Hitler, was die deutsche Außenpolitik vor ihm bereits gesät hat. Die deutsche Öffentlichkeit ist blind für die wirkliche Entwicklung seit Stresemann. Hitler nutzt die Gunst des Augenblicks. Die Schwächen und Fehler seiner Partner und Gegenspieler kommen ihm weit entgegen; diese erliegen der Täuschung und glauben an die Möglichkeit, das nationalsozialistische Deutschland beschwichtigen, befriedigen und von der gewaltsamen Auseinandersetzung zurückhalten zu können.

Es gibt k e i n e wirklich auf die Erhaltung des Friedens ausgerichtete Phase in der Politik Hitlers.

„Die Umstände haben mich gezwungen, jahrzehntelang fast nur vom Frieden zu reden. Nur unter der fortgesetzten Betonung des deutschen Friedenswillens und der Friedensabsichten war es mir möglich, dem deutschen Volk Stück für Stück die Freiheit zu erringen und ihm die Rüstung zu geben, die immer wieder für den nächsten Schritt als Voraussetzung notwendig war. Es ist selbstverständlich, daß eine solche jahrzehntelang betriebene Friedenspropaganda auch ihre bedenklichen Seiten hat; denn es kann nur zu leicht dahin führen, daß sich in den Gehirnen vieler Menschen die Auffassung festsetzt, daß das heutige Regime an sich identisch sei mit dem Entschluß und dem Willen, den Frieden unter allen Umständen zu bewahren..." (Hitler am 10. November 1938)

„Der Entschluß zum Schlagen war immer in mir; es geht nicht um ein nationalsozialistisches Deutschland, sondern darum, wer künftig in Europa dominiert." (Hitler am 23. November 1939)

c) Die erste, scheinbar friedliche Phase der Vorbereitung der Aggressionen und Eroberungen steht im Zeichen des Kampfes gegen die Bestimmungen von Versailles und für die Gleichberechtigung — besonders auf militärischem Gebiet („Rückgewinnung der Wehrhoheit"). In Methode und Taktik geht Hitler dabei andere Wege als seine Vorgänger; er erreicht seine Ziele, überwindet Krisen und gefährliche Situationen; Ansehen und Gewicht wächst auch im zwischenstaatlichen Raum. Seine Erfolge sind jedoch „weniger der damals viel gerühmten Intuition des Politikers Hitler zuzuschreiben, sondern der ungewöhnlichen Gunst der weltpolitischen Verhältnisse: Der Uneinigkeit der anderen Mächte, dem schwächlichen Pazifismus der westlichen Demokratien, dem Mißtrauen zwischen England und der Sowjetunion, dem Abseitsstehen der Vereinigten Staaten von Amerika, dem Aufbruch Italiens zu eigenen imperialistischen Abenteuern und der allgemeinen Auflösung des Systems von Versailles und Genf, dem ja keineswegs Hitler, sondern die Japaner den ersten schweren Schlag versetzt hatten..." (W. Hofer)

Die wichtigsten Ereignisse dieser ersten Phase sind:
1. Austritt Deutschlands aus dem Völkerbund und aus der Abrüstungskonferenz (14. Oktober 1933).
2. Nichtangriffspakt mit Polen (26. Januar 1934). Diese Maßnahme ist „vielleicht der geschickteste Schachzug der Hitlerschen Diplomatie". (W. Hofer) Hitler gewinnt Rückenfreiheit im Osten und stört das französische Bündnissystem. 1939 wird das Bündnis mit Polen von Hitler einseitig gekündigt.
3. Ein erster Versuch einer nationalsozialistischen Machtergreifung in Österreich (Ermordung des österreichischen Bundeskanzlers Dollfuß) scheitert im Juli 1934. Hitler läßt die bisher unterstützten Nationalsozialisten in Österreich vorübergehend im Stich, vor allem, weil Mussolini mit Intervention zugunsten Österreichs droht. Hitler erkennt die Souveränität Österreichs an und verzichtet auf Einmischung in dessen innere Angelegenheiten. Deutscher Botschafter in Österreich wird Herr von Papen. Inoffiziell geht die Unterstützung der österreichischen Nationalsozialisten weiter.
4. Der Tiefpunkt der Isolierung Deutschlands (gespanntes Verhältnis mit Italien und Frankreich, französisch-sowjetischer und tschechisch-sowjetischer Beistandspakt 1935, 1934 bereits Eintritt der Sowjetunion in den Völkerbund) wird überwunden durch die Prestigeerfolge der Rückgewinnung des Saargebietes (13. Januar 1935) entsprechend der im Vertrag von Versailles vorgesehenen Abstimmung und durch die Proklamierung der allgemeinen Wehrpflicht (16. März 1935) mit anschließender offener Aufrüstung (zweijährige Dienstzeit, Vierjahresplan 1936). Die Politik der Schaffung vollendeter Tatsachen bewährt sich: Im März 1936 zum taktisch

klug gewählten Zeitpunkt folgt die Besetzung des entmilitarisierten Rheinlandes, was völkerrechtlich ein Bruch des Locarnovertrages ist.

5. Proteste des Völkerbundes gegen den Bruch von Verträgen durch Hitler und eine Vereinbarung zwischen England, Frankreich und Italien (Abkommen von Stresa), weiteren einseitigen Maßnahmen Hitlers gemeinsam entgegenzutreten, bleiben unwirksam.

Hitler gelingt es sogar, die „Stresa-Front" durch ein zweiseitiges Abkommen mit England (April 1935) zu sprengen. In diesem Abkommen ist das Verhältnis der beiden Flotten auf 100:35 festgelegt, wobei in diesem Rahmen Parität der U-Boot-Tonnage vereinbart wird. Seitdem **Appeasementpolitik** Großbritanniens: Hitler soll durch Entgegenkommen und Zugeständnisse in Schranken gehalten, beschwichtigt und „gezähmt" werden. Gleichzeitig aber sieht die englische Außenpolitik, besonders unter Premierminister Chamberlain, im nationalsozialistischen Deutschland ein Bollwerk gegen den Bolschewismus.

6. Der Krieg Italiens gegen Abessinien (seit Herbst 1935) und die gegen ersteres vom Völkerbund verhängten wirtschaftlichen Sanktionen geben Hitler die günstige Gelegenheit, durch Kohlelieferungen an Italien die Beziehungen zu diesem Land erheblich zu bessern und sogar die „Achse Berlin—Rom" zu begründen. Kurze Zeit darauf wird die deutsch-italienische Zusammenarbeit durch gemeinsame Unterstützung General Francos im Spanischen Bürgerkrieg (seit 1936) gefestigt und intensiviert. Im September 1937 Staatsbesuch Mussolinis in Berlin und feierliche Zurschaustellung der deutsch-italienischen Freundschaft.

7. Im November 1936 Abschluß eines Antikominternpaktes mit Japan. Ein Jahr später Beitritt Italiens. Es entsteht das „weltpolitische Dreieck Berlin—Rom—Tokio". Die Bedeutung liegt auf ideologisch-propagandistischem Gebiet.

d) Mit dem Jahr 1937 kehrt Hitler offen zu den vor 1933 geäußerten Plänen zurück. Es beginnt die zweite, die aggressive Phase seiner Außenpolitik.

1. In einer Rede in kleinem Kreis (Reichsaußenminister, Reichskriegsminister, Oberbefehlshaber der drei Wehrmachtteile, Oberst Hoßbach als Protokollführer; daher die Bezeichnung der Niederschrift als „Hoßbach-Protokoll") entwickelt Hitler am 5. November 1937 seine Pläne für den Angriff, als dessen erste Ziele Österreich und die Tschechoslowakei genannt werden.

2. Im Zusammenhang mit der tiefgreifenden Umorganisierung der Wehrmachtsführung im Februar 1938 wird auch der bisherige Außenminister von Neurath durch den betont antibritisch orientierten Joachim von Ribbentrop ersetzt. Hitler rechnet seitdem damit, daß seine „Lebensraumpolitik" im Osten auf den Widerstand Englands und Frankreichs stoßen werde. Die Appeasementpolitik wird von ihm als Schwäche gedeutet.

3. **Der Anschluß Österreichs**
Nach dem gescheiterten nationalsozialistischen Putsch von 1934 mit der Ermordung von Bundeskanzler Dollfuß folgen zwei Jahre der Zurück-

haltung. Mit Beginn des Jahres 1938 geht Hitler im Vertrauen auf die großdeutschen Gefühle weiter Bevölkerungskreise zur direkten Aktion über.

Überzeugt davon, daß sich England einem unkriegerischen Vorgehen gegen Österreich (und auch die Tschechoslowakei) nicht widersetzen werde, schließt Hitler nach monatelanger Vorbereitung durch Infiltration und Subversion mit dem durch die innerpolitischen Auseinandersetzungen in schwieriger Lage befindlichen Bundeskanzler Schuschnigg am 12. Februar 1938 das Berchtesgadener Abkommen, das in Wirklichkeit eine unter Drohungen erpreßte Zustimmung zu einem deutschen Ultimatum ist, das u. a. die freie politische Betätigung und die Regierungsbeteiligung der österreichischen Nationalsozialisten verlangt. Der Nationalsozialist Seyß-Inquart wird Minister für Inneres und Sicherheitswesen. In dem verschärften innerpolitischen Kampf versucht Schuschnigg, durch eine Volksabstimmung für ein „freies, deutsches, unabhängiges und soziales, für ein christliches und einiges Österreich" die Entscheidung zu seinen Gunsten zu erreichen, wird aber durch Demonstrationen und durch ein Ultimatum Hitlers, der den Rücktritt Schuschniggs und die Ernennung Seyß-Inquarts zum Kanzler fordert, und durch militärische Drohung zum Rücktritt gezwungen.

Am Abend des 11. März 1938 weicht Schuschnigg der Gewalt, Seyß-Inquart übernimmt die Regierung, in der Nacht beginnt der Einmarsch deutscher Truppen. Ein Telegramm des neuen Kanzlers an Hitler mit der Bitte um deutsche Waffenhilfe angesichts bevorstehender Unruhen ist fingiert. Seyß-Inquart protestiert vergeblich in Berlin gegen den Mißbrauch seines Namens.

Am 13. März wird unter dem Jubel der deutschen Bevölkerung und dem formalen Protest der Westmächte der Anschluß Österreichs an das Deutsche Reich und damit die Entstehung „Großdeutschlands" verkündet. Etwa 1000 politische Gegner werden liquidiert, über 60 000 allein in Wien verhaftet und z. T. in Konzentrationslager eingeliefert.

„Die Befriedigung darüber, daß eine alte Sehnsucht der deutschen nationalstaatlichen Geschichte eine späte Erfüllung ohne Blutvergießen gefunden hatte, wog für den Augenblick schwerer als die Bedenken gegen die angewandten Methoden und die Sorge vor Hitlers nächstem Schritt." (H. Mau)

4. Die Sudetenfrage und das Ende der Tschechoslowakei

In der Tschechoslowakei wohnen etwa 3,5 Millionen Deutsche (= 25 Prozent der Staatsbevölkerung). Die Mißachtung ihres Selbstbestimmungsrechtes durch den tschechischen Staat beeinträchtigt von Anfang an das Verhältnis zwischen Tschechen und Deutschen.

Dem sudetendeutschen Aktivismus (verantwortliche Mitwirkung im Staat, Beteiligung an der Regierungsbildung) machen die sich vor allem in den industriellen Randgebieten des deutschen Siedlungsraumes auswirkende Wirtschaftskrise und der sich besonders seit etwa 1935 unter den Sudetendeutschen ausbreitende nationalsozialistische Radikalismus ein Ende.

Eine sudetendeutsche Sammelpartei unter Konrad Henlein umfaßt — mit Ausnahme der Sozialdemokraten — die gesamte Volksgruppe, erliegt aber in Führung und Wählerschaft immer mehr der nationalsozialistischen Anschlußpropaganda, was schließlich eine Fernsteuerung durch Berlin möglich macht.

Die eigentliche „Sudetendeutsche Frage" (als Minderheitenproblem) tritt im Laufe des Jahres 1938 in den Hintergrund gegenüber der Aggression Hitlers, der trotz mehrfacher Versicherung, daß sich der Anschluß Österreichs in keiner Weise gegen die Tschechoslowakei auswirken werde, seit April eine militärische Aktion „Grün" zur Zerschlagung der Tschechoslowakei plant. (In diesem Stadium der Aggression Hitlers beginnt in Deutschland der militärische Widerstand.) Nach Einschaltung der Westmächte, die ihre Appeasementpolitik fortsetzen, wird die Teilung der Tschechoslowakei und die Angliederung der vorwiegend von Deutschen besiedelten Gebiete an das Deutsche Reich vorgesehen. Hitler geht widerwillig auf die friedliche Bereinigung der Sudetenfrage ein und verzichtet scheinbar auf die tschechischen Gebiete.

Nach zwei Konferenzen mit Hitler, zu denen der englische Ministerpräsident Chamberlain in Berchtesgaden und eine Woche später in Godesberg zur Abwendung eines drohenden Krieges mit Hitler zusammenkommt, werden im **Münchner Abkommen** (abgeschlossen zwischen England, Frankreich, Deutschland, Italien am 29. 2. 1938) die sudetendeutschen Gebiete von der Tschechoslowakei losgelöst und an das Deutsche Reich abgetreten.

Unter Zerschlagung der eigenständigen Volksgruppenorganisationen werden die Sudetengebiete als „Reichsgau Sudetenland" gleichgeschaltet. Entgegen mehrfachen Beteuerungen bereitet Hitler bereits im Oktober 1938 die „Erledigung der Rest-Tschechei" vor. Unter Ausnützung der Spannungen zwischen Slowaken und Tschechen wird die Slowakei unter deutschem Druck zu einem vom Reich abhängigen souveränen Staat (14. März 1939).

Unter militärischer Drohung erpreßt Hitler von dem neuen tschechischen Staatspräsidenten Emil Hacha in Berlin das Abkommen vom 15. März 1939, wonach dieser „das Schicksal des tschechischen Volkes und Landes vertrauensvoll in die Hände des Führers des Deutschen Reiches legt". Bei völliger Mißachtung des Selbstbestimmungsrechtes des tschechischen Volkes wird das **„Protektorat Böhmen und Mähren"** Bestandteil des Großdeutschen Reiches. —

Kurz darauf muß Litauen das Memelgebiet an Deutschland zurückgeben (22. März 1939).

5. Das Ende der Tschechoslowakei bedeutet einen tiefen Einschnitt in der europäischen Entwicklung: England wendet sich von der bisherigen Appeasementpolitik ab. Die Westmächte gelangen zur Erkenntnis, daß Hitlers Ziel nicht die Revision des Versailler Vertrages und die Verwirklichung des Selbstbestimmungsrechtes der Völker ist, sondern daß er imperialistische Eroberungspolitik betreibt. Durch den vielfachen Bruch seiner Versprechungen verliert Hitler alle Glaubwürdigkeit. Cham-

berlain selbst vollzieht den Wandel in der englischen Deutschlandpolitik (Rede in Birmingham am 17. März 1939) und gibt noch im gleichen Monat eine Garantieerklärung für die Integrität Polens ab, welches als nächster Staat bedroht ist.
Hitler antwortet mit der Kündigung der deutsch-polnischen Nichtangriffspaktes und des deutsch-englischen Flottenabkommens (April 1939), er festigt das Bündnis mit Italien („Stahlpakt", Mai 1939), intensiviert die Kriegsvorbereitungen gegen Polen (Fall „Weiß") und bezieht scharf Stellung gegen die Westmächte und die USA (Reichstagsrede vom 14. April 1939), nachdem der amerikanische Präsident Roosevelt in einer Botschaft an Hitler und Mussolini Garantieversprechen für gewisse Staaten fordert.

6. Die Aggressionsabsichten gegen Polen und die Möglichkeit einer russisch-englisch-französischen Anti-Hitler-Koalition veranlassen Hitler, mit der Sowjetunion einen Nichtangriffspakt abzuschließen: **23. August 1939 (Hitler-Stalin-Pakt)**. Sowjetrußland, für welches Hitler der willkommene Wegbereiter eines „Bruderkrieges zwischen den kapitalistischen Mächten" ist, geht überraschend schnell auf das Angebot ein. Durch den Pakt und besonders durch ein geheimes Zusatzprotokoll werden Polen und Ost-Mitteleuropa in eine deutsche und russische Interessensphäre geteilt. Damit öffnet Hitler den mitteleuropäischen Raum für den Zugriff des Bolschewismus.

5. Der Zweite Weltkrieg

a) Hitlers Eroberungen

Im Gegensatz zu 1914 entwickelt sich der Zweite Weltkrieg aus einer planmäßig vorbereiteten und eingeleiteten Angriffshandlung. Hitler überfällt Polen, ist sich des Risikos bewußt, aber stützt sich hierbei

auf das deutsche Bündnis mit der Sowjetunion,
auf die Unterlegenheit und Schwächlichkeit der Westmächte;

er unterschätzt oder verkennt völlig:

die Entschlossenheit seiner Gegenspieler, weitere Aggressionen nicht mehr hinzunehmen;
das Potential seiner möglichen Feinde — besonders der Vereinigten Staaten — in einem weltweiten Ringen;
Stalins Absicht, aus einem europäischen Bruderkrieg Nutzen zu ziehen und den Machtbereich des Bolschewismus nach Mitteleuropa vorzuschieben.

Die in der Generalität von Generaloberst Ludwig Beck vertretene Auffassung, daß die Lokalisierung eines Krieges unmöglich und Deutschland einem Krieg an mehreren Fronten nicht gewachsen sei, weist Hitler zurück.
„... Wir werden den Westen halten, bis wir Polen erobert haben. Wir müssen uns unserer großen Produktionsleistung bewußt sein. Sie ist noch viel größer als 1914—1918. Der Gegner hatte noch die Hoffnung, daß Rußland als Gegner auftreten würde nach Eroberung Polens. Die Gegner haben nicht mit meiner großen Entschlußkraft gerechnet. Unsere Gegner sind kleine Würmchen. Ich

sah sie in München... Rußland hat kein Interesse an der Erhaltung Polens, und dann weiß Stalin, daß es mit seinem Regime zu Ende ist, einerlei, ob seine Soldaten siegreich oder geschlagen aus einem Kriege hervorgehen. Litwinows Ablösung war ausschlaggebend. Ich habe die Umstellung Rußland gegenüber allmählich durchgeführt... Wir brauchen keine Angst vor Blockade zu haben. Der Osten liefert uns Getriede, Vieh, Kohle, Blei, Zink. Es ist ein großes Ziel, das viel Einsatz erfordert. Ich habe nur Angst, daß mir noch im letzten Moment irgendein Schweinehund einen Vermittlungsplan vorlegt. Die politische Zielsetzung geht weiter. Anfang zur Zerstörung der Vormachtstellung Rußlands ist gemacht. Weg für den Soldaten ist frei, nachdem ich die politischen Vorbereitungen getroffen habe..." (Hitler am 22. August 1939 vor den Oberbefehlshabern)

In der ersten Phase des Krieges — bis 1942 — zeigt sich die führungs- und materialmäßige Überlegenheit der deutschen Wehrmacht in „Blitzsiegen" über schwache oder rüstungswirtschaftlich zurückgebliebene Gegner.

1. **Der Polenfeldzug** (Fall „Weiß") beginnt am 1. September 1939 nach planmäßiger Verschärfung der deutsch-polnischen Beziehungen mit dem Einmarsch deutscher Truppen. Am 27. September kapituliert Warschau; am 1. Oktober Ende der Kampfhandlungen. Danzig und das Wartheland werden dem Deutschen Reich angegliedert, Westpolen wird zum Generalgouvernement, Ostpolen und das Baltikum kommen entsprechend dem deutsch-russischen Abkommen unter sowjetische Herrschaft. Kriegszustand mit den Westmächten seit 3. September; Stellungskrieg im Westen.

2. **Der Angriff auf Dänemark und Norwegen** (Unternehmen „Weserübung") wird für Hitler notwendig, um der Besetzung Nordnorwegens durch die Westmächte zuvorzukommen, die im Zusammenhang mit dem finnisch-russischen Winterkrieg (1939/40) Finnland unterstützen und sich in Nordskandinavien festsetzen wollen.
Die Besetzung Dänemarks durch deutsche Truppen (seit 9. April 1940) geht fast kampflos vor sich. In Norwegen kommt es besonders um Narvik zu heftigen Kämpfen, an denen auch englische Streitkräfte beteiligt sind. Am 9. Juni kapituliert Norwegen, König Haakon bildet in London eine Exilregierung. Eine Gruppe norwegischer Nationalisten unter Quisling arbeitet mit der deutschen Besatzungsmacht zusammen.

3. **Der Westfeldzug** (Fall „Gelb"), beginnt am 10. Mai 1940.
In Holland endet nach Einsatz von Luftlandeverbänden der Kampf am 15. Mai; unter Königin Juliane Exilregierung in London. Belgien kapituliert am 28. Mai; König Leopold bleibt im Land, Exilregierung in London. Der Kampf in Frankreich vollzieht sich in zwei großen, von Panzerverbänden getragenen Flankenbewegungen: Durch die eine wird die französische Nordarmee und ein britisches Expeditionskorps umfaßt; den bei Dünkirchen eingeschlossenen Engländern (über 320 000 Mann) gelingt unter Zurücklassung des gesamten Materials der Abtransport nach dem Mutterland. Die zweite Phase bringt den Vorstoß nach Westen und Süden (kampflose Einnahme von Paris) und den Einbruch in die Maginotlinie. Am 11. Juni Kriegseintritt Italiens.

Die unter Marschall Pétain gebildete neue französische Regierung bittet um Waffenstillstand, der am 22. Juni 1940 im Wald von Compiègne abgeschlossen wird.

Bedingungen: Nord- und Westfrankreich werden besetzt; Abrüstung, aber keine Auslieferung der Flotte. Französische Regierung im unbesetzten Teil (Süden und Südosten des Landes) mit der Hauptstadt Vichy. General de Gaulle bildet in London ein Nationalkomitee der freien Franzosen, das von England anerkannt wird und den Widerstand weiterführt. Hitler ist im Besitz der Atlantikküste vom Nordkap bis zu den Pyrenäen. Sein Ansehen steigt durch die schnellen Siege beträchtlich; die Kritiker haben scheinbar unrecht; „Nimbus der Unbesiegbarkeit".

4. Nach einem feierlichen Einzug Hitlers in Berlin Friedensangebot an England; abgelehnt: „Wir werden nicht aufhören zu kämpfen, solange nicht für uns und die anderen die Freiheit gesichert ist." (Außenminister Lord Halifax)

Daraufhin Vorbereitung zu einer Landung in England (Unternehmen „Seelöwe"). Mehrmals verschoben und schließlich aus Potentialgründen abgebrochen (12. Oktober 1940). Auch ein Ersatzunternehmen gegen Gibraltar (Unternehmen „Felix") wird fallengelassen.

5. **Der Kampf in Nordafrika** ist bedingt durch die Kriegsbeteiligung Italiens, durch die Notwendigkeit, dessen Kolonialreich zu verteidigen und durch die Möglichkeit einer Aktion gegen britische Kolonien und Interessengebiete.

Schwere Niederlagen der Italiener in der Cyrenaika führen zur Aufstellung und Entsendung des deutschen Afrikakorps, welches unter General Erwin Rommel am 24. 2. 1941 von Tripolis aus zum Angriff antritt und bis Ende Juni 1942 über Tobruk und Marsa Matruk bis an die Grenze Ägyptens (El Alamein) vordringt.

6. **Der Balkanfeldzug** entspringt nicht direkt den Interessen der Kriegsführung Hitlers. Auch er wird nötig, weil Italien im Oktober 1940 von Albanien aus (das seit April 1939 besetzt ist) einen Feldzug gegen Griechenland beginnt, aber zurückgeworfen wird. Griechische Truppen dringen in Albanien ein. England unterstützt Griechenland: Landung bei Saloniki.

Da gleichzeitig durch einen Militärputsch in Jugoslawien (März 1941) die bisherige, zur Zusammenarbeit mit Deutschland bereite Regierung gestürzt wird, verschiebt Hitler den für den 15. Mai geplanten großen Angriff auf die Sowjetunion und entschließt sich zunächst zum Schlag gegen Griechenland und Jugoslawien (Unternehmen „Marita"). Belgrad kapituliert am 17. April, am 27. April wird Athen eingenommen. Bis Anfang Juni werden auch die von Fallschirmjägern geführten Kämpfe auf Kreta (gegen Engländer) siegreich beendet.

7. **Der Krieg gegen Rußland.** Hinter dem deutsch-russischen Bündnis von 1939 stehen von Anfang an auf beiden Seiten Mißtrauen und Argwohn. Interessenkollisionen gibt es vor allem in Rumänien (Erdöl) und in der Türkei. Bei einem Besuch des russischen Außenministers Molotow in

Berlin (13. November 1940) ergibt sich die Unvereinbarkeit der deutschen und der russischen Ziele. Hitler gibt Weisung für den Krieg gegen Rußland (Unternehmen „Barbarossa"). Der Angriff beginnt am 22. Juni 1941 mit 140 deutschen Divisionen, welche unterstützt sind durch rumänische, finnische, slowakische, ungarische und italienische Einheiten.
Damit zwingt Hitler die Westmächte zu einem „widernatürlichen" Bündnis mit der Sowjetunion (13. Juli).
Panzervorstöße mit riesigen Kesselschlachten und großen Gefangenenzahlen bringen die Truppen bis zur Krim, über Kiew in den Dnjeprbogen bis Brjansk, bis Wjasma und bis vor Leningrad. Anfang Dezember stehen die deutschen Verbände vor Moskau. Die Regierung der Sowjetunion übersiedelt nach Kuibyschew.
Der Winter, für den die deutschen Truppen nicht ausreichend ausgerüstet sind, bringt jedoch erste große Schwierigkeiten.
Hitler veranlaßt personelle Umstellungen und übernimmt selbst anstelle des Generals von Brauchitsch den Oberbefehl über das Heer. Stalin sammelt Kräfte zum Gegenstoß. Im Hinterland beginnt der systematisch geführte und von der russischen Heeresleitung gelenkte Partisanenkampf; er bedroht in zunehmendem Maße die deutschen Nachschublinien. Das Jahr 1942 bringt den Vorstoß der Deutschen zum Don (bis Woronesch), die Einnahme der Halbinsel Kertsch, stößt bis zum Kaukasus vor (deutsche Flagge am 28. August auf dem Elbrus) und erreicht nach Überquerung des Donez die Stadt Stalingrad an der Wolga, die im Oktober 1942 zu zwei Dritteln von den Deutschen besetzt ist.
Deutsche Angriffe im Abschnitt Mitte und Nord werden zurückgewiesen, die deutschen Kräfte erlahmen; gleichzeitig beginnt der Gegenangriff der Roten Armee.

8. **Der Krieg im pazifischen Raum**

Die Expansion Japans, das seit 27. September 1940 mit Deutschland und Italien durch den Dreimächtepakt verbunden ist — sein Ziel besteht darin, in Europa und Asien eine neue politische Ordnung zu begründen —, stößt im Fernen Osten schon lange auf die Interessen der Vereinigten Staaten. Durch den chinesisch-japanischen Konflikt erhöht sich das Engagement Amerikas. Verhandlungen zwischen den USA und Japan über amerikanische ultimative Forderungen scheitern.
Am 7. 12. 1941 führen japanische Luft- und Seestreitkräfte einen vernichtenden Überraschungsschlag gegen die US-Flotte von Pearl Harbour (Hawaii): allein 19 Kriegsschiffe (darunter 5 Schlachtschiffe) werden versenkt oder schwerstens beschädigt. Daraufhin am 8. 12. 1941 Kriegserklärung der USA und Großbritanniens an Japan.
Am 11. Dezember 1941 erklärt Hitler und mit ihm Mussolini den Vereinigten Staaten den Krieg.
Das Potential der USA wirkt sich immer stärker auf allen Kriegsschauplätzen aus. Gleichzeitig werden die Unzulänglichkeiten und Schwächen der deutschen Gesamtkriegführung offenbar — trotz aller bedeutenden Einzelleistungen und der großen Opferbereitschaft an der Front und in der Heimat.

b) **Hitlers Herrschaft in Europa**
1. Ende 1942 beherrscht Hitler den größten Teil des Kontinentes:
   - dem Großdeutschen Reich angegliedert sind: Protektorat Böhmen und Mähren, Generalgouvernement;
   - verbündet sind: Italien, Ungarn, Rumänien, Bulgarien, Slowakei, Finnland;
   - besetzt sind: Frankreich, Belgien, Niederlande, Dänemark, Norwegen, Polen, Jugoslawien, Griechenland, Westrußland und die Ukraine;
   - neutral sind nur noch: Spanien, Portugal, die Schweiz, Schweden, Türkei und Irland.

2. Die Tätigkeit deutscher Zivil- und Militärverwaltungen in den besetzten Gebieten wird ergänzt durch den Einsatz von SS- und SD-Dienststellen, denen vor allem der Kampf gegen politische und militärische Widerstandsgruppen übertragen wird.

   Dieser Kampf (in Rußland und auf dem Balkan haben die Partisanenverbände auch operative Bedeutung) nimmt im Laufe des Krieges immer schonungslosere Formen an. Unter den Anschlägen auf Funktionäre, Beamte und Offiziere ist am bekanntesten das Attentat auf den Reichsprotektor Heydrich in Prag im Mai 1942. Solche Aktionen werden durch noch härtere Terrormaßnahmen übertrumpft (Geiselerschießungen, Erschießung von Kommissaren und Luftlandetruppen, Nacht-und-Nebel-Erlaß vom 7. Dezember 1941, nach welchem Verhaftung und Abtransport von Gegnern so zu erfolgen haben, daß die Angehörigen über das Schicksal der Betroffenen völlig im unklaren gelassen werden; Vernichtung der Dörfer Lidice in Böhmen und Oradour-sur-Glane in Frankreich).

   Deutschland trägt auch die Verantwortung dafür, daß die Genfer Konventionen und die Haager Landkriegsordnung im Krieg gegen Rußland nicht beachtet werden.

3. Das Potential der besetzten Gebiete wird rücksichtslos für die deutsche Kriegswirtschaft herangezogen: zwangsweise Arbeitsverpflichtung (Fremdarbeiter) und Abtransport von Maschinen, Industrie- und Eisenbahnanlagen nach Deutschland.

   Die Maßnahmen gegen die Juden werden auf die besetzten Gebiete übertragen. Außerdem wird die Vernichtung der geistigen Führungsschichten unter den Tschechen, Polen u. a. eingeleitet.

4. In Deutschland selbst wirken sich die Belastungen durch den Krieg — zunehmend auch der Luftangriffe — immer stärker aus: Die Industrie ist den wachsenden Anforderungen nicht mehr gewachsen; der Import geht zurück, Mangel an Rohstoffen führt zu Engpässen, die auch durch den Rückgriff auf Ersatzstoffe nicht beseitigt werden können. Die seit Kriegsbeginn kontingentierten Verbrauchsgüter (Lebensmittelkarten, Bezugscheine) werden immer seltener; der nicht kriegswichtige Verkehr wird gedrosselt und reduziert. Mißstände in der Handhabung der Kriegsdienstverpflichtung und bei der Ablieferung von Produkten, Ungerechtigkeiten in der Zuteilung von Lebens- und Genußmitteln, anmaßendes Verhalten

der neuen privilegierten Klasse der höheren Amtswalter der NSDAP greifen um sich. Die straffe Organisation des gesamten Lebens, der Gesinnungsterror und die Machtsteigerung der Staatsorgane (Volksgerichte!) im Zeichen des totalen Krieges ermöglichen aber die Nutzbarmachung der gesamten Volkskraft.

5. Die Vernichtung politischer, weltanschaulicher und rassischer Gegner wird nach Erklärung des totalen Krieges durch Propagandaminister Goebbels (24. 4. 1942, 18. 2. 1943) in großem Umfange möglich. Hitlers Despotie wird schrankenlos. Der Deutsche Reichstag „beschließt" in seiner letzten Sitzung am 26. April 1942 auf Vorschlag H. Görings: „... Es kann keinem Zweifel unterliegen, daß der Führer in der gegenwärtigen Zeit des Krieges ... das von ihm in Anspruch genommene Recht besitzen muß, alles zu tun, was zur Erringung des Sieges dient oder dazu beiträgt. Der Führer muß daher — ohne an bestehende Rechtsvorschriften gebunden zu sein — in seiner Eigenschaft als Führer der Nation, als Oberster Befehlshaber der Wehrmacht, als Regierungschef und oberster Inhaber der vollziehenden Gewalt, als Oberster Gerichtsherr und als Führer der Partei jederzeit in der Lage sein, nötigenfalls jeden Deutschen... mit allen ihm geeignet erscheinenden Mitteln zur Erfüllung seiner Pflichten anzuhalten und bei Verletzung dieser Pflichten nach gewissenhafter Prüfung, ohne Rücksicht auf sogenannte wohlerworbene Rechte mit der ihm gebührenden Sühne zu belegen, ihn im besonderen ohne Einleitung vorgeschriebener Verfahren aus seinem Amt, aus seinem Rang und seiner Stellung zu entfernen..."

Die Zahl der Konzentrationslager wächst auf mehrere hundert (laut Nürnberger Gerichtshof fast 400) mit einer Gesamtbelegung von über einer Million Häftlingen (Zahl der Opfer im ganzen sieben Millionen). Zur Vernichtung der Juden kommt das Euthanasieprogramm mit der „Vernichtung lebensunwerten Lebens" zur „Befreiung der Volksgemeinschaft vom Ballast unheilbar Kranker".

Diese Maßnahmen sind in Verbindung mit dem Terror und dem seelischen Druck die „letzte unmenschliche Steigerung von Ansätzen aus der Vorkriegszeit". (K. D. Erdmann)

c) **Wende, Niedergang und Katastrophe**

1. **Stalingrad und die Wende im Osten**

November 1942 treten starke russische Verbände beiderseits Stalingrad zum Großangriff an. 284 000 Mann — insbesondere die 6. Armee — werden eingeschlossen. Entsatzversuche scheitern; Versorgung aus der Luft nicht möglich; Ausbruch von Hitler verboten. 30 000 Mann können die Stadt noch verlassen. Am 1. Februar 1943 Kapitulation infolge Mangel und Erschöpfung. 90 000 gehen mit General Paulus in russische Gefangenschaft. Im Verlauf des Jahres 1943 weitere russische Angriffe und Zurücknahme der Front, so daß zu Beginn des Jahres 1944 die russische Westgrenze erreicht wird. Trotz steigenden russischen Potentials bleibt in den schweren Rückzugschlachten der Zusammenhang der Front im großen und ganzen gewahrt. Zunehmende Partisanentätigkeit.

2. **Der Seekrieg**

Bis 1942 bedeutende Einzelleistungen der deutschen Flotte. Schwerpunkt des Seekrieges liegt auf dem Kampf gegen die feindlichen Versorgungswege. Höhepunkt der „Tonnageschlacht" 1943/44. Höchste Versenkungsziffer im März 1943: 851 000 BRT. Empfindliche Verluste der Westmächte (bis Kriegsende insgesamt 21 Millionen BRT, größtenteils durch U-Boote versenkt). Wende im U-Boot-Krieg durch Radar und Schiffsneubau, besonders in den USA. Schwere Verluste, die durch Neubauten und technische Neuerungen auf deutscher Seite nicht wettgemacht werden können.

3. **Der Luftkrieg**

Bis 1941 Überlegenheit der deutschen Luftwaffe; die Bombardierung englischer Städte im Rahmen des Unternehmens „Seelöwe" bringt empfindliche Verluste. Trotz umfangreicher Neuproduktion an Flugzeugen übersteigen die Anforderungen an den vielen Fronten die Möglichkeiten. Die Westmächte holen auf. Auch hier wird die Radarabwehr gefährlich. 1940 Übergang zum Bombenangriff auf offene Städte. Lieferung amerikanischer Flugzeuge.

Seit März 1942 erhebliche Steigerung der Luftangriffe mit Brand- und Sprengbomben auf kriegswichtige Ziele, aber auch auf Wohnviertel in deutschen Städten. 1944 werden auf Deutschland 1,2 Millionen Tonnen Bomben abgeworfen. Schwerste Verluste an Menschen; Vernichtung wertvoller Kulturgüter (in Würzburg, Dresden, Nürnberg u. v. a.).

Das Ziel der Terrorangriffe, die Einschüchterung und Demoralisierung der Zivilbevölkerung, wird nicht erreicht. Die Verluste sind jedoch ungeheuer (beim Luftangriff auf Dresden 60 000 Menschen).

Kriegsentscheidend werden die Auswirkungen des Bombenkrieges auf die Kriegsproduktion, die Energieerzeugung und das Transportwesen; besonders kritisch wird die Treibstofflage, was sich auf die Kampfkraft der Luftwaffe entscheidend auswirkt; 1944 besitzen die gegnerischen Flieger die Herrschaft im Luftraum.

Die „Vergeltungswaffen", unbemannte Flugzeuge und Raketengeschosse (V 1 und V 2), eingesetzt seit 1944, haben keine kriegsentscheidende Bedeutung und können den Zusammenbruch nicht aufhalten.

4. **Die Wende in Nordafrika und der Kampf in Italien**

Der Umschwung wird hervorgerufen durch die Landung amerikanischer und britischer Verbände in Marokko und Algerien am 7./8. November 1942; dadurch Zweifrontenkrieg in Nordafrika. Infolge der feindlichen Luftüberlegenheit unzureichender Nachschub. Gleichzeitig britischer Gegenstoß aus Ägypten gegen Rommel. Am 13. Mai 1943 müssen die deutschen und italienischen Truppen kapitulieren; Ende der Kämpfe in Nordafrika. Am 10. Juli Landung der Alliierten in Sizilien, im September in Salerno; zähe Kämpfe, aber allmähliche Zurückdrängung der Front.

Zusammenbruch des faschistischen Italiens im Sommer 1943; Mussolini abgesetzt, tritt zurück, wird verhaftet; eine neue italienische Regierung unter Badoglio schließt Waffenstillstand mit den Alliierten und erklärt Deutschland den Krieg.

Mussolini wird befreit, errichtet eine unbedeutende Gegenregierung, gerät völlig in deutsche Abhängigkeit und wird im April 1945 von kommunistischen Partisanen ermordet.

Deutschland muß die bisher verbündeten Verbände entwaffnen und besetzt Italien. Im Januar 1944 Bildung eines alliierten Brückenkopfes bei Nettuno, schwere Kämpfe um Monte Cassino; am 4. Juni 1944 Einnahme von Rom. Langsamer Rückzug der deutschen Truppen nach Norden bis April 1945.

5. **Der Kampf auf dem Balkan, der Abfall Rumäniens und Bulgariens**

Die russische Offensive erreicht im Juli 1944 die rumänische Grenze. Die auf seiten Deutschlands stehende Regierung Antonescu wird gestürzt, die neuen Machthaber erklären Deutschland den Krieg. Ein Teil der deutschen Truppen wird eingeschlossen und muß kapitulieren.

Bulgarien, das im Krieg gegen Rußland neutral bleibt, wird von russischen Truppen besetzt, eine prosowjetische Regierung schließt Waffenstillstand. In Griechenland ist die Zurücknahme der Front durch Partisanenkämpfe erschwert. Erst später gibt Hitler den Befehl zur Räumung Kretas und des griechischen Festlandes. Der weitere Rückmarsch wird durch die Partisanen Titos in Serbien bedroht, kann aber planmäßig durchgeführt werden, so daß die ungarische Grenze Anfang 1945 erreicht wird.

6. **Die Landung der Alliierten in der Normandie — die zweite Front**

Von der Sowjetunion wird schon seit 1943 zur Entlastung die Errichtung einer zweiten Front gefordert, jedoch der englische Plan einer Landung auf der Balkanhalbinsel strikt abgelehnt.

Nach wirkungsvollen, vorbereitenden Luftangriffen erfolgt die Landung am 6. Juni 1944 unter Einsatz von Fallschirmtruppen, im Schutz starker See- und Luftstreitkräfte durch amerikanische und englische Truppen überraschend in der Normandie. In schweren Kämpfen können die alliierten Brückenköpfe gehalten werden.

Infolge materieller Überlegenheit (absolute Luft- und Seeherrschaft!) wird der Durchbruch bei Avranches (27. Juli 1944) erkämpft. Am 15. Juni erfolgt eine weitere Landung in Südfrankreich. Allgemeine Erhebung der französischen Widerstandskämpfer (Résistance), Rücknahme der Front bis an die deutsche Westgrenze, die im September 1944 erreicht wird. Schon im August wird Paris durch US-Truppen eingenommen. Am 25. August Einzug des Generals de Gaulle in Paris; er wird Chef der neuen Regierung. Eine letzte große deutsche Gegenoffensive (Ardennen-Schlacht) bleibt nach Anfangserfolgen stecken. Im Februar/März 1945 Vorstoß der Briten und Amerikaner zum Rhein.

7. **Das Bombenattentat auf Hitler am 20. Juli 1944** wird unternommen angesichts der Unmöglichkeit, die Fronten zu halten, und im Bestreben, durch einen Waffenstillstand das sinnlos gewordene Blutvergießen zu beenden und die Zerstörung deutschen Gebietes zu verhindern. „... Das Heer war ausgebrannt, die Wehrwirtschaft trat in einen Schrumpfungsprozeß ein, die Treibstofflage drohte die Wehrmacht schließlich zum Stehen zu brin-

gen; außenpolitische Möglichkeiten gab es nicht mehr, solange Hitler selbst noch führte.

Wie man die Dinge auch wendet, von welcher Ebene aus, aus welchem Sektor heraus man auch den Krieg betrachten mag, der Krieg war am 20. Juli verloren. Die Schlußkatastrophe war gewiß — nur über ihr Datum konnte man noch streiten." (P. E. Schramm)

Feldmarschall Rommel, Oberbefehlshaber der Heeresgruppe an der Invasionsfront, richtet am 15. Juli 1944 an Hitler ein „Ultimatum": „... Die Truppe kämpft allerorts heldenmütig, jedoch der ungleiche Kampf neigt dem Ende entgegen. Ich muß Sie bitten, die Folgerungen aus dieser Lage unverzüglich zu ziehen. Ich fühle mich verpflichtet als Oberbefehlshaber der Heeresgruppe dies klar auszusprechen..."

Rommel ist bereit, auch gegen Hitlers Willen den Waffenstillstand zu schließen. Er wird am 17. Juli bei einem Tieffliegerangriff schwer verletzt und nimmt, von Hitler vor die Entscheidung gestellt, entweder verurteilt zu werden oder Selbstmord zu begehen, am 10. Oktober 1944 Gift.

Der Staatsstreich am 20. Juli scheitert. Hitler führt entgegen aller vernünftigen Einsicht den Krieg weiter, der bis Mai 1945 noch riesige Verluste an der Front und in der Heimat kostet.

8. Das Ende

Letzte Verzweiflungsmaßnahmen Hitlers: Gründung des Volkssturmes (Männer zwischen 16 und 60 Jahren) am 18. Oktober 1944; Aufstellung und Einsatz der unzureichend ausgerüsteten Einheiten wird den Gauleitern übertragen; Jahrgang 1929 unter Waffen, Einberufung von Frauen und Mädchen zum Hilfsdienst. Am 15. März 1945 erläßt Hitler den Befehl „Verbrannte Erde": Alle Einrichtungen und Anlagen, die dem Feind nützen könnten, sind zu zerstören. Die Durchführung dieses Befehls wird zum großen Teil verhindert.

Aufstellung der Partisanenorganisation „Werwolf" für den illegalen Kampf hinter den Linien; ohne praktische Auswirkung, aber Ursache der Erbitterung, mit der der Kampf in der Endphase geführt wird.

Die letzten Kriegsmonate: Seit der großen russischen Offensive im Mittelabschnitt Annäherung an die deutsche Ostgrenze, an Oder und Donau. Ende Januar ist das oberschlesische Industriegebiet verloren und Breslau erreicht, am 30. März Danzig in russischen Händen. Gleichzeitig wird Ungarn von der Roten Armee besetzt, die am 13. April auch in Wien einmarschiert. Am 20. April wird Berlin erreicht, am 25. April eingeschlossen. Im Westen überqueren die Amerikaner Anfang März den Rhein, erreichen am 29. März Frankfurt am Main, Mitte April Nürnberg, Ende April München. Am 25. April treffen sich Amerikaner und Russen bei Torgau an der Elbe. Nord- und Süddeutschland sind voneinander getrennt. Hitler verlegt sein Hauptquartier nach Berlin (vorher in Ostpreußen), ernennt Großadmiral Dönitz zu seinem Nachfolger, setzt engste Mitarbeiter (Göring, Himmler) ab und begeht am 30. April mit seiner am Vortag angetrauten Ehefrau Selbstmord. Die Leichen werden verbrannt.

Die Regierung Dönitz leitet die Kapitulationsverhandlungen ein, die in Reims und Karlshorst bei Berlin am 7. und 8. Mai 1945 abgeschlossen werden.

9. **Das Ende des Krieges im Fernen Osten**
   Mitte 1943 starten die Vereinigten Staaten eine Großoffensive im Fernen Osten mit erfolgreichen Landungsunternehmungen. Im Oktober 1944 werden die Philippinen zurückerobert. Anfang 1945 Beginn des Großangriffs auf Japan selbst mit schweren Bombardements durch „Superfestungen".
   Der Abwurf der ersten Atombomben (6. August 1945 auf Hiroschima, 9. August auf Nagasaki), die Kriegserklärung der Sowjetunion an Japan (8. August 1945) und die Unterzeichnung der Kapitulation auf dem amerikanischen Schlachtschiff „Missouri" beenden den Krieg.

10. **Verluste im Zweiten Weltkrieg**
    Die Zahl der Toten und Vermißten in Kampfhandlungen wird mit 16 Millionen angegeben. Davon entfallen:
    6 000 000 auf die Sowjetunion,
    3 500 000 auf das Großdeutsche Reich,
    1 200 000 auf Japan,
    440 000 auf Großbritannien und das Commonwealth,
    410 000 auf Jugoslawien,
    340 000 auf Frankreich,
    330 000 auf Italien,
    320 000 auf Polen,
    300 000 auf die Vereinigten Staaten.
    Die Verluste der Zivilbevölkerung betragen insgesamt 20 bis 30 Millionen, unter ihnen sind 1,5 Millionen Opfer von Luftangriffen (in Deutschland 600 000, in Japan 360 000).
    Die gesamten Kriegskosten werden auf 1500 Milliarden US-Dollar geschätzt.

d) **Der Widerstand gegen Hitler**

1. **Das Widerstandsrecht:** Alle Epochen der Weltgeschichte kennen die sittliche und religiöse Widerstandspflicht und das Recht zur Auflehnung gegen eine rechtswidrig handelnde Staatsobrigkeit um höherer und besserer Werte willen:
   „Man muß Gott mehr gehorchen als den Menschen." (Apostelgesch. 5, 29)
   In der Neuzeit wird das Widerstandsrecht von der Naturrechtslehre der Aufklärung besonders betont und verbindet sich mit den Vorstellungen von den Menschen- und Bürgerrechten. Das Widerstandsrecht ist ein Notrecht und nur das **allerletzte** Mittel zur Bewahrung und Wiederherstellung der Rechtsordnung:
   „Nein, eine Grenze hat Tyrannenmacht.
   Wenn der Gedrückte nirgends Recht kann finden,
   Wenn unerträglich wird die Last — greift er
   Hinauf getrosten Mutes in den Himmel

> Und holt herunter seine ew'gen Rechte,
> Die droben hangen unveräußerlich
> Und unzerbrechlich wie die Sterne selbst. —
> ...
> Der Güter höchstes dürfen wir verteid'gen
> Gegen Gewalt ..."
> (F. Schiller: „Wilhelm Tell", Rütli-Schwur)

2. Der deutsche Widerstand gegen Hitler entwickelt sich unmittelbar nach 1933, in stärkerem Maße während des Zweiten Weltkrieges. In die Reihen des Widerstandes kommen:
   aa) Gegner des Nationalsozialismus aus politischen Gründen. Überzeugungsgegner haben von Anfang an im Staat Hitlers keine Möglichkeit zu legaler Opposition.
   bb) Gegner aus militärischen Gründen, die überzeugt sind, daß der Krieg Hitlers Deutschland in die Katastrophe führt.
   cc) Gegner aus sittlichen und religiösen Gründen angesichts der Verbrechen bei der Verfolgung der Juden, der Vernichtung „lebensunwerten Lebens", der Liquidierung politischer und weltanschaulicher Gegner, angesichts der Maßlosigkeit, der Intoleranz und des Haßterrors.
   Während die **innere Opposition** gegenüber Einzelmaßnahmen des Hitler-Regimes oder gegen den Nationalsozialismus an sich ziemlich verbreitet ist, in Hilfsbereitschaft für Verfolgte, in Verschwiegenheit, in innerer Distanz, im Abhören ausländischer Sender u. ä. zum Ausdruck kommt, aber durch Propaganda, Druck oder die Notwendigkeiten des Krieges, durch Einschüchterung und die Neigung zur Unterwürfigkeit mehr oder weniger leicht wirkungslos gemacht wird, bleibt der **aktive Widerstand** auf einzelne Gruppen und Kreise beschränkt.
   Dem aktiven Widerstand gehören Offiziere und höhere Beamte, Arbeiter und Geistliche, Studenten und Intellektuelle, Diplomaten, Adelige und auch einzelne Nationalsozialisten an.
   Die deutschen Kommunisten, die seit 1933 als Untergrundbewegung organisiert sind („Rote Kapelle") verfolgen letztlich zum größten Teil die Ziele des Bolschewismus und der Sowjetunion.
3. Es kann im totalitären Staat keine oppositionelle „Bewegung" und keine Organisation, sondern nur lose und relativ kleine Kreise von einander innerlich nahestehenden Einzelpersonen geben. Darüber hinaus können schlagkräftige Opposition und wirksamer Widerstand nur aus dem Machtapparat selbst — einschließlich der Wehrmacht — kommen, da durch Sicherheitsdienst und andere Kontrollorgane ein umfangreiches und dichtes Spitzel- und Überwachungsnetz aufgebaut und tätig ist.
   Widerstandsgruppen:
   — führende Persönlichkeiten des Heeres, besonders auch der Abwehr, welche über die Stärke des möglichen Gegners im Bilde sind: Ludwig Beck, Halder, Erwin Rommel, v. Treskow, v. Witzleben, v. Stülpnagel, Canaris u. v. a.
   — Diplomaten: v. Weizsäcker, Popitz, v. d. Schulenburg, v. Dohnanyi, Wirmer, v. Schlabrendorff, v. Harnack.

— Studenten: „Weiße Rose", Professor Huber, Geschwister Scholl.
— Sozialisten: Leber, Leuschner, Reichwein, Mierendorff, Haubach.
— Männer der Kirche: Bonhoeffer, Pater Delp.
— der Kreisauer Kreis: Graf Moltke, v. Stauffenberg, Graf Yorck von Wartenburg, E. Gerstenmaier.
— geistige Führer: Generaloberst L. Beck und Carl Friedrich Goerdeler.

4. Das Ziel des Widerstandes, nachdem Warnungen, Gespräche, Denkschriften usw. erfolglos bleiben und eine sachliche Auseinandersetzung mit Hitler und seinen Anhängern unmöglich ist, die Absetzung Hitlers durch einen Staatsstreich oder seine Beseitigung durch ein Attentat und die Errichtung eines auf Recht und Freiheit aufgebauten deutschen Staates (erster Verfassungsentwurf von Goerdeler: Anfang 1940).

Die Bereitschaft zur Gewaltanwendung ist das Ergebnis schwerer und qualvoller sittlicher Gewissensentscheidungen in der Überzeugung, daß die Regierung Hitler nicht mit Deutschland gleichzusetzen ist. (Die offizielle Propaganda des Staates tut alles, um jeden Gegner Hitlers zu einem Gegner der deutschen Sache zu machen.)

aa) Schon im Spätsommer 1938 wird von hohen Offizieren ein Staatsstreich zur Absetzung Hitlers vorbereitet. Hinter dem Unternehmen steht die Überzeugung, daß Hitlers gewalttätige Außenpolitik und seine Kriegsvorbereitungen Deutschland schließlich nur ins Verderben stürzen können. Die Befriedungspolitik der Westmächte, welche Hitler entgegenkommen, obwohl sie über die Pläne der Opposition informiert sind, durchkreuzt dieses Vorhaben: „Schwarzer Tag des deutschen Widerstandes".

bb) Die erste Phase des Krieges verstärkt die besonders durch den Anschluß Österreichs und des Sudetenlandes begründete optimistische und siegesgewisse Stimmung in Deutschland und entzieht dem Widerstand die für eine Aktion nötige breite Basis. Der Widerstand der Gesinnung lebt weiter; das „Aufbäumen anständiger Menschen gegen den blutigen Terror" findet seinen stärksten Ausdruck in den Aufrufen und Flugblattaktionen der „Weißen Rose" (Prof. Kurt Huber, Geschwister Sofie und Hans Scholl, Christel Probst und andere Studenten der Münchner Universität).

„Wir haben durch unsere Haltung und Hingabe zu zeigen, daß es noch nicht aus ist mit der Freiheit des Menschen. Einmal muß das Menschliche hoch emporgehalten werden, dann wird es eines Tages wieder zum Durchbruch kommen." (Christel Probst)

„Freiheit und Ehre! Zehn Jahre haben Hitler und seine Genossen die beiden herrlichen deutschen Worte bis zum Ekel ausgequetscht, abgedroschen, verdreht, wie es nur Dilettanten vermögen, die die höchsten Werte einer Nation vor die Säue werfen. Was ihnen Freiheit und Ehre gilt, haben sie in zehn Jahren der Zerstörung aller materiellen und geistigen Freiheit, aller sittlichen Substanzen im deutschen Volk genugsam gezeigt... Der deutsche Name bleibt für immer geschändet, wenn nicht die deutsche Jugend endlich aufsteht, rächt und sühnt zugleich, ihre Peiniger zerschmettert und ein neues geistiges Europa aufrichtet. Studen-

tinnen! Studenten! Auf uns sieht das deutsche Volk! Von uns erwartet es, wie 1813 die Brechung des Napoleonischen, so 1943 die Brechung des nationalsozialistischen Terrors aus der Macht des Geistes. Beresina und Stalingrad flammen im Osten auf, die Toten von Stalingrad beschwören uns! ..." (Letztes Flugblatt der „Weißen Rose" vom Februar 1943)
Die Angehörigen der „Weißen Rose" werden entdeckt und am 22. Februar 1943 enthauptet.

Nicht die Aussicht auf sicheren Erfolg, sondern die Gesinnung bestimmen das Handeln dieser jungen Menschen, die gegen „das Riesenfeuer mit bloßen Händen fochten, mit ihrem Glauben, mit ihrem armseligen Vervielfältigungsapparat gegen die Allmacht des Staates." (G. Mann)

cc) Im Verlauf des Krieges, besonders seit der Katastrophe von Stalingrad, wachsen angesichts der Verbrechen des Regimes die Bedenken gegen Hitler und sein Tun — die von Anfang an da sind — ins Unerträgliche. Viele von denen, welche sehen und erfahren, was im Namen Deutschlands geschieht, stoßen zum Widerstand.

Geistiger Mittelpunkt des Widerstandes der Offiziere wird der bisherige Chef des Generalstabes des Heeres, Generaloberst Ludwig Beck.

„...Der Krieg ist militärisch nicht zu gewinnen. Amerika werde die Westmächte unterstützen. Deutschland stehe deshalb der geballten Kraft der Weltwirtschaft gegenüber und müsse daher unterliegen. Anfangserfolge könnten darüber nicht hinwegtäuschen, daß es zu einem Abnutzungskrieg großen Umfanges kommen werde. Nur die Macht mit den größten Reserven werde einen solchen Krieg überstehen. Der Pakt zwischen Hitler und Stalin habe die Lage nicht verbessert, sondern gefährlich verschlechtert. Denn auf Grund dieses Paktes werde sich Rußland von seiner bisherigen Ostrichtung abwenden. Dadurch entstehe für Deutschland die Gefahr einer Zweifrontenbedrohung..." (Schlabrendorff, Äußerungen Becks gegenüber Halder)

Mehrere Anschläge auf Hitler während des Krieges (der erste Anfang November 1939, weitere 4. August 1941, Dezember 1941, 13. März 1943, 21. März 1943, 11. Februar 1944, 9. März 1944, 11. Juli 1944, 20. Juli 1944) scheitern oder gelangen nicht zur Durchführung.

dd) die Lage an den Fronten, die absehbare Niederlage, die Forderung der Feinde nach „bedingungsloser Kapitulation" bringen die Möglichkeit einer Rettung des Vaterlandes zum Schwinden.

Für die Männer des Widerstandes bedeutet der Staatsstreich jedoch die Beendigung des sinnlos gewordenen Krieges und damit die Vermeidung weiterer Zerstörung und Opfer. Vor allem aber sollen die Aktionen des Widerstandes der Welt zeigen, daß Hitler und Deutschland nicht dasselbe sind, daß es das „andere Deutschland" gibt.

„...Das Entscheidende ist nicht, was aus diesem oder jenem persönlich wird, das Entscheidende ist nicht einmal die Folge für das Volk, sondern entscheidend ist die Unerträglichkeit, daß seit Jahr und Tag im Namen des deutschen Volkes Verbrechen auf Verbrechen und Mord auf Mord gehäuft wird, und daß es sittliche Pflicht ist, mit allen verfügbaren Mitteln

diesen im Namen Deutschlands geübten Verbrechen Einhalt zu tun..."
(Ludwig Beck)

In diesem Geist unternimmt Oberst Graf v. Stauffenberg am 20. Juli 1944 das Bombenattentat im Führerhauptquartier. Zufälle, Irrtümer, Mißverständnisse und organisatorische Mängel lassen das Attentat scheitern. Hitler bleibt am Leben. Der Staatsstreich mißlingt, etwa 200 unmittelbar beteiligte Offiziere und andere im Widerstand Tätige werden nach Schauprozessen vor dem Volksgerichtshof auf persönliche Weisung Hitlers grausam hingerichtet, etliche scheiden freiwillig aus dem Leben. Eine Sonderkommission der Gestapo von 400 Beamten soll alle Gegner ermitteln; Tausende werden aufgespürt; Sippenhaft wird über die Angehörigen der Verurteilten verhängt. Der Krieg geht weiter, die folgenden neun Monate kosten in Deutschland mehr Verluste an Menschen und Gütern als der ganze bisherige Krieg.

e) Die Außenpolitik der Alliierten im Zweiten Weltkrieg und die Kapitulation Deutschlands

1. Hitler hat bei Kriegsbeginn 1939 „keinen Kriegsplan, keine strategische Gesamtkonzeption, in der Zweck, Mittel und Ziel des Krieges in ein rechtes Verhältnis zueinander gebracht worden waren. Statt dessen wurden fortlaufend Teilpläne ad hoc entworfen mit dem Ergebnis, daß Hitler immer vermessener unbegrenzte, maßlose Ziele mit klar begrenzten Mitteln verfolgte..." (Jacobsen)

   Im Gegensatz hierzu ist für die Gegner das Ziel klar: Die Niederringung Hitler-Deutschlands.

   Darüber hinaus betreibt die Sowjetunion unter Stalin eine klare Expansionspolitik nach Mitteleuropa hinein. Den Westmächten aber fehlen konkrete Vorstellungen über die Gestaltung Europas und Deutschlands nach der Niederwerfung Hitlers.

2. Die Voraussetzungen für eine Zusammenarbeit zwischen England und den USA auf der einen und der UdSSR auf der anderen Seite sind zunächst sehr gering. In den Vereinigten Staaten gibt es wie immer isolationistisch eingestellte Kreise, die eine Einmischung in europäische Angelegenheiten ablehnen. Und zwischen England und Rußland bestehen nicht bereinigte Spannungen und offene Fragen besonders im Nahen und Mittleren Osten.

   Durch Hitlers Angriff auf Rußland werden jedoch die drei Großmächte zusammengeschweißt. „Würde Hitler in die Hölle einmarschieren, würde ich im Unterhaus sogar über den Teufel eine höfliche Bemerkung machen." (Winston Churchill)

   Abneigung und Haß gegen Hitler-Deutschland führen zur „Rehabilitierung" der Sowjetunion, je mehr über die deutschen Maßnahmen in den besetzten Gebieten bekannt wird. Schließlich wird jede Kritik an Rußland bei den Alliierten nahezu als Hochverrat gewertet. Die Regierungen der Westmächte — besonders Roosevelt — täuschen sich über das Wesen und die Ziele Stalins. Lieferung von Kriegsmaterial und technische Informationen von den USA sind eine erhebliche Hilfe für das bolschewistische Rußland.

3. Am 6. Januar 1941 verkündet Präsident Roosevelt, für den der Weltkrieg auch eine geistige Auseinandersetzung zwischen Demokratie und Totalitarismus ist, die „vier Freiheiten": Territoriale Veränderungen nur auf Grund des Selbstbestimmungsrechtes, freie Bestimmung eines jeden Volkes über seine Regierungsform, freier und gleicher Zugang zu allen Rohstoffen der Erde, dauernder Friede, der ein Leben frei von Furcht und Not gewährleistet.

Das „Leih- und Pachtgesetz" vom 11. März 1941 bildet die Voraussetzungen für Kriegshilfe an die Verbündeten.

In der **Atlantik-Charta** verkünden Roosevelt und Churchill am 11. August 1941 ihre Kriegsziele: Vernichtung der nationalsozialistischen Tyrannei, und verzichten ausdrücklich auf territoriale oder sonstige Vergrößerungen.

Im Washingtonpakt — der Keimzelle der Vereinten Nationen — verpflichten sich 26 im Krieg gegen die Achsenmächte stehende Staaten, keinen Sonderfrieden zu schließen.

4. Im Laufe des Jahres 1942 werden die Beziehungen zwischen den Westmächten und Rußland immer enger.

Die **Casablanca-Konferenz** (14.—26. Januar 1943) schließt mit der Forderung Englands und Amerikas nach „bedingungsloser Kapitulation" Deutschlands.

Mit der Wende des Krieges 1942, der Forderung Rußlands nach Entlastung durch eine zweite Front, taucht die Frage nach dem späteren Schicksal der Völker Ostmitteleuropas und die Notwendigkeit auf, gemeinsame Abmachungen auf höchster Ebene zu treffen. Bei diesen Konferenzen werden die Westmächte von Stalin überspielt, der seinen Willen im großen und ganzen durchsetzt.

Dies geschieht zunächst auf der **Konferenz von Teheran** (November/Dezember 1943), bei der zum erstenmal Roosevelt und Churchill mit Stalin zusammentreffen. Ergebnisse: Die Invasion wird nicht im Ostmittelmeer — wie es Churchill will — sondern in Frankreich festgelegt. Vorläufige Einigung über die „Westverschiebung" Polens, welches den Osten seines Landes an Rußland abtreten (Curzon-Linie) und dafür im Westen durch deutsche Gebiete (Oder-Neiße-Linie) entschädigt werden soll. Eine in London tagende Kommission der drei Großmächte arbeitet die Unterlagen für die spätere Zoneneinteilung Deutschlands aus.

5. Auf einer Konferenz in Dumbarton Oaks (bei Washington) empfehlen England, die Sowjetunion, die Vereinigten Staaten und China am 9. Oktober 1944, den bisherigen Völkerbund durch die „Vereinten Nationen" zu ersetzen. Organisationspläne werden vorbereitet.

Der **Morgenthau-Plan,** der die völlige Zerstückelung des Großdeutschen Reiches, den Abbau der deutschen Industrie und die Rückverwandlung Deutschlands in einen Agrarstaat vorschlägt, wird genehmigt, Roosevelt zieht aber kurz darauf seine Unterschrift wieder zurück (September 1944). Im Oktober 1944 werden in Moskau (zwischen Churchill und Stalin) die polnische Frage besprochen und die Operationszonen auf dem Balkan und in Ostmitteleuropa festgelegt: In Rumänien, Bulgarien und Ungarn soll überwiegend („75 Prozent") sowjetischer, in Griechenland überwiegend britischer und amerikanischer Einfluß gelten; in Jugoslawien wird der Einfluß mit je „50 Prozent" für die westlichen und östlichen Interessen festgelegt.

6. Die **Jalta-Konferenz** (Februar 1945) zwischen Stalin, Roosevelt und Churchill steht ganz im Zeichen des russischen Übergewichtes. Sie koordiniert u. a. die militärischen Operationen in der letzten Phase des Krieges; da man sich über die **Teilung** Deutschlands nicht einigen kann, legt man die Zonen einer **Besetzung** Deutschlands fest. Frankreich soll an der Besetzung und am Kontrollrat beteiligt werden.

7. Die Konferenz von San Franzisko formuliert die Gründungsurkunde für die **Vereinten Nationen** (UNO, UN). Am 26. Juni wird die Charta von 50 Nationen unterzeichnet. Sie tritt am 25. Oktober 1945 in Kraft.
Der Völkerbund tritt am 18. April 1946 zum letzten Male zusammen und beschließt seine Selbstauflösung. Seine Aufgaben gehen an die UNO über.

8. Nach der bedingungslosen Kapitulation Deutschlands und der Verhaftung der Regierung Dönitz übernehmen in der **Berliner Deklaration** vom 5. Juni 1945 die vier Besatzungsmächte die politische Macht in Deutschland, das seine Souveränität verliert; Oberste Behörde ist der Interalliierte Kontrollrat.
Die **Potsdamer Konferenz** (7. Juli bis 2. August 1945) regelt die weitere Behandlung Deutschlands: Demontagen, Reparationen, Bestrafung der Kriegsverbrecher, Entnazifizierung; die deutschen Ostgebiete (ostwärts der Oder-Neiße) werden bis zu einem Friedensvertrag unter polnische, Königsberg und die Nordhälfte Ostpreußens unter russische Verwaltung gestellt.
Der Vertreibung der Deutschen aus Ost- und Südostdeutschland sowie aus Böhmen und Mähren wird gebilligt. Ein Friedensvertrag kommt nicht zustande.

9. Nach langen Vorbereitungen werden am 10. Februar 1947 in Paris Friedensverträge mit Finnland, Italien, Ungarn, Rumänien und Bulgarien geschlossen. Mit Österreich regelt erst der Staatsvertrag mit den vier Großmächten (15. Mai 1955) Unabhängigkeit, Abzug der Besatzungsmächte, Neutralität, Anschlußverbot u. ä.
Für Deutschland, wo die russische Besatzungszone sofort in den sowjetischen Ostblock eingebaut wird, was zum Zusammenschluß der westlichen Besatzungszonen zur Bundesrepublik Deutschland und zu ihrer Integrierung in die freie Welt führt, ersetzen der **Deutschlandvertrag** (Generalvertrag, Bonner Konvention; Regelung der Beziehungen zwischen BRD und den drei Großmächten vom 26. Mai 1952) und die **Pariser Verträge** vom 23. Oktober 1954 zwar nicht de jure, aber de facto einen Friedensvertrag. In Kraft treten die Pariser Verträge am 5. Mai 1955.
Inhalt: Volle Souveränität, Aufhebung des Besatzungsstatutes, Integration in die europäische Gemeinschaft, Mitgliedschaft in NATO und WEU. Truppenvertrag und Finanzvertrag regeln Rechte und Pflichten der ausländischen Streitkräfte auf dem Gebiet der BRD.

f) Zusammenfassung, Urteile, Wertungen
1. Hitler und das deutsche Volk

„... Der ‚Zauber von Hitlers Persönlichkeit', der ‚bezwingende Blick' seiner Augen, die ‚Dämonie' seines Wesens wirkten bei weitem nicht auf alle Menschen, aber es gab reichlich Hysteriker beiderlei Geschlechts, die sich zu einer Vergötterung des Führers verstiegen; es gab die Nutznießer in Partei und Staat, die mit echter oder geheuchelter linientreuer Gesinnung es zu einem Amt oder Ämtchen brachten und sich nun, meist Träger einer Uniform, wichtig dünkten als Förderer des ‚Aufbauwerkes des Führers' und der richtigen Gesinnung im Volke; es gab eine zahlenmäßig schwer zu erfassende Menge von ‚Mitläufern', die sich für die nationalen oder sozialen Ideale des Parteiprogramms ehrlich begeisterten und deshalb bereit waren, über die ‚Schönheitsfehler' hinwegzusehen; es gab sehr viele Deutsche, die sich, angewidert von der Anmaßung, der Unfreiheit, der Lautstärke des ganzen Parteibetriebes, in sich selbst zurückzogen; es gab die unmittelbar an Leib, Leben und Gut Bedrohten, Juden, Demokraten, Sozialisten, und es gab verschiedene Kreise der Widerstandskämpfer, die gewillt waren, alles für den Sturz des Regimes zu opfern. Wäre das Volk in seiner Gesamtheit für Hitler gewesen, wie die nationalsozialistische Propaganda glauben machen wollte und wie es das Ausland größtenteils geglaubt hat, so wären die Konzentrationslager nicht nötig gewesen ... Die These von der Kollektivschuld des deutschen Volkes, gegen die sich die Mehrzahl der Deutschen leidenschaftlich wehrte, und die 1945/46 die Grundlage für das Maß der Deutschland auferlegten Bußen bildete, gab später auch das Ausland im wesentlichen auf, als man erkannte, wie die verlogene Propaganda die Menge getäuscht hatte, wie hart der Terror im Dritten Reich und wie weitgehend trotzdem der Widerstand gegen Hitler gewesen ist.

Weder das Volk noch die Oberste Heeresleitung wollten den Krieg, in den Hitler mit seinem fanatischen Willen und seiner absoluten Machtstellung Deutschland riß. Als daraus nach großen anfänglichen Erfolgen ein Kampf auf Leben und Tod für die Nation entstand und Verbrechen und Terror unvorstellbar anwuchsen, gerieten die zu aktivem Widerstand Bereiten in den immer schwereren Gewissenskonflikt, Hoch- und Landesverrat für die Rettung des Reiches zu begehen und dabei vielleicht die kämpfenden Heere erst recht in eine ausweglose Lage zu bringen. Wohl die Mehrheit der Deutschen an der Front und in der Heimat hielt nicht aus Heroismus oder in festem Glauben an den Endsieg, den viele nicht einmal wünschten, bis zum bitteren Ende durch, sondern in dumpfem Fatalismus. Den Anklagen gegen Deutschland stehen auch Stimmen der Anerkennung gegenüber. Im britischen Unterhaus sagte Churchill 1946 in der Rede über einen Friedensvertrag mit Deutschland: ‚In Deutschland lebte eine Opposition, die quantitativ durch ihre Opfer und eine entnervende internationale Politik immer schwächer wurde, aber zu dem Edelsten und Größten gehört, das in der politischen Geschichte aller Völker je hervorgebracht wurde. Diese Männer kämpften ohne Hilfe von innen und außen, einzig getrieben von der Unruhe ihres Gewissens.

Solange sie lebten, waren sie für uns unerkennbar, da sie sich tarnen mußten. Aber an den Toten ist der Widerstand sichtbar geworden. Diese Toten vermögen nicht alles zu rechtfertigen, was in Deutschland geschah. Aber ihre Taten und Opfer sind das unzerstörbare Fundament eines neuen Aufbaues. Wir hoffen auf die Zeit, in der erst das heroische Kapitel der inneren deutschen Geschichte seine gerechte Würdigung findet." (Bühler)

2. Hitler und der deutsche Militarismus

„... Niemals hat die Armee sich in strengerer Abhängigkeit von der politischen Staatsleitung befunden als unter dem Regime Hitlers. Niemals war organisatorisch die Einheit der Wehrmachtsführung aber auch das Übergewicht des Politikers über die Soldaten so vollkommen gesichert wie unter ihm. Hätte es sich um einen echten Staatsmann gehandelt, so hätte es nie eine so glänzende Möglichkeit gegeben wie unter seiner Leitung, die Gefahren des Militarismus praktisch zu überwinden, geballte Kampfkraft für die Sicherung des europäischen Friedens und eine gesunde Dauerordnung unseres Kontinentes einzusetzen. Statt dessen ist es dahin gekommen, daß der Generalstab vergeblich sich mühte, vor dem Kriege wie während des Krieges, ein Element der Mäßigung (um das Wort Clausewitz' umzukehren) in die Politik hineinzutragen — unter Berufung auf militärtechnische Erwägungen! So wurde das natürliche Verhältnis von Politikern und Militärs geradezu auf den Kopf gestellt. Niemals ist die Militarisierung alles Lebens so radikal durchgeführt, niemals vorher ein so einseitiger Macht- und Kampfwille geschichtlich wirksam geworden wie durch diesen extremsten aller Militaristen. Wohin das führt, ist der Welt noch nie so schauerlich demonstriert worden wie durch seinen Erfolg — und durch seinen Sturz." (Gerhard Ritter)

3. Der deutsche Soldat im Zweiten Weltkrieg

„... Daß die führenden Soldaten, vor allem die Oberbefehlshaber, durch Hitlers Führungsmethoden mehr und mehr in Gewissenskonflikte gerieten, war, so wie die Dinge lagen, unvermeidlich. Auf der einen Seite war es ihre Pflicht, aus Verantwortung für ihre Aufgabe und ihre Truppe, ihrer besseren Einsicht Geltung zu verschaffen, auf der anderen Seite stand die ebenso unbestreitbare Verpflichtung, die Befehle des obersten Kriegsherrn zu befolgen ...

Die Kritik an Hitlers militärischer Führung darf freilich nicht zu der irrigen Meinung verleiten, daß eine im Sinne der Soldaten ihrer operativen Aufgabe gewachsene Oberste Führung den Verlust des russischen Feldzuges oder gar des Krieges hätte verhindern können. Die militärische Niederlage war die zwangsläufige Auswirkung politischer Fehlkalkulationen, in deren Gefolge die bewaffnete Macht wiederum vor Aufgaben riesigen Ausmaßes gestellt wurde, die mit den verfügbaren Mitteln, so groß und schlagkräftig sie auch gewesen sind, auf dem Schlachtfeld nicht zu lösen waren. Wie stets war es die große Politik und die daraus resultierende Mächtekonstellation, die den Verlauf des weltweiten Krieges entscheidend bestimmt haben ...

Trotz einer menschliches Vorstellungsvermögen übersteigenden physischen und psychischen Belastung hat die Truppe bis zum makabren Ende ihren Mann gestanden. Sie hat in den offensiven Phasen des Feldzuges mit bewundernswertem Elan großräumigen Operationen zum Erfolg verholfen und in der Defensive den übermächtigen, zielbewußten und tapferen Gegner immer von neuem zu größten Anstrengungen gezwungen, die ihm teuer zu stehen kamen. Ruft man sich die Leistungen von Führung und Truppe ins Gedächtnis zurück, ihre Standfestigkeit, ... ihr unerschütterliches Ausharren auf verlorenem Posten, ohne vielfach dessen Sinn begreifen zu können, ihre geistige und körperliche Beweglichkeit, ... und ihre bis zuletzt nie erlahmende Bereitschaft, selbst aktiv zu werden, mag man zu dem Urteil kommen, sie habe das Maß dessen überschritten, was man billigerweise von ihr hätte erwarten können. Daß diese Truppe, ohne es zu ahnen oder gar zu wollen, damit den schon verlorenen Krieg verlängern half, ist die wahrhaft tragische Seite ihrer beispiellosen Hingabe..." (Phillippi-Heim)

4. **Auswirkungen des Widerstandes auf die Kriegführung**

„...Zum Problem der Sabotage ist zu sagen, daß bei den Millionen von Fremdarbeitern, die schließlich in der Wehrwirtschaft beschäftigt wurden, ... die Voraussetzungen für eine Sabotage im größeren Maßstabe denkbar günstig waren. Demgegenüber sei festgestellt, daß — soweit es Sabotage gab — diese niemals einen spürbaren Umfang angenommen hat... Das Argument ‚Sabotage' kann also nicht benutzt werden, um irgendwie den Ausgang des Krieges zu erklären...

Der Verlauf der Fronten hat auf keinem Kriegsschauplatz und zu keiner Zeit des Krieges durch Verrat eine Änderung erfahren. Das gilt im besonderen für die Zeit vor und während des 20. Juli 1944. Es haben zwar Oberbefehlshaber sowie Generale und Stabsoffiziere in Schlüsselstellungen zu den Verschwörern gehört, aber sie haben im Osten und im Westen den militärischen Widerstand gegen den äußeren Feind genauso nachhaltig geführt wie die anderen, die nicht beteiligt waren... Die Verschworenen hatten also genau dasselbe, ganz genau dasselbe Interesse wie Hitler, die Fronten im Osten, im Westen, im Süden und Südosten aufrechtzuerhalten.

Man kann also die Deutung ‚Verrat' genauso wenig heranziehen wie das Wort ‚Sabotage', um den Ablauf des Krieges zu erklären. Der Ablauf des Krieges ist vielmehr in sich selbst so schlüssig, daß sein Ausgang keiner anderen Erklärung mehr bedarf...

In der Mitte des Jahres 1944 war die militärische Lage an allen Fronten so bedrohlich, z. T. so katastrophal, daß der Krieg als endgültig verloren angesehen werden mußte." (P. E. Schramm)

5. **Die Hitlerzeit in der deutschen Geschichte**

„...Hitlers Auffassung gipfelte in den Worten: ‚Wenn der Krieg verloren geht, wird auch das Volk verloren sein. Dieses Schicksal ist unabwendbar. Es ist nicht notwendig, auf die Grundlagen, die das Volk zu

einem primitiven Weiterleben braucht, Rücksicht zu nehmen. Im Gegenteil ist es besser, selbst diese Dinge zu zerstören, denn das Volk hätte sich als das schwächere erwiesen und dem stärkeren Ostvolk gehöre dann ausschließlich die Zukunft. Was nach dem Kampf übrigbleibt, sind ohnehin nur die Minderwertigen, denn die Guten sind gefallen!'
Diese erschütternden Äußerungen fielen mehrmals. Ich habe sie auch zu hören bekommen und Hitler darauf erwidert, daß das deutsche Volk leben bleiben würde und nach den unveränderlichen Gesetzen der Natur auch leben bliebe, selbst wenn die Zerstörungen durchgeführt würden, daß er aber dem gepeinigten Volk neue, vermeidbare Leiden zufüge, wenn er seine Absichten durchführe. Trotz allem erging am 19. März 1945 der Zerstörungsbefehl..." (Guderian)

„... Furchtbar ist in der Tat die geschichtliche Bilanz eines zwölfjährigen Wirkens nationalsozialistischer Führung und Herrschaft. Nicht nur ganz Deutschland und halb Europa lagen in Trümmern, sondern das Erbe Bismarcks, die Einheit des Reiches, wurde vertan, das Werk der preußischen Könige vernichtet, ja, eine vielhundertjährige geschichtliche Entwicklung, nämlich die deutsche Kolonisation im Osten, rückgängig gemacht, die Soldaten der Sowjetunion stehen an der Elbe, und Europa sieht sich damit der größten Bedrohung seiner Geschichte ausgesetzt. Der deutsche Name wurde mit den größten Verbrechen der Menschheitsgeschichte belastet und in ungeheuerlicher Weise geschändet. Und das alles unter unvorstellbaren Leiden, Opfern und Verwüstungen, nicht nur materieller und physischer Natur, sondern auch seelischer und geistiger Art. Das Dritte Reich ist kein tausendjähriges Reich geworden, aber die zwölf Jahre seines Bestehens haben genügt, die geschichtliche Arbeit von tausend Jahren zu verschleudern." (W. Hofer)

VII. Die Nachkriegszeit
Deutschland, Europa und die Welt 1945—1964

Der Zweite Weltkrieg endet mit dem diplomatischen Übergewicht Sowjetrußlands (Stalin), welches systematisch den Aufbau des Satellitenraumes in Mitteleuropa vorbereitet und eine weltweite Politik der Infiltration und Subversion betreibt, während die Westmächte noch außerstande oder nicht gewillt sind, den russischen Bestrebungen entschlossen ein ihren Vorstellungen entsprechendes konstruktives politisches Konzept entgegenzusetzen. Sie müssen erst eine Phase der Enttäuschung und Ernüchterung durchmachen.

„Die Irrtümer, die man im Zweiten Weltkrieg in der Behandlung der Russen beging, entspringen nicht nur den übertriebenen militärischen Befürchtungen oder liberalen Illusionen über die Natur der sowjetischen Gesellschaft. Beträchtliches Gewicht muß man auch der offenbaren Unfähigkeit ... beimessen, ein realistisches Bild des Gegners im Krieg zu bewahren und im Auge zu behalten..." (George F. Kennan).

Mit der bedingungslosen Kapitulation Deutschlands und Japans endet der Zweite Weltkrieg insoweit, als er ein Krieg zur Niederringung der totalitären Diktaturen ist; die Auseinandersetzung geht weiter, weil der Weltbolschewismus darüber hinaus aggressive Ziele verfolgt.

1. Das Erbe des Zweiten Weltkrieges und der Beginn des „kalten Krieges"

a) Deutschland

1. **Deutschland unter Besatzungsrecht.** Entsprechend der Forderung von Casablanca (bedingungslose Kapitulation) und den Beschlüssen von Teheran, Jalta und Potsdam wird Deutschland in vier Besatzungszonen aufgeteilt; bei der Grenzziehung kommen die Westmächte den Russen weit entgegen. Die deutschen Ostgebiete jenseits Oder und Neiße erhalten bis zum Friedensschluß polnische Verwaltung.
Die Forderung Stalins nach Viermächtekontrolle im Ruhrgebiet und Beteiligung an Demontagen und Reparationen stoßen auf den Widerstand der Westmächte. Frankreich wendet sich gegen jede Form einer deutschen Einheit, die besonders von Rußland angestrebt wird, welches die Möglichkeit nutzen möchte, das ganze, von Zerstörung, Not und Elend (Evakuierte, Heimatvertriebene, Bombengeschädigte) heimgesuchte Deutschland zu einer Beute des Bolschewismus zu machen.
Die Arbeit des Kontrollrates ist von Anfang an schwerstens beeinträchtigt durch das absolute Vetorecht, das von der Sowjetunion zur Verhinderung jeder konstruktiven Politik benutzt wird.

2. **Wirtschaftliche Lage.** Festsetzung der Reparationen auf 20 Milliarden Dollar, von denen 50 Prozent die Sowjetunion erhalten soll. Die Westmächte werden zu erheblichen Investitionen in ihren Zonen gezwungen, um die drückende Not unter der deutschen Bevölkerung zu beseitigen. Die Kontroversen über Demontagen und Industriebeschränkung gehen zwischen den Besatzungsmächten weiter, ohne daß man zu einer Einigung gelangt.
Tiefpunkt der Entwicklung 1947: strenger Winter, Brennstoffmangel, schwerste Not, Hungerrationen, Schwarzhandel, „Zigarettenwährung". Gleichzeitig erhebliche private, öffentliche und kirchliche Initiative zur Linderung des Elends in Deutschland: von Amerika: Care-Aktion, Hoover-Spende; in England wirkt Victor Gollancz.
1948 läuft die Marshallplanhilfe an, am 21. Juni 1948 findet die Währungsreform statt: Eine gesunde Relation zwischen Geldmenge und Warenangebot sichert die Kaufkraft der Deutschen Mark.

3. **Entnazifizierung und Nürnberger Prozesse.** Der Kontrollrat beschließt entsprechend den Richtlinien von Jalta und Potsdam die Entmilitarisierung und Entnazifizierung Deutschlands (20. September 1945). Schon am 8. August 1945 Bildung des Internationalen Militärtribunals (IMT); es führt vom 20. November 1945 bis 30. September 1946 in Nürnberg als ersten den Prozeß gegen 24 als „Hauptkriegsverbrecher" angeklagte führende Männer des Hitler-Staates wegen Verbrechen gegen den Frieden, Kriegs-

verbrechen und Verbrechen gegen die Menschlichkeit. 14 Todesurteile, 7 Freiheitsstrafen, 3 Freisprüche. Gleichzeitig werden das Korps der politischen Leiter der NSDAP, die Gestapo, der SD und die SS zu verbrecherischen Organisationen erklärt. Die NSDAP wird verboten, ihre Gliederungen aufgelöst; durch eine umfangreiche Entnazifizierung wird die Überprüfung aller Deutschen angeordnet: Einstufung in eine der fünf vom Kontrollrat festgelegten Gruppen (Hauptschuldige, Belastete, Minderbelastete, Mitläufer, Unbelastete) und Verhängung entsprechender Sühnemaßnahmen.

Verschiedene Handhabung in den Besatzungszonen; Schwanken zwischen Milde und Strenge; unvorhergesehener Papierkrieg; grundsätzliche Probleme: Kollektivschuld, Verantwortlichkeit in der totalitären Diktatur. Die Aktion führt zu Verärgerung und Unbehagen; 1955 wird in der Bundesrepublik die Entnazifizierung für abgeschlossen erklärt, ihre Härten und Fehlurteile im großen und ganzen beseitigt; in der SBZ wird die Entnazifizierung zur grundsätzlichen Umgestaltung der Gesellschaft benutzt.

Völkerrechtlich hat die Verfolgung der Verbrechen aus der Hitlerzeit Bedeutung als Ansatz zur Schaffung eines internationalen Strafgesetzes.

„Völkerrechtliche Verbrechen werden von Menschen begangen, nicht von abstrakten Einheiten, und nur durch Bestrafung der Einzelmenschen, die solche Verbrechen begehen, kann den Bestimmungen des Völkerrechtes zum Durchbruch verholfen werden" (aus dem Nürnberger Urteil).

Die von den Besatzungsmächten festgelegten Verjährungsfristen für NS-Gewaltverbrechen laufen 1965 ab. Die Auseinandersetzungen in der BRD über die Frage der Verjährung und der Verjährungsverlängerung (GG Art. 103) sind aus grundsätzlichen und politischen Gründen heftig. (Es kommt sogar zum Rücktritt des Justizministers Bucher). Sie werden im März 1965 beendet: ohne die Verjährungsbestimmungen zu ändern (20 Jahre bei Mord, 15 Jahre bei Totschlag), wird bestimmt, daß für die Verfolgung von Verbrechen, die mit lebenslangem Zuchthaus bedroht sind, die Zeit vom 8. Mai 1945 bis 31. Dezember 1949 außer Ansatz bleibt. Der Bundestag stimmt dieser gesetzlichen Lösung mit großer Mehrheit zu.

4. Neubeginn des politischen Lebens.

Wichtiger als die nicht immer glücklichen Versuche zur politischen Umerziehung des deutschen Volkes durch die Besatzungsmächte sind die aus eigener Initiative wachsenden Bestrebungen zum Aufbau einer freiheitlich-rechtsstaatlichen Ordnung. Die politische Belastung weiter Kreise, der Ausfall der im Krieg gebliebenen oder in Gefangenschaft befindlichen Kriegsgeneration führt zu einem starken Rückgriff auf Vorstellungen und Grundgedanken von Weimar und zu einem Übergewicht der älteren Generation in der politischen Führung.

In den westlichen Besatzungszonen erfolgt die Wiedererweckung des politischen Lebens von unten. 1946 Beginn des föderativen Aufbaues mit Wahlen auf der Gemeinde- und Landkreisebene.

Wichtigste Parteien:
die Christlich-Soziale Union, die Christlich-Demokratische Union, die Sozialdemokratische Partei, die Freie Demokratische Partei. Unter ihnen stellt die CDU/CSU insofern etwas Neues dar, als sie zum erstenmal im politischen Bereich den konfessionellen Zwiespalt in Deutschland überwindet.

Deutsche Länder entstehen (z. T. Neubildungen) entsprechend den Besatzungszonen:
In der amerikanischen Zone: Bayern (das die Rheinpfalz verliert), Hessen und Württemberg-Baden; auch Bremen gehört zur US-Zone. In der britischen Zone: Nordrhein-Westfalen, Niedersachsen, Schleswig-Holstein und die Freie Stadt Hamburg; in der französischen Zone: Rheinland-Pfalz, Baden (Südbaden) und Württemberg-Hohenzollern.

Der preußische Staat wird durch Kontrollratsgesetz vom 25. Februar 1947 aufgelöst. Nur Hamburg und Bremen bleiben von den alten Kleinstaaten übrig. 1946 und 1947 lebt politische Aktivität auch auf der Landesebene wieder auf: Wahlen zu den Landtagen (erste freie Wahl in Deutschland seit 13 Jahren am 21. Januar 1946 in der US-Zone) und Einberufung Verfassunggebender Nationalversammlungen.

5. **Die Vertreibung der Deutschen aus den Ostgebieten.**

In den Konferenzen von Teheran und Jalta wird im Zusammenhang mit der Festlegung der polnischen Grenzen und den Beschlüssen über die Wiederherstellung der Tschechoslowakei die Zwangsaussiedlung der deutschen Bevölkerung aus den Gebieten ostwärts der Oder und Neiße und aus Böhmen und Mähren beschlossen. Mit dem Zusammenbruch beginnen im Zeichen eines fanatischen Deutschenhasses in Ostdeutschland und im Sudetengebiet ungeregelte Massenaustreibungen, die von grausamsten Ausschreitungen begleitet sind. Die Potsdamer Konferenz beschließt die Aussiedlung der Deutschen aus dem europäischen Osten in „geordneter und humaner Weise". Organisierte Transporte werden 1946 und 1947 durchgeführt. Gesamtzahl der deutschen Heimatvertriebenen: etwa 13 Millionen, darunter 4 Millionen Schlesier, 3 Millionen Sudetendeutsche, 2 Millionen Ostpreußen, 1,7 Millionen Pommern; Opfer der Vertreibung: 2,5 Millionen Tote.

Etwa 9 Millionen der Vertriebenen kommen in die Westzone, 4 Millionen in die SBZ, wo sie offiziell als „Umsiedler" bezeichnet werden.

Vertriebenengesetze der Länder und ein Bundesvertriebenengesetz von 1953 sowie das Lastenausgleichsgesetz von 1952 bilden die Grundlage für Gleichberechtigung, Eingliederung und teilweise Entschädigung.

Die Charta der Heimatvertriebenen (5. August 1950) bekennt sich zum Recht auf die Heimat als einem der Grundrechte der Menschheit, erklärt die Bereitschaft zur Teilnahme am Wiederaufbau Deutschlands und Europas und verzichtet auf Rache und Vergeltung.

Die Heimatvertreibung ist die letzte Konsequenz des grenzenlosen Nationalismus und des Völkerhasses; sie widerlegt den Nationalstaatsgedanken. Im bolschewistischen Konzept sollen Not und Elend der Vertriebenen die seelischen Belastungen im Nachkriegsdeutschland vergrößern und eine weitere Voraussetzung für revolutionäre Bewegungen bilden.

Mit der Heimatvertreibung und der Vernichtung des Deutschtums in Ost- und Ostmitteleuropa endet eine tausendjährige Epoche deutsch-slawischer Beziehungen im christlichen Abendland.

In einer Deklaration zum 10. Jahrestag der Charta der Vertriebenen erneuern die deutschen Heimatvertriebenen im August 1960 das Bekenntnis zu den Grundrechten und zur Wiederherstellung der Einheit Deutschlands und zum Frieden. Bundespräsident Lübke erklärt in diesem Zusammenhang:

„... So erfordert es der Geist der Charta, den wir beschwören, daß wir heute nicht nur unseren festen Willen erklären, mit den Völkern an den östlichen Grenzen Deutschlands in friedlichen Verhandlungen zu einem Verhältnis guter Nachbarschaft zu kommen. Der Geist der Charta erfordert genauso unser Bekenntnis zur Freiheit und zur festen Verbundenheit mit den freien Völkern der Welt..."

Die Vertreibung der Deutschen (im kommunistischen Machtbereich als „Umsiedlung" oder „Abschub" bezeichnet) belastet für lange Zeit das Verhältnis der BRD zu den Ostnachbarn, besonders zu Polen (Oder-Neiße-Linie) und zur Tschechoslowakei (Gültigkeit des Münchner Abkommens von 1938). Während die „DDR" die Oder-Neiße-Grenze grundsätzlich anerkennt und im Juni 1950 in der „Prager Erklärung" ausdrücklich betont, daß die Umsiedlung der Sudetendeutschen unabänderlich, gerecht und endgültig sei, nimmt der Deutsche Bundestag am 14. Juli 1950 mit allen Stimmen gegen die der Kommunisten eine Entschließung an, welche sich gegen die Preisgabe der deutschen Gebiete östlich der Oder-Neiße-Linie und gegen die „Prager Erklärung" wendet. Er erhebt Einspruch gegen die Preisgabe des Heimatrechtes, auch der „in die Obhut der Deutschen Bundesrepublik gegebenen Deutschen aus der Tschechoslowakei".

b) **Europa**

Österreich, das seit 1938 zum Großdeutschen Reich gehört, wird 1945 als souveräne Republik wiederhergestellt und kommt unter Viermächtekontrolle (vier Zonen, die Hauptstadt Wien in vier Sektoren geteilt); die ersten Wahlen bringen das Gleichgewicht der beiden großen demokratischen Parteien, der Österreichischen Volkspartei (ÖVP) und der Sozialistischen Partei (SPÖ), während die Kommunisten trotz der sowjetischen Besatzungsmacht nicht einmal 3 Prozent der Mandate erringen können. Die wirtschaftliche Lage ist sehr gespannt; Hilfe durch Marshallplan. Nach dem Tode des Bundespräsidenten Renner wird Theodor Körner Nachfolger (1951 bis 1957). Ihm folgt A. Schärf bis 1965 und diesem Franz Jonas, der 1971 wiedergewählt wird.

Durch den Staatsvertrag vom Mai 1955 wird Österreich unabhängig, es verpflichtet sich zu politischer Neutralität und entsagt der politischen **und** wirtschaftlichen Vereinigung mit Deutschland; die Besatzungstruppen ziehen ab. Ende 1955 Aufnahme in die UNO, 1956 Beitritt zum Europarat, 1959 zur EFTA.

Bis 1966 wird Österreich von einer großen Koalition von ÖVP und SPÖ regiert. 1966—1970 ist die ÖVP allein Regierungspartei (Bundeskanzler Klaus). Nach dem Wahlsieg vom 1. 3. 1970 übernimmt die SPÖ als stärkste Partei (48,4 %) die Regierungsverantwortung (Minderheitskabinett Kreisky). Außenpolitisch wird die Nachbarschaft zu Italien seit 1956 durch die Südtirolfrage belastet. Diese wird akut durch die Zusammenlegung der Provinzen Bozen und Trient zu einer Region mit italienischer Mehrheit und durch die Nichteinlösung der Autonomiezusage an die Deutschen in Südtirol. Terroranschläge, von denen sich Österreich mit Nachdruck distanziert, und harte Polizeimaßnahmen verschärfen die Spannung, die Aufforderung der Vereinten Nationen zur Einigung in zweiseitigen Verhandlungen bleibt erfolglos.

Großbritannien: Die jahrelange Regierung der Konservativen wird — während der Potsdamer Konferenz — nach einem Wahlsieg der Arbeiterpartei durch die Regierung Attlee ersetzt (1945 bis 1951). Durchführung eines umfangreichen Sozialisierungs- und Verstaatlichungsprogrammes (Bank von England, Kohlenbergbau, Eisenbahn verstaatlicht), 1951 Wahlsieg der Konservativen (Regierung Churchill, Eden, seit 1957 MacMillan); Reprivatisierung; Ende der Wirtschaftskrise.
1952 stirbt König Georg VI., Nachfolgerin ist Elizabeth II.
Die Auflösung des Weltreiches geht weiter.
Mit Dänemark, Norwegen, Schweden, Österreich, Portugal und der Schweiz 1959 Zusammenschluß zur Europäischen Freihandelszone (EFTA). Annäherung an die Europäische Wirtschaftsgemeinschaft (EWG).
Großbritannien ist auch Mitglied der UNO, NATO, SEATO, CENTO, WEU, OECD. Selbständige Weltpolitik kann Großbritannien nicht mehr betreiben, es tritt aber mehrfach als Vermittler auf. Rückentwicklung zum Inselstaat.
Frankreich: Seit 1944 ist General de Gaulle Regierungschef der Vierten Republik. Neue Verfassung nach dem Vorbild von 1789. Starke Labilität, häufiger Regierungswechsel. Beitritt zu UNO und NATO. Beteiligung an der europäischen Einigung, besonders unter Robert Schuman. Trotz Scheitern der EVG (1954) Mitarbeit in europäischen Gemeinschaften. Abbau des Kolonialreiches, besonders in Indochina: Vietnam, Laos, Kambodscha werden 1949 selbständige Staaten, der Kampf geht bis 1954 weiter und endet mit der völligen Unabhängigkeit im Rahmen der Französischen Union. Vietnam wird geteilt: Der Norden steht unter kommunistischem Einfluß.
Marokko wird 1956 unabhängig; seit 1955 ist die Algerienfrage aktuell: erbitterte Kämpfe zwischen algerischen Aufständischen und französischen Truppen. Erhebung französischer Offiziere und Zivilisten (ultranationale Organisation: OAS) gegen die Pariser Regierung. Aufruf zur nationalen Erhebung aller Franzosen; 28. Mai 1958 Ende der Vierten Republik. De Gaulle wird erneut Ministerpräsident. Im Herbst neue Verfassung mit starker Stellung des Präsidenten: Fünfte Republik.
1962 endet der Algerienkrieg: Waffenstillstand von Evian. Selbständigkeit Algeriens, de Gaulle erhält die Zustimmung des französischen Volkes. Vorgehen gegen den Terror der OAS.
Nach mehrfachen gegenseitigen Staatsbesuchen 1962 Beilegung des jahrhundertealten deutsch-französischen Konfliktes. Vertrag über umfassende

Zusammenarbeit von Adenauer und de Gaulle in Paris unterzeichnet (22. Januar 1963).

In der Außenpolitik setzt de Gaulle die Integration Europas nicht fort, sondern vertritt die Lösung durch eine politische, wirtschaftliche, kulturelle usw. Union souveräner Staaten: Erneuerung des Nationalstaatsgedankens.

Belgien (seit 1951 König Baudouin), **Niederlande** (seit 1948 Königin Juliana) und **Luxemburg** schließen sich 1956 zu einer Zollunion — **Benelux** — zusammen und beteiligen sich an den Bestrebungen zur europäischen Einigung. Für die Niederlande bedeutet die Unabhängigkeitserklärung der Indonesischen Republik (1948) das Ende der Kolonialpolitik. 1960 löst sich in Zentralafrika die belgische Kolonie Kongo vom Mutterland und wird selbständig, stürzt aber in heftige bürgerkriegähnliche Auseinandersetzungen, die das Eingreifen der UNO notwendig machen.

In Holland heiratet 1966 die Thronfolgerin Prinzessin Beatrix den Deutschen Claus von Amsberg.

Italien steht von 1940 bis 1943 auf deutscher Seite im Krieg. Nach dem Zusammenbruch des Faschismus und nach Abdankung Viktor Emanuels III. und Umbertos II. (1946) wird die Republik proklamiert. Im Frieden von Paris (1946) erhält Italien die Grenzen von 1938, verzichtet auf seine Kolonien und erkennt die Souveränität Albaniens und Abessiniens an. Triest und sein Hinterland sind bis 1954 Freistaaten und werden zwischen Jugoslawien und Italien geteilt, Triest bleibt Freihafen. Ungelöst ist die Südtirolfrage, die die Ursache für Spannungen mit Österreich wird.

Italien ist besonders unter Ministerpräsident Alcide de Gasperi (1881—1954) am Zusammenschluß Europas beteiligt und wird Mitglied der WEU, der NATO und der EWG.

Wirtschaftskrise und Parteienzersplitterung belasten die Innenpolitik und führen zum Anwachsen der Kommunisten. (Führer Togliatti, gest. 1964.) Geringe Stabilisierung seit 1965: durch ein Programm zur wirtschaftlichen Entwicklung.

Spanien ist seit 1947 unter Staatschef Franco formell Königreich. Die Folgen des Bürgerkrieges wirken sich trotz der Neutralität im Zweiten Weltkrieg weiterhin aus. In die Vereinten Nationen wird Spanien erst 1955 aufgenommen. 1956 erhält Marokko die Souveränität. Soziale Gegensätze und politische Spannungen bestehen weiter und belasten das innere Gefüge des autoritären, zentralistischen Staates mit beträchtlichen sozialen und politischen Ungerechtigkeiten. Der NATO gehört Spanien zwar nicht an, vor allem mit den USA bestehen jedoch Stützpunktverträge. Mit Großbritannien kommt es zu Unstimmigkeiten wegen Gibraltar. 1967 spricht sich bei einem Volksentscheid die überwältigende Mehrheit der Bevölkerung für das weitere Verbleiben im britischen Staatsverband aus.

Griechenland: Im Kampf gegen die deutsche Besatzungsmacht stehen sich während des Krieges kommunistische und antikommunistisch-nationale Partisanen gegenüber; nach dem Krieg entsteht daraus ein Bürgerkrieg, in welchem erst 1950 die von England und den USA unterstützten Regierungstruppen über die von der Sowjetunion und anderen Ostblockstaaten geförderten

Kommunisten die Oberhand gewinnen. Wiederherstellung der Monarchie (seit 1947 Paul I.).
Beitritt zur NATO; bis 1959 Kampf um die Unabhängigkeit Zyperns. Griechenland ist assoziiertes Mitglied der EWG.
Paul I. regiert von 1947—1964; Nachfolger ist sein Sohn Konstantin II. Trotz einer starken liberalen Mittelpartei (Zentrumsunion, Führer Papandreou) ist die demokratische Ordnung von rechts und links bedroht.
Im April 1967 übernimmt die Armee die Macht im Staat. Nach einem gescheiterten Putsch zur Wiederherstellung der Demokratie flieht König Konstantin ins Ausland und wird seitdem durch einen Regenten vertreten.

Jugoslawien — seit dem Regierungsverzicht Peters II. unter Führung des Kommunisten Tito (= Josip Broz) eine föderative Volksrepublik — bildet eine eigenständige kommunistische Ideologie („Titoismus") heraus, gerät daher in Spannung mit der Sowjetunion (Ausschluß der KP Jugoslawiens aus dem Kominform), wird von den Westmächten anerkannt und betreibt die Politik einer bedingten Neutralität.
Im Innern Ausbau des Kommunismus: Sozialisierung, Vorgehen gegen die christlichen Kirchen (Verhaftung von Kardinal Stepinac), Einparteienherrschaft usw. Wirtschaftlicher Aufschwung durch Auslandshilfen.
1954 Balkanpakt zwischen Jugoslawien, Griechenland und der Türkei. Trotz der wirtschaftlichen Hinneigung zum Westen seit 1956/57 engere Kontakte mit den Ostblockstaaten, Anerkennung der „DDR" und seit 1961/62 auch wieder Annäherung an die Sowjetunion. Eine neue Verfassung vom April 1963 bestätigt Jugoslawiens eigenen Weg zum Sozialismus.
Die Aufnahme diplomatischer Beziehungen zur Sowjetzone hat zur Folge, daß die BRD im Sinne der „Hallstein-Doktrin" ihre Beziehungen zu Jugoslawien abbricht.
Die für die Politik der BRD lange Zeit maßgebende Hallstein-Doktrin geht davon aus, daß die Bundesregierung die einzig legitime Vertretung des deutschen Volkes ist; sie fordert die Nichtanerkennung der „DDR" und den Verzicht auf diplomatische Beziehungen mit der SBZ. Zu einer Annäherung zwischen Jugoslawien und der BRD kommt es erst wieder nach 10 Jahren. Im Februar 1968 wird in Belgrad wieder eine Botschaft der Bundesrepublik Deutschland errichtet.

Dänemark (1947—1972 Frederik IX.; Nachfolgerin: Margrethe II.), **Norwegen** (bis 1957 Haakon VII., Nachfolger Olav V.) und **Schweden** (bis 1950 Gustav V., Nachfolger Gustav VI. Adolf) sind seit 1953 im Nordischen Rat verbunden (dazu kommen Island und 1955 Finnland).
Dänemark ist Mitbegründer des Europarates und seit 1949 Mitglied der NATO. Auch Norwegen ist Mitglied der NATO; Schweden ist neutral, seit 1956 im Sicherheitsrat der UNO.

c) Amerika und der Ferne Osten

1. Die Vereinigten Staaten

Dem demokratischen Präsidenten Roosevelt (gest. 12. April 1945) folgt der Demokrat Truman (1945—1953). Nach der Kapitulation Deutschlands Ende der Zusammenarbeit zwischen USA und Sowjetunion. Truman versucht in bewußter Abkehr von Isolationismus und Monroe-Doktrin die freie Welt zusammenzuschließen, zu unterstützen und auf militärischem und wirtschaftlichem Gebiet der Expansion des Bolschewismus entgegenzuwirken. Diesem Ziel dienen die Truman-Doktrin vom 12. März 1947: Hilfe für die in ihrer Freiheit bedrohten Völker (Griechenland, Türkei, Westdeutschland) und das Europäische Genesungsprogramm = ERP = Marshallplan.

Ausbau eines weltumspannenden Bündnis- und Sicherheitssystems: Nordatlantikpakt (NATO), Südostasiatischer Sicherheitspakt (SEATO), Zentrale Paktorganisation (CENTO), Pazifikpakt (ANZUS), Organisation der Amerikanischen Staaten (OAS).

Im Koreakrieg (1950—1953) setzen sich die USA für den Südstaat ein, dessen Grenzen nach kommunistischen Angriffen wiederhergestellt werden. Unter Präsident Eisenhower (Republikaner, 1953—1961) Beendigung des Koreakrieges, Festigung der Atlantischen Gemeinschaft, klare Haltung gegenüber der Sowjetunion in der Deutschland- und Berlinfrage; der US-Präsident wird dabei von Außenminister J. F. Dulles unterstützt. Hilfe für Nationalchina, Südkorea und Südvietnam. Schaffung einer atomaren Abschreckungsmacht, Aufbau eines umfangreichen Entwicklungshilfeprogrammes. Wahrung des Friedens, Nichteinmischung beim Aufstand in der SBZ 1953 und beim polnischen und ungarischen Aufstand 1956.

Nachfolger Eisenhowers wird 1961 der Demokrat J. Kennedy. In der Außenpolitik setzt er die bisherige Linie auch in der Deutschland- und Berlinfrage fort. Unterstützung des Atlantischen Bündnisses mit Betonung der amerikanischen Führungsrolle und Ausbau der atomaren Abschreckungswaffe (Polaris-U-Boote); umfassende Weltraumprojekte.

Kennedy wird im November 1963 ermordet. Nachfolger ist der Demokrat L. B. Johnson. 1968 folgt ihm der Republikaner R. M. Nixon (Gegenkandidat ist der Demokrat H. H. Humphrey).

2. **Japan** steht nach der bedingungslosen Kapitulation — ähnlich wie Deutschland — unter Besatzungsrecht. Es verliert seine festländischen Eroberungen, behält aber das Mutterland ungeschmälert. 1947 neue Verfassung nach westlichem Muster mit nur repräsentativer Monarchie. Politische Gleichstellung der Frau. Überbevölkerung (1961 etwa 95 Millionen Einwohner) zwingt zur Industrialisierung und Intensivierung des Außenhandels; großzügige US-Wirtschaftshilfe; Marktwirtschaft. Seit 1960 japanisch-amerikanischer Freundschafts- und Verteidigungspakt mit Bindung Japans an den Westen. Bemühungen um einen Ausgleich mit der Sowjetunion. Seit 1970 laufen Verhandlungen mit den USA wegen Rückgabe der Stützpunkte an Japan (z. B. Okinawa).

3. **China:** Beim Zusammenbruch Japans wird das besetzte chinesische Gebiet frei, die Mandschurei an China zurückgegeben.
Die Nationalregierung in Nanking (Tschiang Kai-schek) kann sich nicht durchsetzen. Mißstände und mangelnder Wille zu echten demokratischen Reformen in Politik und Wirtschaft erleichtern es den Kommunisten, poli-

tisch und militärisch eine Großoffensive durchzuführen, die bis Ende 1949 ganz China unter kommunistische Herrschaft bringt. Die Nationalregierung verläßt das Festland und verlegt die Hauptstadt nach Formosa. Der nationalchinesische Staat kann sich nur mit Hilfe der USA halten. In der UNO beginnt das Ringen um die Anerkennung Rotchinas. Nach 22 Jahren nehmen die Vereinten Nationen im Oktober 1971 mit 76 gegen 35 Stimmen (17 Enthaltungen) die Volksrepublik China auf und schließen gleichzeitig Nationalchina (Taiwan) aus.

Die unter Führung Mao Tse-tungs (Vorsitzender des Politbüros und des ZK der KP) und Tschu En-lais (seit 1949 Ministerpräsident) stehende Volksrepublik führt radikale Reformen durch. Förderung des Schulwesens, der Produktion, besonders der Grundindustrie. Diktatur der kommunistischen Partei nach dem Vorbild Rußlands; aber in der Ideologie Abweichung von der Sowjetunion (Ablehnung der Koexistenztheorie); weitestgehende Kollektivierung (Volkskommunen); Privatbesitz, Familienleben, persönliche Freiheit, Unterschied zwischen geistiger und körperlicher Arbeit u. a. hören auf.

Aggression im Süden gegen Tibet, Flucht des Dalai-Lama 1959, Angriff auf Nordindien 1962.

Ideologische und politische Kontroversen mit der Sowjetunion.

4. Der Koreakonflikt

Korea, das seit 1910 zum japanischen Reich gehört, wird nach dem Zusammenbruch 1945 in zwei Besatzungszonen geteilt; der Norden von der Sowjetunion, der Süden von den USA kontrolliert. Demarkationslinie ist der 38. Breitengrad. Eine Gesamtregierung kommt nicht zustande, es entstehen zwei souveräne Staaten: im Norden eine von der Sowjetunion gestützte Volksrepublik (8 Millionen Einwohner), im Süden die Republik Korea (25 Millionen Einwohner) unter Syngman Rhee. Nach Abzug der Besatzungstruppen (1948/49) kommt es an der Grenze zum Bandenkrieg und schließlich 1950 zur Aggression der von chinesischen kommunistischen Freiwilligen unterstützten Nordkoreaner. Die Vereinten Nationen beschließen mit Mehrheit Hilfe für Südkorea: 16 Nationen unter Führung der USA unterstützen die Maßnahmen gegen die Angreifer. Wechselvolle Kämpfe. Erst 1953 Abschluß eines Waffenstillstandes. Das Land bleibt geteilt in die Republik Korea (Südkorea) und in Koreanische Volksdemokratische Republik (Nordkorea).

2. Die Sowjetunion und die Entstehung des Satellitenraumes

a) Die Sowjetunion seit 1945

Der Zweite Weltkrieg endet für die Sowjetunion mit einer Zunahme ihres politischen Gewichtes. Die Kriegskonferenzen schaffen günstigste Voraussetzungen für diplomatische und militärische Offensiven, die zur planmäßigen Ausweitung des Einflußgebietes, zur Entstehung des Satellitenraumes von der Ostsee bis zur Adria und zur Bolschewisierung dieses Gebietes führen. Die nicht auf Europa beschränkte, sondern weltweite Offensive führt zum kalten

Krieg und beschleunigt den Zusammenschluß der freien Welt. Die kommunistische Herrschaft in Europa wird am Eisernen Vorhang aufgehalten, kann aber dahinter ausgebaut und stabilisiert werden.

Der Wiederaufbau des vom Krieg furchtbar mitgenommenen russischen Landes erfolgt durch den ersten Fünfjahresplan mit starker Betonung der Schwerindustrie unter Vernachlässigung der Konsumgüter. Trotz der herrschenden Not lehnt die Sowjetunion Marshallplanhilfe ab. Aufrüstung — einschließlich Herstellung von Atombomben (1949 offiziell bekanntgegeben).

Nach dem Tode Stalins (5. März 1953) innere Auseinandersetzungen und Machtkämpfe. Malenkow bis 1955 Ministerpräsident; Berija, der langjährige Chef des Sicherheitsdienstes, erschossen. Unter Bulganin (1955—1958) Absage an Personenkult, Beginn der Kritik am Stalinismus. Nach außen Entspannung und Bestreben, den kalten Krieg durch die Politik der **Koexistenz** zu ersetzen. Verstärkung der diplomatischen Kontakte: „Tauwetterperiode", Zustimmung zum österreichischen Staatsvertrag, Besuch Adenauers in Moskau im September 1955, Genfer Konferenz 1955. Das „Tauwetter" ist 1956 mit der brutalen Niederwerfung des ungarischen Aufstandes zu Ende.

Festigung des Machtbereiches durch den Warschauer Pakt (Mai 1955), Gründung des Rates für gegenseitige Wirtschaftshilfe (COMECON) als wirtschaftliches und militärisches Bündnis.

Unter den Außenministern Schepilow und Gromyko (seit 1957) Verstärkung der Aktivität im afro-asiatischen Raum; wirtschaftliche und propagandistische Offensive (östliche Entwicklungshilfe).

Schwerpunkt der Entstalinisierung seit dem XX. Parteitag 1956, Verfolgung der Stalinisten. Zurücktreten der Terrorurteile und Anzeichen einer „Liberalisierung".

Ministerpräsident seit März 1958 (gleichzeitig Generalsekretär der KPdSU) Nikita Sergejewitsch **Chruschtschow.** Parteireform und Verkündung des dritten Parteiprogrammes auf dem XXII. Parteitag 1961. Beginn des Abbaues der Staatsorgane, an deren Stelle Parteiorgane treten. Nach einer vorübergehenden Besserung im Verhältnis zwischen USA und UdSSR (Treffen Chruschtschow und Eisenhower in Camp David im September 1959) erneute Spannungen, die mit dem Druck auf Berlin, der Errichtung der Sperrmauer (13. 8. 1961) und der Kubakrise (Herbst 1962) ihren Höhepunkt erreichen.

Der Siebenjahresplan (1959—1965) soll das wirtschaftliche Potential der Sowjetunion entscheidend vergrößern und zur wirtschaftlichen Überflügelung der kapitalistischen Mächte führen. Jedoch erhebliche Rückstände in der Produktion, Planziele nicht erreicht; Konsumgüterindustrie bleibt zurück.

Die Sowjetunion wird zum Konkurrenten der Vereinigten Staaten in der Erforschung des Weltalls (Sputnik 1, erster künstlicher Erdsatellit, 4. Okt. 1957; Wostok I mit J. Gagarin, erste bemannte Rakete im Weltraum, 12. April 1961) und in der Atomforschung und -rüstung.

Nach Beilegung der Kubakrise (Ende 1962) erneute Ansätze zu einer umfassenden Entspannung: Empfang des Schwiegersohns Chruschtschows durch Papst Johannes XXIII. im März 1963, Ansätze zu einer Überbrückung der ideologischen Gegensätze zwischen Sowjetunion und China im April 1963.

Zustimmung zu einer direkten Telefon- und Fernschreibverbindung zwischen Chruschtschow und Kennedy im April 1963.

Im Innern trotz gewisser Liberalisierungstendenzen — z. B. im Bereich der Kunst — und Beendigung der blutigen Verfolgungen weiter Festigung der Macht der kommunistischen Partei auf der ideologischen Basis des Marxismus-Leninismus.

Überraschender Sturz Chruschtschows im Oktober 1964 durch das ZK der KPdSU. Nachfolger als Parteichef wird Leonid Breschnew, als Regierungschef Alexei Kossygin.

b) Die Bolschewisierung Ostmitteleuropas

1. Bis 1948 werden in Europa fast 500 000 qkm mit über 20 Millionen Menschen der Sowjetunion eingegliedert, und sieben Staaten mit fast 100 Millionen Einwohnern geraten in völlige Abhängigkeit von Rußland.

   Voraussetzungen:
   — die Desintegration Mitteleuropas nach dem Ersten Weltkrieg mit ihren ungelösten wirtschaftlichen und nationalen Spannungen (Bodenreform, Agrarkrisen, Minderheitenproblem);
   — Der Hitler-Stalin-Pakt vom 23. August 1939 mit der Interessenteilung in Ostmitteleuropa; er bedeutet für Stalin territorialen Gewinn und die Möglichkeit eines Krieges zwischen den Kapitalisten — zunächst ohne sowjetische Beteiligung.

   „Es geht offensichtlich einem neuen Krieg entgegen; ein solcher Krieg wird die Ausbreitung des Kommunismus nur vorantreiben können" (Stalin 1934).

   Hitler öffnet dem Bolschewismus die Tür nach Mitteleuropa, indem er Ostpolen, das Baltikum und Südosteuropa preisgibt;
   — seit 1941 — besonders nach 1943 — lassen sich die Westmächte politisch von der Sowjetunion überspielen und täuschen; sie finden sich damit ab, daß die Sowjetunion nach dem Krieg eine führende Rolle in Europa spielen wird. In den Konferenzen von Teheran und Jalta kann Stalin seine Vorstellungen von einem künftigen Mitteleuropa im großen und ganzen durchsetzen.

2. **Baltikum:** Die drei Bauernrepubliken Litauen, Lettland und Estland sind keineswegs anfällig für die bolschewistische Ideologie; Hitlers Verrat an Europa liefert sie jedoch bereits 1939 der Sowjetunion aus. Die Entwicklung geht von „Beistandspakten" und formeller Anerkennung der Souveränität zu Angriffen wegen antikommunistischer Einstellung, zu Ultimaten, führt zum Einmarsch, zur Entsendung von russischen Sonderbeauftragten, zur gelenkten Regierungsneubildung, zur Niederhaltung der Gegner durch Terror und über „freie Wahlen" (Juni 1940) mit Benachteiligung, Fälschung und einer gelenkten Anschlußpropaganda zur „spontanen" Angliederung als Sowjetrepubliken an die Union (August 1940).

   Es folgen Ausschaltung der ehemaligen Führungsschichten, soziologische Umgestaltung und Russifizierung.

Nach der Unterbrechung während des deutsch-russischen Krieges von 1941—1944 wird nach dem Einmarsch der Roten Armee die Bolschewisierung fortgesetzt.

3. **Polen:** Das Schicksal dieses Landes wird nur durch die Haltung der Westmächte möglich, welche trotz des Garantieabkommens das freiheitliche Polen nicht stützen und zulassen, daß die Exilregierung in London (Mikolajczyk, Sikorski) von den Kommunisten überspielt wird.

    Aus dem kommunistischen „Verband polnischer Patrioten" (gegründet 1941) wird das **Lubliner Komitee** (Juli 1944), das Gegenstück zur demokratischen Exilregierung. Die Westverschiebung Polens bedeutet großen Gewinn für die Sowjetunion und eine kaum zu überwindende Belastung für die deutsch-polnischen Beziehungen durch die Oder-Neiße-Linie.

    Vernichtung führender freiheitlicher Kräfte: über 4000 ermordete Offiziere bei Katyn (1943 gefunden); Nichtunterstützung des von demokratischen Patrioten getragenen Warschauer Aufstandes (August bis Oktober 1944), der von der deutschen Besatzungsmacht blutig niedergeschlagen wird; die neue Regierung setzt sich überwiegend aus Kommunisten zusammen. Für die Wahl (19. Januar 1947) wird vor allem der stärkste antikommunistische Gegenspieler, die Bauernpartei Mikolajczyks, durch Überfälle, Verhaftungen, Denunziationen, Lügen, Terror und Schauprozesse ausgeschaltet, so daß der bolschewistische Regierungsblock bei der Wahl als absoluter Sieger hervorgeht. Mikolajczyk muß fliehen.

    Starke Anlehnung an die Sowjetunion (russischer Marschall Rokossowski wird Verteidigungsminister) und extrem stalinistischer Kurs (Verfolgung der Kirche, Enteignung, zentrale Stellung der KP; Verfassung der Volksrepublik Polen vom Juni 1952).

    Seit 1956 wachsende Opposition, besonders bei der Intelligenz, gegen die Parteiführung und ihren stalinistischen Kurs. Daraufhin Kursänderung: Entfernung von Stalinisten, Amnestie. Führend wird eine gemäßigte Gruppe, die eine gegenüber Moskau unabhängige Politik betreibt. Der bisher wegen seiner titoistischen Einstellung ausgeschaltete W. Gomulka übernimmt die Regierung, Kardinal Wyszynski aus der Haft entlassen, Rokossowski kehrt nach Moskau zurück.

    Ergebnis: eine begrenzte Liberalisierung, gewisse Möglichkeiten für Privatinitiative, eine relative „Opposition" im Parlament wird möglich; dadurch hat Polen eine Sonderstellung unter den osteuropäischen Staaten. Beträchtliche Wirtschaftshilfe empfängt es von den Vereinigten Staaten.

    Die Normalisierung der Beziehungen zur Bundesrepublik scheitert zunächst an der polnischen Forderung nach Anerkennung der Oder-Neiße-Grenze.

4. **Tschechoslowakei:** Die von dem ehemaligen Staatspräsidenten Eduard Benesch ins Leben gerufene Exilregierung in London wird von den Westmächten und auch von Moskau anerkannt (Freundschafts- und Beistandspakt vom 23. Dezember 1943).

    Anders als in Polen gibt es keine kommunistische Gegenregierung. Die Zustimmung zur Wiederherstellung der Tschechoslowakei in den alten Grenzen und zur Austreibung der Sudetendeutschen wird schon während des Krieges von Benesch bei den Großmächten erreicht. Mit dem Vorrükken der Roten Armee in die Slowakei übernimmt eine provisorische Regierung die Gewalt und legt im **Kaschauer Programm** (4. April 1945) die Grundlinien der Politik fest. Staatspräsident wird Benesch, Ministerpräsident der moskauhörige Kommunist Gottwald. Die Schlüsselstellung der KP wird gefestigt, die anderen Parteien werden überspielt.

Eine wichtige Basis für die Bolschewisierung ist der verbreitete Deutschenhaß. So kann der allgemeine Aufstand gegen die zusammenbrechende Herrschaft des Nationalsozialismus im Protektorat und im Sudetengau von der „antifaschistischen" auf die bolschewistische Ebene verlagert werden. Träger der Ausschreitungen sind die kommunistischen Nationalausschüsse. Enteignung, Vertreibung und Sozialisierung bereiten die Wahl zur Verfassunggebenden Nationalversammlung (26. Mai 1946) vor, aus der die KP mit 38 Prozent zwar als stärkste Partei hervorgeht, aber mit bürgerlichen Parteien eine Koalitionsregierung bilden muß.

Kampf gegen Faschisten und Kollaborateure, Infiltration, Unterwanderung und Zersetzung nichtkommunistischer Gruppen, planmäßige Personalpolitik u. a. bereiten die endgültige Machtergreifung systematisch vor. Der Plan der Regierung, beim US-Marshallplan mitzuwirken (Juli 1947), wird von Moskau untersagt.

Die starke historische Bindung der Tschechen an den Westen und die Gefahr titoistischer Abweichungen führen zur beschleunigten Eingliederung in den Ostblock, die nach Inszenierung von Zwischenfällen unter Ausnützung der unentschlossenen Haltung des Präsidenten Benesch, nach Rücktritt der bürgerlichen Minister und nach Bestätigung der von Gottwald vorgelegten neuen Ministerliste durch Benesch (25. Februar 1948) vollzogen wird.

Durch die Verfassung vom 9. Mai 1948 wird die Tschechoslowakei eine Volksdemokratie. Benesch tritt erst im Juni 1948 zurück (gest. 3. September 1948). Gottwald (gest. 1953) wird Staatspräsident. Sozialisierung, Kirchenkampf, Reinigung der Partei (1951), neue Verfassung (1960): Umbau des Staates zur kommunistischen Republik (ČSSR) mit enger Anlehnung an die Ideologie des Marxismus-Leninismus; beherrschende Stellung des ZK der KP.

Die neue Tschechoslowakei wird einer der zuverlässigsten Satelliten Moskaus, Mitglied des Warschauer Paktes und als Industriestaat für den kommunistischen Block von großer Bedeutung.

5. **Ungarn:** Das Problem der Bodenreform belastet das soziale Gefüge, die Unkenntnis nichtkommunistischer Politiker erleichtert die Taktik der KP, welche eine sehr wirkungsvolle Aktionseinheit mit den kleinen Landwirten, der agrarrevolutionären Partei und den Sozialdemokraten zustande bringt. Das Gewicht der Roten Armee und die Bedeutung kleinster Kader von Berufsrevolutionären bestimmen die Entwicklung. Führender kommunistischer Politiker: Matyas Rakosi, der durch seine „Salamitaktik" (keine Großaktionen, sondern Teilerfolge; den Gegnern werden viele, im einzelnen scheinbar belanglose Zugeständnisse abgerungen, die in ihrer Gesamtheit zum Ziel führen) seine Gegner überspielt.

Aus einer empfindlichen Niederlage bei der Wahl am 4. November 1945, wo die KP auf eine Einheitsliste verzichten zu können glaubt, werden Konsequenzen gezogen; die Verbindung der Kommunisten mit gemäßigten Sozialisten zu einer „Partei der Werktätigen" (1948), Vorgehen gegen politische und weltanschauliche Gegner, Schauprozesse zur Einschüchterung, Verhaftung des führenden katholischen Kirchenfürsten, Kardinal Mindszenty (Dezember 1948), führen zur Umwandlung Ungarns in eine Volksrepublik nach sowjetischem Muster (neue Verfassung am 20. August 1948).

Lockerung nach dem Tode Stalins, aber zäher Widerstand besonders der Intelligenz und der Schriftsteller gegen die Lähmung des kulturellen und politischen Lebens, der 1956 nach dem Aufstand in Polen zur offenen Empörung führt. Rücktritt Rakosis, Massenkundgebungen der Aufständischen, denen sich auch Teile der Polizei und des Militärs anschließen, Umgestaltung der Regierung durch Aufnahme bürgerlicher Politiker, Bildung einer Koalitionsregierung unter Nagy. Kündigung des Warschauer Paktes, Forderung nach Abzug der russischen Besatzungstruppen.

Brutaler sowjetischer Gegenschlag, Aufstände blutig niedergeworfen; 5000 Tote, 75 000 Verschleppte, 180 000 Flüchtlinge nach Westen. Bolschewistische Reaktion, Verhaftungen, Auflösung von Verbänden, neuerliche Kollektivierung, Vorgehen gegen Kirchen und Klöster. Führender Mann ist **Kadar**.

Die Ungarnfrage wird vor die Vereinten Nationen gebracht, jedoch schleppend und lahm behandelt.

Mit der BRD schließt Ungarn 1963 ein Handelsabkommen. Kadar (seit 1965 nicht mehr Ministerpräsident, sondern nur Erster Parteisekretär der KP) will friedliche Koexistenz mit dem Westen bei gleichzeitiger betonter Anlehnung an die SU (mit Stellungnahme gegen Rotchina) verbinden.

6. **Rumänien:** Nach Beseitigung des mit Hitler-Deutschland zusammenarbeitenden Marschalls Antonescu (**1946 als Kriegsverbrecher erschossen**) kommt es zu einer antideutschen Aktionseinheit zwischen linksliberalen, linkssozialistischen und fortschrittlich-demokratischen Kräften, die an eine gemeinsame Basis mit dem Kommunismus glauben. Eine Einheitsliste erhält bei Wahlen im November 1946 70 Prozent der Stimmen und über 90 Prozent der Mandate.

Die Umgestaltung des Staates im Sinn des Bolschewismus beginnt, die Abdankung des Königs Michael im Dezember 1947 und die Ausrufung der Volksrepublik ist nur noch ein Nachspiel. 1955 wird Rumänien Mitglied des Warschauer Paktes.

Die oberste Staatsgewalt liegt bei einem Staatsrat, der auch die Funktionen des Staatsoberhauptes übernimmt (ähnlich wie in der Tschechoslowakei und der „DDR").

Trotz Mitgliedschaft im Warschauer Pakt und im COMECON wahrt sich Rumänien politisch und wirtschaftlich eine relativ große Selbständigkeit. — Zu Beginn des Jahres 1967 werden diplomatische Beziehungen zwischen Rumänien und der BRD aufgenommen.

7. **Bulgarien:** Vom kommunistisch gelenkten Umsturz am Ende des Krieges (August 1944) zur Gründung einer „Vaterländischen Front", in der unter kommunistischer Regie Bolschewisten mit Nichtbolschewisten scheinbar zusammenarbeiten, und der Wahl mit Einheitsliste (Juli 1945; 90 Prozent der Stimmen für die Vaterländische Front) zur Abschaffung der Monarchie und Proklamierung der Volksrepublik (15. September 1946) geht eine direkte Linie. Systematische Infiltration und Subversion besonders in Armee und Schule, die „Mitarbeit" nichtkommunistischer Parteien und der Verzicht der Westmächte auf den zugesicherten Einfluß sind Voraussetzungen für die kommunistischen Erfolge.

8. **Zusammenfassung und Würdigung**

aa) Die Machtergreifung des Bolschewismus erfolgt (mit Ausnahme Jugoslawiens, wo die Partisanen ein großes kommunistisches Potential darstellen und nicht unerhebliche Teile der Bevölkerung hinter sich haben) **ohne** nennenswerten Rückhalt der bolschewistischen Ideologie im Volk. Zustimmung der Bevölkerung und parlamentarische Mehrheit sind in keinem Land vorhanden. Entscheidend sind vielmehr gutgeschulte und ausgebildete kommunistische Eliten, welche durch Tarnung und Täuschung, unter stärkster Anpassung an die jeweiligen Verhältnisse klug und umsichtig taktieren und sich zur Erreichung wichtiger Zwischenziele der Mitarbeit nichtkommunistischer Gruppen bedienen. Viele Voraussetzungen für die kommunistische Machtergreifung in Ostmitteleuropa werden von Nichtkommunisten geschaffen.

In allen Fällen ist das „Bündnis der Arbeiterklasse", ein Bündnis zwischen „Arbeiter und Intelligenz", ein „antifaschistischer Block", eine „Vaterländische Front" oder eine ähnliche Zusammenfassung, die als Einheitsliste bei der Wahl eine klare Mehrheit im Volk erreicht, eine wichtige Station auf dem Weg zum Ziel.

Gleichzeitig wird der Verhinderung des Zusammenschlusses antibolschewistischer Kräfte, der Zersetzung nichtkommunistischer Macht- und Ordnungsfaktoren und der Entstehung eines Machtvakuums politischer Ahnungslosigkeit, Nachgiebigkeit und Unvorsichtigkeit größte Beachtung geschenkt. Fehlen diese Voraussetzungen, so wird das Ziel einer Bolschewisierung nicht erreicht: Beweise sind Griechenland, Finnland, Türkei, Österreich und die BRD.

bb) Die Sowjetisierung bedeutet in allen Satellitenstaaten (mit Differenzierungen)
— die Übertragung der Ideologie des Marxismus-Leninismus, insbesondere des Welt- und Menschenbildes und des Kampfes gegen das Christentum;
— die Umformung der Sozialstruktur entsprechend den in der Sowjetunion entwickelten Formen;
— die Übernahme sowjetischer Methoden und Vorbilder — bis in Details in Wirtschaft, Recht, Kultur;
— die Nutzbarmachung des Potentials für die Interessen der Sowjetunion.

(Thalheim)

cc) Hand in Hand mit der Machtergreifung der Kommunisten gehen tiefgreifende geistige und soziologische Veränderungen: 36 Millionen Menschen werden durch Deportation, Vertreibung, Zwangsumsiedlung und planmäßige Ausrottung entfernt. Die politisch-geistig-kulturelle Bolschewisierung bedeutet das Ende einer tausendjährigen Entwicklung in Ostmitteleuropa.

c) Die Teilung Deutschlands und die Entwicklung der sowjetisch besetzten Zone (SBZ)

Die Teilung Deutschlands ist das Ergebnis einer von der Sowjetunion konsequent betriebenen Expansionspolitik, wobei das zunächst angestrebte Ziel die Bolschewisierung Deutschlands ist. Die Beschränkung auf die SBZ bedeutet das Zurückgehen auf ein begrenztes Ziel; es wird notwendig
— angesichts der freiheitlich-rechtsstaatlichen Entwicklung in den drei Westzonen im Schutze der Besatzungsmächte;
— angesichts der entschlossenen Haltung der zur Wahrung ihres Besitzstandes bereiten und fähigen freien Welt.

1. Während der Kriegskonferenzen von 1943—1945 stehen **Teilungs-** und **Besatzungs**pläne nebeneinander. Der amerikanische Morgenthau-Plan mit dem Ziel einer Zerstückelung und Entindustrialisierung Deutschlands, Entwürfe Churchills und Stalins über eine Teilung in mehrere souveräne Staaten können zu keiner einheitlichen Konzeption vereinigt werden, so daß die Frage der Aufteilung hinter der Frage der Besatzungszonen zurücktritt.

Von Bedeutung wird das **Londoner Protokoll** vom 12. September 1944, wonach Deutschland in eine Ost-, Nordwest- und Südwestzone (Frankreich erhält seine Besatzungszone erst später zugewiesen) und in ein Sondergebiet Berlin eingeteilt werden soll:

„Deutschland wird innerhalb seiner Grenzen, wie sie am 31. Dezember 1937 bestanden, für Besatzungszwecke in drei Zonen aufgeteilt, von denen je eine einer der drei Mächte zugeteilt wird, und in das Sondergebiet Berlin, das unter eine Besatzungsbehörde der drei Mächte gestellt wird..."

Da Teilungspläne nicht mehr erörtert werden, greifen die Großmächte bei der Kapitulation Deutschlands auf das Londoner Protokoll zurück. Dabei sind die Besatzungsgebiete für die Westmächte eine vorübergehende, organisatorisch-verwaltungstechnische Angelegenheit, während der Osten von Anfang an seine Zone als Herrschaftsgebiet und die Besatzungspolitik als Instrument zur grundlegenden politischen Umwandlung betrachtet.

2. Bei Kriegsende ist die sowjetische Politik gegenüber den Westmächten offensiv und stellt sich auf die Einheit Deutschlands ein: Das verwüstete, chaotische, von Millionen entwurzelter Menschen erfüllte Land scheint reif für eine Revolution. Das Potential an Menschen und Gütern bedeutet eine Bereicherung der sowjetischen Wirtschaft. Die sowjetische Zone ist als

Brückenkopf gedacht, von dem aus das übrige Deutschland gewonnen werden soll. Die russische Politik im Kontrollrat dient diesem Ziel.

Die Westmächte, welche bis Kriegsende den sowjetischen Plänen keine konkreten Vorstellungen über die Neuordnung in Deutschland und Mitteleuropa entgegenstellen und ihre militärisch gewonnenen Positionen (Vormarsch bis vor Prag, Besetzung von Thüringen und Sachsen) politisch nicht ausnutzen, erkennen die wahren russischen Absichten.

„Polen, tief im russischen Gebiet begraben, alle großen Hauptstädte Mitteleuropas — einschließlich Wien und Berlin — in sowjetischer Hand; wir stehen vor einem Ereignis in der Geschichte Europas, für das es keine Parallele gibt. Ein Ereignis, das die Alliierten in ihrem langen und gefahrvollen Kampf nicht vorausgesehen haben..." (Churchill, Mai 1945)

3. Die Sowjetunion geht in ihrer Besatzungszone sogleich zur Politik der Schaffung vollendeter Tatsachen über. Zentrale Befehlsstelle ist die sowjetische Militäradministration (SMA). Die organisatorischen und personellen Voraussetzungen sind von langer Hand geschaffen; Besetzung aller Führungsstellen mit Kräften der KP, Überführung der „Gruppe Ulbricht", der „Gruppe Pieck" und anderer gutgeschulter kommunistischer Kader aus Moskau nach Deutschland. Gründung „demokratischer" Parteien (zur Tarnung und zur Spaltung des bürgerlichen Lagers) und Schaffung eines „antifaschistischen Blocks". Verfolgung aller potentiellen Gegner und entsprechende Handhabung der Entnazifizierung, Durchführung der Bodenreform, Enteignung, Anerkennung der Oder-Neiße-Linie. Mitteldeutschland und sein Potential werden als Beute betrachtet, lange bevor die **Potsdamer Konferenz** (Juli/August 1945) das Programm der Niederhaltung Deutschlands im einzelnen ausarbeitet: Regierungsgewalt liegt beim Kontrollrat, Abrüstung, Entmilitarisierung, Aburteilung der Kriegsverbrecher, Ausschaltung ehemaliger Nationalsozialisten, Zerschlagung der Monopole und Kartelle, Reparationen, Demontagen. Von einer Zerstückelung Deutschlands ist in Potsdam nicht mehr die Rede, aber auch eine Zentralregierung wird nicht vorgesehen, sondern nur „zentrale Verwaltungsabteilungen" für wirtschaftliche Bereiche. Infolge des Widerspruches Frankreichs (provisorische Regierung de Gaulle), das inzwischen Besatzungsmacht geworden ist, kommt es zu keinen zentralen Verwaltungsabteilungen.

Über die Frage der Reparationen und Demontagen (Beteiligung der Sowjetunion an der laufenden Produktion, Viermächtestatus im Ruhrgebiet, Beteiligung an den westdeutschen Demontagen, mit allen Möglichkeiten der Subversion und Infiltration) vergrößert sich der Gegensatz zwischen den Verbündeten des Krieges.

„Ein Schatten ist auf die Erde gefallen, die erst vor kurzem durch den Sieg der Alliierten hell erleuchtet worden ist; niemand weiß, was Sowjetrußland zu tun gedenkt oder was für Grenzen seinen expansionistischen und Bekehrungstendenzen gesetzt sind — wenn ihnen überhaupt Grenzen gesetzt sind... Das ist sicher nicht das befreite Europa, für dessen Aufbau wir gekämpft haben..." (Churchill 1946)

Die Westmächte widersetzen sich eindeutig den bolschewistischen Expansionsbestrebungen und nehmen auch eine Revision ihrer Deutschlandpolitik vor. Rede des US-Außenministers Byrnes am 6. September 1946 in Stuttgart: „... Während wir darauf bestehen werden, daß Deutschland die Grundsätze des Friedens, der gutnachbarlichen Beziehungen und der Menschlichkeit befolgt, wollen wir nicht, daß es der Vasall irgendeiner Macht oder irgendwelcher Mächte wird oder unter einer in- oder ausländischen Diktatur lebt. Das amerikanische Volk hofft, ein friedliches und demokratisches Deutschland zu sehen, das seine Freiheit und Unabhängigkeit erlangt und behält..."

4. Ende 1945 zeigen die Wahlen in Ungarn (4. November) und in Österreich (25. November), wo trotz russischer Besatzungsmacht bei relativ freier Abstimmung die kommunistischen Parteien sehr schlecht abschneiden, die Gefahr freier Wahlen für die sowjetische Politik. Die Aussicht, von der SBZ aus die westlichen Besatzungszonen zu gewinnen, schwindet gegenüber der Möglichkeit, daß freies Denken auf den bolschewistischen Machtbereich übergreift. So wird der feste Einbau der eigenen Zone in den bolschewistischen Machtbereich — das bedeutet aber die Zerreißung Deutschlands — für die russische Politik die einzige Alternative zur nicht mehr möglichen Bolschewisierung ganz Deutschlands.

Aus diesem Grund beginnt eine neue Phase der Besatzungspolitik in der SBZ: Die Zone wird fest in die Hand genommen, und über die bereits getroffenen Maßnahmen (Gründung von etwa 200 sowjetischen AG bis Oktober 1945, Umwandlung der Berliner Universität im sowjetischen Sinn u. a.) hinaus wird vor allem die Gründung einer sozialistischen Einheitspartei forciert, um die Herrschaft des Bolschewismus zu festigen und zu sichern. Der Kontakt und Verkehr zwischen den Menschen der SBZ und den westlichen Zonen wird immer mehr gedrosselt. Der **Eiserne Vorhang** geht nieder. Schon 1946 werden die ersten Entwürfe für eine Separatverfassung des SBZ-Staates angefertigt!

5. Die Gründung einer **Einheitspartei** zwischen Kommunisten und Sozialisten stößt bei den Sozialdemokraten der Westzonen (unter Führung von Kurt Schumacher) auf eindeutige Ablehnung. Daher muß die Fusionierung der sozialistischen Parteien auf den russischen Machtbereich beschränkt werden, wo sich am 20. April 1946 548 Delegierte der Sozialdemokratischen Partei (unter Führung von Otto Grotewohl) und 507 Delegierte der KPD zur Sozialistischen Einheitspartei (SED) zusammenschließen.

6. Weitere Isolierung der SBZ in den folgenden Jahren: Juli 1947 verlassen die Ostzonenvertreter eine gesamtdeutsche Ministerpräsidentenkonferenz in München.

Im Dezember 1947 Einberufung eines deutschen Volkskongresses für Einheit und Frieden durch die SED als scheinbar gesamtdeutsches Vorparlament. Ausbau der DWK (Deutsche Wirtschafts-Kommission) als Zentralverwaltung der SBZ. Scheitern der Moskauer Viererkonferenz

(April 1947), weil die Westmächte weder die „demokratisch-antifaschistische" Ausrichtung Westdeutschlands noch Reparationen aus laufender Produktion noch Viermächtekontrolle im Ruhrgebiet zubilligen können. Als Antwort auf die Besatzungspolitik der Sowjetunion erfolgt der wirtschaftliche Zusammenschluß der Westzonen.

Am 20. März 1948 verlassen die Vertreter der Sowjetunion den Interalliierten Kontrollrat und weigern sich, die schon lange vorgesehene Währungsreform mitzumachen. Nun selbständige **Währungsreform** in den Westzonen (20. Juni 1948), neue Währung: Deutsche Mark, „Kopfquote" von 40 DM zur Reduzierung des Geldumlaufes; Umtausch: 10:1.

Als Gegenzug des Ostens eigene Währungsreform und Verhängung der Blockade über Berlin, nachdem schon seit Februar 1948 die Verbindungswege durch schikanöse Maßnahmen unterbrochen sind.

Die Westmächte errichten die **Luftbrücke,** die als hohe menschliche und technisch-organisatorische Leistung vom 24. Juni 1948 bis 29. Juli 1949 die Bevölkerung der Westsektoren mit allem Notwendigen versorgt und den Versuch, West-Berlin in den Sowjetblock einzubeziehen, scheitern läßt. In etwa 275 000 Flügen werden 2,3 Millionen Tonnen Güter nach Berlin gebracht.

7. Im Westen als Notmaßnahme Zusammenschluß: Im April 1948 entsteht ein Weststaat (Trizone) durch Vereinigung der französischen Besatzungszone mit den beiden anderen. 8.—10. Juli 1948 Konferenz der Ministerpräsidenten in Koblenz; 11.—23. August Verfassungskonvent in Herrenchiemsee und Konstituierung des Parlamentarischen Rates in Bonn, der die Aufgabe hat, eine Verfassung auszuarbeiten. Präsident des Parlamentarischen Rates wird Konrad Adenauer (1876—1967).

In Berlin vollzieht sich die Spaltung der Stadt: Die Stadtverordneten werden in ihrer Arbeit durch kommunistische Demonstranten behindert und verlegen ihre Sitzungen in die Westsektoren (6. September 1948); im Ostsektor wird ein eigener Magistrat einberufen. Wahlen zur Stadtverordnetenversammlung in West-Berlin (5. Dezember 1948) enden mit einem Sieg der SPD. Ernst Reuter wird Oberbürgermeister (gest. 1953), Nachfolger: W. Schreiber (1953—1955), Otto Suhr (1955—1957), Willy Brandt (1957—1966), H. Albertz (1966—1967), Kl. Schütz (seit 1967).

8. Konstituierung der **Bundesrepublik Deutschland** in den Westzonen, wo mit 48 Millionen fast drei Viertel der deutschen Bevölkerung leben. Verkündigung des Grundgesetzes am 23. Mai 1949. Die erste Wahl zum Deutschen Bundestag am 14. August 1949 bringt folgendes Ergebnis:

CDU/CSU	31,0 %	139	Sitze im Bundestag
SPD	29,2 %	131	" " "
FDP	11,9 %	52	" " "
KPD	5,7 %	15	" " "
Bayernpartei	4,2 %	17	" " "
Deutsche Partei	4,0 %	17	" " "
Sonstige	14,0 %	31	" " "

Theodor Heuss (FDP) wird am 12. September 1949 Bundespräsident (1949—1959) (Nachfolger: Heinrich Lübke), Konrad Adenauer am 15. September Bundeskanzler. In der SBZ aus taktischen Motiven erst nach der Gründung der BRD Ausrufung der sogenannten Deutschen Demokratischen Republik („DDR") am 7. Oktober 1949, scheinbar als Reaktion auf einen Schritt des Westens, tatsächlich nur der formelle Abschluß einer Politik, die die Sowjetunion und die SED seit Kriegsende betreiben. Die am 19. März 1949 vom „Deutschen Volksrat" gebilligte Verfassung tritt in Kraft.

9. **Die „DDR" seit 1949:** Wilhelm Pieck wird Staatspräsident, Otto Grotewohl bildet eine provisorische Regierung. Im Görlitzer Abkommen mit Polen (6. Juli 1950) wird die Oder-Neiße-Linie anerkannt. Eine Vereinbarung mit der CSR (Prager Deklaration) erklärt die Vertreibung der Sudetendeutschen für unabänderlich und gerecht (23. Juni 1950). — Protest des Deutschen Bundestages.

Umgestaltung des Hochschulwesens 1951; 1952 Aufstellung der bewaffneten Volkspolizei.

Seit Mai 1952 noch stärkere Abriegelung der Zonengrenze mit Sperrräumen und Umsiedlung. Damit beginnt der Flüchtlingsstrom, der bis Sommer 1961 insgesamt fast 2,5 Millionen Menschen von Mittel- nach Westdeutschland führt. Erschwerung des Reiseverkehrs. Kirchenkampf.

Am 16./17. Juni 1953 Volksaufstände. Ausgangspunkt sind Streiks der Bauarbeiter, die gegen die Heraufsetzung der Arbeitsnormen protestieren. Der offene Aufstand greift von Ostberlin auf die ganze „DDR" über, wird aber von Volkspolizei und sowjetischen Truppen unter Einsatz von Panzern nach Verhängung von Ausnahmezustand, standrechtlichen Erschießungen und Massenverhaftungen blutig niedergeworfen. Die BRD erklärt den 17. Juni zum **Tag der deutschen Einheit.**

Die Sowjetunion verzichtet auf offene Reparationen, überführt die sowjetischen Aktiengesellschaften in deutsche Verwaltung.

Am 25. März 1954 wird das sowjetische Besatzungsregime für beendet erklärt. 1955 tritt die „DDR" dem Warschauer Pakt bei, Militarisierung (Nationale Volksarmee, Kampfgruppen der SED, Gesellschaft für Sport und Technik).

Im Inneren Herrschaft der SED und „Aufbau des Sozialismus". Nach dem Tod des ersten Präsidenten Pieck (1960) Einsetzung eines kollektiven Führungsgremiums: **Staatsrat,** mit 24 Mitgliedern und Walter Ulbricht als Vorsitzenden (am 12. September 1960 auf vier Jahre gewählt); diktatorische Vollmachten des Staatsratsvorsitzenden.

Regierung (Ministerrat) mit einem Ministerpräsidenten an der Spitze: Vorsitzender des Ministerrates. 1949—64 O. Grotewohl, seither W. Stoph. — **Parlament: Volkskammer, gewählt auf Grund einer Einheitsliste.** Die neben der SED bestehenden Parteien LDPD, CDU, NDPD, DBD (Bauern**partei) und die sog. Massenorganisationen:** FDGB, FDJ, Frauenbund und Kulturbund sind mit der SED und unter ihrer Führung in der Nationalen Front zusammengeschlossen und ohne Einfluß.

Seit 1948 Aufstellung der Kasernierten Volkspolizei, die am 18. 1. 1956 zur NVA (Nationale Volksarmee) umgewandelt wird, neben der es auch die Volkspolizei, die Bereitschaftspolizei und die SED-Kampfgruppen als militärisch ausgebildete und ausgerüstete Einheiten gibt.
1960 Zwangskollektivierung auch der landwirtschaftlichen Betriebe. Seit 1962 Koordinierung der Wirtschaftspläne mit denen der Sowjetunion.
Am 13. August 1961 Errichtung der **Mauer** zwischen Ost- und West-Berlin und damit völlige Abschnürung des sowjetischen Machtbereiches von der freien Welt — ohne Rücksicht auf menschliche Bindungen.

Durch ein Passierscheinabkommen zwischen den „DDR"-Behörden und dem Westberliner Senat im Dezember 1963 wird für die Festtage die Möglichkeit geschaffen, daß Westberliner ihre Verwandten in Ostberlin besuchen. 1964 werden die Verhandlungen mit dem Ziel einer dauernden Regelung erneut aufgenommen.

10. Die **Bundesrepublik Deutschland** beansprucht, für ganz Deutschland zu sprechen und sieht freie gesamtdeutsche Wahlen als unabdingbare Voraussetzung für die Wiedervereinigung an.

Die SBZ-Regierung verlangt die Anerkennung als gleichberechtigter Staat und als „Demokratie" sowie ein paritätisch zusammengesetztes Gremium, welches die Bedingungen für gesamtdeutsche Wahlen vorbereiten soll. Am 7./8. April 1954 erklären die Bundesrepublik und die Westmächte ausdrücklich, daß sie die „DDR" nicht als souveränen Staat anerkennen. Bei der Londoner Neunmächtekonferenz (28. September bis 3. Oktober 1954) betont die Bundesrepublik zur Wiedervereinigung:

„Insbesondere verpflichtet sich die Bundesrepublik Deutschland, die Wiedervereinigung Deutschlands oder die Änderung der gegenwärtigen Grenzen der Bundesrepublik Deutschland niemals mit gewalttätigen Mitteln herbeizuführen und alle zwischen der Bundesrepublik und anderen Staaten gegebenenfalls entstehenden Streitfragen mit friedlichen Mitteln zu lösen." (Vgl. Abschn. VII/6!)

3. Europa schließt sich zusammen

a) Der **Europagedanke** wächst
- aus den geographischen und geopolitischen Voraussetzungen;
- aus dem gemeinsamen Geist und den kulturellen Wurzeln von Antike, Christentum und Germanentum (Abendland);
- aus der gemeinsamen geschichtlichen Entwicklung, die auch der Nationalismus des 19. und 20. Jahrhunderts nicht zerstört;
- aus der Erkenntnis der Notwendigkeit einer gemeinsamen Nutzbarmachung des wirtschaftlichen und industriellen Potentials, das in Europa stärkste Konzentration aufweist;
- aus der Erkenntnis, daß die technische Entwicklung mit ihren Kommunikationsmitteln und die globalen Maßstäbe der gegenwärtigen Auseinandersetzung Kleinraumdenken und Eigenbröteleien sinnlos machen.

b) Die **Europabewegung** nach 1945 — begrenzt auf die freien Staaten und Völker diesseits des Eisernen Vorhanges — will keine Restauration; sie erkennt, daß die politische Führungsrolle Europas in der Welt der Geschichte angehört, daß aber ein freies und einiges Europa ein erhebliches geistiges und wirtschaftliches Potential darstellt, das in der weltweiten Auseinandersetzung der Machtblöcke ein großes Eigengewicht besitzt.

Dazu ist jedoch eine seelische, sittliche und gesellschaftliche Erneuerung notwendig, welche auch die Grundlage aller politischen und wirtschaftlichen Zusammenarbeit sein muß.

„Die Wege zur Besinnung und Bekehrung sind zahlreich. Einer dieser Wege mag der sein, daß wir uns über die Zukunft Europas Rechenschaft zu geben versuchen. Der integrale Föderalismus in seiner Dialektik von Verantwortung und Freiheit, Konservativität und Erneuerung, Solidarismus und Vielfältigkeit, Stabilität und Bewegung, Achtung des Großen und Wertschätzung des Kleinen bietet keine fertigen Lösungen, öffnet aber den Weg, auf dem man sie findet. Er verwirft den politischen Messianismus ebenso wie den modischen Relativismus. Er kann sich praktischen Notwendigkeiten anpassen, weil er prinzipiell an einer Anschauung vom Menschen und von der Gesellschaft festhält, die, aus Europa hervorgegangen, berechtigt ist, seine Renaissance zu fordern und imstande, sie zu verwirklichen." (Hendryk Brugmans)

c) Die **Schwierigkeiten,** die sich einer europäischen Union entgegenstellen, liegen zunächst in der Notwendigkeit, daß die Staaten einen Teil ihrer Souveränität in wirtschaftlichen, politischen und militärischen Belangen an die Gemeinschaft abtreten und begrenzte — bisweilen aber empfindliche — Nachteile (für Industrie, Landwirtschaft usw.) in Kauf nehmen müssen.

Offen ist vielfach auch die Frage, ob und wieweit ein gemeinsames europäisches Bewußtsein auf der Verbundenheit mit Heimat, Volk und Vaterland aufbaut oder diese aufhebt und weitgehend überflüssig macht. („Europa als Vaterland" — „Europa der Vaterländer".)

Zur Diskussion steht auch die Entscheidung zwischen großeuropäischen und kleineuropäischen Lösungen, da durch die Einbeziehung Großbritanniens in die europäischen Einigungen (das seinerseits mit dem Commonwealth wirtschaftlich verbunden ist) neue Probleme entstehen, die nur durch echte Kompromisse (d. h. Ausgleich berechtigter Interessen) gelöst werden können.

d) **Vorläufer und Wegbereiter** der europäischen Einigung (des paneuropäischen Gedankens):

— die Heilige Allianz von 1815: ein Bündnis der Herrscher, nicht der Völker;

— die Europagespräche Briands und Stresemanns nach dem Locarno-Vertrag (1925);

— das „Paneuropäische Manifest" des Grafen Coudenhove-Kalergi (1924) und die Paneuropa-Union.

- Von Graf Coudenhove-Kalergi geht 1947 die Initiative zu einem europäischen Parlament aus; Abgeordnete von 12 Ländern schließen sich zur **Europäischen Parlamentarischen Union** zusammen, deren Ziel es ist, alle Maßnahmen zu fördern, die zur Erlangung der Vereinigten Staaten von Europa und zur Einberufung einer Verfassunggebenden Europäischen Versammlung führen.

- Im Oktober 1948 schließen sich die verschiedenen Europaverbände der europäischen Staaten in Brüssel zur **„Europäischen Bewegung"** zusammen; das Ziel dieser überparteilichen Dachorganisation ist die Förderung der Vereinigung Europas durch Beeinflussung der öffentlichen Meinung und durch Vorschläge an die Regierungen. Im Mai 1948 schlägt ein Europäischer Kongreß im Haag, die erste Zusammenkunft der föderalistischen Gruppen und Verbände, praktische Maßnahmen auf politischem, wirtschaftlichem und kulturellem Gebiet vor. 1949 wird ein Europakolleg (in Brügge, 1955 ein weiteres in Hamburg) gegründet als Vorstufe zu einer Europauniversität. Mehrere Europainstitute und Europaschulen sowie Europaseminare der Volkshochschulen wirken für den europäischen Gedanken.
Die Flagge der europäischen Bewegung: ein grünes „E" auf weißem Grund. Die deutsche Sektion der Union Europäischer Föderalisten ist die **Europa-Union** (entstanden aus dem 1947 gegründeten Europabund).
Mitglieder der „Europäischen Bewegung" sind u. a.:
die Internationale Union Christlicher Demokraten,
die Sozialistische Bewegung für die Vereinigten Staaten von Europa,
die Union Europäischer Föderalisten,
die Liga für Weltregierung,
der Bund Europäischer Jugend.

- Der „Weltrat der Kirchen" (die CCIA in einer eigenen europäischen Organisation) und die „Katholische Europaliga" fördern das Zusammenwirken der Christen in Europa.

e) **Die Integration Europas seit 1945** wird von den westeuropäischen Ländern auch angesichts der wirtschaftlichen, politischen und militärischen Bedrohung durch den Osten vorwärtsgetrieben, da die Sowjetunion den Satellitenraum ihrem Machtbereich einverleibt.

Das Fernziel, die Vereinigten Staaten von Europa (deren Bildung mit den Satzungen der UNO übereinstimmt), kann nur über Nahziele, d. h. über politische, wirtschaftliche und militärische Zusammenschlüsse erreicht werden.

1. Im Zusammenhang mit dem von US-Außenminister Marshall im Juni 1947 angeregten europäischen Wiederaufbauprogramm (ERP) wird 1948 in Paris der **Europäische Wirtschaftsrat (OEEC)** gegründet (18 Mitglieder) als Organ zur Abstimmung der wirtschaftlichen Bedürfnisse und zur Verteilung der Marshallplanmittel: Bis Ende 1952 werden etwa 15 Mrd. Dollar verteilt, die Bundesrepublik Deutschland erhält ungefähr 1,4 Mrd.

Die Aufgaben dehnen sich später auf Fragen allgemein wirtschaftlicher Zusammenarbeit aus. In diesem Sinn erfolgt (1961) die Umwandlung der

OEEC zur **Organisation für wirtschaftliche Zusammenarbeit und Entwicklung (OECD)**. Zu den bisherigen Mitgliedern: Bundesrepublik Deutschland, Österreich, Beneluxstaaten, Dänemark, Schweden, Norwegen, Großbritannien, Irland, Frankreich, Schweiz, Italien, Spanien, Portugal, Griechenland, Türkei treten Kanada und die USA.

Die Organisation hat **keine** Exekutivgewalt; ihr Ziel ist wirtschaftliche Zusammenarbeit und Unterstützung der Entwicklungsländer unter den Mitgliedstaaten; ihre Bedeutung liegt in der Kooperation der Industriestaaten des Bundes und der wirtschaftlichen Annäherung von Westeuropa und Amerika.

2. **Der Europarat** (Statut vom 5. Mai 1949) ist ein europäischer Zusammenschluß zu einem nur beratenden (nicht gesetzgebenden!) Organ europäischer Staaten zum Zwecke der politischen und wirtschaftlichen Zusammenarbeit. Sein Sitz ist Straßburg. Mitglieder sind die europäischen Staaten diesseits des Eisernen Vorhanges (außer Portugal, Spanien, Schweiz, Jugoslawien, Finnland) sowie Griechenland und die Türkei. Der Europarat ist nur ein Ersatz, da ihm eigene Initiative nicht möglich ist. Der Ministerrat (die Außenminister der Mitgliedstaaten) ist keine europäische Regierung, und die Beratende Versammlung (Abgeordnete der nationalen Volksvertretungen der Mitgliedstaaten) ist kein europäisches Parlament. Die Flagge: 12 goldene Sterne auf blauem Grund.

3. **Die wirtschaftliche Einigung Europas** beginnt auf einzelnen Wirtschaftsgebieten. Die Initiative hierzu (Vorschlag vom 9. Mai 1950) geht aus vom französischen Außenminister Robert Schuman und gilt der Zusammenfassung und Leitung der Kohle- und Stahlproduktion.

Im April 1951 wird der Vertrag zwischen der BRD, Frankreich, den Beneluxstaaten und Italien unterzeichnet; er tritt am 25. Juli 1952 für 50 Jahre in Kraft. Damit entsteht die „**Europäische Gemeinschaft für Kohle und Stahl**" (= **Montanunion**).

Oberstes Organ ist die Hohe Behörde als Träger der Exekutive (Sitz: Luxemburg), dazu kommen die von Parlamentariern gebildete Gemeinsame Versammlung (Montanparlament), ein Ministerrat, der Gerichtshof und der Beratende Ausschuß.

Die Bedeutung der Vereinigung liegt darin, daß sie die erste supranationale Behörde ist, welche Hoheitsbefugnisse der Mitglieder durch übernationale Organe wahrnimmt.

4. Der Ansatz zu einer „Europäischen Bundesregierung" in der Hohen Behörde der Montanunion gibt Anlaß zu ähnlichen Versuchen auf anderen Gebieten: Der Plan einer **Europäischen Verteidigungsgemeinschaft (EVG)** scheitert; der 1952 zwischen der BRD, Frankreich und den Beneluxstaaten unterzeichnete Vertrag zur Bildung einer übernationalen Streitmacht (Europaarmee) wird von der französischen Kammer nicht gebilligt.

An die Stelle der EVG tritt 1954 die aus dem Brüsseler Pakt entstandene **Westeuropäische Union (WEU)**, ein der NATO eingegliederter Beistandspakt zwischen der Bundesrepublik Deutschland, Frankreich, den Beneluxstaaten, Italien und Großbritannien.

Im Stadium der Vorplanung ist noch die **Europäische Politische Gemeinschaft (EPG).**

Verwirklicht wird schrittweise der wirtschaftliche Zusammenschluß: Analog der Montanunion schließen die sechs Mitglieder den **Vertrag über die gemeinsame Entwicklung der Atomkraft für friedliche Zwecke = Euratom** (in Kraft getreten am 1. 1. 1958).

5. Einen starken Auftrieb erfährt die wirtschaftliche Integration Europas — in Weiterentwicklung der Montanunion — durch die Initiative des ersten Präsidenten der Hohen Behörde, J. Monnet. Die Außenminister der sechs Montanunionstaaten einigen sich auf der Konferenz von Messina (Juni 1955) über die Voraussetzungen und Grundlagen für einen über die bisherige Zusammenarbeit auf wirtschaftlichen Teilgebieten weit hinausgehenden „**Gemeinsamen Markt**" (Abschaffung der Zölle, keine mengenmäßige Beschränkung des wirtschaftlichen Verkehrs usw.).

Am 25. März 1957 wird in Rom der Vertrag zur Gründung der **Europäischen Wirtschaftsgemeinschaft (EWG)** unterzeichnet; nach Ratifizierung durch die sechs Mitgliedstaaten (Gemeinschaft der Sechs) tritt er am 1. Januar 1958 in Kraft.

Die EWG erstreckt sich auf alle Wirtschaftszweige. Die Anpassung der einzelnen Volkswirtschaften mit ihren verschiedenen Voraussetzungen an den Gemeinsamen Markt soll schrittweise erfolgen.

Die Schaffung einer **Europäischen Freihandelszone,** die über die sechs Mitglieder der EWG hinausgeht und eine Gemeinschaft von Ländern darstellt, zwischen denen alle Handelsschranken beseitigt werden, ist vorgesehen. Sitz des Gemeinsamen Marktes ist Brüssel.

Organe der EWG: das Europäische Parlament (gemeinsam für EWG, Euratom und Montanunion) mit 142 Mitgliedern und verschiedenen Ausschüssen, eine neunköpfige unabhängige Kommission, der Rat (Vertretung der Mitgliedstaaten) mit Entscheidungsbefugnis, ein Gerichtshof, ein beratender Wirtschafts- und Sozialausschuß und die Europäische Investitionsbank.

Schwierigkeiten: Nachteile für einzelne Zweige der nationalen Volkswirtschaften durch den Fortfall von Zollmauern verlangen eine langsame, vorsichtige Integration. Nationalstaatliche Interessen stehen dem Einschmelzungsprozeß hemmend entgegen. Großbritannien setzt der EWG zunächst Widerstand entgegen und sammelt in der EFTA = **Europäische Freihandelsvereinigung** weitere sechs Staaten (Schweden, Dänemark, Norwegen, Schweiz, Portugal, Österreich = Gemeinschaft der Sieben). Einige Mitgliedstaaten der EFTA streben den Beitritt zur EWG an, und auch England nähert sich trotz seiner Bindungen an das Commonwealth der EWG.

Schwerer Rückschlag in der europäischen Einigung: Am 29. Januar 1963 scheitern in Brüssel am Widerspruch Frankreichs die Verhandlungen zwischen dem Ministerrat der EWG und Großbritannien über dessen am 9. August 1961 beantragten Beitritt zur EWG.

1967 versucht erneut die Labour-Regierung Wilson die Aufnahme in die EWG zu erreichen. Auch sie scheitert an de Gaulle. Erst Ende 1969 spricht sich der neue französische Staatspräsident Pompidou für den Beitritt Großbritanniens aus. Im November 1971 stimmt das englische Unterhaus mit großer Mehrheit einem Antrag der konservativen Regierung Heath betreffend Beitritt zur EWG zu.

Obwohl die kulturelle und militärische Zusammenarbeit Westeuropas weitere Fortschritte macht, stagniert der politische und wirtschaftliche Zusammenschluß, insbesondere bleibt die Integration der Landwirtschaft weit hinter der der Industrie zurück. Der im November 1963 vom EWG-Vizepräsidenten Mansholt vorgelegte Plan zur Vereinheitlichung der Getreidepreise führt im Laufe des Jahres 1964 zu einer neuerlichen Krise, da die Interessen der billig produzierenden Landwirtschaft Frankreichs und die Interessen der von einer Preissenkung bedrohten Landwirtschaft der Bundesrepublik einander zuwiderlaufen und beide Regierungen unter dem Druck ihrer Bauernverbände stehen. Staatspräsident de Gaulle fordert im Juli 1964 eine rasche Vereinheitlichung des Getreidemarktes und unterstreicht die französische Haltung im Oktober 1964 durch die Drohung, in der EWG nicht mehr mitzuarbeiten, wenn sich der gemeinsame Agrarmarkt nicht bis Ende 1964 organisiert. Gleichzeitig erhebt Frankreich Zweifel an der europäischen Haltung der BRD und wendet sich auch gegen deren Beteiligung an der multilateralen Atommacht der NATO (MLF).

6. Die **militärischen Zusammenschlüsse** Europas und der freien Welt haben zwei Wurzeln:

aa) Sie wachsen aus dem Vertrag von Dünkirchen zwischen England und Frankreich (1947), der durch den Beitritt der Beneluxstaaten am 17. März 1948 zum **Brüsseler Pakt** erweitert wird und zunächst auch gegen ein militärisches Wiedererstarken Deutschlands gerichtet ist.

Der zunehmende Druck der Sowjetunion und die Integration der Bundesrepublik in die freie Welt wandeln den Brüsseler Pakt zur **Westeuropäischen Union = WEU** (1955), der auch Italien und die BRD angehören.

bb) Die Vereinigten Staaten fühlen sich nach dem kommunistischen Umsturz in der Tschechoslowakei (Februar 1948) und der sowjetischen Blockade Berlins (1948/49) über die Wirtschaftshilfe des Marshallplanes hinaus auch für die militärische Sicherheit Europas verantwortlich.

Aus dem Bündnis mit den Staaten des Brüsseler Paktes wird ein kollektiver Sicherheitspakt — **der Nordatlantikvertrag** —, der am 4. April 1949 in Washington von Kanada, Dänemark, Frankreich, England, Island, Italien, den Beneluxstaaten, Norwegen, Portugal und den USA unterzeichnet wird. Griechenland und die Türkei treten dem Pakt 1952 bei, die BRD am 9. Mai 1955.

cc) Das Ziel der **Nordatlantikpakt-Organisation (NATO)** ist — in Übereinstimmung mit der Charta der Vereinten Nationen — rein defensiv.

Die Partner des Vertrages sind entschlossen, „die Freiheit, das gemeinsame Erbe und die Zivilisation ihrer Völker, die auf den Grundsätzen der Demokratie, der Freiheit der Person und der Herrschaft des Rechts beruhen, zu gewährleisten".

Die Mitglieder verpflichten sich zu weitgehender Integration ihrer Streitkräfte unter einheitlichem Oberbefehl. Die Gründung der NATO hat dem Vordringen des Bolschewismus eine Grenze gesetzt.

Oberstes Gremium der NATO ist der Nordatlantikrat in Paris (Vertreter der Regierungen) mit zivilen und militärischen Befugnissen. Im politischen (zivilen) Sektor steht ein Internationales Sekretariat mit dem Generalsekretär an der Spitze. Die militärische Seite hat einen nicht ständigen Militärausschuß (oberste Stabschefs der Mitgliedstaaten), eine Ständige Gruppe und einen Ausschuß der militärischen Vertreter.

Die militärische Führung liegt bei SACLANT (Oberster Alliierter Befehlshaber Atlantik), CHANCOM (Oberbefehlshaber Ärmelkanal) und SACEUR (Oberster Alliierter Befehlshaber Europa) mit SHAPE (Oberstes Hauptquartier der verbündeten Mächte in Europa) in Paris, dem in Europa vier Oberkommandos: Europa-Nord, Europa-Mitte (AFCENT), Europa-Süd und Mittelmeer unterstehen.

Leitspruch: Vigilantia pretium libertatis = Wachsamkeit ist der Preis der Freiheit.

Die militärische Zusammenarbeit erstreckt sich auch auf planmäßigen Gedankenaustausch, gegenseitige Truppenbesuche, Standardisierung des Materials, gemeinsame Ausbildung, insbesondere auch an einer NATO-Verteidigungs-Akademie (1951 errichtet, Kommandeur seit 1961 der deutsche General Graf Baudissin).

Der Plan einer multilateralen NATO-Atom-Abschreckungsstreitmacht (Polaris-Überseeflotte mit national gemischter Besatzung = MLF, d. h. Multilateral Force) wird 1964 besonders von den USA und der BRD vorwärtsgetrieben. Frankreich unter de Gaulle steht diesen Plänen ablehnend gegenüber.

Nach 1965 treten für die USA Bemühungen um einen Vertrag mit der Sowjetunion über die Nichtweitergabe von Atomwaffen in den Vordergrund. Diese Frage der „Nonproliferation" steht seit 1965 im Mittelpunkt der Abrüstungsverhandlungen.

Das NATO-Konzept der massiven Vergeltung wird unter der Regierung Kennedy vor allem vom US-Verteidigungsminister McNamara durch das strategische Konzept der flexiblen Reaktion ersetzt. Dadurch soll die automatische Ausweitung eines lokalen Konfliktes zum Atomkrieg verhindert werden.

7. Weitere europäische Zusammenschlüsse (z. T. im Zusammenhang mit den Vereinten Nationen) sind u. a.:

eine Verkehrsunion (gemeinsamer Güterwagenpool „Europ", TEE-Züge);
eine gemeinsame Konferenz der Verkehrsminister, welche eine Verein-

heitlichung des Kraftwagenverkehrs und ein gemeinsames Straßennetz anstreben;
eine Postunion (Europäische Gemeinschaft für Post- und Fernmeldewesen);
eine europäische Organisation für Kernforschung;
ein europäischer Zollrat;
ein europäischer Gemeindekongreß und eine Bürgermeisterunion;
eine europäische Währungsunion wird angestrebt; der Paßzwang ist größtenteils gefallen, die Zollformalitäten vereinfacht, Freizügigkeit der Arbeitskräfte weitgehend verwirklicht.

f) Der **Ostblock** schließt sich unter sowjetischer Führung zusammen:
1. Politisch und ideologisch sind in Europa Albanien, Bulgarien, die CSR, Polen, Rumänien, Ungarn und die SBZ — bedingt auch Jugoslawien — durch die gemeinsame Verfassung: die Diktatur der kommunistischen Partei und die Ideologie des Marxismus-Leninismus zusammengeschlossen.
2. Wirtschaftlich sind die Ostblockstaaten im **Rat für gegenseitige Wirtschaftshilfe** (COMECON) vereinigt, der im Januar 1949 in Moskau gegründet wird (Mitglieder: Polen, Rumänien, Sowjetunion, CSR und Ungarn; Albanien tritt 1949, die SBZ 1950 bei).
3. Die seit 1945 abgeschlossenen militärischen Einzelverträge zwischen der Sowjetunion und ihren Satelliten werden im Mai 1955 im **Warschauer Vertrag** zusammengefaßt, der alle Mitglieder auf Zusammenarbeit und Beistand verpflichtet und ein gemeinsames Oberkommando in Moskau vorsieht.

4. Das Ende des Kolonialismus und der Eintritt der afro-asiatischen Völker in die Weltpolitik

a) Die Herrschaft der europäischen Nationen über große Teile Asiens und Afrikas gerät z. T. bereits um die Jahrhundertwende in eine Krise. Die Weltkriege (als Bürgerkriege der europäischen Völker), der Abbau der geistig-moralischen Führungskräfte Europas sowie grundsätzliche Bedenken gegen Kolonialherrschaft an sich kommen dem politischen und geistigen Emanzipationsprozeß der Kolonialvölker entgegen.
Die Umwandlung des englischen Empires zum Commonwealth und die Begründung eines partnerschaftlichen Verhältnisses bereiten eine Entwicklung vor, die nach und nach alle Kolonialreiche erfaßt und in mehr oder weniger heftigen Auseinandersetzungen zur Verselbständigung der Völker führt.
Die Epoche der europäischen Fremdherrschaft hat sich den Völkern Asiens und Afrikas sehr stark eingeprägt und läßt Mißtrauen und Abneigung gegen den Westen, Befürchtungen vor einem neuen Imperialismus und Kolonialismus lebendig bleiben, führt zu einer antikolonialistischen Solidarität der farbigen Völker in der ganzen Welt und macht sie oft blind gegenüber der Machtpolitik, der Subversion und der Propaganda nichteuropäischer Völker (besonders der Sowjetunion und Rotchinas).
Damit geraten Emanzipation und Nationalismus der jungen Völker einer-

seits sowie die Fragen der Entwicklungshilfe andererseits in den Spannungsraum des Ost-West-Gegensatzes.

b) **Afrika** erlebt nach dem Zweiten Weltkrieg, in dem es eine wichtige wirtschaftliche und strategische Rolle spielt, eine beträchtliche Steigerung seines Nationalbewußtseins. Seit 1945 kommt es zur Neugründung vieler selbständiger Staaten; die Entwicklung ist meist revolutionär, nicht organisch, so daß in den Entwicklungsländern schwer zu lösende wirtschaftliche, politische und soziale Probleme entstehen.

1. Die **Südafrikanische Union** löst sich völlig vom britischen Mutterland. Mit Ministerpräsident Malan (seit 1948) Beginn einer scharfen **Rassentrennung zwischen Weißen und Farbigen** (Negern und Indern) — „Apartheid". Seit 1953 keine englischen Gouverneure mehr. Treuhandansprüche der UNO werden nicht anerkannt. Seit 1958 Ministerpräsident Verwoerd, 1966 ermordet.

2. **Abessinien** wird 1942 unabhängig und tritt auf die Seite der Alliierten. Eritrea wird 1951 angegliedert.

3. Die **islamischen Völker** Nordafrikas werden besonders heftig vom nationalen Gedanken erfaßt. Frankreich macht 1946 aus seinem Kolonialreich eine Französische Union, muß aber dennoch 1956 die Unabhängigkeit Marokkos und Tunesiens anerkennen.
   In **Algerien** bricht 1954 der Unabhängigkeitskampf (unter Führung der Nationalen Befreiungsfront FLN) erneut aus. Ein von der französischen Nationalversammlung 1958 beschlossenes Statut und die Verhandlungsbereitschaft der Regierung Pflimlin führen zum Aufstand der nationalistischen Franzosen in Algerien (Führer der Rebellen, die ein französisches Algerien anstreben, die Generale Salan und Massu) gegen die Pariser Regierung und zum Sturz der Vierten Republik.
   Die neue, von den nationalistischen Kolonialfranzosen in den Sattel gehobene Regierung de Gaulle enttäuscht jedoch die radikalen Nationalisten; es kommt wiederum zu blutigen Kämpfen, welche auch durch den nach langjährigen Verhandlungen zwischen Frankreich und der algerischen Exilregierung (unter Ben Khedda) abgeschlossenen Waffenstillstand von Evian (18. März 1962) nicht beendet werden, weil die radikale OAS den Kampf gegen ein von Frankreich unabhängiges Algerien mit blutigem Terror weiterführt.
   Im Laufe des Jahres 1962 gelingt es, die meisten Führer der aufständischen Nationalisten zu verhaften und einen Großteil der Algier-Franzosen ins Mutterland zurückzuführen.

4. In **Ägypten** ist seit 1945 die nationalistische Wafd-Partei maßgebend. Schon 1951 wird der erst 1956 ablaufende Vertrag mit England gekündigt. 1952 wird König Faruk abgesetzt und die Republik ausgerufen. Ein Revolutionsrat unter Nagib übernimmt die Führung. Nagib wird gestürzt durch den nationalistischen Oberst Nasser, der einen diktatorischen Staat aufbaut.
   Mit Syrien und Saudi-Arabien wird ein Militärbündnis abgeschlossen, die Zusammenarbeit mit den USA wird eingestellt.

Die Verstaatlichung der Suezkanalgesellschaft (Juli 1956) führt zu einer internationalen Krise. Nasser, seit 1956 auch Staatspräsident, wird zum Vorkämpfer und Wortführer des arabischen Nationalismus. Der ausbrechende Konflikt (Angriffe Israels, Militäraktionen Englands und Frankreichs) wird durch die Intervention der USA und der Sowjetunion beigelegt. Ägypten verstärkt die Zusammenarbeit mit der Sowjetunion, welche diesen Staat in besonderer Weise ihrer Entwicklungshilfe teilhaftig werden läßt (Assuan-Staudamm).

1958 entsteht die Vereinigte Arabische Republik (VAR), aus der 1961 Syrien ausscheidet. Im April 1963 schließen sich Ägypten, Syrien und der Irak erneut zu einem Bundesstaat (VAR) zusammen.

Seit 1961 gehört Ägypten zur antikolonialistischen Casablanca-Gruppe der afrikanischen Staaten (gegründet Januar 1961 von Ghana, Guinea, Mali, Marokko, der Vereinigten Arabischen Republik und der algerischen Exilregierung), die eine politische, wirtschaftliche und militärische Zusammenarbeit anstrebt.

5. **Neue afrikanische Staaten:**
   — 1951 wird Libyen selbständig;
   — 1957 wird in Zentralafrika die ehemalige britische Kolonie Goldküste (Ghana) als erstes schwarzes Kolonialgebiet unabhängiges Mitglied im Commonwealth;
   — 1958 folgt Guinea;
   — 1960 werden selbständig: Kamerun, Togo, Sudan (= Mali), Senegal, Somalia, Nigeria, die Zentralafrikanische Republik, die Kongorepublik (vorher Französisch-Kongo), Madagaskar, Tschad, Gabun, die Elfenbeinküste, Mauretanien, Belgisch-Kongo (wo es sogleich zu Unruhen und der selbständigen Entwicklung der Provinz Katanga kommt, die ein Eingreifen der UNO notwendig macht), die Zentralafrikanische Föderation (Nord- und Südrhodesien und Njassaland);
   — 1961 folgen Sierra Leone und Tanganjika;
   — 1962 Ruanda-Urundi, Algerien, Uganda;
   — 1963 Kenia, Sansibar.
   — 1964 trennen sich Sambia (Nordrhodesien) und Malawi (Njassaland) von der Zentralafrikanischen Föderation;
   — 1965 proklamiert Südrhodesien einseitig seine Unabhängigkeit;
   — 1966 werden Botswana und Lesotho selbständig.

   Abhängige Gebiete sind (1967) nur noch: Span. Sahara, Span. Guinea, die portugiesischen Kolonien Angola und Mozambique, Brit. Swasi-Land und Franz. Somaliland. Afrika hat 1967 40 selbständige Staaten.

6. Über 90 % der Völker Afrikas sind selbständig.

   Auf den ersten großen Konferenzen — der Bandung-Konferenz (April 1955) und der Konferenz von Kairo (Dezember 1958) — fordern die jungen afrikanischen und asiatischen Staaten Selbstbestimmungsrecht, Abwehr des Kolonialismus, rassische Gleichheit und wirtschaftliche Zusammenarbeit. Das Verlangen nach wirtschaftlichem Aufschwung und Industrialisierung führt oft relativ schnell zur Zusammenarbeit mit den Wirtschaftsorganisationen der ehemaligen Kolonialherren: 18 afrikanische Staaten (Zentralafrika, meist einstige französische Kolonien) gehören zur Französischen Gemeinschaft und sind damit der EWG assoziiert; 12 weitere gehören zum brit. Commonwealth.

Das Streben nach gemeinsamem Vorgehen gegen Neokolonialismus führt zu verschiedenen Zusammenschlüssen: 1960 schließen sich 12 Nachfolgestaaten des französischen Kolonialreiches zur Afrikanisch-Madagassischen Union (Brazzaville-Gruppe, mit dem Ziel einer friedlichen Neutralitätspolitik) zusammen. Radikal und antiwestlich ist dagegen die sogenannte Casablanca-Gruppe, zu der sich 1961 u. a. Ägypten, Algerien, Guinea, Mali und Marokko zusammenschließen. Im Mai 1966 entsteht eine großostafrikanische Wirtschaftsassoziation, die nordafrikanischen Staaten gehören zur Arabischen Liga.

1963 wird auf einer „Gipfelkonferenz", bei der sich die Staatsoberhäupter von 30 der damals 33 unabhängigen Staaten treffen, der Versuch unternommen, eine gesamtafrikanische Organisation zu begründen. Bei der vom 23. bis 26. Mai 1963 in Addis Abeba tagenden Konferenz wird die Charta einer **„Organisation der Afrikanischen Einheit"** verabschiedet:

„Wir, die Staats- und Regierungschefs der Staaten Afrikas und Madagaskars, die sich in der Stadt Addis Abeba versammelt haben, sind davon überzeugt, daß das Recht, sein Schicksal selbst zu gestalten, ein unabdingbares Recht aller Völker ist.

Wir erkennen die Tatsache an, daß Freiheit, Gleichheit, Gerechtigkeit und Würde für die Verwirklichung der rechtmäßigen Wünsche der afrikanischen Völker lebensnotwendig sind.

Wir erkennen unsere Verantwortung bei der Entwicklung der Natur- und Menschenressourcen unseres Kontinents zur Herbeiführung eines umfassenden Fortschrittes unserer Völker in allen Bereichen der menschlichen Tätigkeit.

Wir sind von der gemeinsamen Entschlossenheit beseelt, das gegenseitige Verstehen und die Zusammenarbeit zwischen unseren Staaten entsprechend dem Streben unserer Völker nach Brüderlichkeit und Solidarität in einer größeren Vereinigung zu festigen...

Wir sind entschlossen, die schwererkämpfte Unabhängigkeit wie auch die Souveränität und territoriale Integrität unserer Staaten zu verteidigen und zu festigen und auch den Neokolonialismus in allen seinen Erscheinungen zu bekämpfen...

Wir sind überzeugt, daß die Charta der Vereinten Nationen und die Allgemeine Deklaration der Menschenrechte, zu deren Prinzipien wir uns ausdrücklich bekennen, eine feste Grundlage für eine friedliche und positive Zusammenarbeit zwischen den Staaten bedeuten..." (Aus der Präambel)

Diese OAU (Organization of African Unity) wird zwar ins Leben gerufen, gewinnt aber keine umfassende Autorität.

Andererseits wird die Afrikanisch-Madagassische Organisation 1965/66 zu einer Gemeinsamen Afrikanisch-Madagassischen Organisation (OCAM) umgewandelt mit dem Ziel, die Entwicklung auf politischem, wirtschaftlichem und technischem Gebiet vorwärtszutreiben. Die OCAM-Länder sind mit der EWG assoziiert.

Obwohl besonders Großbritannien und Frankreich die Selbstverwaltung vorbereiteten, zeigt die Entwicklung, daß viele afrikanische Völker zu früh in die Selbständigkeit entlassen wurden. Die politische Stabilität vieler junger Staaten ist gering. Die freiheitlich-demokratische, auf verantwortlichem Engagement begründete Staatsform ist selten. Alte Stammesgegensätze bedrohen permanent den schwierigen wirtschaftlichen und sozialen Aufbau. Von großer Bedeutung ist daher auch die Orientierung der jungen Staaten im Ost-West-Konflikt.

c) Naher Osten

Die Entwicklung der arabischen Welt im 20. Jahrhundert ist stark durch den Umstand bestimmt, daß auf die Epoche der türkischen Oberherrschaft nach dem Ersten Weltkrieg nicht die Souveränität, sondern zunächst eine Zeit französischer, englischer oder italienischer Mandatsherrschaft folgt, welche zivilisatorisch und technisch die Entwicklung zwar vorwärtstreibt, politisch, wirtschaftlich und sozial aber belastet. Erst nach dem Zweiten Weltkrieg werden die arabischen Staaten selbständig.

1945 bilden Irak, Ägypten, Syrien, Libyen, Transjordanien, Saudi-Arabien und Jemen die **Arabische Liga**.

1948 wird nach schweren Auseinandersetzungen mit den arabischen Nachbarn der jüdische Staat Israel gegründet.

Die westlich orientierten Staaten Türkei, Irak (bis 1959) und Pakistan vereinigen sich 1955 zum **Bagdadpakt** und arbeiten mit der NATO zusammen. Unter Führung der USA wird der Bagdadpakt weiterentwickelt zum CENTO-Pakt.

Die von Ägypten und Syrien gegründete **Vereinigte Arabische Republik** (VAR) existiert nur von 1958—1961; sie wird 1963 unter Einbeziehung des Irak und Jemen erneuert. Das Fehlen von politischen und wirtschaftlichen Führungskräften, wirtschaftliche und soziale Gegensätze (feudale Relikte) und Sonderinteressen, Einbeziehung in den West-Ost-Gegensatz, aber auch weltanschauliche und konfessionelle Spannungen verhindern stabile politische Verhältnisse und lähmen die Einigungsbestrebungen. Relative Einigkeit besteht lediglich im Kampf gegen Israel. In den ersten zwei Jahrzehnten seit 1948 scheitern drei Versuche der arabischen Staaten, den Staat Israel mit Waffengewalt zu beseitigen: 1948/49, 1956/57 (im Zusammenhang mit der Suezkrise) und 1967.

d) Indien

erreicht im April 1947 seine politische Unabhängigkeit. Nach der Ermordung M. Gandhis (1948) wird **P. Nehru** der Führer Indiens auf dem Weg zur vollständigen Loslösung von der englischen Herrschaft. Am 26. Januar 1950 erklärt sich Indien als selbständige demokratische Republik im Rahmen der britischen Völkerfamilie, 1956 löst sich die islamische Republik Pakistan (größter Moslemstaat der Erde, fast 100 Millionen Einwohner) von Indien. In der Ost-West-Spannung versucht Nehru eine Position als dritte Macht zu beziehen und wird zum Wortführer einer afro-asiatischen Neutralität. Höhepunkt dieser Entwicklung ist die **Bandung-Konferenz** 1959, bei der 29 Staaten Afrikas und Asiens (welche fast zwei Drittel der ganzen Menschheit vertreten!) einen neutralen Standort zwischen den Fronten beziehen.

Der Kaschmirkonflikt mit Pakistan, der Überfall Indiens auf die portugiesische Besitzung Goa (Dezember 1961) sowie die passive und schwächliche Haltung gegenüber den Aggressionen Rotchinas an der Nordgrenze (1962) belasten die Politik und das Prestige Nehrus.

Premierminister P. Nehru stirbt im Mai 1964. Sein Nachfolger wird der bisherige Generalsekretär der Kongreßpartei Schastri, der auch das Außenministerium übernimmt. Die in einen moskau- und einen pekingfreundlichen Flügel gespaltenen Kommunisten nützen die Not des Landes aus und suchen die strikte Neutralitätspolitik der Regierung in ihrem Sinn zu beeinflussen. In Ostpakistan und Westbengalen kommt es 1964 erneut zu schweren Auseinandersetzungen zwischen Hindus und Mohammedanern. Ausgehend von einem bewaffneten Aufstand im indischen Teil von Kaschmir, kommt es 1965 zum offenen Krieg zwischen Indien und Pakistan, der zu einer erheblichen diplomatischen Aktivität führt (Einschaltung der UNO, Einmischung der chinesischen Volksrepublik) und der erst durch die Vermittlungsaktion der Sowjetunion (Ministerpräsident Kossygin), durch die **Konferenz von Taschkent** (Januar 1966, zwischen dem Präsidenten von Pakistan Ayub Khan und dem indischen Ministerpräsidenten Schastri) beigelegt wird. Schastri stirbt wenige Stunden nach Unterzeichnung des Abkommens. Ministerpräsident von Indien wird Frau Indira Gandhi, die Tochter Nehrus.

Pakistan (synthetische Wortverbindung) aus den über 1500 km durch indisches Gebiet voneinander getrennten verschiedenartigen Teilen West- und Ostpakistan bestehend, Bündnispartner des Westens und auch um ein gutes Verhältnis zur Volksrepublik China bemüht, ist in seinem Verhältnis zu Indien nicht nur durch den Kaschmir-Konflikt belastet, sondern auch durch die Auswirkungen der innerpakistanischen Antagonismen und Rivalitäten: Die politische Macht ist im Westteil, im Ostteil (in Ostbengalen) leben 9 Mill. Hindus als Minderheit, deren Autonomiebestrebungen von Indien unterstützt werden (Awami-Liga: Führer: Mujibur Rahman; Ziel: unabhängige Volksrepublik Bangla Desh). 1969 Rücktritt Ayub Khans, Staatspräsident und Regierungschef wird General Yahya Khan; 1971 weitere Verschärfung, Bürgerkrieg, gewaltsame Unterdrückung der Sezessionsbestrebungen, 3 Mill. Flüchtlinge nach Indien. Steigerung bis zum offenen Krieg (Nov. 1971), der mit der Kapitulation Pakistans und der Loslösung der unabhängigen Volksrepublik Bangla Desh von Pakistan endet.

e) Südostasien

1946 erfolgt der Zusammenschluß der malaiischen Staaten zur Malaiischen Union (1957 Mitglied der UNO; Garantie des SEATO-Paktes).

Im selben Jahr werden auch die Philippinen unabhängig, stehen aber in enger Verbindung zu den USA. Von 1946 bis 1949 dauert der Unabhängigkeitskampf der niederländisch-indischen Kolonien. Die Vereinigten Staaten von Indonesien werden 1949 von den Niederlanden anerkannt. Sie trennen sich 1954 vollständig vom Mutterland.
1946 bis 1954 Unabhängigkeitskampf in Französisch-Indochina; es entstehen Nord- und Südvietnam, Laos und Kambodscha.
In **Vietnam** wird maßgebend die 1941 im Exil gegründete revolutionäre Unabhängigkeitsliga unter ihrem kommunistischen Führer Ho Tschi Minh, seit 1954 Präsident der Volksrepublik (Nord-)Vietnam; gestorben 1969.
1957 wird die britische Kronkolonie Singapur selbständig; der Malaiische Bund schließt sich 1963 mit Nordborneo und Singapur zum Staatenbund Malaysia zusammen. Das Londoner Abkommen zur Gründung von **Malaysia** tritt am 16. September 1963 in Kraft.
Indonesien nimmt von Anfang an gegen die Konföderation Malaysia eine feindselige Haltung ein. Großbritannien garantiert Malaysia militärische Unterstützung, auch Australien und Neuseeland stellen sich auf die Seite der jungen Föderation.
Thailand, das alte Königreich Siam, wird 1932 konstitutionelle Monarchie, erhält 1959 eine neue provisorische Verfassung, ist seit 1954 Mitglied der SEATO.

f) Eine Konferenz der Außenminister des Commonwealth in Colombo (1950) arbeitet Pläne für die politische und wirtschaftliche Zusammenarbeit in Süd- und Südostasien aus (Indien, Pakistan, Ceylon, Indonesien, Burma). Die Länder des **Colombo-Planes** regen auch die **Bandung-Konferenz** an (1955), in der nach den Vorstellungen vor allem P. Nehrus der Gegensatz zwischen antisowjetischen (Pakistan, Türkei), neutralen (Indien usw.) und prokommunistischen Gruppen (Rotchina u. a.) durch die Demonstrationen für den Kampf gegen Kolonialismus, Fremdherrschaft und Rassenverfolgung überdeckt wird.

g) **Die Bedeutung der Entwicklungsländer** ergibt sich aus wenigen Zahlen:
    Afrika und Asien (ohne die SU) umfassen:
    44 % der Landoberfläche der Erde,
    67 % der Weltbevölkerung.
Der politischen Orientierung ihrer Regierungen nach sind von den unabhängigen afro-asiatischen Staaten (ohne SU) — im Oktober 1961 — bezogen auf die Bevölkerung:
    kommunistisch: Länder mit ca. 24 % der Gesamtbevölkerung,
    prowestlich: Länder mit ca. 12 % der Gesamtbevölkerung,
    neutralistisch: Länder mit ca. 64 % der Gesamtbevölkerung.
In der Vollversammlung der UNO erreichen die Staaten Afrikas und Asiens bereits im Oktober 1961 einen Stimmenanteil von 50 Prozent! (IRO)
1967 hat die UNO 122 Mitglieder; 39 davon liegen in Afrika, 27 in Asien!

Das Volumen der Entwicklungshilfe:

Nach einem OECD-Bericht werden 1960 in der ganzen Welt 8,2 Milliarden Dollar an Entwicklungshilfe aufgebracht. Davon entfallen auf die

USA	3,780 Mrd. Dollar,
Frankreich	1,290 Mrd. Dollar,
Großbritannien	0,857 Mrd. Dollar,
BRD	0,616 Mrd. Dollar,
Italien	0,297 Mrd. Dollar,
Japan	0,256 Mrd. Dollar.

Für 1970 wird die Entwicklungshilfe der westlichen Industrieländer mit 15,5 Mrd. Dollar angegeben. Die Entwicklungshilfe der kommunistischen COMECON-Länder (staatliche Kredite) werden für 1969 auf 400 Mill. Dollar geschätzt.

Von 1950 bis Ende 1964 erreichen die Leistungen der BRD an Entwicklungsländer die Höhe von über 26 Milliarden DM (einschließlich Kapitalhilfe und Investitionen).

Davon sind
57,3 % öffentliche Leistungen,
42,7 % private Leistungen.

Bis 1969 erhöht sich diese Zahl auf 51,65 Mrd. DM; davon sind 49,5 % öffentliche und 50,5 % private Mittel.

Für die Jahre zwischen 1960 und 1968 sind an der Entwicklungshilfe der BRD am stärksten beteiligt: Indien (2500 Mill. DM), Israel, Pakistan, Türkei, Indonesien, Liberia, Spanien, Chile, Griechenland, Brasilien, Vereinigte Arabische Republik, Afghanistan, Marokko, Iran, Thailand, Peru, Ghana, Südkorea, Nigeria, Tunesien, Ceylon, Tansania, Togo (100 Mill. DM).

In den Jahren 1950—1966 ist z. B. die deutsche Bauindustrie im Auslandsbau mit folgenden Aufträgen (vorwiegend Tiefbau einschließlich Brückenbau, gewerblicher und industrieller Hochbau sowie Straßenbau) tätig:

Asien:	292 Aufträge mit	2356,8 Mill. DM
Afrika:	299 Aufträge mit	1235,1 Mill. DM
Lateinamerika:	52 Aufträge mit	731,8 Mill. DM
Europa:	421 Aufträge mit	530,0 Mill. DM
zusammen:	1064 Aufträge mit	4853,7 Mill. DM

1970 schulden die Entwicklungsländer der BRD fast 10 Mrd. DM.

h) Die **Entwicklungsgebiete,** die in technischer und wirtschaftlicher Hinsicht gegenüber den industrialisierten Staaten zurückgeblieben sind (Afrika, Südamerika, Naher Osten, Indien, Indonesien), brauchen nicht nur **Kapitalhilfe** und technische Förderung, sondern eine Umformung ihres Bildungswesens, ihrer hygienischen Einrichtungen, ihrer politischen, sozialen Unterrichtung und ihrer Haltung zur Arbeit im Sinn der europäisch-amerikanischen Zivilisation. Menschliche und politische Gründe und Motive stehen hinter der Entwicklungshilfe, die auf dem Boden echter Partnerschaft eine Eingliederung in die arbeitsteilige Weltwirtschaft anstrebt. Die Verwirklichung der Entwicklungshilfe wird auch vom politischen Machtkampf und der Auseinandersetzung zwischen Ost und West bestimmt: sie wird zu einem „Ringen um die Gunst der farbigen Völker".

5. Weltpolitik 1948 bis 1964
a) Der kalte Krieg bis 1949

1. Gegebenheiten:
   - Expansion des sowjetischen Machtbereiches nach Mitteleuropa; Offensive des Kommunismus in China, Korea, Hinterindien;
   - Emanzipation der Kolonialvölker;
   - wachsende Besinnung der freien Welt auf ihre geistigen Grundlagen und Gemeinsamkeiten, beginnende Zusammenarbeit auf politischem, wirtschaftlichem und militärischem Gebiet (Truman-Doktrin, Marshallplan, OEEC, Brüsseler Pakt, Luftbrücke Berlin, Einbau der westlichen Besatzungszonen Deutschlands in den freien Westen);
   - Tätigkeit der UNO: Positive Wirksamkeit in den Kommissionen und Sonderausschüssen, begrenzte Möglichkeiten durch das umfassende Veto der Großmächte im Sicherheitsrat und durch die völlige Beschränkung auf die Außenpolitik, d. h. grundsätzliche Anerkennung der absoluten Souveränität der Mitglieder. Dadurch bleiben entscheidende Vorgänge des kalten Krieges (Unterwanderung, Subversion, Terror) der Einflußmöglichkeit der UNO entzogen;
   - Kernwaffenübergewicht (Monopol) bei den USA bis 1950; 1. Atombombe: 16. 7. 1945; Hiroschima: 6. 8. 1945 etwa 20 kt (d. h. Kilotonne; 1 kt = 1000 t TNT [herkömmlicher Sprengstoff]). Die erste Atombombe der Sowjetunion wird im August 1949 gezündet. Es folgen Großbritannien und Frankreich sowie — 1964 — die Volksrepublik China.

2. Versteifung des Ost-West-Gegensatzes: Zusammenschluß der Ostblockländer zum Rat für gegenseitige Wirtschaftshilfe (25. 1. 1949).
   Unterzeichnung des Atlantikpaktes (NATO), 4. 4. 1949.
   Die Außenminister der fünf Brüsseler-Pakt-Staaten unterzeichnen die Satzungen des Europarates: 5. 5. 1949.

3. Festigung der stalinistischen Herrschaft im Ostblock. Vorgehen gegen Staatsfeinde und „Titoisten" (d. h. nationale, nicht moskauhörige Kommunisten; Säuberungen der KP in Ungarn, Bulgarien, Albanien).

b) Weltprobleme bis zum Tode Stalins (1950 bis 1953)

1. Beginn der Einigung Westeuropas: Schuman-Plan: 9. 9. 1950, Gründung der Montanunion (1951); BRD wird Mitglied des Europarates. Einbau der BRD in den Verteidigungsbereich der Westmächte: September 1950 Beratung der drei westlichen Außenminister in New York über die Aufstellung einer europäischen Armee (Pleven-Plan, 26. 10. 1950) und Erklärung, daß sie nur die BRD als deutsche Regierung anerkennen und die Bundesrepublik sowie West-Berlin gegen jeden Angriff verteidigen.
   Beschluß des Atlantikrates (Dezember 1950) zur Aufstellung einer europäischen Armee mit deutscher Beteiligung (Dienststelle Blank). EVG-Vertrag unterzeichnet am 27. 5. 1952 — aber 1954 von Frankreich nicht ratifiziert. Dafür: Durch Initiative der Montanunion und des Europa-

rates Entwurf zu einer Europäischen Politischen Gemeinschaft
(20. 12. 1952).

2. Der **Koreakrieg** beginnt (25. 6. 1950) mit der Aggression nordkoreanischer (kommunistischer) Truppen, die bis August 1950 fast ganz Südkorea erobern. Der Gegenschlag der UNO-Truppen (General MacArthur, „einer der großen Befehlshaber unserer Zeit, eine Römergestalt der Neuen Welt") führt bis Ende November 1950 zur Besetzung des größten Teiles von Nordkorea; die nach Entlassung MacArthurs erreichte Waffenstillstandslinie (10. 7. 1951) entspricht der Ausgangslage (38. Breitengrad); Waffenstillstand von Panmunjon, 1953. Ergebnis und Bedeutung: Die USA bewahren Südkorea vor der Unfreiheit, die US-Kontrolle des Pazifiks ist gesichert; China kann sein Ansehen auf Kosten Rußlands steigern, dessen Gewicht im Westpazifik geringer wird.

3. Abschluß des chinesischen Bürgerkrieges auf dem Festland im Januar 1950; seitdem ist das Land — außer Formosa und Tibet — fest in der Hand der Kommunisten. Dies hat für die Haltung der um ihre Souveränität ringenden afro-asiatischen Völker große Bedeutung: Sie sehen in der chinesischen Revolution einen Akt der Emanzipation und mißverstehen gleichzeitig die Haltung Amerikas im Koreakrieg als Kolonialismus und Imperialismus. Hierdurch erhält der Neutralismus der jungen Völker Asiens und Afrikas starken Auftrieb.

4. **Die USA** bis zur Wahl von Präsident Eisenhower.
Nach Abschluß des NATO-Bündnisses (4. 4. 1949) auch Beistandspakt der USA mit den Philippinen, Australien, Neuseeland: ANZUS (1951), sowie mit Japan nach Friedensschluß Unterzeichnung eines Sicherheitsvertrages (8. September 1951): Stützpunkte und US-Truppen in Japan. Beide Verträge treten am 28. 4. 1952 in Kraft.

Der Republikaner General **Dwight D. Eisenhower** wird am 4. 11. 1952 zum Präsidenten gewählt (US-Befehlshaber in Nordafrika 1942, Oberbefehlshaber der alliierten Streitkräfte bei der Invasion in der Normandie 1944, Mitglied des Alliierten Kontrollrates, 1951 Oberbefehlshaber der NATO-Streitkräfte in Europa). Grundsätze: Friede durch Stärke; Friede in Korea, Ausbau des Paktsystems, Zurückweisung Rotchinas in der Formosafrage; Pakt mit Nationalchina (Tschiang Kai-schek).

Die **Bermudakonferenz** (Dezember 1953) zwischen den USA, England und Frankreich betont, daß die gemeinsame Stärke die beste Garantie für Frieden und Sicherheit ist.

Streben nach Aufrechterhaltung der atomaren Überlegenheit der USA: Detonation der ersten Wasserstoffbombe am 1. 11. 1952 (15 Megatonnen TNT, d. h. das 750fache der Hiroschima-Bombe). Die UdSSR zieht im August 1949 mit der ersten Atombombe und im August 1953 mit ihrer ersten Wasserstoffbombe nach.

Scharfes Vorgehen gegen kommunistische Infiltration und Sabotage (J. F. Dulles, seit 1953 Außenminister; gest. 1959). Politik des Containment (Eindämmung); aktive Bündnis- und Stützpunktpolitik.

5. **Rußland beim Tode Stalins**
Seit Lenin (gest. 1924) prägt Stalin die Politik der Sowjetunion. Er stirbt am 5. März 1953. Tiefgreifende, nicht abzusehende Folgen für Rußland und seine Entwicklung.
Schon im Oktober 1952 (XIX. Parteikongreß der KPdSU) wird von Parteisekretär Malenkow der außenpolitische Grundsatz der **Koexistenz** verkündet: Kapitalistische und sozialistische Staaten sollen friedlich nebeneinander leben. Dieser Grundsatz wird jetzt Grundlage der Außenpolitik. Zunächst innere Machtkämpfe (Innenminister Berija u. a. Parteiführer gestürzt und zum Tode verurteilt). Grundsatz der kollektiven Führung von der Partei gefordert.
Anzeichen für eine gewisse „Liberalisierung" („Tauwetter") in der Form, aber in der Sache weiterhin offensiver Stil, atomare Aufrüstung, Infiltration u. ä.
1953 tritt **N. S. Chruschtschow** als Sekretär des Zentralkomitees der KPdSU an die Spitze der Partei.
Chruschtschow-Ära bis 14. Oktober 1964. Kennzeichen: Entstalinisierung, größere Rechtssicherheit, Prinzip der friedlichen Koexistenz. Malenkow, unter Stalin der zweite Mann, scheitert an der Unmöglichkeit, die Erfordernisse der Rüstungs- und Konsumgüterproduktion zu verbinden. Er tritt als Ministerpräsident 1955 zurück und wird ersetzt durch N. A. Bulganin.

c) **Entspannung durch Wachsamkeit (1953 bis 1955)**
1. Konferenzen mit und ohne Erfolg:
   — In Panmunjon Waffenstillstand zwischen den UNO-Truppen und den nordkoreanischen Streitkräften (27. 7. 1953). Korea bleibt geteilt. Südkorea und die USA schließen am 1. 10. 1953 einen Sicherheitspakt.
   — Eine Berliner Konferenz der vier Außenminister berät über die Einheit Deutschlands und den österreichischen Staatsvertrag; Einigung wird nicht erzielt (Januar/Februar 1954).
   — In Genf wird vergeblich über einen Frieden in Korea verhandelt (Außenministerkonferenz April/Juli 1954); für Indochina wird ein Waffenstillstand erreicht: Vietnam bleibt geteilt.
   — Eine große Gipfelkonferenz in Genf (Juli 1955: Bulganin, Eisenhower, Eden, Faure) verhandelt über die Wiedervereinigung Deutschlands, die Sicherheit Europas und die Abrüstung, kann aber trotz des versöhnlichen Tones keine Einigung erzielen. Dasselbe gilt auch für die anschließende Außenministerkonferenz.

2. Versuche zur praktischen Koexistenz:
   Indien (Nehru) und Rotchina (Tschu En-lai) verkünden Grundsätze zur friedlichen Koexistenz (30. 6. 1954): Anerkennung der Unverletzlichkeit und Souveränität, Ablehnung jeder Aggression, keine Einmischung in innere Angelegenheiten, friedliches Nebeneinanderleben, Gleichberechtigung, Streben nach gemeinsamen Vorteilen.
   Bei einem großen Staatsbesuch Bulganins und Chruschtschows (November/Dezember 1955) in Indien und Burma wird sowjetische Wirtschafts-

hilfe versprochen; am 19. 7. 1956 bekennen sich Nehru, Nasser, Tito in der Konferenz von Brioni (dalmat. Insel) zur Politik der Koexistenz.

3. Weiterer Ausbau der Verteidigungsbündnisse der freien Welt: Der südostasiatische SEATO-Pakt (8. 9. 1954) zwischen den USA, Großbritannien, Frankreich, Australien, Neuseeland, Thailand, Pakistan und den Philippinen entspricht dem NATO-Bündnis.

Die Türkei und der Irak unterzeichnen ein Verteidigungsbündnis (Bagdadpakt), dem sich auch Großbritannien, Pakistan und der Iran anschließen (März 1954).

Nach Scheitern der EVG wird die BRD in den Brüsseler Pakt und in die NATO aufgenommen (Beschluß der Außenminister, Oktober 1954).

4. Die **Pariser Verträge** (unterzeichnet 23. 10. 1954, in Kraft getreten 5. 5. 1955) ersetzen de facto den Friedensvertrag mit der BRD. (Deutschlandvertrag, Truppenvertrag, Beitritt der BRD zur WEU, Aufnahme der BRD in die NATO, Saarabkommen.)

Durch einen Staatsvertrag (unterzeichnet von den Außenministern der USA, der SU, Großbritanniens, Frankreichs und Österreichs) wird Österreich souverän und neutral (15. 5. 1955). Die Besatzungstruppen verlassen das Land.

5. Die Außenminister der Montanunionstaaten fassen am 4. 6. 1955 in Messina den Beschluß zur Gründung eines **Gemeinsamen Europäischen Marktes** und einer Europäischen Organisation zur friedlichen Ausnutzung der Atomenergie (Euratom).

6. Der **Colombo-Plan** des britischen Commonwealth von 1950 (Ziel: wirtschaftliche Zusammenarbeit zur Entwicklung von Industrie und Landwirtschaft) wird 1955 auf fast alle Staaten Süd- und Ostasiens unter Einschluß Großbritanniens, der USA und Australiens ausgedehnt, bis 1961 — und dann bis 1966 — verlängert.

Die **Bandung-Konferenz** (8. bis 24. 4. 1955) vereinigt die Vertreter von 29 afro-asiatischen Staaten. Sie wendet sich gegen Imperialismus und Kolonialherrschaft und beschließt politische, kulturelle und wirtschaftliche (nicht militärische) Zusammenarbeit.

7. Die zweiseitigen militärischen Pakte der Satelliten mit der Sowjetunion werden im **Warschauer Pakt** zusammengefaßt: Albanien, Bulgarien, „DDR", Polen, Rumänien, Sowjetunion, Tschechoslowakei, Ungarn (14. Mai 1955). Das gemeinsame Oberkommando ist bei der Sowjetunion.

d) Das kritische Jahr 1956

1. **Aufstände in den Satellitenstaaten**

aa) Die Unsicherheit im Ostblock nach dem Tod Stalins (5. 3. 1953) verbindet sich mit Lockerungen und Milderungen des starren Systems in der SBZ. Durch Normenerhöhung im Baugewerbe werden jedoch alle Hoffnungen enttäuscht. Dies führt zu Streiks und zu Demonstrationen der Ostberliner Bauarbeiter in der Stalinallee (16. Juni 1953), von wo sich die offene Empörung am **17. Juni** über die ganze SBZ ausbreitet. Der unbewaffnete Volksaufstand, die Rebellion gegen Unrecht und Zwang wird mit Hilfe der russischen Besatzungstruppen blutig niedergeworfen.

bb) Im Juni 1956 streiken in **Polen** Kohlenarbeiter. Hier reicht der Widerstand gegen Sowjetrußland bis in die Reihen der polnischen KP. Demonstrationen fordern die politische und ideologische Abkehr von der Sowjetunion. Die Rehabilitierung des „Titoisten" W. Gomulka, die Abberufung des russischen Marschalls Rokossowski aus seiner Stellung als Oberbefehlshaber der polnischen Armee, die Entlassung des Kardinals Wyszynski kennzeichnen die Entwicklung, die im Oktober („Polnischer Oktober") ihren Höhepunkt erreicht, aber — nicht zuletzt wegen der Frage der Oder-Neiße-Grenze — keineswegs zu einer Loslösung Polens aus dem Ostblock führt. In der Innenpolitik sowie in der wirtschaftlichen und kulturellen Entwicklung kommt es zu einer gewissen Freizügigkeit und einer begrenzten Anlehnung an den Westen.

cc) In **Ungarn** löst die Entwicklung in Polen Unruhen aus, die auf eine seit langem durch die Besatzungspolitik und die moskauhörige Haltung der ungarischen KP bedingte Gärung — vor allem auch in Kreisen der Intellektuellen und Künstler — zurückzuführen sind. Die Empörung beginnt am 23. Oktober 1956 in Budapest. Zur Forderung nach Abzug der russischen Besatzungsarmee kommt ein Generalstreik der Eisenbahner und eine allgemeine offene Volkserhebung. Der Nationalkommunist Imre Nagy wird Ministerpräsident und bildet eine Koalitionsregierung mit Bürgerlichen; der Warschauer Pakt wird gekündigt und Ungarn als neutraler Staat erklärt. —

Die moskautreuen Kommunisten unter Kadar führen den Gegenschlag, am 4. November beginnen russische Panzerverbände mit der blutigen Niederwerfung des Aufstandes. Der Widerstand — verzweifelter Partisanenkrieg — dauert bis Anfang Dezember. Sondergerichte, Standrecht. Tausende Tote, etwa 200 000 Verschleppte und Emigranten. I. Nagy u. v. a. werden hingerichtet. Kadar schließt sich eng an Moskau an, harter Kurs.

dd) **Bedeutung:** Die Unruhen, besonders der „17. Juni" in der SBZ und der ungarische Aufstand, sind die heroische Empörung eines ganzen Volkes gegen unerträglichen Druck. Der brutale Einsatz von Gewalt ist eine Belastung für die Sowjetunion auf internationaler Ebene, obwohl die Appelle der UNO mit der Forderung nach Räumung Ungarns durch die russischen Truppen wirkungslos bleiben.

2. **Nationalismus im Vorderen Orient und Suezkrise**
   — Die Lösung von den europäischen Mandatsbindungen und die Entstehung des Staates Israel entfachen den arabischen Nationalismus. Schon im März 1945 Zusammenschluß von Irak, Ägypten, Syrien, Libanon, Transjordanien, Saudi-Arabien und Jemen zu einer Arabischen Liga.
   — Durch den Staatsstreich der Armee (General Nagib) wird in Ägypten 1952 die korrupte Königsherrschaft (Faruk) beseitigt. Die Macht geht

1956 an Oberst Nasser über, der eine nationalistische Diktatur begründet und die Führung der arabischen Länder übernimmt. Nasser nähert sich der Sowjetunion, was die USA mit der Verweigerung einer in Aussicht gestellten Hilfe für den Bau des Assuan-Staudammes beantworten.

Daraufhin verstaatlicht Nasser vertragswidrig den Suezkanal (26. 7. 1956), was zu einer schweren Krise (während des Ungarnaufstandes) führt. England und Frankreich wollen unter Gewaltanwendung ihre Position am Kanal wahren (31. 10. Luftangriffe, Landung bei Port Said); Angriff Israels auf Ägypten, Vorstoß über die Halbinsel Sinai zum Suezkanal.

Die USA und die UNO wenden sich aber scharf gegen die Westmächte — gehen konform mit der Sowjetunion, die ihrerseits mit Atomkrieg droht. Daraufhin Einstellung der Kriegshandlungen.

1958 Einigung zwischen Ägypten und der Suezkanalgesellschaft; Entschädigungszahlungen und Umstellung der Gesellschaft, 30 Prozent der Aktien in der Hand der britischen Regierung.

3. Die Feindschaft der arabischen Staaten gegen Israel hält an.

Streitpunkte:

— Frage der arabischen Flüchtlinge — ca. 1 Million —, die das israelische Staatsgebiet verlassen und vor allem im Gaza-Streifen und in Jordanien meist in Flüchtlingslagern leben;

— Frage des Jordanwassers, dessen Quell- und Nebenflüsse nach Plänen von Gipfelkonferenzen der arabischen Staaten von 1963 und 1964 abgeleitet werden sollen, was Israel mit der Androhung von Waffengewalt beantwortet;

— Frage der für Israel entscheidenden Schiffahrt, besonders durch den Golf von Akaba (der Suezkanal bleibt für Israel weiter gesperrt).

Die UNO-Friedenstruppe kann sich nicht durchsetzen. Ende 1966 verstärkt sich die Terrortätigkeit an den israelischen Grenzen. Im Mai 1967 sperrt Ägypten den Golf von Akaba, im Juni 1967 kommt es zum dritten arabisch-israelischen Krieg.

4. Beginn eines radikalen **Antistalinismus** auf dem XX. Parteitag der KPdSU (Februar 1956), auf dem Chruschtschow dem toten Diktator Massenmord, Dilettantismus in der Kriegführung, Terrorherrschaft und Größenwahn vorwirft (Rede vom 25. 2.). Die anderen Ostblockstaaten schließen sich der antistalinistischen Welle an.

Auch auf dem XXI. Parteitag der KPdSU 1961 wird Stalin noch heftig kritisiert. Dem Personenkult und dem Dogmatismus wird das Prinzip der „kollektiven Führung" gegenübergestellt. Die SBZ unter Walter Ulbricht vermeidet es, aus der Verurteilung Stalins so weitgehende Konsequenzen zu ziehen wie die SU selbst und die meisten Satelliten. — Entstalinisierung bedeutet Anpassung von Ideologie und Praxis des Leninismus an die Gegebenheiten des modernen Industriestaates.

e) Koexistenz — Tauwetter — und neue Spannungen (1957 bis 1962)
1. Die Sowjetunion unter **Chruschtschow**.
Mit dem Rücktritt von Ministerpräsident Bulganin und der Nachfolge von Nikita S. Chruschtschow sind Führung von Partei und Staat in einer Hand (1958). Chruschtschow ist 1. Sekretär des ZK der KPdSU von 1953 bis 1964.
Mit weiterer Betonung der Koexistenzthese („Tauwetter") gehen parallel:
— militärische und wirtschaftliche Stärkung des Ostblocks;
— Einmischung in politische Konflikte, besonders im afro-asiatischen Raum: Suez, Kongo, Indonesien, Naher Osten, Kuba;
— Unnachgiebigkeit in der Frage des Atomversuchsstopps (Ablehnung wirksamer Kontrollen);
— Forcierung des Raumfluges und der Atomrüstung.
Nach einer kurzfristigen Besserung der Atmosphäre (Treffen zwischen Chruschtschow und Präsident Eisenhower im Camp David im September 1959) wird die Spannung wieder vergrößert durch den von der Sowjetunion hochgespielten U-2-Zwischenfall (am 1. 5. 1960 wird ein amerikanisches Aufklärungsflugzeug bei Swerdlowsk abgeschossen), durch die in diesem Zusammenhang von Chruschtschow torpedierte Pariser Gipfelkonferenz (Mai 1960) und durch Chruschtschows maßlose Vorwürfe gegen den Westen in der UNO-Vollversammlung im Oktober 1960.
Gleichzeitig beginnt eine Phase russischer Aktivität in der Deutschlandfrage und vergrößert sich der sowjetische Druck auf Berlin: Sowjetrußland fordert am 27. 11. 1958 von den Westmächten den Abzug ihrer Truppen, kündigt den Viermächtestatus der Stadt, will aus Berlin eine entmilitarisierte, „freie Stadt" machen und droht mit Gewaltmaßnahmen. Am 10. 1. 1959 legt die Sowjetregierung 26 Staaten den Entwurf eines Friedensvertrages mit Deutschland vor, der die Verhinderung der Wiedervereinigung enthält und die Möglichkeit zur allmählichen Unterhöhlung der freiheitlichen Ordnung in der Bundesrepublik bietet.
Am 15. Juli 1964 wird Anastas Mikojan Vorsitzender des Präsidiums des Obersten Sowjets (an Stelle von Leonid Breschnew — seit 1960), d. h. Staatsoberhaupt. Im Dezember 1965 folgt ihm Nikolai Podgorny.
In einer „zweiten Oktoberrevolution" wird überraschend N. S. Chruschtschow am 14. Oktober 1964 vom ZK der KPdSU gestürzt und seiner Partei- und Regierungsämter enthoben. Die obersten Stellen in Staat und Partei werden wieder getrennt: 1. Sekretär des ZK wird Leonid **Breschnew**, Vorsitzender des Ministerrats wird Alexei **Kossygin**. Die Vorwürfe, die gegen Chruschtschow erhoben werden, beziehen sich u. a.
— auf seine Außenpolitik (harter Kurs im Konflikt mit Peking, weiche Haltung gegenüber den USA, besonders in der Kubakrise);
— auf seine Innen- und Wirtschaftspolitik (Krise der Landwirtschaft, Vernachlässigung der Schwerindustrie, falsche Städteplanung, kostspielige Auslandshilfe);
— auf eine durch ihn verschuldete Desorganisation des kommunistischen Blockes COMECON;

— auf Eigenmächtigkeiten (z. B. im Verhalten gegenüber Präsident Nasser) und „einsame Beschlüsse", Vetternwirtschaft (besonders wichtige politische Aufträge an den Schwiegersohn Adschubei, der u. a. auch die BRD besuchte), Personenkult und Stilwidrigkeiten im öffentlichen Auftreten sowie Vernachlässigung der großen Linien in der Führung.

2. Die **Vereinten Nationen** als Schauplatz der Ost-West-Auseinandersetzung. Ein Untersuchungsausschuß der Vollversammlung stellt fest, daß die Sowjetunion in Ungarn einen Volksaufstand mit bewaffneter Gewalt unterdrückt hat, und erklärt die Regierung Nagy als rechtmäßig; die Vollversammlung verurteilt (September 1957) das Eingreifen der Sowjetunion in Ungarn.

Der polnische Außenminister Rapacki schlägt vor, daß Polen, die „DDR", die CSR und die Bundesrepublik auf die Herstellung und Lagerung von Atomwaffen verzichten sollen („Rapacki-Plan", Oktober 1957). Die einseitige Begünstigung des Ostblocks in diesem Plan führt zur Ablehnung durch die USA und bei der Bundesrepublik (trotz geteilter Meinung über die Art und Weise des weiteren Vorgehens).

Die UNO-Vollversammlung fordert die Großmächte auf, ein Übereinkommen über die kontrollierte Einstellung von Atomwaffenversuchen zu erzielen; aber kurz vor Einstellung der amerikanischen Versuche beginnt die Sowjetunion (Herbst 1958) eine neue Versuchsserie.

Aber im August 1963 kommt es in Moskau zur Unterzeichnung eines Abkommens zwischen den USA, der SU und Großbritannien über die Einstellung der Atomversuche (unterirdische Versuche sind vom Verbot ausgenommen).

Hauptthemen, mit denen sich die Vereinten Nationen — 1964 — befassen, sind u. a.: Beendigung des Kolonialismus, Abrüstung, friedliche Nutzung der Kernenergie, Aufnahme der Volksrepublik China, UNO-Operationen im Nahen Osten (Gaza-Streifen), im Kongo, auf Zypern, Welthandel (große Welthandelskonferenz 1964 in Genf mit Vertretern aus 122 Ländern).

3. **Frankreich** (4. Republik) leidet unter dem häufigen Kabinettswechsel. Der Verlust von Indochina (1954), die Unruhen in Marokko und Tunis (1956 selbständig) und vor allem der verlustreiche Kampf um Algerien, der große militärische und finanzielle Opfer kostet, belasten den Staat. Die „Demütigung" in der Suezkrise trifft das Nationalgefühl.

Die Revolte nationalistischer Offiziere in Algerien und auf Korsika (OAS) gegen die Regierung Pflimlin erreicht im Mai 1958 ihren Höhepunkt. Staatspräsident Coty beruft den General de Gaulle, dem das Parlament außerordentliche Vollmachten überträgt.

Eine neue Verfassung wird am 5. Oktober 1958 verkündet **(5. Republik)**. De Gaulle wird am 8. 1. 1959 Staatspräsident.

Allgemeine Stabilisierung; de Gaulle willigt — entgegen den Erwartungen der Nationalisten — in die Selbständigkeit Algeriens ein und stellt sich auf den Boden des Waffenstillstandes von Evian (März 1962), der am 8. April 1962 vom französischen Volk gebilligt wird; gegen den blutigen Terror der OAS geht er mit Gewalt vor.

In den Fragen der Einigung Europas fordert de Gaulle eine Union selbständiger, über ihr Schicksal selbst bestimmender Staaten — keine Gemeinschaft mit supranationalen Rechten.

Frankreich gliedert seine Verbände in die NATO ein, strebt aber nach einer eigenen atomaren Bewaffnung.

Gegenüber der Sowjetunion — besonders auch gegenüber ihrer Politik in der Deutschland- und Berlinfrage — verhält sich de Gaulle schroff ablehnend, erkennt jedoch die Oder-Neiße-Linie als deutsche Ostgrenze an.

Der Aufnahme Englands in die EWG widersetzt sich Frankreich (Brüsseler Konferenz, Februar 1963) und ruft damit eine Krise der europäischen Integration hervor.

Die Bestrebungen zur **deutsch-französischen Aussöhnung** und zur Beseitigung einer jahrhundertelangen Spannung, in denen sich die Politik de Gaulles mit der Politik der Bundesregierung unter K. Adenauer begegnet, werden vom französischen und vom deutschen Volk in echter Überzeugung gefördert und getragen; nach beiderseitigen Staatsbesuchen kommt es am 22. 1. 1963 in Paris zur Unterzeichnung eines umfassenden Vertrages, der die enge Zusammenarbeit zwischen der Bundesrepublik und Frankreich auf den verschiedenen Gebieten regelt.

Sachliche Differenzen in der Wirtschafts- und Außenpolitik, Divergenzen der deutschen und französischen Interessen und auch die stark auf nationales und europäisches Prestige abzielende Politik de Gaulles führen seit 1963 zu Meinungsverschiedenheiten und politischen Belastungen, die im Juli 1964 bei einer großen Arbeitsbesprechung in Bonn deutlich werden.

Die französische Politik ist charakterisiert durch:

— Kritik an den USA und Absage an deren Führungsrolle in Europa;

— starke Betonung des unabhängigen Kurses der französischen Politik und der „weltweiten Berufung" Frankreichs (Außenminister Couve de Murville, April 1964);

— Kritik an der BRD und der Regierung Erhard wegen eines mangelnden Glaubens an eine „europäische Politik Europas".

In diesem Zusammenhang nimmt Frankreich diplomatische Beziehungen zur Volksrepublik China auf, schlägt im Rahmen einer Aktivierung der französischen Südostasienpolitik eine Neutralisierung Nord- und Südvietnams vor und wendet sich gegen eine multilaterale Atomstreitmacht im allgemeinen und eine deutsche Beteiligung an ihr im besonderen.

Dem Atomteststopp-Vertrag tritt Frankreich nicht bei; es betont, den Aufbau einer unabhängigen Atomstreitmacht fortsetzen zu wollen.

Im Herbst 1964 kommt es zu einer weiteren Meinungsverschiedenheit in der europäischen Landwirtschaftspolitik und zu einer Krise der EWG, da die BRD angesichts des Widerstandes der deutschen Landwirtschaft — die mit einem beträchtlichen Einnahmeausfall rechnen müßte — hinsichtlich der Schaffung eines europäischen Getreidemarktes (einheitlicher Getreidepreis entsprechend dem Mansholt-Plan vom November 1963) eine zögernde Haltung einnimmt — und damit auch im Sinne der US-Politik handelt. De Gaulle fordert eine systematische Stärkung der wirtschaftlichen und politischen Einigungsbestrebungen in Europa, das nur als gleichwertiger Partner mit den USA verhandeln sollte. Gleichzeitig betonen de Gaulle und Außenminister Couve de Murville wiederholt den unabhängigen Kurs der französischen Außenpolitik.

4. **Die Kongokrise.** Während die Verselbständigung der kleinen französischen Kolonie Kongo (Hauptstadt Brazzaville) Ende 1958 relativ geordnet vor sich ging — die Republik bleibt in der großfranzösischen Gemeinschaft —, stürzt der belgische Kongo (Hauptstadt Léopoldville) für Jahrzehnte in schwere Krisen und wird zu einem bedrohlichen Unruheherd. Die **Kongokrise** entwickelt sich aus der Unabhängigkeitsbewegung, nachdem der belgische König Baudouin am 13. 1. 1959 bekanntgibt, daß die Bevölkerung in absehbarer Zeit souverän sein wird. Am 30. 6. 1960 wird der Kongo eine selbständige Republik. Es kommt zu schweren Ausschreitungen gegen Europäer und zu Konflikten zwischen einzelnen Stämmen und zwischen führenden Politikern (die z. T. mit der Sowjetunion zusammenarbeiten). Die Provinz Katanga (unter Ministerpräsident Tschombé) erklärt sich für unabhängig von der Zentralregierung und arbeitet weiter mit Belgien zusammen, während die Zentralregierung (Lumumba) die Beziehungen zum einstigen Mutterland abbricht. Ein Bürgerkrieg entsteht, in dem auch die Interessen der Großmächte berührt werden. Die UNO entsendet Truppen zur Wiederherstellung der Ordnung. Die Ermordung Lumumbas (1961) steigert die Unruhe und Verbitterung. Erst 1962 bahnen sich Verhandlungen zur Rückgliederung von Katanga in einen Gesamtbundesstaat an.

Mit Hilfe der UNO-Truppen (19 000 Mann aus 22 Ländern) wird die Sezession Katangas beendet. Tschombé, der vorübergehend im Exil lebte, wird im Juli 1964 Ministerpräsident der wiedervereinigten, aber noch nicht befriedeten Republik Kongo (Aufstände besonders im Norden). Die Zentralregierung wird von den USA und finanziell auch von der BRD unterstützt. Im Laufe des Jahres 1964 werden die UNO-Truppen zurückgezogen.

Die vom Osten des Landes ausgehenden prokommunistischen Unruhen breiten sich aus, führen zur Entstehung einer Gegenregierung und zur Proklamierung einer vom Ostblock und den arabischen Staaten unterstützten „Volksrepublik Kongo" in Stanleyville. Die von den USA und weißen Söldnern unterstützte Zentralregierung unternimmt einen Gegenstoß, belgische Fallschirmjäger nehmen Stanleyville ein und retten die Mehrzahl der hier festgehaltenen Europäer vor Massakern (November 1964). Der Ostblock protestiert gegen die Rettungsaktionen. Im Jahre 1965 gehen die Rebellen erneut zum Angriff über.

5. Bei den Präsidentenwahlen in den USA (8. 11. 1960) siegt der Kandidat der Demokratischen Partei, **John F. Kennedy** (geb. 1917), mit knapper Mehrheit über den Republikaner Nixon. Kennedy übernimmt sein Amt am 20. 1. 1961; Außenminister wird Dean Rusk. Neuer Stil in der Politik, Generationenwechsel.

Wiener Treffen zwischen Kennedy und Chruschtschow am 3. und 4. Juni 1961 bringt keine Annäherung.

Kennedy versucht Härte mit Elastizität zu verbinden. Ausbau der Verteidigungsbereitschaft, Stärkung der US-Stellung in der Berliner Krise nach der Errichtung der „Mauer", Entsendung des Sonderbevollmächtigten General L. Clay; Intensivierung der Wirtschaftshilfe, Stärkung der atlantischen Gemeinschaft — unter sorgfältiger Wahrung der US-Führungsrolle; Aufbau einer interalliierten Atommacht der NATO seit 1963; Anerkennung der europäischen Einigung, aber Ablehnung von Sonderwünschen.

Vom 23. bis 26. Juni 1963 unternimmt Präs. Kennedy einen **Deutschlandbesuch** (Köln, Bonn, Wiesbaden, Frankfurt, Berlin), auf welchem ihm die Bevölkerung einen begeisterten Empfang bereitet. Erneute Zusicherungen für das Eintreten der USA für Berlin und die Freiheit Deutschlands:

„... Unsere Mission ist die Schaffung einer neuen Gesellschaftsordnung, die auf Freiheit und Gerechtigkeit fußt, wo der Mensch Herr seiner Geschicke, wo der Staat der Diener seiner Bürger ist und wo alle Männer und Frauen eines besseren Lebens für sich und ihre Kinder teilhaftig werden können.

Um diese Vision Wirklichkeit werden zu lassen, müssen wir vor allem eine Welt des Friedens erstreben — eine Welt, in der die Völker in gegenseitiger Achtung zusammenarbeiten, eine Welt, in der der Friede nicht mehr nur eine Pause zwischen zwei Kriegen ist, sondern den schöpferischen Kräften der Menschheit Auftrieb gibt. Wir werden einen solchen Frieden nicht heute finden, auch nicht morgen. Große, dräuende Hindernisse stehen der Erfüllung der Hoffnung im Wege. Dennoch muß das Ziel der Schaffung einer friedlichen Welt — heute wie morgen — unsere Entscheidungen leiten und unser Wollen beflügeln..." (Kennedy am 25. Juni 1963 in der Paulskirche zu Frankfurt a. M.)

Präsident John F. Kennedy fällt am 22. November 1963 in Texas einem Mordanschlag zum Opfer. Eindrucksvolle Anteilnahme der ganzen Welt.

— Nachfolger als 36. Präsident der USA wird der Demokrat Lyndon B. Johnson (geb. 1908) bis 1968. Der einstige Mitarbeiter Roosevelts betont mit seinem innenpolitischen Ziel der Schaffung einer „Großen Gesellschaft" soziale Gerechtigkeit und Freiheit. Außenpolitisch setzt er die Politik gegen die Machtausdehnung des Kommunismus in Asien und Lateinamerika fort. Beginn des Vietnamkrieges.

6. **Die Erschließung des Weltraumes**

Am 4. Oktober 1957 wird von der SU der erste künstliche Erdsatellit Sputnik 1 erfolgreich gestartet (Gewicht 84 kg, größte Entfernung von der Erde 925 km, Flugdauer 92 Tage).

Im Februar 1958 beginnen die USA mit ihrer Explorer-Serie.

Weitere Fortschritte in der Raumfahrt sind: der Abschuß von Versuchskapseln mit Lebewesen in den Weltraum und deren erfolgreiche Bergung: 28. Mai 1959, US-Jupiter-Rakete, Kapsel mit 2 Affen, 3300 km weit, 500 km hoch, 15 Minuten Dauer. 16. August 1960, 4,6 t schweres Raumschiff der SU mit 2 Hunden und anderen Versuchstieren und -pflanzen, 18 Erdumkreisungen.

12. Februar 1961: geglückter Start einer sowjetischen interplanetarischen Raumstation zur Venus (Verbindung verloren);

12. April 1961: Start des sowjetischen Raumschiffes Wostok 1 mit dem Kosmonauten J. A. Gagarin (70 Min. Schwerelosigkeit, zurückgelegte Strecke 41 000 km);

6. August 1961: Start der Wostok 2 mit G. Titow; nach 17 Erdumkreisungen landet der Kosmonaut 25 Stunden später bei Saratow.

Die US-Venus-Raumsonde Mariner 2 (Start am 22. 8. 1962) übermittelt mit Scott-Carpenter nach und starten am 10. Juli 1962 den ersten aktiven Nachrichten- und Fernsehsatelliten Telstar erfolgreich.

Die US-Venus-Raumsonde Mariner 2 (Start am 22. 8. 1962) übermittel noch aus einer Entfernung von 87 Millionen km Funknachrichten zur Erde, und der US-Mondsatellit Ranger 7 (Start am 28. Mai 1964, Gewicht 8,5 t) sendet 4000 Aufnahmen von der Mondoberfläche.

Der am 19. August 1964 gestartete Echosatellit Syncom 3 ermöglicht direkte Fernsehübertragungen der Olympischen Spiele von Tokio nach Nordamerika.

Bis Mai 1964 werden insgesamt 235 Satelliten — davon 50 sowjetische — (offiziell) gestartet. Am 3. Mai 1964 kreisen davon 95 Satelliten (74 der USA, 18 der SU, 2 britische, 1 kanadischer) um die Erde. Außerdem werden 9 USA- und 4 sowjetische Weltraumfahrzeuge erfolgreich gestartet.

Am 6. Juni 1964 schließen die USA und die UdSSR ein Abkommen über die Zusammenarbeit in der Weltraumforschung. Die BRD ist an der „Europäischen Organisation für die Entwicklung und den Bau von Raumfahrzeugträgern" und der „Europäischen Organisation für Weltraumforschung" beteiligt.

7. Der Atomkrieg und das Problem der Abrüstung

Die Wirkung thermonuklearer Waffen und die Möglichkeit praktisch unbeschränkter Zerstörungen bei Freund und Feind läßt eine tiefgreifende und grundsätzliche politische, militärische, ethische und theologische Diskussion über die Frage nach Sinn und Möglichkeiten eines atomaren Krieges und nach der Rolle und den Chancen des einzelnen entstehen.

Gleichzeitig beginnt die Auseinandersetzung über die Möglichkeit eines „begrenzten" Krieges mit „konventionellen" Waffen — und über das Verhältnis von atomarer und konventioneller Rüstung.

Das atomare Gleichgewicht macht bolschewistische Erpressungen unmöglich, schließt aber die Gefahren eines nuklearen Wettrüstens ein.

Die Frage der Abrüstung wird 1951/52 von der UNO-Vollversammlung aufgegriffen. Eine Abrüstungskommission befaßt sich seitdem mit der Abschaffung nuklearer Waffen, mit dem Atombombenversuchsstopp, mit der Herabsetzung der Streitkräfte usw. Die Verhandlungen bleiben ergebnislos, vor allem deswegen, weil ein wirkungsvolles Kontrollsystem als Voraussetzung für wirkliche Abrüstung von der Sowjetunion abgelehnt wird. Eine Expertenkonferenz einigt sich 1958 auf Vorschläge zur Atomkontrolle — von politischer Seite ist die Zustimmung nicht zu erreichen. Der von Chruschtschow im September 1959 vorgeschlagene Plan einer totalen Abrüstung — mit einigen Alternativvorschlägen — muß von den Westmächten zurückgewiesen werden, weil er sie einseitig benachteiligt. Die zahlreichen Konferenzen und Gespräche führen bis 1962 zu keinem Ergebnis, weil keine der beiden Weltmächte eine für die Gegenseite vorteilhafte Veränderung des „Gleichgewichts des Schreckens" zulassen kann. Die Erfahrungen der Kubakrise führen 1963 zu der Errichtung einer ständigen direkten Fernsprechverbindung zwischen den führenden Männern in Moskau und Washington, um die Möglichkeit eines Kriegsausbruches durch Mißverständnisse oder Kurzschlußreaktionen auszuschalten. Die Leitung wird im September 1963 fertiggestellt.

Am 10. April 1963 nimmt Papst Johannes XXIII. in der Enzyklika „Pacem in terris" zu den Fragen einer Friedensordnung und der Abrüstung Stellung.

Die Abrüstungsverhandlungen auf der Genfer Konferenz verlaufen auch 1963 ohne Erfolg, doch kommt es nach längeren Verhandlungen am 5. August 1963 zum **Moskauer Abkommen** zwischen den USA, Großbritannien und der SU über das Verbot von Atomwaffenversuchen im Weltraum, in der Atmosphäre und unter Wasser (unterirdische Versuche sind vom Verbot ausgenommen). Dem Vertrag treten bis Ende 1963 ca. 100 Staaten (auch die BRD) bei.

Im Laufe des Jahres 1964 erstarren die Fronten in den Genfer Abrüstungsverhandlungen. Einigung ist vor allem in der Frage der Abrüstungskontrolle nicht möglich. Die SU lehnt auch den USA-Plan eines „Einfrierens" der Raketen- und Bomberproduktion ab.

Zwischen 1945 und Juli 1963 sind insgesamt 416 Atomwaffenversuche festgestellt worden, davon 259 amerikanische, 126 sowjetische, 22 englische, 7 französische, 2 gemeinsame amerikanisch-britische. Die Sprengkraft der US-Bomben wird auf insgesamt 150 Megatonnen TNT, die der SU auf über 300 Megatonnen TNT geschätzt.

Die Zündung der ersten eigenen Atombombe durch die Volksrepublik China am 16. Oktober 1964 erweitert den „Atomklub" um den mächtigsten afro-asiatischen Staat. Die chinesische Regierung erklärt feierlich, nie, zu keiner Zeit und unter keinen Umständen zuerst Kernwaffen einzusetzen.

Nach 1962 kommt es auf Grund der Erfahrungen aus der Kubakrise und im Rahmen der Koexistenzpolitik der SU zu einer begrenzten russisch-amerikanischen Zusammenarbeit mit einigen Verträgen: über direkte Nachrichtenverbindung („hot line") zwischen Washington und Moskau 1962; über einen Teststoppvertrag, August 1963; Verbot von Versuchsexplosionen im Weltraum, in der Atmosphäre und im Wasser; zum Weltraumvertrag (1967) mit dem Verbot der Stationierung von Massenvernichtungsmitteln. Einigung über einen NV (Nichtverbreitung-, Atomsperr-[Nonproliferation-] Vertrag) 1968.

Die Verselbständigung der zweiseitigen russisch-amerikanischen Verhandlungen führt zu eingehenden Gesprächen über eine Begrenzung der nuklearstrategischen Waffensysteme (SALT = Strategic Arms Limitation Talks), Beginn 1969 in Helsinki.

f) Die geteilte Welt 1962—1964

1. Die **Vereinten Nationen** stehen vor allem im Kongo vor schweren Aufgaben, da die Großmächte verschiedene Ziele verfolgen. Generalsekretär Dag Hammarskjöld wird beim Absturz seines Flugzeuges getötet. Über seine Nachfolge kommt es zu Meinungsverschiedenheiten, weil die Sowjetunion an der Spitze der UNO ein Dreierkollegium (je ein Vertreter des Ostens, des Westens, der Neutralen) haben will. Schließlich stimmen die Russen dem Plan zu, bis zum Ablauf der Amtsperiode (April 1963) einen Generalsekretär zu wählen: U Thant (Burma).

Die zunächst interimistische Nachfolge wird in eine reguläre umgewandelt; 1960 wird U Thant für weitere 5 Jahre wiedergewählt. Am 22. 12. 1971 beruft die UNO-Vollversammlung den bisherigen Chefdelegierten Österreichs, Kurt Waldheim, zum vierten Generalsekretär.
1962 sind 110 Staaten, 1967 122 und im Herbst 1971 130 Staaten mit ca. 70 % der Weltbevölkerung Mitglieder der UNO. Der Beitritt von Oman, Tonga u. a. wird erwartet. Im Oktober 1971 wird die Volksrepublik China — mit ca. 22 % der Weltbevölkerung — unter Ausschluß von Nationalchina (Taiwan) Mitglied. Nichtmitglieder sind vor allem noch BRD und DDR, Nord- und Südkorea, Nord- und Südvietnam und die Schweiz.

2. **Unruheherde im afro-asiatischen Raum und die Kubakrise**

— Trotz des Einsatzes von UNO-Truppen gehen die Ausschreitungen (1. 1. 1962 Ermordung von 20 katholischen Missionaren) und der Bürgerkrieg im **Kongo** weiter. Gegen Ende des Jahres 1962 unternimmt U Thant — unterstützt von den USA — Versuche zur endgültigen Befriedung. Sie bleiben ohne Erfolg.

— Im **indisch-chinesischen Grenzgebiet** gehen im Oktober 1962 die Rotchinesen zu größeren Aktionen über. Die Inder treten den Rückzug an. Nehru gibt am 25. Oktober 1962 im Parlament das Scheitern seiner Koexistenzpolitik zu, ruft den Staatsnotstand aus und bittet die USA und Großbritannien um militärische Unterstützung. Die Sowjetunion verlangt von China und Indien die Einstellung der Feindseligkeiten. China beendet am 1. Dezember 1962 überraschend seine Aktionen, zieht seine Truppen zurück, auch Indien unternimmt keine Kampfhandlungen mehr.

— In **Algerien** führt das Abkommen von **Evian** (März 1962) zur offiziellen Feuereinstellung. Terroranschläge der OAS ändern an der Entwicklung nichts mehr; die Unabhängigkeit Algeriens (am 3. 7. feierlich von de Gaulle proklamiert) wird in einer Volksabstimmung von 90 % (bei 75 % Wahlbeteiligung) des französischen Volkes gutgeheißen. Die Auseinandersetzungen verlagern sich in die algerische Bevölkerung: Zwischen dem gemäßigten Ben Khedda und dem radikalen Ben Bella; bei einer Wahl mit Einheitsliste siegt die revolutionäre Richtung. Im September wird die volksdemokratische algerische Republik ausgerufen.

Die Kampfansage der Kabylenführer (bes. Belkassem) seit Juni 1963 und Konflikte mit Marokko (seit September 1963) belasten den Staat Ben Bellas.

— In **Laos** einigen sich nach Einstellung der militärischen Aktionen die drei laotischen Prinzen als Führer der drei politischen Gruppen (prowestlich, neutralistisch und prokommunistisch) im Oktober 1961 auf den neutralistischen Souvanna Phuma als Ministerpräsidenten und Regierungschef. Anfang 1963 bricht jedoch die kommunistische Pathet-Lao den Waffenstillstand, ein neuer Bürgerkrieg droht, die Großmächte und die Vereinten Nationen versuchen die Ordnung wiederherzustellen.

— **Vietnam** (mit den einst zum französischen Kolonialreich gehörenden Landschaften Tonking, Annam und Cochinchina) ist seit dem Ende des Indochinakrieges (1954, Kapitulation der Franzosen in Dien Bien Phu) und der Genfer Außenministerkonferenz (Auflösung Indochinas, Entstehung von Laos, Kambodscha und Vietnam) durch den 17. Breitengrad geteilt in einen nördlichen Teil, der durch die Verfassung von 1959 eine kommunistische Volksrepublik wird (Präsident und Vorsitzender des Nationalen Verteidigungsrates sowie Präsident des ZK der Einheitspartei: Ho Tschi Minh), und einen südlichen Teil, der eine demokratische Verfassung hat und von den USA wirtschaftlich und auch militärisch gestützt wird, aber durch Gruppenfehden, soziale Rückständigkeit, Korruption und besonders durch kommunistische Partisanentätigkeit des Vietkong (der von Nordvietnam unterstützt wird und in der armen Landbevölkerung Südvietnams Rückhalt hat) an der Stabilisierung gehindert wird.

Seit 1960 zäher Kleinkrieg. Auf Grund eines Hilfeversprechens an die Regierung von Saigon im Kampf gegen die Vietkong erhöhen die USA bis Mitte 1965 ihre Truppen auf ca. 50 000.

In **Südvietnam** kommt es 1963 zu schweren Konflikten zwischen der Regierung Diem und buddhistischen Bevölkerungsgruppen, denen Anfälligkeit für kommunistische Infiltration vorgeworfen wird.

Nach Verschärfung der Gegensätze (Flammenselbstmord buddhistischer Mönche) und vorübergehender Suspendierung der US-Hilfe für die kompromißlos antikommunistische Regierung Diem kommt es im Oktober 1963 zum offenen Aufstand und zum Staatsstreich, in dessen Verlauf der katholische Präsident Ngo Dinh Diem ums Leben kommt.

Nach einiger Zeit gelangt durch einen Militärputsch General Khanh an die Spitze des Staates, wird August 1964 Ministerpräsident und besitzt zwar das Vertrauen der USA, die ihn stützen, Studenten und Buddhisten aber erheben gegen ihn den Vorwurf der Militärdiktatur. Die inneren Schwierigkeiten verbinden sich mit der bedrängten Lage Südvietnams angesichts der kommunistischen Bedrohung: Das kommunistische Nordvietnam und die Volksrepublik China stehen hinter den Guerillas (Vietkong), die von Norden angreifen. Im Herbst 1964 Zusammenstöße im Golf von Tonking zwischen nordvietnamesischen Patrouillenbooten und US-Zerstörern. Zwischen den im Lande stationierten US-Truppen und kommunistischen Rebellen kommt es zu Gefechten. Es beginnt eine „Eskalation" in diesem unerklärten Krieg, bis schließlich Präsident Johnson 1965 erklärt, daß der Krieg in Vietnam „ein wirklicher Krieg" sei, der von Nordvietnam gelenkt und von China geschürt werde, dessen Ziel die Eroberung Südvietnams, der Sieg über die USA und die Ausdehnung der Herrschaft des Kommunismus über ganz Asien sei. Bis Ende 1966 erhöht sich die Zahl der in Vietnam eingesetzten US-Soldaten auf 360 000, bis zur Wende 1968/69 auf 540 000 und erreicht damit den höchsten Stand.

— **Die Kubakrise 1962**

Die bis 1898 spanische Insel wird nach dem amerikanisch-spanischen Krieg bis 1902 unter eine US-Militärregierung gestellt und dann formell unabhängig. Die innere und soziale Lage bleibt schwierig und gespannt, z. T. wegen der wirtschaftlichen Abhängigkeit von den USA. Die einseitige Betonung des Zuckerrohranbaues (Monokultur) macht die wirtschaftliche Lage sehr empfindlich.

1906 und 1917 kommt es zu Aufständen, welche die USA zu militärischem Eingreifen veranlassen. Die Gegensätze wachsen, vor allem steigert sich die Opposition gegen die ausländischen Kapitalgesellschaften und die von ihnen abhängigen inländischen Firmen.

Von 1940—1944 und seit 1952 ist F. Batista Staatspräsident von Kuba. Er unterstützt die Interessen der feudalkapitalistischen Kreise, betreibt eine antikommunistische Politik (Verbot der KP 1952) und regiert diktatorisch. Liberale, Intellektuelle und Linkssozialisten stehen in Opposition gegen Batista.

Umsturzversuche unter Führung des aus wohlhabender Familie stammenden Rechtsanwaltes **Fidel Castro** (geb. 1927) schlagen 1953 fehl. Durch Fürsprache des Erzbischofs von Santiago entgeht Castro einer strengen Bestrafung, wird verurteilt, aber schon 1954 begnadigt, flieht nach Mexiko, wo er eine Freischärlerbewegung aufbaut.

1956 beginnt ein wirkungsvoller Nerven-, Propaganda- und Partisanenkrieg gegen die zu terroristischen Maßnahmen greifende korrupte Batista-Diktatur.

Am 1. 1. 1959 muß Batista fliehen. Am 16. 2. 1959 wird Castro Ministerpräsident. Verfolgung und harte Bestrafung der Batista-Anhänger; Beschlagnahme und Verstaatlichung des Eigentums von US-Bürgern.

Castros Ziel: wirtschaftliche Reformen, Beseitigung des US-Übergewichtes, des Großgrundbesitzes, der Monokultur. Der Wirtschaftskampf gegen die USA und deren Reaktion (Abbruch der diplomatischen Beziehungen und wirtschaftliche Maßnahmen gegen Kuba) treiben Castro immer mehr in das Fahrwasser des Kommunismus und führen zu einer Annäherung an den Ostblock. Seit Mitte 1960 Einmischung der Sowjetunion: Zusicherung russischer Unterstützung (Raketen) gegen die Vereinigten Staaten. Strategische Bedeutung Kubas!

Am 1. 5. 1961 wird die sozialistische Republik Kuba proklamiert. Die Innenpolitik wird totalitär.

Das Scheitern eines von Exilkubanern versuchten Aufstandes festigt die Position Castros.

Die Sowjetunion baut 1962 auf der Zuckerinsel Stützpunkte. Anfang September 1962 erklärt Präsident Kennedy, die USA werden alle Maßnahmen treffen, um aggressive Aktionen von Kuba aus gegen die amerikanische Staatenwelt zu verhindern.

Am 23. Oktober 1962 beginnt die akute Krise: Die USA verhängen über Kuba eine Waffenblockade, um die weitere Einfuhr von „militärisch-offensivem Material" nach Kuba zu verhindern. Gleichzeitig verlangt Kennedy den Abbau und Abtransport der Raketenbasen von Kuba. US-Seestreitkräfte legen einen Sperrgürtel um die Insel.

Sowjetrußland erhöht die Einsatzbereitschaft der Truppen des Warschauer Paktes, läßt es aber nicht zum Äußersten kommen: Frachter des Ostblocks drehen auf hoher See ab. Chruschtschow erklärt sich bereit, die Raketen auf Kuba abzumontieren. Kennedy gibt eine Erklärung ab, daß die USA keine Invasion auf Kuba planen. Nach Einschaltung der UNO, Verhandlungen zwischen der Sowjetunion und Fidel Castro und nach weiteren Zugeständnissen Rußlands hinsichtlich des Abzuges sowjetischer Waffen heben die USA am 20. November 1962 die Blockade auf.

Ende 1962 gibt Fidel Castro über 1000 Exilkubaner, die an der 1961 gescheiterten Invasion beteiligt waren, gegen Lieferung von Medikamenten und Lebensmitteln im Wert von über 210 Mill. DM frei. Am 8. 1. 1963 wird die Kubakrise durch eine gemeinsame Erklärung der Vereinigten Staaten und der Sowjetunion offiziell beendet.

Die Bundesrepublik Deutschland bricht die diplomatischen Beziehungen mit Kuba am 14. 1. 1963 ab, weil die Regierung Castro die „DDR" völkerrechtlich anerkennt.

3. Die Deutschland- und Berlinfrage in der großen Politik

Sowjetische Vorschläge vom 10. Juni 1961: Friedenskonferenz mit beiden deutschen Staaten — als Alternative Abschluß eines Separatfriedens mit der SBZ, Umwandlung Berlins in eine freie Stadt — werden von den Westmächten mit der Bereitschaft zu Verhandlungen auf der Basis des Selbstbestimmungsrechtes beantwortet. Gleichzeitig betonen die Westmächte ihre Entschlossenheit, ihre Rechte in Berlin zu wahren und keine einseitigen Veränderungen im Status der Stadt hinzunehmen.

Nach der Errichtung der Mauer, die angeblich die „Wühltätigkeit gegen die Länder des sozialistischen Lagers" unterbinden soll, in Wirklichkeit aber die weitere Massenflucht aus der Zone verhindern muß, werden noch weitere Angriffe gegen den Verkehr zwischen der BRD und West-Berlin unternommen. Die Westmächte warnen die Sowjetunion (26. 8. 1962) vor jeder Behinderung des westlichen Verkehrs nach Berlin und einigen sich mit der BRD (Beratungen Adenauers mit Kennedy), daß bei Berlinverhandlungen grundsätzlich vom Viermächtestatus der Stadt auszugehen sei.

Ein Vorschlag Chruschtschows am 10. Juli 1962, die westlichen Truppen durch UNO-Kontingente Norwegens, Dänemarks, Polens und der CSSR zu ersetzen, wird abgelehnt. Gegenüber Versuchen der Sowjetunion, Berlin zur freien Stadt zu machen und den Abzug der westlichen Truppen zu erreichen, unterstreichen die USA (27. 9. 1962) die Entschlossenheit, bei jeder Aggression in Berlin alle ihnen zur Verfügung stehenden Machtmittel einzusetzen. Verteidigungsminister McNamara erläutert dazu, daß darunter im Notfall auch der Einsatz von Kernwaffen zu verstehen sei.

Da alle Versuche der Sowjetunion, die BRD von der NATO zu trennen und eine direkte Verständigung anzustreben („neues Rapallo"), scheitern, ändert die Sowjetunion im Zusammenhang mit der Beendigung der Kubakrise ihre Taktik:

— Sie versucht eine direkte Verständigung mit den USA auf Kosten Deutschlands

— und verstärkt den politischen, psychologischen und propagandistischen Druck auf die BRD:

Protestnoten gegen die deutsch-französische Verständigung, Angriffe auf die Bundeswehr, auf die „Revanchisten und Militaristen", diplomatische Offensive gegen eine multilaterale Atomstreitmacht.

Die amerikanische Solidarität mit der BRD wird trotz der Entspannungspolitik, die Kennedy im Ost-West-Konflikt betreibt, immer wieder betont. In einer Antwortnote der USA vom 18. 5. 1963 auf schwere Angriffe der Sowjetunion auf die BRD, die angeblich eine Revision der Ergebnisse des Zweiten Weltkrieges anstrebe und in einer wütenden Feindseligkeit gegenüber der „DDR" eine offene Revanche- und Kriegspolitik betreibe, heißt es:

„Die USA vermerken, daß die Sowjetunion wieder einmal eine Reihe maßloser und unbegründeter Anschuldigungen gegen die Bundesrepublik Deutschland erhoben hat... jeder objektive Beobachter erkennt, daß die Spannungen und Gefahren in Europa ihren Ursprung nicht in der Politik der Bundesregierung haben, sondern vielmehr in der unnatürlichen Teilung Deutschlands... sowie in der Weigerung der sowjetischen Regierung, zuzulassen, daß dem deutschen Volk sein ureigenstes Recht auf Selbstbestimmung gewährt wird."

Höhepunkt der US-Freundschafts- und Solidaritätsbekundungen mit der BRD und West-Berlin wird der Deutschlandbesuch Kennedys (23. bis 26. Juli 1963).

Mit der Ermordung Kennedys (22. November 1963), dem Rücktritt Adenauers (16. Oktober 1963 wird Erhard zum Kanzler gewählt), der noch deutlicheren Verfolgung eines unabhängigen (amerikafeindlichen) Kurses in Frankreich, dem US-Engagement in Vietnam, dem Eintritt Chinas in die Reihe der Atommächte beginnt eine neue Epoche der Weltpolitik.

Das atomare Gleichgewicht macht einen Krieg zwischen den Großmächten immer unwahrscheinlicher: die Deutschlandfrage bleibt zwar auf der Tagesordnung, tritt aber zurück, die Großmächte nehmen die Spaltung Deutschlands einstweilen als unabänderlich hin. Die USA betrachten die BRD zwar als wichtigsten Partner in Europa, wollen aber auf ein Arrangement mit der Sowjetunion nicht verzichten.

4. Der Weg zum vereinten Europa

Nachdem 1960 der sogenannte „Hallstein-Plan" zur Beschleunigung des Gemeinsamen Marktes gebilligt wird, gibt die EWG-Kommission am 3. 1. 1962 bekannt, daß die Zölle für die Mitgliedstaaten gesenkt werden (60 bis 70 %). Weitere Zollsenkungen werden vom Ministerrat der EWG im Mai 1962 beschlossen.

Die größten Schwierigkeiten ergeben sich nach wie vor bei der Gestaltung des gemeinsamen **Agrarmarktes**. In den EWG-Staaten tritt eine gemeinsame Agrarpolitik zunächst für Getreide, Schweinefleisch, Eier, Geflügel, Obst, Gemüse und Wein am 30. Juli in Kraft. Aktuell wird die Frage der Assoziierung der Neutralen in die EWG und der Beitritt Großbritanniens als Vollmitglied. Im britischen Commonwealth ergeben sich (Konferenz der Ministerpräsidenten des Commonwealth vom 10. bis 19. September 1962) Bedenken gegen die bisher ausgehandelten Bedingungen des Beitritts. Auch der Führer der Labour Party, Gaitskell, verlangt ausreichende Garantien hinsichtlich der Wirtschaft des Commonwealth für den Fall eines Beitritts zur EWG.

Zu Beginn des Jahres 1963 gerät die Frage des britischen Beitrittes zur EWG infolge der ablehnenden französischen Haltung in eine Krise, welche sich auf die gesamte europäische Integration hemmend auswirkt.

Die Bemühungen um eine **politische Union** gehen weiter:

Am 15. 2. 1962 bekräftigen Bundeskanzler Adenauer und Staatspräsident de Gaulle ihren Wunsch, die Bildung einer Union Europas voranzutreiben. Zwischen der politischen und wirtschaftlichen Integration ergeben sich hinsichtlich der Sonderstellung neutraler Staaten (z. B. Österreich und Schweden) Schwierigkeiten, da den wirtschaftlichen Vorteilen auch politische Pflichten entsprechen sollen.

Das **Europäische Parlament** in Straßburg (die parlamentarische Versammlung von EWG, Montanunion und Euratom) erhebt am 19. 11. 1962 vier Hauptforderungen:

Fusion der Behörden (EWG, Montanunion und Euratom);
einheitlicher Sitz der europäischen Organisationen;
direkte Wahl zum Europäischen Parlament;
Verstärkung der politischen Zusammenarbeit.

Dieses Aktionsprogramm wird Gegenstand politischer Diskussion, weil hier die Grundfragen des Verhältnisses zwischen nationalstaatlicher Souveränität (vor allem von Frankreich vertreten) und supranationalen Befugnissen der übergeordneten Behörden angesprochen sind.

Eine weitere Frage, die verschieden beantwortet wird, betrifft die Stellung Europas gegenüber den USA und ihrer militärischen und wirtschaftlichen Führungsrolle. Schwierigkeiten in der EWG ergeben sich im Laufe des Jahres 1964 vor allem auf dem Agrarsektor, wo die BRD angesichts der Nachteile, die eine Vereinheitlichung der Getreidepreise für die deutsche Landwirtschaft mit sich brächte (Preissenkung bis 15 Prozent), sehr zurückhaltend ist.

Eine weitere Schwierigkeit auf dem Weg zum vereinten Europa tut sich auf, als im Oktober 1964 die neue britische Labour-Regierung unter Harold Wilson Importzölle und Exportsubventionen anordnet, was bei allen Handelspartnern Großbritanniens (sowohl EWG- wie EFTA-Staaten) Besorgnis auslöst und als gefährlicher und schädlicher Rückschritt empfunden wird.

Das Europäische Parlament in Straßburg geht im Oktober 1964 wiederum die Frage einer politischen Union an. Der EWG-Ministerrat einigt sich über die Zusammenlegung der drei europäischen Behörden (EWG, Euratom, Montanunion). Zu einer Lösung der EWG-Agrarprobleme kommt es nicht.

5. **Spaltung des Weltkommunismus**

Der ideologische Konflikt zwischen der Sowjetunion und der Volksrepublik China bricht Ende 1962 offen durch. Er konzentriert sich um wirtschaftliche, soziale und politische Fragen und wird besonders deutlich in der Auseinandersetzung um das Problem der Koexistenz, an der Rivalität in den Entwicklungsländern und — mit machtpolitischem Akzent — in Grenzfragen des Fernen Ostens. Er erreicht nach Rede- und Presseangriffen und nach einem im Juli 1963 ergebnislos verlaufenden ideologischen Grundsatzgespräch in Moskau seinen Höhepunkt mit einem am 14. Juni 1963 in Peking veröffentlichten und in der ganzen Welt verbreiteten 25-Punkte-Programm, das am 14. Juli von Moskau durch eine Gegenerklärung beantwortet wird. Mit diesen Erklärungen, welche einander widersprechende Programme des Weltkommunismus darstellen, ist das „rote Schisma" eine Grundtatsache der Weltgeschichte.

1964 verschärft sich zunächst der politische und ideologische Gegensatz zwischen Peking und Moskau weiter. Die KPCh betrachtet sich als Vertreter des reinen Leninismus und fordert die SU auf, die hoffnungslose

Politik einer Zusammenarbeit mit dem kriegerischen US-Imperialismus aufzugeben. Sie wirft der SU vor, den Neokolonialismus zu verteidigen und sich mit Indien gegen die Volksrepublik China zu verbünden.

Auf der anderen Seite bezichtigt die KPdSU (führender sowjetischer Ideologe M. A. Suslow) die Volksrepublik China des Strebens nach Hegemoniestellung und der Aufhetzung der unterentwickelten Länder, sie wirft der KPCh „Dogmatismus" vor.

Gleichzeitig verstärkt sich das politische Gewicht der chinesischen Volksrepublik: Anfang 1964 haben insgesamt ca. 50 Staaten (außer den kommunistischen auch 5 Mitglieder der NATO: Dänemark, Frankreich, Großbritannien, Niederlande, Norwegen — und viele neutrale Länder) Peking anerkannt. Ministerpräsident Tschu En-lai besucht 1963/64 10 afrikanische und 3 asiatische Staaten sowie Albanien.

Der Sturz Chruschtschows im Oktober 1964 erfolgt u. a. wegen seiner Chinapolitik. Die neue Führung des ZK der KPdSU (Breschnew) betont ausdrücklich den Leninismus als Grundlinie der Politik, stellt die Angriffe auf Peking ein, und auf der anderen Seite betont auch Mao Tse-tung den Wunsch nach Gemeinsamkeit.

1963/64 wachsen die Unabhängigkeitsbestrebungen in mehreren kommunistischen Parteien. Der Tod maßgebender Kommunisten, Maurice Thorez (Frankreich) und Palmiro Togliatti (Italien), verändert die Führungskräfte des Weltkommunismus. Das politische Testament Togliattis enthält scharfe Kritik an vielen Erscheinungen der sowjetischen und anderer kommunistischer Parteien. Die KP Italiens, Frankreichs, Österreichs u. a. senden Delegationen nach Moskau, um sich über die Vorgänge beim Sturz Chruschtschows zu informieren.

Im Laufe des Jahres 1965 bricht der Konflikt zwischen Moskau und Peking erneut auf. China wirft der Sowjetunion Revisionismus und Furcht vor den USA vor.

6. Gegensätze, Lockerungen und Wandel 1963/64

Im Laufe des Jahres 1963 zeichnen sich Möglichkeiten für eine gewisse Milderung des internationalen Klimas ab — ohne daß zunächst Fortschritte in der Deutschland- und Berlinfrage erzielt werden.

— Einen ersten Erfolg auf dem Gebiet der Abrüstung und einen ersten Schritt auf dem Weg der weltpolitischen Entspannung bedeutet das **Moskauer Abkommen** über ein Verbot der Kernwaffenversuche in der Atmosphäre, im Weltraum und unter Wasser. Es wird am 25. Juli paraphiert und am 5. August 1963 in Moskau von der UdSSR, Großbritannien und den USA unterzeichnet (im September ratifiziert). Viele Staaten treten dem Abkommen bei; Frankreich lehnt ab; die BRD äußert Bedenken, unterzeichnet aber das Abkommen am 19. August 1963.

— Stellungnahme der BRD:

„... Die Amtsübernahme der neuen Bundesregierung fällt in eine weltpolitische Phase, in der sich Veränderungen im West-Ost-Verhältnis abzeichnen. Langjährige Gespräche über Abrüstungsfragen haben im August dieses Jahres erstmalig zu einer Übereinkunft zwischen den Vereinigten Staaten, Großbritannien und der Sowjetunion über eine partielle Einstellung von Kernwaffenversuchen geführt. Die Bundesregierung hat nach den notwendigen politischen Klarstellungen dieses Abkommen unterzeichnet und wird dem Hohen Hause in Kürze das erforderliche Zustimmungsgesetz vorlegen. Dabei gibt sich die Bundesregierung in Übereinstimmung mit ihren Bundesgenossen nicht der trügerischen Hoffnung hin, daß sich durch dieses Abkommen die weltpolitische Lage entscheidend verändert hätte. Die Bedrohung bleibt bestehen; die Unterdrückung der Freiheit dauert auch auf deutschem Boden an... Die Bundesregierung ist dennoch der Auffassung, daß Kontakte und Gespräche zwischen den Vereinigten Staaten und der Sowjetunion nützlich sein können und daß sie mit dem Ziel fortgesetzt werden sollten, zu prüfen, ob es Möglichkeiten eines Abbaues der Spannungen gibt.

Die Bundesregierung hat immer wieder mit Nachdruck die Forderung nach einer allgemeinen, kontrollierten Abrüstung erhoben und hält an dieser Forderung fest. Sie erscheint als der einzig sichere Weg, um den Ausbruch eines Krieges endgültig unmöglich zu machen. Aber da wir uns darüber im klaren sind, daß eine allgemeine und vollständig kontrollierte Abrüstung nur schrittweise verwirklicht werden kann, gebietet es unser Interesse, auch an weltweiten Teilmaßnahmen mitzuwirken, sofern sichergestellt ist, daß sie das Kräfteverhältnis zwischen Ost und West nicht zu unserem Nachteil verschieben und uns nicht diskriminieren..."

(Regierungserklärung von Bundeskanzler L. Erhard am 18. Oktober 1963)

— Entspannungen zeigen sich im Verhältnis zwischen dem Bolschewismus und der katholischen Kirche. Am 7. März 1963 empfängt Papst Johannes XXIII. den Chefredakteur der „Iswestija" und Schwiegersohn Chruschtschows, Adschubei. In der politischen Praxis — nicht in der Ideologie — gegenüber der Kirche und ihren Repräsentanten zeigen sich Ansätze zum Abbau von Härten.

Dies zeigt sich bei konkreten Kontakten zwischen den kommunistischen Regimen Ungarns und der ČSSR mit Beauftragten der katholischen Kirche im Herbst 1964.

— Die Milderung des internationalen Klimas zeigt sich auch in einigen Einzelerscheinungen: Aussöhnung zwischen der UdSSR und Jugoslawien im September 1963, Freilassung von SBZ-Gefangenen, Passierscheinabkommen zum Verwandtenbesuch Westberliner in Ost-Berlin; Genehmigung von Reisen in die BRD für Rentner der SBZ zum Besuch von Verwandten; Chruschtschows Auslandsbesuche — u. a. Sommer 1964 in die skandinavischen Länder; Ankündigung eines Chruschtschow-Besuches in der BRD; Erleichterung für die Einreise Westdeutscher in Ostblockländer im Rahmen des Fremdenverkehrs.

Gleichzeitig aber bleibt die harte Haltung im Grundsätzlichen und im Großen (Eiserner Vorhang, Mauer in Berlin, Schießbefehl) und die subversive Tätigkeit an vielen neuralgischen Punkten der Weltpolitik (Einmischung und Infiltration in Entwicklungsländern, Unterstützung kommunistischer und revolutionärer Kräfte in aller Welt, besonders in Südostasien).

— Die Entspannung im Gesamten und die Minderung der Furcht führen zu einem Schwinden der Solidarität der Bündnisse in Ost und West. Im Ostblock wirken sich das Schisma Moskau—Peking, die Selbständigkeits- und Autonomiebestrebungen der Mitgliedstaaten, die ideologischen und theoretischen Auseinandersetzungen sowie die soziologischen Strukturveränderungen und die Sonderinteressen der einzelnen Wirtschaftsräume als deutliche Lockerung aus, die beinahe zum Zerfall des Weltkommunismus führt.

Die Festigkeit der Bündnisse der freien Welt leidet durch wirtschaftliche, nationale und militärische Sonderinteressen, die mit dem scheinbaren Schwinden der akuten Gefahr deutlicher hervortreten und z. B. — bei voller Bejahung des atlantischen Bündnisses — zu wirtschaftlichen und kulturellen Kontakten mit kommunistischen Ländern führen.

Störend sind vor allem die Spannung zwischen Frankreich und den USA und der **Zypernkonflikt.**

Dieser wird 1963 akut mit der türkenfeindlichen Verfassungsänderung des Staatspräsidenten Makarios und führt zum offenen Kampf. Griechenland und die Türkei (beide sind Mitglieder der NATO!) unterstützen ihre griechischen bzw. türkischen Landsleute auf der Insel, so daß selbst die seit März 1964 auf der Insel eingesetzten UNO-Verbände nichts ausrichten können. Diplomatisch bezieht der Zypernkonflikt auch die Großmächte ein.

— Die Ermordung des US-Präsidenten **John F. Kennedy** (22. November 1963) in Dallas (Texas) während weltweiter diplomatischer Aktionen und schwerwiegender innenpolitischer Auseinandersetzungen (Ausbruch neuer Rassenunruhen) erschüttert die Weltöffentlichkeit, führt aber zu keiner Krise, da die Kontinuiät der US-Politik nach sofortiger Amtsübernahme durch L. B. Johnson (Demokrat) die von Kennedy vorgezeichnete Richtung beibehält.

Am 27. September 1964 stellt die mit der Untersuchung der Hintergründe der Ermordung beauftragte Warren-Kommission in einem abschließenden Bericht fest, daß Lee H. Oswald (der zwei Tage nach dem Attentat ebenfalls ermordet wurde) den US-Präsidenten allein ermordet, allein gehandelt und weder einer in- noch einer ausländischen Verschwörung angehört habe.

L. B. Johnson faßt in einer Botschaft über die Lage der Nation (8. 1. 1964) die Aufgaben der Regierung zusammen: Kampf gegen Armut, Steuersenkung, Aufhebung der Rassendiskriminierung. Sein außenpolitisches Ziel ist eine Welt ohne Krieg. „Wir müssen ständig auf das Schlimmste gefaßt sein, dabei aber beständig auf das Beste hinarbeiten — stark genug, um einen Krieg zu gewinnen, und klug und überlegen genug, um ihn zu verhindern."

Am 2. Juli 1964 wird das noch von Präsident Kennedy eingebrachte neue Bürgergesetz, die wichtigste Maßnahme zur Gleichberechtigung der Neger seit der Negerbefreiung durch A. Lincoln, angenommen.

Bei der Wahl am 3. November 1964, für die der Demokratische Parteikonvent L. B. Johnson und der Parteikongreß der Republikanischen Partei den Gouverneur von Arizona, Barry Morris Goldwater, als Präsidentschaftskandidaten nominieren, siegt nach einem harten Wahlkampf Lyndon B. Johnson mit 61 % der Stimmen.

— Das Jahr 1964 bringt mehrere Ereignisse, die den Gang der weltpolitischen Entwicklung tiefgreifend beeinflussen. Der **Sturz Chruschtschows** und seine Ablösung durch Kossygin (als Ministerpräsident) und durch Breschnew (als Parteichef) am 15. Oktober macht sogleich den Weg für freundschaftliche Annäherungen zwischen Peking und Moskau frei. — Die neue Führung der UdSSR betont die Leninsche Generallinie, die vom XX. und XXII. Parteitag ausgearbeitet wurde, und versichert, daß sich am politischen Kurs der SU nichts ändern werde.

In Großbritannien gewinnt am 15. Oktober 1964 die Labour Party erstmals seit 1951 die Unterhauswahlen. Sie erzielt 317 Mandate (44,1 % der Stimmen) gegenüber den Konservativen mit 303 (43,4 % der Stimmen). Die Liberalen erhalten 9 Sitze (11,2 % der Stimmen).

Premierminister wird James H. Wilson. — Mit Sonderzöllen beschreitet die britische Wirtschaftspolitik den Weg eines Protektionismus, der einer europäischen Integration zuwiderläuft. Dennoch macht sich seit 1965 der deutliche Trend einer Annäherung an die EWG bemerkbar.

6. Die Bundesrepublik Deutschland als Partner und Glied der freien Welt (1949—1964)

a) Von der erzwungenen Teilung zur Souveränität (1949—1955)

Nach der Verabschiedung des Grundgesetzes durch den Parlamentarischen Rat (8. 5. 1949) und seinem Inkrafttreten (23. 5. 1949) beginnt das politische Leben im freien Teil Deutschlands mit der ersten Wahl zum Bundestag (14. 8. 1949), der Wahl von Professor Theodor Heuss zum Bundespräsidenten und der Wahl von Dr. Konrad Adenauer zum Bundeskanzler.

Das **Petersberger Abkommen** vom 22. November 1949 zwischen der Bundesregierung und den drei Alliierten Hohen Kommissaren befreit die BRD von zahlreichen Fesseln des Besatzungsstatutes, beschließt die Eingliederung der BRD in die europäischen Gemeinschaften, gibt die Zustimmung zur Beteiligung an internationalen Organisationen, genehmigt konsularische Beziehungen zum Ausland und sieht vorbereitende Maßnahmen zur Beendigung des Kriegszustandes vor.

Wiederholt fordert die BRD die Wiederherstellung der deutschen Einheit durch freie, gesamtdeutsche Wahlen (bes. am 22. 3. 1950, 14. 9. 1950, 9. 3. 1951, 27. 9. 1951, 17. 10. 1951 usw.), lehnt aber den von der „DDR" vorgeschlagenen paritätisch zusammengesetzten gesamtdeutschen konstituierenden Rat ab.

Der Beitritt zum Europarat (17. 8. 1950), die Verkündung der **Montanunion** als Gemeinschaft der deutschen und französischen Kohle- und Stahlindustrie durch den französischen Außenminister Robert Schuman (9. 5. 1950) und die Einbeziehung der BRD in die westliche Verteidigungsgemeinschaft (deutsche Zustimmung am 8. 11. 1950) bereiten die Ablösung des Besatzungsstatutes durch einen Sicherheitsvertrag vor.

Die Dreimächtekonferenz von Brüssel unterstützt am 19. 12. 1950 die Forderung des NATO-Rates vom Vortage nach Schaffung einer europäischen Armee mit deutschen Kontingenten.

Am 9. 7., 13. 7. bzw. 19. 10. 1951 wird in Noten bzw. Botschaften die **Beendigung des Kriegszustandes** mit Deutschland von den Staaten des britischen Commonwealth, von Frankreich und den USA bekanntgegeben. Seit 1951 finden gemeinsame Konferenzen der Westmächte mit der BRD als gleichberechtigtem Partner statt. Die ersten Staatsbesuche führen den Regierungschef, der zugleich Außenminister ist, nach Rom (Juni 1951), nach London (Dezember 1951), nach Washington (April 1953), nach Kanada (April 1953). Der **Deutschland-Vertrag** wird am 26. 5. 1952 durch die Außenminister Acheson, Eden, Schuman und Bundeskanzler Adenauer unterzeichnet und gemeinsam mit dem EVG-Vertrag durch die Bundesregierung am 30. 3. 1954 ratifiziert. Nach Ablehnung der EVG durch die französische Nationalversammlung am 30. 8. 1954 wird bei der **Pariser Konferenz** vom Oktober 1954 der Bundesrepublik Deutschland der Status eines souveränen Staates zurückgegeben.

Zu den **Pariser Verträgen** gehört:

der Deutschland-Vertrag mit seinen Zusatzverträgen;

der Vertrag über die Rechte und Pflichten ausländischer Streitkräfte in der BRD;

der Finanzvertrag über die Höhe des deutschen Verteidigungsbeitrages;

der Vertrag zur Regelung der aus Krieg und Besatzung entstandenen Fragen;

das Abkommen über die steuerliche Behandlung ausländischer Streitkräfte und ihrer Mitglieder;

das deutsch-französische Abkommen über ein europäisches Statut der Saar.

Nach Ratifizierung der Pariser Verträge wird am 5. Mai 1955 das Besatzungsstatut aufgehoben und die Souveränität der Bundesrepublik Deutschland proklamiert:

„Heute, fast zehn Jahre nach dem militärischen und politischen Zusammenbruch des Nationalsozialismus, endet für die Bundesrepublik die Besatzungszeit. Mit tiefer Genugtuung kann die Bundesregierung feststellen: Wir sind ein freier und unabhängiger Staat. Was sich auf der Grundlage wachsenden Vertrauens seit langem vorbereitete, ist nunmehr zur rechtsgültigen Tatsache geworden: Wir stehen als Freie unter Freien, den bisherigen Besatzungsmächten in echter Partnerschaft verbunden. Mit der Bundesregierung gedenken in dieser Stunde 50 Millionen freier Bürger der Bundesrepublik in brüderlicher Verbundenheit der Millionen Deutschen, die gezwungen sind, getrennt von uns in Unfreiheit und Rechtlosigkeit zu leben. Wir rufen ihnen zu: Ihr gehört zu uns, wir gehören zu euch! Die Freude über unsere wiedergewonnene Freiheit ist so lange getrübt, als diese Freiheit euch versagt bleibt. Ihr könnt euch immer auf uns verlassen, denn gemeinsam mit der freien Welt werden wir nicht rasten und ruhen, bis auch ihr die Menschenrechte wiedererlangt habt und mit uns friedlich vereint in einem Staate lebt. In dieser Stunde gedenken wir der vielen Deutschen, die immer noch das harte Los der Kriegsgefangenschaft tragen müssen. Wir werden alles daransetzen, daß auch ihnen bald die Stunde der Befreiung schlägt. Freiheit verpflichtet. Es gibt für uns im Innern nur einen Weg: den Weg des Rechtsstaates, der Demokratie und der sozialen Gerechtigkeit. Es gibt für uns in der Welt nur einen Platz: an der Seite der freien Völker. Unser Ziel: in einem freien und geeinten Europa ein freies und geeintes Deutschland."

b) Die politischen Kräfte der BRD — die Innenpolitik

1. Die wichtigsten Parteien:

— Die Christlich-Demokratische Union (CDU) wendet sich an beide großen christlichen Konfessionen. Leitsätze werden im Juli 1945 veröffentlicht. Erster Parteitag August 1947. Grundlagen der Politik: Ahlener Wirtschaftsprogramm 1947, Düsseldorfer Leitsätze 1949, Hamburger Programm 1953, Hamburger Manifest 1957. Parteivorsitzender ist seit Gründung Konrad Adenauer. Nachfolger: März 1966 L. Erhard, Mai 1967 K. G. Kiesinger, Oktober 1971 R. Barzel.

— Die Christlich-Soziale Union (CSU) ist eine bayerische Partei, hat im Bundestag eine Fraktionsgemeinschaft mit der CDU. Aktionsprogramm 1954 veröffentlicht, Vorsitzender: F. J. Strauß. Die CDU/CSU ist seit 1949 Träger der Regierungspolitik im Bund.

— Die Sozialdemokratische Partei (SPD) erfährt eine Neugründung und politische Ausrichtung durch Kurt Schumacher (gest. 1952). Aktionsprogramm wird auf dem Dortmunder Parteitag 1952 veröffentlicht und in Berlin 1954 ergänzt. Ein neues Grundsatzprogramm wird beschlossen auf dem außerordentlichen Parteitag in Bad Godesberg 1959. Vorsitzender: W. Brandt. Im März 1964 empfängt Papst Paul VI. eine SPD-Delegation.

Die SPD ist in der Bundespolitik bis 1966 in der Opposition, trägt aber zu einem erheblichen Teil die Landes- und die Kommunalpolitik.

— Die Freie Demokratische Partei (FDP) entsteht 1946 auf Zonenbasis. Zusammenschluß im Bund 1948. Wahlprogramm Lübeck 1953, Berliner

Programm 1957. Die FDP ist meist in Koalition mit der CDU/CSU — in den Ländern auch mit der SPD — Regierungspartei. Vorsitzender: zunächst E. Mende, seit 1968 W. Scheel.

— Die Deutsche Partei (DP) entsteht als niedersächsische Landespartei 1945 und dehnt ihre Tätigkeit seit 1947 als Rechtspartei auf alle Länder aus. Vorübergehender Zusammenschluß mit einem Teil der FDP zur DP/FVP (Freie Volkspartei). Zeitweise Regierungspartei; Krise und Zerfall; April 1961 Verbindung mit dem Gesamtdeutschen Block (BHE) zur Gesamtdeutschen Partei (GDP). Juni 1962 als niedersächsische Landespartei neu gegründet.

— Gesamtdeutscher Block/BHE (Bund der Heimatvertriebenen und Entrechteten), 1950 gegründet, ist weniger Partei als Interessenvertretung. Der BHE hat in der Landes- und Kommunalpolitik vorübergehend Bedeutung erlangt.

— Andere Parteien: Bayernpartei (BP), Bund der Deutschen (BdD), Deutsche Freiheitspartei (DFP), Deutsche Friedensunion (DFU), Deutsche Gemeinschaft (DG), Deutsche Reichspartei (DRP), Deutsche Zentrumspartei (Z), Deutschnationale Volkspartei, Nationaldemokratische Partei (NPD).

— Die KPD wird vom Bundesverfassungsgericht am 17. 8. 1956 für verfassungswidrig erklärt und aufgelöst; die Bildung von Ersatzorganisationen wird verboten.

Nach dem Verbot der KPD (1956) erfolgt 1968 die Gründung der legalen Deutschen Kommunistischen Partei (DKP). Ein Großteil der Mitglieder kommt aus der KPD. In programmatischen Erklärungen wird die Verfassungsordnung des Grundgesetzes anerkannt. In der Bundestagswahl von 1969 vereinigt sich die DKP mit der DFU (Deutsche Friedensunion) und anderen Gruppen zur ADF (Aktion Demokratischer Fortschritt); diese erhält 0,6 % Wählerstimmen. — Im Gegensatz zur zahlenmäßigen Schwäche stehen besonders seit ca. 1970 das Auftreten und die gezielten Aktionen der straff organisierten und finanziell sehr gut ausgestatteten radikalen Linkspartei.

— Die NPD (Nationaldemokratische Partei Deutschlands), 1964 gegründete konservative, nationale, extrem rechts stehende Partei; im Bundestag nicht vertreten, seit 1966/67 jedoch in etlichen Länderparlamenten. Vorsitzender 1967 bis 1971 Adolf v. Thadden.

Aufschwung 1969 mit folgenden Landtagssitzen:

Schleswig-Holstein	4
Niedersachsen	10
Bremen	8
Hessen	8
Rheinland-Pfalz	4
Baden-Württemberg	12
Bayern	15

Das Anwachsen der NPD findet auch im Ausland als Wiedererwachen des Rechtsradikalismus Beachtung und wird besonders durch die kommunistischen Staaten propagandistisch ausgewertet.

Bei den Landtagswahlen von 1970/71 erreicht die NPD jedoch in keinem Länderparlament ein Abgeordnetenmandat.

Bei den Bundestagswahlen 1972 wird die NPD mit 0,5 % ebenso bedeutungslos wie die übrigen Splitterparteien, die — einschließlich der DKP mit 0,3 % — insgesamt nur 0,9 % der Wählerstimmen erhalten.

2. Politische Kräfte der Gesellschaft

Die Existenz der Interessenverbände entspricht der pluralistischen Gesellschaft und ist legitim. Sie beruht auf den im Grundgesetz der BRD verankerten Freiheitsrechten. Als „pressure groups" üben sie (z. T. beträchtlichen) Einfluß auf Politik, Gesetzgebung und Verwaltung aus. Ihre Berechtigung endet dort, wo das Wohl des Ganzen zu Schaden kommt und die berechtigten Interessen anderer unterdrückt werden.

aa) Organisationen der gewerblichen Wirtschaft:

Gesamtverbände des Groß- und Außenhandels, Hauptgemeinschaft des Einzelhandels, Zentralverband des Deutschen Handwerks, Bundesverband der Deutschen Industrie, Deutscher Industrie- und Handelstag (mit 79 Industrie- und Handelskammern), Vereinigung der Arbeitgeberverbände (in Industrie, Handel, Versicherungen, Landwirtschaft usw.) u. v. a.

bb) Organisationen der Landwirtschaft:

Deutscher Bauernverband, Deutscher Raiffeisenverband, Verband der Landwirtschaftskammern, Deutsche Landwirtschaftsgesellschaft, zusammengefaßt sind diese Verbände im Zentralausschuß der Deutschen Landwirtschaft.

cc) Arbeitnehmer und Gewerkschaften:

Der DGB mit 16 Teilgewerkschaften: u. a. IG Metall, GW Öffentliche Dienste, Transport und Verkehr; Chemie, Papier, Keramik; Bergbau und Energie; Eisenbahnergewerkschaft; Postgewerkschaft; Druck und Papier; Erziehung und Wissenschaft; Gartenbau, Land- und Forstwirtschaft. Christlicher Gewerkschaftsbund; Deutscher Beamtenbund; Deutsche Angestellten-Gewerkschaft; Deutsches Beamtenkartell; Deutscher Handels- und Industrieangestelltenverband.

dd) Sonstige Interessenverbände:

Verbände der freien Berufe (Anwalts-, Ärzte-, Apothekerkammern), Verbraucher (Arbeitsgemeinschaft der Verbraucherverbände), Vertriebene, Landsmannschaften, 131er, Heimkehrer, Kriegsgeschädigte, Verfolgte des Nazi- und Sowjetzonenregimes, Währungs- und Besatzungsgeschädigte,

Die Ergebnisse der Bundestagswahlen 1949 bis 1972:

	14. 8. 1949 78 %	6. 9. 1953 85,8 %	15. 9. 1957 87,8 %	17. 9. 1961 87,7 %	19. 9. 1965 86,8 %	28. 9. 1969 86,7 %	19. 11. 1972 91,2 %
Wahlbeteiligung							
CDU	25,2 % 115 Sitze	36,4 % 191 Sitze	39,7 % 217 Sitze	36,3 % 192 Sitze	38,0 % 196 Sitze	36,7 % 193 Sitze	35,2 % 177 Sitze
CSU	5,8 % 24 Sitze	8,8 % 52 Sitze	10,5 % 53 Sitze	9,6 % 50 Sitze	9,6 % 49 Sitze	9,4 % 49 Sitze	9,7 % 48 Sitze
SPD	29,2 % 131 Sitze	28,8 % 151 Sitze	31,8 % 169 Sitze	36,5 % 190 Sitze	39,3 % 202 Sitze	42,7 % 224 Sitze	45,8 % 230 Sitze
FDP	11,9 % 52 Sitze	9,5 % 48 Sitze	7,7 % 41 Sitze	12,1 % 67 Sitze	9,5 % 49 Sitze	5,8 % 30 Sitze	8,4 % 41 Sitze
DP	4,0 % 17 Sitze	3,2 % 15 Sitze	3,4 % 17 Sitze	—	—	—	—
GDP	—	—	—	2,7 %	—	—	—
GB / BHE	—	5,9 % 27 Sitze	4,6 %	—	—	—	—
DG	—	—	—	0,1 %	—	—	—
KP	3,7 % 15 Sitze	2,2 %	—	—	—	—	—
Z	3,1 % 10 Sitze	1,0 % 3 Sitze	0,3 %	—	—	—	—
BP	4,2 % 17 Sitze	1,7 %	0,5 %	—	—	—	—
WAV	3,0 % 12 Sitze	—	—	—	—	—	—
DRP	1,8 % 5 Sitze	1,1 %	1,0 %	0,8 %	—	—	—
DFU	—	—	—	1,8 %	1,3 %	—	—
NPD	—	—	—	—	2 %	4,3 %	0,6 %
Sonstige	4 Sitze	—	—	—	—	—	—
Zahl der Bundes- tagsabgeordneten	402	487	497	499	496	496	496

VdK (Verband der Kriegsbeschädigten, Kriegshinterbliebenen und Sozialrentner).

ee) Verbände mit weltanschaulicher, religiöser oder karitativer Zielsetzung:

Rotes Kreuz, Evangelisches Hilfswerk, Innere Mission, Caritasverband, Arbeiterwohlfahrt, Volksbund Deutsche Kriegsgräberfürsorge, Deutsches Müttergenesungswerk u. a.

4. Schwerpunkte der Gesetzgebung des Deutschen Bundestages in der Innen- und Sozialpolitik (bis 1961):

Wohnungsbau-, Heimkehrer-, Bundesversorgungs-, Wiedergutmachungs-, Mitbestimmungs-, Jugendschutz-, Lastenausgleichs-, Betriebsverfassungs-, Vertriebenen-, Arbeitsgerichts-, Kriegsgefangenenentschädigungs-, Bundesmieten-, Personalvertretungs-, Soldaten- und Wehrpflichtgesetz; Gesetz über die Eingliederung des Saarlandes, Wehrstraf-, Kriegsopferversorgungs-, Renten-, Sparprämiengesetz; Gesetz über den zivilen Ersatzdienst, Jugendarbeitsschutzgesetz u. a.

c) Soziale Marktwirtschaft und „Wirtschaftswunder"

Die „soziale Marktwirtschaft" (Repräsentant: Ludwig Erhard) führt im Zusammenhang mit der Eingliederung in die EWG zum schnellen wirtschaftlichen Aufschwung.

Grundgedanken: Im Gegensatz zur Planwirtschaft bleibt die Leistungskonkurrenz (Wettbewerb) der Unternehmer erhalten, uneingeschränkter Wettbewerb, der zur Monopolbildung führt, wird jedoch abgelehnt (Kartellverbot). Aus politischen und ethischen Gründen werden die sozialen Forderungen der Gegenwart anerkannt, ihnen wird durch wirtschaftspolitische Maßnahmen (Preis- und Konjunkturpolitik) Rechnung getragen; in das „freie Spiel der Kräfte" kann bis zu einem gewissen Grad eingegriffen werden. Die Vollbeschäftigung wird in der BRD 1958 erreicht.

1962 gibt es in der BRD im Durchschnitt 142 000 Arbeitslose (= 0,7 % der Arbeitnehmer), während die Zahl der freien Stellen ein Mehrfaches hiervon beträgt und im gleichen Jahr 155 900 ausländische Arbeiter vermittelt werden. Im Sommer 1971 stehen 145 835 Arbeitslosen 693 090 offene Stellen gegenüber. Zur selben Zeit übersteigt die Zahl der beschäftigten Ausländer die Zwei-Millionen-Grenze.

Einige Zahlen zur Verdeutlichung des wachsenden Wirtschaftspotentials:

Gesamtsteueraufkommen (Bund, Länder und Gemeinden):
    1950: 21 Mrd. DM   1960: 68,6   1965: 106,1   **1970: 152,6**
Je Einwohner:
    1950: 423,00 DM   1960: 1235,00   1965: 1769,00   1970: 2544,00
Brutto-Sozialprodukt (d. i. der gesamte Wert der im Inland durch die Volkswirtschaft erzeugten Güter und Dienstleistungen):
    1950: 97,2 Mrd. DM   1960: 296,8   1965: 449,6   1970: 677,7

Beschäftigte Arbeitnehmer:
1950: ca. 13,7 Mill.   1960: 19,1   1965: 27,2   1970: 26,6

Kfz-Produktion und -Zulassung (Pkw und Kombiwagen):

	1948:	1950:	1955:	1960:	1965:	1970:
Produktion:	30 000	219 400	762 000	1 816 800	2 734 000	3 830 000
Ausfuhr:	9 100	69 000	344 500	865 300	1 516 500	2 104 000
Zulassung:	12 000	146 000	406 000	943 500	1 383 000	ca. 1 600 000

Kfz-Bestand: 1960:   8,003 Mill.
                     1971:   18,029 Mill.
Davon Pkw: 15,115 Mill.
      Lkw: 1,034 Mill.
      Zugmaschinen: 1,486 Mill.
      Krafträder: 0,202 Mill.
      Omnibusse u. Sonder-Kfz: 0,192 Mill.

Am Welthandel nimmt die BRD 1960 an der Einfuhr mit 8,7 % (d. i. an 3. Stelle), an der Ausfuhr mit 10,2 % (d. i. an 2. Stelle) teil.

Auch zu Beginn der 70er Jahre behauptet die BRD hinter den USA und vor Großbritannien und Japan den zweiten Platz als Welthandelsmacht. 1970 steigt die Einfuhr auf 109,6 Mrd. DM und die Ausfuhr auf 125,3 Mrd. DM (ohne Berücksichtigung der Preissteigerung und der Wechselkursfreigabe für die D-Mark).

Gastarbeiter. Da die Nachfrage nach Arbeitskräften im Inland nicht mehr gedeckt werden kann, werden in immer stärkerem Maße ausländische Arbeitskräfte angeworben:

1964 erreicht die Zahl der ausländischen Arbeitnehmer die Millionengrenze; Ende September 1969 sind es 1,5 Millionen, davon ca. 30 % Frauen. Bis September 1970 steigt die Zahl auf 1,949, bis September 1971 weiter auf 2,239 Mill. Arbeitnehmer. Unter den Herkunftsländern steht Jugoslawien mit 478 000 an erster Stelle, es folgen 453 000 Türken, 408 000 Italiener, 269 000 Griechen und 187 000 Spanier.

Berufliche Anpassung und gesellschaftliche Eingliederung bringen soziale, bildungspolitische, rechtliche und wirtschaftliche Probleme mit sich (Arbeitsförderungsgesetz vom Mai 1969).

Eine aktive Arbeitsmarktpolitik soll Arbeitslosigkeit von vornherein vermeiden und die Voraussetzungen schaffen, die Strukturveränderungen der Wirtschaft abzufangen. Bedeutung der Bundesanstalt für Arbeit.

d) Die BRD in der Gemeinschaft der freien Völker seit 1955

1. Mit dem Inkrafttreten der **Pariser Verträge** (5. 5. 1955) beginnt ein neuer Abschnitt der deutschen Geschichte: Die unmittelbaren Folgen des Zweiten Weltkrieges sind beseitigt.

   Wesentlichster Unterschied zum Ersten Weltkrieg: Während der Versailler Vertrag von 1919 auf die Isolierung und Niederhaltung Deutschlands ausgerichtet ist und von allen politischen Kräften in Deutschland abgelehnt wird, geht es bei den Pariser Verträgen von 1955 um die Aufnahme

Deutschlands in die Reihe der freien Völker als souveräner, gleichberechtigter Partner, und es ist allgemein anerkannte nationale Aufgabe, im Sinne der Verträge zu handeln.

Die BRD schließt sich eng an den freien Westen an, setzt sich für dessen Stärkung und für den wirtschaftlichen und politischen Zusammenschluß Europas ein. Durch Aufstellung der Bundeswehr wird die Bereitschaft zur westlichen Solidarität genauso dokumentiert wie durch die Beteiligung an der Gründung der Europäischen Wirtschaftsgemeinschaft 1957 und durch die Bemühungen um die Aufnahme der EFTA-Staaten in die EWG. Der Verzicht auf kriegerische Zurückeroberung verlorener Gebiete, das Festhalten an der Entscheidung über die Zugehörigkeit der deutschen Ostgebiete durch einen Friedensvertrag und die Forderung nach Wiedervereinigung mit der SBZ unter der Voraussetzung freier, gesamtdeutscher Wahlen bleiben integrale Bestandteile der deutschen Politik. Dasselbe gilt auch für die „Hallstein-Doktrin": Bis zu einer endgültigen Friedensregelung ist die Bundesrepublik der allein rechtmäßige deutsche Staat und die Bundesregierung die einzig legitimierte Vertretung des deutschen Volkes. Die Bundesregierung fordert von den außerdeutschen Staaten die Nichtanerkennung der SBZ und den Verzicht auf diplomatische Beziehungen mit der „DDR", andernfalls bricht sie ihrerseits die diplomatischen Beziehungen ab (dies ist im Falle Jugoslawien und Kuba geschehen). Das kommunistische System in der „DDR" ist bestrebt, die Gegensätze zur Bundesrepublik zu vergrößern sowie durch Verdächtigungen und Drohungen Mißtrauen zwischen der BRD und ihren Verbündeten zu stiften.

Hallstein-Doktrin. Der auf dem Alleinvertretungsanspruch beruhende Grundsatz, demzufolge die Aufnahme diplomatischer Beziehungen eines Landes zur DDR als „unfreundlicher Akt" gegen die BRD betrachtet wird, hat zwischen 1955 und ca. 1963 Gültigkeit. Die Aufnahme diplomatischer Beziehungen zu Rumänien (1967) und erneut zu Jugoslawien (1968), die wirtschaftliche Erstarkung der DDR und die außenpolitischen Prinzipien der SPD-FDP-Regierung (seit Ende 1969) führen zu einem qualitativen Wandel in der Handhabung der Hallstein-Doktrin.

2. **Die Saarfrage:**

Nachdem sich die Bevölkerung mit fast 68 % gegen das Saarstatut (Europäisierung) ausspricht, einigen sich Bundeskanzler Adenauer und Ministerpräsident Mollet über die Rückgliederung des Saargebietes zum 1. 1. 1957 als zehntes Land in die Bundesrepublik. Wirtschaftlich bleibt es mit Frankreich verbunden — bis zum 5. 7. 1959 die Eingliederung in die BRD auch wirtschaftlich erfolgt.

3. **Die Bundesrepublik und die Sowjetunion**

Auf Einladung der Sowjetunion besucht Bundeskanzler Adenauer vom 9. bis 13. September 1955 Moskau: Zwischen der BRD und der Sowjetunion werden diplomatische Beziehungen aufgenommen; die in der Sowjetunion noch zurückgehaltenen deutschen Kriegsgefangenen sollen entlassen werden.

Ein Handelsvertrag mit der Sowjetunion wird am 25. 4. 1958 abgeschlossen und am 31. 12. 1960 erneuert.

Die diplomatischen Beziehungen beschränken sich auf wiederholte Noten, in denen Chruschtschow einen Friedensvertrag mit beiden deutschen Staaten vorschlägt, widrigenfalls die Sowjetunion mit der „DDR" einen Separatfrieden abschließen werde.

Verschärfung und neue Berlinkrise durch die offensive Berlinpolitik der SU: Berlinultimatum vom 27. 11. 1958; Forderung nach Umwandlung West-Berlins in eine entmilitarisierte freie Stadt und Aufhebung des Viermächtestatus. Feste Haltung der Westmächte, Wiederholung der sowjetischen Forderungen im Friedensentwurf für Deutschland vom 10. 1. 1959.

Die sehr kühlen und zeitweise gespannten diplomatischen Beziehungen der BRD zur Sowjetunion gehen parallel mit zentral geplanten und gesteuerten Diffamierungskampagnen gegen die grundsätzliche Politik der Bundesregierung, gegen die Bundeswehr und gegen die Heimatvertriebenen. Die psychologische Kriegführung wird vom gesamten Ostblock getragen, in vorderster Front steht dabei die „DDR".

Am 6. Oktober 1960 veröffentlicht das Presse- und Informationsamt der Bundesregierung eine zusammenfassende Darstellung des Umfangs der kommunistischen Agitation gegen die BRD:

„Die psychologische Offensive des Sowjetblocks zeigt zur Zeit folgendes Bild: Der Sowjetblock, der die Politik nach den Maximen Lenins als eine Fortsetzung des Krieges mit anderen Mitteln begreift, setzt zur Zeit für die propagandistische Offensive gegen die freie Welt insgesamt rund 2 Milliarden Dollar jährlich, also etwa 8,4 Milliarden DM ein.

Ihm stehen als ‚5. Kolonne' für diese Zersetzungsarbeit nicht allein die 63 kommunistischen Parteien der westlichen und der neutralen Länder zur Verfügung, von denen 33 legal und 30 illegal sind. Vielmehr sind darüber hinaus insgesamt 15 prokommunistische Weltorganisationen verschiedener Art tätig, die gleichsam das Dach für die Hunderte von Tarnbünden in fast allen Ländern der Erde bilden. Sie werden zentral von einem ‚Kontaktkomitee' in Prag gesteuert, das unter der Leitung des Sowjetfunktionärs Jiri Pelikan steht und als Nachfolger der Komintern angesehen werden muß.

Allein im Dienst der sowjetzonalen Propaganda gegen die Bundesrepublik, die vom sogenannten Arbeitsbüro beim SED-Zentralkomitee mit seinen etwa 100 Funktionären gelenkt wird, stehen rund 16 000 hauptamtliche Mitarbeiter, von denen Hunderte ständig als Instrukteure in der Bundesrepublik tätig sind. Die Zahl der sowjetzonalen Propaganda-Pamphlete, die nach Westdeutschland und West-Berlin eingeschleust werden, hat sich von rund 300 000 Exemplaren monatlich im Jahre 1957 um rund 12 Millionen Stück im Monatsdurchschnitt 1960 erhöht. Der sowjetzonale Staatsrundfunk mit seinen 18 Mittelwellensendern, 20 UKW-Sendern, 6 Kurzwellensendern und 1 Langwellensender ist ausschließlich für propagandistische Zwecke eingesetzt. Das 1. Fernsehprogramm des Pankower Regimes kann von mehr Bürgern der Bundesrepublik und West-Berlin als von Einwohnern Mitteldeutschlands gesehen werden. Das 2. Programm des sowjetzonalen Fernsehens dürfte im kommenden Jahr mit gleicher Zweckbestimmung anlaufen. In der Bundesrepublik selbst werden von den illegalen Zeitungen der KPD insgesamt 11 Landes- und Bezirkszeitungen, eine Vielzahl von Gebiets-, Kreis- und Ortszeitungen sowie mehr als 100 Betriebszeitungen hergestellt und verteilt. Darüber hinaus geben ehemalige Funktionäre der KPD in der Bundesrepublik 28 Zeitschriften heraus. Die prokommunistischen Hilfsorganisationen lassen weitere 120 Zeitungen und Zeitschriften erscheinen, die — trotz eindeutigen Inhalts — mit dem KPD-Verbot nicht kollidieren. Das gleiche gilt für die Vielzahl der Tarnbünde, die in der Bundesrepublik vornehmlich gegen die Landesverteidigung agieren."

Die russisch-amerikanischen Gespräche (Treffen Kennedys mit Chruschtschow in Wien am 3./4. Juli 1961) verkleinern nicht die tiefe Kluft, lassen aber die Möglichkeit gefährlicher Fehlkalkulationen auf beiden Seiten geringer werden. Vor allem aber macht Kennedy dem sowjetischen Führer klar, daß mit einem Nachgeben der USA in der Deutschland- und Berlinfrage nicht zu rechnen sei.

In einer großen Rede am 25. Juli 1961 an die amerikanische Nation betont Kennedy die feste grundsätzliche Haltung und Bereitschaft, „der Gewalt Widerstand zu leisten, wenn uns gegenüber Gewalt angewandt wird".

Im Kreml werden aus dieser Situation Konsequenzen gezogen: die Offensive kommt zum Stehen.

Die wirtschaftlich und psychologisch kritische Lage in der SBZ (im Monat Juli 1961 über 30 000 Flüchtlinge; Gefahr eines neuen „17. Juni") führt am 13. August 1961 zur Entstehung der „Mauer". Die Initiative hierzu wird auf Ulbricht und die Führung der SED zurückgeführt, Chruschtschow stützt jedoch die „DDR" und ihre Politik.

4. Die deutsch-französische Aussöhnung

Die jahrelange — schon in der Weimarer Zeit von Stresemann und Briand betriebene, aber damals noch zum Scheitern verurteilte — freundschaftliche Annäherung der beiden Nachbarvölker auf politischem, geistigem und wirtschaftlichem Gebiet führt nach offiziellen Staatsbesuchen (zuletzt am 2. Juli 1962 Bundeskanzler Dr. Adenauer in Frankreich, Parade in Mourmelon als Besiegelung des gemeinsamen Verteidigungswillens; September 1962 Staatsbesuch de Gaulles in der Bundesrepublik und begeisterter Empfang in deutschen Städten) zur Unterzeichnung des **Pariser Vertrages** am 22. Januar 1963 über die deutsch-französische Zusammenarbeit (Elysée-Vertrag).

Die Sowjetunion legt am 5. Februar 1963 gegen den Vertrag Protest ein.

Grundgedanken und Bedeutung:

— Der Vertrag beendet eine jahrhundertelange Rivalität und Feindschaft; er begründet eine neue Entwicklung, die auf großen Gemeinsamkeiten, Vertrauen und Zusammenarbeit beruht.

— Der Vertrag ist kein Ersatz für die europäische Einigung; die Existenz der EWG wird nicht berührt.

— Der Vertrag ist kein Ersatz für die NATO und kein Block innerhalb der westlichen Verteidigung.

— Der Vertrag ist keine Absage an Großbritannien; die BRD unterstützt (im Gegensatz zu Frankreich) weiterhin den Beitritt Großbritanniens zu den europäischen Gemeinschaften.

5. **Wiedergutmachungsverträge** der Bundesrepublik werden mit Israel, Dänemark, Norwegen, Griechenland, den Niederlanden u. a. abgeschlossen.

    An der Entwicklungshilfe beteiligt sich die BRD. Ein entsprechendes Gesetz (5. 5. 1961) sieht bis Ende 1962 5 Mrd. DM aus öffentlichen Mitteln vor. In einer „Arbeitsgemeinschaft für Entwicklungshilfe" sind die Spitzenverbände der gewerblichen Wirtschaft vereinigt.

6. **Die innerpolitische Entwicklung** zeigt bis 1961 keine grundlegenden Veränderungen. Die Bundesregierungen sind seit 1949 Koalitionsregierungen der CDU/CSU mit FDP (außer 1953), DP und BHE (nur 1953).

    — Nach den Bundestagswahlen von 1953 und 1957 bildet Konrad Adenauer wiederum die Regierung. Von Brentano bleibt Außenminister, Gerhard Schröder wird Innenminister, Ludwig Erhard Vizekanzler und Wirtschaftsminister, F. J. Strauß löst Th. Blank als Verteidigungsminister ab. 1961 wird G. Schröder Außenminister, das Innenressort übernimmt H. Höcherl.

    Die Wahlen zeigen allgemein einen Rückgang der kleinen Parteien bis zur Bedeutungslosigkeit, so daß auf der Bundesebene die Entscheidungen zwischen CDU/CSU, SPD und FDP fallen. Die große Oppositionspartei, die SPD, hat sich durch ihr Godesberger Grundsatzprogramm vom 15. 11. 1959 vom ideologischen Marxismus gelöst und nähert sich der Konzeption der Bundesregierung in wichtigen Punkten der Wirtschafts-, Wehr- und Außenpolitik. Bei den Wahlen kann sie auf allen Ebenen beträchtliche Stimmengewinne verzeichnen. In einigen Ländern ist die SPD Regierungspartei, in der Kommunalpolitik nimmt sie die führende Stellung ein.

    Führende Politiker der SPD: Ollenhauer, Erler, Brandt, Carlo Schmid, Wehner, Deist.

    — Professor Theodor Heuss wird 1954 noch einmal für fünf Jahre Bundespräsident († 1963). Am 1. 7. 1959 wählt die Bundesversammlung in Berlin Heinrich Lübke. Wiederwahl 1964 († 1972). Am 1. 7. 1969 wird der bisherige Justizminister Gustav Heinemann (SPD) zum Bundespräsidenten gewählt.

- Nach dem Tod von H. Ehlers (29. 10. 1954) wird Eugen Gerstenmaier Präsident des Deutschen Bundestages bis Anfang 1969; sein Nachfolger wird Kai-Uwe v. Hassel. Mit Annemarie Renger (SPD) wird am 13. Dezember 1972 erstmals eine Frau zum Bundestagspräsidenten gewählt.
- In Berlin ist seit 3. Oktober 1957 Willy Brandt Regierender Bürgermeister und bleibt es bis November 1966 (er wird Außenminister der Großen Koalition und 1969 Bundeskanzler der sozial-liberalen Koalition). Regierender Bürgermeister wird der bisherige Senator Albertz, der im Oktober 1967 zurücktritt und durch Klaus Schütz ersetzt wird.
- Am 12. Dezember 1963 stirbt Theodor Heuss. „Er zeugte für die Macht des Geistes, der menschlichen Wärme und für die Wirkkraft des Bekenntnisses zur persönlichen Eigenart."
- Am 14. Dezember 1963 stirbt Erich Ollenhauer, der 1. Vorsitzende der SPD, „ein Vorbild der Redlichkeit politischen Denkens und Handelns".
- „Jeder dieser Männer hinterließ Vermächtnis und Auftrag. Sie haben Maßstäbe gesetzt. In ihnen und durch ihr Wirken wurde die hohe ethische Verantwortung der Macht sichtbar."

7. Konrad Adenauer, erster Bundeskanzler der BRD (1949—1963)

Am 15. Oktober 1963 tritt der erste Regierungschef der BRD freiwillig zurück. In einer würdigen Sondersitzung des Bundestages spricht der Bundestagspräsident den Dank des ganzen deutschen Volkes aus: „Konrad Adenauer hat sich um das Vaterland verdient gemacht."

K. Adenauer: geboren 5. Januar 1876 in Köln, Rechtsstudium, 1917 Oberbürgermeister von Köln, 1933 abgesetzt, 1945 wiederum OB seiner Vaterstadt, vom britischen Generalkommando aus dem Amt entfernt; 1946 Mitbegründer der CDU; 1948 Präsident des Parlamentarischen Rates, seit 1949 Bundesvorsitzender der CDU; am 15. September 1949 mit einer Stimme Mehrheit Bundeskanzler; 1953, 1957, 1961 wiedergewählt.

Neuer Bundeskanzler einer CDU/CSU-FDP-Koalitionsregierung wird bis November 1966: Ludwig Erhard (bisher Wirtschaftsminister); Vizekanzler und Bundesminister für Gesamtdeutsche Fragen wird E. Mende (FDP), Nachfolger Erhards als Wirtschaftsminister: K. Schmücker.

Konrad Adenauer verfolgt nach seinem Rücktritt weiter als Parteivorsitzender und Abgeordneter die Bundes- und Weltpolitik kritisch und aufmerksam. Adenauer stirbt am 19. April 1967. In den letzten Jahren verfaßte er vier Bände Erinnerungen, die die Zeit von 1945 bis 1963 umfassen.

8. Die Bundesrepublik in den Jahren 1963 und 1964

- Der Deutschlandbesuch J. F. Kennedys (Juni 1963) unterstreicht die Schicksalsgemeinschaft zwischen den USA und der BRD.
Die deutsch-französische Freundschaft bleibt trotz gewisser sachlicher Meinungsverschiedenheiten das tragende Element der Politik im europäischen Rahmen. „Es gäbe kein Europa, es gäbe keine europäische

Politik, es gäbe keine europäische Integration, und es gäbe zuletzt auch keine atlantische Partnerschaft, wenn nicht auf der Grundlage der Freundschaft zwischen Frankreich und Deutschland das bewegende Element der europäischen Einigung geschaffen worden wäre." (L. Erhard am 9. 1. 1964)

— Zahlreiche Auslandsbesuche von Bundespräsident Lübke (der am 1. Juli 1964 von der Bundesversammlung in Berlin mit 710 von 1042 Stimmen wiedergewählt wird) und Bundeskanzler Erhard festigen die Beziehungen der BRD zum Ausland, insbesondere auch zu den Entwicklungsländern. 1964 wird ein Institut für Entwicklungspolitik (getragen von der BRD und dem Land Berlin) gegründet.

Einen weiteren Schritt zur wirtschaftlichen Integration Europas bedeutet die Fertigstellung der Großschiffahrtsstraße Mosel zwischen Koblenz und Diedenhofen. (Eröffnung im Mai 1964 in Anwesenheit der Staatsoberhäupter von Frankreich, Luxemburg und der BRD.)

— Das Verhältnis zur Sowjetunion und zu den Ostblockstaaten ist weitgehend durch die Deutschland- und Berlinfrage bestimmt sowie durch die ungeklärten Probleme der Oder-Neiße-Grenze (Polen) und des Münchner Abkommens (ČSSR) belastet.

Bei einem Besuch des Schwiegersohnes von Chruschtschow, Alexei Iw. Adschubei — Ende Juli 1964 —, in der BRD wird eine Reise des sowjetischen Regierungs- und Parteichefs in die BRD vorbereitet. Der Sturz Chruschtschows verhindert die Realisierung.

— Die Innenpolitik wird u. a. durch die Steuer-, Notstands- und Sozialgesetzgebung bestimmt.

Landtags- und Kommunalwahlen in etlichen Bundesländern zeigen meist eine Stärkung der SPD und einen Trend zum Zweiparteiensystem. Die Öffentlichkeit beschäftigt sich eingehend mit einigen „Affären" — der „Spiegel"-Affäre (Anfang 1963), der Telefon-Abhör-Affäre (September 1963) — und 1964 mit dem inneren Gefüge der Bundeswehr und ihrer Stellung in Staat und Gesellschaft — im Zusammenhang mit den Nagold-Prozessen und den Berichten bzw. Äußerungen des Wehrbeauftragten Heye.

e) Wehrbeitrag und Aufbau der Bundeswehr

1. Der Weg zur Wehrhoheit

— Der totale Zusammenbruch des NS-Staates und das Vorgehen gegen Militarismus führen vorübergehend zur Ablehnung des Soldaten schlechthin, zur Diffamierung und zu einer „Ohne mich"-Psychose. Die allmähliche Konsolidierung und Klärung, der Zusammenschluß der freien Welt, die Revision der westlichen Besatzungspolitik, die Entwicklung der BRD zum gleichwertigen Mitglied der westlichen Völkergemeinschaft (OEEC, Montanunion, Europarat) führen zusammen mit dem geistig-politischen Neubeginn in Westdeutschland auch zu grundsätzlichen Erwägungen über einen deutschen Wehrbeitrag.

- Am 16. 3. 1950 fordert W. Churchill (Führer der konservativen Opposition im englischen Unterhaus) in einer Erklärung zur Verteidigung Westeuropas die Mitwirkung Deutschlands am Brüsseler Pakt und am Nordatlantikpakt. Solange man sich gegen einen Beitrag Deutschlands zur Verteidigung wehre, seien die Alliierten nicht in der Lage, den Deutschen irgendeine Versicherung zu geben, daß das Land im Falle eines Krieges nicht von den Sowjets überrannt werde.

  Im August 1950 verlangt Churchill eine Europaarmee mit deutschen Kontingenten. Die Bundesregierung bestätigt die Bereitschaft, für eine übernationale europäische Armee einen Verteidigungsbeitrag zu leisten.

- Am 27. Oktober 1950 beginnt der Abgeordnete des Deutschen Bundestages Theodor Blank als „Beauftragter des Bundeskanzlers für die mit der Vermehrung der alliierten Truppen zusammenhängenden Fragen" (Dienststelle Blank) die Vorarbeiten für die Aufstellung deutscher Verbände für eine europäische Armee.

- Ein wichtiger Schritt zur Beseitigung von Irrtümern und Mißverständnissen sowie zur Überwindung berechtigter Verstimmung, Verbitterung und Zurückhaltung ist die Erklärung des NATO-Oberbefehlshabers in Europa, General Eisenhower, am 20. 1. 1951 in Bonn: Es sei nicht seine Ansicht, daß der deutsche Soldat seine Ehre verloren habe. Er habe sich von dem tatsächlichen Unterschied zwischen dem deutschen Soldaten und Offizier einerseits und Hitler und seinen verbrecherischen Helfern andererseits überzeugt. Die große Mehrheit der deutschen Soldaten und Offiziere werde durch die von einzelnen Personen im Kriege begangenen Untaten nicht befleckt.

- Eine **Regierungserklärung** im gleichen Sinne nimmt der Deutsche Bundestag am 3. Dezember 1952 entgegen:

  „Wir möchten heute und vor diesem Hohen Haus im Namen der Regierung erklären, daß wir alle Waffenträger unseres Volkes, die im Rahmen der hohen, soldatischen Überlieferung ehrenhaft zu Lande, zu Wasser und in der Luft gekämpft haben, anerkennen. Wir sind überzeugt, daß der gute Ruf und die große Leistung des deutschen Soldaten trotz aller Schmähungen während der vergangenen Jahre in unserem Volke noch lebendig sind und noch bleiben werden. Es muß auch gemeinsame Aufgabe sein, die sittlichen Werte des deutschen Soldatentums mit der Demokratie zu verschmelzen. Der kommende deutsche Soldat wird nur seiner deutschen und europäischen Aufgabe gerecht werden, wenn er erfüllt ist von den Grundprinzipien, auf denen die Ordnung unseres Staates ruht. Diese Ordnung sichert zugleich die ethischen Werte des Soldaten vor erneutem Mißbrauch..."

- Im Rahmen der EVG (Deutschlandvertrag vom 26. 5. 1952), an der sich die BRD beteiligt, ohne zunächst Mitglied der NATO zu sein, sollen 12 deutsche Divisionen unter NATO-Befehl aufgestellt werden. Der Deutsche Bundestag spricht sich am 8. 2. 1952 grundsätzlich für einen deutschen Verteidigungsbeitrag aus.

Die EVG als Vorstufe zu einem übernationalen europäischen Staatenbund scheitert am Widerstand der französischen Nationalversammlung am 30. 8. 1954.

— An die Stelle der **EVG-Lösung** tritt die **WEU-Lösung** (als Erweiterung des Brüsseler Paktes von 1948), die ihren Ausdruck in den Pariser Verträgen (23. 10. 1954) findet. Die WEU selbst hat keine militärischen Funktionen und überträgt alle Verteidigungsaufgaben der NATO in Europa. Auf Grund der Pariser Verträge wird die BRD am 9. 5. 1955 als 15. Mitglied in die NATO aufgenommen. Am 7. Juni 1955 wird die „Dienststelle Blank" zum Bundesverteidigungsministerium.

„Die Erlangung der Souveränität und die Integration in die freie Welt Europas und des Westens überhaupt sind die entscheidende Basis der Entwicklung geworden.

Von der Souveränität geht die Entwicklung aus — denn gleichzeitig mit der Souveränität entstand auch die Notwendigkeit, einen angemessenen Beitrag zu den Verteidigungsanstrengungen Europas und der freien Welt zu leisten.

Daraus ergibt sich der politische und militärische Standort der Bundeswehr."

(Bundespräsident Lübke am 11. Oktober 1961 an der Führungsakademie der Bundeswehr in Hamburg-Blankenese)

Verteidigungsminister: Theod. Blank, F. J. Strauß — seit 16. Okt. 1956, K.-U. von Hassel — seit 11. Dez. 1962, G. Schröder — seit 1. Dez. 1966.

2. Wehrverfassung und Wehrgesetzgebung

Von Grund auf anders als nach dem Ersten Weltkrieg kommen Ausrichtung und Auftrag der bewaffneten Macht in der Bundesrepublik von der politischen Ordnung her.

Da das Grundgesetz von 1949 keinen Wehrbeitrag kennt, sind verfassungsändernde Gesetze notwendig: 26. 3. 1954 und 19. 3. 1956.

Die Bundeswehr ist ein Teil der vollziehenden Gewalt. Sie untersteht der parlamentarischen Kontrolle. Die Befehls- und Kommandogewalt über die Streitkräfte liegt in Friedenszeiten beim Bundesminister für Verteidigung und im Verteidigungsfall, der vom Bundestag festgestellt und vom Bundespräsidenten verkündet sein muß, beim Bundeskanzler. Ein **Verteidigungsrat** setzt sich aus dem Bundeskanzler und fünf weiteren Ministern zusammen.

Der Bundespräsident ernennt Offiziere, Unteroffiziere und die Beamten der Bundeswehrverwaltung, er erläßt Verordnungen über Hoheitszeichen, Uniformen und Dienstgrade.

Grundlegende Gesetze: Soldatengesetz, Wehrpflichtgesetz, Wehrbeschwerdeordnung, Wehrdisziplinarordnung, Wehrstrafgesetz, Gesetz über den Personalgutachterausschuß, Gesetz über den Wehrbeauftragten. Die wichtigsten Grundgesetzänderungen — die vom 19. 3. 1956 — werden vom Bundestag mit großer Mehrheit (nur 20 Gegenstimmen) angenommen; dies bedeutet, daß die Grundelemente der Wehrverfassung: allgemeine Wehrpflicht, politischer Oberbefehl, parlamentarische Kontrolle (durch Verteidigungsausschuß und Wehrbeauftragten) dem Willen des deutschen Volkes entsprechen.

„... Der Soldat hat die Pflicht, der Bundesrepublik Deutschland treu zu dienen und das Recht und die Freiheit des deutschen Volkes tapfer zu verteidigen.

Der Soldat muß die freiheitliche demokratische Grundordnung im Sinne des Grundgesetzes anerkennen und durch sein gesamtes Verhalten für ihre Erhaltung eintreten ..."

(§§ 7 und 8 des Soldatengesetzes vom 19. 3. 1956)

3. Die Vorstellung vom **„Staatsbürger in Uniform"** bedeutet, daß die Synthese vom freien Bürger und Soldaten verwirklicht wird. Angesichts der totalen Bedrohung der Freiheit muß der Soldat auch vom politischen Bewußtsein her geprägt werden, und der Bürger muß bereit sein, die freiheitliche Ordnung zu verteidigen, d. h., er muß als Soldat gehorchen und kämpfen können.

Das Selbstverständnis der Bundeswehr verlangt ihre eindeutige Ausrichtung auf die politische Ordnung der Bundesrepublik und die sie tragenden Wertvorstellungen. Soldatisches Bewußtsein setzt politisches Bewußtsein voraus.

„Allen denen, die ernsthaft über diese Dinge nachdachten, war klar, daß die Zuordnung der Bundeswehr durch Gesetz und Geist zu einer solchen freiheitlichen Lebensordnung nicht den Verzicht auf Leistungen, die den Soldaten und das Soldatsein kennzeichnen, in sich schloß ..." (G. Möbus)

„Und die kritische Frage, vor der wir jetzt eine neue Wehrmacht aufzubauen im Begriffe sind, besteht darin: Werden die Menschen, die innerhalb dieser neuen Wehrmacht die maßgebenden Posten einnehmen, von denen her sich die Gesinnung dieses Ganzen bestimmt, imstande sein, das ihnen als Soldaten Obliegende mit dem Geiste des politischen Ganzen so zu verbinden, daß sie sich unstatthafter Übergriffe enthalten, aber auch gleichzeitig sklavische Unterwerfung unter zu beanstandende Entschließungen der politischen Führung von sich weisen? Das ist die Schicksalsfrage, vor der wir stehen, und wir Deutsche tun, glaube ich, gut daran, uns klarzumachen, daß technische Rezepte, nach denen verfahren werden könnte, überhaupt unmöglich sind. Es kommt auf den Geist dieser neuen Wehrmacht an und nicht auf Vorschriften, durch die man sie einzugrenzen versucht ..." (Theodor Litt, 1956)

„Die Armee muß an der Bildung der gemeinsamen politischen Staatsgesinnung der Demokratie teilhaben. Nur so wird die Demokratie und ihre Staatsgesinnung auch in den Streitkräften leben und sich in ihnen nicht nur widerspiegeln." (A. Heusinger, Generalinspekteur der Bundeswehr, 1961)

Die Spannung zwischen der auf Diskussion und Abstimmung beruhenden demokratischen und der auf Befehl und Gehorsam fußenden soldatischen

Ordnung kann nicht übersehen werden; das sind jedoch keine unvereinbaren Gegensätze:

„... Ich glaube, daß es in der Praxis überhaupt keinen wirklichen Gegensatz gibt, so unvereinbar die beiden Ordnungen in der Theorie auch zu sein scheinen... Jede staatliche Institution — Polizei, Feuerwehr, Transporteinheiten — muß die ihr gemäße Disziplin haben. Wer anders als der demokratische Bürger ist geneigter, jeden Mangel an Disziplin bei ihnen zu kritisieren! Die Armeedisziplin greift tiefer in das Leben eines Mannes und ist wahrscheinlich strenger — ausgenommen vielleicht die Disziplin gewisser religiöser Orden. Insoweit sie eine wohlbegründete Forderung der Verantwortlichen darstellt, bildet sie keineswegs einen wesentlichen Gegensatz zu den demokratischen politischen Gepflogenheiten, ebensowenig nämlich wie jede Art korporativer Disziplin..." (Colonel G. M. Sprung)

f) Die Berlin- und Deutschlandfrage

1. Die Berlinfrage

— Durch die interalliierte Kriegskonferenz von Jalta (Febr. 1945) werden die Protokolle der „Europäischen Beratenden Kommission" in London vom 12. 9. und 14. 11. 1944 verbindliche Abkommen. Sie legen die Besatzungszonen und den Sonderstatus von Berlin fest.

— Im Gegensatz zur Auffassung Churchills und Montgomerys verzichten Roosevelt und Eisenhower in der Endphase des Krieges auf den Vorstoß nach Berlin.
Churchill: „... Es ist daher meine Meinung, daß wir vom politischen Standpunkt aus so weit wie möglich nach dem Osten Deutschlands vormarschieren und Berlin unbedingt nehmen müssen..."
Roosevelt: „... Ich würde das allgemeine sowjetische Problem möglichst in den Hintergrund treten lassen..."
Somit fällt der mitteleuropäische Kernraum in die Hände der Sowjets, und die Frage des freien Zugangs nach Berlin wird aktuell.

— Da die Protokolle vom Herbst 1944 zwar das Recht der **Anwesenheit** der Alliierten in Berlin fixieren, über die **Zugangsrechte nach Berlin** aber keine Bestimmung enthalten, werden diese Ergänzungen in einem Briefwechsel zwischen Truman und Stalin und in Verhandlungen zwischen den Hohen Kommissaren Clay und Schukow nachgeholt. Der uneingeschränkte und von Kontrollen freie Verkehr der Westmächte nach Berlin auf Straße, Schiene und in der Luft wird vom Kontrollrat ausgehandelt.
Mit Beginn des Kalten Krieges versucht die russische Besatzungsmacht die Westmächte aus Berlin zu verdrängen, West-Berlin der SBZ einzugliedern und die rechtlichen Grundlagen für die Anwesenheit der Westmächte in Berlin in Frage zu stellen (Sowjetnote vom 14. Juli 1948). Diese Versuche haben keinen Erfolg, die Blockade scheitert an der Westberliner Bevölkerung und an der alliierten Luftbrücke.

- Die Entstehung der BRD und die Verabschiedung des Grundgesetzes haben auch für West-Berlin Bedeutung: Es gehört staatsrechtlich zur Bundesrepublik Deutschland, das Grundgesetz gilt hier jedoch nur mit Einschränkungen, weil die oberste Gewalt noch immer auf Grund des Viermächteabkommens de jure von allen vier Alliierten wahrgenommen wird.
- In der Verfassung der „DDR" vom 7. 10. 1949 wird Berlin zur Hauptstadt bestimmt, wodurch der Anspruch auf diese Stadt ausgedrückt werden soll. Die Bundesregierung und die Westmächte wenden sich scharf gegen die Gründung der „DDR", die nicht auf dem freien Willen der Bevölkerung aufgebaut ist.
- Die Gewährung der Souveränität an die „DDR" durch die Sowjetunion (25. März 1954) und die Übertragung weiterer Hoheitsrechte (Note vom 18. 10. 1955) machen die Frage der Kontrolle an den Verbindungswegen akut. Für die Westmächte wird die Verantwortlichkeit der Sowjetunion dadurch in keiner Weise berührt, weil sich diese nicht einseitig von den Viermächteverpflichtungen für Berlin lossagen kann.
- Berlin wird „zum Prüfstein für die Stärke bzw. Schwäche der Weltmächte und der von ihnen geführten Mächtegruppen" und gleichzeitig zur „Brücke der Freiheit", dem einzigen Kontaktpunkt zwischen der Welt der Unfreiheit und dem freien Westen.
- Eine Offensive der Sowjetunion in der Berlinfrage beginnt mit der ultimativen Note der UdSSR an die Westmächte vom 27. 11. 1958. Die Sowjetunion betrachtet das Abkommen vom Herbst 1944 als nicht mehr in Kraft befindlich, fordert die Umwandlung West-Berlins in eine Freie Stadt, in deren politisches Leben sich kein Staat einmischen soll, und kündigt an, daß alle Hoheitsrechte an die „souveräne DDR" übertragen werden und alle offiziellen Kontakte zwischen der Sowjetunion und den Westmächten in Berlin aufhören sollen. Die Westmächte wiederholen daraufhin ihre Garantieerklärungen für Berlin.

Die Besprechungen in Camp David zwischen Chruschtschow und Eisenhower führen zu einer gewissen stillschweigenden Zurücknahme der ultimativen Bedrohung und zu der Erklärung, daß Verhandlungen die Berlinfrage klären sollen.

- Seitdem Schwebezustand; Kennedy setzt die Berlinpolitik seiner Vorgänger fort:
„Wir können und wollen es nicht zulassen, daß die Kommunisten uns stufenweise oder mit Gewalt aus Berlin verdrängen. Die Erfüllung des Versprechens, das wir dieser Stadt gegenüber abgegeben haben, ist notwendig für die Moral und die Sicherheit Westdeutschlands, für die Einheit Westeuropas und für den Glauben der gesamten freien Welt..." (Kennedy am 25. Juli 1961)
- Die als Folge der harten Haltung der Sowjets einsetzende starke Fluchtbewegung veranlaßt die Sowjetregierung zu radikalen Sperrmaßnahmen: In der Nacht vom 12. zum 13. August 1961 wird an der

Sektorengrenze eine **Mauer** errichtet und den Bewohnern Ost-Berlins jeglicher Verkehr und Kontakt mit dem Westen genommen. Die Westmächte protestieren, bezeichnen die Mauer als illegal und weigern sich, die Demarkationslinie als Staatsgrenze anzuerkennen. Dennoch verstärkt die Sowjetunion den Druck auf die Westmächte, indem auch die Frage der Luftkorridore aufgegriffen wird (23. August 1961).

„Psychologisch wirkt sich die Mauer gegen den Osten aus. Sie wird zum Schandmal einer Diktatur, die ihren moralischen Bankrott zu kaschieren versuchte, indem sie ins Getto ging; aber die Mauer symbolisiert auch die Ohnmacht der Deutschen, die sie hinnehmen mußten, weil sie den Willen einer imperialistischen Weltmacht nicht ändern können."

— Obwohl Mauer und Eiserner Vorhang Mitteldeutschland praktisch zu einem Gefängnis machen, gelingt es im Jahre 1963 3692 Personen, sich unter Gefahr für Leib und Leben den Weg in die Freiheit zu bahnen. (29 665 kommen auf dem Weg der Familienzusammenführung.)

— Am 17. Dezember 1963 ermöglicht das Berliner Protokoll (abgeschlossen zwischen Beauftragten des Berliner Senates und der „DDR"-Regierung) die Ausgabe von **Passierscheinen** an Westberliner für Verwandtenbesuche in Ost-Berlin an den Weihnachts- und Neujahrsfesttagen 1963/64. Am 24. September 1964 wird ein weiteres Passierscheinabkommen unterzeichnet, das für längere Zeit gelten soll. Die Bedeutung dieser Abkommen liegt auf menschlichem Gebiet. Die BRD erkennt auch weiterhin das nicht legitime DDR-Regime nicht an; ihr politisches Ziel ist die volle Freizügigkeit innerhalb Deutschlands. Im Herbst 1964 erlaubt die Regierung der SBZ Besuchsreisen für Rentner der „DDR" in die BRD.

Die Rechtslage ist eindeutig, Berlin ist **nicht** Bestandteil der sowjetischen oder einer anderen Besatzungszone, die Sektoren Berlins sind auch nicht Bestandteil der entsprechenden Zone. Keine Besatzungsmacht hat allein Hoheitsrecht über einen Teil von Berlin oder über die ganze Stadt; die Viermächteverantwortung besteht weiter. Die Westmächte erkennen diese Tatsache an:

„... Wenn es eine gefährliche Krise in Berlin gibt — und es gibt eine —, dann ist das auf die Drohung zurückzuführen, die gegen die lebenswichtigen Interessen und die tiefen Verpflichtungen der Westmächte sowie die Freiheit West-Berlins gerichtet sind.

Wir können diese Interessen nicht aufgeben. Wir müssen diesen Verpflichtungen nachkommen. Wir können nicht die Freiheit von Menschen preisgeben, für die wir verantwortlich sind. Ein Friedensvertrag, der den Frieden zerstören würde, wäre ein Betrug. Eine freie Stadt, in der die Freiheit erstickt, wäre eine Infamie. Wenn eine Stadt oder ein Volk wirklich frei sein wollen, dann müssen sie ohne wirtschaftlichen, politischen oder polizeilichen Druck das sichere Recht haben, ihre eigene Wahl treffen und ihr eigenes Leben leben zu können. Falls irgend jemand das Ausmaß bezweifelt, in dem unsere Anwesenheit von der Bevölkerung West-Berlins gewünscht wird, sind wir bereit, diese Frage einer freien Abstimmung in ganz Berlin und — wenn möglich — dem ganzen deutschen Volk vorzulegen..." (Deutschlanderklärung Präsident Kennedys vor den Vereinten Nationen am 25. 9. 1961)

2. Die Deutschlandfrage

— Die Frage der **Wiedervereinigung** in Freiheit erhält durch den Notenwechsel im Jahre 1952 Auftrieb. Die Diskussion in der Bundesrepublik, ob in diesem Jahr „eine Chance für die Wiedervereinigung verpaßt wird", dauert an.
Die Standpunkte der beiden Weltmächte stehen sich aber auch beim Abschluß des Notenwechsels unvereinbar gegenüber.
Die Sowjetunion verlangt (10. 3. 1952) Friedenskonferenz, Friedensvertrag, Bildung einer gesamtdeutschen Regierung zur Annahme der zwischen den vier Großmächten vereinbarten Friedensgrundlagen.
Die Westmächte fordern in Übereinstimmung mit der Bundesregierung: zuerst gesamtdeutsche freie Wahlen, gesamtdeutsche Regierung, Friedensvertrag durch Verhandlungen mit dieser Regierung.
Die Haltung der Sowjetunion ist im einzelnen unklar, „so daß zu keinem Zeitpunkt mit Bestimmtheit zu sagen ist, ob der Kreml überhaupt an Verhandlungen über Deutschland dachte. Die sowjetischen Noten sind niemals von dem Verdacht frei gewesen, daß sie lediglich das Ziel hatten, den Aufbau der EVG zu erschweren." (G. A. Bürger)

— Die Bundesregierung legt ihre Auffassung über die Frage der Wiedervereinigung in einem umfangreichen Memorandum vom 2. September 1956 vor.
Von sowjetischer Seite macht Ulbricht am 1. 1. 1957 den Vorschlag einer Konföderation der beiden deutschen Staaten.
Der polnische Außenminister Rapacki unterbreitet (2. 10. 1957, Neufassung im Februar und November 1958) in der Vollversammlung der UNO — ohne auf die Wiedervereinigung näher einzugehen — einen Plan zu Schaffung einer atomwaffenfreien Zone in Mitteleuropa.

— Einen Vorstoß unternimmt der Deutsche Bundestag, der am 2. 7. 1958 die Bundesregierung auffordert, von den vier Großmächten die Bildung eines Ausschusses zur Lösung der deutschen Frage zu verlangen. Auch die UdSSR wird von der Bundesregierung zur Teilnahme an einem Viermächtegremium aufgefordert (17. 11. 1958). Die Sowjetunion erklärt sich aber in der Note vom 27. 11. als nicht zuständig und verlangt Verhandlungen zwischen der Bundesrepublik und der SBZ. Diese Ablehnung fällt bereits in die Phase der Verschärfung der Berlinfrage.

— Die Sowjetunion schickt am 10. 1. 1959 an 26 Regierungen den Entwurf eines **Friedensvertrages** mit Deutschland, dessen Kernstück die Dreiteilung Deutschlands, die endgültige Spaltung — und darüber hinaus eine Gefährdung der Freiheit in der BRD — durch Zerstörung des westlichen Bündnissystems — ist. Die Genfer Konferenz, auf der am 14. 5. 1959 die Westmächte einen Stufenplan zur Wiedervereinigung Deutschlands in Verbindung mit der Abrüstungsfrage vorlegen, bringt keine Einigung.

— Ein sowjetisches Memorandum zur Deutschland- und Berlinfrage (17. 2. 1961) unterscheidet sich nicht in der Sache, jedoch durch eine gemäßigtere Tonart von den vorhergehenden Äußerungen.

— Die grundsätzliche Haltung des deutschen Volkes in der Deutschlandfrage kommt in einer Erklärung des Präsidenten des Bundestages, E. Gerstenmaier, am 30. Juni 1961 zum Ausdruck:

„... Gewiß: die Teilung Deutschlands ist letztlich eine Folge von Hitlers Angriff auf Rußland. Aber ebenso gewiß ist, daß das deutsche Volk keine Schuld daran hat, daß diese Folge nicht inzwischen überwunden wurde. Wir waren und wir sind bereit, jede vertretbare Garantie dafür zu geben, daß das vereinte und durch eine gerechte Regelung seiner Lebensbedürfnisse befriedete deutsche Volk ein verläßlicher Partner aller seiner Nachbarn in West und Ost, in Nord und Süd sein wird. Wir waren und wir sind bereit, mit allem, was wir sind und haben, in einer Friedensgemeinschaft der europäischen Völker dem Frieden der Welt und der Zukunft unserer Kinder zu dienen. Ich gründe die Gewißheit einer solchen Bereitschaft nicht nur auf die immer wieder bekundete einmütige Erklärung dieses Hauses, sondern auf die von keinem objektiven Beobachter in Abrede zu stellende Gesinnung des deutschen Volkes in seiner überwältigenden Mehrheit...

... Die Friedensverhandlungen selbst müssen Klarheit schaffen
1. über den militärischen und politischen Status des zukünftigen Gesamtdeutschlands;
2. daß ein Friedensvertrag die definitive Bereinigung der materiellen und rechtlichen Fragen bringen muß, die sich aus dem Zweiten Weltkrieg ergeben. Dazu gehört die Frage der Reichsgrenzen;
3. ist es unerläßlich, daß dem ganzen deutschen Volke die Möglichkeit verbürgt wird, Gebrauch zu machen von dem Grundsatz der gleichen Rechte und der Selbstbestimmung der Völker, wie er verankert ist in dem Artikel 1 der Charta der Vereinten Nationen. Die Sowjetunion hat am 26. Juni 1945 diese Charta ebenso unterzeichnet wie die anderen Mächte, die gegen Deutschland Krieg geführt haben. Namens des ganzen deutschen Volkes und keineswegs nur für die 52 Millionen in der Bundesrepublik Deutschland klagt der Deutsche Bundestag heute vor der Welt und der Geschichte dieses Recht ein. Das deutsche Volk wird unter keinen Umständen aufhören, für das Grundrecht seiner Selbstbestimmung einzutreten. Es wird aber auch dieses Selbstbestimmungsrecht in keinem anderen Sinn, unter keiner anderen Bedingung und zu keinem anderen Zweck in Anspruch nehmen als so, daß es damit vor dem Wort und Geist der Charta der Vereinten Nationen bestehen kann..."

Die Wiedervereinigung in Freiheit ist
1. **eine menschliche Frage:** Millionen Deutsche leben in Not und Unfreiheit;
2. **eine politische Frage:** Millionen Deutschen wird das Selbstbestimmungsrecht vorenthalten;
3. **eine Machtfrage:** Nur der Schutz und die Verteidigungsbereitschaft der freien Welt garantieren den Bestand der freiheitlich-rechtsstaatlichen Ordnung in Westdeutschland und West-Berlin als Voraussetzung der Wiedervereinigung.

VIII. Weltgeschehen seit 1964

Um 1964 — gegen Ende des zweiten Jahrzehnts nach dem Zweiten Weltkrieg — treten neue Faktoren in die deutsche, europäische und globale Entwicklung, welche Anlaß werden, vom **„Ende der Nachkriegszeit"** zu sprechen. Gleichzeitig bringt es der Generationenwechsel mit sich, daß überall in der Welt „neue Kräfte mit neuen Mitteln und auf neuen Wegen versuchen, die alten Probleme der Welt zu meistern":

— Am 15. Oktober 1963 verläßt Konrad Adenauer die politische Bühne als Bundeskanzler, 1969 muß seine Partei, die CDU/CSU, in die Opposition gehen.

— In der deutschen Wirtschaft bahnt sich eine Krise an, durch die das „Wirtschaftswunder" beendet wird; die Stabilität des Preisgefüges wird zum beherrschenden Thema der Finanz- und Wirtschaftspolitik. Zu Beginn der 70er Jahre bringen scharfe Maßnahmen der USA zur Bekämpfung von Arbeitslosigkeit, Inflation und internationaler Spekulation empfindliche Rückwirkungen besonders für Japan und Europa mit sich.

— In der DDR versteift sich deutlich die Tendenz zu einem expansiven DDR-Nationalismus, wozu das „Nationale Dokument" von 1962 den Auftakt gibt. Die völkerrechtliche Anerkennung als souveräner Staat durch die BRD sowie die völlige Abgrenzung von ihr werden erstes politisches Ziel. SED-Chef Ulbricht legt 1971 seine Funktion als 1. Sekretär des ZK der SED nieder.

— Frankreich beschreitet den Weg einer unabhängigen, von Nationalprestige diktierten, den USA und ihrem Einfluß in Europa gegenüber ablehnenden Politik; besonders das atlantische Verteidigungsbündnis, aber auch die europäische Einigung werden hierdurch in Mitleidenschaft gezogen.

— In Großbritannien geht die Labour-Regierung unter Wilson innenpolitisch den Weg energischer Sparmaßnahmen, außenpolitisch den Weg eines konsequenten Abbaues außereuropäischer Verpflichtungen und Bindungen.

— Die beiden größten Weltmächte, die Vereinigten Staaten und Sowjetrußland, zeigen deutlich die Absicht, einen vernichtenden Waffengang zu vermeiden; gleichzeitig aber verstärken die USA ihre Bindung und ihr Engagement in Südostasien.

— Der Sowjetunion erwächst in China ein ideologischer und auch politisch-militärischer Gegner. Die Rückkehr Chinas in die Weltpolitik hat Rückwirkungen in den USA und in Europa. (1972 Besuch des US-Präsidenten Nixon in Peking und Moskau!)

— Das Ende der akuten Bedrohung bringt eine innere Lockerung der bisher versteiften Blöcke mit sich. So wie Frankreich sich innerlich und organisatorisch vom atlantischen Bündnis zu lösen beginnt, zeigt auch der Warschauer Pakt eine Aufweichung, da einzelne Staaten aus wirtschaftlichen, politischen oder auch kulturellen Gründen eine bisher unbekannte Annäherung an den Westen — auch an die Bundesrepublik — versuchen.

— In den jungen afro-asiatischen Staaten treten die antikolonialen Tendenzen gegenüber dem Aufleben alter Stammesfehden einerseits und einer erneuten wirtschaftlichen und kulturellen Zusammenarbeit mit den ehemaligen „Kolonialherren" andererseits zurück.

1. Kräfte, Wege und Probleme der Weltpolitik
a) Die Vereinigten Staaten

Die Politik der USA ist gegenüber der Sowjetunion vom Wunsch nach einer weiteren Entspannung und nach Sicherheit getragen. Beide „Supermächte" sind sich ihrer Verantwortung für den Weltfrieden bewußt; Ausdruck dieser Bestrebungen sind nicht nur die Errichtung einer direkten Fernsprechverbindung zwischen Moskau und Washington, 1968 die Eröffnung einer direkten Luftverkehrsverbindung zwischen Moskau und New York sowie ein Kulturabkommen zwischen den USA und der SU, sondern ebenso die Verhandlungen über einen **Atomsperrvertrag,** durch den allerdings auch die Frage nach der friedlichen Nutzung der Kernenergie aufgeworfen wird, was die BRD und andere Nationen zu Interessenten an dieser Frage macht. Die Entspannungspolitik wird auch durch den Einmarsch der Warschauer-Pakt-Staaten in die CSSR (August 1968) nicht beeinträchtigt.

Es gelingt nicht, den „schmutzigen Krieg" in Vietnam zu beenden. Im Gegenteil: Härte, Ausdehnung und Bedrohlichkeit — auch für die ins Kriegsgeschehen einbezogenen Nachbarstaaten Laos und Kambodscha — nehmen zu. Friedensappelle — u. a. des Vatikans — bleiben erfolglos. Der Vietnamkrieg mit der gefährlichen Eskalation verhindert 1965/67 eine grundsätzliche Verständigung der beiden Weltmächte. Die Sowjetunion will ihren Führungsanspruch in der kommunistischen Welt unter Beweis stellen und unterstützt deswegen Nordvietnam. Die Volksrepublik China versucht ihrerseits durch Hilfe an Nordvietnam eine Verständigung zu verhindern.

„Amerika wird in diesem Krieg nicht geschlagen werden können; ein amerikanisches Dien Bien Phu ist schwer vorstellbar; aber Amerika kann diesen Krieg auch nicht gewinnen und — was schlimmer ist — es kann ihn nicht beenden." (Ratcliffe)

Nach verlustreichen Großangriffen Nordvietnams und des Vietkong in weiten Teilen Südvietnams (seit Februar 1968), wobei auch die Hauptstadt Saigon zum Kriegsschauplatz wird, kommt es im Mai 1968 in Paris zwischen Diplomaten der USA und Nordvietnams zu ersten Friedensverhandlungen vorbereitenden Gesprächen, die keine Ergebnisse zeitigen.

Im Zuge der Neuorientierung der US-Außenpolitik mit dem Abbau außenpolitischer Belastungen legt der neue US-Präsident **Nixon** am 14. Mai 1969 ein Programm zur Beendigung des Vietnamkrieges vor: Selbstbestimmungsrecht des Volkes in Südvietnam ohne Einmischung von außen, international überwachter Abzug aller fremden Truppen, Neutralität Südvietnams und freie Wahlen mit Beteiligung aller politischen Gruppen einschl. der Kommunisten. — Im Oktober 1970 folgen weitere Vorschläge. Seit Mitte 1969 Reduzierung der US-Truppen, „Vietnamisierung" des Krieges. Ab Juli 1970 eröffnen die US-Truppen das Feuer nur noch, wenn sie angegriffen werden. — Der Tod Ho Tschi Minhs (September 1969) wirkt sich auf den Krieg zunächst nicht aus. Aus strategischen Gründen (Schutz, Zerschlagung gegnerischer Angriffsvorbereitungen) wird — im In- und Ausland kritisiert — der Bombenkrieg gegen Nordvietnam vorübergehend wieder aufgenommen. Die Voraussetzungen für die Beendigung des Krieges sind für die USA: die Freilassung der Kriegsgefangenen und die Garantie, daß Südvietnam in der Lage ist, eine kommunistische Machtübernahme zu verhindern.

Trotz der betonten Absicht Washingtons, den Krieg zu beenden und sich aus Südostasien zurückzuziehen, bleiben die Pariser Friedensverhandlungen erfolglos. Daher erklären die USA im März 1972, daß sie an den Pariser Vietnamgesprächen vorläufig nicht mehr teilnehmen werden. Anfang April 1972 beginnt Nordvietnam (militärische Führung: General Giap) mit Elitetruppen in Verbindung mit dem Vietkong eine Großoffensive an mehreren Stellen und bringt Südvietnam in Bedrängnis. Die USA, die weiterhin den endgültigen Truppenabzug planen, reagieren auf die Herausforderung Hanois, da Nixon eine militärische Niederlage oder eine politische Demütigung Südvietnams nicht hinnehmen kann. Ohne auch jetzt Bodentruppen einzusetzen, helfen sie der Regierung in Saigon durch massive Luftunterstützung — taktisch und strategisch. Besonders wirksam ist die nach 4 Jahren wieder aufgenommene Bombardierung nordvietnamesischer Versorgungseinrichtungen, Produktionsstätten und Nachschublinien.

Zum „großen Pokerspiel" wird die Politik Nixons und seines Beraters, des „atomaren Metternich", Kissinger, durch den Entschluß, durch Verminung den Hafen von Haiphong zu blockieren, über den auch die russischen Materiallieferungen für die nordvietnamesische Offensive geleitet werden. Diese Entscheidung ist deswegen ein Wagnis, weil für Ende Mai 1972 ein offizieller Besuch des US-Präsidenten in Moskau vorgesehen ist. Doch die russische Reaktion ist durch Zurückhaltung, Mäßigung und Umsicht gekennzeichnet; und der Besuch Nixons endet erfolgreich mit einer Reihe von Verträgen, unter denen ein SALT-Abkommen zur Begrenzung strategischer Waffensysteme die Gefahr einer direkten Konfrontation zwischen den USA und der SU weitgehend abbaut.

Die Offensive Hanois gerät ins Stocken, Saigon unternimmt Gegenstöße. Dadurch erhalten Bemühungen erneut Gewicht, den Krieg diplomatisch zu beenden: Besuch des sowjetischen Staatsoberhauptes Podgorny in Hanoi, des US-Präsidenten-Beraters Kissinger in Peking — und schließlich — am 13. Juli 1972 — die Wiederaufnahme der Pariser Vietnamgespräche.

Im August 1972 beginnt H. Kissinger, der Sicherheitsbeauftragte Präsident Nixons, in Hanoi, Saigon und Paris Besprechungen mit führenden Politikern über eine Beendigung des Krieges. Die feste Entschlossenheit Nixons, den Krieg zu beenden — bis Ende 1972 soll die Zahl der Amerikaner auf 20 000 reduziert sein — begegnet sich mit der Notwendigkeit, den südvietnamesischen Bundesgenossen nach dem vollständigen Abzug der US-Truppen nicht der Gefahr auszuliefern, vom kommunistischen Gegner überrollt zu werden. Im Oktober 1972 wird ein Friedensentwurf mit Hanoi vereinbart, doch Saigon (Präsident Thieu) lehnt ab. Südvietnam befürchtet, daß die Einigung zwischen Washington und Hanoi zu seinen Lasten gehen könnte. Nixon setzt die Friedensgespräche fort, Hanoi widerruft seine Konzessionsbereitschaft. Im Dezember scheitern die Pariser Gespräche abermals. Gegen Jahresende erneuern die USA die schweren Bombenangriffe auf Nordvietnam.

Im Innern der USA entbrennt seit 1965 mit neuer Vehemenz der Rassenkampf. Die „schwarze Revolution" ist als Aufstand gegen das trostlose Getto-Dasein, gegen Arbeitslosigkeit und Armut zu verstehen. Im Laufe des Jahres 1967 drohen die gemäßigten Negerführer (Martin Luther King) den Boden unter den Füßen gegenüber den Ideologen der „Black Power" („Die Bürgerrechtsbewegung ist tot, es lebe die schwarze Revolution!") zu verlieren. Seit 1966 wird auch wieder die öffentliche Diskussion über die Hintergründe der Ermordung Kennedys erregt geführt. Enthüllungen lassen erneut die Vermutung aufkommen, daß es sich nicht um die Tat eines neurotischen Einzelgängers — wie es der als oberflächlich kritisierte Warren-Report darstellt —, sondern um eine planmäßige Verschwörung gehandelt hat. In eine moralische Krise stürzen die USA 1968: Während sich die Diskussion um den immer verlustreicheren Krieg in Vietnam verschärft, wird am 4. April 1968 der Negerführer und Friedens-Nobelpreis-Träger **Martin Luther King** in Memphis ermordet. Der Anschlag bleibt zunächst ungeklärt, erst Anfang Juni wird der vermutliche Mörder in England festgenommen. — Die Folgen des Attentats sind schwerste Rassenunruhen mit Plünderungen und Brandstiftungen in vielen Großstädten der USA. (Black-Power-Bewegung; Führer: Carmichael.)

Während des Vorwahlkampfes für die Präsidentschaftswahlen wird am 5. Juni 1968 der Senator und demokratische Präsidentschaftskandidat **Robert Kennedy** (einstiger Justizminister, Bruder und Berater des im November 1963 in Dallas ermordeten Präsidenten John F. Kennedy) in Los Angeles das Opfer eines Mordanschlages durch einen jungen Jordanier. Auch Robert Kennedy ist Repräsentant einer der amerikanischen Tradition von Friede und Freiheit, Gerechtigkeit und Gleichheit verpflichteten Politik, ein Anwalt der Minderheiten und der Unterdrückten.

Politische und moralische Depression in den aufgewühlten und verstörten USA; weltweite Erschütterung.

„Nach den Untaten von Dallas, Memphis und nun Los Angeles steht in den Augen der Weltöffentlichkeit der Anspruch auf moralische Führerschaft Amerikas auf dem Spiel." („Die Welt")
„Abermals ist der blutige Beweis geliefert worden, daß dicht unter dem Firnis der Zivilisation die Barbarei lauert — und nicht nur in Amerika. Auch anderswo droht die politische Auseinandersetzung in die Sphäre der Brutalität abzugleiten." („Die Zeit")
Bei den Präsidentenwahlen im November 1968 siegt der Republikaner Nixon über den Demokraten Humphrey. Nixon ist nach dem Demokraten Johnson der 37. US-Präsident. Im Repräsentantenhaus und im Senat haben die Demokraten die Mehrheit. In seiner Antrittsrede vor dem Capitol spricht er von einem „Zeitalter der Verhandlungen", das die Jahre der Konfrontation ablösen soll. „Wir können nicht erwarten, jeden zu unserem Freund zu machen, aber wir können versuchen, uns niemand zum Feind zu machen." Schon im Februar 1969 besucht Nixon auf einer großen Europareise auch Bonn und Berlin, im Juli 1969 unternimmt er eine ausgedehnte Asienreise und kommt auf dem Rückweg nach Rumänien. (Staatspräsident Ceausescu erwidert den Besuch im Oktober 1970.) Im Oktober 1970 stattet Nixon Jugoslawien einen Besuch ab und erörtert mit Tito Probleme des Nahen Ostens nach Nassers Tod.

In der Europapolitik vertritt die USA unter Nixon die Auffassung, daß die Verteilung der Lasten und der Verantwortung im Bündnis sich den wirtschaftlichen und politischen Möglichkeiten der europäischen Völker schrittweise anpassen müsse. Die Vorschläge des demokratischen Fraktionsführers Mansfield, die Truppen in Europa bis Ende 1971 von 300 000 auf 150 000 zu reduzieren, werden vom Senat abgelehnt.

Im Oktober 1970 ist der sowjetische Außenminister Gromyko bei Nixon; Themen: europäische Sicherheit, Berlinfrage, SALT-Besprechungen (über die Einschränkung der nuklearstrategischen Rüstung), Nahostkrise und Vietnam.

Innenpolitisch ist die Lage angespannt: Arbeitslosigkeit (5 %), Streiks (bes. Hafenarbeiter, Autoindustrie), die Opposition gegen den Vietnamkrieg (Massaker von My Lai, Veröffentlichung von Geheimdokumenten), Rassen- und Studentenunruhen, Zunahme von Terroraktionen und Gewaltkriminalität, hohe Inflationsrate und Währungsverfall sind Anlaß zu einem großen innenpolitischen Reformprogramm mit den Schwerpunkten: Arbeits- und Sozialpolitik, Vollbeschäftigung, Umweltschutz, ärztliche Versorgung, Reform des Regierungsapparates, Dezentralisierung der öffentlichen Aufgaben. Am 15. August 1971 verkündet Nixon ein wirtschafts- und währungspolitisches Notprogramm: Aufhebung der vollen Konvertibilität des Dollars in Gold (bisher Symbol der US-Weltmacht), Importabgabe, Lohn- und Preisstopp. Die restriktiven Maßnahmen der USA rufen weltweite Nervosität und Skepsis hervor und stoßen besonders bei Japan und in Europa auf Ablehnung.

Große Bedeutung für die Zukunft hat die Annäherung zwischen den USA und der Volksrepublik China. Mit dem Empfang einer US-Tischtennismannschaft durch den chinesischen Ministerpräsidenten Tschu En-lai (14. April 1971) und Erleichterungen im Handels- und Reiseverkehr mit China beginnt nach außen die Entspannung, deren spektakulärer Höhepunkt vom 21. bis 27. Februar 1972 die **Chinareise Nixons** ist, der mehrmals mit Tschu En-lai konferiert und auch mit Mao Tse-tung zusammenkommt. Die Begegnung wird als Anfang zur Verbesserung der Beziehungen bezeichnet. Nixon beabsichtigt, die militärische Präsenz der USA in Südostasien und Taiwan (Nationalchina) abzubauen. Rückwirkungen auf die weltpolitische Lage (Sowjetunion, Japan). „In dieser Woche hat sich die Welt verändert." (Nixon in Schanghai am 27. 2. 72)

Die amerikanische Japanpolitik fügt sich der auf Normalisierung und Entspannung ausgerichteten Gesamtkonzeption ein: Das im Juni 1971 unterzeichnete Abkommen über die Rückgabe Okinawas und der Riukiu-Inseln an Japan (nach fast 27 Jahren US-Verwaltung) wird ratifiziert und am 15. Mai 1972 in einem feierlichen Staatsakt vollzogen. Eine weitere Benutzung der militärischen Stützpunkte wird den USA vertraglich zugesichert. — Die Konferenz von San Clemente zwischen Ministerpräsident Sato und Präsident Nixon (Januar 1972) schafft die Voraussetzungen für die künftige Zusammenarbeit. Nach dem Rücktritt Satos trifft sich Nixon bereits im September 1972 in Honolulu mit dessen Nachfolger Tanaka: Die USA akzeptieren die weltpolitische Rolle Tokios in Ostasien.

Drei Monate nach dem Chinabesuch trifft Präsident Nixon (am 22. Mai 1972) im Rahmen einer Weltreise, die ihn auch nach Salzburg, Teheran und Warschau führt, in Moskau ein, wo in Gesprächen mit den führenden Männern in Staat und Partei eine Reihe von Abkommen (Umweltschutz, medizinische Fragen, Raumforschung, Handels- und Wirtschaftsbeziehungen, SALT) unterzeichnet werden und die gemeinsame Absicht erklärt wird, sich jeder Gewaltanwendung zu enthalten und eine europäische Sicherheitskonferenz anzustreben.

Die US-Außenpolitik steht seit 1972 zunehmend im Zeichen der Präsidentenwahlen.

Diese Präsidentschaftswahlen am 7. November 1972 enden mit einem bedeutenden, in der Geschichte der USA in diesem Ausmaße seltenen Sieg des bisherigen Präsidenten, des Republikaners Richard Nixon, der 62 % der Stimmen erreicht. Der Demokrat George McGovern kommt nur auf 37 %. In den beiden Häusern des Kongresses behalten jedoch die Demokraten die Mehrheit.

b) Sowjetunion und Ostblockstaaten

In der **Sowjetunion** (Staatspräsident: Podgorny seit 1965; Regierungschef und Vorsitzender des Ministerrates: Kossygin; Außenminister: A. Gromyko; Generalsekretär des ZK der KPdSU: Leonid Breschnew) konsolidiert sich die kollektive Führung. Der Ausbau von Industrie und Landwirtschaft ist eindrucksvoll, die Autorität von Partei und Staatsführung ist unangefochten, in der Raketentechnik, der Weltraumfahrt und in der sowohl atomaren wie konventionellen Rüstung bleibt Rußland den Vereinigten Staaten gewachsen. Die Führungsrolle der Sowjetunion in der kommunistischen Welt ist nicht mehr unbestritten. Einerseits erzwingt die Volksrepublik China — die auch die Führungsrolle im internationalen Kommunismus anstrebt — nicht nur eine ideologische Auseinandersetzung (Schwerpunkt 1965/66), sondern will auch die „Macht am Amur" (die Sowjetunion entsendet mehrere Divisionen von den 39 in Sibirien stationierten an die 8000 km lange gemeinsame Grenze mit China); andererseits beschreiten einzelne der europäischen Satelliten den Weg einer relativen wirtschaftspolitischen und kulturpolitischen Selbständigkeit im Sinne des Titoismus. In Europa zielt die Politik der Sowjetunion auf Erhaltung des Status quo ab.

Die partielle Lösung Frankreichs von der NATO erleichtert russisch-französische Kontakte: Im Juni 1966 besucht de Gaulle — als erstes Staatsoberhaupt des Westens seit der Konferenz von Jalta — die Sowjetunion. Das Ziel der Reise, die auch nach Sibirien (Start einer Interkontinentalrakete vom Kosmodrom Baikanur) und in die „Heldenstadt" Wolgograd (einst Stalingrad) führt, sind festere Beziehungen mit dem Ziel einer Entspannung und der Zusammenarbeit Frankreichs mit den osteuropäischen Staaten. Im Dezember 1966 erwidert Kossygin den Besuch. Der sowjetische Ministerpräsident benutzt die Gelegenheit, um von Paris aus die deutsche Teilung zu unterstreichen: Bonn müsse ein für allemal verstehen, daß keine Kraft der Welt die Existenz zweier deutscher Staaten beenden könne und beenden werde. Seit 1967 wächst die kritische Aufmerksamkeit für die Entwicklung reformistischer Tendenzen im Satellitenbereich, bes. des Reform-Sozialismus in der CSSR; schließlich 21. 8. 1968 Truppeneinmarsch — Niederwerfung der Reform- und Freiheitsbewegung, Einsetzung zuverlässiger Kommunisten. Rechtfertigung: Gefährdung des sozialistischen Systems durch konterrevolutionäre Kräfte, die sich mit dem kapitalistischen Ausland und mit Revanchisten verbündeten. Besonders heftige propagandistische Angriffe gegen Revanchismus und Neonazismus in der BRD. In der CSSR Widerstand der Bevölkerung (Selbstverbrennung des Jan Pallach) gebrochen.

Leonid Breschnew rechtfertigt im November 1968 auf dem Parteikonkreß der polnischen KP die Besetzung der CSSR und betont das Recht der Intervention des Warschauer Paktes, wenn in einem Mitgliedstaat der Sozialismus gefährdet ist (Breschnew-Doktrin von der begrenzten Souveränität der Staaten des sozialistischen Lagers). Die Erregung und Empörung der freien Welt verebbt schnell, der Prestigeverlust der SU ist nur vorübergehend.

Die Spannungen mit China steigern sich vom Propagandakrieg zu bewaffneten Zwischenfällen (Gefechte am Ussuri März—Mai 1969). Im Innern und innerhalb ihres Machtbereiches begegnet die Sowjetführung dem Polyzentrismus und abweichenden Auffassungen mit Betonung der kommunistischen Lehre und mit Härte gegen die Abweichler (Dichter, Intellektuelle). Ausdruck dieser Geschlossenheit sind große Feiern anläßlich des 100. Geburtstages von W. Iljitsch Uljanow, genannt Lenin, im April 1970 (Motto: Lenin lebte, Lenin lebt, Lenin wird leben!). — Andererseits steht die Außenpolitik der Sowjetunion (als maßgebende Gestalt tritt L. Breschnew immer mehr in den Vordergrund) im Zeichen einer verstärkten Betonung der **Koexistenz-These**. U. a. führt diese Politik auch zu einem offiziellen Besuch eines Vertreters des Vatikans (Caseroli) im Kreml. In diesem Zusammenhang wird auch die Ausreiseerlaubnis des ungarischen Kardinals Mindszenty gesehen, der seinen Zwangsaufenthalt in der Budapester US-Botschaft beendet (er war 1949 zu lebenslangem Kerker verurteilt und 1956 im Laufe des Aufstandes befreit worden) und nach Rom — später nach Wien — geht.

Im Zeichen der friedlichen Koexistenz als Prinzip der Außenpolitik steht vor allem die Forderung nach einer Weltabrüstungskonferenz sowie der Beginn deutsch-sowjetischer Gespräche über ein Gewaltverzichtsabkommen zwischen der BRD und der SU. Nach intensiven Verhandlungen wird am 12. 8. 1970 im Kreml der Vertrag durch Bundeskanzler Brandt und dem Vorsitzenden des Ministerrates Kossygin unterzeichnet.

Der Vertrag, der dem internationalen Frieden und der Entspannung dienen soll, wird von den Partei- und Regierungschefs der Ostblockländer einmütig begrüßt. Er bedarf noch der Ratifizierung ebenso wie der am 7. 12. 1970 unterzeichnete Warschauer Vertrag mit der praktischen Anerkennung der Oder-Neiße-Linie. Angesichts der erheblichen Widerstände in der BRD dringt Parteichef Breschnew auf dem XXIV. Kongreß der KPdSU im März 1971 auf die beschleunigte Behandlung der Verträge von Moskau und Warschau durch die BRD und warnt vor den Folgen einer Verzögerung der Ratifizierung. Er betont erneut das Prinzip der friedlichen Koexistenz, fordert eine Weltabrüstungskonferenz, und für die innere Entwicklung der SU unterstreicht er die Intensivierung der Kontrollfunktion der Partei in allen Bereichen des öffentlichen Lebens. Damit wird die orthodoxe Parteilinie erneut betont und die Verfolgung kritischer und nonkonformistischer Kräfte fortgesetzt: Prozesse gegen Schriftsteller, Intellektuelle und Juden, Beseitigung durch Einweisen in Heilstätten (Solschenizyn, Amalrik u. a.).

Weltweites Interesse finden 1972 offene Briefe, die der sowjetische Kernforscher und Mitbegründer des „Komitees für Menschenrechte" Andrei Sacharow an Breschnew richtet. Der Wissenschaftler fordert im Interesse des Fortschritts mehr Freiheit und eine stärkere Berücksichtigung der Menschenrechte und wendet sich gegen „Dogmatismus und Messianismus".

Der staatliche Druck gegenüber den christlichen Kirchen besteht weiter. Während sich das geistig-geistliche Leben der Orthodoxen weitgehend in einer Art Katakombenkirche vollzieht, ist die Lage der Baptisten und der Unierten Kirche in der Ukraine bedrückend. Die Hilferufe des im Exil lebenden Großerzbischofs Kardinal Slipyj finden kaum Echo. — 1972 wird das allgemeine Interesse vorübergehend geweckt durch Selbstverbrennungen litauischer Katholiken, durch die die Weltöffentlichkeit auf die Verfolgung der Christen im Baltikum aufmerksam gemacht werden soll.

Die „Festigung des sozialistischen Weltsystems" (Breschnew auf dem XXIV. Parteikongreß) kennzeichnet die militärische Entwicklung. Diesem Ziel dienen die Rüstungsanstrengungen ebenso wie die Stützpunktpolitik (z. B. Mai 1971 Freundschaftsvertrag mit Ägypten) und das Vordringen auf allen Weltmeeren, bes. im Nordmeer, im Mittelländischen Meer und im Indischen Ozean.

Im Zeichen dieser außenpolitischen Offensive steht Ende 1971 auch die „Reisediplomatie", welche die sowjetischen Spitzenpolitiker (Staatspräsident Podgorny, Regierungschef Kossygin, Parteichef Breschnew) u. a. nach

Nordeuropa bzw. Jugoslawien, Nordafrika und Vietnam führt. Zu Beginn des Jahres 1972 steht auch die sowjetische Außenpolitik vor den Problemen, die sich aus der amerikanisch-chinesischen Annäherung ergeben und geht harten Konfrontationen aus dem Wege.

In Helsinki werden — Ende März 1972 — in der 7. Runde die SALT-Gespräche zur Begrenzung strategischer Waffen wiederaufgenommen. — Von weltweiter Bedeutung ist der Besuch des US-Präsidenten Nixon in der SU (Ende Mai 1972), der trotz der Verschärfung des Vietnamkrieges (Blockade des Seeweges nach Hanoi!) planmäßig durchgeführt wird. „Wenn es um lebenswichtige Entscheidungen geht, finden Amerika und die Sowjets immer wieder zusammen." („Kurier", Wien) Für die SU sind die Verständigung mit den USA über die strategischen Waffen, die wirtschaftliche Zusammenarbeit und die Verhinderung einer weiteren Annäherung der USA an China ausschlaggebende Gesichtspunkte. Aber auch für Nixon liegt ein Arrangement mit der SU auf der Linie innen- und außenpolitischer Interessen. Zwar kommt es bei dem Besuch Nixons in Moskau weder zu einem Gewaltverzichtsabkommen noch zu einem Handelsvertrag, und auch in der Vietnamfrage wird keine konkrete Einigung erzielt, aber außer einem Abkommen über eine teilweise Beschränkung strategischer Waffen werden einige (bereits vorbereitete) Abkommen über Fragen des Umweltschutzes, der Weltraumfahrt und die Bildung einer gemeinsamen Handelskommission abgeschlossen.

Am 3. Juni 1972 werden in Bonn gleichzeitig mit der Unterzeichnung des Schlußprotokolls des Vier-Mächte-Abkommens über Berlin die Ratifikationsurkunden über den Moskauer bzw. den Warschauer Vertrag ausgetauscht.

Eine Wende in den Beziehungen zwischen der SU und Ägypten — und damit auch in der russischen Stützpunktpolitik im Mittelmeer — scheint sich im Juli 1972 anzubahnen: Der ägyptische Präsident Sadat erklärt, daß die sowjetischen Militärexperten das Land verlassen müssen und erhält die Zustimmung des Parlaments. Die SU unterhält seit 1967 und verstärkt seit Anfang 1970 (zuletzt in einer Stärke von 15 000—20 000 Mann) Beraterteams und selbständige, von der ägyptischen Staatshoheit unabhängige Stützpunkte. Sowjetische Berater nehmen entscheidende Positionen ein und üben auf die militärische Ausbildung und Planung beträchtlichen, von den Ägyptern nicht gern gesehenen Einfluß aus. Letztlich liegen der Entscheidung Kairos Enttäuschung und Mißtrauen über die russische Nahostpolitik zugrunde, die nicht gewillt ist, die militärische Unterstützung für eine ägyptische Offensive gegen Israel unbegrenzt auszubauen. Die Maßnahmen Sadats berühren die russische Position im Nahen Osten, zumal auch die Maghreb-Staaten (Tunesien, Algerien und Marokko) zwar „exemplarisch gute Beziehungen" zur SU unterhalten, aber auf die Wahrung ihrer Souveränität sehr bedacht sind und keine starken Bindungen an die SU eingehen wollen.

Rumänien, das 1967 diplomatische Beziehungen mit der BRD aufnimmt, geht innerhalb des Warschauer Paktes erfolgreich den Weg einer relativen Unabhängigkeit. Es beteiligt sich 1968 nicht am Einmarsch in die CSSR, lehnt im folgenden Jahr ein von der SU gewünschtes gemeinsames Manöver der

Warschauer-Pakt-Staaten auf rumänischem Boden ab, plant im Innern eine gewisse Demokratisierung von Staat und Gesellschaft und nimmt trotz der Warnungen einer sowjetischen Delegation beim X. Parteikongreß der KP in Bukarest vor „nationalen Alleingängen" als einziges kommunistisches Land im August 1969 diplomatische Beziehungen zu Israel auf. Die Unterzeichnung eines neuen (überfälligen) rumänisch-sowjetischen Freundschafts- und Beistandspaktes (Juli 1970) und eines ähnlichen Vertrages mit Polen ist kein Hindernis für Besuche des Partei- und Staatschefs Ceausescu 1970 in Belgrad und 1971 sogar in Peking, wo er demonstrativ herzlich empfangen wird. Zum rumänischen Nationalfeiertag entbieten Tschu En-lai und Mao herzliche Glückwünsche, an den Feierlichkeiten nimmt eine große chinesische Delegation teil. Im Rahmen des auch 1971/72 anhaltenden Nervenkrieges reagiert Moskau mit dem Vorwurf, Peking schicke sich an, eine antisowjetische Achse Bukarest — Belgrad — Tirana aufzubauen.

Im Mai 1971 besucht Bundespräsident Heinemann offiziell Rumänien: Es ist der erste Besuch eines deutschen Bundespräsidenten in einem sozialistischen Land.

Polen hat kulturell engere Beziehungen zum Westen, politisch steht es bes. mit Frankreich in gutem Kontakt; die Annäherung an die Bundesrepublik wird bis 1970 durch die Oder-Neiße-Frage verhindert. Die Regierung Brandt/Scheel schließt jedoch in Konsequenz ihrer auf Anerkennung der Realitäten gegründeten und der Entspannung dienenden Ostpolitik einen Vertrag, der von Bundeskanzler Brandt und Ministerpräsident Cyrankiewicz in Anwesenheit von Parteichef Gomulka am 7. 12. 1970 in Warschau unterzeichnet wird.

Der Vertrag, der am 17. Mai 1972 im Deutschen Bundestag ratifiziert wird, bedeutet praktisch die Anerkennung der Oder-Neiße-Grenze, d. h. Verzicht auf die „polnischen Westgebiete". Während die Bundesregierung im Vertrag das „Fundament für eine friedliche Zukunft" sieht, wird er von der CDU-Opposition heftig bekämpft. Ein Zusatzabkommen sieht die Umsiedlung von Personen deutscher Volkszugehörigkeit vor.

Die Entwicklung Polens ist 1970 gekennzeichnet durch eine Staats- und Parteikrise, die sich an der Erhöhung der Lebensmittelpreise und an Lohnforderungen entzündet, deren Ursachen aber systembedingt und struktureller Natur sind. Von schweren Unruhen mit Streiks und Zusammenstößen (45 Tote, über 1000 Verletzte, davon mehr als die Hälfte Polizisten und Soldaten!) wird besonders Nordpolen (Danzig, Stettin, Gdingen, Zoppot) erfaßt. Es folgen umfangreiche personelle Veränderungen: Gomulka tritt als Parteichef zurück; Nachfolger: Edward Gierek; Cyrankiewicz — als Ministerpräsident durch den Wirtschaftsexperten Jaroszewicz ersetzt — wird Staatspräsident; auch in Partei und Gewerkschaften werden zahlreiche Veränderungen vorgenommen. Maßgebend für die Reformen wird das Prinzip der Kollegialität und der sozialen Demokratie, das auch innerhalb der Partei Geltung haben soll. Die neue Führung gewinnt Vertrauen bei der Bevölkerung. Die Kirchenfürsten stützen mit der Forderung nach Freiheit des Gewissens, freier Meinungsäußerung und sozialer Gerechtigkeit gesellschaftliche Trends; die Sowjetunion hilft dem neuen Regime durch einen beachtlichen Kredit.

Die Preissteigerungen werden 1971 zurückgenommen, der Gesamtanstieg der Produktion geht jedoch nur langsam vor sich, die Versorgungsschwierigkeiten werden nur langsam behoben. — Vorwiegend wirtschaftlicher Natur (Abwanderung von Arbeitskräften) sind auch die Verzögerungen, die bei der Ausstellung von Ausreisegenehmigungen für deutsche Aussiedler (auf Grund des deutsch-polnischen Vertrages) eintreten.

Für die katholische Kirche Polens, aber auch für das Regime der Volksrepublik Polen hat die Entscheidung des Vatikans vom 28. Juni 1972 über die Neuordnung der Diözesangrenzen in den ehemals deutschen Oder-Neiße-Gebieten große Bedeutung: Unter Bezugnahme auf den jüngsten Austausch der Ratifizierungsurkunden des am 7. Dezember 1970 abgeschlossenen deutsch-polnischen Vertrages werden nun vier neue Diözesen errichtet, wodurch die kirchlichen Grenzen den politischen angeglichen werden. Während besonders bei den deutschen Heimatvertriebenen mit Empörung und Befremdung auf diese kirchliche Entscheidung reagiert und auf die Nichterwähnung der durch die Vertreibung millionenfach verletzten Menschenrechte hingewiesen wird, sehen andere Kreise darin eine längst fällige, bzw. mehr oder weniger opportunistische Anpassung des Vatikans an die von der Politik geschaffenen Tatsachen. Für die polnische Kirche wird die Chance einer Konsolidierung mit dem Staat gesehen und eine Reise des Papstes nach Polen für wahrscheinlich gehalten.

Anläßlich eines Besuches des polnischen Außenministers Olszowski in der BRD im September 1972 werden Handelsfragen und die Probleme der auszusiedelnden Deutschen behandelt und auch die Aufnahme diplomatischer Beziehungen vereinbart.

Die Tschechoslowakei (CSSR) unterstreicht zwar noch 1967 die guten Beziehungen zu Polen und zur DDR durch Freundschaftsverträge, doch gerade dieser Staat wird Schauplatz des Kampfes reformfreudiger Kräfte, die innerhalb der kommunistischen Partei die autoritären und terroristischen „Deformationen" der Jahre nach 1948 überwinden und den Übergang zu einer „höheren Phase der Revolution" durchsetzen wollen; sie öffnen den Weg zur Verwirklichung eines demokratischen Sozialismus („Sozialismus mit menschlichem Antlitz").

Die KPC ist — zum Unterschied von anderen kommunistischen Parteien — nicht nur eine Partei der Arbeiter, sondern vor allem auch der Künstler, Journalisten und anderer Intellektueller. Daher leiten ein Schriftstellerkongreß im Sommer 1967 mit offener Kritik an der offiziellen Kulturpolitik und der Verzögerung der Entstalinisierung sowie Studentenunruhen, die sich gegen Mißstände, Polizeiterror und Meinungsdruck richten, im Herbst desselben Jahres das akute Stadium der Auseinandersetzung ein.

Die Kritik der Reformer wendet sich vor allem gegen die stalinistischen „Deformationen" in dem von der CSSR übernommenen russischen Modell des Sozialismus, gegen die einfache Übertragung des sowjetischen Systems auf ganz anders strukturierte Wirtschaftsräume (Theoretiker Ota Sik), gegen die unterlassene „Rückgabe der Freiheiten in das Leben der Gesellschaft", nachdem die kommunistische Partei die Macht erlangt hatte, und gegen die Diktatur der Parteifunktionäre, welche an die Stelle des Diktats der Arbeiterklasse getreten ist.

Der „Prager Frühling" führt zu umfassenden Veränderungen in den Führungsstellen von Partei und Staat: Novotny, Vertreter eines stalinistischen Kurses, wird aus allen Ämtern entfernt. Nachfolger als Staatspräsident wird der Armeegeneral Svoboda, führender Mann in der Partei Alexander Dubcek, Präsident der Nationalversammlung Josef Smrkovsky, O. Cernik wird Regierungschef. Die Opfer der stalinistischen Verfolgungen werden rehabilitiert, ein neues Aktionsprogramm der Partei (vom April 1968) liefert die Grundlagen einer relativen Liberalisierung mit tiefgreifenden wirtschaftlichen und politischen Reformen, ohne daß sich an der zentralen Stellung der kommunistischen Partei etwas ändern soll; keine Rückkehr zum bürgerlichen Liberalismus, aber z. B. Aufhebung der Zensur.

Der „Balanceakt" der Prager Reformkommunisten bedeutet außenpolitisch, wirtschaftlich, geistig und auch im Verhältnis zu den Kirchen einen neuen Ansatz, mit dem sich Moskau politisch und ideologisch auseinandersetzen muß. Der Kreml ist bestrebt, die führende Stellung der UdSSR und der KPdSU auch in der Epoche eines um sich greifenden Polyzentrismus, der bisweilen Moskaus Führungsanspruch in Frage stellt, unbedingt aufrechtzuerhalten. Zwar zeigt eine Konsultativkonferenz von 66 kommunistischen Parteien in Budapest im Februar 1968 offen die Divergenz zwischen verschiedenen Richtungen des Kommunismus (wobei Albanien, China, Jugoslawien, Kuba, Nordkorea und Nordvietnam in Budapest nicht vertreten sind); aber die Geschlossenheit des Warschauer Paktes bewährt sich. Und nach einem Manifest der „2000 Worte" des Schriftstellers Vaculik, das Freiheit und Pluralismus noch weiter interpretiert als das Aktionsprogramm, entschließt sich Moskau im Verein mit seinen engsten und treuesten Verbündeten DDR, Polen, Ungarn, Bulgarien nach mehreren Konferenzen (Schwarzau i. d. Slowakei, Preßburg, Moskau, Karlsbad) zur militärischen Aktion.

Am 21. August 1968 marschieren ca. 600 000 Mann in die CSSR ein. Die Intervention wird von der ganzen Welt mit Empörung aufgenommen; auch die Mehrheit der KP Westeuropas verurteilt die Okkupation. — Vorbildliche Haltung der tschechischen Bevölkerung, aber schrittweise und planmäßig (zeitweise Verhaftung führender Reformer, wirtschaftlicher Druck, Wiedereinführung der Zensur, Oberbefehl des Warschauer Paktes über die tschechische Armee, sowjetische Berater für Regierung und Partei) wird den Reformern ihr Einfluß genommen, die Macht geht an die Besatzungsmacht, nach und nach an zuverlässige Kommunisten über. Ein Vertrag über die „zeitweise Stationierung sowjetischer Truppen auf tschechischem Boden" vom 16. Oktober 1968 regelt das Besatzungsregime. Demonstrationen anläßlich des 50. Jahrestages der Gründung der CSSR am 28. Oktober 1968, Kundgebungen nach der Selbstverbrennung des Studenten Jan Pallach im Januar 1969 oder antisowjetische Ausschreitungen beim Feiern des Sieges einer tschechischen Eishockeymannschaft über das Team der Sowjetunion verschärfen die Situation. Schließlich breiten sich Enttäuschung und Resignation aus. Im April 1969 tritt auch Alexander Dubcek, Symbol des „Prager Frühlings" („auf eigenen Wunsch") als Parteivorsitzender zurück und wird durch Gustav Husak ersetzt, der zwar selbst Opfer der stalinistischen Epoche war, aber nun zu engster Zusammenarbeit mit Moskau bereit ist. Am Jahrestag der Invasion kommt es noch einmal zu Unruhen, bald darauf aber haben orthodoxe Funktionäre alle maßgebenden Stellen in Staat und Partei in den Händen. Ein neuer Freundschafts- und Beistandspakt zwischen der Sowjetunion und der CSSR — am 6. Mai 1970 — legt auch das Recht auf Intervention gemäß der Breschnew-Doktrin fest. Viele Anhänger der Reform gehen ins Ausland (zweite tschechische Emigration nach 1948). Die freiheitlichen Errungenschaften werden rückgängig gemacht.

Die Rechtfertigung der Sowjetunion für den Einmarsch stützt sich auf folgende Thesen: Die Intervention war nötig wegen der drohenden, vom kapitalistischen Ausland unterstützten Konterrevolution, die eine Liquidierung der sozialistischen Errungenschaften bedeutet hätte; es drohte der Verlust der führenden Position der KPC; es wurden — durch die Aufhebung der Pressezensur — breite Angriffe gegen die Prinzipien des Marxismus-Leninismus ermöglicht; die ökonomischen Leitbilder führten zu einer Diffamierung des sowjetischen Wirtschaftsmodells; es drohte die militärische Lösung der CSSR vom Warschauer Pakt.

Im Herbst 1971 urteilt Josef Smrkovsky in einer italienischen Zeitschrift über die Lage der Tschechoslowakei: „... Die beiden vergangenen Jahre waren Jahre der Negation. Alles wurde als schlecht und als revisionistisch denunziert, als reif zur Ausrottung, einschließlich der Menschen. Und die Okkupation des Landes durch Truppen des Warschauer Paktes wurde überall als Geschenk des Himmels akzeptiert. Diese Anstrengungen, die in blinden Fanatismus und Zynismus einmündeten, haben alle Energie der gegenwärtigen Partei und ihrer Führung aufgezehrt und sie in eine Isolation vom Volk geführt. Sie haben die Initiative des Volkes abgestumpft, die Seele der Nation brachliegen lassen, sie in Lethargie gestürzt ... Kaum mehr als 10 % der Bevölkerung unterstützen die gegenwärtige Politik ... Die alliierten und benachbarten Staaten können und dürfen nicht gleichgültig angesichts der Tatsache bleiben, daß dieses Volk und dieses Land gewaltsam in die Opposition und das Warten auf Freiheit gezwungen wurden und noch immer weiter getrieben werden ..."

Mit der BRD vereinbart die CSSR zwar ein langfristiges Wirtschafts- und Handelsabkommen, der politischen Annäherung steht jedoch erneut das Münchner Abkommen von 1938 (Anschluß der deutschen Teile der CSR an das Deutsche Reich) im Wege. Auch im tschechisch-sowjetischen Vertrag wird die Forderung nach eine „Ungültigkeit des Münchner Abkommens von Anfang an" erhoben.

Am 31. März 1971 werden seitens der sozial-liberalen Koalition der BRD mit der CSSR Sondierungsgespräche aufgenommen, um zu klären, ob die Aufnahme von Vertragsverhandlungen über Gewaltverzicht und die Normalisierung der Beziehungen möglich ist. 1971 finden vier Gespräche statt, die erfolglos verlaufen, weil die Auffassungen über das Münchner Abkommen wie bisher grundsätzlich auseinandergehen. Die Bundesregierung wiederholt, „daß sie das Münchner Abkommen als nicht mehr gültig betrachtet, daß aus ihm keine politischen Ansprüche abgeleitet werden können und daß es dementsprechend zwischen der BRD und der CSSR keine offenen Grenzfragen gibt". Außerdem lehnt die Bundesregierung die von Prag geforderte Ungültigkeit des Münchner Abkommens „ex tunc" aus Gründen des Völkerrechts, wegen möglicher privatrechtlicher Folgen für die ehemaligen Sudetendeutschen und wegen eventueller Wiedergutmachungsansprüche ab.

Auch eine fünfte Runde der deutsch-tschechischen Konsultationen (Ende Juni 1972 in Prag) bringt kein positives Ergebnis; beide Seiten vereinbaren eine „Denkpause".

c) China

Die **Volksrepublik China** gehört seit der Explosion einer eigenen Atombombe (16. Oktober 1964) zu den Weltmächten. Außenpolitisch und ideologisch sieht Peking in den Vereinigten Staaten, aber auch in der Sowjetunion den Gegner von morgen. Zu einer Offensive ist das relativ atomunempfindliche Land nicht fähig, der militärische Druck des Volkes — das bis 1980 die Milliardengrenze erreichen wird — ist aber im Wachsen. Hinter Nordvietnam steht Chinas Macht, und am 38. Breitengrad in Korea kommt es an der Wende von 1967/68 zu mehreren Zwischenfällen, die möglicherweise in Zusammenhang mit Vietnam stehen, eine Entlastung bringen und die Entstehung einer weiteren Front gegen Amerika bedeuten sollen. Besonders ernst ist die Aufbringung und Entführung eines modernen, elektronisch ausgerüsteten US-Kriegsschiffes durch nordkoreanische Schnellboote am 23. Januar 1968 („Pueblo"-Zwischenfall).

Innerpolitisch ist seit 1966 die Auseinandersetzung zwischen der von Mao Tse-tung und dem Verteidigungsminister Lin Piao sowie der „Roten Garde" (der revolutionären Jugendbewegung) repräsentierten fanatisch-kommunistischen Richtung und den revisionistischen, relativ liberalen Kräften (um den Generalsekretär Teng Hsiao-ping und den Staatspräsidenten Liu Schao-tschi) offen und führt zum Bürgerkrieg in einzelnen Teilen und Städten des Landes. Ende 1967 aber ist die Ordnung wiederhergestellt.

Provokationen gegen das portugiesische Macao und das britische Hongkong, Ausschreitungen gegen diplomatische Vertretungen westlicher Mächte — aber auch der Sowjetunion — in Peking, Belästigungen osteuropäischer und sowjetrussischer Diplomaten u. ä. werden ähnlich wie die Spähtrupptätigkeit an der indischen Grenze als ein „Abtasten des Reaktionswillens und -vermögens" der Nachbarn gewertet.

Im November 1968 klärt sich die Lage weiter, als auf Beschluß des ZK der Staatschef Liu Schao-tschi alle Ämter in und außerhalb der Partei verliert, was einen Sieg Maos bedeutet. Die Volksrepublik (Einwohnerzahl 1970 ca. 750 Mill.) verfolgt nunmehr unter Mao Tse-tung, seinem offiziellen Vertreter Lin Piao und Tschu En-lai ideologisch einen gegen den „rechtsabweichlerischen Revisionismus" der SU gerichteten, wirtschaftlich einen extrem kollektivistischen, im Ausland jedoch Anschluß suchenden Kurs. Das Verhältnis zwischen den beiden Mächten verschärft sich: 1969 Grenzzwischen-

fälle an der russisch-chinesischen Grenze, bes. am Ussuri, antisowjetische Massendemonstrationen. Die chinesische Führung ist bestrebt, die Kulturrevolution zu beenden und wendet sich gegen die ultralinken Tendenzen der Roten Garden.
Der 9. Parteikongreß (April 1969) „der Jugendfrische, der Einheit und des Sieges" demonstriert Stärke (Aufforderung zum Atomkrieg gegen die USA als „Feind Nr. 1" und die UdSSR, den „Feind Nr. 2") und legt die Generallinie der Partei als „Marxismus-Lenismus-Lehre Maos" fest: Mao habe „die weltweite Wahrheit des Marxismus-Leninismus mit der konkreten Praxis der Revolution vereinigt, den Marxismus-Leninismus ererbt, verteidigt und weiterentwickelt, ihn zu einem höheren, vollständig neuen Stadium geführt". Trotz eines Besuchs des sowjetischen Ministerpräsidenten Kossygin bei Tschu En-lai und der Bereinigung der seit dem 19. Jahrhundert offenen Grenzfragen bleiben die ideologischen und politischen Differenzen zur SU bestehen.

China, das „Land der blauen Ameisen", macht wirtschaftlich und kulturell bedeutende Fortschritte und tritt 1969/70 aus seiner weltpolitischen Isolierung heraus. Es nimmt Kontakt mit der arabischen Untergrundbewegung (Al Fatah) im Kampf gegen Israel auf, ebenso mit Pakistan gegen das von der SU unterstützte Indien und fördert den Unabhängigkeitskurs Rumäniens (Besuch Ceausescus).

Seit 1970 nehmen immer mehr Staaten diplomatische Beziehungen zur Volksrepublik China auf; die ersten sind Kanada, Italien, Österreich. Die Zurückhaltung der BRD wird von der chinesischen Propaganda mit dem Hinweis auf eine „Achse Bonn — Moskau" quittiert. Die politische Öffnung ist auch durch den Trend zur Überwindung der industriellen Schwäche begründet. Während noch im November 1970 die Aufnahme in die UNO mit einer knappen Mehrheit abgelehnt wird, billigt die Vollversammlung am 25. Oktober 1970 mit 76 gegen 35 Stimmen (17 Enthaltungen) den Antrag des albanischen Vertreters und nimmt die Volksrepublik China bei gleichzeitigem Ausschluß Nationalchinas (Taiwans) auf. Die Abstimmung wird als Niederlage der US-Diplomatie gewertet, die sich für die Aufnahme Pekings, gleichzeitig aber für einen Verbleib Taiwans ausspricht (Alleinvertretungsanspruch gegen Zwei-China-Theorie).

Von geschichtlicher Bedeutung scheint die von beiden Seiten angestrebte Normalisierung der Beziehungen zwischen den USA und der Volksrepublik China. Nach dem Besuch einer Tischtennismannschaft in China, die von Tschu En-lai empfangen wird, und nach sorgfältiger Vorbereitung durch den Präsidentenberater Kissinger findet der Besuch Nixons vom 21. bis 27. Februar statt.

Er endet mit der Erklärung, die Handelsbeziehungen zu erweitern und die Kontakte auf diplomatischer Ebene weiterzuführen; keine der beiden Seiten strebt „eine Hegemonie im asiatisch-pazifischen Bereich" an; die USA beabsichtigen, ihre militärische Präsenz in Südostasien und Taiwan aufzugeben und erkennen an, daß „alle Chinesen auf beiden Seiten der Straße von Taiwan der Auffassung sind, daß es nur ein China gibt und daß Taiwan ein Teil Chinas ist".

Die von Peking ebenso wie von Moskau und Washington verfolgte Politik der Entspannung und des Interessenausgleichs bewährt sich auch angesichts des entgegengesetzten Engagements der Großmächte in Vietnam.

Gewichtig als Einschnitt in der Geschichte des Fernen Ostens ist auch die Normalisierung der Beziehungen zwischen Japan und China: der neue japanische Ministerpräsident Tanaka wird im September 1972 in Peking empfangen, bittet um Vergebung für die japanischen Aggressionen gegen China, opfert seine freundschaftlichen Beziehungen zu Nationalchina und erkennt den Alleinvertretungsanspruch Pekings an. — Nach 35 Jahren werden so die Beziehungen Tokio — Peking normalisiert.

In den Beziehungen Bonns zu Peking beginnt ein neuer Abschnitt durch einen Besuch des Vorsitzenden des Auswärtigen Ausschusses des Deutschen Bundestages und ehemaligen Außenministers, G. Schröder, in Peking (Juli 1972). In den mit führenden Männern Chinas stattfindenden Gesprächen wird deutlich, daß einem baldigen Austausch von Botschaftern zwischen der BRD und China nunmehr nach dem Besuch Nixons in Peking, nach der Ratifizierung des deutsch-russischen Vertrages vom 12. August 1970 und angesichts des sprunghaft steigenden Interesses Chinas an Europa und der EWG nichts mehr im Wege zu stehen scheint. Die Reaktion der SU auf den Schröder-Besuch ist allerdings negativ.

Im Zuge des weiteren Ausbaues der Beziehungen besucht Außenminister Scheel die Volksrepublik China; am 12. Oktober wird der beabsichtigte Austausch von Botschaftern bekanntgegeben.

Die **Republik China** (Nationalchina, Taiwan, Formosa) mit ca. 1,5 Mill. Einwohnern, unter Präsident Tschiang Kai-schek, durch seine Lage militärisch bedeutsam, gut gerüstet, von den USA geschützt und abhängig, nimmt einen beachtlichen wirtschaftlichen Aufschwung (breite Industrialisierung, große Auslandsinvestitionen, 1970 auch Atomkraftwerk) und betrachtet sich nach wie vor als den einzigen rechtmäßigen chinesischen Staat, lehnt die Zwei-China-Theorie ab. Die Regierung in Peking wird als „Rebellengruppe" gewertet. Der Ausschluß aus der UNO und noch mehr die Annäherung der USA an die Volksrepublik China mit dem Besuch Nixons ist für Taiwan ein schwerer Schlag, zumal einige Staaten schnell bereit sind (z. B. Japan), Taiwan als Teil der Volksrepublik zu werten. Die Regierung in Taiwan bezeichnet das Kommuniqué der Nixon-Reise — trotz der Versicherungen der USA, sie stünden zu ihren Bündnisverpflichtungen — als ein neues „Münchner Abkommen". Ebenso wie Südkorea befürchtet Nationalchina den Rückzug der USA aus Ostasien und damit den Verlust des stärksten Partners.

Überraschend und unerwartet beginnen die seit 22 Jahren geteilten und sich feindlich gegenüberstehenden Teile **Koreas** im Mai 1972 Gespräche über eine „Wiedervereinigung des Vaterlandes" ohne Anwendung von Gewalt, ohne Einmischung von außen und mit Ziel, die „große nationale Einheit zu suchen, welche die unterschiedlichen Ideen, Ideologien und Systeme überwinden wird".

d) Japan

Symbol des wirtschaftlichen Aufschwungs in Japan, das hinsichtlich des Bruttosozialproduktes an 4. Stelle der Weltliste steht, ist die EXPO 70 („Fortschritt und Harmonie der Menschheit") in Osaka, die erste Weltausstellung auf asiatischem Boden. 1970 startet auch Japan erfolgreich einen Erdsatelliten.

Im Februar 1972 finden in Sapporo die XI. Olympischen Winterspiele statt. Im Innern behält die regierende Liberaldemokratische Partei die Führung (trotz Anwachsens der Linken), doch führen die gesellschaftlichen Spannungen (deren Ausdruck z. B. der Selbstmord des Dichters Mischima durch Harakiri) und Studentenrevolten, die sich vor allem auch gegen die Verlängerung des amerikanisch-japanischen Sicherheitsvertrages richten. Im Juni 1971 kommt es mit den USA zu einem Abkommen: die Dato- und Riukiu-Inseln (mit Okinawa) werden 1972 von den USA an Japan zurückgegeben, die Stützpunkte bleiben.

Nachdem im Mai 1970 Bundespräsident Heinemann Japan einen Besuch abgestattet hat, kommt Kaiser Hirohito im September 1971 (als erster Monarch der japanischen Geschichte, der eine Auslandsreise unternimmt) für drei Tage in die BRD.

Die Wende 1971/72 ist auch für Japan gekennzeichnet durch die Annäherung Nixons an Peking („über Japans Kopf hinweg"). Problematisch sind im Verhältnis Japan — USA: die Taiwanpolitik, die Stützpunktfrage und vor allem die Wirtschafts- und Handelspolitik, da die amerikanischen Maßnahmen während der Dollarkrise besonders Japan schwer treffen. Nixons Annäherung an Peking führt zu einem „Wettlauf um die Gunst der Chinesen": Auch die japanische Regierung kündigt eine einschneidende Revision ihrer Chinapolitik an.

In diesem Zusammenhang steht auch der Rücktritt des seit 1964 regierenden Ministerpräsidenten Sato, an dessen Stelle im Juli 1972 der ebenfalls der führenden Liberaldemokratischen Partei angehörende bisherige Handels- und Industrieminister K. Tanaka gewählt wird, der eine Politik der vorsichtigen, aber betonten Annäherung Japans an die Volksrepublik China vertritt.

Peking reagiert positiv: Tanaka wird eingeladen.

„Seit der Ablösung Satos durch Tanaka . . . vervielfacht Tokio die Delegationen nach Peking, schlägt sich wegen früherer Aggressionen an die Brust, bestätigt ständig seine Unabhängigkeit gegenüber den Vereinigten Staaten und opfert schließlich seinen nationalchinesischen Alliierten auf dem Altar der Aussöhnung. Peking hat das Opfer für hinreichend befunden, obwohl man dort vor einigen Monaten Japan noch als den gefährlichsten Feind des Friedens in Asien darstellte..." (Le Combat, Paris)

Ende September 1972 findet der historische Besuch des japanischen Ministerpräsidenten in Peking statt. Bei einem Festbankett entschuldigt sich der Japaner für das große Leid, das sein Land dem chinesischen Volk in der Geschichte zugefügt habe. In den Gesprächen mit Tschu En-lai wird vereinbart, daß der

Kriegszustand nach 35 Jahren formell beendet und die diplomatischen Beziehungen wiederaufgenommen werden sollen. Gemeinsam wollen sich China und Japan hegemonialen Bestrebungen Dritter in Ostasien widersetzen. Peking verzichtet auf Reparationsforderungen. Tokio erkennt an, daß Taiwan (Nationalchina) ein untrennbarer Teil des chinesischen Territoriums und die Pekinger Regierung die rechtmäßige Regierung Chinas ist.
Japan bricht die diplomatischen Beziehungen mit Nationalchina ab und kündigt den Friedensvertrag von 1952. In Taipeh (Taiwan) löst diese Entscheidung Empörung und Verbitterung aus. —
Tanaka setzt aber auch die von seinem Vorgänger Sato begonnenen Erörterungen von Grundsatzfragen mit den USA fort. August/September trifft er sich zweimal mit Präsident Nixon auf Hawaii.
Und im Oktober 1972 nimmt Japan auch — auf Außenministerebene — direkte Verhandlungen mit der SU über den Ausbau der gegenseitigen Beziehungen auf und beginnt u. a. die Erörterung der Kurilenfrage; die Inseln sind seit 1945 sowjetrussisch.
Im Laufe des Jahres 1972 wird so die Entwicklung im Viereck Washington — Moskau — Peking — Tokio einer der bedeutendsten Faktoren der Weltpolitik.

e) Die Dritte Welt / Lateinamerika

Viele Staaten Lateinamerikas, Asiens und Afrikas leben weiter im Zeichen politischer, wirtschaftlicher, sozialer und kultureller Unterentwicklung. Die nationalrevolutionären Bewegungen sind nicht imstande, krisenhafte Entwicklungen zu verhindern. Militärdiktaturen scheinen mehrfach ein gangbarer Weg aus Krise und Unsicherheit. Determinanten der Entwicklung sind vor allem:
— innere Entwicklungs- und Strukturprobleme und die sich daraus ergebenden sozialen Spannungen;
— die Existenz im weltweiten Spannungsfeld der ideologischen und wirtschaftlichen Großmächte (USA — SU — evtl. China) infolge des Angewiesenseins auf Entwicklungshilfe und militärischen Schutz;
— das Aufleben alter und das Aufkommen neuer territorialer Stammes- und anderer Konflikte.

Lateinamerika. Die aus dem 19. Jahrhundert kommenden Spannungen und Gegensätze mit dem häufigen Wechsel von Anarchie und Diktatur, dem Gegenüber von konservativen und liberalen Kräften, von Monarchie und Republik setzen sich in der Epoche der sozialistischen Revolutionen (z. B. 1959 Machtergreifung Fidel Castros in Kuba) fort. Sie sind dabei angereichert durch Probleme, die bedingt sind durch den Zustrom fremden Kapitals, eine europäische Masseneinwanderung und die US-Intervention („Dollarimperialismus") mit den sozioökonomischen Folgen: Überfremdung des Wirtschaftslebens, Entstehung konjunkturempfindlicher Monokulturen, wirtschaftliche und politische Vormachtstellung von Oligarchien usw.
Die wirtschaftliche Lage bessert sich nur partiell nach dem 2. Weltkrieg. 1948 Gründung der OAS — Organisation Amerikanischer Staaten; Schaffung der Allianz für den Fortschritt zur Verbesserung der wirtschaftlichen und

sozialen Lage der lateinamerikanischen Staaten durch Präsident Kennedy. Doch bleiben in etlichen Staaten sowohl schroffe soziale Gegensätze wie auch nationalistische Tendenzen gegen die wirtschaftliche Überfremdung. Dadurch erhalten reaktionäre wie linksextreme Gruppen neuen Auftrieb.

Wichtig sind Veränderungen, die im Selbstverständnis der in Lateinamerika einflußreichen katholischen Kirche nach dem 2. Vatikanischen Konzil vor sich gehen und einen Großteil des Klerus zu Sozialreformern und Vorkämpfern progressiver Tendenzen gegen Unrecht und Not, gegen Mißbräuche und feudale Relikte in der Gesellschaft machen.

Die BRD unterhält (Ende 1971) zu allen Ländern Mittel- und Südamerikas — außer Kuba — diplomatische Beziehungen und entfaltet besonders auf kulturpolitischem Gebiet große Aktivität. Lateinamerika ist ein Schwerpunkt der Entwicklungshilfe, hier befinden sich die meisten deutschen Auslandsschulen, zu denen vor allem begabte Kinder aus sozial schwachen Schichten Zugang erhalten. Konflikte zwischen dem DED (Deutscher Entwicklungsdienst) und reaktionären Polizeistaaten liegen bisweilen in der Natur der Sache (z. B. mit Bolivien im Sommer 1972).

In **Brasilien** folgt den fortschrittlichen Präsidenten (zugleich Regierungschefs) Kubitschek (Bau der Hauptstadt Brasilia) und Goulart durch einen Militärputsch (1964) der Reformer und Führer dieses Putsches Castelo Branco, dessen gemäßigte Militärdiktatur 1967 durch Artur da Costa e Silva abgelöst wird. Rechtsgerichtete Generale üben Druck auf den Präsidenten aus, der zur Verhinderung eines Staatsstreiches der Linksextremisten das Parlament vertagt und eine Militärdiktatur mit Ausnahmegesetzen errichtet. Nach dem Tode Costa e Silvas (1969) regieren Militärminister, die Garrastazu Medici zum Präsidenten ernennen und eine neue Verfassung mit umfassenden Vollmachten für den Staatspräsidenten erlassen. Eskalationen des Widerstandes und des Extremismus: Schriftsteller, Intellektuelle und Studenten in Opposition, Stadtguerillas erpressen durch Entführungen (1970 auch des deutschen Botschafters v. Holleben) die Freilassung von Verhafteten. Der Widerstand gegen das reaktionäre Regime wird auch von einem Teil des katholischen Klerus getragen: z. B. Erzbischof Helder Camara.

Argentinien kommt nach der Ära Peron (1946—1955), einer Epoche der sozialen Reformen und der Industrialisierung, nicht zur Ruhe. Den meist konservativen Regierungen stehen die peronistischen Gewerkschaften und linksorientierte Studenten gegenüber. In zunehmendem Maße greift auch die Guerillatätigkeit linksextremer Gruppen um sich. Durch einen Staatsstreich 1966 wird General Ongania Regierungschef und Staatspräsident. Nach Auflösung des Parlaments und der Parteien ist Ongania auf die Junta der Oberbefehlshaber der Streitkräfte angewiesen, die ihn bei einem Staatsstreich im Juni 1970 absetzen, General Roberto M. Levingston zum Präsidenten ernennen, die Regierungsgewalt aber selbst in Händen behalten. Als Levingston versucht, sich von der Junta unabhängig zu machen, um sozialpolitische Reformen durchzusetzen, wird er abgesetzt (März 1971), und einer der Befehlshaber, General Lanusse, wird Staatspräsident und Chef der Exekutive.

Wirtschaftliche Konsolidierung, soziale Beruhigung und Demokratisierung sind das Ziel des neuen Präsidenten. Im Oktober 1971 bricht eine Revolte restaurativer Offiziere zusammen.

Im November 1972 kehrt der Exdiktator Peron nach Argentinien zurück. Für 1973 stehen Wahlen bevor, bei denen die Militärregierung abgelöst werden soll.

Chile geht unter Führung der gemäßigt linksorientierten Christlichdemokratischen Partei seit 1965 den Weg einer „Revolution in Freiheit", d. h., betreibt eine nichtmarxistische Politik sozialer Reformen. Bei den Wahlen im März 1969 verlieren die christlichen Demokraten Stimmen, der Wahlkampf zu den Präsidentenwahlen im Herbst 1970 führt zu Unruhen, Streiks und schweren Zusammenstößen mit zeitweiser Verhängung des Ausnahmezustandes. Aus den Wahlen geht schließlich mit Unterstützung der christlichen Demokraten der Volksfrontkandidat Salvador Allende Gossens als Sieger hervor. Er ist der erste frei gewählte marxistische Staats- und Regierungschef eines westlichen Landes. Allendes Programm: eine „demokratische, nationale, revolutionäre und vom Volk gestützte Herrschaft. Alle unsere Maßnahmen haben ein Ziel: die Revolution. Revolution ist die Übernahme der Macht, die bisher im Besitz einer Minderheit war, durch die Klasse, der die Mehrheit angehört."

Die Verstaatlichungs- und Sozialisierungspolitik (Banken, Dienstleistungs- und Produktionsbetriebe werden verstaatlicht) der Volksfrontregierung und die daraus resultierenden Auseinandersetzungen mit der konservativen Opposition führen zu Unruhen und wirtschaftlichen Belastungen, vor allem zu einer empfindlichen Steigerung der Lebenshaltungskosten.

Mehrmals wird der Notstand ausgerufen, Militär übernimmt die vollziehende Gewalt. Ein Streik der Ladeninhaber, der 1972 ausbricht, verschärft die Wirtschaftslage. Preissteigerung und Kaufkraftschwund geben den Extremisten von rechts und links Auftrieb. Das Land gerät an den Rand des Bürgerkriegs.
— Entspannung tritt Ende Oktober 1972 ein, als der Streik der Fuhrunternehmer und Einzelhändler beendet wird. Allende sieht sich jedoch zu Zugeständnissen gezwungen (z. B. Verzicht auf eine staatliche Transportbehörde) und nimmt drei Offiziere in sein Kabinett auf.

In **Bolivien** kommen 1964 ebenfalls durch eine Militärrevolte konservative Kräfte an die Macht. Der Versuch des Arztes, Vertrauten Fidel Castros und zeitweiligen Präsidenten der kubanischen Nationalbank, Ernesto Che Guevara, in den Jahren 1966/67 durch einen Kleinkrieg eine Republik nach kubanischem Muster zu erkämpfen, scheitert an der Haltung der Bauern; Che Guevara wird gefangen und ohne Urteil erschossen. Seine Guerilla-Theorie über die Tätigkeit von Partisanengruppen gewinnt Vorbildcharakter in revolutionären Gruppen und bei Utopisten der westlichen Welt. Anders als bei K. Marx ist die sozialistische Revolution für Che Guevara nicht die Folge objektiver ökonomisch-gesellschaftlicher Verhältnisse, aus denen sich wiederum das proletarische Bewußtsein entwickelt, sondern sie entspringt der Aktivität von einzelnen Revolutionären und revolutionären Gruppen. Die Revolution kann also „gemacht" werden.

Das Linkskabinett des Generals Orando Candia — vorwiegend aus Intellektuellen —, das Beziehungen zu den Ostblockstaaten aufnimmt und die US-Bolivian Gulf Oil Company enteignet, wird ebenfalls durch einen Rechtsputsch gestürzt, der sich aber dem harten Widerstand der Gewerkschaften und der Universitäten gegenübersieht und auch scheitert. Im Oktober 1970 wird General José Torres zum Präsidenten proklamiert, der ein „auf die Universität, die Arbeiter, die Bauern und das Militär" gestütztes gemäßigtes Linkskabinett aufstellt, den Kampf „gegen Imperialismus und Kolonialismus" aufnimmt und u. a. die Zuckerindustrie verstaatlicht. Ein Rechtsputsch im Januar 1971 scheitert, aber bereits im August 1971 wird (der 186. Putsch in den 146 Jahren der bolivianischen Unabhängigkeit!) die linksnationale Regierung Torres abgelöst durch eine konservativnationale unter Oberst Banzer, die sich auf die Streitkräfte, auf christlich-national-sozialistische Kräfte und auf die gemäßigte Linke stützen will.

Die Gegensätze zu Studenten und Arbeitern verschärfen sich jedoch wieder. Im Sommer 1972 werden von der Militärjunta zwölf deutsche Entwicklungshelfer verhaftet, denen Zusammenarbeit mit linksstehenden Verbänden vorgeworfen wird.

Von den anderen Staaten Lateinamerikas ist vor allem **Peru,** zu dem die BRD schon bald enge Beziehungen hat (1964 Besuch des Bundespräsidenten Lübke), sind des weiteren **Paraguay, Venezuela** und **Ecuador** wenn auch nicht ohne Spannungen so doch auf dem Weg eines relativ ruhigen Fortschritts. Diesen drei Staaten stattet Bundespräsident Heinemann 1970 einen Besuch ab: Es geht vor allem um Fragen der Entwicklungshilfe. In **Kolumbien** sind die Spannungen groß, ebenso in **Uruguay,** wo sich linke, progressive Kräfte (linke christliche Demokraten, Kommunisten, Fidelisten, Maoisten und Splittergruppen) in der „breiten Front" sammeln und die politische Macht anstreben. Die Linksextremisten (Stadtguerillas, Tupamaros) praktizieren Entführungen und Terroranschläge.

In vielen Ländern Lateinamerikas werden die wirtschaftlichen und sozialen Bedrängnisse durch Naturkatastrophen (Erdbeben) verschärft.

In **Mittelamerika** kann sich die von Fidel Castro 1966 gegründete revolutionäre Bewegung OLAS (Organisation für lateinamerikanische Solidarität) gegen die Organisation Amerikanischer Staaten (OAS) nicht durchsetzen. Die Beschlüsse der OLAS werden von der OAS-Konferenz in Washington (September 1967) verworfen.

In **Kuba** selbst muß sich Fidel Castro mit wirtschaftlichen Schwierigkeiten, „abweichlerischen Intellektuellen" und „Absentismus" (Arbeitsscheu) auseinandersetzen.

Seine engen Beziehungen zu den Ostblockstaaten kommen in einer großen Reise zum Ausdruck, die Castro im Sommer 1972 durch die sozialistischen Länder Osteuropas (u. a. DDR, SU) unternimmt.

Mexiko ist dank der Bodenreform von 1945/46 ein politisch und wirtschaftlich stabiler Staat, der trotz enger Beziehungen zu den USA und zum Westen (Besuch von Bundespräsident Lübke 1966) seine Unabhängigkeit wahrt und auch zu den kommunistischen Staaten Wirtschafts- und Kulturbeziehungen unterhält. Maßgebend: die Institutionelle Revolutionäre Partei. Unruhe und Demonstrationen der extremen Linken („Verrat an der Revolution!") werden unterdrückt und beeinträchtigen auch nicht die XIX. Olympischen Sommerspiele, die 1968 in Mexiko stattfinden (105 teilnehmende Länder). 1971 werden einige Verschwörungen gegen den Staat zerschlagen, mehrere Angehörige der sowjetischen Botschaft müssen das Land verlassen.

In **Guatemala,** wo 1966 die Fortschrittspartei die Wahlen gewinnt, setzen sich jedoch rechtsstehende Militärkreise durch. Guerilleros entführen im April 1970 den Botschafter der BRD, Graf Spreti. Da die Regierung auf die Forderungen der Entführer — Freilassung politischer Gefangener und Lösegeld — nicht eingeht, wird er ermordet. Darauf „Einfrieren" der diplomatischen Beziehungen.

f) Südostasien

Der **Vietnamkrieg** kommt 1969 in seine vierte Phase: Nach der ersten Phase 1946—1954, dem Befreiungskampf gegen Frankreich und dem revolutionären Bürgerkrieg gegen die feudale Oberschicht, der trotz des Versprechens allgemeiner Wahlen zur Wiedervereinigung mit der Teilung des Landes (Genfer Indochina-Konferenz April—Juli 1954) endet, geht es in der zweiten Phase bis 1964 um einen von Nordvietnam, dem kommunistischen Vietkong und der FNL (Nationale Front zur Befreiung Südvietnams) erfolgreich geführten Bürgerkrieg (Guerillakrieg) zur revolutionären Wiedervereinigung, der Südvietnam an den Rand des Zusammenbruchs bringt. Die dritte Phase ist gekennzeichnet durch das wachsende Engagement der USA zum Schutz Südvietnams und der Eskalation des Krieges bis 1968: Mitte dieses Jahres stehen 545 000 Soldaten der USA, ca. 750 000 Südvietnamesen, 50 000 Südkoreaner, 13 000 Thailänder und 8000 Australier im Kampf gegen Nordvietnam und den Vietkong. Die Art der Kriegführung und der Verlauf des Krieges, der ohne greifbaren Erfolg geführt wird, aber Opfer fordert und die Wirtschaft belastet, die weltpolitische Situation und im Innern die ablehnende Haltung der Bevölkerung führen dazu, daß im Herbst 1969 die vierte Phase beginnt: die Vietnamisierung des Krieges mit Reduzierung und allmählichem Rückzug der US-Streitkräfte — bei gleichzeitiger Ausdehnung auf **Laos** und **Kambodscha,** wo kommunistische „nationale Befreiungskräfte" und nordvietnamesische Truppen den größten Teil des Landes beherrschen.

Durch **Laos,** wo die Pathet-Lao ebenfalls einen großen Teil des Landes kontrollieren, führt der Ho-Tschi-Minh-Pfad, der wichtigste Nachschubweg Nordvietnams zu den Kriegsschauplätzen in Südvietnam. Ho Tschi Minh, seit 1954 Staatspräsident von Nordvietnam, stirbt 1969. Er ist einer der bedeutendsten Repräsentanten des Weltkommunismus, steht ideologisch Peking näher als Moskau, wahrt aber auch der Volksrepublik China gegenüber Eigenständigkeit. Nachfolger ist sein engster Vertrauter Pam Van Dong, der mit einem Team die Führung des Landes übernimmt. Auf den Krieg wirkt sich der Machtwechsel zunächst nicht aus. Die unerwartete und in ihren Zielen schwer zu deutende Großoffensive des nordvietnamesischen Generals Giap (April 1972), der jedoch ein Erfolg mit dem militärischen und/oder politischen Zusammenbruch des südvietnamesischen Thieu-Regimes versagt bleibt, die im Gegenteil schwerste Verluste und Schäden in Ausrüstung, Versorgung, Produktion und Infrastruktur infolge schwersten US-Lufteinsatzes zur Folge hat, führt in Hanoi zu Auseinandersetzungen und Richtungskämpfen über die Revision der Kriegsziele und — angesichts der für Nordvietnam enttäuschenden Haltung der großen Verbündeten (SU und Volksrepublik China) — dazu, daß erneut eine politische Bereinigung des Konfliktes (durch die Pariser Friedensgespräche) angestrebt wird (Juli 1972).

In **Südvietnam** hat das Regime des Ministerpräsidenten Ky sowohl den territorialen Partikularismus von Da Nang und der alten Kaiserstadt Hue wie auch die politische und soziale Opposition der Buddhisten (Selbstverbrennungen!) und katholischer Gruppen in Saigon gegen sich; Widerstand leisten auch die z. T. antiamerikanisch orientierten Studenten und Intellektuellen, die teilweise sogar vom Vietkong unterwandert sind. Die seit langem erhobene Forderung nach Wahlen für die Nationalversammlung wird 1967 erfüllt. Als Sieger gehen die Chefs einer Militärjunta Thieu und Ky hervor. Der Verdacht von Wahlmanipulationen hält sich. Eine neue Verfassung 1967 gibt dem Präsidenten große Vollmachten. Parlamentswahlen im September 1971 und Präsidentschaftswahlen im Oktober 1971 bringen Präsident Thieu, dem einzigen Kandidaten bzw. seiner Partei, eine große Mehrheit. Die Wahlen gehen in einem verschlechterten innerpolitischen Klima und in einer verworrenen Lage vor sich. Die Wahltage sind von schweren Angriffen des Vietkong und der Nordvietnamesen gekennzeichnet. Die Opposition erhebt den Vorwurf des Wahlschwindels.

Dank massivster Hilfe der US-Luftwaffe kann im Sommer 1972 in der von Hanoi und dem Vietkong gestarteten Großoffensive der militärische Zusammenbruch verhindert werden.

Ende Oktober 1972 ist nach erfolgreichen Geheimbesprechungen zwischen den USA (Präsidentenberater Kissinger) und Nordvietnam Friede in Sicht. Hanoi stimmt den Verhandlungsergebnis zu. Doch die für 31. Oktober 1972 bereits vorgesehene Unterzeichnung kommt nicht zustande. Der südvietnamesische Präsident Thieu, der in dieser Hinsicht von allen nichtkommunistischen Kräften seines Landes unterstützt wird, wendet sich gegen alle US-Maßnahmen, die zu einer Auslieferung des Landes an die Kommunisten führen könnten.

Während der Verhandlungen gehen die Kämpfe besonders in der Umgebung der südvietnamesischen Hauptstadt Saigon und die Luftangriffe weiter. Die USA sagen die Lieferung von Kriegsmaterial in großen Mengen und umfangreiche Wirtschaftshilfe an Saigon zu. Moskau und Peking verstärken ihrerseits ihre Lieferungen an Hanoi. Der Vietkong trägt die Kämpfe mehrfach bis in die unmittelbare Nähe Saigons. — Angesichts der Weigerung Thieus — und nach dem Wahlsieg Nixons — werden die Verhandlungen mit Nordvietnam im November erneut aufgenommen. In Paris treten die Unterhändler zur 160. Sitzung zusammen. Saigon besteht auf Zurückziehung der nordvietnamesischen Verbände und Ausdehnung der Waffenruhe auf ganz Vietnam. Die USA bereiten die Aufhebung der Blockade gegen nordvietnamesische Häfen vor und wollen ihre Truppen bis Ende 1972 auf 20 000 reduzieren. Bis zu diesem Zeitpunkt will Südkorea seine Truppen vollständig aus Vietnam zurückziehen.

Die Opfer des Vietnamkrieges werden für die Zeit von Anfang 1961 bis Ende Oktober 1972 mit 45 000 Toten, 300 000 Verwundeten, über 1100 Vermißten und 545 Gefangenen auf der Seite der Amerikaner, mit 158 000 Toten, 417 000 Verwundeten und 425 000 getöteten Zivilisten auf der Seite Südvietnams und mit 900 000 getöteten Nordvietnamesen und Vietkongs angegeben.

Saigon besteht auf Zurückziehung der nordvietnamesischen Verbände. Die USA bereiten die Aufhebung der Blockade vor.

In **Thailand** wächst die Bedeutung einer kommunistischen nationalen Befreiungsbewegung gegen die herrschenden Feudalschichten. Die Kürzung der US-Hilfe ist eine schwere wirtschaftliche Belastung. Durch einen Putsch im November 1971 wird ein Militärregime errichtet, welches das Parlament auflöst und die Verfassung außer Kraft setzt.

Indonesien verfolgt unter Präsident Suharto weiter einen streng antikommunistischen Kurs. Mit vielen Staaten schließt das Land Kapitalverträge ab (u. a. auch mit der BRD und der DDR). Ende 1970 besucht Papst Paul VI. Djakarta.

Malaysia, ebenfalls mit rassischen und politischen Spannungen (starke chinesische Minderheit) kehrt unter seinem König 1971 wieder zur parlamentarischen Ordnung zurück.

Die **SEATO,** der Südostasienpakt, der 1954 in Manila zur gemeinsamen Bekämpfung kommunistischer Infiltration gegründet wurde, hat geringe Effizienz. Viele wichtige Staaten bleiben von Anfang an außerhalb des Bündnisses. Bestimmend wird der Umfang des Engagements, d. h. der wirtschaftlichen und militärischen Beteiligung der USA, in diesem Raum.

g) Südostasien

Im **Iran,** einer konstitutionellen Monarchie, seit 1941 unter dem autokratischen, aber dem Fortschritt und einer planvollen Entwicklungspolitik gegenüber aufgeschlossenen Mohammed Reza Schah Pahlewi, normalisiert sich nach Jahren der Spannung das Verhältnis zur SU (Besuch des Schahs in Moskau 1965, Wirtschaftshilfe der SU).

Der Staat ist wirtschaftlich bedeutsam: 80 % des Ausfuhrwertes fallen auf Erdöl. — Im Oktober 1971 wird im Iran das 2500-Jahres-Jubiläum der persischen Monarchie mit großem Aufwand gefeiert. („Die teuerste Geburtstagsparty der Weltgeschichte.")

Das Verhältnis des Irans zur BRD ist seit dem Schah-Besuch in Berlin (2. Juni 1967), bei dem es zu schweren Ausschreitungen und Zusammenstößen mit monarchiefeindlichen Studenten kommt, getrübt. Im März 1972 besucht Bundeskanzler Brandt den Iran. Obwohl die Frage der Aktivität schahfeindlicher Studenten in der BRD zur Sprache kommt, stehen im Vordergrund der Verhandlungen internationale Fragen, die Ostpolitik der Bundesregierung und Erdöllieferungen.

Der Konflikt Indien — Pakistan

Die Problematik der Islamischen Republik **Pakistan** ist mit der Staatsgründung schon 1947 gegeben. Die beiden Teile Pakistans, voneinander weit getrennt, haben außer dem Islam nichts Gemeinsames. Das Übergewicht Westpakistans und seiner herrschenden Kreise ruft bald Autonomiebestrebungen in Ostpakistan hervor, wo im Westen ca. 20 % Hindus leben. Träger dieser Selbständigkeitsbewegung ist die Awami-Liga unter Führung von Scheich Mujibur Rahman, der von **Indien** (Regierungschef Frau Indira Gandhi) unterstützt wird. Zwischen Indien und Pakistan gibt es seit langem ungelöste Fragen, z. B. das Kaschmir-Problem. In Pakistan erringt bei Parlamentswahlen die Awami-Liga einen überragenden Sieg. Die Militärregierung in Islamabad unter Yahya Khan, der 1969 den Staatspräsidenten Ayub Khan gestürzt hat, vertagt jedoch die Parlamentseröffnung, was in Ostpakistan zum Aufstand und zur Proklamierung der freien Republik **Bangla Desh** führt. Nach dem Einmarsch pakistanischer Truppen entbrennt ein grausamer Bürgerkrieg mit Bluttaten gegen die Hindus; aber auch die Anhänger Mujibur Rahmans ermorden Tausende mohammedanischer Bharis. Millionen Flüchtlinge — meist aus der Hindu-Minderheit — strömen über die Grenze nach Indien. In den Lagern kommt es infolge Hunger, Seuchen und Überschwemmungen zu einer der größten Katastrophen der neueren Geschichte.

Im Dezember 1971 bricht der offene Krieg zwischen Indien und Pakistan aus (der dritte seit 1945). Nach kurzer Zeit kapitulieren die Truppen Pakistans. Der aus pakistanischer Gefangenschaft entlassene Führer der Awami-Liga, Mujibur Rahman, ruft die unabhängige Volksrepublik Bangla Desh aus: Pakistan ist geteilt. Bei Jahresbeginn 1972 normalisieren sich die Verhältnisse allmählich. Neuer Ministerpräsident von Pakistan ist Zufalkir Bhutto.

Indira Gandhi erklärt ihre Bereitschaft zu direkten Gesprächen mit Bhutto. Der neue Staat Bangla Desh (Hauptstadt Dacca) wird zuerst von Indien und den Ostblockstaaten anerkannt. Das enge Zusammenwirken Indiens mit der SU hat eine Abkühlung der Beziehungen zu den USA zur Folge.

Im Juli 1972 vereinbaren in einer zäh geführten Konferenz in Simla die Ministerpräsidentin Indira Gandhi und Präsident Bhutto von (Rest-)Pakistan die Aufnahme neuer, auf dem Prinzip der friedlichen Koexistenz beruhenden Beziehungen, in denen die noch offenen Streitfragen (Grenzziehungen in Kaschmir, Kriegsgefangenenrückgabe) ohne Anwendung von Gewalt gelöst werden sollen.

Bangla Desh, übervölkert und unterentwickelt, erhält Hilfe von Ost und West (darunter ca. 53 Mill. DM von der BRD), und auch die UNO startet eine großzügige Hilfsaktion.

Auch Rest-Pakistan hat eine erschütterte Wirtschaft und ist auf Hilfe angewiesen. Pakistan tritt aus dem südostasiatischen SEATO-Pakt aus (November 1972), bleibt aber Mitglied des CENTO-Paktes (dem früheren Bagdad-Pakt zwischen Türkei und Irak), in die USA als Beobachter vertreten sind.

Ceylon — seit 1970 unter der Ministerpräsidentin Frau Sirimavo Bandaraneike — hat eine Koalitionsregierung, in der neben der stärksten Partei, der Ceylonesischen Freiheitspartei, auch Trotzkisten und prosowjetische Kommunisten sitzen. Im April 1971 kommt es zu schweren Auseinandersetzungen mit der linksgerichteten, Guerillataktik anwendenden Volksbefreiungsfront „Che Guevara", die unter Führung eines Absolventen der Moskauer Lumumba-Universität steht. An den Umsturzplänen ist auch das Personal der Botschaft von Nordkorea beteiligt. Bandaraneike bittet Washington um Lieferung von Kriegsmaterial, die Regierung unterstützt jedoch auch Indien, die SU, die chinesische Volksrepublik u. a. Im Juni 1971 gilt der Aufstand als niedergeschlagen.

h) Afrika

Mitte 1970 hat der Kontinent 43 selbständige Staaten, die meisten haben ihre Unabhängigkeit erst im letzten Jahrzehnt errungen. Die letzten „Fremden" sind Portugiesen, Rhodesier und Südafrikaner. Fast alle Staaten Afrikas sind Mitglieder der Vereinten Nationen.

Die Hoffnung der europäischen Kolonialmächte, die in die Selbständigkeit und Eigenverantwortung entlassenen Gebiete seien mündig und auf die Selbstverwaltung vorbereitet, konnten sich nicht erfüllen. Die jähe unvermittelte Einführung der parlamentarischen Demokratie stößt auf Schwierigkeiten: mangelnde politische Reife, Stammesegoismen, nationalrevolutionäre Ideologien, feudale Relikte und Mißstände, kulturelle Rückständigkeit.

In vielen der neuen Staaten führt der Weg zur Konsolidierung, zur Entwicklung und zum wirtschaftlichen Aufbau über Militärrevolten, diktatorische Präsidialregierungen oder über Revolutions- und Befreiungsräte (1970 gibt es in Afrika 13 Militärdiktaturen).

Das Interesse der Großmächte spielt besonders dort eine Rolle, wo strategische oder wirtschaftliche Fakten ins Gewicht fallen (z. B. Nordafrika). In etlichen Staaten sind kommunistische Theorien wirksam, die Militärregierungen in Schwarz-Afrika neigen jedoch im allgemeinen mehr zur außenpolitischen Blockfreiheit. Viele Staaten Zentral- und Westafrikas (ehemalige französische und belgische Kolonien) sind mit der EWG assoziiert; die südostafrikanischen Staaten sind zum Großteil Mitglieder des Commonwealth; die meisten Staaten im Norden gehören zur Arabischen Liga.

Die BRD pflegt mit den meisten Staaten Afrikas enge wirtschaftliche Kontakte, die ihren Ausdruck in zahlreichen Besuchen afrikanischer Staatsmänner und Politiker in der BRD und ebenso häufigen Reisen führender Repräsentanten der BRD in afrikanische Staaten finden. Der Außenhandel mit den afrikanischen Staaten zeigt eine steigende Tendenz, das Handelsdefizit bleibt allerdings groß. — 1971/72 spielt angesichts der Olympischen Spiele die Sportförderung der Zusammenarbeit eine besondere Rolle.

Den Weg der meisten Staaten Afrikas kennzeichnen Unruhe, Ungeduld und Dynamik. (Einige Beispiele:)

Algerien gehört unter Ben Bella zu den bedeutendsten antikolonialistischen, nationalrevolutionären Kräften — ähnlich wie Sékou Touré von Guinea, Kwame Nkrumah von Ghana oder Sukarno von Indonesien. Ben Bella ist einer der Führer der Nationalen Befreiungsfront (FLN) im Kampf gegen

Frankreich. Nach dem Waffenstillstand von Evian (1962), der den Kampf gegen die Franzosen beendet, wird in Algerien eine volksdemokratische Republik proklamiert. Auch hier führen wirtschaftliche Regressionen, Unterlassung sozialer Reformen und andere Mißstände zur wirtschaftlichen und politischen Krise.

„Es war das Ergebnis von geistiger Verwirrung, Demagogie und rhetorischem Extremismus des Regimes, das weit mehr von Korruption als durch den ernsthaften Willen gekennzeichnet war, eine neue Gesellschaft aufzubauen." (W. Laqueur)

Im Sommer 1965 wird Staatspräsident Ben Bella von der Armee gestürzt. Aus der Revolution geht Oberst Boumedienne als Sieger und Staatschef hervor. Seit 1969 zeigen sich Ansätze zur Konsolidierung und zur Besinnung auf die eigene Entwicklung. Algerien hält sich im Nahost-Konflikt zurück, bereinigt Grenzstreitigkeiten mit seinen Nachbarn und nimmt größere Entwicklungsprojekte in Angriff. Ausländische Unternehmen werden verstaatlicht. Im Oktober 1970 wird der in Algerien zum Tode verurteilte Exilpolitiker Belkassem Krim in einem Frankfurter Hotel ermordet.

In **Ghana** verläuft die Entwicklung ebenfalls hektisch. Es wird 1957 als erster schwarzer Staat völlig selbständig. Ministerpräsident Kwame Nkrumah errichtet einen christlich-leninistisch-neutralistischen Einparteien- und Führerstaat („Nkrumahismus"). Gerade seine prestigebetonte, autoritäre und aufwendige Führung hat zur Folge, daß Nkrumah 1966 während einer Weltreise, die ihn nach Kairo, Peking, Hanoi und Moskau führt, vom Militär in Abwesenheit gestürzt, das Parlament aufgelöst und ein Verbot aller Parteien erlassen wird. Die Unruhen dauern an, 1969 übernimmt ein Triumvirat die Funktion des Staatsoberhauptes. Einer wachsenden Arbeitslosigkeit begegnet die Regierung (1970) durch die Ausweisung aller Ausländer und durch die Übernahme ausländischer Firmen (meist Handelsunternehmen) durch einheimische Bürger. — Ende 1970 wird wieder ein Staatspräsident gewählt; 1970 besucht Ministerpräsident Kofi Abrefa Busia die BRD.

Der **Kongo** umfaßt zwei Staaten: Die kleine ehemals französische Kolonie — später „Kongo-Brazzaville" — wird zur Volksrepublik Kongo; die einstige belgische Kolonie — dann „Kongo-Leopoldville" — wird zur Demokratischen Republik Kongo. Am Ende der Kongokrisen (1960—64) wird 1965 Ministerpräsident Moise Tschombé — ebenfalls eine starke Persönlichkeit der Entkolonisierungsphase, der mit Hilfe weißer Söldner die Einheit des kongolesischen Staatsgebietes gegen separatistische Bestrebungen erhalten kann — von Staatspräsident Kasawubu gestürzt und vom Parlament des Hochverrats beschuldigt. Er flieht ins Ausland (1966 im Exil in Belgien), doch Kasawubu wird im selben Jahr 1965 durch Joseph Desiré Mobutu in einem Staatsstreich gestürzt, der nun das Amt des Staatspräsidenten und des Regierungschefs in seiner Person vereinigt und 1966/67 einen umfangreichen politischen und wirtschaftlichen Um- und Aufbau des Staates beginnt. Schon 1969 besucht Mobutu die BRD. Die wirtschaftliche Entwicklung verläuft günstig, die politische Lage ist konsolidiert: Mit der Volksrepublik Kongo bestehen diplomatische Beziehungen. Mit Israel schließt Mobutu ein Abkommen über militärische Zusammenarbeit. 1971 Umbenennung der Republik Kongo in „Republik Zaire".

Nigeria steht in den Jahren 1968/70 im Mittelpunkt politischen und humanitären Interesses der Welt. Gegen die Zentralregierung von Lagos (Staatsoberhaupt und Präsident einer Militärregierung: General Gowon) und gegen eine geplante Neugliederung des Landes empört sich Ende Mai 1967 der Gouverneur der von Ibos bewohnten Ostregion, Ojukwu, und ruft die unabhängige Republik **Biafra** aus. Die Wurzeln der Sonderentwicklung sind alte Stammesgegensätze und Zivilisationsgefälle. Der Sezession gehen Gewaltanwendung gegen und durch die Ibos voraus. Die Zentralregierung reagiert mit einer militärischen Offensive zur Wiederherstellung der Einheit. Krieg, Hunger und Seuchen führen zu einer Katastrophe unter den Ibos. Zwielichtige Waffenlieferungen und humanitäre Hilfsaktionen besonders der christlichen Kirchen sind die Folgen der großen Anteilnahme der Weltöffentlichkeit. Internationale Kommissionen stellen fest, daß sich die Zentralregierung entgegen den Anschuldigungen keines „Völkermordes" schuldig gemacht hat.

Der Krieg, der von Ojukwu trotz seiner Aussichtslosigkeit nach vergeblichen Vermittlungsversuchen — u. a. durch Kaiser Haile Selassie von Äthiopien — noch 2^1/$_2$ Jahre erbittert weitergeführt wird, endet im Januar 1970 mit der bedingungslosen Kapitulation der Separatisten. Ojukwu verläßt das Land. Zwar werden verschiedene Hilfsangebote des Auslandes vom Staatschef Gowon abgelehnt, doch geht die Wiederherstellung der Ordnung und die Befriedigung Biafras relativ schnell vor sich. Gowon verkündet eine Generalamnestie, politische Prozesse finden nicht statt.

Guinea ist eine präsidiale, sozialistische Republik, seit 1958 unter Sékou Touré. Dieser baut mit seiner linksgerichteten Staatspartei eine sozialistische Gesellschafts- und Wirtschaftsordnung auf und vertritt nach außen eine Politik der theoretischen Blockfreiheit mit freundschaftlichen Beziehungen zu kommunistischen Staaten und erhält 1960 den Lenin-Friedenspreis. Aus politischen und ideologischen Gründen gibt es Spannungen an der Grenze zu Portugiesisch-Guinea. Im November 1970 landen „fremde" Truppen, die Invasion scheitert. Portugal wird beschuldigt und von der NATO verurteilt. Die Regierung Sékou Touré bezichtigt auch die BRD, für die Invasion verantwortlich zu sein. Es kommt zur Ausweisung deutscher Entwicklungshelfer und Ende Januar 1971 zum Abbruch der diplomatischen Beziehungen zu Bonn nach dem ungeklärten Tod des Entwicklungshelfers Hermann Seibold. 1971 zahlreiche Prozesse gegen vermeintliche und wirkliche Gegner des Regimes (u. a. gegen den katholischen Erzbischof) und Todesurteile. Zur Untersuchung geht eine UNO-Kommission nach Guinea.

1972 richtet sich das Interesse der Weltöffentlichkeit auf den Bantu-Staat **Uganda** (seit dem Ende des 19. Jahrh. britisches Protektorat, 1962 unabhängig), wo seit einem Staatsstreich im Januar 1971 General Idi Amin Dada Staatsoberhaupt und Regierungschef ist. Amin errichtet einen Einparteienstaat, den er von der „Vorherrschaft der Fremden" befreien will. Zu diesen im Wirtschafts- und Bildungswesen des Landes nahezu unentbehrlichen „Fremden" gehören vor allem ca. 90 000 meist im Lande bereits geborene Asiaten, meist Inder, deren Vorfahren im Zuge der britischen Kolonialpolitik ins Land kamen. — Nachdem Amin (der Anfang 1972 die BRD besucht und eine Kapitalhilfe von 75 Mill. DM erhält, die er allerdings nicht voll in Anspruch nimmt) bereits ca. 700 in der Wirtschaft tätige israelische Staatsbürger ausgewiesen hat, kündigt er im August 1972 kurzfristig die rücksichtslose Aussiedlung von 57 000 Asiaten mit britischen Pässen an. Von der Zwangsaussiedlung betroffen sind aber auch ca. 30 000 Inder, die Bürger Ugandas sind.

Großbritannien, das bereit ist, einen großen Teil der Ausgewiesenen aufzunehmen, richtet eine Luftbrücke ein. Auch andere Staaten nehmen einen Teil der Opfer des neuen Rassen- und Fremdenhasses auf. Im September 1972 kommt es im Süden Ugandas zu Kämpfen mit Aufständischen, hinter denen der Vorgänger Amins, Obote, vermutet wird.

Afrika zu Beginn der 70er Jahre:

Insgesamt ist die Entwicklung Afrikas gekennzeichnet durch schlechte Zusammenarbeit, mangelnde Koordination und minimale Planung. Nur ein Ansatz ist der Plan einer Panafrika-Straße von Mombosa am Indischen Ozean nach Lagos im Golf von Guinea. In der Organisation für die Einheit Afrikas versucht vergeblich Kaiser Haile Selassie von Äthiopien vermittelnd zu wirken. Der Egoismus der Einzelstaaten verhindert die Überwindung der Strukturschwierigkeiten. Der übereilte Aufbau einzelner und isolierter Industrien entspricht nicht den langfristigen Notwendigkeiten: Die Folge sind antiquierte Zollschranken, krasse Landflucht, geringe Wachstumsraten. Auch die Prestigepolitik mit oft überdimensionalen Streitkräften widerspricht den ökonomischen Gesetzen eines sinnvollen Aufbaues. „So wird in Afrika... die militärische Abhängigkeit von den ‚Imperialisten' der alten Schule gegen eine Abhängigkeit von den ‚Imperialisten', die sich Antikolonialisten nennen, eingetauscht." (NZZ)

Deutlich spiegelt diese Schwierigkeiten das Schicksal der für 1965 geplanten zweiten Bandungkonferenz der afro-asiatischen Staaten wider: Einige Länder werden schon von der Einladung ausgeschlossen: Südafrika (wegen der Apartheid), Kongo (wegen Tschombé), Israel, Südvietnam, Südkorea (wegen ihrer Bindung an die USA). Die revolutionären Kräfte unter den tragenden Staaten (vor allem Tschu En-lai, Ben Bella) lehnen auch die Einladung an die Sowjetunion ab, die unter dem Hinweis, daß ein Großteil Asiens sowjetisches Territorium sei, ein Recht auf Einladung beansprucht.

Der Putsch in Algerien und die Spannungen Moskau — Peking, Indien — Pakistan, Indonesien — Malaysia, Indonesien — Chile, die Konflikte Ghanas mit seinen Nachbarn u. a. führen schließlich dazu, daß China absagt und es zu einer „Vertagung" der Konferenz kommt.

R. Gardiner, Leiter der Wirtschaftskommission der UNO für Afrika, selbst Afrikaner, urteilt: „Ich bin überzeugt, daß das fast ständige Stöhnen über Neokolonialismus und ausländische Intrigen für die nationale Moral schädlich ist. Wir müssen als Personen leben, die genügend reif und fähig sind, um unsere eigenen Interessen zu schützen. Der verhängnisvolle Aspekt der beliebten Methode, Ausländer oder die Opposition zu beschuldigen, wenn die offizielle Politik versagt, liegt darin, daß man damit einen Rauchschleier über die Versäumnisse der eigenen Regierung hängt. Außerdem führt die Tendenz, sich ständig als Opfer zu sehen, dazu, der Verantwortung auszuweichen und das Schlechte im eigenen Haus zu übersehen..."

i) Nordafrika und Naher Osten

Das Ende der Kolonialherrschaft, bes. der Rückzug der Engländer aus ihren alten Stützpunkten (Ismailia, Tobruk, Malta, Aden usw.), die Öffnung des östlichen Mittelmeeres für die sowjetische Militärmacht, die Unruhe in der arabischen Welt, die Feindschaft gegen Israel und schließlich der Zypernkonflikt zwischen den NATO-Partnern Griechenland und Türkei machen vor dem Hintergrund der weltpolitischen Antagonismen den Nahen Osten zum permanenten Spannungs- und Konfliktherd.

Die Maghreb-Staaten (Algerien, Libyen, Marokko, Tunesien) zeigen zwar auf Grund ihrer Gemeinsamkeiten (ethnisch, wirtschaftlich, geschichtlich, in der Sozialstruktur) einen ständigen Trend zu engerer Zusammenarbeit und heben sich von den östlichen Araberstaaten deutlich ab, an ihren verschiedenen Herrschaftssystemen scheitern aber politische Einigungen im engeren Rahmen. Sie streben engere wirtschaftliche Kontakte mit Europa (EWG) an, sind auf ihre Souveränität (nicht nur gegenüber den USA und den europäischen Staaten, sondern auch gegenüber der SU!) bedacht.

1972 rückt die Möglichkeit einer Maghreb-Konföderation („Kleiner Maghreb": Marokko, Algerien, Tunesien; „Großer Maghreb" unter Einbeziehung Libyens) wieder etwas näher.

In **Marokko,** einer konstitutionellen Monarchie, die 1972 eine neue Verfassung erhält, durch welche die Kompetenzen des Parlaments vergrößert werden, wird durch ein Attentat auf König Hassan II. im August 1972 (das zweite innerhalb kurzer Zeit) deutlich, wie stark die Tendenzen nach weiterer Demokratisierung sind. Hinter den Putschversuchen stehen auch Offiziere.

Aus der **panarabischen Bewegung** mit dem Ziel der Befreiung von der Kolonialherrschaft, des Zusammenschlusses und des Kampfes gegen die Gründung eines jüdischen Staates wächst die **Arabische Liga** (23. 2. 1945), deren Ziel engere Zusammenarbeit, gemeinsame Interessenvertretung und die Wahrung der Unabhängigkeit ist. Seit 1. 1. 1965 gibt es einen gemeinsamen arabischen Markt. Die lockere Struktur der Liga, deren Sitz Kairo ist, verhindert koordinierte und effiziente Arbeit. Das fast einzige und stärkste Element der Gemeinsamkeit ist die Gegnerschaft gegen Israel. Aber gerade die Kriege von 1948, 1956 und 1964 und die divergierenden Vorstellungen über eine politische Bereinigung des Konfliktes zeigen die innere Schwäche — trotz der Gründung eines Arabischen Sicherheitspaktes (1950).

In jüngster Zeit (1. April 1971) schließen sich Ägypten, Libyen und Syrien durch Unterzeichnung der Deklaration von Bengasi zur **Union (Föderation) Arabischer Staaten** zusammen, die ebenfalls einer stärkeren und schlagkräftigeren Integration dienen soll. Ihr Ziel ist der „Kampf gegen zionistische Aggression".

Über diese Union, die am 1. 1. 1972 mit einer feierlichen Flaggenhissung in Kraft tritt, hinaus vereinbaren Ägypten (Staatspräsident Sadat) und Libyen

(Staatsoberhaupt Gaddafi) den bis 1. 9. 1973 zu vollendenden Zusammenschluß zu einem Staatswesen.

Das Verhältnis der BRD zu den Staaten der Arabischen Liga ist durch die Beziehungen der Bundesrepublik zu Israel belastet. Zu Beginn des Jahres 1972 zeigt sich ein Wandel: Die Arabische Liga stellt es ihren Mitgliedern frei, ihre Beziehungen zur BRD zu normalisieren.

Ägypten, das sich mit Syrien 1958 zur **VAR** (Vereinigten Arabischen Republik) zusammenschließt und auch nach dem Austritt Syriens 1961 diesen Namen behält, ist unter Gamal Abdel Nasser (seit 1954 Minister- und Staatspräsident), der die „Revolution beendet", ein autoritärer Staat mit einer Einheitspartei (Nationale Union).

Nasser, einer der Hauptvertreter der „Blockfreiheit" (ähnlich Tito oder Nehru), pflegt dennoch enge Beziehungen zum Ostblock, insbesondere zur SU, deren wirtschaftliche und militärische Hilfe notwendig ist. Innerhalb der arabischen Welt erhebt Nasser einen Führungsanspruch (was auf Widerstand stößt), auch im Kampf gegen Israel. Der verlustreiche Krieg von 1967 mindert das Prestige Nassers und der VAR. Nasser stirbt am 21. 9. 1970. Nachfolger als Staatspräsident wird der bisherige Vizepräsident Anwar el Sadat. Er erweist sich als eigenmächtig und geschickt in der Wahrung der Unabhängigkeit — auch gegenüber der SU. Die VAR bleibt zwar nach wie vor auf die Hilfe Rußlands angewiesen — am 27. 5. 1971 schließen die beiden Staaten einen Pakt — doch Sadat trennt sich — nach angeblichen Putschversuchen — von Mitarbeitern, die zur SU tendieren. Sadats Sozialismus „liegt rechts von dem, den Nasser eingeführt hat". Seine realistische Friedenspolitik gegenüber Israel führt dazu, daß sich die Lage bis 1972 etwas beruhigt (seit 1970 Waffenstillstand, Vermittlungsversuche des UNO-Beauftragten Gunnar Jarring, Friedensplan des US-Außenministers William Rogers). Da ein gemeinsames Vorgehen aller arabischen Staaten immer schwieriger wird und das Mißtrauen gegen ein Übergewicht Ägyptens ebenso wächst wie die Zurückhaltung einiger Staaten im Engagement im Kampf gegen Israel, schließt sich die VAR 1971 mit Libyen und Syrien zu einer Union zusammen.

Im Juni 1972 werden — nach 7jähriger Unterbrechung — die diplomatischen Beziehungen zwischen der BRD und der Arabischen Republik Ägypten wieder aufgenommen. Von weitreichender Bedeutung ist die militärische Zusammenarbeit mit der SU. Seit dem für Ägypten mit einer vollkommenen Niederlage endenden Krieg gegen Israel von 1967 wird die SU nicht nur zum wichtigsten Waffenlieferanten, sondern stellt auch Stabsoffiziere, Planer und Ausbilder — und errichtet sogar eigene exemte Stützpunkte. Nach einem Besuch Nassers in Moskau (Januar 1970) wird die militärische Präsenz der UdSSR noch verstärkt; sie beträgt — abgesehen von ca. 1000 Technikern beim Assuan-Staudamm — insgesamt ca. 15 000 bis 20 000 Mann aller Streitkräfte. Dadurch verändert sich die militärische Lage im Mittelmeer. Da jedoch die SU im Zusammenhang mit der Entspannungspolitik nicht bereit ist, die vom Nachfolger Nassers, Sadat, gewünschten modernsten Offensivwaffen für den Krieg gegen Israel zu liefern, verlangt Sadat am 18. Juli 1972, nachdem sich die Opposition gegen die Anwesenheit und den Einfluß der Sowjetrussen im Lande verstärkt hat, trotz des im Mai 1971 abgeschlossenen Freundschaftsvertrages den Abzug der russischen Militärberater.

Sadat setzt zunächst seine Politik der „Tritte gegen das Moskauer Schienbein" fort, und der größte Teil der Sowjetrussen verläßt in kurzer Zeit das Land. — Doch bereits drei Monate nach der Ausweisung kommt es im Oktober wieder zu einer partiellen Einigung mit Moskau. Ursache ist, daß die erhoffte Unterstützung im Kampf gegen Israel durch die USA ausbleibt und eine anderweitige Beschaffung von Ersatzteilen für die sowjetischen Waffen Schwierigkeiten bereitet. Zwar gelingt nach entsprechenden Besuchen die Annäherung nur teilweise, der Prozeß der Entfremdung wird aber gestoppt. Der für August 1972 vorgesehene Botschafteraustausch mit der BRD verzögert sich infolge der blutigen Ereignisse bei der Olympiade, die in Deutschland verschärfte Polizeimaßnahmen gegen Araber zur Folge haben und das deutsch-arabische Verhältnis vorübergehend belasten.

Syrien, das sich 1961 nach einem Staatsstreich von Ägypten trennt, geht unter dem linken Flügel der „Baath"-Partei zunächst einen ziemlich radikalen Kurs, unterstützt die palästinensische Freiheitsbewegung und pflegt gute Beziehungen zur SU sowie anderen sozialistischen Ländern. Ende 1970 übernimmt der rechte Flügel der „Baath"-Partei die Macht. Assad wird der maßgebende Mann als Regierungschef, 1971 als Staatspräsident.

Jordanien, wo seit 1952 König Hussein eine neutralistische Politik betreibt, hat schwere innere Unruhen durchzustehen. Die Befreiungsorganisation ist kommunistisch beeinflußt, die Beziehungen der Monarchie zu anderen Staaten und politischen Kräften der arabischen Welt sind schlecht. Besonders belastend sind die Gegensätze zwischen den konservativen und königstreuen Beduinen und den Palästinensern, den arabischen Flüchtlingen aus Palästina, die mehr oder weniger radikal und revolutionär sind. Die Kontroverse zwischen der palästinensischen Befreiungsbewegung (Al Fatah) und der Staatsführung führt 1970 zum Bürgerkrieg, in dem auch syrische Truppen auf der Seite der Al Fatah eingreifen und Hussein angesichts der drohenden Anarchie eine Militärregierung einsetzt. Der König behauptet sich. Es kommt zu einem Waffenstillstand zwischen Arafat und Hussein. 1972 ist die Lage etwas beruhigt, die Revolutionäre, in sich zerstritten, verlieren an Bedeutung. Hussein entwickelt Pläne für einen Sonderfrieden mit Israel und zur Schaffung eines „Vereinigten Arabischen Königsreiches". Israel und die „Organisation der Palästinenser" lehnen den Plan ebenso ab wie die Förderation Arabischer Staaten. Ägypten bricht die diplomatischen Beziehungen zu Jordanien ab.

Israel, 1946 von Ben Gurion als Staat proklamiert, wird bis 1969 vom Kabinett der Nationalen Einheit unter Eschkol, seit 1969 von einem Koalitionskabinett unter Frau Golda Meir regiert. Trotz beträchtlicher gesellschaftlicher Divergenzen und Spannungen zeigt der Staat weiterhin eine wirtschaftlich und militärisch imponierende Stärke und Geschlossenheit. Die Bindung an die USA und an den Westen ist für seine Existenz entscheidend. Das Verhältnis zur SU und den kommunistischen Staaten ist meist kühl, was z. T. mit der Lage der Juden in Rußland zusammenhängt. Entscheidend für Israel ist die Auseinandersetzung über die Zukunft der im Krieg besetzten Territorien. Sie bestimmt nicht nur die bisher ergebnislosen Friedensgespräche, sondern im Innern auch die Kontroverse zwischen radikalen Nationalisten und konzessionsbereiten Kräften.

Die **palästinensische Befreiungsbewegung** hat zwei wichtige Wurzeln: ideologische Basis ist der Kampf gegen den jüdischen Staat, Ziel die Beseitigung der zionistischen Staatsgründung Israels; politisch-sozial bedeutsam wird die ungelöste Flüchtlingsfrage: ca. 700 000 arabische Palästinenser, in Flüchtlingslagern untergebracht (von der UNO unterstützt), sind politisch und sozial nicht integriert und werden zum Herd revolutionärer radikaler Gruppenbildung. Besonders wichtig: die 1959 gegründete Al Fatah (mit eigenen militärischen Verbänden); Dachorganisation ist die PLO (Palestinian Liberation Organisation) — wichtigster Mann seit 1967 Arafat, mit Anschluß an die Konföderation arabischer Staaten. Die Guerillas und Freiheitskämpfer (Fedajin) entfesseln einen Nervenkrieg gegen Israel, kämpfen aber auch gegen die regulären Armeen der Nachbarländer (bürgerkriegähnliche Unruhen im Libanon, in Jordanien). 1971 ist die Bewegung in der Defensive; radikale Kräfte (Freischärler, „Volksfront für die Befreiung Palästinas", Flugzeugentführungen und -sprengungen, im Februar 1970 Bombenanschlag auf eine israelische Linienmaschine in München) werden aus der PLO ausgeschlossen.

Erbitterung und Bestürzung löst ein terroristisches Massaker aus (über 100 Tote und Schwerverletzte), das von drei im Libanon ausgebildeten japanischen Studenten in Auftrag und Verantwortung der „Volksfront" auf dem israelischen Flughafen von Lod verübt wird. Israel führt im Libanon mehrere harte Vergeltungsschläge durch. Der Weltsicherheitsrat verurteilt die israelischen Angriffe und alle Gewalttätigkeiten im Grenzgebiet.

Der Terror der Palästinenser bricht sogar in die Olympischen Spiele ein: Am 5. Sept. 1972 besetzen Mitglieder der arabischen Guerilla-Organisation „Schwarzer September" den Wohnblock der israelischen Sportler im olympischen Dorf in München, töten zwei Israelis und halten neun als Geiseln fest. Sie fordern die Freilassung von 200 in Israel inhaftierten Palästinensern. In der folgenden Nacht werden die Geiseln auf dem Flugplatz Fürstenfeldbruck bei einer Befreiungsaktion der deutschen Polizei von den arabischen Terroristen getötet. Fünf Attentäter werden erschossen, drei gefangengenommen. — Ende Oktober gelingt es Angehörigen der Organisation „Schwarzer September", sich einer Lufthansamaschine zu bemächtigen und die Freigabe der drei arabischen Attentäter von den deutschen Behörden zu erzwingen.

Es folgen wiederum israelische Vergeltungsschläge gegen Stützpunkte der Guerillas.

Der dritte arabisch-israelische Krieg

Seit Herbst 1966 verschärfen sich die Spannungen im Grenzgebiet zwischen Israel und seinen arabischen Nachbarn. Terror- und Vergeltungsangriffe nehmen zu. Auf Grund eines Militärabkommens zwischen Syrien und Ägypten marschieren ägyptische Truppen auf der Halbinsel Sinai auf, nachdem U Thant, der UNO-Generalsekretär, dem ägyptischen Verlangen nach Abzug der UNO-Truppen aus dem Gaza-Streifen und von der Sinai-Halbinsel nachgegeben hat. Als Ägypten auch den Golf von Akaba und damit die Zufahrt zum israelischen Hafen Eilat sperrt — was von Israel angesichts der unversöhnlichen Haltung der meisten arabischen Staaten als Aggression und Bedrohung wichtiger Lebensinteressen angesehen wird —, kommt es zum Blitzkrieg von 7 Tagen (5.—12. Juni 1967), in dessen Verlauf durch Luftangriffe die gegnerische Luftwaffe ausgeschaltet und anschließend die Halbinsel Sinai, der Gaza-Streifen, West-Jordanien (mit dem Ostteil von Jerusalem) und Teile von Syrien besetzt werden. Populärster Mann des Krieges: der israelische Verteidigungsminister Mosche Dajan, Hauptverlierer: Nasser, für den der Ausgang des Krieges eine politische, militärische und persönliche Niederlage ist.

Durch UNO-Vermittlung kommt es zur Feuereinstellung. Anschuldigungen gegen Israel, Öl-Boykott der arabischen Staaten, welche die westliche Welt (auch die Bundesrepublik Deutschland) beschuldigen, Israel unterstützt zu haben, Flüchtlinge und neuerliche Zusammenstöße (z. B. Oktober 1967 Versenkung des israelischen Zerstörers „Eilat" durch Schiff-Schiff-Raketen — erster Einsatz von Lenkwaffen; als Vergeltung zerstören israelische Schiffe ägyptische Ölraffinerien) ändern die Situation nicht: Israel behält die besetzten Gebiete, die dreimal so groß wie Israel selbst sind.

In Israel werden weitgesteckte Pläne entwickelt für die Industrialisierung des Landes und seinen wirtschaftlichen Fortschritt.

„Der rasche israelische Sieg enthob Amerika der Zwangslage, gleichzeitig zwei Kriege führen zu müssen. Für Moskau, das die arabischen Streitkräfte seit Jahren mit modernstem Gerät überreichlich bewaffnet hatte, war deren Zusammenbruch in dieser Perfektion eine herbe Enttäuschung. Als die Katastrophe sich anbahnte, sahen sich die arabischen Regierungen von den Sowjets ebenso verlassen wie die Israelis zuvor durch ihre westlichen Freunde. Moskau wie Washington priesen nachträglich ihre erschrockene Zurückhaltung als diplomatisches Meisterwerk des sogenannten ‚crisis management', und es klang einigermaßen naiv, als Amerika dabei das sowjetische Zögern als ermutigendes Zeichen der Entspannungspolitik lobte..." (Ratcliffe)

Die Sowjetunion nimmt aber sehr bald die Waffenlieferungen an die arabischen Staaten wieder auf. Der Öl-Boykott wird aufgehoben. Die Einigkeit unter den arabischen Staaten zerfällt schnell (verschiedene wirtschaftliche Interessen, politische Gegensätze im Jemen, in Südarabien, Interesse der Sowjetunion an permanenten Komplikationen). Der Nahe Osten bleibt weiterhin ein Raum erhöhter Spannungen, in dem die Zwischenfälle nicht aufhören. Die Gefahr eines neuen Krieges, in den die Großmächte hineingezogen werden können, ist noch nicht gebannt, da auch der Krieg von 1967 (ebenso wie 1948/49 und 1956) nicht durch einen Friedensschluß, sondern nur durch Waffenstillstandsabkommen beendet wird — die nicht eingehalten werden. Zwar stößt ein von Israel weitgehend akzeptierter Friedensplan

(August 1970 Gespräche des UNO-Beauftragten Gunnar Jarring, Vorschläge des US-Außenministers Roger) auf den Widerstand der Radikalen und der Guerillas, aber ein im November 1970 zunächst für 90 Tage geschlossener Waffenstillstand am Suezkanal wird immer wieder verlängert. Nur abgeschwächt geht die Tätigkeit von Kommandotrupps weiter; auch der Tod Nassers (1970) wirkt sich aus. Etliche Staaten (z. B. Maghreb) machen den Fedajins den Vorwurf, daß sie mehr Kräfte für die inneren Streitigkeiten verwenden als für den Kampf gegen Israel.

Im März 1972 entwickelt König Hussein von Jordanien einen Plan zur Errichtung eines „Vereinigten Arabischen Königsreiches", zu dem außer dem Königreich Jordanien auch das von Israel besetzte Westjordanien als autonome Provinz Palästina gehören solle. Frau Meir lehnt den Plan ab; desgleichen die arabischen Staaten.

Malta, seit 1814 englische Kronkolonie, 1962 autonom, 1964 unabhängig, Mitglied der UNO und des Europarates, seit 1970 mit der EWG assoziiert, wird vorübergehend 1971 Mittelpunkt politischen Interesses, als bei Wahlen die bisher regierende „Nationalist Party" ihre führende Stellung an die mehr neutralistische, von David Mintoff geführte „Labour Party" abgeben muß. Als neuer Regierungschef spielt Mintoff die Unabhängigkeit Maltas (strategische Bedeutung der Insel, Stützpunkt der NATO, Verteidigungsabkommen mit Großbritannien seit 1967) angesichts der russischen Expansion im Mittelmeer hoch: Er bewirkt die Abberufung des NATO-Befehlshabers für Südeuropa, kündigt das Stützpunktabkommen mit Großbritannien (NATO). Nach allgemeiner Erregung pendeln sich die Dinge — vor allem auch durch den Einfluß der in Malta gewichtigen katholischen Kirche — wieder ein: Mintoff verhandelt mit der NATO und mit Großbritannien.

k) Europa und seine Einigung

Auch für Europa und die europäische Einigung bedeutet der Prozeß der Desintegration der beiden großen Machtblöcke und das Wiedererwachen eigener nationalstaatlicher Interessen (besonders in Frankreich) einen Einschnitt in der Entwicklung.

Es geht um die Frage, welchen Platz unter welcher Führung die Völker Europas im weltpolitischen Kräftespiel einnehmen. Das zentrale Problem ist, inwieweit Gesichtspunkte der (weitgehend allein von den USA gewährleisteten) Sicherheit Europas und Fragen der wirtschaftlichen Zusammenarbeit mit den USA mit den Erfordernissen der europäischen Integration verbunden werden können und innerhalb dieser Integration die nationalen Volkswirtschaften mit ihren Sonderinteressen im richtigen Maße zu Worte kommen. Dem englischen **Antrag um Aufnahme in die EWG** folgen noch drei weitere EFTA-Mitglieder: Dänemark, Norwegen und Irland.

Die französische Weigerung, der Aufnahme Großbritanniens in die EWG zuzustimmen (Grund: fehlende Voraussetzungen bei Großbritannien) — ohne formelles Veto verstärkt de Gaulle 1967 seine Einwände mit dem Hinweis auf die Gefahr des Zerfalls der EWG, wenn über die Aufnahme mit England verhandelt würde —, bedeutet für die EWG-Mitglieder ein schweres Dilemma.

Erst im Juni 1970 werden in Luxemburg die Verhandlungen zwischen der EWG einerseits und Großbritannien, Irland, Dänemark und Norwegen andererseits über die Aufnahme dieser Staaten erneut aufgenommen und 1971 nach Zustimmung der nationalen Parlamente abgeschlossen. Besondere Schwierigkeiten kommen vorübergehend in den Verhandlungen mit Norwegen auf, das eine Ausplünderung seiner Fischgründe befürchtet. Schließlich werden am 22. 1. 1972 in Brüssel die EWG-Beitritts-Verträge unterzeichnet. Ab 1973 soll volle Mitgliedschaft bestehen; hinsichtlich der Beitragszahlungen während einer Übergangszeit einigt man sich auf Kompromißformeln. Nach dem Beitritt der neuen Mitglieder wird die Europäische Wirtschaftsgemeinschaft 257 Millionen Menschen umfassen. —

Eine Überraschung bringt die Volksabstimmung in Norwegen — Ende September 1972 —, bei der sich die Bevölkerung mit fast 54 % der Stimmen gegen einen Beitritt des Landes zur erweiterten Europäischen Gemeinschaft ausspricht. Vor allem Fischer und Bauern stehen dem geplanten Anschluß negativ gegenüber.

Dagegen stimmen eine Woche später — Anfang Oktober 1972 — die Dänen mit über 63 % dem EWG-Beitritt ihres Landes zu.

Auf einer ersten Gipfelkonferenz der nunmehr auf neun Mitglieder erweiterten EWG am 19. und 20. Oktober 1972 in Paris steht als Hauptthema die gemeinsame Bekämpfung der Inflation auf der Tagesordnung. In der Bewertung gilt das Treffen als „Konferenz der guten Vorsätze".

Die folgende Konferenz der Wirtschafts- und Finanzminister zeigt auf dem Weg zur gemeinsamen Wirtschaftspolitik nur ein mageres Ergebnis. Die Vergrößerung der Gemeinschaft bringt auch eine Vergrößerung der Probleme und der Hindernisse mit sich.

1967 bringt die Verschmelzung der drei Exekutivorgane der Europäischen Gemeinschaft: EWG, EGKS (Europäische Gemeinschaft für Kohle und Stahl) und Euratom zu einer Gemeinsamen Kommission (30. Juni). Der Ministerrat faßt Beschlüsse, um die gemeinsame Marktordnung für Getreide, Schweinefleisch, Eier und Geflügel in Kraft setzen zu können.

Die **Agrarfrage** bleibt jedoch ein Dauerproblem der EWG. Der Agrarfonds — für die Erstattung schlägt im August 1968 Bundesernährungsminister Höcherl ohne Erfolg eine obere Grenze vor — wird allein in der Zeit von Juli 1967 bis Juni 1968 mit ca. 25 Mill. Dollar für die Vernichtung von unverkäuflichem Obst und Gemüse belastet (z. B. 300 000 Tonnen Äpfel, 38 000 Tonnen Blumenkohl, 30 000 Tonnen Orangen!). Im Dezember 1968 schlägt Vizepräsident Mansholt in einem Zehn-Jahres-Programm eine radikale Umstrukturierung der Landwirtschaft vor mit einer quantitativen Reduzierung des Bauernstandes, Begrenzung der Betriebszahlen und Vergrößerung (Rationalisierung) der bäuerlichen Betriebe. Der **Mansholt-Plan** stößt auch in der Bundesrepublik auf verbissenen Widerstand (Demonstrationen des Bauernverbandes), bekommt aber die Zustimmung der Europäischen Kommission. Mehrfache Demonstrationen, besonders in Belgien und der BRD, richten sich gegen die Verschlechterung der finanziellen Lage der Bauern durch die allgemeine inflatorische Entwicklung. — 1971 erfolgt eine Einigung über eine 2- bis 6%ige Erhöhung der landwirtschaftlichen Erzeugerpreise und auch über die Zahlung einer Leibrente von 600 Dollar im Jahr für Bauern, die ihre Höfe aufgeben.

Im Juni 1967 verabschiedet das Europäische Parlament den Präsidenten der EWG-Kommission, Walter Hallstein. Dieser betrachtet in seiner Abschiedsrede die Dynamik der europäischen Einigung als keineswegs erschöpft. Nächste Aufgaben sind: Vollendung der Zollunion, Aufbau des europäischen Kapitalmarktes, Schaffung einer europäischen Handelsgesellschaft, eine umfassende Steuerangleichung, Fortschritte in der Sozial- und Verkehrspolitik, weitere Koordinierung der Wirtschaftspolitik.

„Europa kann sich nicht damit abfinden, als ohnmächtiger Zuschauer zu verfolgen, wie Mächte kontinentalen Umfanges der Versuchung ausgesetzt sind, Himmel und Erde untereinander aufzuteilen. Europa kann es auf die Dauer nicht ertragen, sich seine Sicherheit von anderen ausborgen zu müssen. Jeder Europäer muß es als eine Schande empfinden, daß sich an der Schwelle dieses Kontinentes dramatische Ereignisse abspielen, denen er hilflos zusehen muß." (Walter Hallstein)

Nach Walter Hallstein (1958—1967) und dem Belgier Jean Rey (1967—1970) wird 1970 der Italiener Franco Maria **Malfatti** Präsident der EWG-Kommission. Vizepräsident Mansholt (Niederlande) bleibt zuständig für Fragen der Landwirtschaft und der Rechtsangleichung, der deutsche Vizepräsident Haverkamp ist verantwortlich für die Energiepolitik und der französische Vizepräsident Barré für die Wirtschafts- und Währungspolitik. Die Außenpolitik leiten die beiden Kommissäre Deniau (Frankreich) und Dahrendorff (BRD).

Ende 1970 beginnen — wiederum unter Schwierigkeiten — die Verhandlungen über einen Zehn-Jahres-Stufenplan zur Umwandlung der EWG in eine Wirtschafts- und Währungsunion. Ab 1975 soll die Finanzhoheit der Gemeinschaft Realität sein. Am 22. Juli 1972 unterzeichnen in Brüssel die nicht EWG-willigen Länder der Kleinen Freihandelszone EFTA, die Schweiz, Schweden, Österreich, Portugal und Island (Finnland nimmt wegen einer Regierungskrise nicht teil), mit den EWG-Ländern ein **Freihandelsabkommen**, das am 1. Januar 1973 in Kraft treten soll. Mit den 4 neuen Vollmitgliedern der EWG wird die Europäische Freihandelszone 15 Staaten umfassen. Weitere Assoziationsabkommen mit Anrainerstaaten des Mittelmeerraumes werden angebahnt. Diese beträchtliche Konzentration eines wirtschaftlichen und technischen Potentials im europäischen Raum ist naturgemäß problematisch hinsichtlich der Wirtschaftsbeziehungen zu anderen Räumen: Amerika, Kanada, Japan, Ostblock.

Der **Europarat,** der 1949 erfolgte Zusammenschluß zur Förderung europäischer Ideale und Grundsätze sowie des wirtschaftlichen und sozialen Fortschritts (Europäische Menschenrechtskonvention), ist mit seiner Beratenden Versammlung seit Mai 1963 das parlamentarische Kontrollorgan der OECD (der Organisation für wirtschaftliche Zusammenarbeit und Entwicklung). — Im Dezember 1969 verläßt Griechenland den Europarat, der im Begriffe steht, die griechische Regierung wegen Verletzung der Europäischen Menschenrechtskonvention zu verurteilen. Im April 1970 erfolgt diese Verurteilung durch den Ministerausschuß, Anfang 1971 durch die Beratende Versammlung. —

Auf einer Tagung in Westberlin empfiehlt am 9. Juli 1971 der Ständige Ausschuß, Beethovens „Ode an die Freude" („Song of Joy") aus der IX. Symphonie zur Europahymne zu erklären.

2. Die Entwicklung in einzelnen europäischen Staaten

a) Österreich

Nach Ablösung der Großen Koalition zwischen ÖVP und SPÖ 1966 durch ein Kabinett der ÖVP unter Bundeskanzler Klaus kommt es nach der Parlamentswahl vom 1. März 1970 zur Alleinregierung der SPÖ, die mit 48,4 % der Stimmen (166: 42,6 %) vor der ÖVP mit 44,7 % (1966: 48,35 %) stärkste Partei wird. Die FPÖ erzielt 5,4 %. Die Kommunistische Partei Österreichs, deren Vorsitzender, der bedeutende marxistische Theoretiker Ernst Fischer, 1969 wegen seiner kritischen Haltung gegen den Einmarsch der UdSSR in die CSSR aus der Partei ausgeschlossen wird, verliert ihre Bedeutung.

Nach dem Scheitern der Verhandlungen zwischen den beiden großen Parteien wird der Vorsitzende der SPÖ, Bruno Kreisky, Bundeskanzler einer Minderheitsregierung der SPÖ.

Das Regierungsprogramm sieht umfassende Reformen vor, u. a. auf dem Gebiet des Wahlrechts, des Familien- und Erbrechts, des Strafrechts; vorbereitet werden die Gleichstellung der unehelichen Kinder und eine umfassende Reform des Bildungs- und Hochschulwesens.

Umstritten und bekämpft ist die neue Wehrgesetzgebung, die u. a. eine Reduzierung der Dienstzeit von 9 auf 6 Monate vorsieht. In dieser Maßnahme wird im In- und Ausland eine erhebliche Beeinträchtigung der Verteidigungsfähigkeit des Landes und eine Gefahr für seine Neutralität gesehen. Dreiparteienverhandlungen scheitern, daraufhin wird die Wehrgesetznovelle im Juli 1971 gegen die Stimmen der ÖVP angenommen. Bei den Bundespräsidentenwahlen 1971 siegt der bisherige Bundespräsident Jonas (mit ca. 53 % der Stimmen) gegen den parteilosen (von der ÖVP aufgestellten) ehemaligen Außenminister Kurt Waldheim (österreichischer Botschafter bei der UNO), der Ende 1971 als Nachfolger U Thants Generalsekretär der UNO wird.

1971/72 geht es in zahlreichen Gesprächen führender Politiker vor allem um die Frage, wie Österreich, als einem jener EFTA-Mitglieder, die der EWG nicht beitreten können (Neutralität!), eine Verbindung zur EWG ermöglicht werden kann. Am 22. Juli unterzeichnet auch Bundeskanzler Kreisky in Brüssel die Verträge zur großen Europäischen Freihandelszone.

b) Großbritannien

In der „umfassendsten Absetzbewegung der Geschichte" (die bisweilen mit dem Ende des weströmischen Reiches verglichen wird!) geht die Reduzierung des britischen Weltreiches zum europäischen Inselstaat weiter. Vom Empire sind 1968 nur noch wenige Stützpunkte übrig. Bis 1975 sollen „ostwärts von Suez" auch Aden, Singapur und Malaysia als Stützpunkte aufgelöst sein.

Zu Beginn der 70er Jahre umfaßt das Herrschaftsgebiet Großbritanniens (im weitesten Sinn):

— das Vereinigte Königreich: England, Wales, Schottland, Nordirland;

— unmittelbar mit der Krone verbundene Gebiete: die Kanalinseln, die Insel Man;

— autonome und assoziierte Staaten mit verschiedenen Graden der Selbstverwaltung (mit Ausnahme der Außen- und Verteidigungspolitik), z. B. Bahrein-, Bermuda- und Falklandinseln, Hongkong;

— Dominions mit voller Selbstverwaltung: Bahama-Inseln, Gibraltar, nach der Auffassung Londons auch Rhodesien;

— das Commonwealth of Nations als Verband unabhängiger Staaten, vereinigt durch die Treuepflicht zur britischen Krone, mit verschieden intensiven politischen, militärischen und wirtschaftlichen Bindungen, besteht weiter. Verbindungsorgan ist das britische Ministerium für auswärtige und Commonwealthangelegenheiten sowie die Commonwealthkonferenz mit einem gemeinsamen Sekretariat. 1971 wird die technologische Zusammenarbeit mit den Mitgliedern intensiviert und zu diesem Zweck ein Commonwealth-Fonds gegründet. Problematisch und Gegenstand von Konferenzen sind die Auswirkungen des EWG-Beitritts Großbritanniens auf die Wirtschaft und den Handel der Commonwealthmitglieder.

Zu Auseinandersetzungen kommt es mit **Rhodesien,** wo die Europäer seit Auflösung des zentralafrikanischen Bundes Unabhängigkeit verlangen. Die britische Regierung will diese erst nach Sicherstellung der Gleichberechtigung aller Rassen gewähren. Daraufhin erklärt die von den Weißen getragene Regierung am 11. November 1965 einseitig die Unabhängigkeit des Landes. Obwohl die UNO über Rhodesien den Boykott verhängt und im Lauf der Entwicklung bis Mitte 1967 91 Länder sich an den Sanktionen beteiligen, gelingt es Rhodesien, sich wirtschaftlich und politisch zu behaupten. Stärkste Partei ist die eine radikale Rassentrennung vertretende „Rhodesische Front". Regierungschef der nur aus Weißen bestehenden Regierung: Smith.

Der Konflikt führt 1970 zur Ausrufung der Republik, während nach britischer Auffassung der dominionähnliche Status erhalten bleibt. —

Die Regierungsverantwortung trägt seit Oktober 1964 die Labour Party unter H. Wilson.

Im Innern führt die „galoppierende Schwindsucht des Pfundes" (seit Juli 1966) schließlich 1967 zur Abwertung und zu einer Reihe von Maßnahmen, die dazu zwingen, „den Gürtel enger zu schnallen": Lohnstopp, Steuererhöhung, zusätzliche Steuern, Stopp wichtiger Bauvorhaben, weniger Geld für Straßenbauten, Herabsetzung der Devisenhöchstsätze für Auslandsreisen usw. Mit der BRD kommt es in diesem Zusammenhang zu zähen Verhandlungen über den Devisenausgleich für die in der BRD stationierten britischen Truppen.

Im April 1967 schwelt der Konflikt zwischen England und Spanien wegen der halbautonomen Kronkolonie Gibraltar wieder auf. Im Mai 1967 errichtet Spanien eine Sperrzone und erschwert damit das Anfliegen der britischen Festung. Bei einer weder von der UNO noch von Spanien anerkannten Volksabstimmung im September sprechen sich von ungefähr 12 800 Stimmberechtigten über 12 100 für ein Verbleiben Gibraltars bei Großbritannien aus.

Bei den Unterhauswahlen vom Juni 1970 siegen überraschend die Konservativen, die 330 Sitze im Unterhaus besetzen (gegen 287 Sitze der Labour Party, 6 Liberalen und 7 sonstigen). Neuer Premier wird Edward Heath. In der Innenpolitik stehen die Einwanderungs- und Rassenfrage, eine Strafrechtsreform (Abschaffung der Todesstrafe) und weiterhin vor allem Probleme der Wirtschaft und der Währungsstabilität (Inflationsbekämpfung) im Vordergrund. Mehrfach wird das wirtschaftliche und öffentliche Leben durch Streiks (Bergarbeiter, Hafenarbeiter, Energieversorgung, Transport) schwer beeinträchtigt (Notstand!); 1971 verabschiedet das Unterhaus ein Gesetz über die Arbeitsrechtsreform, durch welches auch das Streikrecht eingeschränkt wird.

Im Juni 1972 führt die Krise des Pfundes dazu, daß die Regierung angesichts der andauernden Spekulationen die feste Wechselkursparität aufgibt und zur Politik des „Floating" übergeht, d. h., die Bewertung dem freien Spiel von Angebot und Nachfrage überläßt. Die Krise um das britische Pfund wirkt sich breit aus und führt u. a. in der Frage einer Abwehr von Währungsspekulationen in der BRD zur Abdankung des Wirtschafts- und Finanzministers Schiller.

Eine Frage von geschichtlicher Bedeutung ist die mit dem Abbau der Weltmachtstellung zusammenhängende und seit einem Jahrzehnt aktuelle **Annäherung Großbritanniens an den europäischen Kontinent** mit dem Beitritt zur EWG. Schon 1961 beschließt die britische Regierung, der seit drei Jahren bestehenden EWG beizutreten. 1963 werden Verhandlungen auf Grund der negativen Einstellung des französischen Staatspräsidenten de Gaulle abgebrochen. 1967 unternimmt die Regierung Wilson einen weiteren Vorstoß. Der Aufnahmeantrag in die EWG wird am 10. Mai 1967 im Unterhaus von 488 Abgeordneten gegen 62 befürwortet. Frankreich erhebt angesichts der wirtschaftlichen Schwäche Englands und der Unabhängigkeit von den USA (England wird als trojanisches Pferd Amerikas in Europa gesehen) wieder starke Vorbehalte gegen die Aufnahme des Inselstaates in die EWG (1967). Nach dem Tode Charles de Gaulles (November 1970) spricht sich der neue französische Staatspräsident Pompidou für den EWG-Beitritt Großbritanniens aus. Im Mai 1971 erzielen Pompidou und der britische Premier Heath Übereinstimmung hinsichtlich der Erweiterung der Europäischen Gemein-

schaften vor allem auf wirtschaftlichem Gebiet. An einer engeren politischen Zusammenführung sind beide Mächte nicht interessiert.
Die britische Öffentlichkeit sperrt sich gegen den Anschluß an die EWG. Selbst die Umstellung auf das metrische System (Meter, Liter, Gramm) erfolgt — im Februar 1971 — gegen die Willensäußerung einer Mehrheit in der Bevölkerung.
Den Beitritt zur EWG billigen im September 1969 nur 29 %, im März 1970 sogar nur 19 %; 51 % bzw. 63 % sprechen sich offen dagegen aus. Dennoch erklärt sich am 28. Oktober 1971 das britische Unterhaus mit 356 gegen 244 Stimmen für den EWG-Beitritt.

Die Labour-Opposition lehnt mit großer Mehrheit den Beitritt unter den von den Konservativen ausgehandelten Bedingungen ab. Die abweichenden Auffassungen betreffen vor allem die Agrarpolitik, das Finanzierungssystem der EWG und die Pläne für die europäische Währungsunion. Eine starke innerparteiliche Opposition in der Labour Party — mit 69 Stimmen — unter Führung des stellvertretenden Vorsitzenden Roy Jenkins tritt jedoch für den Beitritt ein. Roy Jenkins erhält im Mai 1972 für sein Bekenntnis zu Europa den internationalen Karlspreis der Stadt Aachen. —

Am 24. Oktober 1972 trifft Bundespräsident Heinemann zu einem viertägigen Staatsbesuch in London ein — 14 Jahre nach einem Besuch von Theodor Heuss. An die Stelle einer „von Mißtrauen unterlegten Höflichkeit, die stellenweise die Grenze der Peinlichkeit streifte", tritt diesmal ein „ausgesprochen herzlicher Willkomm". Die „gute Laune und entspannte Freundlichkeit, die Königin und Prinzgemahl bei der Begrüßung zeigten, scheint sich auch der Bevölkerung mitzuteilen". Die Gründung einer deutsch-britischen Stiftung wird bekanntgegeben.

Seit 1968 ist **Nordirland** der Schauplatz schwerer blutiger Auseinandersetzungen. Die Insel Irland ist seit 1920 geteilt: die 26 südlichen Grafschaften werden zum (über 90 % katholischen) Irischen Freistaat (dessen Bevölkerung sich im Mai 1972 mit über 80 % für den Beitritt zur EWG entscheidet); die nördliche Provinz Ulster bleibt mit sechs von acht Grafschaften Teil des britischen Königreiches; ihre Bevölkerung besteht aus ca. 65 % Protestanten und ca. 35 % Katholiken. Alte, bis in die Zeit der Stuarts zurückreichende konfessionelle Gegensätze (besonders die Erinnerung an den Sieg der Protestanten über Jakob II. von 1689 bei Londonderry) werden durch tiefe soziale und politische Konflikte verstärkt. Eine Reform der Sozial- und Gesellschaftspolitik wird dringend notwendig. Für schnelle und durchgreifende Reformen setzt sich die katholische Bürgerrechtsbewegung (bedeutend die junge Unterhausabgeordnete Bernadette Devlin) ein, während die radikalprotestantischen Gruppen (Vanguard-Bewegung) eine Schwächung ihrer eigenen Position befürchten.

Seit 1968 eskaliert der Bürgerkrieg bis zum offenen Terror. Weder die Unterstellung der Ordnungskräfte des Landes unter britischen Oberbefehl noch die Entsendung britischer Truppen nach Ulster führen zu einer Beruhigung. Im illegalen Kampf (Ziel: die Vereinigung mit der Republik Irland) ist vor allem die verbotene Irisch-Republikanische Armee (IRA) sehr aktiv. An der Wende von 1971/72 bringt der Rücktritt des bisherigen Premierministers Chichester-Clark (Nachfolger: der auf Ausgleich bedachte Brian Faulkner) ebensowenig eine Entspannung wie eine gemeinsame Konferenz zwischen Premierminister Heath, Premier Faulkner und dem Ministerpräsidenten von Irland, Jack Lynch.

Im März 1972 wird das nordirische Parlament für ein Jahr suspendiert, die britische Regierung übernimmt unmittelbar die Exekutive in Ulster. Verantwortlich wird ein neuernannter Nordirlandminister (Whitelaw), dem als Stellvertreter ein Katholik (Staatssekretär Lord Windlesham) beigegeben wird.

Londons Versöhnungspolitik stößt seit Mai 1972 zunehmend auf den Widerstand der nordirischen Protestanten, deren radikale Vertreter aus der Vanguard-Bewegung mit einer paramilitärischen Organisation, der UDA („Ulster Defensive Association"), in die Auseinandersetzungen eingreifen. Von 1969 bis Ende Juni 1972 fallen über 386 Menschen, unter ihnen 100 britische Soldaten, den Attentätern und Terroranschlägen zum Opfer.

Obwohl es im Jahre 1972 zum ersten Male seit drei Jahren zu einem Waffenstillstand kommt, der zwischen Whitelaw und offiziellen Vertretern der IRA vereinbart wird, entbrennt bereits nach kurzer Zeit der Kampf erneut in bisher unbekannter Schärfe. Weder die radikale UDA, die in der Politik Whitelaws eine Begünstigung der Katholiken sieht, noch der terroristische Flügel der IRA halten sich an den Waffenstillstand. — Unter der katholischen Bevölkerung beginnt eine Flüchtlingsbewegung in den Freistaat Irland. Im Juli 1972 werden die britischen Truppen auf 21 000 Mann verstärkt, ihr Einsatz wird verschärft.

Im Dreifrontenkampf zwischen britischer Armee, IRA und militanten Protestanten, dessen Opfer im November 1972 die Zahl 600 überschreitet, entschließt sich Premierminister Heath, der die unruhige Provinz selbst besucht, eine politische Lösung anzustreben und gegen die Terroristen hart durchzugreifen. Für 1973 wird eine Volksabstimmung in Ulster vorbereitet.

c) Frankreich

Staatspräsident **de Gaulle** kann bei den Wahlen im Dezember 1965 erst im 2. Wahlgang seine Stellung behaupten: er erzielt im 1. Wahlgang 44,6 %, im zweiten 55 %.

Bei den Parlamentswahlen im März 1967 gewinnen die Gaullisten 37,75 bzw. (im zweiten Wahlgang) 42,6 %, was als Niederlage gewertet wird. De Gaulle setzt den nationalstaatlichen, amerikafeindlichen Weg fort, lehnt supranationale Bindungen weitgehend ab und verfolgt damit praktisch die Politik eines nahezu blockfreien Staates.

Mit dem Besuch des sowjetrussischen Außenministers Gromyko in Paris (April 1965) wird eine russisch-französische Übereinstimmung in etlichen Punkten erzielt (Vietnam, Ablehnung einer multilateralen Atomstreitmacht, Gegnerschaft gegen die US-Vorherrschaft in Westeuropa, Farbfernsehen) und ein enger Kontakt mit den Ostblockländern angebahnt: gegenseitige

Besuche der Staatsoberhäupter 1966, Besuch in Polen und Unterstreichung der polnisch-französischen Solidarität im September 1967.

Das französische Gewicht (politisch-wirtschaftlich und auch militärisch — die atomare „force de frappe" kann keine wirklich abschreckende Wirkung ausüben) reicht jedoch nicht aus, um die sowjetische Politik zu einer verständnisvolleren Haltung in der deutschen Frage zu veranlassen. Im Februar 1966 gibt de Gaulle den **Austritt Frankreichs** aus der militärischen Integration der NATO bekannt und teilt mit, daß Frankreich zwar in der Allianz bleibe, aber aus Gründen seiner Unabhängigkeit nach Ablauf der Gültigkeit des NATO-Vertrages, also 1969, die Unterstellung aller ausländischen militärischen Einrichtungen unter seinen Oberbefehl fordere.

Daraufhin werden seit Juli 1966 französische Flugzeuge, Raketenbasen usw. aus der BRD und andererseits US-Truppen von Frankreich abgezogen.

Zentrale Befehlsstellen der NATO verlassen Frankreich: Die Verlegung umfaßt u. a. 35 000 Soldaten, 46 Flugplätze, 9 Häfen, 3 unterirdische Befehlszentren, zahlreiche Depots und umfangreiche Fernmeldeanlagen. Im April 1967 wird das Hauptquartier der Alliierten Gesamtstreitkräfte (SHAPE) von Paris nach Casteau bei Brüssel verlegt. Das Hauptquartier der US-Streitkräfte geht nach Stuttgart, das Hauptquartier der Alliierten Gesamtstreitkräfte Europa-Mitte (AFCENT) verläßt Fontainebleau und siedelt nach Brunssum bei Maastricht um, das NATO-Defense-College setzt seine Arbeit in Rom fort.

Demonstrativen Charakter haben auch die ersten französischen Versuche mit Wasserstoffbomben im Südpazifik (August/September 1968), denen 1970 und 1972 Nuklearversuche in Polynesien folgen.

Auch die Europa- und EWG-Politik wird seit 1965 von Frankreich in vielen Punkten blockiert. Dies zeigt sich in besonderem Maße in der Agrarfrage und dem Antrag Englands um Aufnahme in die EWG. Der Einspruch Frankreichs wird mit dem Argument begründet, daß Großbritannien für Europa noch nicht reif sei.

Ein Wandel tritt erst nach dem Rücktritt de Gaulles unter Pompidou ein. Vorübergehend wird auch das deutsch-französische Verhältnis durch die Politik de Gaulles belastet: Die Anerkennung der Oder-Neiße-Linie widerspricht zu dieser Zeit noch der deutschen Politik, und auch der Besuch de Gaulles in Polen (Anfang September 1967) ruft wegen der Äußerungen des französischen Staatschefs in Danzig und Breslau in der BRD Verärgerung hervor.

Doch unabhängig von den politischen Differenzen in Einzelfragen und einigen das Bündnis belastenden diplomatischen Schachzügen des französischen Staatspräsidenten — wie z. B. beim Zwischenfall von Ravensburg (1968), bei dem aus der Falschmeldung einer Nachrichtenagentur über eine Rede des deutschen Außenministers Brandt in Paris politisches Kapital geschlagen wird — bleibt hinsichtlich des deutsch-französischen Bündnisses auf beiden Seiten der Wille zu weiterer Aussöhnung und enger Zusammenarbeit im Geiste von 1963 lebendig.

Zehn Jahre, nachdem de Gaulle an der Macht ist, wird Frankreich im Mai 1968 von einer Krise beträchtlichen Ausmaßes erschüttert: „Mai-Revolution". Studentendemonstrationen (Thema: Hochschulreform) beginnen in Nanterre, springen auf die Sorbonne und die Provinz über. Die Unruhe eskaliert zum Bürgerkrieg mit Barrikadenkämpfen und einem mehrere Wochen anhaltenden Generalstreik — eine Folge von sozialen Mißständen und Ausdruck des aufgestauten politischen Unwillens. Das Leben der Nation ist gelähmt. Mit de Gaulles Rücktritt wird gerechnet. Doch der Staatspräsident und General bleibt „Sieger auf Zeit".

Die materiellen Forderungen der Gewerkschaften werden erfüllt, das Kabinett umgebildet, das Parlament aufgelöst und Neuwahlen ausgeschrieben. Anfang Juni ebbt der Generalstreik (zeitweise bis 10 Millionen im Ausstand) langsam ab. Die wirtschaftlichen Schäden und der politische Gewichtsverlust für die Fünfte Republik sind erheblich.

Bei den Wahlen im Juni 1968 erringen die Gaullisten 294 von insgesamt 487 Mandaten in der Nationalversammlung.

Die Wirtschaftskrise (Streiks, Schrumpfung der Gold- und Devisenreserven, Zusammenbruch des Zahlungsverkehrs mit dem Ausland) führt (unter Ministerpräsident Couve de Murville) zu drastischen Einsparungsmaßnahmen (auch im Atomversuchsprogramm) und — langfristig — zu umfassenden Plänen einer Modernisierung und Dezentralisation im staatlichen Aufbau. Unter dem Stichwort der „Participation" sollen, beginnend mit einer Neuordnung der Provinzen und einer Umänderung des Senats, die Wirtschaft konkurrenzfähiger gemacht, die Verwaltung dezentralisiert und die Sozialreformen eingeleitet werden. In diesem Zusammenhang entschließt sich de Gaulle, die Neuordnung der Provinzen und die Reform des Senats zum Gegenstand einer Volksbefragung (Referendum) zu machen und die Bevölkerung durch Androhung seines Rücktritts für den Fall einer Ablehnung unter Druck zu setzen. („Ich oder das Chaos.") Dennoch stimmen bei der Volksbefragung am 27. April 1969 53 % der Franzosen (bei einer Wahlbeteiligung von über 80 %) gegen den Vorschlag de Gaulles, der daraufhin nach elfjähriger Regierungszeit am 28. April 1969 zurücktritt.

Die erwarteten Erschütterungen bleiben aus. „General de Gaulle ist gegangen, und die Welt ist nicht stehengeblieben; die Franzosen haben nicht in Millionenstärke die Straßen überflutet, um zu jubeln oder zu weinen . . . "
(Times)

Aus den Neuwahlen geht im zweiten Wahlgang der ehemalige Mitarbeiter und Berater de Gaulles, **Georges Pompidou,** mit 58 % der Stimmen als Präsident der V. Republik und Vorsitzender des Ministerrats hervor. Regierungschef und Ministerpräsident wird Jacques P. M. Chaban-Delmas. De Gaulle stirbt am 9. November 1970 auf seinem Landsitz. Staatspräsident Pompidou erklärt im Rundfunk: „General de Gaulle ist tot. Frankreich ist eine Witwe. 1940 rettete de Gaulle unsere Ehre, 1944 führte er uns zur Befreiung und zum Sieg. 1958 rettete er uns vor dem Bürgerkrieg. Er gab Frankreich seine Institutionen und seinen Platz auf der Welt."

Im außenpolitischen Kurs Frankreichs tritt 1969 kein plötzlicher Wandel ein, doch wird die französische Politik gegenüber den USA, den europäischen Partnern und vor allem gegenüber Großbritannien elastischer.

Die wirtschaftliche Sanierung mit der Umwandlung Frankreichs in einen modernen Insdustriestaat und eine grundlegende Entspannung zwischen Ost und West erklärt Pompidou zu seinen politischen Zielen.

Eine drastische Abwertung des Franc, Steigerung des Exports und Einschränkungen des Konsumbedarfs, um durch Sparen die notwendigen Investitionen zu ermöglichen, führen zu einer begrenzten Stabilisierung des wirtschaftlichen Lebens. Das Gesetz zur Unterdrückung unruhestiftender Gruppen (April 1970) soll der inneren Konsolidierung dienen, kann aber weitere Unruhen und Streiks (Studenten, Piloten, staatliche Renaultwerke 1971) nicht verhindern.

Die Außenpolitik ist durch Aktivität und durch die Erneuerung alter Beziehungen gekennzeichnet: Im Mai 1970 kommt Außenminister Gromyko nach Paris, im Oktober 1970 revanchiert sich Pompidou mit einem Besuch in der Sowjetunion; die Beziehungen zu Rumänien, Jugoslawien u. a. werden intensiviert. Besonders wichtig aber ist die Annäherung zwischen Frankreich und Großbritannien. Im Mai 1971 gilt ein Besuch des britischen Premiers Heath bei Pompidou vor allem der Aktivierung der Verhandlungen des **EWG-Beitritts** Großbritanniens. Im Zeichen der neuen „Entente cordiale" steht ein zweiter Staatsbesuch der britischen Königin Elizabeth II. in Frankreich im Mai 1972 (der erste Besuch war 1957). Ausdruck der verstärkten Zusammenarbeit zwischen dem Inselstaat und dem französischen Nachbarn sind auch erneute Bemühungen um den Bau eines Tunnels unter dem Kanal. In der **Europafrage** ist Pompidou an Ausbau und Stärkung der politischen Kompetenzen der Gemeinschaft wenig interessiert und fordert — ähnlich wie Großbritannien — einen europäischen Staatenbund, nicht einen europäischen Bundesstaat.

Für die französisch-amerikanischen Beziehungen ist das Azorentreffen Pompidous mit Präsident Nixon vom Dezember 1971 wichtig. Mit der BRD gibt es zunächst noch Differenzen wegen der divergierenden Währungspolitik, doch verstärken die regelmäßigen Konsultationen mit der Regierung Brandt/Scheel die Gemeinsamkeiten. Bei Konsultationsgesprächen, die zwischen Bundeskanzler Brandt und Staatspräsident Pompidou sowie verschiedenen Fachministern (Äußeres, Wirtschaft, Finanzen, Wissenschaft) der beiden Seiten teils in Paris, teils in Bonn (Juli 1972) geführt werden, geht es um die Themenbereiche Ostpolitik, Europäische Gemeinschaften (im Herbst 1972 soll eine EWG-Gipfel-Konferenz in Paris stattfinden), Abrüstung, Weltraumforschung und vor allem um Fragen der Währungspolitik. Die Arbeitsergebnisse werden zwar als „extrem positiv" bezeichnet, doch bezieht sich die Einigung im wesentlichen nur auf ein Mininalprogramm: Frankreich zeigt noch keine Neigung, die Devisenbewirtschaftung aufzugeben. Staatspräsident Pompidou entschließt sich — aus innerpolitischen Gründen und als Popularitätstest —, über die Erweiterung der EWG (Großbritannien, Dänemark, Norwegen, Irland) in Frankreich eine **Volksbefragung** durchzuführen. Das Referendum vom 23. April 1972 endet mit einem für Pompidou enttäuschenden Ergebnis: bei ca. 40 % Stimmenthaltungen bejahen nur 68 % der abgegebenen Stimmen, d. h. ca. 36 % der Stimmberechtigten, die

Fragestellung, 31 % der abgegebenen Stimmen, d. h. ca. 17 % der Stimmberechtigten, stimmen mit Nein.

„Das Referendum war unnötig. Frankreich hat das verstanden und sich geweigert, das von Pompidou vorgeschlagene Spiel mitzumachen." (Combat/ linksstehend)

Im Juli 1972 kommt es überraschend zu einer Kabinettsumbildung (und -verkleinerung): vor allem wird Premierminister Chaban-Delmas durch den Gaullisten Pierre Messmer ersetzt, was als Rückkehr zu den Regierungsprinzipien de Gaulles interpretiert wird und parteipolitische Konzentrationen auf der Linken zur Folge hat.

Bei der am 19./20. Okt. 1972 in Paris stattfindenden EWG-Gipfelkonferenz der nunmehr neun Regierungschefs (in Norwegen hat eine Volksabstimmung eine Ablehnung des EWG-Beitritts gebracht) liegt der Schwerpunkt bei Wirtschafts- und Finanzfragen: Die EWG soll zu einer Gemeinschaft der Stabilität ausgebaut werden. — Doch — wie erwartet — gelingt der Durchbruch zu einem „neuen Europa" nicht. Außer einigen „verbalen Umdrehungen" werden keine großen Fortschritte erzielt. Vor allem die größeren Staaten zeigen Zurückhaltung bei der Aufgabe souveräner Rechte.

d) Italien

Die von Ministerpräsident Fanfani 1962 begonnene „Öffnung nach links" („apertura a sinistra"), d. h. die Zusammenarbeit der Democrazia Cristiana mit den Linkssozialisten, verändert das Gesamtbild einer starken Labilität mit häufigem Regierungswechsel und wiederholten Spaltungen, Zusammenschlüssen und Fraktionsbildungen innerhalb der zahlreichen Parteien nicht. Stärkste und stabilste Partei bleibt die DC mit ca. 38—40 % der italienischen Wählerstimmen. Zweitstärkste Partei sind die Kommunisten mit 25—27 % und etwas steigender Tendenz zu Beginn der 70er Jahre.

Die KPI steht auf dem Boden der Verfassung und hat bis 1964 in **Togliatti** eine der bedeutendsten Persönlichkeiten des Weltkommunismus an der Spitze. Togliatti begründet die Theorie des **Polyzentrismus**, d. h. einer Konzeption, nach der die kommunistischen Staaten und Parteien keinen politisch und ideologisch festgefügten und einheitlichen, den Führungsanspruch der SU und der KPdSU anerkennenden Block bilden, sondern — abgesehen von dem gemeinsamen Endziel, der Weltrevolution, und dem gemeinsamen ideologischen Rahmen des Marxismus-Leninismus — in ihren konkreten Zielen, ihrer Politik sowie in Methoden und Taktik eigenständig sind.

Die gemäßigten Linksparteien (vor allem die Sozialistische Partei Italiens und die Sozialdemokraten) sind stark durch wechselnde Spaltungen und Zusammenschlüsse gekennzeichnet, z. B. 1968: Vereinigte Sozialisten. Ihre Stärke liegt 1968 bei 15 %.

Die Liberalen kommen auf 6—7 %, die Neofaschisten (Movimento Sociale Italiano) auf ca. 5 % (mit Stimmenzuwachs in den 70er Jahren). Die Zahl der unbedeutenden kleinen Parteien ist groß. —

Die Ursache der Unruhe und Labilität des italienischen Parlamentarismus liegt im Mißverhältnis zwischen den überholten Parteistrukturen (die Programme der Parteien, die nach 1945 wieder entstanden, gehen auf Vorstellungen, Leitbilder und Wertungen der Zeit vor der Jahrhundertwende zurück) und einem kräftigen industriellen Wachstum („italienisches Wirtschaftswunder") sowie den damit verbundenen Veränderungen der Gesellschaft und des gesellschaftlichen Bewußtseins. Wachstumsstörungen und soziale Mißverhältnisse begleiten daher die politische Entwicklung Italiens: Es kommt zu schweren Arbeitskämpfen mit blutigen Zusammenstößen besonders in Süditalien und Sizilien, zu Generalstreiks einschließlich der Krankenkassen, der Schulen, der höheren Beamten und der Ministerien (mit Schließung der Postämter, Erliegen des Verkehrs, der Nachrichtenverbindungen und Lähmung des öffentlichen Lebens), zu Gefangenenrevolten (weltweites Echo hat die Revolte in Turin 1969) und zu Unruhen an den Hochschulen. Die Ausschreitungen steigern sich auch in Italien zu terroristischen Anschlägen und kriminellen Attentaten von Stadtguerillas und anderen Anarchisten.

Die Spannungen im gesellschaftlichen und politischen Leben Italiens werden verstärkt und vertieft durch die Verschränkungen mit der Entwicklung in der katholischen Kirche und des Vatikans. Beispielhaft hierfür ist das harte Ringen um die Ehescheidungsgesetzgebung. Das Gesetz wird 1970 angenommen. Im Februar 1971 wird in Rom die erste Ehescheidung ausgesprochen.

Von grundlegender Bedeutung sind für Italien ein neues, sozialeres Bau- und Bodenrecht, eine Steuerreform und die Universitätsreform.

Mit 1970 beginnt eine Phase gesetzgeberischer und diplomatischer Aktivität, ohne daß dabei die strukturbedingte Schwäche des politischen Lebens generell bereinigt werden kann.

Typisch für diese Situation ist die Staatspräsidentenwahl 1971, bei der erst am 16. Tag und im 23. Wahlgang am 24. 12. 1971 der Christdemokrat Giovanni Leone zum Nachfolger des Sozialdemokraten Saragat gewählt wird.

Innenpolitik und Außenpolitik begegnen sich in der Bereinigung der Südtirolfrage: Im Einvernehmen mit Österreich erhält die Provinz weitgehenden Autonomiestatus; bei Streitigkeiten ist der Internationale Gerichtshof in Den Haag zuständig. Nach fast 100 Jahren kommt zum erstenmal im November 1971 wieder ein österreichisches Staatsoberhaupt (Bundespräsident Jonas) zum Staatsbesuch nach Rom: Die italienische Regierung läßt Häftlinge frei, die wegen politischer Anschläge in Südtirol verurteilt sind.

1970/71 werden im Rahmen von Staatsbesuchen auch andere Kontakte verstärkt: Durch den Besuch des Kaisers Haile Selassie wird ein endgültiger Schlußstrich unter den italienisch-abessinischen Konflikt von 1935/36 gezogen. Ebenso beendet ein Besuch Titos die Spannungen zwischen Italien und Jugoslawien (Triestfrage) der Nachkriegszeit. Nixon besucht Italien, aber auch mit den Staaten des Warschauer Paktes werden die Beziehungen normalisiert. 1971 vereinbart Italien den Austausch von Botschaftern mit der Volksrepublik China. Ein Staatsbesuch von Bundeskanzler Brandt (November 1970) und der Gegenbesuch von Ministerpräsident Colombo haben vor allem europäische und bilaterale Fragen (Gastarbeiter) zum Gegenstand.

Bei den Parlamentswahlen im Mai 1972 behalten die Christlichen Demokraten mit ca. 39 % ihre führende Stellung, ebenso mit über 27 % die Kommunisten den zweiten Platz. Die Neofaschisten können ihren Anteil von 5,8 % auf 8,6 % steigern. Obwohl die Regierungsbildung angesichts der Zersplitterung der Liberalen und der gemäßigten Linken schwierig ist, kann sich Ministerpräsident Andreotti mit einer aus Christlichen Demokraten, Sozialdemokraten und Liberalen bestehenden Regierung zunächst durchsetzen.

e) Benelux

Während des 2. Weltkrieges schließen die Exilregierungen von Belgien, Niederlande und Luxemburg 1944 in London Verträge ab, deren Ziel die Bildung einer Zoll- und Wirtschaftsunion ist. Die Zusammenarbeit wird nach dem Krieg enger, 1954 beginnt der freie Kapitalverkehr, seit 1956 gibt es einen freien Arbeitsmarkt und seit 1960 die Union Economique Benelux. Die Bedeutung des Zusammenschlusses nimmt ab mit dem Wirksamwerden der EWG.

In **Belgien** ist seit 1951 (Rücktritt Leopolds) Baudouin König. — 1969 signalisiert der offizielle Staatsbesuch des kongolesischen Staatspräsidenten Mobutu die völlige Wiederherstellung freundschaftlicher Beziehungen zur ehemaligen Kolonie Belgisch-Kongo, die seit 1960 selbständig ist.

Im Innern trägt eine Verwaltungsreform mit Dezentralisierung in vier Sprachregionen der sprachlichen und kulturellen Heterogenität des Landes Rechnung. Die Souveränitätsrechte der zentralen Staatsgewalt und die Einheitlichkeit im Bereich von Wirtschaft, Währung, Sozial- und Verkehrspolitik bleiben unangetastet. Eine Verfassungsänderung sieht 1970 die **Kulturautonomie** und die Einführung von Kulturräten für die französische, flämische bzw. deutsche Sprachgemeinschaft vor.

Auch die **Niederlande** — seit 1948 unter Königin Juliane — normalisieren ihr Verhältnis zu ihrem ehemaligen Kolonialgebiet Indonesien. —

Im Innern erfolgt die Sicherung der Preisstabilität in Absprache mit den Gewerkschaften. Fortschrittlichkeit wie in Schule und Kultur kennzeichnet auch die Entwicklung in der katholischen Kirche des Landes. Durch den „Holländischen Katechismus", dessen vom römischen Kardinalskollegium verlangte Änderung vom holländischen Pastoralkonzil abgelehnt wird, und durch die Kirchenkonferenz niederländischer Priester und Laien (Januar 1970) mit der Empfehlung zur Aufgabe des Zölibats (die holländischen Bischöfe schließen sich dieser Forderung an) stellen sich Amtskirche und Laien der Niederlande auf den fortschrittlichen Flügel in der katholischen Kirche. —

Offizielle gegenseitige Staatsbesuche von Bundespräsident Heinemann (1969) bzw. Königin Juliane (1971) sind wichtige Schritte auf dem Weg zur deutsch-niederländischen Aussöhnung.

f) Nordeuropa

Der **Nordische Rat** — gegründet 1952 — ist das Organ der Zusammenarbeit von Volksvertretungen Dänemarks, Finnlands, Islands, Norwegens und

Schwedens. Die Intensivierung der Zusammenarbeit und die Gründung einer nordischen Union scheitern an der Finnlandpolitik der Sowjetunion und am Beitritt Dänemarks und Norwegens zur NATO. Doch kommt es 1969 bei der Konferenz von Stockholm zur Planung eines wirtschaftlichen Zusammenschlusses. Der nächste Schritt ist die Schaffung eines **Ständigen Nordischen Ministerrates** für Fragen der wirtschaftlichen Zusammenarbeit mit Beschluß vom Februar 1971.

Norwegen, Mitglied der NATO und des Europarates, intensiviert unter seinen meist sozialdemokratisch geführten Regierungen die Verhandlungen des Beitritts zur EWG. Diesem steht nach Beilegung der Meinungsverschiedenheiten über die Fischereirechte nichts mehr im Wege. Aber die Mehrheit der Bevölkerung spricht sich gegen den Beitritt aus. Im September 1970 stattet Bundespräsident Heinemann dem Lande einen Staatsbesuch ab. An der Universität Oslo findet am 10. Dezember 1971 die Verleihung des Friedens-Nobelpreises an Bundeskanzler W. Brandt statt.

Ende September 1972 spricht sich bei einer Volksabstimmung eine Mehrheit von über 53 % gegen den Beitritt des Landes zur erweiterten Europäischen Gemeinschaft aus; die Regierung tritt daraufhin zurück.

Dänemark, seit 1960 Mitglied der EFTA, führt 1970 seine Aufnahmeverhandlungen in die EWG weiter. Die strategisch wichtige Lage des Landes zwischen Nord- und Ostsee und das damit zusammenhängende Interesse der SU geben der Stellung des kleinen Landes in der NATO eine besondere Note.

Im Gegensatz zu Norwegen spricht sich bei der Volksabstimmung im Oktober 1972 eine Mehrheit von 63 % für den EWG-Beitritt Dänemarks aus.

Schweden, Mitglied im Europarat und der EFTA, betreibt (aus Neutralitätsgründen) nicht die Mitgliedschaft, sondern nur die Assoziierung an die EWG. — Die Regierung liegt weiter in den Händen der Sozialdemokratischen Partei (Ministerpräsident Palme, der nach den Parlamentswahlen vom September 1970 gezwungen ist, im Januar 1971 eine Minderheitsregierung zu bilden). In der inneren Entwicklung zeigen sich unerwartet wirtschaftliche Schwierigkeiten und soziale Spannungen: 1970 verkündet die Regierung einen Preisstopp; wiederholt kommt es zu Streiks — 1971 besonders auch unter höheren Beamten und Intellektuellen. Auch zwischen der BRD und Schweden finden wechselseitig Staatsbesuche statt. Außerdem hält sich Bundeskanzler Brandt anläßlich der Verleihung des Friedens-Nobelpreises 1971 in Schweden auf.

König Gustav IV. Adolf, der im Mai 1972 in die BRD kommt, ist seit 1908 das erste schwedische Staatsoberhaupt, das Deutschland einen Besuch abstattet.

Finnlands Lage ist bestimmt durch seine geographische Lage in unmittelbarer Nähe der SU. Der Freundschaftspakt mit der SU, 1948 geschlossen, 1955 und 1970 erneuert, der für gewisse Fälle auch militärische Zusammenarbeit vorsieht, ist Gegenstand verschiedener Interpretationen: Er wird von kommunistischer Seite anders ausgelegt als von den demokratischen Parteien Finnlands. Fraglich ist, ob für Finnland eine wirkliche Neutralität möglich ist oder ob die Gravitation Sowjetrußlands zur Schein-Neutralität zwingt (Phänomen der „Finnlandisierung"). Unter Staatspräsident Kekkonen und Ministerpräsident Karjalainen versucht Finnland die Balance zu halten zwischen der notwendigen Freundschaft mit der SU (mit der auch wichtige Wirtschaftsabkommen geschlossen werden: Erdgaslieferung, Bau eines weiteren Druckwasser-Reaktors, Errichtung eines forstwirtschaftlichen Zentrums), der Zusammenarbeit mit den benachbarten skandinavischen Staaten und dem Vertrauen des Westens. Im Januar 1972 beginnen auch Verhandlungen über ein Freihandelsabkommen mit der EWG. —

Die seit 1966 bestehende Mitte-Links-Koalition — unter Einschluß der KP — wird im März 1971 durch eine Koalition ohne Beteiligung der Kommunisten abgelöst. —

Im September 1971 unternimmt Finnland einen Vorstoß in der deutschen Frage: Die Regierung überreicht den Chefs der beiden deutschen Handelsmissionen ein Memorandum mit dem Wunsch, diplomatische Beziehungen gleichzeitig mit der BRD und der DDR aufzunehmen und bei dieser Gelegenheit auch die Frage der Kriegsfolgenentschädigung zu regeln.

Im Herbst 1972 beginnt Finnland mit den beiden Staaten in Deutschland Verhandlungen über die Aufnahme diplomatischer Beziehungen.

g) Die Pyrenäenhalbinsel

In **Spanien** ernennt Staatschef (Caudillo) Franco 1969 den Prinzen Juan de Borbon, einen Enkel des letzten Königs, zu seinem Vertreter und Nachfolger. Der Prinz wird auf Franco und auf das Grundgesetz der Nationalen Bewegung als künftiges Staatsoberhaupt der spanischen Monarchie vereidigt. —

Die Innenpolitik des Caudillo ist ultrakonservativ, das Herrschaftssystem autoritär. Echte Parteien gibt es nicht, die gesetzgebende Versammlung (Cortes) ist ständisch strukturiert und wird z. T. ernannt.

Da liberale und demokratische Gruppen und Tendenzen unterdrückt werden (Pressezensur, Einfuhrverbot für ausländische Zeitungen), bleiben politische Konflikte auch mit gemäßigt-freiheitlichen Kräften auf der Tagesordnung, woraus der Extremismus Nutzen zieht. Die bedeutenden Fortschritte in der Industrialisierung des Landes liefern Voraussetzungen für soziale Disproportionen und Unruhen. Seit 1968 verstärken sich Streiks und Zusammenstöße, die vor allem auch die Universitäten erfassen (Ausnahmezustand, Schließung der hohen Schulen). Weltweite Kritik lösen Todesurteile aus, mit denen das Regime auf die Empörung und Gewalttaten baskischer Separatisten reagiert: Die Todesurteile werden daraufhin aufgehoben. —

Im Juli 1972 ordnet Franco durch Erlaß an, daß im Falle seines Todes oder seiner Abwesenheit die Regierung sowie die Leitung der „Nationalen Bewegung" von dem konservativen Vizepräsidenten Luis Carrero übernommen wird. Damit soll offenbar unerwünschten Liberalisierungstendenzen einer künftigen Monarchie entgegengewirkt werden.

Die politischen und gesellschaftlichen Konflikte der letzten Jahre erhalten dadurch auch in Spanien ihre besondere Note, daß sich immer stärker nicht nur der niedere katholische Klerus (die katholische Kirche ist in Spanien Staatskirche) mit unterprivilegierten und um Freiheit kämpfenden Schichten solidarisch erklärt, sondern auch — z. B. 1968 — die spanische Bischofssynode sich mit sozialen und politischen Fragen beschäftigt und das Recht der Arbeiter bekräftigt, freie Gewerkschaften zu gründen und politische Streiks auszurufen. Als die Kritik fortschrittlicher Priester und Bischöfe an den Mißständen zu Beginn der 70er Jahre immer deutlicher wird, kommt es zu einem mehr oder weniger offenen Konflikt zwischen Kirche und Staat; sogar der Vatikan unterstützt die freiheitlichen Kräfte durch ein personelles umfassendes Revirement: Eine Reihe liberaler Vertreter wird in führende Stellen des Episkopates eingewiesen. Da die Epoche der Identifizierung der katholischen Kirche mit restaurativen Vorstellungen vorbei ist, bahnt sich die Entwicklung zur Trennung von Kirche und Staat an.

Außenpolitisch beginnt um 1970 eine Phase stärkerer Aktivität: Im September wird mit den USA ein neues Stützpunktabkommen unterzeichnet; gleichzeitig aber ist die spanische Außenpolitik auch um verstärkte Kontakte zu den Ostblockländern bemüht. „Ohne Überstürzung" wird die Normalisierung der diplomatischen Beziehungen — auch mit der DDR — avisiert.

Die Wirtschaft wird stärker auf Europa ausgerichtet: Im März 1970 schließt Spanien ein Präferenzabkommen mit der EWG, in dem man den Vorläufer einer engeren Bindung an die Europäischen Gemeinschaften sehen kann.

Eigenartig fremd ist das Verhältnis zwischen Spanien und dem benachbarten und verwandten Portugal. Doch anläßlich eines Besuches des portugiesischen Regierungschefs Caetano im Mai 1970 wird die Erneuerung und Erweiterung des Iberischen Paktes von 1939 in Richtung auf verkehrspolitische (Autobahnen), kulturelle, wissenschaftliche und technische Zusammenarbeit beschlossen.

Für **Portugal** ist die Ablösung von Ministerpräsident Salazar im September 1968 (gestorben 1970) durch Caetano der Beginn einer behutsamen Liberalisierung für dieses „Land ohne Mittelstand". Liberale Politiker kehren aus dem Exil zurück, die allmähliche Entwicklung einer institutionellen Opposition soll ermöglicht werden. Caetano beendet die politische Sterilität, duldet eine freiere Berichterstattung mit einer öffentlichen Diskussion der wirtschaftlichen, erzieherischen und politischen Reformen, die in Angriff genommen werden sollen.

Zwar ändert sich nichts an der Stellung der Kolonien, denen die Unabhängigkeit weiterhin vorenthalten wird, aber der antiliberalen Richtung in der Militär-, Innen-, Justiz- und Informationspolitik stehen progressive Kräfte in Unterricht, Wirtschaft, Landwirtschaft und Sozialwesen gegenüber.

Die führende Stellung der Einheitspartei (Nationale Union, seit 1970 Nationale Volksaktion mit Caetano als Präsident des Zentralkomitees), mit 86 % der Stimmen gegen 14 % der verschiedenen oppositionellen Gruppen, bleibt unangetastet.

Vorgesehen ist eine Verfassungsänderung mit Einschränkung der Zensur, Religionsfreiheit, größerer Autonomie der überseeischen Besitzungen u. a.

Entscheidend wird auch für Portugal sein, ob sich zwischen der Ultrarechten und der illegalen, terroristischen Linken die mehr oder weniger liberalen Kräfte der Mitte durchsetzen werden.

Mit der BRD wird — abgesehen von den nicht unwichtigen wirtschaftlichen Beziehungen (Gastarbeiter) — Ende 1968 ein Abkommen über die Flugbasis Beja abgeschlossen.

„Ob das hohe Ziel, der behutsame Übergang in eine dynamische und gerechtere Gesellschaft erreicht wird, hängt nicht zuletzt davon ab, ob der Westen die gemäßigt progressiven Kräfte dieses Landes unterstützt, das nach seiner glorreichen Geschichte, seiner strategischen Bedeutung in der Gegenwart, seinen ökonomischen Zukunftsperspektiven ein unlösbarer Bestandteil Europas ist." (Tagesspiegel)

h) Balkan

Die Föderalistische Volksrepublik **Jugoslawien** (Teilgebiete: Serbien, Kroatien, Slowenien, Bosnien, Herzegowina, Mazedonien, Montenegro) unter Josip Broz-Tito („Feudalherr und Rebell, Feldherr und Bojar in einer Person") als Staatspräsident auf Lebenszeit geht weiter den Weg der betonten **Blockfreiheit**. Das System des **Titoismus** mit Arbeiterräten und einer marktwirtschaftsähnlichen Wettbewerbs- und Preissituation unterscheidet sich als „System der sozialistischen Marktwirtschaft", d. h. als „Rechtsabweichung" vom orthodoxen Marxismus-Leninismus, besonders in den wirtschaftstheoretischen Grundlagen: Aufhebung der Kollektivierung in der Landwirtschaft, Streikrecht, Arbeiterselbstverwaltung u. ä. Die privatwirtschaftlichen Tendenzen mit ehrgeizigen Investitionen und einer hektischen Prosperität in Ballungszentren ermöglichen sogar beträchtliche Bereicherung, bes. im Gebiet der Banken und der Außenhandelsfirmen.

Auch außenpolitisch beweist Tito Unabhängigkeit: Im Oktober 1970 besucht Präsident Nixon Jugoslawien und unterstreicht den vor allem wirtschaftlich engen Kontakt; Tito hält sich in EWG-Ländern auf (Wirtschaftsbeziehungen, Gastarbeiter, Tourismus); die Beziehungen zum Vatikan werden wieder aufgenommen, Tito wird im März 1971 als erstes Staatsoberhaupt eines kommunistischen Staates vom Papst empfangen. Aber auch mit Peking werden Botschafter ausgetauscht.

Das Verhältnis zur SU ist nicht ohne Spannungen (Tito weist die Breschnew-Doktrin zurück; er ist an der USA-Anwesenheit im Mittelmeer interessiert), doch auch hier arrangiert sich Jugoslawien. Anläßlich eines Besuches des russischen Parteichefs Breschnew — im September 1971 — wird die Belgrader Deklaration von 1955 erneuert: Jugoslawien bekommt von der UdSSR das Recht auf einen eigenen Weg zum Aufbau des Sozialismus zugestanden, gleichzeitig aber wird die Intensivierung der jugoslawisch-russischen Beziehungen auf eine breitere Basis gestellt: Im Juni 1972 respektiert die Kremlführung bei einem Besuch des 80jährigen Tito (Überreichung des Leninordens durch Staatspräsident Podgorny) den unabhängigen Weg Jugoslawiens zum Sozialismus.

Das innerpolitische Problem Nr. 1, das die staatliche Einheit gefährdet, sind sezessionistische Bestrebungen einzelner Teilgebiete und Nationalitäten, besonders der Kroaten, gegen die Zentralgewalt in Belgrad („Nationalismusstreit"). In dieser Auseinandersetzung begegnen und mischen sich nationale, religiöse, wirtschaftliche, machtpolitische, aber auch gesellschaftlich-ideologische Elemente, wie z. B. der Streik von 35 000 kroatischen Studenten Ende 1971 beweist. Tito warnt vor dem „Wüten des kroatischen Nationalismus", hinter dem sich auch konterrevolutionäre Tendenzen verbergen könnten. An der Wende 1971/72 setzt sich der harte Kurs der jugoslawischen KP „Bund der Kommunisten Jugoslawiens" gegen die „Sezessionisten" durch. Doch der 80. Geburtstag Titos (Mai 1972), des „sozialistischen Monarchen" und „königlichen Kommunisten", des letzten unter den einstigen Führern der „Dritten Welt" (Nehru, Nasser sind gestorben), ist überschattet von der drohenden Gefahr des staatlichen Zerfalls durch Nationalismus, Klassenkampf und einen neuen Stalinismus.

Das kleine, seit 1913 bestehende **Albanien** schließt sich während des 2. Weltkrieges eng an Tito an, entsteht 1946 neu als Volksrepublik und wird 1955 Mitglied des Warschauer Paktes. Seit 1960 wachsen die ideologischen Differenzen mit Moskau. Es kommt zum Abbruch der diplomatischen Beziehungen und zur Anlehnung an die Volksrepublik China; 1962 folgt die Suspendierung, 1968 der Austritt aus dem Warschauer Pakt. Albanien bekämpft die Moskauer Richtung der Parteidoktrin mit ihrer Koexistenzpolitik als revisionistisch. Der Vertrag zwischen der BRD und der SU von 1970 wird als „Komplott zur Aufteilung Europas" verurteilt. Mit Griechenland und Jugoslawien werden die Beziehungen normalisiert.

Griechenland, die „älteste Demokratie", wird im Innern von einer schweren Krise der freiheitlichen Ordnung erschüttert und setzt damit die seit Bestehen der griechischen Monarchie drohende Labilität fort:

Bereits der erste griechische König wird 1862 von einem Militärputsch gestürzt; sein Nachfolger wird ermordet, der nächste muß auf den Thron verzichten. Nach dem Ersten Weltkrieg vertieft sich der Gegensatz zwischen Republikanern und Monarchisten; 1924 bis 1935 ist Griechenland Republik.

König Konstantin II. (seit März 1964) übernimmt von seinem Vater Paul die Regierungsgrundsätze: autokratische Interpretation der königlichen Stellung, Mißtrauen gegen Parlament und Liberalismus, Zusammenarbeit mit der ergebenen Armee.

In dieser Armee stehen einander rechtsextreme Kräfte (z. B. organisiert im Geheimbund IDEA — „Heiliger Bund hellenischer Offiziere" —) und linksstehende, liberale und demokratische Kräfte (Offiziersbund „Aspida" = Schild) gegenüber.

Bei der Wahl 1964 erhält die liberal und republikanisch ausgerichtete Zentrumsunion unter Papandreou (dessen Sohn Andreas der „Aspida" nahesteht) vor der Nationalradikalen Union (monarchistisch) unter Karamanlis die Mehrheit und bildet die Regierung.

Im Sommer 1965 kommt es zum Konflikt zwischen König und Ministerpräsident Papandreou. In der Armee setzen sich die Richtungskämpfe fort.

Nach der Demissionierung Papandreous und Auflösung des Parlamentes — was als Staatsstreich des Königs ausgelegt wird (Anfang 1967) — kommt es im April 1967 zum Militärputsch — die Rolle des Königs bleibt hierbei ungeklärt — und zur Machtübernahme durch die Armee.

In einer Botschaft an die Nation begründet der neue Ministerpräsident Kollias, der einzige Nichtoffizier der Regierung, das Vorgehen der Armee als einen „Schritt vor dem Abgrund" und mit dem Hinweis auf die bürgerkriegsähnliche, anarchistische Situation, welche eine normale Durchführung der Wahlen unmöglich macht.

Die Errichtung der Diktatur wird mit einer bevorstehenden kommunistischen Machtergreifung begründet. Vorgehen gegen politische Gegner, Errichtung von Internierungslagern (KZ); Einschränkung der Freiheitsrechte, Pressezensur; Wiederherstellung der verfassungsmäßigen Ordnung wird versprochen. Weltweite Anteilnahme, besonders bei den Auslandsgriechen.

Im Dezember 1967 versucht Konstantin im Vertrauen auf die Königstreue der Armee in einem Gegenputsch die mächtige Militärregierung auszuschalten. Der Gegenstoß des Königs scheitert. Die herrschende Militärregierung verhaftet königstreue Kommandeure, Konstantin flieht nach Italien. Mit ihm begibt sich Ministerpräsident Kollias ins Exil.

Unter Aufrechterhaltung der Monarchie erklärt die Militärdiktatur in Athen den König für abgesetzt.

Unter Ministerpräsident Papadopoulos tritt im November 1968 eine neue Verfassung mit drastischen Beschneidungen der Befugnisse von König und Parlament in Kraft. Zahlreiche Verhaftungen und politische Prozesse gegen Offiziere, Intellektuelle, Richter, Beamte, Professoren und Künstler sowie breit angelegte politische Säuberungsaktionen kompromittieren das Regime. Versprechungen hinsichtlich Koalitions- und Versammlungsfreiheit, Unverletzlichkeit der Wohnung u. ä. werden nur teilweise und vorübergehend realisiert. 1969 gibt es ca. 3000, 1970 1600 bis 1700 politische Häftlinge. Die Europäische Kommission für Menschenrechte veröffentlicht im November 1969 einen Griechenlandbericht und beschuldigt das Regime, eine Reihe von Artikeln der Menschenrechtskonvention zu verletzen (Folterung von Gefangenen). Um einem Ausschluß zuvorzukommen, gibt Griechenland im Dezember 1969 seinen Austritt aus dem Europarat bekannt.

1970 finden erneut Prozesse vor allem gegen Wissenschaftler und Künstler statt; zu ihnen gehört der Jurist Georgios Mangakis, dessen abenteuerliche und z. T. ungeklärte „Ausreise" mit einer Bundeswehrmaschine in die BRD im April 1972 zu einer schweren Verstimmung zwischen Bonn und Athen führt.

In der **Türkei** werden in den 60er Jahren die politischen, wirtschaftlichen und gesellschaftlichen Spannungen zwischen der auch durch einen Teil der Armee repräsentierten fortschrittlichen Tradition Atatürks und ihren konservativen Gegenspielern wieder akut. Die bis 1969 führende demokratische „Gerechtigkeitspartei" verliert im Parlament ihre Mehrheit und wird von links und rechts immer stärker bekämpft. Extreme Gruppen verzerren die wirkliche und notwendige Auseinandersetzung und schüren die Eskalation (schwere Studentenunruhen, Terroranschläge — Entführung amerikanischer Soldaten — Organisation von Stadtguerillas nach südamerikanischem Vorbild, Waffenlieferungen aus kommunistischen Ländern). Anfang 1971 richtet der fortschrittliche Oberste Verteidigungsrat angesichts der Stagnation im wirtschaftlichen, gesellschaftlichen und politischen Leben ein Ultimatum an die Regierung, der Schwäche und mangelndes Vertrauen in der Öffentlichkeit vorgeworfen werden. Im März 1971 tritt Ministerpräsident Demirel zurück. Sein Nachfolger ist Erim, dessen Kabinett viele parteilose Fachminister enthält. Das Ziel der neuen Regierung ist die Beseitigung der Anarchie und die Überwindung der Unruhe in der Armee. Doch Ruhe kehrt noch nicht ein: Im Mai 1971 wird der israelische Generalkonsul von Angehörigen der „Türkischen Volksbefreiungsarmee" entführt und ermordet. — Im April 1972 werden drei NATO-Radartechniker von türkischen Terroristen erschossen.

Außenpolitisch stützt sich die Türkei eindeutig auf die NATO und die USA. Das US-Hilfsprogramm für die Türkei wird erneuert, im März 1972 besucht Erim zu diesem Zwecke die USA. Auch mit der EWG werden Beziehungen aufgenommen.

Von Bedeutung für die türkische Außenpolitik bleiben die alten Meerengenfragen, das Verhältnis zur UdSSR und die Mitgliedschaft in der NATO. Diese Mitgliedschaft wird belastet (aber nicht in Frage gestellt) durch die Spannung zwischen der Türkei und dem NATO-Partner Griechenland infolge des Konfliktes um **Zypern.**

Das Neben-, Mit- und Gegeneinander von türkisch-zypriotischen und griechisch-zypriotischen Bevölkerungsteilen kann trotz Anwesenheit der UNO-Friedensstreitmacht nicht zu einer Bereinigung des nationalen Zwistes durch eine Regelung der lokalen Selbstverwaltungsfragen geführt werden. 1971 weist der UNO-Generalsekretär U Thant in seinem Jahresbericht auf die beunruhigende Lage in Zypern hin, da die unmittelbare Kriegsgefahr zwar seit 1967 gebannt ist, die seit Jahren geführten Gespräche zwischen den beiden Volksgruppen aber kein Ergebnis gezeigt hätten. Im August 1971 erklärt Staatspräsident Makarios, daß die Gespräche zu einem hoffnungslosen Stillstand gekommen seien. In der zweiten Jahreshälfte 1971 kommt es zu neuen Komplikationen zwischen Griechen und Türken.

1972 zeichnen sich nach mehreren erneuten Verhandlungsrunden zwischen Türken und Griechen Umrisse einer Lösung ab, durch die der türkischen Minderheit (über 20 %) gewisse Rechte im parlamentarischen Leben zugestanden werden; auch die Polizeitruppe soll künftig aus $^1/_5$ Türken bestehen.

3. Deutschland

a) Die Innenpolitik der Bundesrepublik Deutschland seit 1964

Die Politik der BRD wird bestimmt:

— bis 1966 von der seit 1949 führenden CDU/CSU

— von 1966 bis 1969 von einer Großen Koalition zwischen CDU/CSU und SPD

— seit 1969 von einer Koalition zwischen SPD und FDP.

Die Innenpolitik der Regierung Erhard 1964—1966

Aus der Bundestagswahl vom 19. September 1965 geht bei einer Wahlbeteiligung von 86,8 % die CDU/CSU mit 47,6 % der gültigen Stimmen (245 Abgeordnete ohne Berlin) vor der SPD mit 39,3 % (202 Abgeordnete) und der FDP mit 9,5 % (49 Abgeordnete) als Sieger hervor. Die übrigen 7 Parteien bringen es zusammen auf weniger als 4 % (2 % NPD) und erhalten keinen Sitz im Bundestag.

Da dieses Ergebnis als Erfolg der bisherigen Koalition zwischen Christlichen und Freien Demokraten gedeutet wird, bildet **Ludwig Erhard** eine neue Regierung aus CDU/CSU und FDP.

Doch sind bereits die Anfänge dieser kleinen Koalition von Schwierigkeiten und Meinungsverschiedenheiten (über Maßnahmen zur Sicherstellung des Haushaltsausgleiches und der Wahrung der Preisstabilität) überschattet. Zu den Differenzen in der Wirtschafts- und Finanzpolitik (Ausgabenkürzungen? Steuererhöhungen? Subventionskürzungen? — schließlich hat der Haushalt 4,2 Mrd. DM Defizit!) kommt eine Niederlage der CDU bei den Landtagswahlen in Nordrhein-Westfalen am 10. Juli 1966, bei der die bisherige Regierungspartei 10 von ihren bisher 96 Mandaten und damit die Mehrheit verliert und der SPD (die von 90 auf 99 Mandate wächst) den ersten Platz freimachen muß. Dieses Wahlergebnis wird als Antwort auf die unentschlossene und erfolglose Finanz- und Wirtschaftspolitik gedeutet.

Und schließlich führt eine nicht nur bei der SPD-Opposition, sondern auch von Vertretern der Regierungsparteien als ergebnislos kritisierte Amerikareise im Herbst 1966 zu einem weiteren Prestigeverlust Erhards.

In den Beratungen über den Haushalt kommt es zum Bruch: Schließlich treten die 4 bisherigen FDP-Minister zurück. Erhard regiert einige Zeit mit einem Minderheitskabinett, erklärt dann jedoch seine Bereitschaft zum Rücktritt (2. November 1966).

Die Große Koalition; das Kabinett Kiesinger/Brandt 1966—1969

Nach langwierigen Verhandlungen, an denen alle 3 im Bundestag vertretenen Parteien beteiligt sind, einigen sich Ende November CDU/CSU und SPD auf die Bildung einer **Großen Koalition**. In beiden Parteien gibt es eine nicht unbeträchtliche Gegnerschaft gegen diese Lösung; in der SPD sind die Gegenkräfte besonders in den Landesverbänden lebendig.

Am 1. Dezember 1966 wird **K. G. Kiesinger** (geb. 1904, 1958—1966 Ministerpräsident von Baden-Württemberg) mit **340** gegen **109** Stimmen bei **23** Enthaltungen vom Bundestag zum Kanzler gewählt. Die FDP ist einzige Oppositionspartei.

Diese Entscheidung der beiden größten Parteien bedeutet einen Einschnitt in der Geschichte der Bundesrepublik Deutschland.

Nach 17 Jahren wird die **SPD Regierungspartei.**

Sachzwang in der Wirtschafts- und Finanzpolitik und wichtige bevorstehende, Verfassungsänderungen einschließende Gesetze (Notstandsgesetzgebung, Wahlrechtsänderung?) machen eine **Konzentration der Kräfte** in den Augen vieler unbedingt erforderlich.

In der neuen Regierung hat die CDU 8 Sitze: u. a. Kanzler, Inneres (P. Lücke), Verteidigung (Schröder), Vertriebene und Flüchtlinge (v. Hassel), Familie (Heck), Forschung (Stoltenberg); die CSU besitzt das Finanzministerium mit F. J. Strauß sowie das Ernährungs- und Postministerium, die SPD stellt 9 Minister: den Vizekanzler und Außenminister (W. Brandt) sodann den Justiz- (Heinemann), Wirtschafts- (Schiller) sowie u. a. den Verkehrs-, Wohnungsbau- und den Gesamtdeutschen Minister (Herbert Wehner).

In seiner Regierungserklärung sagt Kiesinger am 13. Dezember 1966: „Wir sind entschlossen, soviel an uns liegt, die auf uns gesetzten Hoffnungen zu erfüllen und die befürchteten Gefahren abzuwehren. In dieser Koalition werden keine Macht und Pfründen zwischen Partnern geteilt, keine Mißstände vertuscht und die Kräfte des parlamentarischen Lebens nicht durch Absprachen hinter den Kulissen gelähmt werden, wie es ihr mit dem Schlagwort ‚Proporzdemokratie' unterstellt wird. Die Opposition wird alle parlamentarischen Möglichkeiten haben, ihre Auffassung zur Darstellung und zur Geltung zu bringen."

Wirtschaft

Die praktische Arbeit der Großen Koalition beginnt mit Maßnahmen zur Schließung der Milliarden-Deckungslücke im Haushalt. Mehrere Gesetze dienen diesem Zweck: Steueränderungsgesetz, Erhöhung der Tabaksteuer, Kreditfinanzierungsgesetz für den Eventualhaushalt, Gesetz zur Förderung der Stabilität und des Wachstums der Wirtschaft (für Stabilisierung des Konjunkturverlaufes).

Gleichzeitig werden durch Steuererhöhung, durch Streichen von Sozialleistungen, Kürzung des Wehretats usw. Voraussetzungen für eine **Stabilisierung der Währung** geschaffen.

Am Ende des ersten Jahres ihres Bestehens verzeichnet die Große Koalition gegenüber der Rezession von 1966 eine gewisse wirtschaftliche Erholung; steigende Aktienkurse, Ansteigen der Produktion, erhöhte Ausfuhr, Rückgang der Arbeitslosigkeit u. ä.

Schwierig bleibt die Lage im deutschen **Bergbau:** die Zahl der Zechen, die im Zeichen der Strukturveränderungen stillgelegt werden, steigt weiter. Unruhe und Radikalisierung unter der Bevölkerung sind die Folge. Nur allmählich folgt die Anpassung der Förderung an den Absatz. Die Einkommenseinbußen durch Feierschichten und Entlassungen werden durch Lohnausgleich gemildert, Strukturhilfen und andere Beihilfen bei Berufswechsel dienen der sozialen Sicherung.

Die Lage auf dem **Arbeitsmarkt** — März 1967: 673 000 Arbeitslose, Kurzarbeit in vielen Industriezweigen — bessert sich nur langsam. **Arbeitskämpfe** entbrennen 1967 nicht nur im Bergbau an der Ruhr (Stillegung, Demonstrationen gegen Verlust des Arbeitsplatzes), sondern auch in der Metallindustrie der meisten Bundesländer, wo es um die Absicherung der außertariflichen Leistungen der Betriebe geht, und im öffentlichen Dienst (einschließlich Post und Bahn), wo Gewerkschaft (ÖTV) und Angestelltengewerkschaft (DAG) Gehaltserhöhung und Arbeitszeitverkürzung fordern. Trotz zeitweise erheblicher Zuspitzung mit Streikgefahr gelingt es dem Wirtschaftsminister bzw. dem Innenminister, bis Ende des Jahres alle Verhandlungen durch gute Kompromisse zu Ende zu führen.

Das Preisgefüge wird allerdings teilweise durch die am 1. Januar 1968 an die Stelle der bisherigen Umsatzsteuer tretende **Mehrwertsteuer** (Nettosteuer) in Bewegung gebracht.

Das im Juni 1967 verabschiedete **Parteiengesetz** fordert von den Parteien öffentliche Rechnungslegung und gewährt eine Erstattung der Wahlkampfkosten je nach abgegebenen Stimmen an die Parteien (2,50 DM je Wahlberechtigten).

Notstandsgesetzgebung

Von großer Bedeutung wird die **Notstandsverfassung,** welche die im GG zunächst noch verankerten Sonderrechte der Alliierten ablösen soll und zu erheblichen öffentlichen Diskussionen führt.

Im Mai 1968 stimmt der Bundestag nach harten Auseinandersetzungen den Gesetzentwürfen über den Notstand zu. In namentlicher Abstimmung wird die für eine Verfassungsänderung notwendige Zweidrittelmehrheit (bei 496 Stimmen) um 53 Stimmen überschritten. Gegen die Gesetze stimmen die Abgeordneten der FDP und 54 SPD-Abgeordnete.

Die **Notstandsgesetzgebung** ändert das Grundgesetz in 25 Artikeln und erweitert es.

Die wichtigsten Bestimmungen betreffen: Arbeitskampf, Brief- und Postgeheimnis, Dienstverpflichtung, Widerstandsrecht, Spannungs- und Verteidigungsfall, Einsatz der Bundeswehr bei innerem Notstand und einen Gemeinsamen Ausschuß (bestehend aus Mitgliedern des Bundestags und des Bundesrates), der Rechte und Stellung von Bundestag und -rat übernehmen soll, wenn die Lage sofortiges Handeln erfordert und der Bundestag nicht rechtzeitig zusammentreten kann.

Den abschließenden Debatten über die Notstandsgesetze gehen bis zuletzt schwere Auseinandersetzungen mit Gewalttätigkeiten, Provokationen und Repressalien voraus. Die Antinotstands-Kampagne, getragen von Gewerkschaften, einem Teil der SPD sowie von Professoren, Studenten und Schriftstellern, fällt zusammen mit den groß angelegten Aktionen der außerparlamentarischen Opposition und verstärkt die schon lange latenten und seit dem Attentat auf Rudi Dutschke (11. April) akuten Studentenunruhen. In der Diskussion verbinden sich echte Argumente mit „naiven, uninformierten, voreingenommenen emotionalen Stellungnahmen". (Kiesinger)

„Diese Gesetze sind . . . nicht nur für uns selbst eine notwendige Vorsorge für den Notfall, sondern eine Garantie der Freiheit und des Rechts in gefährdeten Zeiten . . . Daß jene Kräfte, die nicht die Verteidigung der parlamentarischen Demokratie, sondern ihre revolutionäre Zerstörung wollen, gegen diese vorsorglichen — vorsorglichen! — Gesetze Sturm laufen, ist nur zu gut verständlich. Aber gerade die Angriffe dieser kleinen, jedoch äußerst aktiven revolutionären Gruppen sollten diejenigen redlichen Kritiker der Gesetzentwürfe, deren Sorge ich respektiere und denen es um die parlamentarische Demokratie geht, nachdenklich stimmen . . .

Es steht leider nicht in unserer Macht allein, den Zustand der Gefahr zu vermeiden, denn wir leben in einer unruhigen Zeit und Welt. Aber was an uns liegt, an uns allen, denen dieses Volk und seine Freiheit lieb ist, das wollen wir mit äußerster Wachsamkeit tun, damit eine Anwendung dieses Gesetzes niemals nötig wird... Es ist für den Bundeskanzler und für die Bundesregierung . . . gut, zu wissen, daß er dann (in Zeiten höchster Gefahr) nicht auf eine kaum zu tragende Last persönlichen Ermessens angewiesen ist, zu wissen, daß auch für den äußersten Fall die **Herrschaft des Rechts** gesichert bleibt." (Bundeskanzler Kiesinger am 30. Mai 1968 vor dem Bundestag)

Der sogenannte **Leber-Plan** (des Verkehrsministers) vom 22. September 1967 stellt ein verkehrspolitisches Programm auf, das zum Teil tiefgreifende Maßnahmen zur Bewältigung der zunehmenden Überfüllung der Straßen enthält und auch dem Ziel dienen soll, die Wirtschaftlichkeit der bisher mit großem Defizit arbeitenden Deutschen Bundesbahn wiederherzustellen. Der Leber-Plan stößt besonders beim Fernverkehrsgewerbe auf erbitterten Widerstand.

Die im Regierungsprogramm an vorderster Stelle genannte **Wahlrechtsreform** (zur Erzielung klarer Mehrheiten soll das Mehrheitswahlrecht an die Stelle des verbesserten Verhältniswahlrechtes treten) bis zur nächsten Bundestagswahl von 1969 wird zwar weiter diskutiert, wird aber nicht verwirklicht.

Die in einigen Ländern in den Jahren 1966 und 1967 stattfindenden **Landtagswahlen** zeigen

— seit Bestehen der Großen Koalition einen geringen Rückgang der SPD-Stimmen, was auf die für die SPD-Wähler schwierige Umstellung von Oppositionspartei (gegen die CDU) zur Koalitionspartei (mit der CDU) zurückgeführt wird;
— die Fragwürdigkeit des herrschenden, keine klaren Mehrheitsverhältnisse schaffenden Verhältniswahlrechtes. Besonders die Entwicklung

in Baden-Württemberg, wo bis 1968 eine große Koalition zwischen CDU und SPD regiert, die SPD aber 8 % ihrer Stimmen verliert und sich zunächst weder FDP noch SPD zur Mitverantwortung in der Regierung bereit findet, bis sich die SPD-Fraktion zur Fortsetzung der großen Koalition bereit erklärt, stärkt die Argumente für das **Mehrheitswahlrecht;**

— eine Zunahme der Stimmen der rechtsradikalen NPD (Nationaldemokratische Partei Deutschlands): Hessen: 7,9 %, Bayern: 7,4 %, Rheinland-Pfalz 6,9 %, Schleswig-Holstein: 5,9 %, Niedersachsen: 7,0 %, Baden-Württemberg: 9,8 %.

Da die Partei die 5 %-Klausel überspringt, kommt sie in die Landtage. Im In- und Ausland führt dieses Wahlergebnis zu teils erregten Diskussionen über den Rechtsradikalismus und Neonazismus in der Bundesrepublik.

Die **Nationaldemokratische Partei** selbst entwickelt sich im Zeichen ideologischer und personeller Divergenzen in der Führungsspitze. Im Mittelpunkt des Interesses stehen verfassungsrechtliche Fragen, inwieweit die Partei auf dem Boden des Grundgesetzes steht und in den Händen überzeugter ehemaliger Nationalsozialisten liegt.

Ohne große Beachtung werden im September 1966 zwei in Nürnberg verurteilte ehemalige Mitarbeiter Adolf Hitlers aus dem alliierten Gefängnis in Spandau entlassen: der ehemalige Reichsjugendführer und Reichsstatthalter von Wien, Baldur von Schirach (geb. 1907), und Hitlers Architekt und Rüstungsminister, Albert Speer (geb. 1905). Rudolf Heß, der Stellvertreter des Führers, bleibt als einziger Gefangener in Spandau.

Von Bedeutung für die Innen- und Kulturpolitik der BRD wird seit 1964 immer stärker die „**außerparlamentarische**" **Opposition,** deren Ort zunächst die deutschen **Universitäten** werden.

Diese „APO" wächst:

— aus dem Bildungsnotstand (Universitätsreform);

— aus spezifischen Auswirkungen des Generationenproblems;

— aus dem Überdruß gegen die „auf Konsum, Komfort und Sozialprestige getrimmte Wohlstandsgesellschaft" mit ihrem Neobyzantinismus und dem „Establishment";

— aus dem Problem der „heimatlosen Linken", für die eine zur Massenpartei gewordene SPD des Godesberger Programms und der Großen Koalition keine politische Heimat mehr ist. Erscheinungen, die auch in anderen Staaten des Westens und auch des Ostblocks auftreten, erhalten in der BRD besondere Akzente.

Auf **Rudi Dutschke,** einen Exponenten der studentischen Opposition, verübt am Gründonnerstag 1968 in Berlin ein antikommunistischer Einzelgänger einen Mordanschlag. In vielen Städten kommt es zu blutigen Zusammenstößen mit der Polizei, zu Anschlägen (bes. auf die Verlagshäuser des Springer-Konzerns), Verkehrsbehinderungen und Störungen von Gottesdiensten. Mit den Demonstrationen und Unruhen verbindet sich die **Ostermarschbewegung** gegen Atombewaffnung und die **Anti-Notstands-Kampagne**. Die Protestaktionen und Demonstrationen konzentrieren sich auf die Universitäten. — Zu Solidarisierungen der Arbeiterschaft mit den Studenten kommt es nicht. Nach Verabschiedung der Notstandsgesetze verebben die Unruhen.

Der Machtwechsel von 1969

Die Große Koalition wird von Anfang an vor allem als Übergangslösung zur Abwehr akuter wirtschaftlicher Gefahren angesehen. Auch Bundeskanzler Kiesinger bewertet sie als Ereignis, „an das sich viele Hoffnungen und Sorgen unseres Volkes knüpfen" (Regierungserklärung vom 13. 12. 1966). Die akute Krise wird überwunden: Ausgleich des Bundeshaushalts durch die **mittelfristige Finanzplanung, Stabilitätsgesetze, Mehrwertsteuer; Konzertierte Aktion** als „runder Tisch der kollektiven Vernunft", als ein ohne Einschränkung der Tarifautonomie „konzertiertes" Verhalten der Sozialpartner in wichtigen wirtschaftspolitischen Entscheidungen; Rückgang der Arbeitslosenzahl von 621 000 (Januar 1967) auf 104 000 (August 1968).

Die partiell erfolgreiche Zusammenarbeit der beiden großen Parteien kann jedoch über grundsätzliche Divergenzen und Bedenken nicht hinwegtäuschen. Daher bahnt sich schon vor dem Ende der Legislaturperiode des 5. Bundestages (September 1969) ein Wandel an.

Die Bundespräsidentenwahl von 1969

Am 5. März 1969 wählt die 5. Deutsche Bundesversammlung (gegen den Einspruch der DDR, die von „Provokation" und einer Verletzung des Potsdamer Abkommens spricht) in Berlin den neuen Bundespräsidenten: Im 3. Wahlgang wird der von der SPD aufgestellte Justizminister G. Heinemann mit Unterstützung der FDP mit 512 Stimmen gegen den von der CDU/CSU nominierten Verteidigungsminister Gerhard Schröder (506 Stimmen) als Nachfolger Heinrich Lübkes zum neuen Staatsoberhaupt gewählt.

Gustav Heinemann (geb. 1899, Jurist, 1933 Presbyter der Bekennenden Kirche, aktiv im Kampf gegen die NS-Kirchenpolitik, nach dem Krieg OB von Essen, Justizminister in Nordrhein-Westfalen; 1949 Innenminister im Kabinett Adenauer; wegen seiner Gegnerschaft gegen die Wiederbewaffnung und gegen die Integration der BRD in das westliche Bündnis, die er als Hindernis für den Ausgleich zwischen Ost und West bewertet, Trennung von der CDU und [1952] Vorsitzender der Gesamtdeutschen Partei; nach deren Auflösung 1957 Mitglied der SPD; führend in der Synode der EKD und im Weltkirchenrat) erklärt in einem Interview seine Wahl als „ein Stück Machtwechsel" im Hinblick auf die bevorstehende Bundestagswahl. Der neue Bundespräsident erweist sich als Vertreter eines kritischen und dialektischen Demokratieverständnisses und bekennt sich mehrfach zur Freiheit des mündigen Bürgers in der demokratischen Wirklichkeit gegen obrigkeitliche Relikte und Tendenzen in Staat und Gesellschaft.

Die Wahl zum 6. Deutschen Bundestag

Die Große Koalition absolviert sachgerecht und in loyaler Zusammenarbeit (Nachfolger Heinemanns als Justizminister wird H. Ehmke; für den im Januar 1969 zurückgetretenen E. Gerstenmaier wird Vertriebenenminister v. Hassel neuer Bundestagspräsident, H. Windelen wird Vertriebenenminister) noch eine Reihe Einzelentscheidungen: u. a. Erstattung von Wahlkampfkosten an die Parteien, Assistenten für Bundestagsabgeordnete, 6wöchige Lohnfortzahlung für Arbeiter im Krankheitsfall, Verbesserung des Kündigungsschutzes, Änderung der Rechtsstellung unehelicher Kinder, weitere konjunkturdämpfende Maßnahmen. Große Reformen (Strafrecht, Bildung, Steuern, ganzheitliche Gesellschaftspolitik durch Verzahnen von Sozial-, Wirtschafts- und Finanzpolitik) können jedoch nicht in Angriff genommen werden.

Die Wahl vom 28. September 1969 (Wahlbeteiligung 86,7 %!) hat folgendes Ergebnis:

CDU/CSU: 46,1 % (1965: 47,6 %)
SPD: 42,7 % (1965: 39,3 %)
FDP: 5,8 % (1965: 9,5 %)

Damit erhalten:

CDU/CSU 242 Mandate (davon 49 CSU) gegen 245 im Jahre 1965
SPD 224 Mandate gegen 202 im Jahre 1965
FDP 30 Mandate gegen 49 im Jahre 1965

Die sozial-liberale Koalition Brandt/Scheel

Schon nach kurzer Zeit einigen sich SPD und FDP auf die Bildung einer kleinen Koalition (sozial-liberale Koalition).

Willy Brandt (geb. 1913 in Lübeck, Mitglied der sozialistischen Jugendbewegung, Journalist, 1933 bis 1947 Emigrant in Norwegen und Schweden, seit 1947 in Berlin, 1949 Mitglied des Deutschen Bundestages, 1951 Mitglied des Berliner Abgeordnetenhauses, seit Oktober 1957 [bis 1966] Regierender Bürgermeister, 1964 Parteivorsitzender der SPD; 1966 Vizekanzler und Außenminister der Großen Koalition) wird Bundeskanzler der neuen Bundesregierung.

Ressortverteilung:

— Die SPD stellt: Kanzleramt (Ehmke), Justiz (Jahn), Finanzen (Möller), Wirtschaft (Schiller), Arbeit und Sozialordnung (Arendt), Verteidigung (Schmidt), Verkehr, Post, Fernmeldewesen (Leber), Wohnungs- und Städtebau (Lauritzen), Innerdeutsche Beziehungen (Franke), Gesundheitswesen, Familie und Jugendfragen (Frau Strobel), Wirtschaftliche Zusammenarbeit (Eppler).

— Die FDP stellt: Auswärtiges und Stellvertreter des Bundeskanzlers (Scheel), Inneres (Genscher), Ernährung, Landwirtschaft und Forsten (Ertl).

— Das Ressort Bildung und Forschung (Wissenschaftsministerium) übernimmt der Parteilose Prof. Leussink.

Einige Ressorts werden umbenannt, einige zusammengelegt, das Vertriebenenministerium wird ins Innenministerium eingegliedert.

Bei der Übergabe der Ernennungsurkunden an die Minister der Regierung Brandt sagt am 22. Oktober 1969 Bundespräsident Heinemann: „Der Amtsantritt einer neuen Regierung kann viel oder wenig bedeuten. Eine neue Regierung kann schlicht fortsetzen, was Vorgänger taten. Sie kann aber auch Veränderungen der Kräfte und des Wollens anzeigen. Hier sprechen die Anzeichen für das letztere. Wenn wir es äußerlich ansehen, so tritt an die Stelle einer großen Koalition mit einer kleinen Opposition jetzt eine kleine Koalition mit einer großen Opposition... Wesentlicher aber ist die Tatsache, daß mit dieser Regierung erstmalig in der Bundesrepublik überhaupt und nach fast vierzigjähriger Unterbrechung seit der Weimarer Zeit die andere große Partei unseres Landes, die Sozialdemokratische Partei Deutschlands, eine Regierung führt und somit der recht eigentliche Umschwung zwischen Regierung und Opposition stattfindet, der zur Bewährung unserer Demokratie gehört..."

Die Übernahme der Regierungsverantwortung durch die SPD und (erstmals seit Bestehen der BRD) die Übernahme der Oppositionsrolle durch die stärkste Fraktion, die CDU/CSU, ist eine Wende in der Geschichte der Bundesrepublik.

„Mit der Wahl Willy Brandts zum Bundeskanzler hat ein neues Kapitel der BRD begonnen. Es wird ein Kapitel der Erneuerung sein." (Herbert Wehner)

„Der 28. September hat eine Zeitenwende eingeleitet. Jedenfalls hat es ganz den Anschein, als laufe das CDU-Abonnement aufs Regieren jetzt aus. Nach 20 Jahren zeichnet sich ein Machtwechsel ab, wenn nicht zwingend vorgeschrieben, so doch ermöglicht durch das Wahlresultat. Sozialdemokraten und Freie Demokraten rüsten zur Wachablösung." (DIE ZEIT)

„Innenpolitisch steht Brandt im Schnittpunkt der Koordinaten. Neben ihm der mehrheitsbringende Koalitionspartner FDP und eine im Augenblick mehr vom Zorn als durch Programm zusammengehaltene große Opposition; unter ihm lagert die Sozialdemokratische Partei. Das bedeutet Druck von allen Seiten. Neu und vielleicht entscheidend in der Konstellation ist der Druck der eigenen Partei... Mit der vollen Befreiung aus der Opposition wird der nach unten, in die Parteijugend, in den Nachwuchs und ins Außenseitererlebnis verdrängte Neomarxismus hervortreten. Brandt hat mit Ansprüchen und Zumutungen zu rechnen." (DIE ZEIT)

In seiner **Regierungserklärung** betont Brandt als Prinzipien seiner Politik „Kontinuität und Erneuerung". An der Spitze der konkreten Maßnahmen werden Reformen stehen im Bereich von Bildung und Ausbildung, Wissenschaft und Forschung, Rechtspflege und Verwaltung, im Sozialbereich, in der Steuer- und Vermögenspolitik und in der Bundeswehr. Für die Wirtschaftspolitik gelten „Stabilisierung ohne Stagnation". Auch in der Deutschlandpolitik soll die bisherige Linie mit anderen Akzenten fortgeführt werden. „Auch wenn zwei Staaten in Deutschland existieren, so sind sie doch füreinander nicht Ausland." Für die Außenpolitik wird die Erkenntnis maßgebend sein: „Nur der Friede macht unsere Welt sicher; nur auf der Grundlage der Sicherheit kann der Friede sich ausbreiten." Die in Opposition stehende CDU/CSU (Fraktionsführer R. Barzel, CSU-Vorsitzender F. J. Strauß) kritisiert von Anfang an sehr hart besonders die Deutschland-, Außen-, Wirtschafts- und Finanzpolitik der neuen Regierung.

Schwerpunkte der Innenpolitik:

— Sozialpolitik: Erhöhung der Kriegsopferrenten, flexible Altersgrenze, Erhöhung des Kindergeldes, Erhöhung der Einkommensgrenze der Krankenversicherung, Verbesserung des sozialen Mietrechts; 3. Vermögensbildungsgesetz (624-DM-Gesetz);

— Gesellschaftspolitik: neue Tarifverträge, Vorbereitung eines Sozialgesetzbuches, Kommission über Mitbestimmung, Sofortprogramm für Umweltschutz; Steuerreform; Gesundheitsbericht (30. 12. 1970), Gesundheitshilfe, Vorbereitung eines Krankenhausgesetzes, Programm zur Bekämpfung von Drogen- und Rauschmittelmißbrauch, Weiterführung der Arbeitsförderungsgesetzgebung; gesellschaftspolitische Maßnahmen für die ältere Generation;

— Strukturpolitik: Koordinierung von Raumordnungs-, Städtebau-, Verkehrs-, Agrarstruktur-, Arbeitsmarkt- und Berufsbildungspolitik; Planungsaufgaben;

— Bildungspolitik: Fertigstellung der Empfehlungen der Bildungskommission des Deutschen Bildungsrates (Strukturplan für das Bildungswesen vom Juni 1970) und der Empfehlungen des Wissenschaftsrates zum Ausbau des Bildungswesens im Hochschulbereich (Herbst 1970); Bericht der Bundesregierung zur Bildungspolitik vom 12. 6. 1970, Konstituierung einer Bund-Länder-Kommission, Hochschulrahmengesetz, mittelfristige Rahmenplanung für den Hochschulbau, Forschungsplanung, Förderung der Datenverarbeitung;

— Wirtschafts- und Konjunkturpolitik: Stabilisierungsprogramm zur Dämpfung der Inlandskonjunktur und Abwehrmaßnahmen gegen den Zustrom von Auslandsgeld; Freigabe des Wechselkurses, bereits 1969 Aufwertung der D-Mark um 8,5 %, Konjunkturzuschlag; Konzertierte Aktion;

— Rechts- und Justizreform: Eherechtsreform, Sexualstrafrecht, Strafrechts- und Strafvollzugsreform; Bekämpfung der Wirtschaftskriminalität, § 218; juristische Datenbank;

— Wehrpolitik: Bestandsaufnahme im Weißbuch 1970 zur Sicherheit der BRD und zur Lage der Bundeswehr (Mai 1970) und Weißbuch 1971/72 (Dezember 1971), Einsetzung von Kommissionen für Wehrstruktur, Personalstruktur, Ausbildung und Bildung; Ernennung eines Beauftragten für den zivilen Ersatzdienst (12. 3. 1970);

— Verkehrspolitik: Ausbau des Verkehrsnetzes, neue Straßenverkehrsordnung; Planung eines Hochleistungsschnellverkehrssystems;

— Entwicklungspolitik: Ausarbeitung von Grundsätzen für den Deutschen Entwicklungsdienst (DED) (16. 2. 1970), Ausbau der entwicklungspolitischen Forschung;

— Sicherheitspolitik: Koordinierung der Verbrechensbekämpfung, Ausbau (personell und materiell) des Bundeskriminalamtes, Klärung von Kompetenzfragen; Hauptgebiet: Polit-Terror, Luftpiraterie, Rauschgiftkriminalität.

Die Tätigkeit der sozial-liberalen Koalition mit den Schwerpunkten

— innere Reformen und
— aktive Friedenssicherung

wird hinsichtlich der Außenpolitik — Ostverträge von Moskau und Warschau, Viermächteabkommen um Berlin, Abkommen und Vereinbarungen mit der DDR — vom Ausland begrüßt; im Inland führt der Weg zur klärenden Ratifizierung (17. Mai 1972) bzw. Normalisierung über harte Auseinandersetzungen und schwere Beeinträchtigungen des politischen Klimas.

Die internationale Anerkennung der auf Frieden und Entspannung ausgerichteten Politik gipfelt in der Verleihung des **Friedens-Nobelpreises** an Bundeskanzler Brandt am 10. Dezember 1971 in Oslo.

In der Begründung des Nobelkomitees heißt es:

„Die Voraussetzungen für eine friedliche Entwicklung sind eine politische und militärische Entspannung zwischen Ost- und Westeuropa. Das Nobelkomitee mißt der Tatsache Bedeutung bei, daß Willy Brandt sowohl als Außenminister der Bundesrepublik seit 1966 als auch als Bundeskanzler seit 1969 konkrete Initiativen für eine solche Entspannung ergriffen hat . . . Das Nobelkomitee sieht in diesem Gesamteinsatz einen wesentlichen Beitrag zur Stärkung der Möglichkeiten für eine friedliche Entwicklung nicht nur in Europa, sondern in der ganzen Welt . . ."

Die Innen- und Wirtschaftspolitik dagegen ist in ihrer Effizienz (infolge der starken Verflechtungen) durch übernationale Währungskrisen beeinträchtigt, aber auch durch ideologische Verzerrungen und durch innere konjunkturpolitische Widersprüchlichkeit, durch Schwäche und Hektik in Frage gestellt.

Reformpolitik erfordert organisatorische und finanzielle Absicherung, d. h. Koordinierung zwischen Planung und Finanzierungsmöglichkeiten, inflationsfreie Kontinuität ohne Hektik und Abstimmung der verschiedenen Finanzierungsformen (Haushalt, Kredit, Steuern). Viele dieser Voraussetzungen fehlen. Die Gesellschafts-, Bildungs- und Hochschulpolitik gerät ins ideologische Zwielicht. So werden sehr viele deutsche Hochschulen im Zeichen der Hochschulreform — d. h. der längst notwendigen Ablösung der alten Ordinarienuniversität mit ihren überholten Strukturen — zum Schauplatz lähmender, die wirkliche Reform gefährdender Auseinandersetzungen zwischen fortschrittlichen und extremistisch-terroristischen Gruppen und Kräften. Die **Polarisierung** findet ihren Niederschlag in der Konfrontation zweier Zusammenschlüsse: Dem „Bund Freiheit der Wissenschaft" wird von linksorientierten Gruppen auf einem Kongreß „Demokratie und Wissenschaft" in

Marburg (Juli 1972) der „Bund Demokratischer Wissenschaftler" gegenübergestellt.

Der **politische Extremismus** und das Anwachsen der Aktivität radikalneomarxistischer Gruppen (gegenüber denen der Rechtsextremismus — NPD oder „Aktion Widerstand" — wesentlich geringere Bedeutung hat) erhalten seit 1970 größeres Gewicht. Das Bundesamt für Verfassungsschutz unterstreicht die Verfassungsfeindlichkeit der DKP und ihres Jugendverbandes, der SDAJ, und stellt 1971 ein beträchtliches Anwachsen der Aktivität disziplinierter und gut ausgestatteter Kadergruppen fest. Die Gesamtzahl der linksradikalen Vereinigungen wird Ende 1971 mit 390, ihre Mitgliederzahl mit 89 000, die Zahl der periodischen Veröffentlichungen mit 900 (d. h. Verdoppelung in einem Jahr) bei einer Gesamtauflage von 16 Millionen angegeben.

Terrorgruppen (Baader-Meinhof-Bande, Rote-Armee-Fraktion, Sozialistisches Patienten-Kollektiv Heidelberg, Schwarze Zellen u. a.) haben ihre Wurzeln in linksextremistischen Vereinigungen.

An den 28 Universitäten ist mehr als ein Drittel der Sitze in den Studentenparlamenten von Vertretern der in sich aufgesplitterten extremen Linken besetzt.

Angesichts der Gefährdung der freiheitlich-demokratischen Ordnung durch den akademischen Nachwuchs befassen sich im Januar 1972 die Bundesregierung und die Ministerpräsidenten der Länder mit der Frage verfassungsfeindlicher Kräfte im öffentlichen Dienst (Lehrer, Richter, Verwaltungsbeamte) und einigen sich auf einen seitdem von linksstehenden Studenten und Professoren, Lehrern, Schriftstellern, Journalisten und entsprechenden Verbänden bekämpften Grundsatz: „Gehört ein Bewerber einer Organisation an, die verfassungsfeindliche Ziele verfolgt, so begründet diese Mitgliedschaft Zweifel daran, daß er jederzeit für die freiheitlich-demokratische Grundordnung eintreten wird. Diese Zweifel rechtfertigen in der Regel eine Ablehnung des Anstellungsantrages."

Die **parlamentarische Opposition** der CDU/CSU (die Programmkommission der CDU verabschiedet am 21. Juni 1971 das Berliner Programm) und die konservativen Gegner der Regierungspolitik

— befürchten einen „Linksrutsch" der SPD und eine Standortverlagerung infolge des wachsenden Einflusses des extremen Flügels (zu dem auch die Jungsozialisten gehören) und werfen der Partei den Abschied vom Godesberger Programm vor;

— sehen in der Ost- und Deutschlandpolitik einen Verzicht auf Wiedervereinigung, einen Verrat nationaler Interessen und legen der Regierung zu weit gehende Zugeständnisse gegenüber der Sowjetunion und der DDR sowie Kapitulation vor dem Sowjetimperialismus zur Last;

— verurteilen die Finanz-, Haushalts- und Wirtschaftspolitik als inflationistisch, geißeln die krankhafte Verschwendungssucht der öffentlichen Hand, sehen eine Gefahr für die freie Marktwirtschaft und erheben den Vorwurf der Inkonsequenz und des Dilettantismus;

— kritisieren die modernistische Planungspolitik, die Überstrapazierung des Wortes „Reform", das sprachbegriffliche Durcheinander mit der verbalen Unschärfe und den „terminologischen Eiertanz" sowie die Führungsschwäche des Kanzlers;

— prangern die Halbherzigkeit an, mit der sich die Regierungsparteien nicht ausreichend von verfassungsfeindlichen und subversiven Kräften und Tendenzen im eigenen Bereich, in Staat und Gesellschaft distanzieren und die gesetzlichen Möglichkeiten des Vorgehens gegen Extremisten und ihre Sympathisanten nicht ausschöpfen.

Das kritische Jahr 1972

Es wirken zusammen:

— eine parteipolitische **Polarisierung** — bis zur bewußten, harten Konfrontation — vor allem bei der Diskussion der Ostverträge und bei der Auseinandersetzung um die Deutschland- und Berlinpolitik durch die dahinter stehende Frage der Wiedervereinigung, des Verzichts auf die Oder-Neiße-Gebiete bzw. der Auseinandersetzung über die Glaubwürdigkeit der sowjetischen Entspannungspolitik;

— das ungeklärte Selbstverständnis der politischen Parteien und eine umfassende **Krise des Demokratiebegriffs**; die Folge sind Richtungskämpfe; hierbei ist in der FDP die Preisgabe einer unabhängigen, nach beiden Seiten offenen liberalen Politik (d. h. der Grad einer bedingungslosen Abhängigkeit von der SPD) das Hauptproblem; und in der SPD wird die Auseinandersetzung mit dem linksextremen, neomarxistischen, das Godesberger Programm von 1959 in Frage stellenden, „systemsprengende Maßnahmen" fordernden und zur Zusammenarbeit mit Kommunisten bereiten Flügel zur Belastung;

— die personalpolitische Seite mit dem **Rücktritt** dreier Minister (Finanzminister Möller, Wissenschaftsminister Leussink, Wirtschafts- und Finanzminister Schiller) und mehrerer Staatssekretäre einerseits und dem Parteiaustritt (und -übertritt) etlicher Bundestagsabgeordneter aus FDP und SPD andererseits; die Bundestagsmehrheit der beiden Koalitionsparteien schrumpft zusammen, und schließlich kommt es (bei der zweiten Lesung des Haushalts 72 am 28. April 1972) zur Stimmengleichheit von 247 zu 247 — und damit zum „Patt";

— die sachlich schwierige und zudem widersprüchliche, weil zwischen Anheizen und Dämpfung schwankende **Konjunktur- und Finanzpolitik** mit Lohnsteigerung, überhöhter Inflationsrate und wachsendem Haushaltsdefizit. Der Geldmangel stellt das groß herausgestellte Reformprogramm in Frage;

— letztlich gesellschaftliche, sozialpsychische und sozialpathologische Vorgänge und Veränderungen (die keineswegs auf die BRD beschränkt sind); hinter ihnen steht das Fragen und Suchen des mündigen Menschen einer hochentwickelten Industriegesellschaft nach Selbstverständnis und Selbstverwirklichung und damit die Notwendigkeit einer zeitgemäßen Interpretation von Politik, Demokratie, Menschsein, Emanzipation, Freiheit, Autorität, Leistung usw.

Da angesichts der Mehrheitsverhältnisse im Deutschen Bundestag weder die Regierung ein Übergewicht besitzt, noch die Opposition mit der für den Sturz des Kanzlers (Art. 67 GG) notwendigen Mehrheit rechnen kann (am 27. April 1972 scheitert der konstruktive Mißtrauensantrag der CDU/CSU ebenso, wie am folgenden Tag der Etat der Regierung abgelehnt wird: parlamentarisches Patt), einigen sich Regierung und Opposition, die 1973 fälligen **Bundestagswahlen** vorzuziehen, um wieder zu einer entscheidungsfähigen parlamentarischen Mehrheit zu kommen.

Im Juli 1972 kommt es zu einer einschneidenden **Kabinettsumbildung**: Wirtschafts- und Finanzminister K. Schiller (er leitet seit dem Rücktritt von Finanzminister Möller, Mai 1971, beide Ressorts) bittet nach tiefgreifenden Differenzen mit dem übrigen Kabinett und dem Bundesbankpräsidenten über wirtschafts- und währungspolitische Entscheidungen im Zusammenhang mit der Krise um das britische Pfund um seine Entlassung; am 6. Juli 1972 gibt Bundeskanzler Brandt seine Zustimmung. Der bisherige Verteidigungsminister H. Schmidt wird neuer „Superminister", G. Leber wird Verteidigungsminister, und Wohnungsbauminister Lauritzen übernimmt zusätzlich das Verkehrs- und Postministerium.

Der Rücktritt des anerkannten Wirtschaftsexperten Prof. Schiller (es folgt die Niederlegung der Parteiämter und am 24. August der Austritt aus der SPD) läßt erneut die innerpolitischen Wogen hochgehen. Die Entscheidung Schillers findet vorübergehend auch im Ausland Beachtung.

Engagiert beschäftigt sich die Öffentlichkeit zur selben Zeit (August 1972) mit dem Grundrecht der Meinungsfreiheit nach Art. 5 GG. Die Veröffentlichung von geheimen Papieren vor allem im Zusammenhang mit der Ostpolitik durch die Presse und die Durchsuchung von Redaktionsräumen einer Illustrierten auf Weisung der Staatsanwaltschaft führen zu Grundsatzdiskussionen über Pressefreiheit, Informationspflicht, Zeugnisverweigerungsrecht, „Schmiergelder" und auch der Frage nach Beraterverträgen für Abgeordnete.

Die XX. Olympiade

Eine vorübergehende Unterbrechung erfahren die harten innerpolitischen Auseinandersetzungen des Sommers 1972 durch die Olympiade. Nach den XI. Olympischen Winterspielen 1972 in Sapporo (Japan) im Februar 1972 finden die XX. Sommerspiele in München (Kiel, Augsburg) statt. Die von rund 8000 Sportlern aus ca. 130 Ländern beschickten Spiele werden als Rekordolympiade in jeder Hinsicht gewertet und in Organisation, Stil und Verlauf als „Symbol für den Wandel Deutschlands seit 1936" (Olympiade Berlin) allgemein sehr positiv gewürdigt; bisweilen werden Aufwand (fast 2 Mrd. DM Kosten) und „Gigantismus" kritisiert.

Der Medaillenspiegel zeigt die UdSSR an der Spitze mit 50 Gold-, 27 Silber- und 22 Bronzemedaillen; es folgen die USA (33/31/30), die DDR (20/23/23), die BRD (13/11/16) und Japan (13/8/16).

Von Anfang an ist die Olympiade in die Problematik „Sport und Politik" hineingezogen: Mehr als 10 afrikanische Staaten drohen mit Boykott, falls die Sportler Rhodesiens zugelassen würden. Der Präsident des IOC, Brundage, fordert für den Fall des Boykotts den Ausschluß dieser Staaten aus dem IOC. Am Ende jedoch schließt das oberste Gremium mit knapper Stimmenmehrheit Rhodesien von der Teilnahme aus. Die Weltöffentlichkeit spricht von einem Pyrrhussieg der afrikanischen Politik, von einer gefährlichen Politisierung der Spiele, von Opportunismus und einer schweren Schlappe der Olympischen Idee.

Besonders hart getroffen wird der Verlauf der Olympiade jedoch durch einen blutigen Zwischenfall: Am 5. September töten Mitglieder der arabischen Terrororganisation „Schwarzer September" im Olympischen Dorf zwei israelische Sportler und halten neun als Geiseln fest. Sie fordern u. a. die Freilassung von 200 in Israel inhaftierten Palästinensern. Auf dem Flugplatz Fürstenfeldbruck kommt es in der folgenden Nacht zu einem Blutbad. Bei einer später heftig kritisierten Befreiungsaktion der Polizei werden zwei Attentäter erschossen, die neun Geiseln jedoch von den Terroristen ermordet, und auch ein Polizist wird getötet. Drei Terroristen werden gefangengenommen. Nach einer Trauerfeier werden die Olympischen Spiele zwar fortgesetzt, bleiben aber überschattet von den blutigen Ereignissen.

Die Diskussion über Ursachen und Schuld führt in der Bundesrepublik angesichts der bevorstehenden Bundestagswahlen zu Kontroversen und wird auch im Ausland geführt. Sie wird erneuert, als es am 29. Oktober 1972 zwei arabischen Guerillas gelingt, eine deutsche Lufthansa-Maschine in ihre Gewalt zu bringen, Besatzung und Passagiere als Geiseln zu benutzen und so die Freilassung der drei inhaftierten Terroristen zu erzwingen. Die Beziehungen der BRD zu Israel (das schwere Vorwürfe erhebt), aber auch zu den arabischen Ländern (angesichts der Maßnahmen gegen Araber in der BRD) werden belastet. Die Diskussion über Sicherheitsfragen im allgemeinen und den Schutz des Luftverkehrs im besonderen hält an.

Die Bundestagswahl 1972

Unmittelbar nach der Olympiade sieht sich das politische Leben in der Bundesrepublik wieder mit der grotesken Lage des parlamentarischen Patt (keine Mehrheit für die Regierung, aber auch — infolge der Berliner Stimmen — keine Geschäftsordnungsmehrheit für die Opposition) konfrontiert. Die Klärung der Situation erfolgt durch die Vertrauensfrage gem. Art. 68 GG, die Bundeskanzler Brandt am 20. September 1972 vor dem Bundestag stellt. Diese Prozedur ist notwendig, um den Weg zu vorgezogenen Neuwahlen zu eröffnen. Nach harter Aussprache versagt der Bundestag bei der Abstimmung am 22. September mit 248 gegen 233 Stimmen (bei einer Enthaltung) dem Kanzler das Vertrauen. Aufgrund des Abstimmungsergebnisses löst der Bundespräsident den 6. Bundestag auf. Die Neuwahl wird für den 19. November 1972 festgesetzt.

In seinen letzten Sitzungen erledigt der 6. Bundestag noch eine Reihe von Gesetzen: Fast einstimmig werden wichtige Gesetze zur Rentenreform verabschiedet, bei denen in großen Teilen das Konzept der Opposition durchgesetzt wird: Rentenerhöhung, flexible Altersgrenze, Rentenversicherung für Selbständige und Hausfrauen. Nach einer neuen Ehrenordnung der Abgeordneten müssen die Volksvertreter offen Auskunft geben über ihre Berufe und Einkünfte. Auch der **Verkehrsvertrag** mit der DDR wird ohne Gegenstimmen bei wenig Stimmenthaltungen angenommen.

Unmittelbar nach der Auflösung des 6. Bundestages entbrennt ein Wahlkampf, der sich in Qualität und Quantität von allen bisherigen unterscheidet. „Der kürzeste und teuerste Wahlkampf der Bundesrepublik." Die Polarisierung ist total, die Gegensätze scheinen unversöhnlich und unüberbrückbar. Der bisweilen feindselig geführte Wahlkampf ist von Anfang an belastet durch die Vorwürfe im Zusammenhang mit den zahlreichen Parteiaus- und -übertritten von Abgeordneten, durch die die sozial-liberale Koalition im Parlament ihre Mehrheit verloren hat.

In der Sache dreht sich der Wahlkampf vor allem um

— die Ost- und Deutschlandpolitik, d. h. um die Entspannungspolitik,

— Fragen der inneren Sicherheit und des „Abgleitens nach links",

— die wirtschaftliche und finanzielle Lage (Inflation, Stabilität).

Kennzeichnend und neu sind zahlreiche Wählerinitiativen, die ein reges und aktives Interesse der Öffentlichkeit an politischen Fragen widerspiegeln. Die unmittelbar vor der Wahl (am 8. November 1972) vollzogene Paraphierung des Grundvertrages mit der DDR, die Errichtung weiterer Selbstschußanlagen an der Zonengrenze und eine aufwendige Wahlwerbung heizen die Atmosphäre weiter an.

Kritiker wenden sich vor allem gegen die teilweise gehässige und bedenkenlose Polemik im Wahlkampf, gegen einen naiven Personenkult, gegen den Mangel an sachlicher Auseinandersetzung und gegen den penetranten Werbungsstil, der suggestive Wirkung auf den unmündigen Bürger anstrebt, statt die Auseinandersetzung auf der Ebene der Argumente und der Überzeugung zu führen. Zu den Kritikern des Wahlkampfes gehört auch Bundespräsident Heinemann: Er warnt mehrmals vor einem Stil, der durch Verdächtigungen und Verunglimpfungen des Gegners für die Zeit nach der Wahl das Zurückfinden zu den Gemeinsamkeiten erschwert.

Die vorverlegte Wahl zum 7. Deutschen Bundestag am 19. November 1972, an der wegen des vorgezogenen Wahlalters besonders viele Jungwähler beteiligt sind, endet mit einem überraschend hohen Sieg der sozial-liberalen Koalition. Sowohl SPD und FDP erzielen Stimmengewinne, während die CDU/CSU insgesamt 1,3 % der Stimmen und 17 Mandate verliert. Die von F. J. Strauß geführte CSU schneidet besser ab: Sie kann in Bayern den Stimmenanteil um 0,7 % auf 55,1 % erhöhen.

Bei einer Rekordbeteiligung von 91,2 %, der höchsten, die jemals in Deutschland erzielt wurde, bringt die Wahl — in Gegenüberstellung zu 1969 — folgendes Bild:

SPD	45,8 %	(42,7 %)	230 Mandate	(224)
CDU/CSU	44,9 %	(46,1 %)	225 Mandate	(242)
FDP	8,4 %	(5,8 %)	41 Mandate	(30)
Sonstige	0,9 %	(5,4 %)	— Mandate	(—)

Damit ist die SPD zum ersten Mal in der Geschichte der BRD die stärkste Partei. Die zweite Regierung Brandt/Scheel verfügt im Bundestag über eine solide Mehrheit von 46 Sitzen.

Dem Wahlergebnis liegt eine Umstrukturierung der Bevölkerung zugrunde, die zu einer Änderung hinsichtlich der Zuwendung zu den großen Parteien führt. Wahlanalysen sprechen geradezu von einem „Karussell der Wähler". Die Bewegung erfaßt 15 bis 20 % der Wählerschaft. Die Veränderungen werden vor allem auf folgende Elemente zurückgeführt:

— das Verhalten von Stadt und Land zu den politischen Gruppen,
— die Orientierung der ganz Jungen und der ganz Alten,
— das politische Votum der Frauen,
— die politische Einstellung im katholischen Teil der Bevölkerung.

Viele Beobachter werten die Wahlen als „Kanzlerwahlen", bei denen es nicht sosehr um sachliche Ziele als um die Entscheidung über die Person des künftigen Regierungschefs — Brandt oder Barzel — geht.

Das Echo des Auslandes ist in Ost und West überwiegend positiv, was sowohl auf das Ansehen Willy Brandts als auch auf das Bemühen zurückzuführen ist, die Spannungen im mitteleuropäischen Raum abzubauen, was der Regierung Brandt/Scheel durch die Ostverträge und die deutsch-deutschen Vereinbarungen gelungen ist.

b) Die Außenpolitik der Bundesrepublik Deutschland seit 1964 und die Ostverträge

„Wir sind entschlossen, mit allen Völkern Beziehungen zu unterhalten, die auf Verständigung, auf gegenseitiges Vertrauen und auf den Willen der Zusammenarbeit gegründet sind. Dies gilt auch für unser Verhältnis zur Sowjetunion, obwohl unsere Beziehungen immer noch durch das ungelöste Problem der Wiedervereinigung unseres Volkes belastet sind... Deutschland war jahrhundertelang die Brücke zwischen West- und Osteuropa. Wir möchten diese Aufgaben auch in unserer Zeit gern erfüllen... In weiten Schichten des deutschen Volkes besteht der lebhafte Wunsch nach einer Aussöhnung mit Polen, dessen leidvolle Geschichte wir nicht vergessen haben..."

(Bundeskanzler Kiesinger in der Regierungserklärung vom 13. Dezember 1966)

„Unser nationales Interesse erlaubt es nicht, zwischen dem Westen und dem Osten zu stehen. Unser Land braucht die Zusammenarbeit und Abstimmung mit dem Westen und die Verständigung mit dem Osten..."

(Bundeskanzler Brandt in der Regierungserklärung am 28. Oktober 1969)

„Die Bundesrepublik Deutschland ist kein ‚Wanderer zwischen zwei Welten'. Ohne den Hintergrund und die Sicherheit bewährter Freundschaft und bewährter Bündnisse könnte es einen aktiven deutschen Beitrag zur Entspannungspolitik überhaupt nicht geben..."

(Bundeskanzler Brandt im Dritten Bericht zur Lage der Nation am 14. Januar 1970)

„Zu den maßgebenden Zielen unserer Außenpolitik gehört die Erhaltung des Friedens in Europa und der Sicherheit der Bundesrepublik Deutschland. Die Verträge mit Moskau und Warschau ... sollen diesen Zielen dienen ... Das unveräußerliche Recht auf Selbstbestimmung wird durch diese Verträge nicht berührt ... Die Bundesrepublik Deutschland steht fest im atlantischen Bündnis, auf dem ihre Sicherheit und ihre Freiheit nach wie vor beruhen ..."
(Aus der Gemeinsamen Erklärung des Deutschen Bundestages zu den Ostverträgen vom 17. Mai 1972)

„In dem angestrebten Grundvertrag mit der DDR wird es zu keiner völkerrechtlichen Sanktionierung der Spaltung kommen. Die beiden Regierungen werden jedoch Bevollmächtigte austauschen. — Die von der Regierung Brandt eingeleitete Politik der Friedenssicherung in Europa widerspricht nicht der Mitgliedschaft im westlichen Bündnis. Der Abbau des Rüstungsniveaus in Ost und West ist nur denkbar als Ergebnis von Verhandlungen der NATO und des Warschauer Paktes." (SPD-Erklärung November 1972)

Die Außenpolitik 1964 bis 1969

Das **erste Kabinett Erhard** (Außenminister G. Schröder) — Oktober 1963 bis Oktober 1965 — führt die Politik Adenauers weiter:

— Integration in die politische Gemeinschaft des Westens;
— Bereitschaft zur Verbesserung der Beziehungen zum Osten;
— Bekenntnis zur Einheit Deutschlands;
— Wille zur internationalen Zusammenarbeit auf dem festen Boden des atlantischen Bündnisses und der amerikanischen Entschlossenheit, die Rechte und Interessen der freien Welt zu schützen.

Grundpfeiler der europäischen Zusammenarbeit ist der deutsch-französische Freundschaftsvertrag (1963).

Zum Moskauer Atomteststoppabkommen gibt die Regierung ihre Zustimmung (1964). Am 5. Mai 1965 stimmt die Bundesregierung der Aufnahme voller diplomatischer Beziehungen zu Israel zu, im August findet der Botschafteraustausch statt; die arabischen Staaten — mit Ausnahme von Libyen, Marokko und Tunesien — brechen ihre Beziehungen zur BRD ab. Mit einer großen Zahl afro-asiatischer und lateinamerikanischer Staaten werden Abkommen über wirtschaftliche und technische Hilfe abgeschlossen. Im Mittelpunkt aber steht die Wiedervereinigungspolitik:

„Ziel unserer Außenpolitik ist die **Wiedervereinigung Deutschlands** auf der Grundlage des Selbstbestimmungsrechts. Dies liegt nicht nur im Interesse der Deutschen; die Wiedervereinigung wäre zugleich auch ein bedeutender Beitrag zur Entspannung zwischen West und Ost. Unsere Bemühungen bleiben jedoch vergeblich, solange nicht die sowjetischen Führer erkennen, daß die von uns angestrebte Lösung der deutschen Frage keineswegs den sowjetischen Interessen abträglich sein muß.

Die Vereinigung ist nicht im Alleingang, sondern nur zusammen mit unseren Verbündeten zu erreichen. Die Partnerschaft mit den Vereinigten Staaten zu verstärken bleibt schon allein deshalb Ziel unserer Politik. Diese

Partnerschaft ist die notwendige Ergänzung zur europäischen Einigung, die ohne eine enge deutsch-französische Zusammenarbeit nicht zu verwirklichen ist." (Außenminister G. Schröder im Tätigkeitsbericht der Bundesregierung 1964)

Das **zweite Kabinett Erhard** — Außenminister wieder G. Schröder (Oktober 1965 bis 30. November 1966) — steht unter der Last der wirtschaftlichen Regression. Sein Regierungsprogramm charakterisiert Erhard selbst als „Programm ohne Überschwang und ohne Selbsttäuschung".

Im außenpolitischen Teil seiner Regierungserklärung vom 10. November 1965 betont der Kanzler:

— das Selbstbestimmungsrecht des deutschen Volkes,
— die Notwendigkeit einer Anpassung der NATO an neue politische und militärische Sachverhalte,
— die Bedeutung der deutsch-französischen Freundschaft für die Zukunft Europas.

In einer **Note zur deutschen Friedenspolitik** (25. März 1966) kommt die Bereitschaft der BRD zum Ausdruck, mit den osteuropäischen Ländern formale Gewaltverzichtserklärungen auszutauschen.

In der Deutschlandfrage wird die bisherige Linie verfolgt, durch die eine Lösung angestrebt werden soll, indem man „dem gesamten deutschen Volk das Recht gewährt, frei über seine politische Lebensform und sein Schicksal zu bestimmen".

Die **Kabinettskrise** um den Haushaltsausgleich führt zum Rücktritt der vier FDP-Minister; außerdem ist die Politik Erhards belastet durch Schwierigkeiten in der Außenpolitik (Meinungsverschiedenheiten mit den USA vor allem in Fragen des Devisenausgleichs für die in der BRD stationierten Truppen), in der Innenpolitik (Notstandsgesetzgebung) und Wehrpolitik („Generalskrise": Rücktritt des Generalinspekteurs Trettner wegen des Gewerkschaftserlasses und des Inspekteurs der Luftwaffe, Panitzki, in der Starfighterkrise). Eine Verhandlungskommission zwischen CDU/CSU und SPD einigt sich auf die Bildung **einer großen Koalition.** Am 30. November tritt Erhard zurück. Die **Regierung Kiesinger/Brandt** (1. Dezember 1966 bis 21. Oktober 1969) legt die Schwerpunkte der Außenpolitik weiterhin auf die zentralen Fragen

— Wiedervereinigung,
— Friedenssicherung,
— Normalisierung.

„Unsere Außenpolitik ist orientiert am Generalnenner der Friedenssicherung. Sie will aktive Beiträge zur Sicherung des Friedens leisten. Dazu sind in einer sich rasch ändernden Welt auch neue Lösungen erforderlich.

Die deutsche Politik hat den Auftrag, unser Volk wieder zusammenzuführen. Wir wollen mitwirken, die Teilung Europas und damit auch die Teilung unseres Landes zu überwinden.

Es bleibt ein wesentlicher Bestandteil unserer Außenpolitik, die Europäischen Gemeinschaften weiter zu entwickeln und auszubauen. Dabei leitet uns die Hoffnung auf ein Europa, das einen einheitlichen politischen Willen entwickelt.

Um in Frieden und Freundschaft mit allen Nachbarn zu leben, ist es unser Wunsch, auch zu den **Nachbarn im Osten** normale, enge und offene Beziehungen zu entwickeln.

Es wird erforderlich werden, in diesem Teil der Welt ein dauerhaftes Sicherheitssystem ins Auge zu fassen. Bis dahin muß unsere Verteidigungsbereitschaft im Rahmen des nordatlantischen Bündnisses erhalten bleiben. Wir wissen um die Größe der Verantwortung der Vereinigten Staaten für Sicherheit und Frieden in Europa." (Außenminister W. Brandt im Tätigkeitsbericht der Bundesregierung 1966)

1967 werden nach einem Besuch des rumänischen Außenministers C. Manescu Anfang Februar die diplomatischen Beziehungen zwischen der BRD und **Rumänien** aufgenommen. Bundeskanzler Kiesinger erklärt in diesem Zusammenhang im Bundestag: „Wir wollen mit unseren Nachbarn Beziehungen unterhalten, die unsere wechselseitigen gemeinsamen Interessen fördern. Ohne das Verständnis und die Mitwirkung der osteuropäischen Staaten kann die europäische Teilung nicht überwunden werden."

Am 31. Januar 1968 werden die 1957 abgebrochenen diplomatischen Beziehungen zu **Jugoslawien** erneuert. Außenminister Brandt bezeichnet diesen Schritt als konstruktiven Beitrag zur Entspannung, als Produkt sachlicher Erwägungen und als den Erfolg der Vernunft und des guten Willens. Praktische Auswirkungen dieser Beziehungen sind u. a. eine Belebung des Verkehrs, sozialpolitische Maßnahmen für jugoslawische Arbeitnehmer in der BRD und — im Sommer 1969 anläßlich eines Besuches des Außenministers Tepavac in Bonn — ein Kulturabkommen.

Seit 1968/69 treten in der Weltpolitik die **Entspannungstendenzen** der Weltmächte immer deutlicher in den Vordergrund; dies hat für die BRD sehr spürbare Auswirkungen in der Deutschland- und Berlinpolitik sowie in den Fragen der deutschen Ostgrenzen — und in der Haltung der drei Westalliierten zu diesen Fragenkomplexen.

Besonders die noch immer ungeklärte Berlinfrage, die von der DDR immer wieder für Schikanen und Zwischenfälle ausgenutzt wird, verlangt auch in den Augen der Westmächte nach rechtlich verbindlichen Regelungen.

Bereits im ersten „Bericht über die Lage der Nation im geteilten Deutschland" (11. März 1968) erklärt Kiesinger:

„... Wer diesen unerträglichen und gefährlichen Zustand ändern will — und wir müssen und wollen ihn ändern —, kann es nur mit den Mitteln des Friedens tun. Deshalb hat die Bundesregierung ihre **Politik der Entspannung gegenüber Osteuropa** eingeleitet. Ohne das unzerstörbare Recht unserer Nation, in einem Staate zu leben, preiszugeben, versuchen wir, die europäische Friedensordnung anzubahnen, die auch die Teilung Deutschlands überwinden soll."

Damit beginnt in der Politik des Gewaltverzichts, der Normalisierung der Beziehungen zu den Ostblockstaaten und der innerdeutschen Entspannung eine **neue Phase,** die auch eine Bereinigung der seit dem Kriegsende noch offenen Fragen der deutschen Teilung und der Ostgrenzen nahezulegen scheint.

Die Integration der Bundesrepublik in die westliche Allianz und die Funktion der Westmächte in der Berlinfrage erhalten damit ein neues Gewicht. In ihren guten und engen **Beziehungen zu den Vereinigten Staaten** als der stärksten Macht der freien Welt muß die BRD zur Kenntnis nehmen, daß die beiderseitigen Interessen keineswegs vollkommen identisch und kongruent sein können; das weltweite Engagement der USA läßt Europa und auch die deutschen Fragen und Probleme bisweilen zurücktreten.

Andererseits haben die Sowjetunion und die USA als Weltmächte unbeschadet aller ideologischen Verschiedenheiten und Spannungen dennoch gemeinsame Interessen (Wahrung der eigenen Stellung gegenüber Dritten, Haltung gegenüber China, Abrüstung, Nonproliferations-Vertrag, Atomstopp), welche kleinere, besonders nichtatomare Staaten in ihrer unabhängigen Sicherheitspolitik beeinträchtigen.

Dennoch erklärt Präsident Nixon anläßlich der Anwesenheit von Bundeskanzler Kiesinger in Washington bei den Trauerfeierlichkeiten für den verstorbenen ehemaligen US-Präsidenten Eisenhower Anfang April 1969, daß das atlantische Bündnis auch in einer Epoche amerikanisch-sowjetischer Verhandlungen über Abrüstung voll funktionsfähig gehalten werden muß.

Das **deutsch-französische Verhältnis,** basierend auf dem Freundschaftsvertrag vom 22. 1. 1963, wird in regelmäßigen Konsultationen gestärkt und belebt, muß aber außenpolitisch gewissen Spannungen standhalten: Mit seiner selbstbewußten und eigenwilligen, gegenüber Amerika unfreundlichen NATO- und Europapolitik und auch in der Frage der Oder-Neiße-Linie vertritt de Gaulle keineswegs die bis 1969 gültige deutsche Auffassung. Er erkennt die Grenzen gegenüber Polen an, betont aber gleichzeitig bei seinen Kontakten mit den Staaten des Warschauer Paktes und seinen Besuchen die Freundschaft mit der BRD und die Wiedervereinigung. Dadurch wird die Politik Frankreichs wiederum zum „Feuerschutz" für die deutsche Politik gegen die dauernden Vorwürfe der Aggression und des Revanchismus seitens der kommunistischen Staaten.

In der **Europapolitik** tritt im Jahre 1967 (1. Juli) der Vertrag über die Einsetzung eines Gemeinsamen Rates und einer **Gemeinsamen Kommission** der Europäischen Gemeinschaft (EWG, Montanunion, Euratom) in Kraft.

Die Bundesregierung bekundet — im Gegensatz zu Frankreich — die Bereitschaft, die Anträge Großbritanniens, Irlands, Dänemarks und Norwegens auf Beitritt zu den Europäischen Gemeinschaften zu unterstützen.

In der Frage einer **Nichtverbreitung von Kernwaffen** — in der sich die Sowjetunion und die USA einigen — vertritt die Bundesregierung gemeinsam mit anderen nichtatomar gerüsteten Staaten — besonders ihren Euratom-Partnern — den Standpunkt, daß durch einen Vertrag der Großmächte die friedliche Nutzung der Kernenergie nicht behindert und die Anpassung an die wirtschaftlich-technische Entwicklung nicht erschwert werden dürfe. Der Entwurf für ein Abkommen zwischen der Sowjetunion und den USA vom August 1967 wird in diesem Sinn kritisiert, worauf in einem neuen Entwurf (1968) gewisse Gesichtspunkte zugunsten der kleineren Staaten berücksichtigt werden.

Die deutsche Außenpolitik seit 1969

Entsprechend der ersten Regierungserklärung von Bundeskanzler Brandt (28. Oktober 1969): „Die Politik dieser Regierung wird im Zeichen der **Kontinuität** und im Zeichen der **Erneuerung** stehen", geht es der **sozial-liberalen Koalition** mit Walter Scheel als Außenminister nicht um grundsätzlich neue Elemente in der deutschen Politik, sondern um Akzentverlagerungen und -verstärkungen, die allerdings gewichtige Folgen und z. T. unabsehbare Auswirkungen haben und auch für die Außenpolitik das Wort vom „Machtwechsel" rechtfertigen.

Sicherheitspolitik, Friedenssicherung, fester Zusammenhalt im atlantischen Bündnis, Gewaltverzicht und Entspannungspolitik gegenüber den Ostnachbarn mit Normalisierung der Beziehungen, einschließlich der „Herstellung eines geregelten Verhältnisses zwischen den beiden deutschen Staaten" (W. Scheel) umreißen das außenpolitische Konzept und die Zielvorstellungen, die zugleich als Vorstufe für eine ausgewogene beiderseitige Truppenverminderung gewertet und anvisiert werden. „Unsere Außenpolitik ist eine Friedenspolitik aus einem Guß. Unsere Ostpolitik ist Bestandteil unserer Westpolitik, und unsere Westpolitik ist Basis und Voraussetzung unserer Ostpolitik." (W. Scheel)

Dieses Konzept führt bereits im Jahre 1970 zum Abschluß eines **deutschrussischen** und eines **deutsch-polnischen Vertrages** sowie zur Vorbereitung einer Berlinregelung und zu Versuchen, mit der DDR zu einer Verbesserung der Beziehungen zu gelangen (Begegnungen Brandts mit Ministerpräsident Stoph in Erfurt und Kassel: März bzw. Mai 1970).

Die drei Westmächte sind sowohl an der Gewaltverzichtspolitik der BRD und der Normalisierung der Beziehungen zwischen der BRD und der Sowjetunion bzw. anderen Ostblockstaaten als auch an einer Verbesserung und einer vertraglichen Regelung der Beziehungen zwischen BRD und DDR bzw. einer Konsolidierung, d. h. der „Beseitigung von Spannungen und der Verhütung von Komplikationen" in Berlin und auf den Zufahrtswegen, interessiert. Am Ende dieser Entwicklung stehen das **Viermächteabkommen** über Berlin vom 3. September 1971 und die ersten Abkommen auf Regierungsebene zwischen den beiden deutschen Staaten — wie das Transitabkommen vom 17. Dezember 1971 — und die Vereinbarung über den innerstädtischen Verkehr zwischen dem Senat von Berlin und der DDR vom 20. Dezember 1971. Dies bedeutet die prinzipielle Abwendung von der bisherigen Wiedervereinigungspolitik und die **Anerkennung der Nachkriegsgrenzen** auch hinsichtlich der polnischen Westgrenze. Die Regierung hält diese Entscheidung im Interesse einer konsequenten Friedens- und Entspannungspolitik für gerechtfertigt. „Meine Regierung hat sich vorgenommen, gemeinsam mit anderen den Frieden in Europa sicher zu machen. Wenn es jenseits des Friedens für unser Volk keine Existenz mehr gibt, dann bekommt die Erhaltung des

Friedens einen anderen Stellenwert als vor hundert oder fünfzig Jahren. Dann muß auch die Definition nationaler Interessen und der Sicherung des Friedens anders gesehen werden als vor hundert oder fünfzig Jahren. Es gibt dann kein vitaleres nationales Interesse als die Sicherung des Friedens..." (W. Brandt am 13. Juli 1971 vor dem Politischen Club der Evangelischen Akademie Tutzing)

In Anerkennung seiner Friedens- und Versöhnungspolitik erhält Willy Brandt (als vierter Deutscher nach G. Stresemann, L. Quidde und C. v. Ossietzky) den **Friedens-Nobelpreis**. In der Begründung der Vorsitzenden des Verleihungskomitees des norwegischen Parlaments vom 20. Oktober 1971 heißt es: „Als Führer der Bundesrepublik Deutschland und im Namen des deutschen Volkes hat Willy Brandt seine Hand zur Versöhnung zwischen den Völkern ausgestreckt, die lange Zeit Feinde waren. Im Geiste des guten Willens hat er außerordentliche Ergebnisse bei der Schaffung von Voraussetzungen für den Frieden in Europa erzielt..."

Die Verleihung des Preises findet am 10. Dezember 1971 in Oslo statt. Der Bundeskanzler skizziert bei dieser Gelegenheit in einem Vortrag in der Universität Oslo am 11. Dezember zum Thema „Friedenspolitik in unserer Zeit" die Elemente eines europäischen Friedenspaktes.

Abgesehen von den Schwerpunkten der Ost- und Deutschlandpolitik liegen besondere Akzente der Außenpolitik der Regierung Brandt/Scheel
— im Bereich der Europapolitik,
— auf der Zusammenarbeit mit den Vereinigten Staaten und im atlantischen Bündnis,
— in der Pflege der wirtschaftlichen und kulturellen Beziehungen zu den Entwicklungsländern,
— in der aktiven und loyalen Mitwirkung in internationalen Gremien.

Im europäischen Rahmen geht es um den inneren Ausbau und um die Erweiterung der **Europäischen Gemeinschaften**: Beitritt von Großbritannien, Irland und Dänemark mit Wirkung vom 1. 1. 1973; Errichtung einer **Freihandelszone** mit den übrigen EFTA-Ländern (Unterzeichnung vom 22. Juli 1972 in Brüssel).

Über den stufenweisen Ausbau einer Wirtschafts- und Währungsunion tritt am 1. 1. 1971 ein Zehn-Jahres-Plan in Kraft.

Die **Zusammenarbeit mit den USA** als der Führungsmacht des westlichen Bündnisses ist bestimmt von der aktiven Entspannungspolitik Nixons, von den wirtschaftlichen Abhängigkeiten (GATT = General Agreement on Tariffs and Trade — zur Förderung der Liberalisierung des Welthandels) und Spannungen (Dollarkrise, Devisenausgleich, nationale Interessen und europäische Präferenzen), basiert aber unvermindert auf der Tatsache, daß „das vertrauensvolle und freundschaftliche Verhältnis zu ihnen für die Sicherheit der Bundesrepublik und den Erfolg der deutschen Ost-West-Politik ein entscheinender Faktor" bleibt. (Jahresbericht der Bundesregierung 1971)

Tätigkeit und Zusammenarbeit in der NATO sind orientiert an der „Studie über Verteidigungsprobleme der Allianz in den siebziger Jahren" vom 2.

Dezember 1970, durch die am verteidigungspolitischen Konzept der **flexiblen Reaktion** und an der für die BRD lebenswichtigen **Vorneverteidigung** festgehalten wird. In der Politik des Nordatlantik-Paktes wird die absolute Wahrung der Verteidigungskraft der NATO als Voraussetzung für die Verwirklichung einer Entspannung gesehen.

In diesem Sinn befaßt sich die NATO-Ministerratstagung in Brüssel (Dezember 1971) ausführlich mit Sondierungsgesprächen mit der SU über beiderseitige ausgewogene Truppenverminderungen (MBFR) und über eine multilaterale Vorbereitung einer Konferenz über Sicherheit und Zusammenarbeit in Europa (KSZE).

Die kräftigen Impulse einer auf Entspannung abzielenden internationalen Politik („Kooperation statt Konfrontation!") führen zwischen den Weltmächten zur Fortsetzung der SALT-Gespräche. SALT I wird Oktober 1972 in Kraft gesetzt, kurze Zeit später vereinbaren Moskau und Washington SALT II. Hauptfrage bei den Verhandlungen ist immer wieder das Problem der numerischen Priorität bei technologischer Überlegenheit.

Nicht ohne Zusammenhang mit den SALT-Verhandlungen, vor allem aber initiiert durch die sich anbahnende Konsolidierung in Mitteleuropa, entwickeln sich mit eigenen europäischen Zielsetzungen und Problemen — nebeneinander, aber in engem Zusammenhang — MBFR und KSZE. Auch sie sind Ausdruck einer auf Normalisierung und Abrüstung in Europa abzielenden Politik.

Beide Konferenzen kommen Ende 1972 und Anfang 1973 in das Stadium konkreter Verwirklichung. Die durch die Wahlen vom November 1972 gestärkte Bundesregierung der sozial-liberalen Koalition engagiert sich für die auf Sicherheit, Zusammenarbeit und Entspannung ausgerichteten Projekte in großem Ausmaß. Der inzwischen paraphierte Grundvertrag zwischen BRD und DDR, der die DDR ihrem großen Ziel der außenpolitischen Anerkennung ein großes Stück näherbringt, erleichtert das Zustandekommen der beiden Konferenzen.

1. Die Vorkonferenz zur multilateralen, in ihren Zielen umfassenden und weitgespannten KSZE (Konferenz für Sicherheit und Zusammenarbeit in Europa) beginnt am 22. November in Helsinki. Eingeladen sind 34 Staaten, also alle europäischen, auch die neutralen, dazu die USA und Kanada. Die Konferenz soll den Schlußstrich ziehen unter die europäische Nachkriegsentwicklung. Für die SU, die sich für das Zusammentreten der Konferenz besonders einsetzt, und die Staaten des Ostblocks geht es vor allem um die Anerkennung der Grenzen, um die Aufwertung der DDR, aber auch — unausgesprochen — um die Eliminierung der USA aus Europa. Die westlichen Staaten sind — teilweise in Widerspruch hierzu — vor allem an einer umfassenden Sicherheit, d. h. der Absage an Gewaltanwendung, interessiert und übertragen diese Forderung auch auf die Beziehungen **innerhalb** der Blöcke. Dieses Ziel steht aber u. a. im Widerspruch zur Breschnew-Doktrin.

Bei der Vorkonferenz in Helsinki nehmen erstmals BRD und DDR gleichwertig nebeneinander an einer internationalen Konferenz teil.

2. Zur MBFR (Mutual balanced force reduction = beiderseitiger ausgewogener Truppenabzug) geht von den NATO-Staaten einschließlich der BRD im November 1972 die Initiative zu Vorgesprächen Ende Januar 1973 in der Schweiz aus. Die NATO-Staaten laden die Mitglieder des Warschauer Paktes ein, und da inzwischen der deutsch-deutsche Grundvertrag paraphiert ist, wird die entsprechende Note an die DDR von der BRD überreicht. Frankreich schließt sich dem Vorgehen seiner Verbündeten nicht an.

Die Beziehung der BRD zu den Ländern Afrikas, Asiens und Lateinamerikas sind vor allem wirtschaftlicher und kultureller Art. — Die **Entwicklungshilfepolitik**, für die 1971 eine eigene Konzeption ausgearbeitet wird, erfolgt in Übereinstimmung mit den Zielvorstellungen der Vereinten Nationen.

Schrittweiser Wandel bahnt sich in den Beziehungen zu jenen **arabischen Ländern** an, zu denen die diplomatischen Kontakte 1965 abgebrochen wurden; so werden z. B. mit Algerien und dem Sudan die diplomatischen Beziehungen 1971, mit Ägypten 1972 wieder aufgenommen.

Von besonderer Bedeutung ist ein offizieller Besuch des Vorsitzenden des Auswärtigen Ausschusses des Bundestages und ehemaligen Außenministers G. Schröder in der **Volksrepublik China** im Juli 1972. Der Besuch, der im Einvernehmen mit der Bundesregierung durchgeführt und auf die Ebene von Gesprächen mit Ministerpräsident Tschu En-lai und anderen führenden Persönlichkeiten gehoben wird, soll eine erhebliche Förderung des deutsch-chinesischen Verhältnisses bewirken und die diplomatischen Beziehungen vorbereiten. Von der Presse der SU und der Warschauer-Pakt-Staaten wird in den diesbezüglichen Kommentaren die Parallele zu dem chinesischen Arrangement mit Nixon betont und die Schröder-Mission hart kritisiert: Sie signalisiere die Vorbereitung und den Beginn einer Phase der offenen Zusammenarbeit zwischen Peking und „imperialistischen Gruppen in der Bundesrepublik".

Dennoch folgt dem Schröder-Besuch ein offizieller Aufenthalt des Außenministers Scheel in Peking (Oktober 1972), bei dem die Normalisierung der deutsch-chinesischen Beziehungen beschlossen und die Aufnahme diplomatischer Kontakte vereinbart wird.

Die **internationale Zusammenarbeit** auf dem Boden der Vereinten Nationen erfolgt — ohne daß die BRD Vollmitglied ist — im Rahmen von Sonderkommissionen, Gremien und Hilfswerken (UNO-Flüchtlingskommissariat, Welthungerhilfe, Weltgesundheitsbehörde UNESCO, Meteorologie, Geologie, Internationale Zivilluftfahrt, UNO-Wirtschaftskommission, Erzieherkonferenz, Ozeanographische Konferenz, Errichtung eines wissenschaftlichen Informationszentrums der UNO in Paris). In rascher Entwicklung begriffen ist entsprechend ihrer Bedeutung die bilaterale und multilaterale Zusammenarbeit auf technologischem Gebiet und im Bereich des Umweltschutzes. In Stockholm tagt im Juni 1972 die erste **Umweltschutzkonferenz** der UNO; die Ergebnisse sind mager — nicht zuletzt wegen der Abwesenheit der SU, der DDR und anderer Ostblockländer.

Mit dem Grundvertrag zwischen BRD und DDR und der Bestätigung der Gesamtverantwortung der vier Mächte für Deutschland und Berlin (als

Ganzes) sind im Oktober 1972 auch die Voraussetzungen gegeben, die Aufnahme der beiden Staaten in Deutschland in die UNO einzuleiten. — Ein erster, für die DDR jedoch sehr wichtiger Schritt auf diesem Wege ist die rasche Aufnahme in die UNESCO, der die BRD bereits angehört.

Ausdruck der weiteren Belebung der außenpolitischen Beziehungen der Bundesrepublik (1971 unterhält die BRD zu 108 Staaten diplomatische Kontakte) sind die offiziellen Besuche ausländischer Staatsoberhäupter und Regierungschefs sowie die Auslandsreisen des Bundespräsidenten und des Bundeskanzlers.

Von einer gewissen Bedeutung sind u. a. Staatsbesuche des Bundespräsidenten Heinemann in den Niederlanden (1969), in Dänemark, Norwegen, Schweden, Japan und Frankreich (1970), in Venezuela, Kolumbien, Ecuador und Rumänien (1971). 1972 besucht das deutsche Staatsoberhaupt die Schweiz und — 14 Jahre nach Theodor Heuss in einer erfreulich gewandelten Atmosphäre — Großbritannien. Andererseits besuchen seit 1970 die BRD: König Baudouin von Belgien, Königin Juliane der Niederlande, Gustav VI. Adolf von Schweden sowie — im Rahmen der ersten Auslandsreise eines japanischen Staatsoberhauptes überhaupt — Kaiser Hirohito und Kaiserin Nagasako (Oktober 1971). Am 13. Juli 1970 wird Bundeskanzler Brandt von Papst Paul VI. empfangen. Bei der Unterredung geht es um den Abbau der Ost-West-Spannungen und um Probleme des deutschen Gewaltverzichtes gegenüber Polen. In seiner Ansprache sagte Willy Brandt: „Es berühren sich unsere Bemühungen um die Integration in Westeuropa mit unserem Bestreben, mit den osteuropäischen Völkern einen Ausgleich zu finden. Über alles Trennende hinweg teilen die europäischen Völker in Ost und West ein gemeinsames Schicksal. Dieses Schicksal kann nur dadurch zum Guten gewendet werden, daß Spannungen abgebaut und Möglichkeiten der Zusammenarbeit genutzt werden. Es geht um die Menschen und um den Frieden... Wir sind uns bewußt, daß große Hindernisse zu überwinden sein werden; wir vertrauen aber darauf, daß die Vorteile einer Politik des sachlichen Ausgleichs und des praktischen Miteinander schließlich von allen Seiten erkannt werden..."

Ostpolitik und Ostverträge (1966 bis 1972)

Die Grundthematik der Ostpolitik der BRD ist ebenso wie die Außenpolitik überhaupt in ihren wesentlichen Akzenten und Problemen bestimmt durch die Nachkriegssituation:

„War die Errichtung der BRD bereits eine Folge der unmittelbar nach dem Krieg entstandenen Spannungen zwischen der Sowjetunion und dem Westen, so war auch die Politik der Bundesregierung und insbesondere ihre Außenpolitik in den folgenden Jahren durch den von der SU verursachten Gegensatz zwischen der kommunistischen und der freien Welt bestimmt." („Deutschland im Wiederaufbau 1949—1959"; Tätigkeitsbericht der Bundesregierung)

Seit 1949 bekunden die Bundesregierungen und die großen Parteien wiederholt die Bereitschaft zu Frieden, Versöhnung, Gewaltverzicht und Normali-

sierung — auch im Verhältnis zur Sowjetunion und zu den Ostnachbarn. Schon unter Adenauer und Erhard (Außenminister v. Brentano 1955—1961, und G. Schröder 1961—1966) strebt die Bundesregierung ein „gutes Verhältnis und ein beide Seiten befriedigendes Zusammenleben" (Bundespräsident Lübke) mit den östlichen Nachbarn an. Dabei wird jedoch der Weg zu Erfolgen — abgesehen von den Fragen der Ideologie — durch einige Sachfragen erschwert; dazu gehören
— die Priorität der Wiedervereinigung;
— der Grundsatz der Alleinvertretung und die Hallstein-Doktrin;
— die Realität der Mauer in Berlin und des Schießbefehls;
— die Problematik der Oder-Neiße-Grenze (mit Polen);
— die Frage nach der Gültigkeit des Münchner Abkommens (mit der CSSR);
— der Status West-Berlins mit der Sicherheit der Verkehrswege;
— die nukleare Bewaffnung der Bundeswehr.

Die Beziehungen zur Sowjetunion
Bis 1969 gibt es keine „Erfolge und Fortschritte" in der Ostpolitik im Sinn einer umfassenden vertraglichen Einigung.

Zwar ergeht — als Ansatz zu einer aktiven Ostpolitik der Regierung Erhard — im Juli 1964 eine Einladung an Chruschtschow; dessen Sturz und Ablösung durch Breschnew und Kossygin (Oktober 1964) führt jedoch wiederum zu einem härteren Kurs der Moskauer Deutschlandpolitik.

Erfolglos ist auch die wichtigste Initiative der BRD dieser Jahre, die **Friedensnote** der Regierung Erhard vom 25. März 1966 an 115 Staaten. Hier unterstreicht die Bundesregierung den Verzicht auf Atomwaffen, bekennt sich zu einem kontrollierten Disengagement, betont den Verzicht auf Gewaltanwendung, wünscht die Beteiligung an einer Weltabrüstungskonferenz, besteht allerdings auf den Grenzen von 1937 und erklärt, daß das Münchner Abkommen keine territoriale Bedeutung mehr habe.

Das Echo auf die Note ist in den Vereinigten Staaten freundlich, in Paris mäßig, im Ostblock negativ.

Dem Festhalten der Bundesregierung am **Alleinvertretungsanspruch,** an der Nichtanerkennung der DDR und an der Nichtanerkennung der Oder-Neiße-Linie als Westgrenze Polens entspricht das Festhalten der Sowjetunion an ihren mehrfach zum Ausdruck gebrachten Prinzipien:

Die SU spricht der BRD das Recht auf Alleinvertretung ab und fixiert als Vorbedingung für einen Gewaltverzicht: „Wenn man in der Bundesrepublik wirklich die Absicht hegt, die Beziehungen zu der Sowjetunion und anderen sozialistischen Ländern, darunter zur DDR, zu normalisieren, mit ihnen Erklärungen über Nichtgewaltanwendung auszutauschen, so gibt es dafür keinen anderen Weg als Anerkennung der bestehenden Grenzen in Europa, Verzicht auf die **Alleinvertretungsanmaßung Bonns,** Absage an die nuklearen Ambitionen, Einstellung der Anschläge auf West-Berlin, eindeutige Feststellung, daß das Münchner Abkommen von Anfang an rechtsungültig war..." (Erklärung der Sowjetregierung an die Bundesregierung vom 8. Dezember 1967) Außerdem besteht die SU auf dem Interventionsrecht gegen die BRD auf Grund der „Feindstaatenklausel" in Art. 53 und 107 der UNO-Charta mit der Möglichkeit von Zwangsmaßnahmen gegen die im Zweiten Weltkrieg unterlegenen Staaten.

In dem bis Sommer 1968 geführten Dialog erhebt die SU gegenüber der Bundesregierung immer wieder den Vorwurf, einer völkerrechtlich verbindlichen Regelung der Frage des Gewaltverzichts mit der DDR und einer Anerkennung der in Europa bestehenden Grenzen auszuweichen. Die Kritik gipfelt in dem Vorwurf, daß der von der Bundesregierung eingeschlagene Kurs auf die Revision der Ergebnisse des 2. Weltkrieges abziele und friedensgefährdende Tendenzen zeige. (Aide-memoire vom 5. Juli 1968)

Nach einem Jahr der Unterbrechung, infolge der Prager Ereignisse, wird im Juli 1969 der Dialog über die Möglichkeiten eines **Austausches von Gewaltverzichtserklärungen** seitens der Großen Koalition wieder aufgenommen; und dieses Mal ist die Reaktion Moskaus positiver als bisher. In der Beurteilung einer russischen Antwortnote vom 12. September 1969 gehen die Auffassungen von Bundeskanzler Kiesinger und Außenminister Brandt auseinander, was auf den (bei der Bundespräsidentenwahl bereits vollzogenen und sich für die bevorstehende Regierungsbildung ankündigenden) Wandel der parteipolitischen Gruppierung hinweist. Während Bundeskanzler Kiesinger (CDU) die russischen Wünsche und Voraussetzungen als Kapitulationsforderung interpretiert, beurteilt sie Brandt (SPD) als unpolemisch und sachlich.

Die Beziehungen zu anderen Ostblockstaaten

Bis 1967 unterhält die Bundesrepublik Deutschland diplomatische Beziehungen nur mit der UdSSR (seit 12. März 1956).

Die Kontakte mit Jugoslawien werden 1957 abgebrochen, und erst im Januar 1968 werden Verhandlungen über erneute diplomatische Beziehungen erfolgreich abgeschlossen.

Außerdem bestehen Handelsvertretungen in Polen seit 1963 und in Rumänien, Ungarn sowie Bulgarien seit 1964. Die CSSR folgt 1968.

Trotz der tiefgreifenden Differenzen mit der Sowjetunion und den anderen Staaten des Ostblocks gelingt es der Außenpolitik der Großen Koalition, am 31. Januar 1967 mit der Sozialistischen Republik Rumänien bei einem Besuch des Außenministers Manescu in Bonn diplomatische Beziehungen zu vereinbaren. Im Juli (1967) werden Botschafter ausgetauscht.

Bedeutung dieses Abkommens: Es handelt sich um normale Beziehungen zwischen Staaten mit verschiedenen Gesellschaftsordnungen, die auch verschiedenen Machtblöcken angehören. Die Vereinbarung wird möglich, da es keine konkreten Differenzen in Sach- oder Grenzfragen zwischen Rumänien und der BRD gibt. Außerdem bedeuten normale Beziehungen zur Bundesrepublik in der Regel auch günstige Wirtschaftsbeziehungen.

Die Antwort auf die Annäherung zwischen Bonn und Bukarest ist eine ideologische Verhärtung in Warschau und Prag mit Unterstützung Ost-Berlins:

Durch zweiseitige Verträge über Freundschaft, Zusammenarbeit und gegenseitigen Beistand schließen sich (März 1967) die DDR, Polen und die CSSR im Kampf gegen den „westdeutschen Militarismus und Revanchismus" im „Eisernen Dreieck" enger zusammen.

Der Staatsbesuch de Gaulles in der Volksrepublik Polen im September 1967, bei dem sich der französische Staatspräsident zwar zur Politik der Bundesregierung bekennt, aber mit aufsehenerregenden Ansprachen in Schlesien und an der Ostseeküste die bedeutenden deutschen Anteile an der Geschichte Schlesiens und Ostpreußens unterschlägt, führen zur Richtigstellung durch die deutsche Bundesregierung in einer Kabinettssitzung, in der sich Kanzler und Kabinett „mit Festigkeit und Würde gegen die Darstellung des Geschichtsbildes" wenden, das während der Reise zum Ausdruck gekommen ist. Mit gleicher Eindeutigkeit bekennt sich das Kabinett erneut zu den Regierungserklärungen, in denen „die Politik der Aussöhnung und Verständigung gegenüber Polen niedergelegt worden ist".

Die Frage der deutschen **Ostgrenzen,** des **Heimatrechtes der Vertriebenen** und der Beziehungen des deutschen Volkes zu seinen Nachbarn im Osten werden Mittelpunkt grundsätzlicher Diskussionen durch eine **Denkschrift der EKD** (Kammer der Evangelischen Kirche in Deutschland für öffentliche Verantwortung) über „Die Lage der Vertriebenen und das Verhältnis des deutschen Volkes zu seinen östlichen Nachbarn" (Oktober 1965).

Die Denkschrift, die davon ausgeht, daß die Vertreibung die notwendige sittliche und rechtliche Bewältigung noch nicht erfahren habe, verlangt ein Überdenken des ganzen Komplexes, verurteilt die Vertreibung als Unrecht, fordert aber Anerkennung der entstandenen Grenzen, betont die große deutsche Schuld und fordert „Zeichen eines neuen Anfangs". Das Memorandum findet in Polen große Beachtung, in der BRD löst es nicht nur bei den Heimatvertriebenen heftige Proteste aus. Die Kritik richtet sich vor allem gegen die Verwischung der Grenzen zwischen theologisch-ethischen, politischen, völkerrechtlichen und psychologischen Aspekten bei der Beurteilung dieser Frage.

Eine **Botschaft des polnischen katholischen Episkopates** vom 18. November 1965 (während des 2. Vatikanischen Konzils — unterzeichnet von 36 Konzilsvätern) an die deutschen Bischöfe und die **Antwort der deutschen Bischöfe** (42 Konzilsväter) vom 5. Dezember 1965 gehen von der Einladung zur Tausendjahrfeier des christlichen polnischen Staates aus (966 Taufe des Herzogs Mieszko) und werden zu einer aufrichtigen brüderlichen Botschaft der Versöhnung aus christlichem Geist. Die polnischen Bischöfe unterstreichen die Gültigkeit der Oder-Neiße-Grenze, die deutschen die Rechte der Heimatvertriebenen. Gemeinsam ist der Wille zum aufrichtigen und ehrlichen Dialog und die Bitte um Vergebung. (In Polen wird das Schreiben der Bischöfe von der kommunistischen Partei abgelehnt und bekämpft.)

„In diesem allerchristlichen und zugleich sehr menschlichen Geist strecken wir unsere Hände zu Ihnen hin in den Bänken des zu Ende gehenden Konzils, gewähren Vergebung und bitten um Vergebung. Und wenn Sie, deutsche Bischöfe und Konzilsväter, unsere ausgestreckten Hände brüderlich erfassen, dann können wir wohl mit ruhigem Gewissen in Polen auf ganz christliche Art unser Millenium feiern ..." (Aus der Botschaft der polnischen Bischöfe)

„... von dieser großen heiligen Hedwig wollen wir lernen, uns in Ehrfurcht und Liebe zu begegnen. Am Schluß Ihres Schreibens stehen die kostbaren Worte, die für unsere beiden Völker eine neue Zukunft eröffnen: ‚Wir strecken unsere Hände zu Ihnen hin in den Bänken des zu Ende gehenden Konzils, gewähren Vergebung und bitten um Vergebung.' Mit brüderlicher Ehrfurcht ergreifen wir die dargebotenen Hände..." (Aus der Botschaft der deutschen Bischöfe)

In der BRD setzt sich eine katholische **Denkschrift des „Bensberger Kreises"** Anfang 1968 ebenfalls für ein weitgehendes — auch erhebliche Verzichte einschließendes — Entgegenkommen gegenüber Polen ein. Offizielle kirchliche Stellen sind zurückhaltend und betonen die Einbeziehung der Vertriebenen in das Gespräch mit den Ostnachbarn.

Die Ostpolitik der Regierung Brandt/Scheel und die Ostverträge

Die neue Bundesregierung seit Herbst 1969 geht von den Leitgedanken aus;
— den Weg zu einer europäischen Friedensordnung zu erleichtern;
— die Sicherheit Berlins zu erhöhen;
— die „Buhmann-Funktion der Bundesrepublik in Osteuropa" abzubauen;
— die friedliche Zusammenarbeit vor allem auf wirtschaftlichem, technischem und kulturellem Gebiet zur Sicherung des Friedens und zur Stärkung Europas möglichst umfassend zu organisieren;
— die deutsch-deutsche Konfrontation abzulösen durch eine Kooperation zwischen BRD und DDR — auch und vor allem um der Menschen willen.

Prämissen dieser Politik sind:
— die Respektierung des territorialen Status quo und die illusionslose Anerkennung der durch die Hitler-Aggression und das Kriegsende 1945 geschaffenen Lage;
— die Achtung der bisher eingegangenen Verpflichtungen gegenüber den westlichen Verbündeten;
— die Absicherung durch die Verpflichtungen der Alliierten gegenüber Deutschland als Ganzem und gegenüber Berlin;
— die Entschlossenheit, keine Vereinbarung zu treffen, die das Recht des deutschen Volkes auf Selbstbestimmung im Rahmen der von ihm eingegangenen internationalen Verträge einschränken oder zerstören könnte.

Somit steht die deutsche Ostpolitik seit Herbst 1969 zwar einerseits in der Kontinuität der bisherigen Entwicklung; die neuen Akzentsetzungen mit dem starken Bezug auf Anerkennung von Realitäten und dem Streben nach schnellen vertraglichen Abmachungen schließen jedoch andererseits die Notwendigkeit von Kompromissen, d. h. die Aufgabe bisheriger Positionen und den Verzicht auf bisher verteidigte Grundsätze, ein. Um diese Fragen kommt es zu den härtesten innerpolitischen **Konfrontationen** und schwersten Auseinandersetzungen seit Bestehen der BRD.

Konkret stützt sich die **Ostpolitik der sozial-liberalen Koalition** besonders auf folgende Argumente:

1. Die bisherige ausschließliche Westorientierung und Westintegrationspolitik bedarf der Ergänzung durch die Entspannung im Verhältnis zu den Staaten des Ostens. Man kann „auf die Dauer nicht auf einem Bein stehen". (Helmut Schmidt) Der bisherige Notenwechsel zwischen Bonn und Moskau hatte den „Charakter eines energischen Dialogs zwischen Schwerhörigen". (Staatssekretär Moersch vom AA)
2. Die bisherige Politik der Stärke hat auf dem Weg zu Entspannung und Wiedervereinigung keinen Schritt weitergeführt. Im Gegenteil: Der Graben zwischen den beiden Teilen Deutschlands ist tiefer denn je. Wer eine Beschleunigung des Auseinanderlebens verhindern will, muß dafür sorgen, daß sich Deutsche mit Deutschen wieder treffen können.
3. Die Vorstellungen aus der Ära des kalten Krieges — vertreten vor allem durch K. Adenauer und J. F. Dulles, den US-Außenminister — man könne Osteuropa vom Kommunismus befreien, haben sich als Illusion erwiesen. Die SU hat bewiesen, daß sie ihren Machtbereich beherrscht und ihren Block nicht zuletzt durch die Breschnew-Doktrin von der begrenzten Souveränität sozialistischer Staaten zu disziplinieren versteht.
4. Die Lage Berlins einschließlich der Zufahrtswege ist keinesfalls sicherer geworden. Die seit Kriegsende rechtlich unklare Lage ermöglicht jederzeit Repressalien und Schikanen durch die DDR. Eine befriedigende Berlinlösung muß in einer gegenüber 1948 und 1959 günstigeren Verhandlungssituation und Atmosphäre die Lage der geteilten Stadt verbessern.
5. Hinsichtlich der Grenze zu Polen muß von den Realitäten ausgegangen werden, nicht von Fiktionen. Die Vertreibung der Deutschen, die Neubesiedlung und die Einbeziehung dieses Gebietes in die Hoheit und Verwaltung des polnischen Staates, aber auch die grundsätzliche Anerkennung eines polnischen Gebietsgewinnes durch die Westmächte haben dieser Grenze weitgehend den Charakter der Endgültigkeit gegeben. Die Oder-Neiße-Gebiete sind de facto verloren — eine Folge der Hitler-Aggression im 2. Weltkrieg.
6. Die Realität der Existenz zweier deutscher Staaten kann nicht mehr bestritten werden.
7. Es gibt ein Sicherheitsbedürfnis Moskaus; jede erfolgreiche Rußlandpolitik muß bestrebt sein, das tiefe Mißtrauen der sowjetischen Führung gegenüber Deutschland abzubauen; hier sind Ansätze einer gemeinsamen Entspannungspolitik gegeben.
8. Die starre Haltung, wie sie im Alleinvertretungsanspruch und in der Priorität der Wiedervereinigung zum Ausdruck kommt, hindert die BRD daran, die von ihr auch seitens der Westmächte erwartete friedenspolitische Rolle zu spielen, die ihrem Gewicht zukommt.

Dieser konsequenten, zielstrebigen Politik der Regierung wird in einer immer härteren Auseinandersetzung seitens der CDU/CSU-Opposition sowie besonders auch seitens der überwiegenden Zahl der Heimatvertriebenen

Widerstand entgegengesetzt, der sich auf **Gegenargumente** stützt:

1. Die seit dem Kriegsende nachweisbar expansionistische Politik der Sowjetunion ist ebensowenig widerlegt wie die unveränderte ideologische Aggressivität des auf die Revolution abzielenden orthodoxen Marxismus-Leninismus.
2. Die von einem idealistischen Liberalismus und einem utopischen Pazifismus getragene Regierungspolitik kann der Realität einer von Ideologie und Taktik des Marxismus-Leninismus bestimmten Politik nicht gewachsen sein und wird dauernd überspielt.
3. Die einseitige Betonung der Ostpolitik kann zu einer — von der Sowjetunion durchaus gewünschten — Entfremdung der BRD vom Westen und damit zur Isolierung führen.
4. Die neue Ostpolitik ist zu hektisch, steht unter Erfolgszwang und ist ungeduldig, wogegen Rußland traditionsgemäß die Zeit für sich arbeiten läßt, einen langen Atem hat und günstige Konstellationen abwarten kann.
5. Die Ostpolitik der Regierung ist verfassungswidrig: Die Festschreibung der deutschen Teilung steht in offenem Widerspruch zum Auftrag des Grundgesetzes, und auch die Verträge schaffen wesentliche Hemmnisse rechtlicher und tatsächlicher Art, die der Erfüllung des im Grundgesetz verankerten Auftrags zur Wiedervereinigung Deutschlands entgegenstehen.
6. Die Anerkennung oder Hinnahme der Oder-Neiße-Grenze, gegen deren Bestätigung durch die DDR (im Grenzvertrag mit Polen vom 6. Juli 1950) seinerzeit noch alle demokratischen Parteien einmütig Stellung genommen haben, steht im Widerspruch zum Potsdamer Abkommen. Sie ist Ausdruck einer nicht zu rechtfertigenden Verzichtpolitik und bedeutet praktisch die Legalisierung der Vertreibung.
7. Weder der Moskauer Vertrag noch die Berlinregelung nimmt mit der nötigen Entschiedenheit Stellung gegen die Unmenschlichkeiten des DDR-Regimes, insbesondere gegen Mauer und Schießbefehl.
8. Im ganzen bedeuten die Verträge eine einseitige Festschreibung zugunsten der Sowjetunion und des Ostblocks; sie bedeuten die einseitige Hinnahme des sowjetischen Deutschland- und Berlinkonzepts. Angesichts der Drohung mit der Feindstaatenklausel der UNO-Satzung zwingen die Verträge die Bundesrepublik zu einem permanenten Wohlverhalten gegenüber unabsehbaren Wünschen, Forderungen und Erpressungen der anderen Seite, zumal die Bestimmungen in wesentlichen Punkten sprachliche Unklarheiten enthalten.

Die im Laufe der Jahre 1970/72 zu **mehreren Abschlüssen** führenden Verhandlungen vollziehen sich auf drei Ebenen:

1. Auf der **zwischenstaatlichen Ebene** beginnen
— nach einem neuerlichen Vorschlag der Bundesregierung vom 15. November 1969 an die SU, baldige Verhandlungen über einen Gewaltverzicht auf-

zunehmen, im Dezember 1969 die Vorgespräche in Moskau, die als offizielle „Sondierungsgespräche" seit 30. Januar von einer Delegation der BRD unter Leitung des Staatssekretärs Egon Bahr weitergeführt und als offizielle Verhandlungen von den beiderseitigen Außenministern im Juli abgeschlossen werden. Die Unterzeichnung findet am 12. August 1970 durch W. Brandt und W. Scheel bzw. A. Kossygin und A. Gromyko in Moskau statt.

— Parallel verlaufen seit Februar 1970 Gespräche und Verhandlungen mit Polen, die zunächst im Oktober 1970 zu einem Handelsabkommen und am 7. Dezember in Warschau zur Unterzeichnung eines Vertrages „über die Grundlagen der Normalisierung der gegenseitigen Beziehungen" führen.

— In beiden Verträgen geht es vor allem
  — um Gewaltverzicht und
  — um die Anerkennung der Integrität und Souveränität aller europäischen Staaten in den bestehenden Grenzen.

2. Auf der Ebene der einstigen **Besatzungsmächte** geht nach einer Phase der Verschärfung der nach wie vor ungeklärten und daher unbefriedigenden Berlinsituation (1968) eine neue Initiative von Präsident Nixon aus (April 1969), die auf die Gesprächsbereitschaft auch der SU stößt. Nach Unterzeichnung des deutsch-sowjetischen Vertrages werden die Verhandlungen seit Oktober 1970 intensiviert und nach Überwindung schwieriger Gesprächsphasen wird ein **Viermächteabkommen über Berlin** am 3. September 1971 von den Botschaftern unterzeichnet.

3. Auf der **innerdeutschen Ebene**
— entwickeln sich auf der Grundlage dieses Berliner Viermächteabkommens (nach den Begegnungen von Bundeskanzler Brandt mit DDR-Ministerpräsident Stoph in **Erfurt** am 9. März 1970 und **Kassel** am 21. Mai 1970) noch im September unter Leitung der Staatssekretäre Egon Bahr vom Kanzleramt und Michael Kohl vom DDR-Ministerrat Verhandlungen über ein **Transitabkommen**. Die Unterzeichnung findet am 17. Dezember 1971 statt.

— Gleichzeitig gehen Verhandlungen zwischen dem Senat von West-Berlin und der DDR zu Ende, die „Erleichterungen und Verbesserungen des **Reise- und Besuchsverkehrs**" und die Regelung der Fragen der Enklaven durch Gebietsaustausch zum Gegenstand haben. Die Vereinbarung wird am 20. Dezember 1971 unterzeichnet.

— Am 27. Mai 1972 folgt die Unterzeichnung eines Vertrages über **Fragen des Verkehrs zwischen der BRD und der DDR**. Die weiteren Gespräche
  — wiederum zwischen den Staatssekretären Bahr und Kohl — zielen auf einen Grund-, General- oder Staatsvertrag zwischen den beiden deutschen Staaten ab. Die Verhandlungen werden im Sommer 1972 aufgenommen.

Da die Verträge von Moskau bzw. Warschau die **Ratifizierung** durch Bundestag und Bundesrat benötigen, kommt es wegen der großen Bedeutung dieser parlamentarischen Entscheidung und wegen der tiefgehenden prinzipiellen Gegensätze in der Beurteilung der Abmachungen und ihrer Folgen in den der Unterzeichnung folgenden Monaten zu erregten innerpolitischen Auseinandersetzungen mit unerfreulichen Begleiterscheinungen und unsachlichen, polemischen Vereinfachungen der komplizierten Problematik. Von großer aktueller und grundsätzlicher Bedeutung sind Parteiaustritte von Abgeordneten der Regierungsparteien.

Im Bundestag stellt die CDU/CSU-Opposition am 28. April 1972 gegen Bundeskanzler Brandt einen **Mißtrauensantrag** (Gegenkandidat der CDU-Vorsitzende R. Barzel). Doch erreicht die Opposition trotz der schwindenden Parlamentsmehrheit für die SPD/FDP-Koalition ebensowenig die erforderliche Majorität wie andererseits die Regierung bei einer Abstimmung über den Haushalt.

Nach einer weiteren Verschärfung des politischen Klimas und angesichts des „parlamentarischen Patt" und seiner lähmenden Wirkung versuchen Regierung und Opposition in Spitzengesprächen eine gemeinsame Basis für die Deutschland- und Ostpolitik zu finden. Das Ergebnis ist eine **„Gemeinsame Erklärung des Bundestages zu den Ostverträgen"**, die — allerdings ohne völkerrechtlich relevant zu sein — von allen Parteien des Bundestages akzeptiert und mit 513 Stimmen — bei 5 Enthaltungen — angenommen wird.

Die Verträge passieren den Bundestag bei der Schlußabstimmung am 17. Mai 1972 mit folgendem Ergebnis (ohne die nicht voll stimmberechtigten Berliner Abgeordneten):

Moskauer Vertrag		Warschauer Vertrag
Ja	248	248
Nein	10	17
Enthaltungen	238	231

Der Bundesrat stimmt am 19. Mai ebenfalls mit 20 Stimmen (bei 21 Stimmenthaltungen der CDU/CSU-regierten Länder) zu. Am 23. Mai unterzeichnet der Bundespräsident die Verträge.

Am 3. Juni 1972 werden

1. die Ratifizierungsurkunden des Moskauer und des Warschauer Vertrages ausgetauscht;
2. das Viermächteabkommen über Berlin von den Außenministern unterzeichnet, d. h. rechtskräftig, und
3. damit auch die innerdeutschen Verkehrsabmachungen wirksam.

Der historische Rang der von der Regierung Brandt/Scheel getroffenen ostpolitischen Entscheidungen im Verhältnis zur Sowjetunion, zu Polen, zur DDR und in der Berlinfrage — die Gespräche mit der CSSR haben noch nicht die Qualität von Verhandlungen erreicht — wird im In- und Ausland erkannt. In der außenpolitischen, sicherheitspolitischen und rechtlich-moralischen Beurteilung gehen die Meinungen unverändert weit auseinander. Die Auswirkungen bleiben unabsehbar. „Die Bundesrepublik Deutschland hat sich in den Augen der Welt mit den bitteren Folgen des Zweiten Weltkrieges abgefunden, mit der Grenze an Oder und Neiße und mit der

Existenz eines zweiten deutschen Staates. Sie hat einen zumindest politischen Schlußstrich gezogen, um die Chancen für ein neues Verhältnis zu Osteuropa zu schaffen." (Deutschlandfunk)

Eine erste unmittelbare Auswirkung der Ostverträge, insbesondere der deutsch-polnischen Regelung, ist die vom Vatikan unter ausdrücklicher Berufung auf die durch den deutsch-polnischen Vertrag neu geschaffene völkerrechtliche Situation verfügte **kirchliche Neuordnung der Gebiete jenseits von Oder und Neiße** vom 28. Juni 1972.

Auf dem Territorium der zum Deutschen Reich in den Grenzen von 1937 gehörenden und im Potsdamer Vertrag 1945 polnischer Verwaltung unterstellten deutschen Ostgebiete werden vier neue polnische Bistümer errichtet und den Erzdiözesen Breslau bzw. Gnesen unterstellt.

Der Schritt, durch den der Vatikan den Realitäten Rechnung trägt und auch einem jahrelangen Drängen von polnischer Seite nachgibt, löst Überraschung bei politischen Stellen der BRD und Empörung bei den Vertriebenen aus:

— weil er die unterschiedlichen Auslegungsmöglichkeiten des Warschauer Vertrages widerspiegelt, der von Polen und den meisten anderen Staaten als endgültige Regelung betrachtet wird, während in der BRD sein Charakter eines Modus vivendi betont wird;

— weil trotz der betonten pastoralen Interessen die Seelsorge für die Tausende in Polen verbliebenen Deutschen unberücksichtigt bleibt;

— weil die Entscheidung des Vatikans ohne Kontaktaufnahme mit der Deutschen Bischofskonferenz und ohne Rücksicht auf die durch das Konkordat von 1933 gegebenen Rechtsverbindlichkeiten erfolgt;

— weil sich nun auch die römische Kurie dem allgemeinen Trend anschließt, die Vertreibung mit Schweigen zu übergehen, die millionenfache Verletzung der Menschenrechte unerwähnt zu lassen und einen gewaltsam geschaffenen Unrechtszustand durch ihre Autorität zu sanktionieren scheint.

c) Die Berlinfrage

„Ich begrüße, Herr Bundeskanzler, daß Sie — ich glaube, erneut — eine Absage erteilt haben an die, die mit dem Gedanken spielen sollten, West-Berlin zu einer selbständigen politischen Einheit zu machen. Das findet unsere Unterstützung. Ich kann nur hoffen, daß die gemeinsame Position, die der Westen gerade in der Berlinfrage unter der Mitwirkung der CDU/CSU aufgebaut hat, jenem Prozeß des Abbröckelns entzogen wird, dem er in den letzten Wochen durch die vieldeutigen Äußerungen der Regierungskoalition ausgesetzt war . . ." (Oppositionsführer R. Barzel in seiner Antwort auf den 4. Bericht zur Lage der Nation von Bundeskanzler Brandt am 28. 1. 1971)

Das Berlinproblem als Ganzes und die jeweils konkrete Situation der geteilten Stadt sind abhängig von dem Stand der Ost-West-Beziehungen und von der deutschen Ostpolitik.

Bis 1971 ist für die **Lage Berlins** bestimmend,
— daß der rechtliche Status der Stadt und der Verbindungswege zur BRD seit Kriegsende ungeklärt ist;
— daß West-Berlin kein Land der BRD ist, sondern unter dem Schutz der einstigen Besatzungsmächte steht, wohl aber zum Rechts-, Währungs- und Wirtschaftsgebiet der BRD gehört, daß jedoch von der SU der Abzug der Alliierten gefordert wird;
— daß die DDR darauf besteht, West-Berlin als „selbständige politische Einheit auf dem Territorium der DDR" zu behandeln;
— daß Mauer und Schießbefehl vor allem ein menschliches Problem sind, das ebenso wie die Kontakte zwischen der Bevölkerung der BRD bzw. West-Berlin und den Einwohnern der DDR bei politischen Gesprächen und Verhandlungen eine wichtige Rolle spielen muß.

Während 1965 nach schwierigen Verhandlungen noch einmal ein **Passierscheinabkommen** erzielt wird und über 800 000 Westberliner während der Weihnachtszeit ihre Verwandten im Ostsektor besuchen, scheitern ähnliche Gespräche in den folgenden Jahren bis 1972.

Grund: Die DDR fordert **uneingeschränkte Anerkennung.**

Bei den Wahlen zum Abgeordnetenhaus im März 1967 bleibt die SPD mit 56,9 % Stimmen stärkste Partei, obwohl sie gegenüber 1963 5 % verliert; die CDU erzielt mit 32,9 % einen Gewinn von über 4 %; die FDP hat 7,1 %, die SEW 2 %. Der Regierende Bürgermeister W. Brandt (seit 1. 12. 1966 Außenminister der Großen Koalition) wird schon Ende 1966 durch den bisherigen Innensenator Albertz (SPD) ersetzt, der 1967 wiedergewählt wird und die Koalitionsregierung mit der FDP fortsetzt.

In Ost-Berlin enden 1967 Wahlen in die Stadtverordnetenversammlung mit dem Sieg der Einheitsliste (99,95 %). Oberbürgermeister wird anstelle des seit 1948 regierenden Friedrich Ebert: Herbert Fechner.

In West-Berlin ist die Situation durch Zwischenfälle und Schießereien an der Mauer — meist bei der Flucht von DDR-Einwohnern —, durch Verletzung des Luftraumes und durch Unstimmigkeiten im Hinblick auf das Viermächteabkommen von 1945 gespannt.

Gewicht erhalten Zwischenfälle, die 1965/1966 mit Kundgebungen gegen die Vietnampolitik der USA beginnen, sich zu Studentenkrawallen entwickeln und nach dem Schah-Besuch (Juni 1967, Studentendemonstrationen, Tod des Studenten Ohnesorg) zu schweren Auseinandersetzungen zwischen Linksextremisten und dem Berliner Senat führen.

Zusammen mit internen Flügelkämpfen der Berliner SPD führt die Kritik an Polizeipräsident und Innensenator auch zum Rücktritt des Regierenden Bürgermeisters Albertz nach nur 9 Monaten Amtszeit (September 1967). Nachfolger wird **Klaus Schütz** — bisher Staatssekretär im Bonner Außenministerium. Seit 1968 ist das innere Leben West-Berlins permanent beeinträchtigt durch Unruhen an der **Universität,** durch schwere Zusammenstöße bei zahlreichen Demonstrationen (Anlässe: Vietnamkrieg, Tag der Alliierten Streitkräfte, Berufungen an die Universität) und durch Auseinandersetzungen mit dem politischen Anarchismus (Anschläge auf Justizgebäude, Verlage, Kaufhäuser).

Ein neues **Universitätsgesetz** (Juli 1969) verändert die Universitätsstruktur grundlegend: An die Stelle des Rektors tritt ein gewählter Präsident, die bisherigen 6 Fakultäten werden durch 24 Fachbereiche ersetzt, Abschaffung des Studentenrates und des Studentenkonvents; dafür konsequente Demokratisierung.

Bei den Senatswahlen im März 1971 erhält die SPD 50,4 %, die CDU 38,2 %, die FDP 8,5 % und die SEW 2,3 %. Der neue Senat besteht nur noch aus Mitgliedern der SPD; CDU und FDP stellen die Opposition.

Die DDR steigert die Schikanen im Berlinverkehr fast bis zum Grad einer Blockade und trägt damit zur Beschleunigung der **Botschaftergespräche** bei, die seit März 1970 mit dem Ziel geführt werden, grundlegende Vereinbarungen zu treffen, die die Voraussetzung für konkrete Regelungen zwischen BRD und DDR bzw. zwischen Berliner Senat und DDR sein könnten.

„Wir müssen für die Zukunft sicherstellen, daß sich die DDR nicht einseitig eine Entscheidung darüber anmaßt, was eine Verletzung des Status von Berlin ist und was nicht. Zu einer Berlinregelung gehört nicht nur unbehinderter Zugang, sondern auch das Recht auf freie Versammlung . . . " (Bundeskanzler Brandt)

Am 3. Sept. 1971 werden die Berlinverhandlungen auf der Botschafterebene durch ein **Viermächteabkommen** abgeschlossen, das nach der Auffassung der Bundesregierung eine „tragfähige Grundlage einer befriedigenden Berlinregelung" darstellt.

Es besagt im wesentlichen:

— Streitigkeiten werden mit friedlichen Mitteln beigelegt;
— die gemeinsamen Rechte und Verantwortlichkeiten der vier Mächte für Berlin bleiben unberührt und unverändert in Kraft; die Sowjetunion übernimmt die Mitverantwortung für die Zugangswege;
— der Transitverkehr zwischen der BRD und West-Berlin soll ungehindert, bevorrechtigt und zeitlich beschleunigt abgewickelt, die Benutzungsgebühr für die Straßen von der BRD pauschal abgegolten werden;
— die engen Bindungen West-Berlins an die BRD bleiben erhalten; allerdings ist West-Berlin kein konstitutiver Teil der Bundesrepublik und wird weiterhin nicht von ihr regiert, wohl aber im Ausland von ihr vertreten. Die Bundespräsenz in West-Berlin wird eingeschränkt.

Diese Berlinregelung wird von allen Beteiligten als **Kompromiß** bewertet: Die SU ist gegenüber ihren Maximalforderungen zu Abstrichen bereit, akzeptiert die weitere Schutzfunktion der Großmächte, stimmt der Sicherung und Verbesserung der Verkehrswege zu und erkennt ein gewisses Maß wesentlicher Bindungen West-Berlins an den Bund an; andererseits bedeuten — abgesehen von offenen Fragen und verbalen Unklarheiten — die Reduzierung der Bundespräsenz in West-Berlin (z. B. Verzicht auf Abhaltung der Bundesversammlung), die Erweiterung der sowjetischen Präsenz in West-Berlin (Generalkonsulat) und vor allem die erste De-facto-Anerkennung der

DDR erhebliche Zugeständnisse der Westmächte mit beträchtlichen Rückwirkungen auf die BRD.
Unmittelbar nach Unterzeichnung des Viermächteabkommens, das durch Vereinbarungen über Einzelheiten im Güterverkehr, über Gebietsaustausch, über konsularische Vertretungen und über den Ausbau von Telefon- und Telegrafenverbindungen ergänzt wird, gehen die **innerdeutschen Gespräche** verstärkt weiter.

Es sind dies

— einerseits auf Staatssekretärsebene (Bahr — Kohl) Verhandlungen zwischen BRD und DDR über den **Transitverkehr** von zivilen Personen und Gütern zwischen der BRD und West-Berlin;
— und andererseits auf Senatsebene (Müller — Kohrt) Verhandlungen zwischen dem Senat von West-Berlin und der DDR über Erleichterungen und Verbesserungen im **Reise- und Besuchsverkehr** zwischen West-Berlin und DDR.

Die beiden Vereinbarungen werden am 17. bzw. 20. Dez. 1971 unterzeichnet.
Bei der Unterzeichnung des Transitabkommens erklärt Staatssekretär Kohl: „Die Regierung der Deutschen Demokratischen Republik geht seit Jahr und Tag davon aus, daß die Beziehungen zwischen der DDR und der BRD nur entsprechend den allgemein anerkannten internationalen Normen geregelt werden können, die die Beziehungen zwischen souveränen und voneinander unabhängigen Staaten in aller Welt bestimmen. Diese klare und sachliche Position bestimmt die gesamte Politik der DDR gegenüber der BRD. Von ihr wird sich die Regierung der Deutschen Demokratischen Republik auch bei den weiteren Verhandlungen mit der Regierung der Bundesrepublik Deutschland leiten lassen . . . "
Weitere Verhandlungen führen zum Abschluß eines **Verkehrsvertrages** (27. Mai 1972) und zum Beginn von Gesprächen über einen umfassenden **Generalvertrag** zwischen den beiden deutschen Staaten. Dieser „Vertrag über die Grundlagen und Beziehungen zwischen der Bundesrepublik Deutschland und der Deutschen Demokratischen Republik" wird von den Staatssekretären Bahr und Kohl am 8. November 1972 paraphiert.
Am 3. Juni 1972 unterzeichnen in Berlin, im Gebäude des ehemaligen Kontrollrates, die vier Außenminister (USA, SU, Großbritannien, Frankreich) das **Schlußprotokoll** zum Viermächteabkommen über Berlin, das — ebenso wie die Abmachungen zwischen der BRD und der DDR **(Transitabkommen)** und zwischen dem Senat und der DDR — damit wirksam wird. Seit dem 4. Juni läuft der Verkehr nach den Bestimmungen dieser Abmachungen. Am 3. Juni werden auch die Ratifizierungsurkunden über den deutsch-sowjetischen und den deutsch-polnischen Vertrag ausgetauscht.

d) Die Deutsche Demokratische Republik

Die DDR steht seit 1964 im Zeichen des am 12. Juli 1964 abgeschlossenen **Freundschaftsvertrages** mit der Sowjetunion, der als separater Friedensvertrag ausgelegt wird. Dementsprechend wird die Frage der Wiedervereinigung Deutschlands als Angelegenheit von Verhandlungen zwischen „beiden deutschen Staaten" gesehen.

Nach dem Tode Grotewohls (1964) wird **Willi Stoph** Vorsitzender des Ministerrates (Ministerpräsident). In der **Außenpolitik** bleibt die engste Zusammenarbeit mit der Sowjetunion und die Übereinstimmung der beiden kommunistischen Parteien Grundsatz. Die Beziehungen mit Polen und der CSSR gewinnen im Zusammenhang mit der aktiven Ostpolitik der Bundesrepublik 1966/67 besondere Bedeutung: In Verträgen vom März 1967 mit Polen und der CSSR über „Freundschaft, Zusammenarbeit und gegenseitigen Beistand" versucht die DDR, die Bestrebungen der Bundesrepublik zu stören. Die Unantastbarkeit der Oder-Neiße-Linie sowie die Ungültigkeit des Münchner Abkommens (1938 mit der Abtretung der sudetendeutschen Gebiete an das Deutsche Reich) von Anfang an wird von Ulbricht an Polen bzw. die CSSR zugestanden.

Die wirtschaftliche Zusammenarbeit mit der Sowjetunion bedeutet in der Praxis oft eine Benachteiligung der DDR. Der Abschluß eines Vertrages über den Warenaustausch mit der Sowjetunion führt zum Selbstmord des stellvertretenden Ministerpräsidenten und Vorsitzenden der Staatlichen Planungskommission Erich Apel im Dezember 1965. Ein besonderes Wirtschaftsabkommen mit der Sowjetunion betrifft den Bau von Atomkraftwerken in Mitteldeutschland.

In der Außenpolitik geht es der DDR vor allem um die **Anerkennung** durch möglichst viele Staaten. In besonderem Maße ist ihre Diplomatie hierbei um die arabischen Länder bemüht.

In der Gesetzgebung werden die vom **„Nationalen Dokument"** von 1962 aufgezeigten grundsätzlichen Linien in die Praxis übertragen: Dieses Dokument, das für die gesamte Arbeit in Partei und Staat, Volksbildung und Schulen als verbindlich erklärt wird, zeigt einen deutlichen nationalen Akzent. Es begründet die scharfe und kompromißlose Haltung gegenüber der Bundesrepublik Deutschland und begründet die **Zwei-Staaten-Theorie:**

„So stehen sich heute zwei deutsche Staaten auf deutschem Boden feindlich gegenüber. Jeder von ihnen verkörpert ein grundsätzlich anderes Deutschland, grundsätzlich verschiedene deutsche Traditionen . . . "

Aus dieser theoretischen Grundlage erwachsen in den folgenden Jahren eine Reihe wichtiger Gesetze: so das neue Staatsbürgerschaftsgesetz, ein neues Strafgesetzbuch, eine neue Familiengesetzgebung und schließlich im Dezember 1967 auch die Ankündigung einer **neuen Verfassung.**

Walter Ulbricht erklärt in der Volkskammer am 1. Dezember 1967:

„ . . . Die Verfassung des Jahres 1949 hat uns und unserem sozialistischen deutschen Staat gute Dienste beim Voranschreiten in eine glückliche Zukunft und bei der Errichtung der Fundamente des Sozialismus geleistet. Die neuen Bedingungen unserer gesellschaftlichen Entwicklung, die wir selbst geschaffen haben, die neuen Aufgaben und die weiteren Horizonte der sozialistischen Gesellschaft und des sozialistischen deutschen Staates erfordern die neue Verfassung. Gestützt auf unsere Errungenschaften ist es jetzt unsere Aufgabe, das entwickelte gesellschaftliche System des Sozialismus zu gestalten. Es wird durch eine starke sozialistische Staatsmacht, durch die allseitige Entfaltung der sozialistischen Demokratie, durch ein hohes Niveau und rasches Wachstum der gesellschaftlichen Produktivkräfte, durch stabile sozialistische Produktionsverhältnisse, durch einen hohen Bildungsstand des ganzen Volkes und durch ständige Verbesserung seiner Arbeits- und Lebensbedingungen gekennzeichnet sein. Sozialistische Ideologie und Kultur durchdringen alle Bereiche des gesellschaftlichen Lebens ... "

Die neue Verfassung wird nach einer großen Propagandaaktion mit „Volksaussprache" am 6. April 1968 in einem Volksentscheid mit 94,54 % Ja-Stimmen (Wahlbeteiligung: 98,1 %) gebilligt und tritt in Kraft. In der Präambel heißt es:

„Getragen von der Verantwortung, der ganzen deutschen Nation den Weg in eine Zukunft des Friedens und des Sozialismus zu weisen, in Ansehung der geschichtlichen Tatsache, daß der Imperialismus unter der Führung der USA im Einvernehmen mit Kreisen des westdeutschen Monopolkapitals Deutschland gespalten hat, um Westdeutschland zu einer Basis des Imperialismus und des Kampfes gegen den Sozialismus aufzubauen, was den Lebensinteressen der Nation widerspricht, hat sich das Volk der Deutschen Demokratischen Republik ... diese sozialistische Verfassung gegeben ... "

Und der Artikel 1 beginnt: „Die Deutsche Demokratische Republik ist ein sozialistischer Staat deutscher Nation ... "

„Die Verfassung hat im politischen System der DDR eine grundsätzlich andere Funktion als das Grundgesetz der BRD. Das kommt in erster Linie darin zum Ausdruck, daß die Verfassung in ihrem ersten Artikel das Führungsmonopol einer einzigen Partei — der marxistisch-leninistischen SED — festschreibt ... Dieser Verfassungsgrundsatz setzt voraus, daß in der DDR die Arbeiterklasse die ‚fortgeschrittene Klasse' ist und daß sie zur Leitung der sozioökonomischen Prozesse der marxistisch-leninistischen Partei bedarf. Die Partei vermag die objektiven Gesetzmäßigkeiten der gesellschaftlichen Entwicklung und die sich daraus ergebenden aktuellen Erfordernisse zu erkennen. Erkenntnis und Wille der SED schlagen sich in umfassenden Aktionsprogrammen nieder, die als Analyse der gesellschaftlichen Situation wie als Prognose ihrer Entwicklung konzipiert sind. Diese Parteibeschlüsse sind für Staat und Gesellschaft gleichermaßen verbindlich. Das Recht wird als wichtiges Instrument zur Verwirklichung der Parteibeschlüsse angesehen. Aus der Grundentscheidung des Art. 1 Abs. 1 der Verfassung folgt, daß die Interpretation aller nachfolgenden Regelungen der Verfassung mit den Parteibeschlüssen übereinstimmen müssen. Der Instrumentalcharakter des Rechts, einschließlich der Verfassung führt zu der Konsequenz, daß insbesondere im Verhältnis von Staatsrecht und Politik der Primat der Politik gilt." (Materialien zum Bericht zur Lage der Nation 1972)

Der **VII. Parteitag der SED** (April 1967), ein Parteitag der Verhärtung, steht im Zeichen der Spannung zwischen Ideologie und Leistungsgesellschaft, zwischen dem totalitären Führungsanspruch der Staatspartei und der Verwissenschaftlichung und Rationalisierung aller Lebensbereiche. Er hat die

Aufgabe, „die Gestaltung des entwickelten gesellschaftlichen Systems des Sozialismus" in der Phase der wissenschaftlich-technischen Revolution zu verwirklichen.

Das Manifest des VII. Parteitages der SED an die Bürger der DDR versucht die große geschichtsideologische Synthese:

„Die Wurzeln unserer Bewegung reichen in die Kämpfe der städtischen Armut des deutschen Mittelalters, in die gewaltige Revolution zu Beginn der europäischen Neuzeit, den Großen Deutschen Bauernkrieg. Wir sind die Enkel und Erben der deutschen Proletarier, die seit mehr als einem Jahrhundert den Feinden des Volkes heroische Kämpfe für die Befreiung der Arbeiterklasse lieferten. Wir sind die Erben aller humanistischen Traditionen des deutschen Volkes, der klassischen deutschen Literatur und Kunst, Philosophie und Wissenschaft. Wir leben in der Zeit der großen Weltenwende, die vor fünf Jahrzehnten mit dem siegreichen Roten Oktober begann. Kommende Jahrhunderte werden unsere Generation beneiden — uns, die wir in dieser Zeit das von Thomas Münzer ersehnte, von Marx und Engels wissenschaftlich vorgezeichnete Deutschland des Volkes aus dem Reich der Träume und Voraussagen zur lebendigen Wirklichkeit unserer Deutschen Demokratischen Republik gemacht haben. In unserem Arbeiter- und Bauernstaat ist die Saat des Sozialismus aufgegangen. Für ihn wollen wir unser Bestes geben! Wir haben nur ein Ziel vor den Augen — die entwickelte sozialistische Gesellschaft!"

Die Festigkeit des Bündnisses mit der Sowjetunion bewährt sich im Sommer 1968 beim gemeinsamen **Einmarsch in die CSSR:** Am 21. August 1968 erscheint im „Neuen Deutschland" ein Aufruf des ZK, des Staatsrates und des Ministerrates an die Einwohner der DDR, in welchem die Beteiligung der NVA an der Niederwerfung des tschechischen Reformkommunismus damit begründet wird, daß sich tschechische Persönlichkeiten an die SU und die anderen Staaten des Warschauer Paktes gewandt hätten mit der Bitte, in Anbetracht der „durch die Wühlarbeit der konterrevolutionären Elemente entstandenen Gefahr im tschechischen Brudervolk und Bruderstaat jede Hilfe, einschließlich militärischer Hilfe zu erweisen".

Die 20-Jahr-Feiern der DDR 1969 sind Anlaß, Selbstbewußtsein und Erfolge der SED überpointiert herauszustellen:

„In der DDR ist der alte Traum der Einheit von Geist und Macht verwirklicht. Wir leben in einem Staat der modernen Wissenschaft und aufblühenden sozialistischen Nationalkultur..." (Thesen des Komitees zum 20. Jahrestag der DDR)

Der Parteilinie entsprechend stehen im Selbstverständnis der DDR und in der konkret und konsequent verfolgten Politik im Vordergrund:

— die konsequente **Ablehnung jeglicher innerdeutscher Beziehungen;**

— das planmäßig verfolgte Ziel der **uneingeschränkten völkerrechtlichen Anerkennung** der DDR im Ausland, besonders bei den Westmächten;

— dies bedeutet für die Beziehungen zur BRD (die für die DDR Ausland ist) **Normalisierung durch einen Grundvertrag** zwischen den beiden „von einander unabhängigen Staaten" und Austausch von Botschaftern (nicht nur Bevollmächtigten) sowie Aufnahme beider deutscher Staaten in die UNO.

Der Staatsratsvorsitzende W. Ulbricht leitet diese Phase durch einen Brief an Bundespräsident Heinemann vom 18. 12. 1969 und Übersendung eines Vertragsentwurfes ein.

Der sich anbahnende Dialog mit der Regierung Brandt/Scheel führt zwar in den direkten Begegnungen der beiden Regierungschefs (Brandt — Stoph) in **Erfurt** und **Kassel** zu keiner Annäherung, die **Ostverträge** der Bundesrepublik und die **Viermächteregelung** in Berlin führen jedoch zu weiteren Kontakten, in denen trotz verschiedener Absichten und widersprechender politischer Grundorientierungen die DDR in Richtung auf ihre Ziele entscheidend weiterkommt.

Am 3. Mai 1971 legt der 79jährige SED-Chef Walter Ulbricht seine Funktion als Erster Sekretär des ZK der SED nieder. Das ZK wählt einstimmig **Erich Honecker** (geb. 1912, Politbüro-Mitglied und Sekretär des ZK) zum Nachfolger. Bei derselben ZK-Tagung referiert Honecker über den XXIV. Parteitag der KPdSU (März/April 1971) und betont in aller Schärfe die **Abgrenzung** der DDR von der BRD:

„In Übereinstimmung mit der KPdSU und den anderen Bruderparteien gehen wir in unserer Politik davon aus, daß sich am reaktionären aggressiven Charakter des Imperialismus der BRD nichts geändert hat.... Von der Tribüne des Parteitages aus wurde dem Gerede von sogenannten ‚innerdeutschen Sonderbeziehungen' eine eindeutige Abfuhr erteilt. Friede und Sicherheit in Europa verlangen die uneingeschränkte Anerkennung der Realitäten. Irgendwelche ‚Sonderbeziehungen' zwischen der imperialistischen BRD und der sozialistischen DDR zu konstruieren, ist ein krasser Verstoß gegen die Realitäten und legt der europäischen Sicherheit neue Hindernisse in den Weg... Der XXIV. Parteitag... bestätigte zugleich die Richtigkeit und Notwendigkeit des von der 14. Tagung des ZK unserer Partei dargelegten Prozesses, die sozialistische DDR vollständig von der imperialistischen BRD abzugrenzen. Das entspricht voll und ganz der Notwendigkeit, Beziehungen der friedlichen Koexistenz zwischen der DDR und BRD — also zwischen Staaten verschiedener gesellschaftlicher Ordnungen — herzustellen..."

Walter Ulbricht bleibt noch Staatsratsvorsitzender, aber seit 1971 ist die Führung von Partei und Staat der DDR in anderen Händen: zu **Willi Stoph** (Regierungschef) und **Erich Honecker** (Parteichef) tritt der Publizist **Horst Sindermann** (Stellvertreter des Ministerpräsidenten) als bestimmende Persönlichkeit.

Der **VIII. Parteitag** der SED im Juni 1971 betont als Hauptaufgaben die immer festere Verankerung der DDR in der sozialistischen Staatengemeinschaft und die Notwendigkeit einer realistischeren Wirtschaftspolitik zur Überwindung von entstandenen Disproportionen.

Für die Deutschlandpolitik gilt verstärkt

— **Abgrenzung** zwischen beiden deutschen Staaten in allen Bereichen des gesellschaftlichen Lebens;
— uneingeschränkte völkerrechtliche **Anerkennung,** mit dem Ziel normaler, d. h. diplomatischer Beziehungen zur BRD und Aufnahme beider deutscher Staaten in die UNO.

Diese Linie wird in den Verhandlungen der Jahre 1971 und 1972 konsequent verfolgt. Nach der **Krimkonferenz** der Warschauer-Pakt-Staaten (Juli 1972) sind dies auch die Voraussetzungen, unter denen die Verhandlungen über einen deutschen **Grundvertrag** aufgenommen und die Vorbereitungen für die von Moskau gewünschte Konferenz über Sicherheit und Zusammenarbeit getroffen werden sollen. Bei den am 22. November 1972 in Helsinki beginnenden multinationalen Vorbereitungsgesprächen der Botschafter aus 34 Ländern für diese europäische Sicherheitskonferenz (KSZE) sind zum ersten Mal Delegationen aus der BRD und der DDR gleichberechtigt vertreten.

Die **wirtschaftliche Entwicklung** der DDR ist bestimmt durch Vor- und Nachteile der sozialistischen Planwirtschaft (zentral gelenkte Verwaltungswirtschaft), die auf dem staatlichen und genossenschaftlichen Eigentum an den Produktionsmitteln beruht und in der Verfassung festgelegt ist. In den 60er Jahren löst sich die Wirtschaft von der harten und starren Form des staatlichen Dirigismus, ersetzt — unter Beibehaltung von Planung, Leitung und Kontrolle durch zentrale Stellen — die extrem detaillierten Perspektivpläne durch elastischere Rahmenpläne und versucht durch materielle Anreize („ökonomische Hebel": Prämien, Preise, betriebliche Gewinne...) das Interesse der Arbeiter zu heben und insgesamt zu plankonformem Verhalten anzuspornen.

Die Wirtschaft steht im Zeichen beachtlicher Fortschritte:

das Haushaltsvolumen steigt von rund 50 Mrd. Mark im Jahr 1960
auf 58 Mrd. Mark im Jahr 1968
und 68 Mrd. Mark im Jahr 1970.

Der Außenhandel, der 1964 die Grenze von 3 Millionen Dollar noch nicht erreicht, zeigt folgende Entwicklung:

	Einfuhr:	Ausfuhr:
1968	3,4 Mill. Dollar	3,8 Mill. Dollar
1970	4,8 Mill. Dollar	4,6 Mill. Dollar
hiervon COMECON	3,2 Mill. Dollar	3,1 Mill. Dollar
westl. Industrieländer	1,3 Mill. Dollar	1,0 Mill. Dollar
darin BRD	0,415 Mill. Dollar	0,449 Mill. Dollar

Die allgemeine Kaufkraft wächst und erreicht im Schnitt $^2/_3$ der westdeutschen.

Die Preise für Grundnahrungsmittel (Kartoffel, Brot) und für Mieten liegen nicht unerheblich unter den westdeutschen. Höherwertige Nahrungs- und Genußmittel und langlebige Wirtschaftsgüter sind beträchtlich teurer. Die

Steigerungsquote bei dauerhaften Konsumgütern ist beachtlich. Z. B. kommen auf je 100 Haushalte in den Jahren 1965 bzw. 1970:

Waschmaschinen 28 bzw. 54
Fernsehgeräte 48 bzw. 70
Pkw 7 bzw. 15

(die entsprechenden Zahlen — 1970 — für die BRD: 84/90/45).

In Umfang, Vielfalt und Qualität kann das Angebot dem steigenden Bedarf noch nicht angepaßt werden.

Die DDR-Wirtschaft steht abgesehen von den systemimmanenten Belastungen vor einer Reihe ökonomischer Schwierigkeiten:
— Knappheit der Arbeitskräfte;
— ungünstige Altersstruktur der Bevölkerung;
— Mängel in der Rohstoff- und Energieversorgung;
— technologischer Rückstand (Veralterung der Anlagen) und Hemmnisse in der Arbeitsproduktivität;
— Dilemma zwischen Investition und Konsum bei der Planung.

Die Entwicklung zur **modernen industriellen Leistungsgesellschaft** (Arbeitsrhythmus, seit 1966 Fünftagewoche, Spezialisierung, Elitebildung, Wandel der Autorität, Rollenverständnis) wirkt sich auch im gesellschaftlichen Bewußtsein (kritische Distanzierung), im Alltagsleben besonders auch der jüngeren Generation, in Lebensgewohnheiten und Freizeitverhalten aus:

Annäherung an „kapitalistische" Stilformen — mit der Möglichkeit des sozialistischen Systems, westlicher Libertinage wirksamer entgegenzutreten.

e) Das innerdeutsche Gespräch bis zum Grundvertrag 1972

Kontakte zwischen der BRD in der DDR werden bis 1965 nur — und in geringem Umfang — in der Treuhandstelle für den Interzonenverkehr und in der Passierscheinfrage — mit wechselnden Ergebnissen — geführt.

Der gemeinsame Bau einer Autobahnbrücke an der Zonengrenze bei Hof wird 1965 beschlossen, die Brücke ist Ende 1966 fertig.

Zwischenfälle und schikanöse Beeinträchtigungen im Interzonenverkehr werden immer wieder von den DDR-Behörden ohne oder bei geringfügigen Anlässen inszeniert.

So wird Juni 1968 aus Anlaß der Notstandsgesetzgebung eine Paß- und Visumspflicht eingeführt; der Güterverkehr, die gewerbliche Personenbeförderung und der Wasserstraßenverkehr sollen besteuert werden.

Die deutsche Teilung wird im Sinn der DDR nach und nach von großen Teilen der Weltöffentlichkeit hingenommen: z. B. beschließt das IOK (Internationale Olympische Komitee) im Oktober 1965, daß es bei den **Olympischen Spielen** künftig keine gesamtdeutsche Vertretung mehr geben soll. —

Ulbricht stellt am 25. April 1965 ein **7-Punkte-Programm** für eine Deutschlandinitiative im Sinne der SED auf:

1. Verzicht beider deutscher Staaten auf Atomrüstung und auf jedwede Beteiligung an Atomrüstungen.
2. Schaffung einer kernwaffenfreien Zone in Europa.

3. Herstellung normaler Beziehungen mit der Regierung der DDR.
4. Anerkennung aller bestehenden Grenzen in Europa.
5. Abschluß eines Nichtangriffspaktes zwischen den Mitgliedsstaaten der NATO und des Warschauer Paktes.
6. Beseitigung der Überreste des Zweiten Weltkrieges.
7. Maßnahmen zur Erweiterung der Zusammenarbeit der europäischen Staaten.

In Beantwortung dieser Aktion betonen die drei Westmächte im Mai 1965 erneut die Verantwortung der Großmächte für die deutsche Frage.

Auch in der BRD wird eine **dynamischere Deutschlandpolitik** verlangt. Die Große Koalition unter Bundeskanzler Kiesinger beschreitet diesen Weg.

Auf **zwei Ebenen** kommt es zu politischen Gesprächen zwischen den beiden Teilen Deutschlands:

— Im Februar 1966 erfolgt eine Einladung Ulbrichts an die SPD zu gemeinsamen Gesprächen über die Wiedervereinigung. Im Mittelpunkt stehen Erörterungen über zwei Begegnungen in Leipzig bzw. Essen oder Hannover. Von der SPD werden Brandt, Erler und Wehner als Redner vorgeschlagen. Nachdem eine Reihe grundsätzlicher Forderungen der SPD — darunter die Aufhebung des Schießbefehls an der Mauer — auf Ablehnung stoßen, kommen die Kontakte über Vorgespräche — April 1966 — nicht hinaus. Die SED, der ein öffentlicher Gedankenaustausch weniger wünschenswert ist als diplomatische Fortschritte in der Zwei-Staaten-Theorie, sagt Ende Juni 1966 weitere Verhandlungen und die öffentlichen Gespräche ab. Der wichtigste Vorwand für die Ablehnung ist ein Gesetz in der BRD über das freie Geleit für SED-Vertreter.

Die SPD veröffentlicht im Oktober 1966 drei Grundsätze ihrer Deutschlandpolitik:

— Die Viermächteverantwortung besteht fort, muß aber ergänzt werden.
— Das Alleinvertretungsrecht der BRD ergibt sich daraus, daß die Deutschen nur hier frei ihren Willen ausdrücken können.
— Die SBZ kann weder als demokratisch legitimiert noch völkerrechtlich als Ausland anerkannt werden.

Eine andere Initiative geht am 12. April 1967 von einer Regierungserklärung des Bundeskanzlers Kiesinger aus. Europäische und innerdeutsche Entspannung werden als unlösbar verbunden gesehen. „Es ist die Aufgabe aller in Deutschland lebenden und politisch handelnden Menschen, zu prüfen: Was kann — ungeachtet der zwischen beiden Teilen Deutschlands bestehenden prinzipiellen Gegensätze — praktisch getan werden, um die **Not der Spaltung** unseres Volkes zu erleichtern und dadurch die Voraussetzungen für eine Entspannung innerhalb Deutschlands zu schaffen."

Kiesinger macht Vorschläge zur Erleichterung des täglichen Lebens. Die SPD richtet einen offenen Brief an die Delegierten des VII. Parteitages der **SED**.

Im weiteren Verlauf des Jahres 1967 kommt es zu einem **Briefwechsel** zwischen Bundeskanzler **Kiesinger** und dem Vorsitzenden des Ministerrates der DDR (Ministerpräsidenten) **Stoph**.

Dem Versuch der Bundesregierung, unter Ausklammerung strittiger Fragen die „menschlichen, wirtschaftlichen und geistigen Beziehungen zwischen den Deutschen in Ost und West so weit wie möglich zu fördern", wird die Parole „Alles oder nichts" entgegengesetzt. Auch Stoph erhebt die Forderung nach der politischen und völkerrechtlichen Anerkennung der Spaltung Deutschlands.

Die Bundesregierung versucht — trotz der Verhärtung durch den VII. Parteitag der SED (1967) und trotz der Vergeblichkeit der bisherigen Bemühungen — nicht zu resignieren:

„Ich bin für beharrliches Fortsetzen und für Beständigkeit im Bemühen um Entspannung. Andere Auffassungen scheinen mir unserer Verpflichtung nicht gerecht zu werden, vor Schwierigkeiten nicht zu kapitulieren, sondern unermüdlich bestrebt zu sein, das Leben der Menschen in beiden Teilen Deutschlands zu erleichtern..." (H. Wehner, Bundesminister für gesamtdeutsche Fragen)

Am 28. September 1967 richtet Bundeskanzler Kiesinger in Beantwortung eines Stoph-Briefes, der einen Vertrag „über die Herstellung und Pflege normaler Beziehungen zwischen DDR und BRD" fordert, ein weiteres Schreiben an den Vorsitzenden des Ministerrates:

„... Die Dinge, über die wir sprechen, gehen alle Deutschen an. Es wäre daher der Sache dienlich, wenn Sie diesen Brief und mein Schreiben vom 13. Juni 1967 der Bevölkerung im anderen Teil Deutschlands nicht vorenthalten würden. Nach unserer Überzeugung ist die deutsche Nation, deren Existenz ja auch Sie anerkennen, politisch mündig und soll sich selbst ein Urteil über unsere Standpunkte bilden.

Polemik führt nicht weiter . . . .

Die Bundesregierung ist bereit, im Interesse aller Deutschen, aber auch im Dienste der Entspannung und des Friedens in Verhandlungen über ein derartiges Programm einzutreten. Zu diesem Zweck steht der Staatssekretär des Bundeskanzleramtes jederzeit in Bonn oder Berlin zur Verfügung..."

Die Konfrontation bleibt unvermindert, da **alle** westdeutschen Parteien den Zielvorstellungen der DDR
— den Vorrang menschlicher Lösungen im Verkehr der Bevölkerung im geteilten Deutschland,
— den Anspruch der Alleinvertretung und
— das Festhalten am Leitbild von der Einheit der deutschen Nation und der Priorität der Wiedervereinigung
gegenüberstellen.

Das Prinzip der **Wiedervereinigung** als Fernziel ist dem politischen Weltbild der DDR — auch nach 1967 — nicht fremd: „Die Vereinigung der deutschen Staaten ist und bleibt unser Ziel..." (Ulbricht, 1967)

Auch die DDR-Verfassung von 1968 spricht im Art. 8 von der „Überwindung der vom Imperialismus der deutschen Nation aufgezwungenen Spaltung Deutschlands" und sieht als Fernziel „die schrittweise Annäherung der beiden deutschen Staaten bis zur Vereinigung auf der Grundlage der Demokratie und des Sozialismus".

Aber in der konkreten Situation der Konfrontation mit der freiheitlichen Demokratie der BRD tritt die Besinnung auf den eigenen Nationalstaat, die Distanzierung von allen früheren Konföderationsplänen und die Ablehnung der These von innerdeutschen Verhandlungen und Beziehungen — ja sogar die Leugnung der Einheit der deutschen Nation in den Vordergrund. Schon 1967 wird das Staatssekretariat für gesamtdeutsche Fragen umgenannt in „Westdeutsche" Fragen; es wird konsequent 1972 ganz aufgelöst.

Als neuer Faktor kommt seit Bildung der sozial-liberalen Koalition in der BRD eine elastischere, mehr entgegenkommende, auf Abbau der Konfrontation ausgerichtete **Deutschlandpolitik Willy Brandts** und seiner engeren Mitarbeiter ins Spiel.

Die DDR nimmt Ansätze zur Kenntnis, die auf eine „realistischere Einschätzung der als Ergebnis des Zweiten Weltkrieges in Europa entstandenen Lage hindeuten", sieht aber keinen Machtwechsel in Bonn, „denn jeder weiß, daß sich an dem von den herrschenden Klassen bestimmten Machtverhältnissen nicht das geringste geändert hat." (Ministerpräsident Stoph)

Richtungweisend im selben Sinn sind die Aussagen des VIII. Parteitages der SED vom Juni 1971:

Erich Honecker, der neue SED-Chef, stellt fest: „So bleibt auch in bezug auf die BRD kein Raum für irgendwelche Illusion über die Grundorientierung der im Dienste dieses Systems stehenden politischen Gruppen. Es entspricht durchaus der Logik der Dinge, daß die Monopolbourgeoisie der BRD nach dem Scheitern der Politik der CDU/CSU eine Regierungskonstellation in Bonn anstrebte, die ihre Grundkonzeption unter den veränderten Bedingungen weiterverfolgt. Wie schon so oft in der deutschen Geschichte dieses Jahrhunderts hat sich die Bourgeoisie rechtssozialdemokratische Führer zu Hilfe geholt. Die dabei praktizierte Politik der rechten Führung der SPD entspricht selbstverständlich nicht den Interessen der Mehrheit der über 800 000 Parteimitglieder... Alles Gerede im Westen von der sogenannten „Einheit der deutschen Nation" und einem angeblich besonderen Charakter der Beziehungen zwischen der DDR und BRD soll offensichtlich jenen Vorschub leisten, deren Politik nach wie vor auf die Untergrabung der gesellschaftlichen und wirtschaftlichen Fundamente unserer Republik gerichtet ist."

In der **Entwicklung der Deutschlandfrage** 1970/72 lassen sich fünf Phasen bzw. Schwerpunkte unterscheiden:

1. die direkten **Begegnungen** zwischen dem Bundeskanzler und dem Vorsitzenden des Ministerrates in **Erfurt** und **Kassel** (März/Mai 1970);

2. die **Grenz- und Gewaltverzichtsverträge** mit der Sowjetunion und der Volksrepublik Polen (Unterzeichnung September/Dezember 1970, Ratifizierung Mai 1972);

3. die **Viermächtevereinbarung** über Berlin (Unterzeichnung September 1971, Schlußprotokoll Juni 1972);

4. das **Transitabkommen** (auf Regierungsebene zwischen BRD und DDR sowie die Vereinbarung über den innerstädtischen Verkehr zwischen dem

Berliner Senat und der DDR (beide im Dezember 1971 unterzeichnet, seit Juni 1972 wirksam);

5. direkte, eigenständige Vertragsverhandlungen über die Beziehungen zwischen BRD und DDR, die zunächst zum Abschluß des **Verkehrsvertrages** („richtiger Vertrag zwischen zwei Staaten"; Unterzeichnung im Mai 1972) führen und in der weiteren Folge (seit Sommer 1972) auf einen **Grund- oder Generalvertrag** ausgerichtet sind, der am 8. Nov. 1972 paraphiert und am 21. Dezember 1972 in Ost-Berlin unterzeichnet wird.

Die Begegnungen zwischen Willy Brandt und Willi Stoph — von der DDR mit einigem Widerstreben durchgeführt — stehen voll im Zeichen der verschiedenen Grundvoraussetzungen, Schwerpunkte und Zielvorstellungen über die Deutschlandpolitik bei den beiden Partnern:

einerseits:

Gewaltverzicht, breit angelegter Meinungsaustausch über alle Fragen, die für ein geregeltes Verhältnis der beiden Seiten von Bedeutung sind und den Menschen oder dem menschlichen Kontakt zwischen den getrennten Teilen Deutschlands dienen;

andererseits:

kompromißlose Forderung nach Aufnahme völkerrechtlicher Beziehungen; Ablehnung innerdeutscher Beziehungen.

Das erste Treffen findet am 19. März 1970 in **Erfurt** statt. Es bringt nur die Konfrontierung der beiden Standpunkte. Die Sympathiekundgebungen der Erfurter Bevölkerung für Willy Brandt vergrößern in der DDR-Führung die Scheu vor zu engen Kontakten zwischen den Menschen des SED-Staates und der Bevölkerung der freiheitlichen BRD und verstärken die Tendenz zur Abgrenzung. Bei der Erwiderung des Brandt-Besuches, am 21. Mai 1970 in **Kassel,** wiederholt Stoph in scharfer Form abermals die Forderung nach Herstellung voller völkerrechtlicher Beziehungen. Bundeskanzler Brandt erläutert in einer **20-Punkte-Erklärung** die Vorschläge der Bundesregierung für eine Besserung der innerdeutschen Beziehungen. Nach der Begegnung von Kassel wird der Meinungsaustausch auf Regierungsebene nicht mehr fortgesetzt.

Die Kontakte werden erst nach Abschluß der deutsch-russischen Vertragsverhandlungen am 27. November 1970 von den Staatssekretären **Egon Bahr** und **Michael Kohl** wieder aufgenommen und seitdem in Ost-Berlin und Bonn mit nur kurzen Unterbrechungen durchgeführt.

Die Bundesregierung fixiert anläßlich der Unterzeichnung des Moskauer Vertrages ihren Standpunkt in einem von Außenminister Scheel unterzeichneten und im sowjetischen Außenministerium übergebenen — von der Sowjetregierung zur Kenntnis genommen jedoch nicht als Vertragsbestandteil anerkannten — „**Brief zur deutschen Einheit**" mit der Feststellung, „daß dieser Vertrag nicht im Widerspruch zu dem politischen Ziel der BRD steht, auf einen Zustand des Friedens in Europa hinzuwirken, in dem das deutsche Volk in freier Selbstbestimmung seine Einheit wiedererlangt".

Von Bedeutung für die weitere Entwicklung der Ost- und Deutschlandpolitik ist der Aufenthalt des Bundeskanzlers zu Gesprächen mit dem Ersten

Sekretär des ZK der KPdSU L. Breschnew in **Oreanda** bei Jalta auf der Krim (16. bis 18. September 1971). In den Gesprächen geht es
- um die von der SU gewünschte Beschleunigung des Ratifizierungsprozesses der Ostverträge;
- um weitere praktische Schritte, die sich aus dem Viermächteabkommen vom 3. Sept. 1971 für Berlin und für die Beziehungen zwischen BRD und DDR ergeben;
- um Fragen der Sicherheit und Zusammenarbeit in Europa, um den Abbau der Konfrontationen und um die von der SU angestrebte europäische Sicherheitskonferenz.

Bundeskanzler Brandt erklärt am 18. September bei der Rückkehr von der Krim: „Die BRD und die SU machen Fortschritte in ihren Beziehungen zueinander, wie andere Staaten auch. Man weiß, wo es Übereinstimmungen, wo es Annäherungen und wo es Unterschiede gibt. Wir sind also im Begriff, uns natürlich und normal zueinander zu verhalten..."

Das **Treffen von Oreanda** wird Gegenstand der Kritik und Polemik. Die Opposition wirft der Bundesregierung vor:
- Unklarheit: „Tatsachen nach dem Osten, Fragezeichen nach dem Westen";
- Übereifer im Entgegenkommen gegenüber Moskau;
- Widersprüche zu früheren Äußerungen in der Deutschlandpolitik;
- Vernachlässigung deutscher Interessen, da sich die sowjetische Linie gegen die offenbar „nur schwächlich vertretene deutsche" durchgesetzt habe;
- „Vorreiter" der von der SU gewünschten europäischen Sicherheitskonferenz zu sein.

Nach der Unterzeichnung des **Viermächteabkommens** über Berlin beginnt die Bundesregierung in Abstimmung mit den Verbündeten, die gebeten werden, „die Bemühungen um einen Modus vivendi nicht durch Änderung ihrer Haltung gegenüber der DDR zu beeinträchtigen", **Verhandlungen mit der DDR,** um die Lösung „praktischer Fragen" zu finden.

So kommt es zunächst zu Abmachungen über den **Berlinverkehr:**
- Das **Transitabkommen** vom 17. Dezember 1971 regelt den Transitverkehr von zivilen Personen und Gütern auf Straßen, Schienen- und Wasserwegen zwischen der BRD und den Westsektoren Berlins durch das Hoheitsgebiet der DDR. Es tritt gemeinsam mit dem Viermächteabkommen am 3. Juni 1972 in Kraft.
- Die Vereinbarung zwischen dem Senat von Westberlin und der Regierung der DDR zur **Erleichterung und Verbesserung des Reise- und Besucherverkehrs** von Personen mit ständigem Wohnsitz in den Westsektoren Berlins/Berlin (West). Auch diese — am 20. Dezember 1971 unterzeichnete — Vereinbarung tritt gleichzeitig mit dem Viermächteabkommen in Kraft.

Nebenher, aber unabhängig von den rein politischen Abmachungen, laufen seit April 1970 Verhandlungen über Verbesserungen im **Fernmeldeverkehr** zwischen den beiden Teilen Deutschlands: die Zahl der Leitungen wird bis März 1972 auf 166 erhöht. Zwischen West- und Ost-Berlin, wo der Fernsprechverkehr seit 1952 unterbrochen ist, werden nach einem bescheidenen Anfang mit 10 Leitungen (Januar 1971) Erweiterungen auf 150 Leitungen (März 1972) vereinbart. Mit 1972 wird allmählich auch der Selbstwählverkehr eingeführt.

Eine neue — die DDR in die Nähe ihres Hauptziels bringende — Phase der Entwicklung wird erreicht durch den am 26. Mai 1972 von E. Bahr und M. Kohl unterzeichneten — aber erst nach Ratifizierung durch den Bundestag wirksamen — **Verkehrsvertrag**. Er wird abgeschlossen

— „in dem Bestreben, einen Beitrag zur Entspannung in Europa zu leisten und normale gutnachbarliche Beziehungen beider Staaten zueinander zu entwickeln, wie sie zwischen voneinander unabhängigen Staaten üblich sind."

Der Vertrag hat den Zweck

— „Fragen des grenzüberschreitenden Personen- und Güterverkehrs beider Vertragsstaaten in und durch ihre Hoheitsgebiete zu regeln";

und ist getragen von dem beiderseitigen Wunsch, den Verkehr in und durch ihre Hoheitsgebiete

— „entsprechend der üblichen internationalen Praxis auf der Grundlage der Gegenseitigkeit und Nichtdiskriminierung in größtmöglichem Umfang zu gewähren, zu erleichtern und möglichst zweckmäßig zu gestalten."

Nachdem der Verkehrsvertrag im Bundestag mit nur wenigen Stimmenthaltungen angenommen ist (September 1972) und auch die Volkskammer in Ost-Berlin passiert hat, werden am 17. Oktober die Ratifikationsurkunden ausgetauscht. Der Vertrag tritt in der Nacht zum 18. Oktober in Kraft.

Zwar wird Wert auf die Feststellung gelegt, daß mit diesem Vertrag keine völkerrechtliche Anerkennung der DDR durch die BRD verbunden sei, doch weist der DDR-Unterhändler, Staatssekretär Kohl, nach dem Austausch der Ratifikationsurkunden am 17. Oktober darauf hin, daß es sich bei diesem Vertrag um den ersten umfassenden völkerrechtlichen Vertrag zwischen BRD und DDR handele: „Entweder wissen die Betreffenden, die etwas Derartiges erklären, nicht, was Völkerrecht ist, oder — ich darf mal einen Begriff gebrauchen, der in Ihrem Parlament gelegentlich verwendet wird — sie lügen sich selbst in die Tasche. Denn daß durch diesen Vertrag natürlich exakt völkerrechtliche Beziehungen begründet werden, ist so sicher wie das Amen in der Kirche. Anders geht es nicht zwischen voneinander unabhängigen Staaten. Und in der Präambel des Verkehrsvertrages ist ja ausdrücklich festgehalten worden, daß der Vertrag zwischen den beiden voneinander unabhängigen Staaten geschlossen wird. Wenn es keine völkerrechtlichen Beziehungen wären, könnten es nur staatsrechtliche sein, aber weder ist die DDR Inland der BRD, noch die BRD Inland der DDR. Es wurde kein Vertrag zwischen Hessen und Bayern, sondern es wurde ein Vertrag zwischen der souveränen Deutschen Demokratischen Republik und der gleichfalls souveränen Bundesrepublik Deutschland abgeschlossen, und so sieht es jeder einsichtige und vernünftige Mensch in der Welt..." (ADN)

Der im Sommer 1972 in Bonn und Berlin fortgesetzte Meinungsaustausch zwischen den beiden Staatssekretären betrifft die Möglichkeiten von Verhandlungen über einen das grundsätzliche Verhältnis zwischen den beiden deutschen Staaten regelnden **Grund- und Generalvertrag.**

Die DDR erhält von den Ostblockstaaten (Krimkonferenz Juli 1972) für diese „Politik der Entspannung" grünes Licht.

Der gesamte deutsch-deutsche Dialog, der in Verträgen und Vereinbarungen konkrete und folgenschwere Ergebnisse bringt, steht weiterhin in der Spannung zweier verschiedener, teilweise sogar widersprüchlicher Zielsetzungen:

— **Der Bundesregierung** geht es um Entspannung, Friedenssicherung, Normalisierung und Menschlichkeit, aber auch um die Einheit der Nation.

„Die Regelung des Verhältnisses zur DDR ist fester Bestandteil der auf Frieden und Normalisierung ausgerichteten Entspannungspolitik der Bundesregierung... Die Bundesregierung wünscht, in Verhandlungen mit der DDR über praktische Fragen zu Vereinbarungen zu kommen, die das Leben der Deutschen im gespaltenen Deutschland im Verhältnis zueinander erleichtern können... Entsprechend der Auffassung des Grundgesetzes ist die Politik der Bundesregierung darauf ausgerichtet, einen Zustand des Friedens in Europa herbeizuführen, in dem das deutsche Volk in Freiheit über seine staatliche und politische Lebensform bestimmen kann..." (Bonner Almanach 1972)

— **Der DDR-Regierung** dagegen geht es vorrangig um die Anerkennung ihrer völligen staatsrechtlichen Eigenständigkeit und Souveränität, um die Respektierung ihrer Grenzen (seit Juli 1971 gilt z. B. für den Postverkehr mit der BRD Auslandsporto!) und um eine größtmögliche Abschließung von systemfremden Einflüssen auf die Bevölkerung:

„Dieser Verkehrsvertrag ist ein normaler Staatsvertrag, nicht nur ein Regierungsabkommen. Es ist der erste Staatsvertrag zwischen der DDR und der BRD, zweier voneinander unabhängiger Staaten mit unterschiedlicher Gesellschaftsordnung, zwischen denen es bekanntlich nur Beziehungen gemäß den völkerrechtlichen Normen der friedlichen Koexistenz geben kann. Man muß beachten, daß der Verkehrsvertrag sich einordnet in eine ganze Reihe wichtiger zusammenhängender Schritte, die der Entspannung und der europäischen Sicherheit dienen.

Solche Schritte sind der Moskauer Vertrag, der Warschauer Vertrag, das vierseitige Abkommen über West-Berlin, das Transitabkommen, die Vereinbarung zwischen der Regierung der DDR und dem Senat von West-Berlin. Mit diesen internationalen Verträgen wird die Unverletzlichkeit der bestehenden Grenzen garantiert werden. Es werden in vielen praktischen Fragen Regelungen zum beiderseitigen Nutzen wirksam werden. Alle diese Verträge und Abkommen haben schon vor ihrem Inkrafttreten zur Verbesserung der Atmosphäre beigetragen, in der weitere Entspannungsschritte aussichtsreich erscheinen und neue Vereinbarungen in Angriff genommen werden konnten. Das erleichterte auch die Vorbereitung des Verkehrsvertrages, wenn auch die Verhandlungen langwierig und kompliziert waren... Wir wissen, daß zu normalen Beziehungen, zu friedlicher Koexistenz zwischen der DDR und der BRD noch eine Menge fehlt. Auch nach Inkrafttreten der genannten Verträge und Abkommen werden die Beziehungen zwischen der DDR und der BRD noch nicht völlig so sein, wie sie zwischen voneinander unabhängigen Staaten international allgemein üblich sind..." (Neues Deutschland, 14. Mai 1972)

Einwände und Vorwürfe der CDU/CSU-Opposition gegen die Deutschlandpolitik betreffen vor allem:

— Die **Preisgabe der deutschen Wiedervereinigungspolitik** und die Aufwertung der DDR.

„Die Regierung Brandt hat Veränderungen hervorgerufen, die nicht mehr rückgängig gemacht werden können. Die Alternative ist schlimm:

Wenn wir die Ostverträge ratifizieren, wäre es ein Unheil; wenn wir sie nicht ratifizieren, ist das deutsch-sowjetische Verhältnis schlechter als es jemals war. —

Breschnew hat (in Oreanda) aus Brandt die volle Gleichberechtigung der „DDR" herausgeholt, die Anerkennung der „DDR" ist erfolgt. Der Rest ist nur ein formaler Akt. Geradezu beschämend ist es zu erleben, daß der Kanzler... die Worte Schießbefehl und menschliche Erleichterungen nicht einmal mehr in den Mund zu nehmen wagt..." (F. J. Strauß in einem Interview am 20. 9. 1971)

— Die **zu weitgehenden Zugeständnisse** der Regierung ohne Gegenleistung; die Folge sind einseitige Vorteile der Gegenseite.

„Wir sind bereit Verträge zu machen, aber mit dem Ziel, die Einheit der Nation zu wahren. Ich bin bereit, Hoffnung um Hoffnung zu geben oder Leistung um Leistung. Aber ich bin nicht bereit, eine reale Leistung gegen eine Hoffnung zu geben." (R. Barzel am 10. Dezember 1971)

— Die Unvollständigkeit der Abmachungen vor allem wegen der **unbefriedigenden Lösung der humanitären Probleme**:

„Mit Sorge stellt die Fraktion fest: Die Bundesregierung legt ein Vertragswerk vor, das unvollständig ist, weil es den Kern der Probleme, die Lage der Deutschen in Deutschland weder regelt noch löst. Wer hierzu Fragen beantworten will, muß die Grenzen für die Deutschen erträglich machen. Das geschieht durch das Vertragswerk nicht..." (Beschluß der CDU/CSU-Fraktion vom 17. Dezember 1971)

Der Grundvertrag

Für die Entwicklung der deutschen Frage und der deutschen Ostpolitik ist — wie für die großen Fragen der Weltpolitik überhaupt — entscheidend, daß die russisch-amerikanischen Beziehungen 1972 ein weiteres Stadium der Konsolidierung erreichen. Präsident Nixon und Parteichef Breschnew unterzeichnen zum Abschluß ihres Moskauer Gipfeltreffens am 29. Mai 1972 eine zwölf Punkte umfassende bedeutsame Grundsatzerklärung, die in ihren ersten Punkten besagt:

Die beiden Mächte „werden von dem gemeinsamen Schluß ausgehen, daß es im Nuklearzeitalter keine andere Alternative gibt, als die gegenseitigen Beziehungen auf der Grundlage einer friedlichen Koexistenz zu gestalten. Unterschiede in der Ideologie und in den Gesellschaftssystemen der USA und der UdSSR sind keine Hindernisse für die bilaterale Entwicklung normaler Beziehungen, die auf den Grundsätzen der Souveränität, der Gleichberechtigung, der Nichteinmischung in innere Angelegenheiten und des beiderseitigen Vorteils beruhen.

Die USA und die UdSSR legen größten Wert darauf, das Entstehen von Situationen zu verhindern, die zu einer gefährlichen Verschlechterung ihrer Beziehungen führen könnten. Sie werden daher ihr Äußerstes tun, um militärische Konfrontation zu vermeiden und den Ausbruch eines Nuklearkrieges zu verhindern. Sie werden in ihren gegenseitigen Beziehungen stets Zurückhaltung üben, und sie werden bereit sein, zu verhandeln und Meinungsverschiedenheiten mit friedlichen Mitteln beizulegen . . . Beide Seiten erkennen an, daß Bestrebungen, direkt oder indirekt einen einseitigen Vorteil auf Kosten des anderen zu erreichen, nicht im Einklang mit diesen Zielen stehen. Die Voraussetzungen für die Erhaltung und Stärkung friedlicher Beziehungen zwischen den USA und der UdSSR sind die Anerkennung der Sicherheitsinteressen der Vertragspartner auf der Basis des Grundsatzes der Gleichberechtigung und des Verzichts auf Anwendung oder Androhung von Gewalt . . ."

Das Gewicht dieser Aussage zeigt sich auch in den weiteren deutsch-deutschen Verhandlungen. Diese Grundsätze bestimmen die Einstellung der NATO-Verbündeten der BRD ebenso wie die Haltung der Warschauer-Pakt-Staaten.

Ein Meinungsaustausch über einen **Grundvertrag** zwischen der BRD und der DDR, d. h. über die Herstellung normaler, gutnachbarlicher Beziehungen, „wie sie zwischen von einander unabhängigen Staaten üblich sind", beginnt nach Inkrafttreten der Ostverträge und der Berlin-Regelungen (3. Juni) am 15. Juni 1972 wiederum zwischen den Staatssekretären Bahr und Kohl.

Am 16. August bereits kommt dieser Meinungsaustausch in das Stadium offizieller Verhandlungen, die bis zum 6. November dauern. Bei diesen Verhandlungen stehen vier kontroverse Fragen im Vordergrund:

— die Viermächteverantwortung für Deutschland als Ganzes,
— die Einheit der deutschen Nation,
— die völkerrechtliche Anerkennung Ost-Berlins durch Bonn,
— der Botschafteraustausch zwischen den beiden deutschen Staaten.

Der „Vertrag über die Grundlagen der Beziehungen zwischen der Bundesrepublik Deutschland und der Deutschen Demokratischen Republik" wird am 8. November 1972 in Bonn von den Unterhändlern paraphiert.

Die Unterzeichnung findet (wiederum durch Bundesminister Bahr und Staatssekretär Kohl) am 21. Dezember 1972 in Ost-Berlin statt.

Der Grundvertrag gilt allgemein als historisches Ereignis von größter Tragweite und nicht absehbaren Folgen.

Der Inhalt des Vertragswerkes und der Zeitpunkt seines Abschlusses auf dem Höhepunkt des Wahlkampfes machen den Grundvertrag zum Gegenstand heftigster Polemik.

Von Jubel und Genugtuung („Das Eis ist geschmolzen!") reichen die Reaktionen über Skepsis und Vorsicht bis zum Vorwurf, einen „zu hohen Preis" gezahlt zu haben, und zur Verbitterung über die endgültige Teilung.

Eine Deutschlanderklärung der vier Mächte vom 9. November unterstützt die Mitgliedschaft der beiden deutschen Staaten in den Vereinten Nationen und bestätigt, „daß diese Mitgliedschaft in keiner Weise die Rechte und Pflichten der vier Mächte oder die entsprechenden zu treffenden Viermächtevereinbarungen, Entscheidungen oder Praktiken berühren wird". In dieser Formulierung wird eine Garantie für das Weiterbestehen der Viermächteverantwortung für ganz Deutschland und für den Status Berlins in der derzeitigen Form gesehen.

Der **Grundvertrag** dient der Entspannung, Sicherheit und Normalisierung der Beziehungen zwischen den beiden deutschen Staaten, er eröffnet vielfältige Möglichkeiten der Zusammenarbeit und sieht Regelungen vor, die den Kontakt zwischen den Menschen in den beiden deutschen Staaten erleichtern sollen: neue Grenzübergänge, kleiner Grenzverkehr im grenznahen Bereich. Hierbei gibt die DDR einige früher vertretene Positionen preis.

Die Kritiker sprechen von einem „Spaltervertrag", sehen die — ungewisse — Verwirklichung des Vertrages zu sehr ins Ermessen der DDR-Behörden gelegt und weisen auf die vollzogene völkerrechtliche Anerkennung der DDR hin, die im Widerspruch zum Grundgesetz steht.

Der Vertrag selbst erwähnt unüberbrückbare Gegensätze in Grundfragen, so in der Frage der Staatsangehörigkeit und in der Auffassung über die Einheit der Nation.

Die SU und die Staaten des Ostblocks sehen im Grundvertrag vor allem eine Stärkung der internationalen Position der DDR. Für die DDR erfüllt der Vertrag „ein längst überfälliges Anliegen, nämlich endlich zwischen diesen Staaten solche Beziehungen herzustellen, wie sie die Charta der Vereinten Nationen für die Bevölkerungen zwischen allen Staaten verlangt". (ADN)

Der DDR-Außenminister Winzer sieht den Grundvertrag auch im Zusammenhang mit dem Sieg der sozial-liberalen Koalition bei den Bundestagswahlen vom 19. November 1972: „... Aus den nächsten Schritten der SPD/FDP-Regierung wird man ersehen können, inwieweit sie den Erwartungen gerecht wird, die ihre Wähler mit ihrer Stimmabgabe gerade im Hinblick auf die zukünftige Politik gegenüber der DDR verbanden. Das betrifft sowohl die Normalisierung der bilateralen Beziehungen als auch die endgültige Aufgabe der Einmischungspolitik, die sich gegen die gleichberechtigten Beziehungen der DDR zu dritten Staaten und internationalen Organisationen richtet. Alle Versuche, international ein fiktives ‚besonderes' oder ‚innerdeutsches' Verhältnis zwischen beiden Staaten zu deklarieren, sind zum Scheitern verurteilt." In der BRD bleibt das Urteil gespalten, wird aber der geschichtlichen Dimension des Vertrags gerecht.

„Bundeskanzler Brandt bezeichnete den Grundvertrag als einen ‚Wendepunkt in der Nachkriegsgeschichte'. Der Kanzler hat ohne Zweifel recht. Es ist ein großes Ereignis, daß die Spaltung und Teilung Deutschlands jetzt notariell vollzogen wurde. Ein sozialdemokratischer Kanzler notifiziert die Liquidationsurkunde des Reichs von 1871. Hier wird eine alte Rechnung mit dem Kanzler Bismarck beglichen ..." (DIE WELT)

„Wer eigentlich hat das von Bismarck mit viel Blut und noch mehr Eisen zusammengeschweißte Deutsche Reich verhökert? Das ist ein dankbares Thema für jede Schulstunde und auch für jede Familiendiskussion. — Gab es einmal einen Kaiser Wilhelm, der den ersten Teil des Fürstenerbes verspielte? Gab es in Deutschlands Geschichte einen Adolf Hitler, der den Rest des Reiches in Trümmer schlug? Wo standen die Soldaten der Generale Eisenhower und Tschukow am 8. Mai des Jahres 1945, und wie und warum waren sie bis an die Elbe und bis nach Berlin gekommen? ..." (Neue Ruhr Zeitung)

Im Ausland überwiegen Genugtuung und Befriedigung über die Normalisierung und Entspannung in Mitteleuropa:

„Der Grundvertrag folgt logisch auf die Verträge Bonns mit Moskau und Warschau. Beide Dokumente enthalten die Anerkennung der bestehenden Grenzen in Europa und damit auch der Existenz der DDR ..." (Salzburger Nachrichten)

„Die drei von Brandt und Scheel ausgehenden Ostverträge sind ein staatsmännisches Werk, das für ganz Europa geschaffen wurde. Als die Zeit kam, die Spannungen in Europa abzubauen, mußten die Deutschen, die die meisten Spannungen hervorgerufen hatten, den ersten Schritt tun. Brandt ist der erste deutsche Kanzler, der dies erkannte und den Mut hatte, den Schritt zu tun. Er hat es nicht verdient, angegriffen ... zu werden, weil er diese notwendige Tat vollbracht hat ..." (The Guardian, London)

f) Die Bundeswehr seit 1964

Die Personalstärke der Streitkräfte beträgt

1963	404 000
1967	457 000
1970	476 400

Der Personalbestand von 468 000 Mann (September 1971) verteilt sich auf

	Heer	315 600
davon	Feldheer	248 000
	Luftwaffe	104 100
	Marine	33 900
	Wehrübende	14 400

Verteidigungsminister wird nach **Th. Blank** (CDU, 1955—56) **F. J. Strauß** (CSU, 1956—63) und **K. U. v. Hassel** (CDU, 1963—66) in der Regierung der Großen Koalition **Gerhard Schröder** (CDU, 1966—69); in der sozial-liberalen Regierung Brandt/Scheel übernimmt **Helmut Schmidt** (SPD) das Verteidi-

gungsressort, das er bis zum Regierungsumbau im Zusammenhang mit der „Schiller-Krise" leitet: am 7. Juli 1972 wird H. Schmidt als Nachfolger K. Schillers Wirtschafts- und Finanzminister und übergibt das Amt des Verteidigungsministers und damit die Befehls- und Kommandogewalt über die Bundeswehr an **Georg Leber** (SPD).
Generalinspekteur ist nach **Adolf Heusinger** (1956—1961) und **Friedrich Förtsch** (1961—1963) **Heinz Trettner** (1964—1966). Ihm folgt im August 1966 **Ulrich de Maizière** und diesem seit 1. April 1972 **Admiral Armin Zimmermann.**

Die **Grundlinien der Verteidigungspolitik** — eingebettet in die NATO — sind in den 60er Jahren seit der nuklearen „Pattsituation" unverändert (Verteidungsminister Schröder im Juni 1967): überzeugende Abschreckungsfähigkeit, Beibehaltung des atlantischen Bündnisses; Ausbau der konventionellen Bewaffnung; Steigerung der Beweglichkeit und Feuerkraft; keine Beseitigung der nuklearen Komponente; Beibehaltung der allgemeinen Wehrpflicht und der 18monatigen Dienstzeit.

Dem **Verteidigungskonzept** liegen zugrunde:
— die NATO-Strategie, welche sich von der „Doktrin der massiven Vergeltung" zur „Doktrin der flexiblen Antwort" (d. h. bewegliche Reaktionsformen bei Abschreckung und Verteidigung) wandelt;
— die finanziellen Möglichkeiten der Bundesrepublik, welche seit 1966 auch im Verteidigungssektor zu Einsparungen zwingen;
— die wehrtechnische Entwicklung, welche zu langfristig geplanter ständiger Modernisierung und zu gemeinschaftlicher rationaler Planung und Entwicklung drängt.

Einsparung, Straffung der Befehlswege, Konzentration der Ausbildung und Verwaltungsvereinfachungen führen im Mai 1968 zum Beschluß des Verteidigungsrates, die Streitkräfte der Territorialen Verteidigung mit dem Feldheer — beginnend mit 1969 — zusammenzulegen. Aus den 3 Korps- und den 6 Wehrbereichskommandos werden 2 Heeresgruppenkommandos mit je 3 Generalkommandos, die insgesamt die Landstreitkräfte bilden und dem Inspekteur des Heeres unterstellt sind.

Eine NATO-Studie vom 2. 12. 1970 „Über Verteidigunsprobleme der Allianz in den 70er Jahren" hält am militärstrategischen Konzept der flexiblen Reaktion und am Prinzip der für die BRD lebenswichtigen Vornverteidigung fest.

Die Arbeit im **nordatlantischen Verteidigungsbündnis** ist auf zwei Hauptprobleme gerichtet: Wahrung der **Verteidigungskraft** und Beitrag zur **Entspannung** in Europa.

MBFR und KSZE (beiderseitige ausgewogene Truppenverminderung und Konferenz über Sicherheit und Zusammenarbeit in Europa) sind vorrangige Themen auf der NATO-Ministerratstagung in Brüssel (Dezember 1971).

Das Kommuniqué der Ministertagung vom 31. Mai 1972 unterstreicht erneut, daß es Zweck des Bündnisses ist, die Freiheit und Sicherheit aller seiner Mitglieder zu erhalten und ferner, daß **Verteidigung und Entspannung** untrennbar miteinander verbunden sind.

Die Bundesregierung unterzeichnet am 8. Juni 1971 den „Vertrag über das Verbot der Anbringung von Kernwaffen und anderen Massenvernichtungsmitteln auf dem Meeresboden und im Meeresuntergrund" und nimmt auch an den SALT-Gesprächen teil.

Nach der Ratifizierung der Ostverträge und dem Inkrafttreten des Berlinabkommens umschreibt Verteidigungsminister H. Schmidt am 23. Juni 1972 in einer Regierungserklärung vor dem Bundestag die **Grundpositionen der deutschen Sicherheitspolitik** im Hinblick auf die bevorstehende Konferenz für Sicherheit und Zusammenarbeit in Europa:

1. „Wir haben nicht nur ein moralisches, sondern auf Grund unserer geographischen Lage auch ein vitales Interesse an der Spannungsminderung in Europa.
2. Die Bundesregierung unterstützt deshalb weitere Schritte zur Konkretisierung der Entspannung in Europa und zur Überwindung der Konfrontation und beteiligt sich aktiv daran.
3. Die Aufrechterhaltung des Kräftegleichgewichts bleibt dabei eine unerläßliche Bedingung.
4. Die Bundesrepublik wird deshalb auch in Zukunft einen ihrer Möglichkeit angemessenen Verteidigungsbeitrag im Rahmen des atlantischen Bündnisses leisten. Die Kooperation im Bündnis bleibt die Grundlage unserer Sicherheit."

Innere Entwicklung der Streitkräfte

1964 werden der Bundeswehr vom Bundespräsidenten **Truppenfahnen** in den Farben Schwarz-Rot-Gold verliehen. Die sind damit Symbol für
— die Synthese von Grundgesetz, Wehrverfassung sowie Verteidigungs- und Kampfauftrag;
— die feste Verankerung des soldatischen Dienstes im freiheitlichen Rechtsstaat und der modernen Gesellschaft („Bürger in Uniform");
— die Überwindung des früheren Partikularismus und der gesellschaftlichen Sonderstellung des Soldaten.

Der **Traditionserlaß** (1965) enthält das Bekenntnis zur Notwendigkeit echter Tradition — betont jedoch, daß die früher gültigen Traditionswerte nicht unbesehen übernommen werden können.

Im Sommer 1966 kommt es nach öffentlichen und internen Auseinandersetzungen zu personellen Veränderungen an der Spitze der Bundeswehr. „**Generalskrise**": Rücktritt von Generalinspekteur Trettner und dem Inspekteur der Luftwaffe, General Panitzki.

Ursache sind: die Abstürze von Starfightern (bis Mitte 1966 über 60 — in der Folgezeit bis Oktober 1969 100), Organisationsfragen im Ministerium und vor allem die Zulassung der Gewerkschaft ÖTV zu den Kasernen (im Zusammenhang mit dem Erlaß über das Koalitionsrecht des Soldaten gemäß Artikel 9 GG).

Auch während der **Konsolidierungsphase** nach dem notwendigerweise oft übereilten Aufbau bleiben Bundeswehr und Verteidigungskonzeption, Bewaffnung und Ausbildung sowie Fragen der Inneren Führung (Berichte des Wehrbeauftragten) im Mittelpunkt des öffentlichen Interesses.

„... Der Kern ist die **Integration der Armee in unsere Demokratie und gesellschaftliche Ordnung.** Ich habe wiederholt zum Ausdruck gebracht, daß dieser Integrationsprozeß grundsätzlich gelungen ist. Hierbei ist darauf hinzuweisen, daß dieser Prozeß nie abgeschlossen und nicht nur eine Aufgabe der Bundeswehr sein kann...

Die Gegner der Inneren Führung — innerhalb und außerhalb der Bundeswehr — folgern aus der Tatsache, daß in vielen Fällen der junge Wehrpflichtige nicht als ‚idealer Staatsbürger' in die Kaserne einrückt und weder den erforderlichen Sinn für staatsbürgerliche Verantwortung noch das notwendige politische Interesse hat, die Innere Führung sei ein ‚Wunschtraum' oder ein ‚Hirngespinst'. Diese Gegner verkennen aber, daß der Begriff ‚Staatsbürger in Uniform' in erster Linie das gesetzlich vorgeschriebene Leitbild für den Erziehungsauftrag der Bundeswehr ist. Es ist offensichtlich, daß ein Leitbild ... in letzter Vollkommenheit nie erreicht werden kann. Daher muß es Aufgabe aller staatstragenden Kräfte — Elternhaus, Schule, Parteien, Verbände — und daher auch der Bundeswehr sein, den jungen Menschen anhand dieses Leitbildes durch Wort und Tat unausgesetzt zu überzeugen. Wer diese Erziehung bekämpft, handelt nicht in Übereinstimmung mit der bestehenden gesetzlichen Ordnung. — ..." (Aus dem Jahresbericht 1967 des Wehrbeauftragten M. Hoogen)

In den Jahren 1968/69 treten auch in der Sicherheitspolitik Akzentverschiebungen („Kontinuität und Erneuerung") in den Vordergrund, die auf endogene (Selbstverständnis des Soldaten, Mangel an längerdienenden Offizieren und Unteroffizieren) und exogene Faktoren (Entspannungspolitik, gesellschaftliche Veränderungen) zurückzuführen sind.

Erstmals veröffentlicht Verteidigungsminister Schröder im **Weißbuch** 1969 eine Bestandsaufnahme der Verteidigungspolitik und eine Zusammenfassung der anstehenden Fragen.

Helmut Schmidt setzt den beschrittenen Weg fort, betont aber entsprechend der Politik der sozial-liberalen Regierung noch stärker die Notwendigkeit von Reformen: „Erneuerung wird dort Platz greifen, wo nach gründlicher Überprüfung personelle, materielle und strukturelle Veränderungen notwendig erscheinen. Ein angemessener Verteidigungsbeitrag einerseits und das Streben nach Gewaltverzicht, Rüstungsbegrenzung und Rüstungskontrolle auf Gegenseitigkeit andererseits sind die beiden sich ergänzenden Hauptaspekte ..." (Schmidt 1969)

Der Verteidigungsminister beginnt 1970 seine Amtsführung mit einer umfangreichen **„kritischen Bestandsaufnahme",** welche in Klausurtagungen, Befragungsaktionen und zahlreichen Regionaltagungen mit Kommandeuren, Einheitsführern, Unteroffizieren und Angehörigen der Bundeswehrverwaltung die anstehenden Probleme durchleuchten und in 12 Kommissionen bearbeiten soll. Im „Weißbuch zur Sicherheit der BRD und zur Lage der Bundeswehr" — vorgelegt im Mai 1970 — werden die Analysen und Reformvorschläge zusammengefaßt und konkrete Einzelmaßnahmen angekündigt, die sich u. a. beziehen sollen auf Fragen der Fürsorge, der Wehrgerechtigkeit, der Berufsförderung, auf Laufbahnverbesserungen und Umstrukturierung, auf Probleme der Ausrüstung und Organisation, Bildung und Ausbildung.

Laut Weißbuch fehlen der Bundeswehr ca. 2600 Offiziere und 25 000 Unteroffiziere.

Ein weiteres Weißbuch 1971/72 vom Dezember 1971 legt Rechenschaft ab, setzt die Bestandsaufnahme fort und informiert über die weiteren Vorhaben.

Eine nach längerer Vorarbeit 1970 in Kraft gesetzte **Umstrukturierung des Heeres** betont noch stärker den Defensivcharakter der Streitkräfte.

In dem 1968 erstmals vorgelegten und dann fortgeschriebenen **Rüstungsplan** werden wegen der wirtschaftlichen Lage und in Auswirkungen der kritischen Bestandsaufnahme Abstriche gemacht bzw. in der Realisierung zugunsten notwendiger Fürsorge- und Betreuungsmaßnahmen bei einigen Projekten Verzögerungen in Kauf genommen.

Tiefgreifend und für die weitere Entwicklung bestimmend sind die Arbeitsergebnisse von drei **Kommissionen:**

1. Die Wehrstrukturkommission (Bericht an die Bundesregierung vom 3. Februar 1971) hat den Auftrag, Vorschläge zu machen, wie für dieses Jahrzehnt größere **Wehrgerechtigkeit** verwirklicht und die Einsatzbereitschaft der Bundeswehr bei gleichbleibendem Umfang gewährleistet werden kann. Das Hauptergebnis ist der Vorschlag, die Grundwehrdienstdauer von 18 auf 15 Monate zu verkürzen, was zu einer Erhöhung der Zahl von einzuziehenden Wehrpflichtigen und damit zu einem höheren Maß an Wehrgerechtigkeit führt. Die Bundesregierung schließt sich diesem Vorschlag an; 1972 wird die **Verkürzung des Grundwehrdienstes auf 15 Monate** Wirklichkeit.

Die Wehrstrukturkommission übergibt der Bundesregierung am 28. November 1972 einen zweiten Bericht mit Analysen und Optionen. Der Bericht lehnt für die nächste Zeit sowohl eine Berufsarmee als auch eine Miliz ab und entscheidet sich für die Beibehaltung der allgemeinen Wehrpflicht und schlägt eine Gliederung des Heeres in 24 Voll- und 12 Kaderbrigaden vor. Ein weiterer Vorschlag betrifft eine Steuererleichterung für gediente und eine Ausgleichsabgabe für ungediente Wehrpflichtige.

2. In der Personalstrukturkommission (Bericht vom 6. April 1971) geht es um Vorschläge zur Verbesserung der Personalstruktur der Streitkräfte durch

— leistungsgerechte Bewertung der Tätigkeiten;
— Festlegung der Bildungsvoraussetzungen, sonstiger beruflicher Vorbildung und der Ausbildung für die jeweils wahrzunehmenden Funktionen;
— Neuordnung von dienstrechtlichen Regelungen und Laufbahnen.

Ein wichtiges Ergebnis ist der Vorschlag einer zeitweisen Weiterentwicklung des derzeitigen Bewertungs- und Besoldungssystems, dessen Bindung an den abstrakten Amtsbegriff (Dienstgrad) zugunsten einer **tätigkeitsorientierten Bewertung und Besoldung** (Verantwortungsbereiche, Verwendungsreihen) abgelöst werden soll.

3. Die Bildungskommission (Gutachten vom 18. Mai 1971) hat die Aufgabe, ein Gutachten
- über die künftige **Organisation** der Aus- und Fortbildung von Offizieren, Unteroffizieren und längerdienenden Mannschaften,
- sowie über die **Inhalte** dieser Aus- und Fortbildung zu erarbeiten.

Der Kern des Gutachtens, das die Ergebnisse des Strukturplans des Deutschen Bildungsrates, den Bildungsbericht der Bundesregierung und die Empfehlungen des Wissenschaftsrates berücksichtigt, sind Vorschläge, die darauf abzielen, das Ausbildungssystem für Soldaten mit einer **zivil nutzbaren** Ausbildung bzw. Fort- und Weiterbildung zu verbinden.

Der ältere, nur im Modell verwirklichte **Dreistufenplan** für die Ausbildung zum Offizier (Offiziersschule, Wehrakademie, Stabsakademie) scheitert an dem stetig wachsenden Personalmangel, besonders aber an den sich ändernden gesellschaftlichen Voraussetzungen im allgemeinen Bildungsbereich.

Mit der Reform des Bildungs- und Ausbildungswesens kommt es zu einer Weichenstellung besonders in der Ausbildung des Führungspersonals: Im Mittelpunkt der neuen Konzeption für die Ausbildung zum Einheitsführer steht eine geschlossene 5jährige **militärische und wissenschaftliche Ausbildung,** die — hier spielt auch der Gedanke einer größeren Attraktivität des Offizierberufes eine Rolle — zu einem **auch im zivilen Bereich anerkannten** berufsbefähigenden Hochschulabschluß führt. Zu diesem Zweck werden zwei **Bundeswehrhochschulen** errichtet, an denen ein Fachstudium in 7—8 Bereichen angeboten wird: u. a. Organisations- und Betriebswirtschaft, Pädagogik, Informatik, Maschinenbau, Elektrotechnik.

Die **innere Entwicklung** der Bundeswehr Ende der 60er und zu Beginn der 70er Jahre ist charakterisiert durch
- den auch hier wirksamen **Generationswechsel** mit dem durch ihn bedingten krisenhaften Wandel im Selbstverständnis und Rollenbewußtsein des Soldaten;
- die **Neuordnung des Erziehungs- und Bildungswesens** für Unteroffiziere und Offiziere;
- die starke Integration der Streitkräfte in die moderne **Gesellschaft** mit ihren Besonderheiten, Tendenzen und permissiven Lebenspraktiken;
- eine harte Auseinandersetzung mit den aus der Gesellschaft kommenden ideologischen, auf Kritik, Verunsicherung und Störung oder Zersetzung abzielenden wehr- und demokratiefeindlichen Kräften.

Letztlich geht es um eine sowohl dem unverändert gültigen Verteidigungsauftrag als auch den veränderten Prämissen Rechnung tragende
- Erhaltung der **Funktionsfähigkeit** der Streitkräfte,
- Betonung der **politischen Bildung** im Sinn des Auftrags an die Bundeswehr und
- Weiterführung („Fortschreibung") der **Inneren Führung** (als „zeitgemäße soldatische Menschenführung von unserer staatlichen und gesellschaftlichen Grundordnung her auf ihre Verteidigung hin").

Die 70er Jahre beginnen mit einer inneren **Krise,** von der befürchtet wird, sie könnte sich auch auf die Schlagkraft der Truppen auswirken. Unruhe, Unsicherheit und die Intensität der geistigen und gesellschaftlichen Auseinandersetzung äußern sich in einigen konkreten Aussagen:

— „Gedanken zur Verbesserung der Inneren Ordnung des Heeres" (vom Juni 1969) — ausgearbeitet an der Führungsspitze des Heeres;

— „Der Leutnant 70", Thesen (erarbeitet an der Offiziersschule Hamburg im Dezember 1969);

— „Ergebnisse einer Arbeitstagung von Hauptleuten der 7. PzGrenDiv" vom Dezember 1970.

— Von linksextremer Seite wird u. a. ein polemischer Beitrag „Soldat 70" geleistet, dessen Verfasser 13 Wehrpflichtige sind.

Der innere Zustand der Armee und die Handhabung der Inneren Führung werden registriert und analysiert in den **Berichten des Wehrbeauftragten des Deutschen Bundestages.** Dieses Amt bekleiden seit der Verfassungsnovelle vom 19. März 1956 und dem entsprechenden Gesetz vom Juni 1957:

    v. Grolman   1959—1961
    H. G. Heye   1961—1964
    M. Hoogen 1964—1970

Der am 11. März 1970 gewählte vierte Wehrbeauftragte **F. R. Schultz** geht in seinem Jahresbericht 1971 (vom 10. März 1972) ausführlich und grundsätzlich auf die innere Situation der Bundeswehr ein und zeigt eine Reihe aktueller Probleme auf:

— das Verhältnis zwischen freier Entfaltung der Persönlichkeit und den Notwendigkeiten militärischer Ordnung;

— das Nachlassen der Disziplin in der Truppe;

— das äußere Erscheinungsbild vieler Soldaten (besonders „Haar- und Barttracht"),

— die politische Betätigung der Soldaten;

— die Zunahme der Wehrdienstverweigerung;

— die Zukunft der Inneren Führung;

— die Vernachlässigung der politischen Bildung und des staatsbürgerlichen Unterrichts.

In der durch Unruhe und Unsicherheit gekennzeichneten Situation mit den von der Gesellschaft auf die Streitkräfte übergreifenden „Mangelerscheinungen" tritt 1971/72 eine gewisse **Klärung** ein hinsichtlich der Fundamente der Bundeswehr:

— das politische Prinzip der glaubwürdigen Verteidigungsbereitschaft;

— das militärische Prinzip von Befehl und Gehorsam;

— das demokratische Prinzip von Diskussion und Überzeugung;

— das der technischen Wirklichkeit entsprechende Prinzip von Leistung, Fachautorität und Sachdisziplin.

Bundesregierung (Bundeskanzler Brandt am 19. November 1970 an die Konferenz der Ministerpräsidenten) und Kultusminister unterstreichen die Notwendigkeit der im Schulunterricht meist fehlenden objektiven Information über Verteidigungsauftrag sowie Notwendigkeit und Wirklichkeit der Bundeswehr.

„Die Aufträge unseres Staates erreichen uns in der Form von Gesetzen. Wenn im Soldatengesetz festgelegt ist: ‚Der Soldat hat Disziplin zu wahren', dann besagt dies, daß der Staat nicht irgendeine, sondern eine disziplinierte Truppe will. Die soldatischen Pflichten sind nicht der Marotte militärischer Vorgesetzter entsprungen, sie sind uns von unserem Staat vorgegeben. Das gleiche gilt für die Einschränkung des Grundrechts der freien Meinungsäußerung und für die politische Betätigung, für Gehorsam und Kameradschaft, für Verschwiegenheit und Wahrhaftigkeit. Geist, Haltung und Form wollen wir festigen, wenn wir als militärische Vorgesetzte getreu dem Auftrag des Gesetzgebers auf eine disziplinierte Truppe hinwirken..." (Generalinspekteur Zimmermann, Juni 1972)

Zu großer grundsätzlicher und praktischer Bedeutung entwickelt sich das im Grundgesetz anerkannte **Recht auf Kriegsdienstverweigerung**. Der Sinn dieses Grundrechtes ist (lt. Entscheid des Bundesverfassungsgerichtes vom 6. Mai 1970):

„Die Gewissensposition gegen den Kriegsdienst mit der Waffe zu schützen und den Kriegsdienstverweigerer vor dem Zwang zu bewahren, töten zu müssen." — Mit dieser grundsätzlichen Einstellung geht die BRD in der Frage der Anerkennung der Kriegsdienstverweigerung **erheblich weiter** als alle Staaten in Ost und West.

Seit 1968 gerät das Grundrecht auf Kriegsdienstverweigerung aus Gewissensgründen immer stärker unter den Einfluß allgemeiner politischer und gesellschaftlicher Trends:

— Es wird „zur Waffe, die gegen den Staat und die Gesellschaft eingesetzt **wird**".

— Zum anderen wird die Kriegsdienstverweigerung der „legale Vorwand für Drückeberger". (Frankfurter Allgemeine Zeitung)

Die Zahl der Antragsteller schnellt hoch:

1967	ca.	6 000
1968		12 000
1969		14 400
1970		19 400
1971		27 600

Damit liegt der Prozentsatz der Antragsteller z. Z. zwar nur bei ca. 2 % eines Musterungsjahrganges, insgesamt aber hat die Zahl der anerkannten Kriegsdienstverweigerer die 100 000-Grenze überschritten.

— Zwar ist vorgesehen, daß Kriegsdienstverweigerer einen **zivilen Ersatzdienst** bei sozialen Einrichtungen leisten müssen; die Bundesregierung ruft die Dienststelle eines Beauftragten für den zivilen Ersatzdienst ins Leben. Eine Novelle zum Ersatzdienstgesetz vom Dezember 1972 soll den

zivilen Ersatzdienst der Wehrdienstverweigerer rechtlich der Wehrpflicht angliedern und erheblich verbessern.
— Aber z. Z. (1972) gibt es nur 11 000 Ersatzdienstplätze. Der größte Teil der Antragsteller wird daher zu **keinem** Dienst herangezogen.
— Die personale, ethische Motivierung — in ca. 10 % der Fälle sind echte persönliche Gewissensgründe bestimmend — wird verdrängt von der Wehrdienstverweigerung als **gesellschaftspolitischem Vorgang** und als **politischer Aktion** ganzer Gruppen mit dem organisatorischen und ideologischen Rückhalt in meist kommunistisch beherrschten Verbänden.
— Auch in der gesamten Lenkung der KV-Bewegung setzt sich gegen Idealisten, Eiferer und Utopisten die planmäßige subversive Aktivität durch, für die die Kriegsdienstverweigerer und die Berufung auf das freiheitliche Grundrecht ein **Instrument des Kampfes gegen die bestehende demokratische Ordnung und gegen die Erfüllung** des Verteidigungsauftrags ist.

4. Kultur und Zivilisation

a) Die christlichen Kirchen

Die Lage der Kirchen ist gekennzeichnet
— durch die Umbruchsituation der ganzen Welt;
— durch eine weitverbreitete Aufgeschlossenheit für Fragen des Glaubens und der menschlichen Existenz;
— durch eine starke Betonung des Sozialbezugs und der Gesellschaftskritik in der christlichen Botschaft;
— durch eine Krise der Amtskirche und der Hierarchie;
— durch offene Pluralität und Polarisierung;
— durch eine tiefgehende Solidarität zwischen Kirchen und Konfessionen;
— durch einen weltweiten Dialog über organisatorische und ideologische Grenzen hinweg.

Vatikan und Papsttum

Von geschichtlicher Bedeutung sind die Ereignisse in der katholischen Kirche unter den Päpsten **Johannes XXIII.** (1958 bis 1963) und **Paul VI.** (als Kardinal Montini Erzbischof von Mailand, der 262. Papst, seit Juni 1963).
— Das 2. **Vatikanische Konzil** (das 21. Konzil überhaupt) tagt in vier Sitzungsperioden von Oktober 1962 bis Dezember 1965.

Es erhält seine Bedeutung
— durch die Wandlung zur Weltkirche (über 3000 Teilnehmer);
— durch seinen Arbeitsstil: Öffentlichkeit und Freimütigkeit;
— durch seinen ökumenischen Charakter: Teilnahme von Nichtkatholiken (Beobachterdelegationen aus 16 nichtkatholischen Gemeinschaften mit über 100 Mitgliedern);
— durch die Abwendung vom Kurialismus und Klerikalismus;
— durch die Haltung zu den Nichtchristen.

Paul VI. ist der erste Papst seit Hadrian VI. — 1522/23 —, der von der römisch-katholischen Mitschuld an Glaubensspaltung und Schisma spricht und um Verzeihung bittet.

Themen des Konzils: Kurienreform, Liturgiereform, Wesen der Kirche, Bedeutung des Laien in der Kirche, Rolle der Bischöfe, Religionsfreiheit, Kirche und moderne Welt usw.

— Die Ergebnisse des Konzils sind in 16 Texten (4 Konstitutionen, 9 Dekrete, 3 Erklärungen) enthalten z. B. über

Liturgie, publizistische Mittel, Ökumenismus, zeitgemäße Erneuerung des Ordenslebens, Apostolat der Laien, Religionsfreiheit und über die Kirche in der Welt von heute.

Das Konzil fällt Entscheidungen für die weitere Entwicklung der katholischen Kirche und den Weg zum Dialog.

— Die Einsetzung einer Bischofssynode als Zentralorgan neben der Kurie und die Reform der römischen Kurie sowie des Hl. Offiziums sind tiefgreifende Änderungen in der Leitung der Kirche.

Die Ernennung von Kommissionen für Geburtenregelung, zur Revision der Vulgata, die Einführung des Diakonates, die Ergänzung des Kardinalskollegiums auf 120 Mitglieder sind weitere Maßnahmen im Dienste einer Kirchenreform. — Etliche Fragen bleiben ungeklärt (Mischehe, Zölibat).

— Der Einsatz gegen Rassenhaß, Nationalismus, Armut und soziale Ungerechtigkeit sowie die Bereitschaft zum weltweiten ökumenischen Dialog und zur Zusammenarbeit auch mit nichtchristlichen Religionen veranlaßt Paul VI. zu mehreren **Reisen ins Ausland.**

Als erster Papst unternimmt Paul eine Pilgerfahrt ins Heilige Land (Januar 1964); weitere Reisen führen u. a. nach Bombay (1964), nach New York (1965, Ansprache vor der Vollversammlung der UNO), nach Fatima (1967), Bogota (1968), Uganda (1969, panafrikanische Bischofskonferenz), nach Ostasien (Nov./Dez. 1970, panasiatische Bischofskonferenz).

— Das Gespräch zwischen dem Vatikan und den anderen christlichen Kirchen kommt auf höchster Ebene nur allmählich in Fluß:

Der Kontakt mit der Ostkirche wird im Dezember 1963 bei einem Besuch des Metropoliten Athenagoras angebahnt: Als erster Papst seit dem Konzil von Florenz (1439) empfängt Paul VI. den amtlichen Delegaten der Orthodoxie.

Am 6. Dezember 1965 wird gleichzeitig in Rom und Konstantinopel der **Bannfluch von 1054** durch den ökumenischen Patriarchen Athenagoras und Paul VI. aufgehoben.

Auch ein Versöhnungsbesuch des anglikanischen Erzbischofs von Canterbury in Rom dient der Einheit der Christen.

Die angestrebte Aufnahme der katholischen Kirche als Mitglied in den Ökumenischen Rat der christlichen Kirchen wird noch nicht vollzogen.

— Den Rundschreiben Johannes' XXIII. (Sozialenzyklika „Mater et magistra" (1961) und Friedensenzyklika „Pacem in terris" (1963)

fügt Paul VI. u. a. hinzu: die Enzyklika „Ecclesiam suam" (1964) über den Dialog zwischen den Christen und die Möglichkeiten einer Zusammenarbeit mit nichtchristlichen Bekenntnissen, eine Friedensenzyklika (1965) und die vielbeachtete **Sozialenzyklika "Populorum progressio"** (29. März 1967). Sie stellt einen leidenschaftlichen Appell an die brüderliche Verbundenheit der Menschen dar. Ihr Ton ist „schärfer und fordernder" als der früherer Sozialenzykliken.

An der Enzyklika **"Humanae vitae"** (26. Juli 1968) über die **Geburtenregelung,** in der Papst Paul eine kompromißlose Stellung bekundet (Verbot der Antibabypille), entzünden sich Kritik, Protest und Diskussion in und außerhalb der Kirche.

Eine Weiterentwicklung der **katholischen Soziallehre** enthält die Enzyklika „Octogesima adveniens" vom 14. Mai 1971.

Paul VI. versucht eine Synthese zwischen Reform im Innern, weltweitem Engagement für Friede und Gerechtigkeit — und notwendiger Betonung der Tradition.

Die **Reformen** beziehen sich u. a. auf die Vereinfachung der päpstlichen Hofhaltung, die Vermeidung äußeren Pomps, sie bringen liberale Maßnahmen im Bereich der Klöster und Ordensgemeinschaften und führen auch zur Vorbereitung eines Gesetzes über grundsätzliche Veränderungen bei der **Papstwahl.**

Seit 1971 gibt es eine päpstliche Behörde für Entwicklungshilfe. Im gleichen Jahr werden **Priesterräte** als demokratisch-beratende Gremien auf Diözesanebene eingeführt.

— Die römische **Bischofssynode** vom Oktober 1969 stärkt nicht nur Vollmachten und Verantwortung der Bischöfe, sondern betont ebenso die Einheit der Kirche gegen schädlichen Pluralismus und hält an den alten absolutistischen Vorstellungen vom Primat des Papstes fest; Kontakte zu der gleichzeitig in Rom stattfindenden „Schattensynode" einer fortschrittlichen europäischen „Priesterversammlung" werden abgelehnt.

Die Bischofssynode von 1971 befaßt sich mit dem zentralen Thema „Gerechtigkeit in der Welt" und bekennt sich zur „Solidarität mit den Unterdrückten", ist aber dem Vorwurf ausgesetzt, sie zeige „den Konservativen ihre Schwäche, den Fortschrittlichen ihre Zersplitterung und der Welt das anspruchslose Niveau, auf dem der Episkopat sich im großen und ganzen bewegt".

Zur weltweiten innerkirchlichen Auseinandersetzung kommt es in der **Zölibatsfrage.** U. a. setzt sich in den Niederlanden — wo bereits ein fortschrittlicher Neuer Katechismus erschienen ist — ein Pastoralkonzil für die Aufhebung der priesterlichen Ehelosigkeit ein. Desgleichen verhalten sich kirchliche Kreise Italiens und ein großer Teil des lateinamerikanischen Episkopates dem Zwangszölibat gegenüber ablehnend.

Das Gegengewicht zu den progressiven „Priestergruppen" bilden die Traditionalisten in der Vereinigung „Una Voce", die „Bewegung für Papst und Kirche" u. a.

— Das Eintreten für **Frieden und Menschlichkeit** führt den Vatikan seit 1967 (Besuch Podgornys beim Papst) zu einer Reihe von Maßnahmen und

Entscheidungen zur Verstärkung der **Kontakte zu kommunistischen Ländern**: im März 1971 wird Tito von Paul VI. empfangen; gleichzeitig wird der Kontakt mit Ungarn aufgenommen; im September 1971 wird Kardinal Mindszenty amnestiert, verläßt das Exil in der Budapester US-Botschaft und nimmt seinen Aufenthalt in Wien. Nach dem „Außenminister" des Vatikans Caseroli macht 1971 auch der General des Jesuitenordens einen Besuch in Moskau.

Nach Anerkennung der Oder-Neiße-Grenze durch die BRD (Ostverträge) verfügt der Vatikan eine **Neuregelung** der kirchlichen Organisation (Diözesen) in den ehemals deutschen Ostgebieten.

Diese **Ostpolitik des Vatikans** stößt innerhalb der Kirche auf den Vorwurf des Opportunismus:
— bei deutschen kirchlichen Kreisen, welche das Schweigen des Vatikans zum Unrecht der Vertreibung und zur Frage der Seelsorge für die in Polen verbliebenen Deutschen kritisieren;
— besonders bei dem ukrainischen Kardinal Slipyj, der empört darauf hinweist, daß der Vatikan die Verfolgung der sechs Millionen unierter Katholiken in der Ukraine unbeachtet läßt.

Nach Abschluß des Grundvertrages zwischen BRD und DDR wird auch eine Neuregelung der Diözesen auf dem Gebiet der DDR erwartet, da Teile westdeutscher Bistümer (Paderborn, Würzburg) auf dem Territorium der DDR liegen.

Der deutsche Katholizismus

— In **Deutschland** werden die Konzilsbeschlüsse des 2. Vatikanums besonders nach dem Bamberger Katholikentag realisiert: Liturgiereform, allgemeine Einführung der Laienbeiräte in Diözesen und Pfarreien usw. Zu Auseinandersetzungen kommt es um die Schulreform und die **Bekenntnisschule**, die in den einzelnen Bundesländern bzw. Diözesen zu verschiedenen Entwicklungen führen und im ganzen den Trend zur christlichen Gemeinschaftsschule zeigen.

Der 82. deutsche Katholikentag (September 1968) in **Essen** macht die **Polarisierung** im deutschen Katholizismus offenkundig. Kritik wendet sich besonders gegen die päpstliche Enzyklika „Humanae vitae". In Essen wird deutlich, daß der gesellschaftliche Wandlungsprozeß in Verbindung mit einem gewandelten Priesterbild und der Wiederentdeckung eines ursprünglichen Kirchenbegriffs sowie einem sozial engagierten Glaubensleben zur Konfrontation mit veralteten Autoritätsstrukturen und mit einem juridischen Kirchenbild führen müssen.

Der folgende Kirchentag in **Trier** (1970) setzt die Polarisierung fort, die ihren Niederschlag auch in zahlreichen Amtsniederlegungen von Priestern und Ordensleuten und scharfen Kontroversen zwischen Amtskirche und Theologen findet. (Nach Angaben des Vatikans von 1972 sind zwischen 1964 und 1969 13 000 Priester aus dem Amt ausgeschieden.) Die **Priestergruppen** (1970 mit ca. 1100 Mitgliedern) wenden sich in ihrer Grundtendenz gegen den Stillstand in der konziliaren Erneuerung. In Fragen des Zölibats, der kirchlichen Autorität, der Einheit mit den evangelischen Christen, der Liturgie und der Sakramente vertreten sie eine mehr oder weniger kompromißlos progressive Richtung. Starker Akzent liegt auf dem Felde des sozialen Engagements, was auf dem politischen Feld zu einer Annäherung an die SPD führt.

Der extreme Flügel des „Linkskatholizismus" fordert Eindämmung aller „faschistischen, rassistischen und imperialistischen Systeme", kämpft gegen Gewaltmißbrauch, gegen soziale und wirtschaftliche Unterdrückung, nimmt schroff Stellung gegen die Verletzung von Menschenrechten in feudalen Ordnungen z. B. Lateinamerikas, wirft der Kirche vor, im sozialen Konflikt ebenso wie im Vietnamkrieg nicht klar genug Stellung zu nehmen gegen Imperialismus und Unterdrückung; und unterstützt in der BRD auch die Wehrdienstverweigerung.

Die Spannung im deutschen Katholizismus zeigt sich beim Ende der angesehenen, fortschrittlichen katholischen **Wochenzeitung PUBLIK,** deren letzte Folge — nach 3 Jahren — am 19. November 1971 erscheint:

„PUBLIK war nicht eine Krise im deutschen Katholizismus, sondern es hat nur die vorhandene Krise, die oft schmerzlich vorhandenen Spannungen öffentlich gemacht."

— Eine fruchtbare Weiterentwicklung des kirchlichen Lebens in der BRD wird in der **Gemeinsamen Synode der Bistümer der BRD** deutlich, die nicht zuletzt einer Initiative des „kritischen Katholikentages" von Essen entspringt.

Der von der Realität des Pluralismus auch im kirchlichen Bereich und der Mündigkeit des Laien ausgehende und in der praktischen Arbeit von demokratischen Grundsätzen getragene Zusammenschluß von Priestern und Laien (mit gleichem Stimmrecht) hat als Ziel die Erneuerung des katholischen Lebens. Die Synode konstituiert sich am 3. Januar 1971 in Würzburg. Die evangelische und die griechisch-orthodoxe Kirche entsenden Vertreter. —

Die DDR beschreitet auch im kirchlichen Raum einen Eigenweg und eröffnet ebenfalls im Januar 1971 eine eigene Synode. —

In den Jahren 1971/72 setzen sich Bischöfe und katholische Gruppen in der Diskussion um den § 218 einmütig gegen jede Form der **Abtreibung** ein.

In der Frage des Zölibates, der Zulassung verheirateter Männer („viri probati") zum Priesteramt gehen die deutschen Bischöfe konform mit der Auffassung des Vatikans und lehnen jeden Kompromiß ab. Dagegen werden verheiratete Diakone in zunehmendem Maße eingesetzt, die Frage der nebenamtlichen Priester und der Teilzeitpriester wird aufgegriffen.

Die Wiedervereinigung der Christen

Die **ökumenische Begegnung** der christlichen Kirchen macht gewisse Fortschritte, ohne daß der bisweilen erwartete und erhoffte große Durchbruch zur Wiedervereinigung erfolgt. Die offizielle Papstkirche bleibt nach dem

Gespräch zwischen Papst Paul VI. und dem Ökumenischen Rat in Genf (Juni 1969) noch außerhalb und wird **nicht** Mitglied. Das vatikanische Sekretariat für die Einheit des Glaubens lehnt auch einen Antrag deutscher Katholiken ab, den 1521 gegen Martin Luther verhängten Bann aufzuheben.

Ebenso kommt es nicht zur offiziellen und grundsätzlichen gegenseitigen Anerkennung von Taufe, Trauung und Abendmahl — obwohl z. B. die ökumenische Trauung eine Lockerung bedeutet.

Nach einem ersten offiziellen **gemeinsamen Gottesdienst** von Landesbischof Dietzfelbinger und Kardinal Döpfner im Mai 1969 steigt die Zahl der Begegnungen, die Arbeit an einer gemeinsamen Bibelübersetzung wird intensiviert. Christliche Grundgebete und das Glaubensbekenntnis werden auf eine gemeinsame, für alle Christen einheitliche sprachliche Form gebracht, und das **Ökumenische Pfingsttreffen** — Augsburg, vom 3. bis 5. Juni 1971 — führt zum erstenmal seit der Reformation Katholiken und Protestanten (8000 Teilnehmer) zu einem offiziellen gemeinsamen Kirchentag zusammen: „Die einen erwarteten von Augsburg nur die Bestätigung für die Angst der Kirchen vor dem Durchbruch zu echter Gemeinsamkeit, die anderen erhofften ein ökumenisches Wunder... Die Mehrheit fragte nach dem Glauben."

— Der Ökumenische Rat der Kirchen wendet sich scharf gegen Rassendiskriminierung, Kolonialismus und atomares Wettrüsten. Für die Zusammenarbeit mit der katholischen Kirche wird ein gemeinsamer Konsultativausschuß gegründet. Bei der Tagung des Zentralausschusses des Weltkirchenrates, der z. Z. über 250 nichtrömische christliche Kirchen umfaßt, wird im August 1972 in Utrecht einstimmig der westindische Methodistenpfarrer **Philip Potter** zum Generalsekretär gewählt. Von dem Sohn eines katholischen Vaters wird eine ausgleichende, auch die „zwar gut gediehenen, aber weiterhin schwierigen Beziehungen zur römisch-katholischen Kirche" fördernde Tätigkeit erwartet.

— Ausdruck für die geistige Wende in der Geschichte der getrennten Christenheit — besonders in Europa und in Deutschland — ist das Reformationsjubiläum 1967, das vielerorts interkonfessionell begangen wird. Es beweist, „daß die evangelische Kirche Martin Luther nicht länger in Erbpacht halten kann... seit dem Reformationsjubiläum 1967 wird Martin Luther in beiden Kirchen heimisch sein... Luther wurde nirgends mehr für fremde, falsche Tendenzen beschlagnahmt, wurde weder unziemlich gefeiert noch unziemlich verworfen. Man sprach seinen Namen fast beiläufig aus, denn es ging um die Sache, die ihn trieb, um das Evangelium..." (H. Beckmann)

Gleichzeitig stehen die Feiern in Wittenberg selbst jedoch im Zeichen von Einreiseverboten und Behinderungen sowie der Usurpierung Luthers und der Reformation durch den Staat und seine Ideologie.

Die evangelischen Kirchen

— Die Entwicklung in der Evangelischen Kirche Deutschlands ist bestimmt von der Teilung Deutschlands und heftigen inneren Auseinandersetzungen. Seit 1963 finden die Synoden erzwungenerweise jeweils gleichzeitig an zwei Orten Deutschlands statt; z. B. in Frankfurt und Magdeburg als eine einzige Synode, lediglich durch Telefon verbunden. Die Synode von 1967 — in Berlin-Spandau und in Fürstenwalde — steht in besonderem Maße im Zeichen der bedrohten Einheit. Die kommunistischen Angriffe werden zurückgewiesen, die Gefahr eines provozierten Kirchenkampfes erkannt und betont, daß die Einheit der Kirche wegen verschiedener gesellschaftlicher Systeme keineswegs aufgehoben werden müsse.

Doch schon am 30. November 1968 kommt es zur Bildung einer **Vereinigten Evangelisch-Lutherischen Kirche in der DDR**. Der Wirkungsbereich der VELKD wird auf die BRD beschränkt.

In der weiteren Entwicklung wird die Rechtseinheit mit der EKD aufgelöst, die Funktionen der EKD erlöschen im Bereich der DDR, wo ein **Bund der Evangelischen Kirchen in der DDR** gegründet wird. Die neue Ordnung wird am 10. Juni 1969 von den Kirchenpräsidenten bzw. Landesbischöfen unterzeichnet und tritt mit dem Zusammentreten der ersten DDR-Synode am 10. September 1969 in Kraft.

Auch in Berlin-Brandenburg vollzieht sich die organisatorische Trennung der beiden Regionalsynoden. Bei der Synode der EKD im Mai 1970 fehlen bereits die mitteldeutschen Landeskirchen.

Die BRD-Synode wählt Prof. Raiser zum Präses.

Das erklärte Ziel der EKD ist vor allem der enge Zusammenschluß lutherischer, reformierter und unierter Landeskirchen.

— Das Kennzeichen des **inneren Lebens** der EKD ist vor allem ein extremer Pluralismus in Theologie, Kirchenverständnis und in der Aussage über den christlichen Auftrag in der Welt.

— Es geht um die rein theologische Erneuerung, die gleichzeitig eine grundlegende Auseinandersetzung ist — desgleichen aber nicht minder um die Beziehung von Pfarrerschaft und Kirchenvolk sowie um das Verhältnis der Kirche zu Staat und Gesellschaft, zu Volk und Vaterland.

Erneuerungswille, Engagement, Aufgeschlossenheit und Gesprächsbereitschaft markieren die allgemeine Situation ebenso wie Verinnerlichung und Mut zu Ungewohntem in Stil und Form, aber auch fundamentale Fragen und Einwände im Sinn der kritischen Philosophie und des Neomarxismus:

„Die Kritik des Himmels verwandelt sich in Kritik der Erde, die Kritik der Logik in die Kritik des Rechts, die Kritik der Theologie in die Kritik der Politik." (K. Marx)

— Zwei Richtungen stehen gegeneinander: die durch eine 1966 ins Leben gerufene **Notgemeinschaft evangelischer Deutscher** repräsentierte und eine als „Linksprotestantismus" bezeichnete, die u. a. im Weltkirchenrat „Kirche und Gesellschaft" zur Geltung kommt, zu dessen 6 Präsidenten als westdeutscher Vertreter Martin Niemöller gehört. Diese Richtung ist u. a. auch auf der großen „christlichen Friedenskonferenz" in Prag 1964 vertreten.

— Die Erfahrungen der Kirche in den Jahren der NS-Herrschaft und die Teilung belasten und komplizieren die Auseinandersetzungen.

Die „Notgemeinschaft" fordert „Verantwortung für Volk und Vaterland" und wendet sich dagegen, daß evangelische Pfarrer „gegen den westdeutschen Militarismus, gegen die Militärseelsorge, gegen den uns alle bedrückenden Vietnamkrieg und für die Anerkennung der sogenannten DDR sowie der Oder-Neiße-Linie auf die Straße gehen, nicht aber gegen die Mauer, gegen den Schießbefehl, gegen Minen und Stacheldraht im Herzen ihres eigenen Vaterlandes und gegen die kalte Abwürgung ihrer Brudergemeinden im größten Konzentrationslager dieses Jahrhunderts". Demgegenüber erklärt ein Vertreter der anderen Richtung: „Das Vaterland muß verschrottet werden wie alte Waffen, alte Maschinen und alte Ideen."

In diesem Sinn wird auf dem Stuttgarter Kirchentag (Juli 1969) die Forderung nach einer politisch aktiven und progressiven Kirche erhoben. („Auch Christus stand links!")

„Die Zukunft der Kirche ist die Frage ihrer radikalen Parteinahme. Heilsgeschichte als Geschichte des Heils und zum Heil der Menschen ist ein dauernder Prozeß, der nicht determiniert-mechanisch oder utopisch, in der Ferne ein Ziel habend, abläuft, sondern jeweils gegenwärtige reale Geschichte des Menschen, machbar und veränderbar zu seinen Möglichkeiten hin. Kirche ist nicht mehr Kirche, wenn sie nicht dieser Prozeß ist in revolutionärer Kritik, Theorie und Praxis." (Thesen junger Protestanten)

b) Wissenschaft und Technik

Wissenschaft und technische Möglichkeiten beeinflussen nicht nur weitgehend die Existenz des einzelnen, sondern wirken sich bestimmend in allen Bereichen des staatlichen und gesellschaftlichen Lebens aus.

Die neuen Erkenntnisse und Fortschritte sind besonders in den **Naturwissenschaften** und in der technischen Entwicklung nicht mehr überschaubar.

Eine besonders rasante Weiterentwicklung zeigen z. B.:

Erforschung der Mikrostruktur der Materie, Radioastronomie, Wetterforschung; Biochemie, Virenforschung, Humangenetik, Verhaltensforschung, Psychologie, Soziologie, Führungswissenschaft, Chirurgie, Streßforschung, psychosomatische Medizin, Erforschung der Psychopharmaka; Umweltforschung (Ökologie, Bionik), Krebsforschung, Gerontologie ...

Bereiche imponierender und erfolgreicher **technologischer** Entwicklung sind u. a.:

Weltraumforschung, Informatik, Datenverarbeitung, Elektronik und Kybernetik, Systemtechnik, Transportsystemforschung, Bau- und Verkehrstechnik, Herstellung neuer Metalle, Kunst-, Werk- und Farbstoffe (Chemiefasern); Konservierungstechnik, Schädlingsbekämpfung, Fotografie.

— Die öffentliche Diskussion erregen besonders jene Fragen, die in die Grenzbereiche von Medizin, Sozialpolitik und Moral reichen:

— Die Entdeckung empfängnisverhütender Hormone („Pille"), eine Antwort auf die Frage der bewußten Geburtenregelung, fordert zugleich auch die Psychohygiene und die Moraltheologie.

— Im Mai 1968 beginnt der Contergan-Prozeß. Dieser Prozeß — einer der größten aller Zeiten — soll klären, ob Contergan, ein bis 1961 weitverbreitetes Schlaf- und Beruhigungsmittel, für Mißbildungen an ca. 6000 Neugeborenen und für Nervenschäden bei Erwachsenen verantwortlich ist, ob das Mittel von der Herstellerfirma unzureichend geprüft und ob es trotz Warnung zu spät zurückgezogen worden ist.

Der Prozeß endet mit einem Vergleich. Die Schuldfrage bleibt ungeklärt. Die Herstellerfirma übernimmt freiwillig beachtliche Zahlungen an die Geschädigten.

— Die Herzchirurgie: Am 2. Dezember 1967 gelingt erstmals (in Kapstadt) einem Arzt (Christian Barnard) die Transplantation eines Herzens von Mensch zu Mensch. Der Patient lebt noch 18 Tage mit dem fremden Herzen; ein weiterer Patient überlebt die Operation zunächst. Die „vordergründige Bravourleistung" wird weltweit spektakulär aufgemacht.

Es folgen zahlreiche weitere Transplantationen in anderen Staaten. Die weitaus meisten Patienten überleben nicht. Die deutschen Ärzte sind zurückhaltend.

Die operationstechnische und immunbiologische Problematik wird durch Probleme der ärztlichen Ethik (Grundsatz der Unantastbarkeit des Lebens) und auch durch juristische und theologische Fragen überlagert.

Die Raumfahrt

Sie ist von hoher technischer, aber auch von politischer und militärischer Bedeutung. Zu Beginn haben nationale Prestigefragen Gewicht.

Hauptträger der Großprojekte sind die SU und die USA — mit vielen parallel verlaufenden Entwicklungen, aber verschieden in Stil und Schwerpunkten. Die finanziellen Belastungen sind erheblich. Die Zweck-Mittel-Relation wird immer mehr diskutiert. In der langfristigen Gesamtplanung werden nach Erreichen einer Ernüchterungsphase — seit ca. 1971 — Abstriche vorgenommen.

Die Sowjetunion ist zunächst überlegen; ihre Leistungen:
— der erste Satellit (Sputnik, 4. Oktober 1957);
— der erste Mensch im Weltraum (Gagarin, 12. April 1961);
— die ersten Gruppenflüge von zwei Raumschiffen (1962);
— der erste Flug einer mit drei Mann besetzten Kapsel (1964);
— der erste Astronaut, der die Weltraumkapsel verläßt und frei im Raum schwebt (1965);
— der erste Flugkörper, der die Venus trifft (1. März 1966).

Die Vereinigten Staaten holen seit 1962 auf: Ihnen gelingt 1964 eine (harte) Landung auf dem Mond (Ranger 6) und die Sendung qualifizierter Mondaufnahmen (Ranger 7).
1965 glückt Gemini 6 und 7 ein „Rendezvous im Weltraum" und ein Raumflug über 14 Tage.

1966 führen die Russen (Luna 9) ihre erste weiche Mondlandung aus. Luna 10 ist ihr erster Mondsatellit. Den Amerikanern gelingt ebenfalls die erste weiche Mondlandung; mit Gemini 9 werden technische Verrichtungen außerhalb der Kapsel durchgeführt. Gemini 10 und 11 erweitern das Koppelungsmanöver.

Ende 1966 sind die USA hinsichtlich der bemannten Flüge, der „extraterrestrischen" Gesamtflugzeit, in der Rendezvoustechnik und in der Zahl der Erdumkreisungen überlegen.

1967 kommen bei einem Brand in einem Apollo-Raumschiff auf dem Versuchsgelände von Kap Kennedy drei US-Astronauten ums Leben. Die Sowjetunion verliert einen Kosmonauten bei einem Landungsmanöver. Die Amerikaner erkunden durch mehrere Landungen die Mondoberfläche, ein umfangreiches Aufnahmeprogramm schafft Grundlagen für ein Kartenwerk.

Seit ca. 1969 wird die Zahl der Wetter-Forschungs-, Nachrichten- und Aufklärungssatelliten der beiden Supermächte — am bekanntesten sind die Explorer- und Intelsat-Serie der USA sowie die Kosmos- und Meteor-Serie der SU —, die die Erde (bisweilen nur für kurze Zeit) umkreisen, beträchtlich vermehrt. Anfang 1972 soll die Zahl 6000 überschritten sein!

Hinter den USA und der SU folgen die übrigen Staaten — Kanada, Australien, Japan, England, Frankreich, Italien, China und auch die BRD (mit dem Forschungssatellit Azur am 8. November 1969) in großem Abstand mit relativ bescheidenen eigenen Beiträgen.

Der interplanetarischen Weltraumfahrt dienen seitens der SU das Venus- und das Mars-Programm. Die Sonden Venus 5 und 6 erreichen nach ca. 146 Tagen im Januar 1969 ihr Ziel. Venus 7 landet weich auf dem Planeten im Januar 1971. Nach dem Erfolg der Venus-Sonden startet die SU im Mai 1971 Mars 2 und 3 zum „roten Planeten" — Entfernung ca. 260 Tage.

Die USA senden die Satelliten Mariner 6—9 zum Mars und im März 1972 eine Sonde zum Jupiter.

Die spektakulärsten Erfolge sind jedoch mit dem **Mondflug** verbunden: Nach den Testflügen mit Flugkörpern der Apollo-Serie (gestartet mit Raketen der Saturn-Klasse):

— Apollo 7 der erste bemannte Flug zum Mond;

— Apollo 10 die „Generalprobe" mit der ersten Farb-TV-Übertragung zur Erde (Mai 1969)

folgt mit dem Raumschiff **Apollo 11** (Besatzung: Armstrong, Aldrin und Collins) und dem Landefahrzeug Eagle die **erste Landung auf dem Mond:** am 21. Juli 1969 um 3.56 Uhr MEZ betritt der erste Mensch den Erdtrabanten im „Meer der Stille". Ca. 15 Stunden halten sich Armstrong und Aldrin auf dem Mond auf.

Von den USA werden mit immer umfangreicheren Arbeitsprogrammen weitere Mondlandungen durchgeführt:

— Apollo 12 (November 1969),

— Apollo 13 (April 1970) muß abgebrochen werden,

- Apollo 14 (31. Januar—9. Februar 1971),
- Apollo 15 (26. Juli—7. August 1971) setzt erstmals ein bemanntes Mondfahrzeug — den Rover 1 — ein,
- Apollo 16 (16.—24. April 1972); die Besatzung hält sich 71 Stunden auf dem Mond auf, arbeitet 20 Stunden außerhalb der Mondfähre und legt mit dem Mondjeep Rover 2 ca. 26 km zurück.
- Mit dem Start von Apollo 17 soll im Dezember 1972 das Programm abgeschlossen und für absehbare Zeit der letzte Flug zum Mond durchgeführt werden. Das Apollo-Programm (neun Flüge) kostet 25 Mrd. Dollar.

Die russischen Versuche werden vor allem mit den unbemannten Raumschiffen der Luna-Serie durchgeführt. Mit **Luna 16** (September 1970) gelingt die Landung auf dem Mond — und auch die Rückkehr zur Erde.

Luna 17 (November 1970) setzt das ferngelenkte Mondfahrzeug Lunochod zur Erkundung des Erdsatelliten ab; es legt in mehreren Monaten ca. 10 km zurück.

Erfolgreicher als die USA ist die sowjetrussische Weltraumforschung bei der Errichtung von **Raumstationen** mit vorübergehender Bemannung: nach entsprechenden Vorbereitungen startet am 19. April 1971 die Raumstation Saljut 1; sie wird mit dem 4 Tage nachher startenden bemannten Raumschiff Sojus 10 gekoppelt und später mit dem am 6. Juni startenden Sojus 11. Über 22 Tage lang (die bisher längste Dauer) halten sich die Astronauten in der Raumstation auf, verunglücken aber bei der Rückkehr zur Erde tödlich am 29. Juli 1971.

Während die Landung der US-Astronauten immer im Pazifik erfolgt, gelingt den Russen die weiche Landung auf festem Gelände.

Die **Zusammenarbeit zwischen den USA und der SU** auf dem Gebiet der Weltraumforschung und der Weltraumfahrt, welche die erste Phase des prestigebestimmten Wettlaufs ablöst, beginnt 1968 mit einem Abkommen zur Rettung verunglückter Raumfahrer und wird in den folgenden Jahren ausgeweitet, sie betrifft vor allem Bestrebungen zur Übereinstimmung von Koppelungssystemen und den Austausch wissenschaftlicher Daten und Erfahrungen.

Die **europäische Raumfahrt** steht unter einem ungünstigen Stern. Die Versuchsreihe ELDO (European Launcher Development Organization) mit einer Europa-Rakete bringt fast nur Mißerfolge. Die Ursache liegt im ungenügenden System-Management, in schlechter Koordinierung und in finanziellen Unzulänglichkeiten.

c) Gesellschaft im Wandel

Die kulturelle Entwicklung der Bundesrepublik Deutschland ist wie die aller Industrienationen durch tiefgreifende Veränderungen aller Lebensbereiche infolge der Erfordernisse und Auswirkungen der technischen Zivilisation gekennzeichnet.

Der **soziale Wandel** als Folge
— des technologischen Fortschritts,
— der ökonomischen Differenzierungen und
— der industriellen Produktionsmöglichkeiten
wird verstärkt
— durch den Generationenwechsel und
— durch die Wandlungen der Politik von der „Konfrontation zur Kooperation" und zur „Annäherung durch Entspannung".

Es kommt
— zu neuen Einstellungen der Menschen zur Umwelt,
— zu Verhaltensänderungen (Arbeit, Freizeit, Konsum ...),
— aber dabei auch zu krisenhaften Erscheinungen.

Diese ergeben sich nicht zuletzt aus der **Verzögerung** und **Diskrepanz** (Phänomen des „Cultural Lag")
— im Anpassungsprozeß (Adaption) der menschlichen und sozialen Verhaltensweisen und Regelungen (z. B. in Familie, Bildungswesen, Gesetzgebung ...)
— gegenüber den technischen Fortschritten und Möglichkeiten (z. B. im Verkehr, in der chemischen und pharmazeutischen Industrie ...)

1. Die Anpassung des **Schul- und Bildungswesens** an die Erfordernisse der modernen technischen Zivilisation wird in Ost und West zu einer der wichtigsten Aufgaben in Staat und Gesellschaft. An Erziehung, Unterricht, Ausbildung und Bildung, ebenso an Wissenschaft und Forschung stellen die quantitativen und qualitativen Veränderungen der Gesellschaft wachsende Anforderungen.

Die internationale Diskussion wendet sich den Zusammenhängen zwischen Wirtschaftswachstum und Entwicklung des Erziehungswesens zu, die OECD verstärkt ihre Arbeit auf dem Bildungssektor.

Das **deutsche Bildungssystem** entspricht den Anforderungen eines hochindustriellen Wirtschaftssystems nicht.

Seit 1964 stehen die Begriffe „Bildungskatastrophe" und „Bildungsnotstand" im Mittelpunkt der Kulturpolitik.

„Aber die politische Führung in Westdeutschland verschließt vor dieser Tatsache beharrlich die Augen und läßt es in dumpfer Lethargie oder in blinder Selbstgefälligkeit geschehen, daß Deutschland hinter der internationalen Entwicklung der wissenschaftlichen Zivilisation immer weiter zurückbleibt." (Georg Plicht)

Einige Übereinkommen der Ministerpräsidenten bzw. der Kultusminister (z. B. Düsseldorf 1955, Hamburg 1964) kommen jedoch über Einzelfragen (einheitliches Schuljahr, zweiter Bildungsweg, Neuordnung der Reifeprüfung) nicht hinaus.

Seit 1966 wird der **Deutsche Bildungsrat** — der die Arbeit des 1953 gegründeten Deutschen Ausschusses für das Erziehungs- und Bildungswesen mit erweiterter Aufgabenstellung und größerer Kompetenz fortsetzt — mit umfangreichen Planungsaufgaben beauftragt. Er und das 1969 aus dem seitherigen Ministerium für wissenschaftliche Forschung entstehende **Ministerium für Bildung und Wissenschaft** befassen sich vorrangig mit der Hochschulreform. Im Dezember 1968 legt der Wissenschaftsrat „Empfehlungen zur Struktur und Verwaltungsorganisation der Universitäten" vor.

Eine einheitliche Verwirklichung der Pläne leidet zunächst unter dem Mangel an Kooperation der Länder.

Entscheidende Schritte zur Überwindung dieser Schwäche sind:

— im organisatorischen Bereich die 1970 gegründete gemeinsame **Kommission von Bund und Ländern für Bildungsplanung;**

— die Grundgesetzänderung vom 18. 3. 1971, durch die (Art. 75) der Bund das Recht erhält, allgemeine Grundsätze für das Hochschulwesen zu erklären;

— im grundsätzlichen: die Empfehlungen der Bildungskommission des Deutschen Bildungsrates (13. 2. 1970),

— die Empfehlungen des Wissenschaftsrates zur Struktur und zum Ausbau des Bildungswesens im Hochschulbereich (Herbst 1970)

— und ein „Bericht zur Bildungspolitik" mit der bildungspolitischen Konzeption der sozial-liberalen Regierung (Juni 1970).

2. Das **Generationenproblem** verstärkt — an Universität und Schule, in Familie und Kirche — die Spannungen.

Der **Protest** gegen die Welt der Erwachsenen beginnt in den 60er Jahren mit der „Bewegung" der „Halbstarken" und äußert sich dann bei den „Gammlern" in der pauschalen Negierung von Konvention, Lebensgewohnheiten und bürgerlichen Umgangsformen (Gemeinschaftsleben, Kleidung, Haartracht).

Jenseits von Politik und Gesellschaft wollen die „Hippies" („Blumenkinder") leben, eine Bewegung des passiven Protestes gegen Gewalt und Wohlstandsgesellschaft. Buddhismus und Urchristentum liefern Anregungen.

Im Laufe der 60er Jahre führt die undifferenzierte **Negierung der Leistungsgesellschaft** (als Teil einer Kultur- und Gesellschaftskritik) in starkem Maße zum „Aussteigen" aus der Wirklichkeit mittels Drogen (Haschisch, LSD) und zur Flucht in Rausch und Ekstase.

Dem „Freudschen Proletariat" verschafft der Rauschgiftgenuß die Voraussetzung für das fragwürdige Erlebnis einer Welt von Freiheit, Müßiggang und Passivität. Zu Beginn der 70er Jahre wird die Zunahme an Süchtigen — und als Folge die Frühinvalidität Jugendlicher — zu einem Politikum. Abgesehen von extremistischen Randerscheinungen in der jüngeren Generation ist jedoch weit verbreitet:

— die **Weigerung** gegenüber innerer und äußerer Anpassung an bisher gültige Regeln und Normen (Establishment);

— die **Ablehnung** aller autoritären Strukturen;

— der Trend zur schonungslosen **Kritik** an „scheindemokratischen" Fassaden und an der verlogenen Moral der Erwachsenen;

— die Bereitschaft, mit überholten oder für überholt angesehenen **Tabus** radikal aufzuräumen (z. B. Sexualität).

Seit dem Ende der 60er Jahre drängen gegenüber dem **passiven gesellschaftlichen** Protest **aktiver politischer** Protest, Demokratiekritik und antidemokratische Bestrebungen in den Vordergrund.

Hierbei wirkt sich aus,

— daß zwei Jahrzehnte nach Kriegsende und Neubeginn freiheitliche Demokratie und wirtschaftlicher Wohlstand („Wirtschaftswunder") in einem Großteil der Bevölkerung **nicht mehr vor dem Kontrasthintergrund** von Totalitarismus, Unrecht und Not verstanden oder erlebt und daher nicht mehr ohne weiteres als selbstverständlich anzustrebende und auch verteidigungswürdige Werte geschätzt werden;

— daß ein **neues Demokratieverständnis** die Grundwerte der freiheitlichen Ordnung des Grundgesetzes nicht mehr nur gegenüber dem Staat als der institutionalisierten „Obrigkeit", sondern auch im gesellschaftlichen Bereich (z. B. als Mitbestimmung, Chancengleichheit, innerparteiliche Demokratie) verwirklicht wissen will;

— daß sich zur selben Zeit, wo eine exzessiv einseitige Inanspruchnahme der freiheitlichen Grundrechte und permissive Regulierungspraktiken auf Kosten sozialer Werte und notwendiger Gemeinschaftsverpflichtungen die **demokratische Solidarität** schwinden lassen, die Verfechter autoritärer und totalitärer Ideologien unter dem Schutz der Möglichkeiten einer freiheitlichen Verfassung in straff organisierten, schlagkräftigen Kadern („entschlossene Minderheiten") etablieren und offensiv die Beseitigung der verfassungsmäßigen Ordnung anstreben.

3. Hinter dem Mißbehagen, der Aversion und der Opposition gegen die auf Konsum und Prestige ausgerichtete spätbürgerliche Gesellschaft steht die Frage, ob die Leistungsgesellschaft mit ihren „unkontrollierten Machtmechanismen" überhaupt noch **Raum für Menschlichkeit** läßt.

Im literarischen Bereich sind u. a. H. Böll, G. Grass und H. M. Enzensberger Vertreter der Gesellschafts- und Zeitkritik. Heinrich Böll erhält 1972 den Nobelpreis für Literatur.

Eine philosophische Abstützung und theoretische Begründung liefert die einflußreiche **kritische Philosophie** mit ihren gesellschaftstheoretischen Grundlagen und politisch-praktischen Folgerungen.

Die von dem Deutschamerikaner **Herbert Marcuse** stark geprägte geistige Strömung wird in Deutschland vor allem von der **„Frankfurter Schule"** der kritischen Sozialtheorie getragen: Theodor Adorno, Jürgen Habermas, Max Horkheimer, Alexander Mitscherlich.

Die Kritik am spätkapitalistischen Wirtschafts- und Herrschaftssystem mündet in die Forderung, die „Entfremdung" als Folge der Zwänge in der gesellschaftlichen Gesamtsituation durch die „Vermenschlichung des Menschen" aufzuheben:

Im Sinn eines utopischen, radikalen **Humanismus** ist Ziel und Leitbild der vollkommen freie, eigenständig denkende und handelnde Mensch. Damit wird die Kritik an den fortgeschrittenen Industriegesellschaften in Ost und West „systemüberwindend" und „systemsprengend".

Im Westen führt die „Vergeudungsgesellschaft" durch Manipulation, Werbung und Propaganda — aber auch durch ihr Herrschaftssystem — zur völligen „Entfremdung des Menschen". Mangels kritischer Reflexion der gänzlich manipulierten Beherrschten (einschließlich der Arbeiterklasse!) kann sich das System stabilisieren. Opposition gegen das Bestehende („Establishment") kann daher nur von Außenseitern kommen, die infolge ihrer Position und ihrer Erziehung die „Herrschaftszwänge" durchschauen und die „Manipulationszwänge" durchbrechen können: Studenten, Professoren, Dichter...

Gegen die institutionalisierte Gewalt (Polizei, Armee), gegen alle Autoritäten und gegen das System als Ganzes mit seinen „repressiven" (d. h. hemmenden, unterdrückenden) Bedürfnissen richtet sich die totale — intellektuelle, moralische, sexuelle und politische — **Rebellion.**

Das Diskutieren, Argumentieren und Protestieren mit Duldung und auf dem Boden der bestehenden Legalität wird abgelehnt, denn „in einer repressiven Gesellschaft drohen selbst fortschrittliche Bewegungen in dem Maße in ihr Gegenteil umzuschlagen, wie sie die Spielregeln hinnehmen". (Marcuse) — Es gibt ein „Naturrecht auf Widerstand" und die Pflicht zur Gewaltanwendung — selbst mit außergesetzlichen Mitteln. Nur so ist die Befreiung des Bewußtseins möglich.

4. Die Neue Linke

Die gesellschaftskritische Sozialtheorie wird durch den Rückgriff auf Gedankengänge des jungen Marx in die **politische Ebene** übertragen. Die Plattform, auf der sich die Umsetzung in die Praxis vollzieht, ist seit ca. 1966 die **außerparlamentarische Opposition** (APO), eine lockere Zusammenfassung verschiedener vor allem studentischer linksliberaler und sozialistischer Gruppen (z. B. Sozialistischer Deutscher Studentenbund, SDS; Liberaler Studentenbund Deutschlands, LSD; Republikanischer Club; Humanistische Union; Deutsche Friedensunion, DFU). Führender Kopf der ersten Jahre ist Rudi Dutschke vom SDS, der 1968 bei einem Attentat schwer verletzt wird.

Die Neue Linke ist theoretisch und organisatorisch keineswegs geschlossen. Gemeinsam jedoch ist allen das strategische Konzept und der Kampf gegen die spätkapitalistische **Leistungs- und Konsumgesellschaft,** gegen die freiheitliche parlamentarische Demokratie, gegen Pluralismus und Gewaltenteilung. Neben dem **Neomarxismus** und den mit der orthodoxen Parteilinie des Marxismus-Leninismus (KPdSU, SED) übereinstimmenden kommunistischen Gruppen gibt es Vertreter der trotzkistischen Theorie von der „permanenten Revolution" sowie Anhänger der revolutionären Thesen von Mao Tse-tung, Fidel Castro, Ho Tschi Minh und Che Guevara. Der Einfluß kommunistischer Kräfte wächst zu Beginn der 70er Jahre. Die äußere Form des revolutionären Kampfes wandelt sich von spektakulären Demonstrationen mit

Provokationen und Terror sowie den besonderen Stilformen des „teach-in" (kollektives Forum), „go-in" (Protestaktion dynamischer Gruppen), „sit-in" (Spezialforum des akademischen Streiks) zu den „stilleren", aber wirkungsvolleren Methoden der Unterwanderung und des Einflusses von innen („langer Marsch durch die Institutionen").

Auf der äußersten Linken wird auch in der BRD der Einfluß eines neuen **Anarchismus** wirksam, wie er sich bei Anschlägen, Attentaten, Flugzeugentführungen, Erpressungen, Raubüberfällen usw. in der ganzen Welt zeigt. Längere Zeit treibt u. a. die starke und lange Zeit unterschätzte „Baader-Meinhof-Bande" ihr Unwesen; nach Reorganisierung und Zentralisierung der Fahndung werden die meist intellektuellen Mitglieder gefaßt.

Konkrete extremistische Ansatzpunkte der Neuen Linken in der Gesellschaft sind u. a. die „**kritische Universität**" (Reform des Lehrbetriebs, Neugliederung zugunsten studentischer Mitbestimmung, Vorlesungsrezension) und die „**kritische Schule**" (Schülerbewegung, Mitbestimmung, Lehrerwahl, Konferenzbeteiligung, Sexerziehung).

Der **Deutsche Bundestag** befaßt sich bereits 1968 mit den Motiven der Jugendunruhe und mit einer Analyse der Situation:

„Daß die bestehenden Verhältnisse oder die Denk- oder Verhaltensweisen der Menschen von einzelnen oder von Gruppen kritisiert werden, kann daher für sich niemals ein Angriff auf die verfassungsmäßige Ordnung sein. Diese Kritik gehört zu den Elementen, die den freiheitlichen Staat ausmachen. Es ist dann aber entscheidend, wie sich der Kampf der Meinungen und Interessen vollzieht... Die verfassungsmäßige Ordnung setzt zugleich die freie Auseinandersetzung und die Ordnung voraus, in der allein eine wirklich freie Auseinandersetzung möglich ist. Das Ziel darf weder Klassenkampf noch Revolution sein, sondern Ausgleich und Schonung der Interessen aller, mithin der Versuch, zu konkreten Reformen zu kommen, wo sie notwendig sind, aber im Rahmen der Ordnung und mit den Mitteln des Rechts. Dies schließt Gewalt in jeder Form und gegen jedermann aus...

Die Vorgänge in unserem Lande seit dem 11. April 1968 lassen erkennen, daß diese Maßstäbe einigen kleinen radikalen Gruppen verlorengegangen sind. Die Gruppen mißachten bewußt Gesetz und Recht, und sie setzen an deren Stelle die Mittel der Gewalt..." (Bundesinnenminister Benda)

„Wir haben sehr viel zu kritisieren an diesem Staat, an dieser Wirtschaft, an dieser Gesellschaft... Aber man wird sagen müssen, daß dieser Staat Bundesrepublik Deutschland in der jüngeren Geschichte unseres Volkes derjenige Staat ist, der für seine Bürger — bisher jedenfalls — das größte Maß an Freiheit verwirklicht hat. Das werden wir und wollen wir uns nicht kaputtmachen lassen, weder von rechts noch von links. Und diese Gesellschaft, die wir miteinander nach dem Krieg, unvollkommen wie sie ist, zustande gebracht haben, ist — bisher jedenfalls — in der jüngeren deutschen Geschichte diejenige Gesellschaft — und das gilt auch für die Wirtschaft —, die das größte Maß an sozialer Gerechtigkeit und an sozialer Sicherheit in unserem Volke realisiert hat..." (SPD-Fraktionsvorsitzender H. Schmidt)

Die in den folgenden Jahren verstärkte Aktivität linksradikaler Gruppen — der Rechtsradikalismus verliert seine Bedeutung — hat trotz aller Unterschiede das offen erklärte Ziel der „Systemüberwindung" durch Gewaltanwendung. Dem „Tugendterror" als Grundzug einer „professionalisierten politisch-revolutionären Strategie" begegnet die Öffentlichkeit zunächst

— teils verunsichert-hilflos-naiv

— teils defensiv-resignierend

— teils weltfremd-sympathisierend.

Am Tiefpunkt der Entwicklung zu Beginn der 70er Jahre wird sogar das Eintreten für die Aufrechterhaltung rechtsstaatlicher Verhältnisse durch die Formel „Law and Order" diffamierend in die Strategie der „Systemüberwindung" einbezogen.

Die Übersteigerung der Verwirrung und die Zunahme von Gewaltverbrechen führen dazu, daß mit Ende 1971 eine **Phase der Klärung und Besinnung** einsetzt, die sich im wissenschaftlichen Raum und im Bildungswesen, in der Bundeswehr und der öffentlichen Meinung, im politischen und gesetzgeberischen Bereich auswirkt und Ansätze zu einer „geistigen Selbstdarstellung der freiheitlichen Demokratie" aufweist.

„Ich empfinde es aber als empörend, mit welcher Leichtfertigkeit in unserem Lande von der ‚Überwindung des Systems' geschrieben und gesprochen wird, und noch empörender, wie dieses unverantwortliche Getue hingenommen wird... Die hemmungslose Diffamierung unserer Gesellschaft, diese fortwährenden Anklagen und Verdächtigungen sind keine Therapie mehr, vielmehr eine Vergiftung unseres Zusammenlebens, eine soziale Autointoxikation. Die Formen unseres Zusammenlebens sind das Ergebnis eines unermeßlichen historischen Optimierungsprozesses. Wo wir sie verändern, müssen wir behutsam vorgehen: vor allem die Wirkungen der Veränderungen geistig vorwegnehmen. Es ist ein mühsames Geschäft, sich den Bedingungen der Zeit zu stellen und gleichzeitig Verantwortung zu tragen. Fortschrittlichkeit ist vielfach nichts anderes als eine Flucht aus der Verantwortung..." (Karl Steinbuch)

Der Schutz der freiheitlichen Demokratie vor Gewalttätigkeit — ein selbstverständliches Grundgebot — ist auch Gegenstand eines Appells des Bundeskanzlers W. Brandt am 4. 2. 1972:

„... Erstens sollten wir uns darin einig sein, daß wir Gewalttätigkeit nicht akzeptieren und nicht dulden können. Die freiheitliche Demokratie, die wir aus den Trümmern von Diktatur und Krieg aufgebaut haben, darf nicht als schlapper Staat mißverstanden werden.

Zweitens: Gruppen oder einzelne, die auf Gewaltanwendung aus sind, müssen wissen, daß wir verpflichtet und entschlossen sind, ihnen mit allen rechtlichen Mitteln das Handwerk zu legen.

Daraus folgt drittens, daß Gewalttätern und Gewaltpredigern keine Unterstützung gewährt werden darf. Aus mißverstandener Solidarität wird sonst Beihilfe zum Verbrechen.

Hiermit zusammen hängt viertens, daß wir den häufig schweren Dienst der Polizeibeamten in unserem Lande richtig zu würdigen haben. Durch Verständnis und besonnenes Verhalten können wir ihre Arbeit erleichtern.

Fünftens will ich aber auch deutlich sagen: Blindes Draufschlagen ist keine Politik, die dem Grundgesetz entspricht.

Ich finde es bedauerlich, wenn Erwägungen der Vernunft verdächtigt werden. Meine Bitte an alle, die es angeht: Gegen Gewalt und Haß helfen nicht Kopflosigkeit und sterile Aufgeregtheit, sondern sachliche Information, nüchterne Bewertung und angemessenes Handeln.

Man sollte auch niemanden, der in selbstgewählter Gesetzlosigkeit lebt, daran hindern, zu Recht und Vernunft zurückzukehren."

Anhang

I. Zeittafel
II. Ausgewählte Dokumente
III. Literaturhinweise
IV. Geschichtskarten

I. Zeittafel

1776	Amerikanische Unabhängigkeitserklärung
1789—1795	Französische Revolution
1798	Seeschlacht bei Abukir (Nelson)
1803	Reichsdeputationshauptschluß
1805	Dreikaiserschlacht bei Austerlitz; Seeschlacht bei Trafalgar
1806	Niederlage Preußens bei Jena und Auerstedt
1807	Friede von Tilsit
1807—1811	Preußische Reformen
1807	Nassauer Denkschrift des Frh. v. Stein
1809	Erhebung Österreichs gegen Napoleon
1812	Napoleons Feldzug nach Rußland
1813—1815	Befreiungskriege
1813	Völkerschlacht bei Leipzig
1814—1815	Wiener Kongreß; Heilige Allianz; Gründung des Deutschen Bundes
1815	Schlacht bei Waterloo
1815	Gründung der Deutschen Burschenschaft (Schwarz-Rot-Gold)
1815—1866	Deutscher Bund
1819	Karlsbader Beschlüsse
1823	Monroe-Doktrin der USA
1825	Ende der Freiheitskämpfe in Südamerika; Entstehung selbständiger Staaten
1821—1829	Griechischer Freiheitskampf
1830	Julirevolution in Frankreich
1832	Hambacher Fest
1833	Deutscher Zollverein
1837—1901	Königin Viktoria von England
1844	Weberaufstand in Schlesien
1848	Kommunistisches Manifest von Marx und Engels
1848	Februarrevolution in Frankreich; Ausrufung der (2.) Republik
1848	Revolution in den deutschen Ländern; Rücktritt Metternichs
1848/49	Deutsche Nationalversammlung in Frankfurt a. M.
1848—1916	Kaiser Franz Joseph von Österreich
1849	Ablehnung der Kaiserkrone durch Friedrich Wilhelm IV.
1850	Vertrag von Olmütz
1852—1870	Napoleon III., Kaiser der Franzosen
1854—1856	Krimkrieg
1859—1866	Einigung Italiens
1859	Schlacht bei Solferino; Gründung des Roten Kreuzes
1861—1865	Amerikanischer Bürgerkrieg
1862—1866	Heeresreform und Verfassungskonflikt in Preußen
1862	Otto v. Bismarck (1815—1898), preußischer Ministerpräsident (1871 bis 1890 Reichskanzler)
1863	Allgemeiner Deutscher Arbeiterverein (F. Lassalle)
1866	Deutscher Bruderkrieg (Schlacht bei Königgrätz)
1867	Gründung des Norddeutschen Bundes
1869	Eröffnung des Suezkanals
1869—1870	Erstes Vatikanisches Konzil
1870—1871	Deutsch-Französischer Krieg
1871	Begründung des deutschen Kaiserreiches
1871—1941	Dritte Republik in Frankreich
1873	Dreikaiserbündnis
1875	Gründung der Sozialistischen Arbeiterpartei (Gothaer Programm)
1878—1890	Bismarcks Sozialistengesetz
1878	Berliner Kongreß (Revision des Friedens von San Stefano)
1879	Zweibund Österreich—Deutschland (1882 Beitritt Italiens)
1881—1889	Sozialgesetzgebung in Deutschland
1882	Ägypten wird englisch
1884	Beginn der deutschen Kolonialpolitik

1887	Rückversicherungsvertrag
1888	Dreikaiserjahr
1888—1918	Kaiser Wilhelm II. (gest. 1941)
1891	Sozialenzyklika Leos XIII. „Rerum novarum"
1892	Militärkonvention zwischen Rußland und Frankreich (1894 Bündnis)
1898	Krieg zwischen den Vereinigten Staaten und Spanien
1899—1902	Burenkriege
1899	Haager Friedenskonferenz
1900	Boxerkrieg in China
1900	Deutsches Bürgerliches Gesetzbuch
1901	Stiftung des Nobelpreises
1902	Englisch-japanisches Bündnis
1904	Entente cordiale zwischen England und Frankreich
1904/05	Russisch-japanischer Krieg
1905	Revolution in Rußland
1905	Trennung Norwegens von Schweden
1906	Erste Marokkokrise
1907	Englisch-russischer Vertrag
1908	Bosnische Annexionskrise
1911	Zweite Marokkokrise
1912	Sozialdemokratie stärkste Partei im Deutschen Reichstag
1912	Haldane-Mission
1912	China wird Republik (Sun Yat-sen)
1912—1913	Balkankriege
1913—1921	W. Wilson Präsident der USA
1913	Kundgebung der Jugendbewegung auf dem Hohen Meißner
1914—1918	Erster Weltkrieg
1915	Eröffnung des Panamakanals
1916	Tod Franz Josephs I. von Österreich-Ungarn
1917	Revolution in Rußland (Kerenski; Lenin)
1917	Kriegseintritt der USA
1918	Friede von Brest-Litowsk
1918	Vierzehn Punkte Wilsons
1918	Novemberrevolution und Ende der Monarchie in Deutschland
1918	Waffenstillstand von Compiègne
1919	Pariser Vorortverträge (Versailles, St-Germain)
1919	Weimarer Nationalversammlung
1919	Gründung des Völkerbundes
1919—1925	Friedrich Ebert Reichspräsident
1920	Kapp-Putsch
1921	Übergang vom Kriegskommunismus zur NEP-Periode in Rußland
1922	Rapallovertrag
1922	Mussolini Ministerpräsident
1923	Besetzung des Ruhrgebietes; passiver Widerstand
1923	Höhepunkt und Ende der Inflation in Deutschland
1923	Hitler-Putsch in München
1924	Tod Lenins (Nachfolger Stalin)
1924	Dawes-Plan
1925—1934	Hindenburg Reichspräsident (Wiederwahl 1932)
1925	Locarnopakt (Stresemann—Briand)
1926	Eintritt Deutschlands in den Völkerbund
1926	Staatsstreich Pilsudskis in Polen
1928	Kellog-Pakt (Kriegsächtungspakt)
1929	Stresemann gestorben
1929	Lateranverträge zwischen Italien und dem Vatikan
1929	Young-Plan
1929	Beginn der Weltwirtschaftskrise in New York
1930—1932	Brüning Reichskanzler
1931	Harzburger Front (NSDAP, DNVP, Stahlhelm)
1931	Spanien wird Republik
1931	Sozialenzyklika „Quadragesimo anno"

1932	Kabinett Papen; Kabinett Schleicher
1932	Lausanner Konferenz (Ende der Reparationen)
1933, 30. 1.	Ernennung Hitlers zum Reichskanzler
1933, 27. 2.	Notverordnung setzt die Grundrechte außer Kraft
1933, 24. 3.	Ermächtigungsgesetz überträgt die Gesetzgebung an die Regierung
1933	New Deal in USA
1933	Austritt Deutschlands aus dem Völkerbund
1934	Mordaktion Hitlers gegen Röhm, die SA-Führung und politische Gegner
1934	Ermordung des österreichischen Bundeskanzlers Dollfuß
1934	Aufnahme der Sowjetunion in den Völkerbund
1934	Attentat auf König Alexander von Jugoslawien in Marseille
1935	Konferenz von Stresa
1935	Deutsch-englisches Flottenabkommen
1935	Russisch-französischer Beistandspakt
1935	Abstimmung im Saargebiet, Rückgliederung an Deutschland
1935	Einführung der allgemeinen Wehrpflicht in Deutschland
1935	Nürnberger Gesetze
1935/36	Abessinienkrieg Italiens
1936	Rheinlandbesetzung durch Deutschland
1936	Antikominternpakt zwischen Deutschland und Japan (1937 Beitritt Italiens)
1936/39	Bürgerkrieg in Spanien
1936	Meerengenkonferenz von Montreux (Souveränität der Türkei)
1937	„Hoßbach-Protokoll"
1937	Säuberungsaktion in der Sowjetunion
1938	Anschluß Österreichs
1938	Münchner Konferenz (Anschluß der Sudetengebiete)
1938	„Kristallnacht" (judenfeindliche Ausschreitungen)
1939	Ende der Tschechoslowakei, Errichtung des Protektorats Böhmen und Mähren
1939	Englisch-französische Garantieerklärung für Polen
1939	Deutsch-russischer Nichtangriffspakt
1939/45	Zweiter Weltkrieg
1939 (Sept./Okt.)	Polenfeldzug — 4. Teilung Polens
1939/40	Russisch-finnischer Winterkrieg
1940 (April)	Feldzug gegen Dänemark und Norwegen
1940 (Mai/Juni)	Westfeldzug
1940/42	Feldzug in Nordafrika
1941 (April/Mai)	Balkanfeldzug
1941 (22. 6.)	Beginn des Rußlandfeldzuges
1941 (7. 12.)	Japanischer Überfall auf Pearl Harbour
1941	US-Pacht- und Leihgesetz
1941 (14. 8.)	Atlantikcharta
1941	Deutsch-italienische Kriegserklärung an die USA
1943	Konferenz von Casablanca
1943 (31. 1.)	Kapitulation von Stalingrad
1943 (18. 2.)	Proklamation des totalen Krieges
1943 (Nov./Dez.)	Konferenz von Teheran
1944 (6. 6.)	Invasion der Alliierten in der Normandie
1944 (20. 7.)	Attentat auf Hitler in der Wolfsschanze
1945 (Febr.)	Konferenz von Jalta
1945	Roosevelt gestorben, Nachfolger: Truman
1945 (30. 4.)	Selbstmord Hitlers
1945 (7. 5.)	Kapitulation Deutschlands
1945 (6. 8.)	Atombombe auf Hiroschima
1945 (Juli/Aug.)	Potsdamer Konferenz
1945/47	Vertreibung von 12 Millionen Deutschen
1945 (24. 10.)	Charta der Vereinten Nationen
1945/49	Bürgerkrieg in China
1946/48	Entstehung des Satellitenraumes

1947	Truman-Doktrin
1947	Marshallplan
1947	Unabhängigkeitserklärung Indiens; Pakistan von Indien getrennt
1947	Pariser Friedensverträge mit Italien, Ungarn, Finnland, Rumänien, Bulgarien
1947/54	Unabhängigkeitskämpfe in Indochina
1948	Währungsreform
1948/49	Blockade Berlins — Luftbrücke
1948	Gründung der WEU
1948	Gründung des Staates Israel
1948	Konstituierung des Weltrates der Kirchen (Amsterdam)
1949	Unterzeichnung des Atlantikpaktes
1949	Entstehung der Bundesrepublik Deutschland
1949	Proklamierung der Volksrepublik China
1949—1959	Bundespräsident Heuss
1949—1963	Bundeskanzler Konrad Adenauer
1950	Schuman-Plan
1950/53	Koreakrieg
1951	Formelle Beendigung des Kriegszustandes zwischen Deutschland und den Westmächten
1952	Deutschlandvertrag
1952	Staatsstreich in Ägypten
1952	Eisenhower wird US-Präsident
1952	Lastenausgleichsgesetz
1953	Tod Stalins
1953 (17. 6.)	Aufstand gegen das SED-Regime in Mitteldeutschland
1954	Scheitern der EVG
1954	Aufnahme der BRD in die NATO
1954	Beginn des Aufbaues der Bundeswehr
1954 (Okt.)	Pariser Konferenz
1955 (5. 5.)	Bundesrepublik wird souverän, Ende des Besatzungsregimes
1955	Bandungkonferenz der afro-asiatischen Staaten
1955 (Juli)	Genfer Gipfelkonferenz
1956	Wiederherstellung der Wehrhoheit in der BRD
1956 (Okt.)	Arbeiterunruhen in Polen
1956 (Okt./Nov.)	Volksaufstand in Ungarn
1956 (Nov.)	Suezkrise
1957 (5. 10.)	Erster künstlicher Erdsatellit der SU gestartet (Sputnik)
1957	Rapacki-Plan zur Neutralisierung Mitteleuropas
1958	Verträge über EWG und Euratom treten in Kraft
1958/61	Vereinigte Arabische Republik
1958	Chruschtschow wird sowjetischer Ministerpräsident
1958	Papst Johannes XXIII. († 1963) wird Nachfolger Pius' XII.
1958	Weltausstellung in Brüssel
1958	Erstes mit Kernenergie getriebenes U-Boot („Nautilus")
1958/61	Algerienkrise
1958	De Gaulle begründet die 5. Republik in Frankreich
1959—1969	Heinrich Lübke Bundespräsident
1959	Fidel Castro Ministerpräsident von Kuba
1959/63	Kongokrise
1959/60	Weltflüchtlingsjahr
1960	Vertrag über die EFTA tritt in Kraft
1960	J. F. Kennedy wird US-Präsident
1960/61	Höhepunkt der Entstalinisierung in der Sowjetunion und den Satellitenstaaten
1961/62	Erste bemannte Weltraumflüge: Gagarin - Titow - Shepard - Glenn
1961 (13. 8.)	Errichtung der Berliner Mauer
1961	Neues Parteiprogramm der KPdSU
1961—1963	Laoskrise
1961	Ökumenische Weltkonferenz in Neu-Delhi
1962—1965	2. Vatikanisches Konzil

1962	Kubakrise
1963	Enzyklika Johannes' XXIII. „Pacem in terris"
1963	Neugründung der Vereinigten Arabischen Republik
1963	Deutsch-französisches Abkommen
1963	Tod Papst Johannes' XIII., Nachfolger Paul VI.
1963 (Juni)	Deutschlandbesuch Kennedys
1963	Gründung der Konföderation Malaysia
1963 (Aug.)	Moskauer Atomstoppabkommen
1963 (15. 10.)	Ende der Kanzlerschaft K. Adenauers († 1967, 19. 4.) Nachfolger L. Erhard
1963 (22. 11.)	US-Präsident J. F. Kennedy ermordet; Nachfolger L. B. Johnson
1963	Weltbevölkerung übersteigt die Drei-Milliarden-Grenze
1963	Passierscheinabkommen zum Besuch zwischen West- und Ost-Berlin
1964	Erste Reise eines Papstes ins Heilige Land (Paul VI.)
1964	Höhepunkt des Zypernkonfliktes
1964 (15. 10.)	Sturz Chruschtschows; Nachfolger als Ministerpräsident: Kossygin; als Parteichef: Breschnew
1964 (16. 10.)	Erster Atombombenversuch der Volksrepublik China
1964 (3. 11.)	Großer Wahlsieg der Demokraten (L. B. Johnson) bei den US-Präsidentenwahlen
1965	Eskalation in Vietnam — offener Krieg
1965 (Sept.)	Bundestagswahl; Regierung Erhard (bis Dez. 1966)
1965/66	Höhepunkt der ideolog. Auseinandersetzung zwischen der Sowjetunion und der Volksrepublik China
1965 (Okt.)	EKD-Denkschrift über die Lage der Vertriebenen und das Verhältnis des deutschen Volkes zu seinen östlichen Nachbarn
1965 (Nov.)	Briefwechsel zwischen polnischen und deutschen kathol. Bischöfen
1965 (Dez.)	Aufhebung des Bannfluches von 1054 durch die katholische und die orthodoxe Kirche (Paul VI. — Athenagoras)
1966 (März)	Friedensnote der deutschen Bundesregierung
1966 (März)	Erster Flugkörper (SU) trifft die Venus
1966	Beginn des französischen Sonderweges im atlantischen Bündnis (NATO-Krise)
1966	Versuche zu einem Gespräch zwischen SED und SPD
1966 (Juni)	Besuch de Gaulles in der Sowjetunion
1966 (1. 12.)	Große Koalition in der BRD
1967	Staatskrise in Griechenland
1967	Richtungskämpfe in der Volksrepublik China
1967 (März)	Freundschafts- und Beistandspakte zwischen Polen, CSSR und DDR
1967	Weltausstellung Expo 67 in Montreal
1967	Verschmelzung der drei Exekutivorgane der Europäischen Gemeinschaften
1967 (Juni)	3. arabisch-israelischer Krieg
1967	Briefwechsel zwischen Bundeskanzler Kiesinger und dem Vorsitzenden des Ministerrates, Stoph
1967	Botschafteraustausch der BRD mit Rumänien
1967 (Dez.)	Erste erfolgreiche Herztransplantation
1968 (Febr.)	Großoffensive Nordvietnams
1968	„Prager Frühling"
1968 (März)	Aufhebung der Golddeckung des Dollars
1968 (April)	Neue Verfassung in der DDR
1968 (April/Juni)	Studentenunruhen in vielen Staaten
1968 (Mai/Juni)	Staatskrise in Frankreich
1968 (Mai)	Verabschiedung der Notstandsgesetze in der BRD
1968 (Mai)	Wiederaufnahme diplomatischer Beziehungen mit Jugoslawien
1968 (Juli)	Unterzeichnung des Atomwaffensperrvertrages in Moskau und Washington
1968 (Juli)	Zollunion der EWG
1968 (21. 8.)	Einmarsch der Truppen der SU und des Warschauer Paktes in die CSSR
1969 (20. 1.)	Amtsantritt R. H. Nixons (Republikaner) als US-Präsident

1969 (März)	Grenzzwischenfälle am Ussuri (SU — China)
1969 (April)	Rücktritt de Gaulles (gest. 1970)
1969 (1. 7.)	Amtsantritt des Bundespräsidenten G. Heinemann
1969 (20. 7.)	Erste Landung von Menschen auf dem Mond
1969 (21. 10.)	Wahl W. Brandts zum Bundeskanzler; sozial-liberale Koalition
1969 (Nov.)	Beginn der SALT-Gespräche zwischen SU und USA in Helsinki
1970 (Jan.)	Ende des Bürgerkrieges in Nigeria (Biafra)
1970 (19. 3.)	Treffen in Erfurt zwischen den Regierungschefs der BRD und DDR (Brandt — Stoph)
1970 (21. 5.)	Zweites Treffen der Regierungschefs in Kassel
1970 (12. 8.)	Unterzeichnung des Moskauer Vertrages über Gewaltverzicht und Zusammenarbeit zwischen BRD und SU
1970 (7. 12.)	Unterzeichnung des Warschauer Vertrages über die Normalisierung der Beziehungen zwischen der BRD und Polen
1971 (Mai)	Rücktritt W. Ulbrichts als Parteichef der SED; Nachfolger: Erich Honecker
1971 (Aug.)	Dollarkrise; Aufhebung der vollen Konvertibilität des Dollars in Gold; „Floating"
1971 (23. 8.)	Abschluß der Viermächte-Botschaftergespräche über Berlin (Viermächteabkommen)
1971 (16./17. 9.)	Treffen Brandt — Breschnew auf der Krim (Oreanda)
1971 (Okt.)	Friedens-Nobelpreis für Bundeskanzler Brandt; Verleihung in Oslo am 10. Dez. 1971
1971 (Okt.)	Aufnahme Chinas in die UNO (Ausschluß Taiwans)
1971 (Okt.)	Mehrheit im britischen Unterhaus für den Beitritt zur EWG
1971 (Dez.)	Offener Krieg zwischen Indien und Pakistan, Ostpakistan als Bangla Desh unabhängiger Staat
1971 (17. 12.)	Unterzeichnung eines Transitabkommens zwischen BRD und DDR
1971 (20. 12.)	Unterzeichnung der Vereinbarungen über Reise- und Besuchsverkehr zwischen dem Senat von Berlin und der DDR
1972 (22. 1.)	Beitritt Großbritanniens, Irlands, Dänemarks und Norwegens zur EWG beschlossen
1972 (21./28. 2.)	Besuch des US-Präsidenten Nixon in China
1972 (April)	Beginn einer Großoffensive Hanois gegen Südvietnam
1972 (27./28. 4.)	Parlamentarisches „Patt" im Deutschen Bundestag: sowohl nur 247 Stimmen (statt der erforderlichen 249) für den Mißtrauensantrag der Opposition gegen Bundeskanzler Brandt als auch nur 247 Stimmen für den Bundeskanzler-Haushalt der Regierung
1972 (17. 5.)	Ratifizierung der Verträge von Moskau und Warschau im Deutschen Bundestag
1972 (22./30. 5.)	Besuch des US-Präsidenten Nixon in der SU (u. a. Unterzeichnung eines SALT-Abkommens); 29. 5.: russisch-amerikanische Grundsatzerklärung
1972 (26. 5.)	Unterzeichnung des Verkehrsvertrages zwischen BRD und DDR
1972 (Mai/Juni)	Vorgehen gegen Polit-Anarchisten (Baader-Meinhof)
1972 (Mai/Juli)	Wiedervereinigungsgespräche zwischen Nord- und Südkorea
1972 (3./4. 6.)	Unterzeichnung des Schlußprotokolls des Viermächteabkommens über Berlin; Inkrafttreten der Berlinregelungen einschl. Transitabkommen und innerstädtischer Vereinbarungen; Austausch der Ratifizierungsurkunden zu den Ostverträgen
1972 (5. 6.)	Eröffnung der ersten Umweltschutzkonferenz der UNO (in Abwesenheit der Ostblockländer) in Stockholm
1972 (22./23. 6.)	Verabschiedung von (teils verfassungsändernden) Gesetzen zur inneren Sicherheit; Verkürzung der Wehrdienstzeit von 18 auf 15 Monate
1972 (28. 6.)	Neuregelung der Kirchenorganisation in den ehemals deutschen Gebieten jenseits Oder-Neiße durch den Vatikan
1972 (5./7. 7.)	Kabinettsumbildung in Bonn (Schiller-Krise) im Zusammenhang mit der Währungssituation
1972 (13./18. 7.)	G. Schröder besucht die Volksrepublik China
1972 (18. 7.)	Ausweisung sowjetischer Militärberater aus Ägypten

1972 (22. 7.)	Unterzeichnung der Freihandelsverträge zwischen EWG und restlichen EFTA-Staaten
1972 (Juli/Aug.)	Politische Prozesse in der CSSR gegen ehemalige Dubcek-Anhänger
1972 (31. 7.)	Krimkonferenz der Ostblockländer über deutsche und europäische Fragen
1972 (3. 8.)	Vereinigung Ägyptens und Libyens beschlossen
1972 (16. 8.)	Beginn der offiziellen Verhandlungen zwischen BRD und DDR über eine grundsätzliche vertragliche Regelung des Verhältnisses zwischen den beiden Staaten
1972 (August)	Ausweisung asiatischer Staatsbürger (besonders Inder) aus Uganda
1972 (Aug./Sept.)	XX. Olympiade in München (Kiel)
1972 (5./6. 9.)	Arabische Terroraktion gegen israelische Olympiamannschaft; Massaker von Fürstenfeldbruck; 29. Okt.: durch Flugzeugentführung und Geiselnahme erzwungene Freigabe der drei in der BRD inhaftierten Terroristen
1972 (Sept.)	Vereinbarungen über diplomatische Beziehungen der BRD mit Polen
1972 (Sept.)	Verabschiedung der Rentengesetze
1972 (22. 9.)	Vertrauensfrage des Bundeskanzlers Brandt abgelehnt: Auflösung des 6. Deutschen Bundestages
1972 (Sept.)	Chinabesuch des japanischen Ministerpräsidenten Tanaka: Versöhnung, Beendigung des Kriegszustandes
1972 (Sept./Okt.)	Volksabstimmung in Norwegen gegen EWG-Beitritt Volksabstimmung in Dänemark für EWG-Beitritt
1972 (Okt.)	Vereinbarung diplomatischer Beziehungen zwischen der BRD und der VR China
1972 (17. 10.)	Ratifizierung des Verkehrsvertrages zwischen der BRD und der DDR
1972 (19./20. 10)	Gipfelkonferenz der 9 EWG-Staaten
1972 (Okt.)	Staatsbesuch Heinemanns in Großbritannien
1972 (7. 11.)	Sieg des Republikaners R. Nixon bei den Präsidentschaftswahlen in den USA
1972 (8. 11.)	Paraphierung eines Vertrags über die Grundlagen der Beziehungen zwischen der BRD und der DDR (Grundvertrag)
1972 (10. 11.)	Deutschlanderklärung der vier Mächte
1972 (19. 11.)	Wahlen zum 7. Deutschen Bundestag: Bestätigung und Stärkung der sozial-liberalen Koalition Brandt/Scheel; SPD stärkste Partei
1972 (22. 11.)	Beginn multinationaler Vorbereitungsgespräche in Helsinki für eine europäische Sicherheitskonferenz.
1972 (28. 11.)	Aufnahme der DDR in die UNESCO
1972 (13. 12.)	Konstituierung des 7. Dt. Bundestags, A. Renger Bundestagspräsidentin
1972 (15. 12.)	2. Kabinett Brandt/Scheel
1972 (19. 12.)	Rückkehr von Apollo 17 vom Mond
1972 (21. 12.)	Unterzeichnung des Grundvertrags
1973 (1. 1.)	Erweiterung der EWG auf neun Mitglieder (durch Beitritt Großbritanniens, Irlands und Dänemarks)

II. Ausgewählte Dokumente (Auszüge) zur Geschichte des freiheitlich-rechtsstaatlichen Denkens

1. Die Unabhängigkeitserklärung der Vereinigten Staaten von Amerika (4. Juli 1776)
2. Erklärung der Rechte des Menschen und des Bürgers, beschlossen von der französischen Nationalversammlung (August 1789)
3. Aus einer Denkschrift des Freiherrn vom Stein (1870)
4. Aus einer Denkschrift des Grafen Neithardt von Gneisenau (Juli 1807)
5. Die Bundesakte des Deutschen Bundes (8. Juni 1815)
6. Rede J. Siebenpfeifers beim Hambacher Fest (1832)
7. Die Ablehnung der Kaiserkrone durch Friedrich Wilhelm IV. (Brief des Königs an Josias v. Bunsen, Ostern 1849)
8. Die Verfassung des Deutschen Reiches (1871) und Änderung vom Oktober 1918
9. Kriegsende 1918: Telegramm des Rates der Volksbeauftragten an die Oberste Heeresleitung (November 1918)
10. Aus der Verfassung des Deutschen Reiches (11. August 1919)
11. Verordnung des Reichspräsidenten zum Schutz von Volk und Staat (28. Februar 1933)
12. Gesetz zur Behebung der Not von Volk und Staat (Ermächtigungsgesetz) vom 24. März 1933
13. Der soldatische Eid
14. Notiz des Chefs des Generalstabes Ludwig Beck für den Vortrag beim Oberbefehlshaber des Heeres (16. Juli 1938)
15. Die Atlantikcharta (14. August 1941)
16. Der totale Krieg (aus der Rede des Reichsministers für Volksaufklärung und Propaganda J. Goebbels, 18. Februar 1943)
17. Flugblatt der „Weißen Rose" vom 18. Februar 1943
18. Allgemeine Erklärung der Menschenrechte (10. Dezember 1948)
19. Aus dem Grundgesetz für die Bundesrepublik Deutschland (23. Mai 1949)
20. Erklärung der Ministertagung des Nordatlantikrates (Dezember 1957)
21. Aus der Verfassung der Deutschen Demokratischen Republik (6. April 1968)
22. Aus der Antwort der Bundesregierung auf die großen Anfragen der drei Fraktionen des Bundestages zur politischen Bildung (23. September 1968)
23. Ansprache des Bundespräsidenten Heinemann zum 100. Jahrestag der Gründung des Deutschen Reiches (17. Januar 1971)
24. Gemeinsame Erklärung des Deutschen Bundestages zu den Ostverträgen (17. Mai 1972)

Dokument 1:
Die Unabhängigkeitserklärung der Vereinigten Staaten von Amerika, 4. Juli 1776

Wenn es im Zuge der Menschheitsentwicklung für ein Volk notwendig wird, die politischen Bande zu lösen, die es mit einem anderen Volke verknüpft haben, und unter den Mächten der Erde den selbständigen und gleichberechtigten Rang einzunehmen, zu dem Naturrecht und göttliches Gesetz es berechtigen, so fordert eine geziemende Rücksichtnahme auf die Meinung der Menschheit, daß es die Gründe darlegt, die es zu der Trennung veranlassen.

Folgende Wahrheiten erachten wir als selbstverständlich: daß alle Menschen gleich geschaffen sind; daß sie von ihrem Schöpfer mit gewissen unveräußerlichen Rechten ausgestattet sind; daß dazu Leben, Freiheit und das Streben nach Glück gehören; daß zur Sicherung dieser Rechte Regierungen unter den Menschen eingesetzt werden, die ihre rechtmäßige Macht aus der Zustimmung der Regierten herleiten; daß, wenn immer irgendeine Regierungsform sich als diesen Zielen abträglich erweist, es Recht des Volkes ist, sie zu ändern oder abzuschaffen und eine neue Regierung einzusetzen und diese auf solchen Grundsätzen aufzubauen und ihre Gewalten in der Form zu organisieren, wie es ihm zur Gewährleistung seiner Sicherheit und seines Glückes geboten zu sein scheint. Gewiß gebietet die Weisheit, daß von alters her bestehende Regierungen nicht aus geringfügigen und vorübergehenden Anlässen geändert werden sollten; und demgemäß hat jede Erfahrung gezeigt, daß die Menschen eher geneigt sind, zu dulden, solange die Mißstände noch erträglich sind, als sich unter Beseitigung altgewohnter Formen Recht zu verschaffen. Aber wenn eine lange Reihe von Mißbräuchen und Übergriffen, die stets das gleiche Ziel verfolgen, die Absicht erkennen läßt, sie absolutem Despotismus zu unterwerfen, so ist es ihr Recht und ihre Pflicht, eine solche Regierung zu beseitigen und neue Wächter für ihre künftige Sicherheit zu bestellen. So haben diese Kolonien geduldig ausgeharrt, und so stehen sie jetzt vor der zwingenden Notwendigkeit, ihre bisherige Regierungsform zu ändern. Die Regierungszeit des gegenwärtigen Königs von Großbritannien ist von unentwegtem Unrecht und ständigen Übergriffen gekennzeichnet, die alle auf die Errichtung einer absoluten Tyrannei über diese Staaten abzielen ...

Dokument 2:
Erklärung der Rechte des Menschen und des Bürgers
beschlossen von der franz. Nationalversammlung, 20. bis 26. August 1789
aufgenommen in die Verfassung vom 3. Sept. 1791

. . . .

So erkennt und verkündet die Nationalversammlung, angesichts des Höchsten Wesens und unter seinen Auspizien, die Rechte des Menschen und des Bürgers wie folgt:

1. Artikel. Frei und gleich an Rechten werden die Menschen geboren und bleiben es. Die sozialen Unterschiede können sich nur auf das gemeine Wohl gründen.

2. Artikel. Der Zweck jeden politischen Zusammenschlusses ist die Bewahrung der natürlichen und unverlierbaren Menschenrechte. Diese Rechte sind Freiheit, Eigentum, Sicherheit und Widerstand gegen Bedrückung.

3. Artikel. Jegliche Souveränität liegt im Prinzip und ihrem Wesen nach in der Nation; keine Körperschaft und kein einzelner kann eine Autorität ausüben, die sich nicht ausdrücklich von ihr herleitet.

4. Artikel. Die Freiheit besteht darin, alles tun zu können, was anderen nicht schadet. Also hat die Ausübung der natürlichen Rechte bei jedem Menschen der Gesellschaft den Genuß der gleichen Rechte zu sichern. Diese Grenzen können nur durch das Gesetz bestimmt werden . . . .

Dokument 3:
Freiherr vom Stein:
Aus einer Niederschrift des Jahres 1807 über den Zustand Preußens vor der Reform.

Indem Friedrich II. eine neue Macht gründete, löste er die Einheit des Deutschen Reiches auf, Preußen war das Haupt einer Oppositionspartei.

Preußen mußte ferner auf jede Art nach Vergrößerung streben wegen seiner zerstückelten Lage und der Schwäche seiner Staaten, die nur eine Bevölkerung von sechs Millionen hatten, wenn es seine durch einen großen Mann errungene Stelle unter den europäischen Mächten auf die Dauer erhalten wollte. Seine Politik war also die der Konvenienz ohne Rücksicht auf den Besitzstand und Recht.

Die Verwaltung des Innern seiner Staaten war wohltätig, milde, beförderte den inneren Wohlstand, Geisteskultur, Denkfreiheit, sie war sparsam in Verwaltung des öffentlichen Einkommens, sie wirkte als Muster und Ziel des Nachstrebens für die übrigen deutschen Staaten und besonders für Österreich.

Nur war alles auf Selbstregierung berechnet, keine ständische Verfassung, kein als Vereinigungspunkt dienender, tätiger Staatsrat, keine Einrichtungen, wo sich Gemeingeist, Übersicht des Ganzen bilden, gewisse feste Verwaltungsmaximen entwickeln konnten, alle Tätigkeit erwartete den Anstoß von oben, nirgends Selbständigkeit und Selbstgefühl. Noch in dem letzten Jahrzehnt dieser Periode und dem Anfang der folgenden war die Erinnerung an die Taten und glorreiche Epoche Friedrichs des Großen lebhaft. Es hatten sich aber in seinen letzten Regierungsjahren weder Staatsmänner noch Generale gebildet, man fand gute Vorsteher einzelner Geschäftszweige, aber keinen durch Geist und Charakter eminenten Kopf, der große Ansichten zu fassen oder auszuführen imstande war. Die Unvollkommenheit der Erziehungsanstalten war einer gründlichen allgemeinen Bildung hinderlich. Am wenigsten nahm das Militär teil an den allgemeinen Fortschritten. In dem langen Frieden hatte es Kriegserfahrungen und Bekanntschaft mit der Gefahr verloren, und seine Erinnerung an die Blütezeit des Ruhms seiner Vorfahren erregten nur Anmaßungen, die den übrigen Ständen lästig waren, feuerte es aber nicht zur Nachahmung an.

Unter den Geschäftsleuten herrschte wenig Sachkenntnis. Man strebte nur nach Formalien, nach Gewandtheit und anscheinender Fertigkeit im Abmachen des Laufenden, in gründlicher Befolgung des von oben Vorgeschriebenen.

Solange an der Spitze des Ganzen ein großer Mann stand, der mit Geist, Kraft und Einheit leitete, brachte das Maschinenspiel gute und glänzende Resultate, die das überall hervorstehende Flickwerk, die Halbheit und nordische Gemütslosigkeit verbargen. Sein Beispiel erhielt sparsame, einfache Sitten, reizte zur angestrengten Tätigkeit, schreckte die Bösen, hob die Guten und zwang die große Zahl der Mittelmäßigen und Charakterlosen, auf dem schmalen Weg der Pflicht zu wandeln.

Wie unerwartet schnell wurde alles dieses ganz anders nach dem Tode des großen Königs. — Um es zu glauben, muß man Zeitgenosse und Zeuge gewesen sein.

Dokument 4:
Aus einer Denkschrift des Generals Neithardt von Gneisenau
(Juli 1807)

Ein Grund hat Frankreich besonders zu seiner Größe erhoben. Die Revolution hat alle Kräfte geweckt und jeder Kraft einen ihr angemessenen Wirkungskreis gegeben. Dadurch kamen an die Spitzen der Armeen Helden, an die ersten Stellen der Verwaltung Staatsmänner und an die Spitze eines großen Volkes der größte Mensch aus seiner Mitte. Während ein Reich in seiner Schwäche und Schmach vergeht, folgt vielleicht in seinem elenden Dorfe ein Cäsar dem Pfluge, und ein Epaminondas nährt sich karg von dem Ertrage der Arbeit seiner Hände. Warum griffen die Höfe nicht zu dem einfachen und sicheren Mittel, das Genie, wo es sich auch immer findet, eine Laufbahn zu öffnen, die Talente aufzumuntern, von welchem Stande und Range sie auch sein mögen? Warum wählten sie nicht diese Mittel, ihre Kräfte zu vertausendfachen, und schlossen dem gemeinen Bürgerlichen die Triumphpforte auf, durch welche der Adlige jetzt nur ziehen soll? **Die neue Zeit braucht mehr als alte Namen, Titel und Pergamente,** sie braucht frische Tat und Kraft. Die Revolution hat die ganze Nationalkraft des französischen Volkes in Tätigkeit gesetzt. Durch die Gleichstellung der verschiedenen Stände und die gleiche Besteuerung des Vermögens hat sie die lebendige Kraft im Menschen und die tote der Güter zu einem wuchernden Kapital umgeschaffen. Damit aber hat sie das Gleichgewicht der Staaten aufgehoben. Wollen die übrigen Staaten dieses Gleichgewicht wiederherstellen, dann müssen sie dieselben Hilfsquellen benützen.

Dokument 5:
Die Bundesakte des Deutschen Bundes vom 8. Juni 1815

Im Namen der Allerheiligsten und Unteilbaren Dreieinigkeit. Die souveränen Fürsten und freien Städte Deutschlands, den gemeinsamen Wunsch hegend, den 6. Artikel des Pariser Friedens vom 30. Mai 1814 in Erfüllung zu setzen, und von den Vorteilen überzeugt, welche aus ihrer festen und dauerhaften Verbindung für die Sicherheit und Unabhängigkeit Deutschlands und die Ruhe und das Gleichgewicht Europas hervorgehen würden, sind übereingekommen, sich zu einem beständigen Bunde zu vereinigen und zu diesem Behuf ihre Gesandten und Abgeordneten am Kongreß in Wien mit Vollmachten zu versehen.

In Gemäßheit dieses Beschlusses haben die Bevollmächtigten, nach geschehener Auswechslung ihrer richtig befundenen Vollmachten, folgende Artikel verabredet:

I. Allgemeine Bestimmungen
Artikel 1. Stiftung des Bundes

Die souveränen Fürsten und freien Städte Deutschlands, mit Einschluß ihrer Majestäten des Kaisers von Österreich und der Könige von Preußen, von Dänemark und der Niederlande, und zwar der Kaiser von Österreich und der König von Preußen, beide für ihre gesamten, vormals zum Deutschen Reich gehörigen Besitzungen, der König von Dänemark für Holstein, der König der Niederlande für das Großherzogtum Luxemburg, vereinigen sich zu einem beständigen Bunde, welcher der Deutsche Bund heißen soll.

Artikel 2. Zweck des Bundes

Der Zweck desselben ist: Erhaltung der äußeren und inneren Sicherheit Deutschlands und der Unabhängigkeit und Unverletzbarkeit der einzelnen deutschen Staaten.

Dokument 6:

Rede Jak. Siebenpfeifers beim Hambacher Fest

Es wird kommen der Tag, der Tag des edelsten Siegesstolzes, wo der Deutsche vom Alpengebirg und von der Nordsee, vom Rhein, der Donau und der Elbe den Bruder im Bruder umarmt, wo die Zollstöcke und die Schlagbäume, wo alle Hoheitszeichen der Trennung und Hemmung und Bedrückung verschwinden, samt den Konstitutiönchen, die man etlichen mürrischen Kindern der großen Familie als Spielzeug verlieh, wo freie Straßen und freie Ströme den freien Umschwung aller Nationalkräfte und Säfte bezeugen, wo die Fürsten die bunten Hermeline feudalistischer Gottstatthalterschaft mit der männlichen Toga deutscher Nationalwürde vertauschen und der Beamte, der Krieger, statt mit der Bedientenjacke des Herrn und Meisters mit der Volksbinde sich schmückt, wo nicht 34 Städte und Städtlein von 34 Höfen das Almosen empfangen, um den Preis hündischer Unterwerfung, sondern wo alle Städte, frei emporblühend aus eigenem Saft, um den Preis patriotischer Tat ringen, wo jeder Stamm, im Innern frei und selbständig, zu bürgerlicher Freiheit sich entwickelt und ein starkes, selbstgewobenes Bruderband alle umschließt zu politischer Einheit und Kraft, wo die deutsche Flagge, statt Tribut an Barbaren zu bringen, die Erzeugnisse unseres Gewerbefleißes in fremde Weltteile geleitet und nicht mehr unschuldige Patrioten für das Henkerbeil auffängt, sondern allen freien Völkern den Bruderkuß bringt ... Ja, es wird kommen der Tag, wo ein gemeinsames deutsches Vaterland sich erhebt, das alle Söhne als Bürger begrüßt und alle Bürger mit gleicher Liebe, mit gleichem Schutz umfaßt, wo die erhabene Germania dasteht auf dem erzenen Piedestal der Freiheit und des Rechts, in der einen Hand die Fackel der Aufklärung, welche zivilisierend hinausleuchtet in die fernsten Winkel der Erde, in der anderen die Waage des Schiedsrichteramts, streitenden Völkern das selbst erbetene Gesetz des Friedens spendend, jenen Völkern, von welchen wir jetzt das Gesetz der Gewalt und den Fußtritt höhnender Verachtung empfangen ...

> Es lebe das freie, das einige Deutschland!
> Hoch leben die Polen, der Deutschen Verbündete!
> Hoch leben die Franken, der Deutschen Brüder, die
> unsere Nationalität und Selbständigkeit achten!
> **Hoch lebe jedes Volk, das seine Ketten bricht und mit
> uns den Bund der Freiheit schwört!**
> Vaterland — Volkshoheit — Völkerbund hoch!

Dokument 7:

Die Ablehnung der Kaiserkrone durch Friedrich Wilhelm IV.

(Brief des Königs an Josias v. Bunsen, Ostern 1849)

Sie sind von den Eindrücken der Revolution von 1848 überwältigt. Sie haben dem scheußlichen Bastard von Mensch und Teufel einen ehrlichen Namen „Teutschland" gegeben. — Ich hingegen habe vom 18./19. März 1848 bis heut nichts darin erkannt als den Abfall von Gott. (Oh, lieber Freund, nehmen Sie dies nicht mit Hohn auf!!) Ich habe dem Greuel Bastard, ohne zu zucken und zu wanken, seinen Namen gegeben. — Sehen Sie, lieber Bunsen, da ist der Umstand, der **unser Verständnis**, menschlich zu reden, unmöglich macht. — Nächst der Zerstörung des frommen Baues teutscher Sitten, Gliederungen und Rechte hat das vor allem mein Herz zerrissen, daß die heilige Losung „Teutschland" vielleicht für immer der Verachtung, der Verleugnung, der Entrüstung aller edlen Menschen der künftigen Tage preisgegeben worden ist, daß das Wort, welches mein Gemüt seit 50 Jahren mit den Schauern der Begeisterung durchbohrte, das Stichwort, ja der Vorwand aller Treulosigkeit, jeglichen Eidbruches, jeder Infamie geworden ist. — Und dem Namen Teutschland klebt n i c h t die Heiligkeit vom Namen des Herrn an, der auch durch die Greuel der Jesuiten nicht angetastet werden konnte. Und doch lieb' ich Teutschland, seine Ehre und Ruhm und Geltung mit der Liebe, mit der man am Namen einer unvergleichlichen Mutter hängt . . .

Wäre es der paulskirchlichen Majorität wirklich um die Sache zu tun gewesen, so gebot der gesunde Menschenverstand so gut als ein Quentchen Rechtsgefühl und ein Lötchen Glauben an die Ehrlichkeit meiner offiziellen Äußerungen diesen Patrioten, zuvor die Zustimmung der rechtmäßigen Obrigkeiten . . . einzuholen. Ich frage, warum nicht? Haben sie sich denn das nicht gefragt? Alles Ding hat eine Ursach. Also auch dies Ding. — Warum nicht? Die Antwort ist mir (und gottlob! allen Gesunden) nicht zweifelhaft. — Weil diese Patrioten (!) die Revolution, die Souveränität teutscher Nation unwiderruflich dadurch befestigen wollten, daß sie dem Narren, dem Preußenkönig, ein Hundehalsband umschnallten, das ihn unauflöslich an die Volkssouveränität fesselte, der Revolution von 48 leibeigen macht! Das, teuerster Freund, ist des Pudels Kern; dieses schnöden Pudels einzige Entschuldigung . . . Ich und mein Ministerium brauchten so groben Machinationen gegenüber keinen Aufwand von Geist zu machen, um ihren Kern zu entdecken. Daher rührt mein Bescheid an die geradezu inqualifiable Deputation der Paulskirche. Des Bescheides Sinn ist: „Ich kann Euch weder ja noch nein antworten. Man nimmt nur an und schlägt nur aus eine Sache, die geboten werden kann — und Ihr da habt mir gar nichts zu bieten; das mach' ich mit meinesgleichen ab; jedoch zum Abschied die Wahrheit: Gegen Demokraten helfen nur Soldaten! Adieu!"

Ich hoffe, daß dieser durch meine Ehre und meinen Namen, meine Stellung als Fürst von Gottes Gnaden notwendig gebotene Bescheid das erforderliche Hofkleid angezogen hat. Was hinter Rock und Hemd steckt, wissen Sie so gut wie ich. Das konnt' und durft' ich nicht ändern. Und nun gehe die Sache unter Gottes Führung! Amen . . .

P. S. Ich habe jetzt nur zwei Ambitionen: 1) die, jetzt, wenn irgendmöglich und sobald als irgendmöglich, durch die Könige und Fürsten gewählt, an Erzherzog Johanns Stelle provisorischer Statthalter von Teutschland zu werden und Ordnung zu machen; 2) dann aber Erzfeldherr Teutschlands zu werden, um Ordnung zu erhalten.

Dokument 8:
Verfassung des Deutschen Reiches
(16. 4. 1871)

Seine Majestät der König von Preußen im Namen des Norddeutschen Bundes, SM der König von Bayern, SM der König von Württemberg, S. Königl. Hoheit der Großherzog von Baden und S. Königl. Hoheit der Großherzog von Hessen und bei Rhein für die südlich vom Main gelegenen Teile des Großherzogtums Hessen schlossen einen ewigen Bund zum Schutz des Bundesgebietes und des innerhalb desselben gültigen Rechts sowie zur Pflege der Wohlfahrt des deutschen Volkes. Dieser Bund wird den Namen Deutsches Reich führen und wird nachstehende Verfassung haben:

. . . .

Art. 5. Die Reichsgesetzgebung wird ausgeübt durch den Bundesrat und den Reichstag.

. . . .

Art. 11. Das Präsidium des Bundes steht dem Könige von Preußen zu, welcher den Namen Deutscher Kaiser führt. Der Kaiser hat das Reich völkerrechtlich zu vertreten, im Namen des Reiches Krieg zu erklären und Frieden zu schließen. Bündnisse und andere Verträge mit anderen Staaten einzugehen, Gesandte zu beglaubigen und zu empfangen.

Zur Erklärung des Krieges im Namen des Reiches ist die Zustimmung des Bundesrates erforderlich, es sei denn, daß ein Angriff auf das Bundesgebiet oder dessen Küsten erfolgt.

Insoweit die Verträge mit fremden Staaten sich auf solche Gegenstände beziehen, welche nach Art. 4 in den Bereich der Reichsgesetzgebung gehören, ist zu ihrem Abschluß die Zustimmung des Bundesrates und zu ihrer Gültigkeit die Genehmigung des Reichstages erforderlich.

. . . .

Art. 15. Der Vorsitz im Bundesrate und die Leitung der Geschäfte steht dem Reichskanzler zu, welcher vom Kaiser zu ernennen ist.

Verfassungsänderung
(28. Oktober 1918)

Die Reichsverfassung wird wie folgt abgeändert:

§ 1. Im Art. 11 werden die Absätze 2 und 3 durch folgende Bestimmungen ersetzt:

Zur Erklärung des Krieges im Namen des Reiches ist die Zustimmung des Bundesrates und des Reichstags erforderlich. Friedensverträge sowie diejenigen Verträge mit fremden Staaten, welche sich auf Gegenstände der Reichsgesetzgebung beziehen, bedürfen der Zustimmung des Bundesrates und des Reichstags.

§ 2. Im Art. 15 werden folgende Absätze hinzugefügt:

Der Reichskanzler bedarf zu seiner Amtsführung des Vertrauens des Reichstags. Der Reichskanzler trägt die Verantwortung für alle Handlungen von politischer Bedeutung, die der Kaiser in Ausübung der ihm nach der Reichsverfassung zustehenden Befugnisse vornimmt. Der Reichskanzler und seine Stellvertreter sind für ihre Amtsführung dem Bundesrat und dem Reichstag verantwortlich.

. . . .

§ 4. Im Art. 53 Abs. 1 wird folgender Satz hinzugefügt:

Die Ernennung, Versetzung, Beförderung und Verabschiedung der Offiziere und Beamten der Marine erfolgt unter Gegenzeichnung des Reichskanzlers.

. . . .

§ 6. Im Art. 66 werden folgende Absätze hinzugefügt:

. . . . die Kriegsminister sind dem Bundesrat und dem Reichstag für die Verwaltung ihres Kontingents verantwortlich.

. . . .

Dokument 9:

Kriegsende 1918:
Telegramm des Rates der Volksbeauftragten an die Oberste Heeresleitung:

Die Volksregierung ist von dem Wunsche beseelt, daß jeder unserer Soldaten nach den unsäglichen Leiden und den unerhörten Entbehrungen in kürzester Zeit nach der Heimat zurückkehrt. Dieses Ziel ist aber nur zu erreichen, wenn die Demobilisierung nach einem geordneten Plan vor sich geht. Falls einzelne Trupps willkürlich zurückfluten, so gefährden sie sich selbst, ihre Kameraden und die Heimat auf das schwerste. Ein Chaos mit Hunger und Not muß die Folge sein.

Die Volksregierung erwartet von euch strenge Selbstzucht, um unermeßlichen Schaden zu verhüten. — Wir ersuchen die Oberste Heeresleitung, das Feldheer von vorstehender Erklärung in Kenntnis zu setzen und folgendes anzuordnen:

1. Das Verhältnis zwischen Offizier und Mann hat sich auf gegenseitiges Verständnis aufzubauen. Willige Unterordnung des Mannes unter den Offizier und kameradschaftliche Behandlung des Mannes durch den Vorgesetzten sind hierzu Bedingung.
2. Das Vorgesetztenverhältnis des Offiziers bleibt bestehen. Unbedingter Gehorsam im Dienst ist von entscheidender Bedeutung für das Gelingen der Zurückführung in die deutsche Heimat. Militärische Disziplin und Ordnung im Heere müssen deshalb unter allen Umständen aufrechterhalten werden.
3. Die Soldatenräte haben zur Aufrechterhaltung des Vertrauens zwischen Offizier und Mann beratende Stimmen in Fragen der Verpflegung, des Urlaubs und der Verhängung von Disziplinarstrafen. Ihre oberste Pflicht ist es, auf die Verhinderung von Unordnung und Meuterei hinzuwirken.

4. Gleiche Ernährung für Offiziere, Beamte und Mannschaften.
5. Gleiche Zuschüsse zu den Löhnungen. Gleiche Feldzulagen für Offiziere und Mannschaften.
6. Von der Waffe gegen Angehörige des eigenen Volkes ist nur in der Notwehr und zur Verhinderung von Plünderungen Gebrauch zu machen.

Berlin, den 12. November 1918.

Ebert, Haase, Scheidemann, Dittmann, Landsberg, Barth.

Dokument 10:
Aus der Verfassung des Deutschen Reiches vom 11. August 1919
Artikel 48

Wenn ein Land die ihm nach der Reichsverfassung oder den Reichsgesetzen obliegenden Pflichten nicht erfüllt, kann der Reichspräsident es dazu mit Hilfe der bewaffneten Macht anhalten.
Der Reichspräsident kann, wenn im Deutschen Reiche die öffentliche Sicherheit und Ordnung erheblich gestört oder gefährdet wird, die zur Wiederherstellung der öffentlichen Sicherheit und Ordnung nötigen Maßnahmen treffen, erforderlichenfalls mit Hilfe der bewaffneten Macht eingreifen. Zu diesem Zwecke darf er vorübergehend die in den Artikeln 114, 115, 117, 118, 123, 124 und 153 festgesetzten Grundrechte ganz oder zum Teil außer Kraft setzen.
Von allen gemäß Abs. 1 oder Abs. 2 dieses Artikels getroffenen Maßnahmen hat der Reichspräsident unverzüglich dem Reichstag Kenntnis zu geben. Die Maßnahmen sind auf Verlangen des Reichstages außer Kraft zu setzen.
Bei Gefahr im Verzuge kann die Landesregierung für ihr Gebiet einstweilige Maßnahmen der im Abs. 2 bezeichneten Art treffen. Die Maßnahmen sind auf Verlangen des Reichspräsidenten oder des Reichstages außer Kraft zu setzen.
Das Nähere bestimmt ein Reichsgesetz.

Artikel 114

Die Freiheit der Person ist unverletzlich. Eine Beeinträchtigung oder Entziehung der persönlichen Freiheit durch die öffentliche Gewalt ist nur auf Grund von Gesetzen zulässig.
Personen, denen die Freiheit entzogen wird, sind spätestens am darauffolgenden Tage in Kenntnis zu setzen, von welcher Behörde und aus welchen Gründen die Entziehung der Freiheit angeordnet worden ist; unverzüglich soll ihnen Gelegenheit gegeben werden, Einwendungen gegen ihre Freiheitsentziehung vorzubringen.

Artikel 115

Die Wohnung jedes Deutschen ist für ihn eine Freistätte und unverletzlich. Ausnahmen sind nur auf Grund von Gesetzen zulässig.

Artikel 117

Das Briefgeheimnis sowie das Post-, Telegraphen- und Fernsprechgeheimnis sind unverletzlich. Ausnahmen können nur durch Reichsgesetz zugelassen werden.

Artikel 118

Jeder Deutsche hat das Recht, innerhalb der Schranken der allgemeinen Gesetze seine Meinung durch Wort, Schrift, Druck, Bild oder in sonstiger Weise frei zu äußern. An diesem Rechte darf ihn kein Arbeits- oder Angestelltenverhältnis hindern, und niemand darf ihn benachteiligen, wenn er von diesem Recht Gebrauch macht.
Eine Zensur findet nicht statt, doch können für Lichtspiele durch Gesetz abweichende Bestimmungen getroffen werden. Auch sind zur Bekämpfung der Schund- und Schmutzliteratur sowie zum Schutze der Jugend bei öffentlichen Schaustellungen und Darbietungen gesetzliche Maßnahmen zulässig.

Artikel 123

Alle Deutschen haben das Recht, sich ohne Anmeldung oder besondere Erlaubnis friedlich und unbewaffnet zu versammeln. Versammlungen unter freiem Himmel können durch Reichsgesetz anmeldepflichtig gemacht werden und bei unmittelbarer Gefahr für die öffentliche Sicherheit verboten werden.

Artikel 124
Alle Deutschen haben das Recht, zu Zwecken, die den Strafgesetzen nicht zuwiderlaufen, Vereine oder Gesellschaften zu bilden. Dies Recht kann nicht durch Vorbeugungsmaßregeln beschränkt werden. Für religiöse Vereine und Gesellschaften gelten dieselben Bestimmungen.
Der Erwerb der Rechtsfähigkeit steht jedem Verein gemäß den Vorschriften des bürgerlichen Rechts frei. Er darf einem Vereine nicht aus dem Grunde versagt werden, daß er einen politischen, sozialpolitischen oder religiösen Zweck verfolgt.

Artikel 153
Das Eigentum wird von der Verfassung gewährleistet. Sein Inhalt und seine Schranken ergeben sich aus den Gesetzen. Eine Enteignung kann nur zum Wohle der Allgemeinheit und auf gesetzlicher Grundlage vorgenommen werden. Sie erfolgt gegen angemessene Entschädigung, soweit nicht ein Reichsgesetz etwas anderes bestimmt. Wegen der Höhe der Entschädigung ist im Streitfall der Rechtsweg bei den ordentlichen Gerichten offenzuhalten, soweit Reichsgesetze nichts anderes bestimmen. Enteignung durch das Reich gegenüber Ländern, Gemeinden und gemeinnützigen Verbänden kann nur gegen Entschädigung erfolgen. Eigentum verpflichtet. Sein Gebrauch soll zugleich Dienst sein für das gemeinsame Beste.

Dokument 11:
Verordnung des Reichspräsidenten zum Schutz von Volk und Staat vom 28. Februar 1933

Auf Grund des Artikels 48 Absatz 2 der Reichsverfassung wird zur Abwehr kommunistischer Gewaltakte folgendes verordnet:

§ 1
Die Artikel 114, 115, 117, 118, 123, 124 und 153 der Verfassung des Deutschen Reiches werden bis auf weiteres außer Kraft gesetzt. Es sind daher Beschränkungen der persönlichen Freiheit, des Rechts der freien Meinungsäußerung, einschließlich der Pressefreiheit, des Vereins- und Versammlungsrechtes, Eingriffe in das Brief-, Post-, Telegraphen- und Fernsprechgeheimnis, Anordnungen von Haussuchungen und von Beschlagnahme sowie Beschränkungen des Eigentums auch außerhalb der sonst hierfür bestimmten gesetzlichen Grenzen zulässig.

§ 2
Werden in einem Lande die zur Wiederherstellung der öffentlichen Sicherheit und Ordnung nötigen Maßnahmen nicht getroffen, so kann die Reichsregierung insoweit die Befugnisse der obersten Landesbehörde vorübergehend wahrnehmen.

§ 3
Die Behörden der Länder und Gemeinden (Gemeindeverbände) haben den auf Grund des § 2 erlassenen Anordnungen der Reichsregierung im Rahmen ihrer Zuständigkeit Folge zu leisten.

§ 4
Wer den von den obersten Landesbehörden oder von den ihnen nachgeordneten Behörden zur Durchführung dieser Verordnung erlassenen Anordnungen oder den von der Reichsregierung gemäß § 2 erlassenen Anordnungen zuwiderhandelt oder wer zu solcher Zuwiderhandlung auffordert oder anreizt, wird, soweit nicht die Tat nach anderen Vorschriften mit einer schwereren Strafe bedroht ist, mit Gefängnis nicht unter 1 Monat oder mit Geldstrafe von 150 bis zu 15 000 Reichsmark bestraft.

Wer durch Zuwiderhandlung nach Absatz 1 eine gemeine Gefahr für Menschenleben herbeiführt, wird mit Zuchthaus, bei mildernden Umständen mit Gefängnis nicht unter 6 Monaten und, wenn die Zuwiderhandlung den Tod eines Menschen verursacht, mit dem Tode, bei mildernden Umständen mit Zuchthaus nicht unter 2 Jahren bestraft. Daneben kann auch auf Vermögenseinziehung erkannt werden.

Wer zu einer gemeingefährlichen Zuwiderhandlung (Absatz 2) auffordert oder anreizt, wird mit Zuchthaus, bei mildernden Umständen mit Gefängnis nicht unter 3 Monaten bestraft.

§ 5

Mit dem Tode sind die Verbrechen zu bestrafen, die das Strafgesetzbuch in den Paragraphen 181 (Hochverrat), 229 (Giftbeibringung), 307 (Brandstiftung), 311 (Explosion), 312 (Überschwemmung), 315 Abs. 2 (Beschädigung von Eisenbahnen), 324 (gemeingefährliche Vergiftung) mit lebenslangem Zuchthaus bedroht.

Mit dem Tode oder, soweit nicht bisher eine schwerere Strafe angedroht ist, mit lebenslangem Zuchthaus oder mit Zuchthaus bis zu 15 Jahren wird bestraft:

1. Wer es unternimmt, den Reichspräsidenten oder ein Mitglied oder einen Kommissar der Reichsregierung oder einer Landesregierung zu töten, oder wer zu einer solchen Tötung auffordert, sich erbietet, ein solches Erbieten annimmt oder eine solche Tötung mit einem anderen verabredet;
2. wer in den Fällen des § 115 Abs. 2 des Strafgesetzbuches (schwerer Aufruhr) oder des § 125 Abs. 2 des Strafgesetzbuches (schwerer Landfriedensbruch) die Tat mit Waffen oder in bewußtem und gewolltem Zusammenwirken mit einem Bewaffneten begeht;
3. wer eine Freiheitsberaubung (§ 239 des Strafgesetzbuches) in der Absicht begeht, sich des der Freiheit Beraubten als Geisel im politischen Kampfe zu bedienen.

§ 6

Diese Verordnung tritt mit dem Tage der Verkündung in Kraft.

Dokument 12:
Gesetz zur Behebung der Not von Volk und Staat
(Ermächtigungsgesetz) vom 24. März 1933

Artikel 1:

Reichsgesetze können außer in dem in der Reichsverfassung vorgesehenen Verfahren auch durch die Reichsregierung beschlossen werden. Dies gilt auch für die in den Artikeln 65 Absatz 2 und 87 der Reichsverfassung bezeichneten Gesetze.

Artikel 2:

Die von der Reichsregierung beschlossenen Reichsgesetze können von der Reichsverfassung abweichen, soweit sie nicht die Einrichtung des Reichstages und des Reichsrats als solche zum Gegenstand haben. Die Rechte des Reichspräsidenten bleiben unberührt.

Artikel 3:

Die von der Reichsregierung beschlossenen Reichsgesetze werden vom Reichskanzler ausgefertigt und im Reichsgesetzblatt verkündet. Sie treten, soweit sie nichts anderes bestimmen, mit dem auf die Verkündung folgenden Tag in Kraft. Die Artikel 68 bis 77 der Reichsverfassung finden auf die von der Reichsregierung beschlossenen Gesetze keine Anwendung.

Artikel 4:

Verträge des Reiches mit fremden Staaten, die sich auf Gegenstände der Reichsgesetzgebung beziehen, bedürfen für die Dauer der Geltung dieser Gesetze nicht der Zustimmung der an der Gesetzgebung beteiligten Körperschaften. Die Reichsregierung erläßt die zur Durchführung dieser Verträge erforderlichen Vorschriften.

Artikel 5:

Dieses Gesetz tritt mit dem Tage seiner Verkündung in Kraft. Es tritt mit dem 1. April 1937 außer Kraft, es tritt ferner außer Kraft, wenn die gegenwärtige Reichsregierung durch eine andere abgelöst wird.
(Das Gesetz wurde am 30. 1. 1937, 31. 1. 1939 und 24. 5. 1943 verlängert.)

Dokument 13:
Der soldatische Eid
1. Preußen (bis 1918)

„Ich schwöre zu Gott dem Allmächtigen und Allwissenden einen leiblichen Eid, daß ich Seiner Majestät, dem König von Preußen, Wilhelm II., meinem allergnädigsten Landesherren, in allen und jeden Vorfällen, zu Lande und zu Wasser, in Kriegs- und Friedenszeiten und an welchem Orte es immer sei, getreu und redlich dienen, allerhöchstdero Nutzen und Bestes fördern, Schaden und Nachteile abwenden, die mir vorgelesenen Kriegsartikel und die mir erteilten Vorschriften und Befehle genau befolgen und mich so betragen will, wie es einem rechtschaffenen, unverzagten, pflicht- und ehrliebenden Soldaten eignet und gebühret, so wahr mir Gott helfe durch Jesum Christum zur Seligkeit."

2. Weimarer Republik

1. Fassung

„Ich schwöre Treue der Reichsverfassung und gelobe, daß ich als tapferer Soldat das Deutsche Reich und seine gesetzmäßigen Einrichtungen jederzeit schützen, dem Reichspräsidenten und meinen Vorgesetzten Gehorsam leisten will."

2. Fassung

„Ich schwöre bei Gott diesen heiligen Eid, daß ich meinem Volk und Vaterland allzeit treu und redlich dienen und als tapferer und gehorsamer Soldat bereit sein will, jederzeit für diesen Eid mein Leben einzusetzen."

3. Drittes Reich (2. August 1934)

„Ich schwöre bei Gott diesen heiligen Eid, daß ich dem Führer des Deutschen Reiches und Volkes, Adolf Hitler, dem Oberbefehlshaber der Wehrmacht, unbedingten Gehorsam leisten und als tapferer Soldat bereit sein will, jederzeit für diesen Eid mein Leben einzusetzen."

4. Bundesrepublik (6. März 1956)

a) für Berufssoldaten und Soldaten auf Zeit:
„Ich schwöre, so wahr mir Gott helfe, der Bundesrepublik Deutschland treu zu dienen und das Recht und die Freiheit des deutschen Volkes tapfer zu verteidigen."
b) für Wehrpflichtige:
„Ich gelobe, . . ."

5. DDR (Fahneneid der NVA)

ICH SCHWÖRE:

Der Deutschen Demokratischen Republik, meinem Vaterland, allzeit treu zu dienen und sie auf Befehl der Arbeiter-und-Bauern-Regierung gegen jeden Feind zu schützen.

ICH SCHWÖRE:

An der Seite der Sowjetarmee und der Armeen der mit uns verbündeten sozialistischen Länder als Soldaten der Nationalen Volksarmee jederzeit bereit zu sein, den Sozialismus gegen alle Feinde zu verteidigen und mein Leben zur Erringung des Sieges einzusetzen.

ICH SCHWÖRE:

Ein ehrlicher, tapferer, disziplinierter und wachsamer Soldat zu sein, den militärischen Vorgesetzten unbedingten Gehorsam zu leisten, die Befehle mit aller Entschlossenheit zu erfüllen und die militärischen und staatlichen Geheimnisse immer streng zu wahren.

ICH SCHWÖRE:

Die militärischen Kenntnisse gewissenhaft zu erwerben, die militärischen Vorschriften zu erfüllen und immer und überall die Ehre unserer Republik und ihrer Nationalen Volksarmee zu wahren.

Sollte ich jemals diesen meinen feierlichen Fahneneid verletzen, so möge mich die harte Strafe der Gesetze unserer Republik und die Verachtung des werktätigen Volkes treffen.

Dokument 14:

Notiz Ludwig Becks für den Vortrag beim Oberbefehlshaber des Heeres (16. Juli 1938)

Der Führer hält anscheinend eine gewaltsame Lösung der sudetendeutschen Frage durch Einmarsch in die Tschechei für unabwendbar. Er wird in dieser Auffassung bestärkt durch eine Umgebung verantwortungsloser radikaler Elemente. Über die Einstellung von Göring ist man geteilter Auffassung. Die einen glauben, daß er den Ernst der Lage erkennt und versucht, auf den Führer beruhigend einzuwirken. Die anderen meinen, daß er, wie in dem Falle Blomberg und Fritsch, ein doppeltes Spiel treibt und umfällt, wenn er vor seinem Führer steht . . .

Wir stehen also der Tatsache gegenüber, daß ein militärisches Vorgehen Deutschlands gegen die Tschechoslowakei automatisch zu einem europäischen oder einem Weltkrieg führen wird. Daß ein solcher nach menschlicher Voraussicht mit einer nicht nur militärischen, sondern auch allgemeinen Katastrophe für Deutschland endigen wird, bedarf von meiner Seite aus keiner weiteren Ausführung mehr . . .

Auf Grund meiner vorausgegangenen Darlegungen halte ich mich heute für verpflichtet — im Bewußtsein der Tragweite eines derartigen Schrittes, aber unter Berufung auf die mir nach meiner Dienstanweisung für die Vorbereitung und Ausführung eines Krieges erwachsende Verantwortung —, die dringende Bitte auszusprechen, den Obersten Befehlshaber der Wehrmacht zu veranlassen, die von ihm befohlenen Kriegsvorbereitungen einzustellen und die Absicht der gewaltsamen Lösung der tschechischen Frage so lange zurückzustellen, bis sich die militärischen Voraussetzungen dafür grundlegend geändert haben. Zur Zeit halte ich sie für aussichtslos, und diese meine Auffassung wird von allen mir unterstellten Oberquartiermeistern und Abteilungschefs des Generalstabes, soweit sie mit der Frage der Vorbereitung und Ausführung des Krieges gegen die Tschechoslowakei dienstlich befaßt sind, geteilt . . .

Es stehen hier letzte Entscheidungen über den Bestand der Nation auf dem Spiele. Die Geschichte wird diese Führer mit einer Blutschuld belasten, wenn sie nicht nach ihrem fachlichen und staatspolitischen Wissen und Gewissen handeln. Ihr soldatischer Gehorsam hat dort eine Grenze, wo ihr Wissen, ihr Gewissen und ihre Verantwortung die Ausführung eines Befehls verbietet.

Finden ihre Ratschläge und Warnungen in solcher Lage kein Gehör, dann haben sie das Recht und die Pflicht vor dem Volk und vor der Geschichte, von ihren Ämtern abzutreten. Wenn sie alle in einem geschlossenen Willen handeln, ist die Durchführung einer kriegerischen Handlung unmöglich. Sie haben damit ihr Vaterland vor dem Schlimmsten, vor dem Untergang, bewahrt.

Es ist ein Mangel an Größe und an Erkenntnis der Aufgabe, wenn ein Soldat in höchster Stellung in solchen Zeiten seine Pflichten und Aufgaben nur in dem begrenzten Rahmen seiner militärischen Aufträge sieht, ohne sich der höchsten Verantwortung vor dem gesamten Volk bewußt zu werden. Außergewöhnliche Zeiten verlangen außergewöhnliche Handlungen! . . .

Andere aufrechte Männer in staatsverantwortlichen Stellungen außerhalb der Wehrmacht werden sich auf ihrem Wege anschließen. Wenn man die Augen und Ohren offenhält, wenn man sich durch falsche Zahlen nicht selbst betrügt, wenn man nicht in dem Rausch einer Ideologie lebt, dann kann man nur zu der Erkenntnis kommen, daß wir zur Zeit wehrpolitisch (Führung, Ausbildung und Ausrüstung), wirtschaftspolitisch und stimmungspolitisch für einen Krieg nicht gerüstet sind.

Die höchsten Führer in der Wehrmacht sind hierzu in erster Linie berufen und befähigt, denn die Wehrmacht ist das ausübende Machtmittel des Staates in der Durchführung eines Krieges.

Dokument 15:
Die Atlantikcharta vom 14. 8. 1941

Der Präsident der Vereinigten Staaten und Premierminister Churchill als Vertreter der Regierung Seiner Majestät im Vereinigten Königreich sind zusammengetroffen und erachten es für richtig, bestimmte gemeinsame Grundsätze der nationalen Politik ihrer beiden Länder bekanntzugeben, auf die sie ihre Hoffnung für eine bessere Zukunft der Welt gründen.

Erstens: Ihre Länder erstreben keine Expansion (Aggrandizement) territorialer oder sonstiger Natur.
Zweitens: Sie wünschen keine territorialen Veränderungen, die nicht dem frei geäußerten Wunsch der betreffenden Völker entsprechen.
Drittens: Sie respektieren das Recht aller Völker, sich die Regierungsform zu wählen, unter der sie leben wollen, und sie wünschen die Wiederherstellung der Souveränität und Selbstregierung aller derer, die ihrer gewaltsam beraubt worden sind.
Viertens: Sie werden, mit gebührender Berücksichtigung ihrer bestehenden Verpflichtungen, darauf hinwirken, daß alle Staaten, ob groß oder klein, ob Sieger oder Besiegter, unter gleichen Bedingungen Zugang zu dem Handel und den Rohstoffen der Welt, die zu ihrem wirtschaftlichen Wohlergehen notwendig sind, genießen.
Fünftens: Sie wünschen, auf wirtschaftlichem Gebiet die engste Zusammenarbeit zwischen allen Nationen herzustellen, um allen bessere Arbeitsbedingungen, wirtschaftlichen Fortschritt und soziale Sicherheit zu gewähren.
Sechstens: Nach der endgültigen Vernichtung der Nazityrannei hoffen sie, daß ein Frieden hergestellt wird, der allen Nationen die Möglichkeit gewährt, sicher innerhalb ihrer Grenzen zu leben, und der die Gewißheit bietet, daß alle Menschen in allen Ländern der Welt ihr Leben in Freiheit von Furcht und Not verbringen können.
Siebtens: Ein solcher Frieden sollte es allen Menschen ermöglichen, ungehindert die Meere und Ozeane zu überqueren.
Achtens: Sie glauben, daß alle Nationen der Welt aus realistischen ebenso wie aus idealistischen Gründen dahin gelangen müssen, der Anwendung von Gewalt zu entsagen. Da kein künftiger Friede erhalten bleiben kann, wenn weiterhin Rüstungen zu Lande, zur See oder zur Luft von Nationen unterhalten werden, von denen die Gefahr einer Aggression über ihre Grenzen hinweg ausgeht oder ausgehen könnte, so glauben sie, daß bis zur Schaffung eines umfassenderen und dauernden Systems allgemeiner Sicherheit eine Entwaffnung solcher Nationen wesentlich ist. Ebenso werden sie alle anderen praktisch durchführbaren Maßnahmen unterstützen und ermutigen, die den friedliebenden Völkern die erdrückende Last der Rüstungen erleichtern.

Dokument 16:

Der totale Krieg

(Aus der Rede des Reichsministers für Volksaufklärung und Propaganda J. Goebbels am 18. 2. 1943)

... Es geht hier nicht um die Methode, mit der man den Bolschewismus zu Boden schlägt, sondern um das Ziel, nämlich um die Beseitigung der Gefahr. Die Frage ist also nicht die, ob die Methoden, die wir anwenden, gut oder schlecht sind, sondern ob sie zum Erfolg führen. Jedenfalls sind wir als nationalsozialistische Volksführung jetzt zu allem entschlossen. Wir packen zu, ohne Rücksicht auf die Einsprüche des einen oder des anderen ...
Ich möchte aber zur Steuer der Wahrheit an euch, meine deutschen Volksgenossen und Volksgenossinnen, eine Reihe von Fragen richten, die ihr mir nach bestem Wissen und Gewissen beantworten müßt ...
Ihr also, meine Zuhörer, repräsentiert in diesem Augenblick die Nation. Und an euch möchte ich zehn Fragen richten, die ihr mir mit dem deutschen Volke vor der ganzen Welt, insbesondere vor unseren Feinden, die uns auch an ihrem Rundfunk hören, beantworten sollt:
Die Engländer behaupten, das deutsche Volk habe den Glauben an den Sieg verloren.
Ich frage euch: Glaubt ihr mit dem Führer und mit uns an den endgültigen totalen Sieg des deutschen Volkes?
Ich frage euch: Seid ihr entschlossen, dem Führer in der Erkämpfung des Sieges durch dick und dünn unter Aufnahme auch der schwersten persönlichen Belastungen zu folgen?
Zweitens: Die Engländer behaupten, das deutsche Volk ist des Kampfes müde.

Ich frage euch: Seid ihr bereit, mit dem Führer als Phalanx der Heimat hinter der kämpfenden Wehrmacht stehend, diesen Kampf mit wilder Entschlossenheit und unbeirrbar durch alle Schicksalsfügungen fortzusetzen, bis der Sieg in unseren Händen ist?

Drittens: Die Engländer behaupten, das deutsche Volk hat keine Lust mehr, sich der überhandnehmenden Kriegsarbeit, die die Regierung von ihm fordert, zu unterziehen.

Ich frage euch: Seid ihr und das deutsche Volk entschlossen, wenn der Führer es befiehlt, zehn, zwölf und, wenn nötig, vierzehn und sechzehn Stunden täglich zu arbeiten und das Letzte herzugeben für den Sieg?

Viertens: Die Engländer behaupten, das deutsche Volk wehrt sich gegen die totalen Kriegsmaßnahmen der Regierung. Es will nicht den totalen Krieg, sondern die Kapitulation.

Ich frage euch: Wollt ihr den totalen Krieg? Wollt ihr ihn, wenn nötig, totaler und radikaler, als wir ihn uns heute überhaupt noch vorstellen können?

Fünftens: Die Engländer behaupten, das deutsche Volk hat sein Vertrauen zum Führer verloren.

Ich frage euch: Ist euer Vertrauen zum Führer heute größer, gläubiger und unerschütterlicher denn je? (Die Menge erhebt sich wie ein Mann. Sprechchöre: „Führer, befiehl, wir folgen!") Ist eure Bereitschaft, ihm auf allen seinen Wegen zu folgen und alles zu tun, was nötig ist, um den Krieg zum siegreichen Ende zu führen, eine absolute und uneingeschränkte?

Ich frage euch als sechstes: Seid ihr bereit, von nun ab eure ganze Kraft einzusetzen und der Ostfront die Menschen und Waffen zur Verfügung zu stellen, die sie braucht, um dem Bolschewismus den tödlichen Schlag zu versetzen?

Ich frage euch siebtens: Gelobt ihr mit heiligem Eid der Front, daß die Heimat mit starker Moral hinter ihr steht und ihr alles geben wird, was sie nötig hat, um den Sieg zu erkämpfen?

Ich frage euch achtens: Wollt ihr, insbesondere ihr Frauen selbst, daß die Regierung dafür sorgt, daß auch die deutsche Frau ihre ganze Kraft der Kriegführung zur Verfügung stellt und überall da, wo es nur möglich ist, einspringt, um Männer für die Front freizumachen und damit ihren Männern an der Front zu helfen?

Ich frage euch neuntens: Billigt ihr, wenn nötig die radikalsten Maßnahmen gegen einen kleinen Kreis von Drückebergern und Schiebern, die mitten im Kriege Frieden spielen und die Not des Volkes zu eigensüchtigen Zwecken ausnutzen wollen? Seid ihr damit einverstanden, daß, wer sich am Krieg vergeht, den Kopf verliert?

Ich frage euch zehntens und zuletzt: Wollt ihr, daß, wie das nationalsozialistische Parteiprogramm es gebietet, gerade im Kriege gleiche Rechte und gleiche Pflichten vorherrschen, daß die Heimat die schweren Belastungen des Krieges solidarisch auf ihre Schultern nimmt und daß sie für hoch und niedrig und arm und reich in gleicher Menge verteilt werden?

Ich habe euch gefragt; ihr habt mir eure Antwort gegeben. Ihr seid ein Stück Volk, durch euren Mund hat sich damit die Stellungnahme des deutschen Volkes manifestiert . . .

Dokument 17:

Flugblatt der „Weißen Rose" vom 18. Februar 1943

Kommilitonen, Kommilitoninnen!

Erschüttert steht unser Volk vor dem Untergang der Männer von Stalingrad. Dreihundertdreißigtausend deutsche Männer hat die geniale Strategie des Weltkriegsgefreiten sinn- und verantwortungslos in Tod und Verderben gehetzt. Führer, wir danken dir!

Es gärt im deutschen Volk: Wollen wir weiter einem Dilettanten das Schicksal unserer Armeen anvertrauen? Wollen wir den niederen Machtinstinkten einer Parteiclique den Rest der deutschen Jugend opfern? Nimmermehr! Der Tag der

Abrechnung ist gekommen, der Abrechnung der deutschen Jugend mit der verabscheuungswürdigsten Tyrannis, die unser Volk je erduldet hat. Im Namen der deutschen Jugend fordern wir vom Staat Adolf Hitlers die persönliche Freiheit, das kostbarste Gut des Deutschen, zurück, um das er uns in der erbärmlichsten Weise betrogen.

In einem Staat rücksichtsloser Knebelung jeder freien Meinungsäußerung sind wir aufgewachsen. HJ, SA, SS haben uns in den fruchtbarsten Bildungsjahren unseres Lebens zu uniformieren, zu revolutionieren, zu narkotisieren versucht. „Weltanschauliche Schulung" hieß die verächtliche Methode, das aufkeimende Selbstdenken in einem leeren Nebel leerer Phrasen zu ersticken. Eine Führerauslese, wie sie teuflischer und borniertner zugleich nicht gedacht werden kann, zieht ihre künftigen Parteibonzen auf Ordensburgen zu gottlosen, schamlosen und gewissenlosen Ausbeutern und Mordbuben heran, zur blinden, stupiden Führergefolgschaft. Wir „Arbeiter des Geistes" wären gerade recht, dieser neuen Herrenschicht den Knüppel zu machen. Frontkämpfer werden von Studentenführern und Gauleiteraspiranten wie Schulbuben gemaßregelt, Gauleiter greifen mit geilen Späßen den Studentinnen an die Ehre. Deutsche Studentinnen haben an der Münchner Hochschule auf die Besudelung ihrer Ehre eine würdige Antwort gegeben, deutsche Studenten haben sich für ihre Kameradinnen eingesetzt und standgehalten . . .

Das ist der Anfang zur Erkämpfung unserer freien Selbstbestimmung, ohne die geistige Werte nicht geschaffen werden können. Unser Dank gilt den tapferen Kameradinnen und Kameraden, die mit leuchtendem Beispiel vorangegangen sind! Es gibt für uns nur eine Parole: Kampf gegen die Partei! Heraus aus den Parteigliederungen, in denen man uns weiter politisch mundtot halten will! Heraus aus den Hörsälen der SS-Unter- und Oberführer und Parteikriecher!

Es geht uns um wahre Wissenschaft und echte Geistesfreiheit! Kein Drohmittel kann uns schrecken, auch nicht die Schließung unserer Hochschulen. Es gilt den Kampf jedes einzelnen von uns um unsere Zukunft, unsere Freiheit und Ehre in einem seiner sittlichen Verantwortung bewußten Staatswesen.

Freiheit und Ehre! Zehn Jahre lang haben Hitler und seine Genossen die beiden herrlichen deutschen Worte bis zum Ekel ausgequetscht, abgedroschen, verdreht, wie es nur Dilettanten vermögen, die die höchsten Werte einer Nation vor die Säue werfen. Was ihnen Freiheit und Ehre gilt, haben sie in zehn Jahren der Zerstörung aller materiellen und geistigen Freiheit, aller sittlichen Substanzen im deutschen Volk genugsam gezeigt. Auch dem dümmsten Deutschen hat das furchtbare Blutbad die Augen geöffnet, das sie im Namen von Freiheit und Ehre in ganz Europa angerichtet haben und täglich neu anrichten. Der deutsche Name bleibt für immer geschändet, wenn nicht die deutsche Jugend endlich aufsteht, rächt und sühnt zugleich, ihre Peiniger zerschmettert und ein neues geistiges Europa aufrichtet. Studentinnen! Studenten! Auf uns sieht das deutsche Volk! Von uns erwartet es wie 1813 die Brechung des napoleonischen, so 1943 die Brechung des nationalsozialistischen Terrors aus der Macht des Geistes. Beresina und Stalingrad flammen im Osten auf, die Toten von Stalingrad beschwören uns! „Frisch auf, mein Volk, die Flammenzeichen rauchen!"

Unser Volk steht im Aufbruch gegen die Verknechtung Europas durch den Nationalsozialismus, im neuen gläubigen Durchbruch von Freiheit und Ehre!

Dokument 18:

Die Allgemeine Erklärung der Menschenrechte der Vereinten Nationen, vom 10. 12. 1948

Präambel

Da die Anerkennung der allen Mitgliedern der menschlichen Familie innewohnenden Würde und ihrer gleichen und unveräußerlichen Rechte die Grundlage der Freiheit, der Gerechtigkeit und des Friedens in der Welt bildet,

da Verkennung und Mißachtung der Menschenrechte zu Akten der Barbarei führten, die das Gewissen der Menschheit tief verletzt haben, und da die Schaffung einer

Welt, in der den Menschen, frei von Furcht und Not, Rede- und Glaubensfreiheit zuteil wird, als das höchste Bestreben der Menschheit verkündet worden ist, da es wesentlich ist, die Menschenrechte durch die Herrschaft des Rechtes zu schützen, damit der Mensch nicht zum Aufstand gegen Tyrannei und Unterdrückung als letztem Mittel gezwungen wird, da es wesentlich ist, die Entwicklung freundschaftlicher Beziehungen zwischen den Nationen zu fördern,

da die Völker der Vereinten Nationen in der Satzung ihren Glauben an die grundlegenden Menschenrechte, an die Würde und den Wert der menschlichen Person und an die Gleichberechtigung von Mann und Frau erneut bekräftigt und beschlossen haben, den sozialen Fortschritt und bessere Lebensbedingungen bei größerer Freiheit zu fördern,

da die Mitgliedstaaten sich verpflichtet haben, in Zusammenarbeit mit den Vereinten Nationen die allgemeine Achtung und Verwirklichung der Menschenrechte und Grundfreiheiten durchzusetzen, da eine gemeinsame Auffassung über diese Rechte und Freiheiten von größter Wichtigkeit für die volle Erfüllung dieser Verpflichtung ist, VERKÜNDET DIE GENERALVERSAMMLUNG die vorliegende Allgemeine Erklärung der Menschenrechte als das von allen Völkern und Nationen zu erreichende gemeinsame Ideal, damit jeder einzelne und alle Organe der Gesellschaft sich diese Erklärung stets gegenwärtig halten und sich bemühen, durch Unterricht und Erziehung die Achtung dieser Rechte und Freiheiten zu fördern und durch fortschreitende Maßnahmen im nationalen und internationalen Bereiche ihre allgemeine und tatsächliche Anerkennung und Verwirklichung bei der Bevölkerung sowohl der Mitgliedstaaten wie der ihrer Oberhoheit unterstehenden Gebiete zu gewährleisten.

Artikel 1

Alle Menschen sind frei und gleich an Würde und Rechten geboren. Sie sind mit Vernunft und Gewissen begabt und sollen einander im Geiste der Brüderlichkeit begegnen.

Artikel 2

1. Jeder Mensch hat Anspruch auf die in dieser Erklärung verkündeten Rechte und Freiheiten, ohne irgendeine Unterscheidung, wie etwa nach Rasse, Farbe, Geschlecht, Sprache, Religion, politischer oder sonstiger Überzeugung, nationaler oder sozialer Herkunft, nach Eigentum, Geburt oder sonstigen Umständen.
2. Weiter darf keine Unterscheidung gemacht werden auf Grund der politischen, rechtlichen oder internationalen Stellung des Landes oder Gebietes, dem eine Person angehört, ohne Rücksicht darauf, ob es unabhängig ist, unter Treuhandschaft steht, keine Selbstregierung besitzt oder irgendeiner anderen Beschränkung seiner Souveränität unterworfen ist . . .

Dokument 19:

Aus dem Grundgesetz für die Bundesrepublik Deutschland vom 23. Mai 1949

Präambel

Im Bewußtsein seiner Verantwortung vor Gott und den Menschen, von dem Willen beseelt, seine nationale und staatliche Einheit zu wahren und als gleichberechtigtes Glied in einem vereinten Europa dem Frieden der Welt zu dienen, hat das deutsche Volk in den Ländern Baden, Bayern, Bremen, Hamburg, Hessen, Niedersachsen, Nordrhein-Westfalen, Rheinland-Pfalz, Schleswig-Holstein, Württemberg-Baden und Württemberg-Hohenzollern, um dem staatlichen Leben für eine Übergangszeit eine neue Ordnung zu geben, kraft seiner verfassungsgebenden Gewalt dieses Grundgesetz der Bundesrepublik Deutschland beschlossen. Es hat auch für jene Deutschen gehandelt, denen mitzuwirken versagt war. Das gesamte deutsche Volk bleibt aufgefordert, in freier Selbstbestimmung die Einheit und Freiheit Deutschlands zu vollenden.

Die Grundrechte
(Artikel 1—19)
Artikel 1 (Menschenwürde und Menschenrechte)

(1) Die Würde des Menschen ist unantastbar. Sie zu achten und zu schützen ist Verpflichtung aller staatlichen Gewalt.
(2) Das deutsche Volk bekennt sich darum zu unverletzlichen und unveräußerlichen Menschenrechten als Grundlage jeder menschlichen Gemeinschaft, des Friedens und der Gerechtigkeit in der Welt.
(3) Die nachfolgenden Grundrechte binden Gesetzgebung, vollziehende Gewalt und Rechtsprechung als unmittelbar geltendes Recht.

Artikel 2 (Persönlichkeitsrechte)

(1) Jeder hat das Recht auf die freie Entfaltung seiner Persönlichkeit, soweit er nicht die Rechte anderer verletzt und nicht gegen die verfassungsmäßige Ordnung oder das Sittengesetz verstößt.
(2) Jeder hat das Recht auf Leben und körperliche Unversehrtheit. Die Freiheit der Person ist unverletzlich. In diese Rechte darf nur auf Grund eines Gesetzes eingegriffen werden.

Artikel 3 (Gleichheit vor dem Gesetz)

(1) Alle Menschen sind vor dem Gesetz gleich.
(2) Männer und Frauen sind gleichberechtigt.
(3) Niemand darf wegen seines Geschlechtes, seiner Abstammung, seiner Rasse, seiner Sprache, seiner Heimat und Herkunft, seines Glaubens, seiner religiösen oder politischen Anschauung benachteiligt oder bevorzugt werden.

Artikel 4 (Glaubens-, Gewissens- und Bekenntnisfreiheit)

(1) Die Freiheit des Glaubens, des Gewissens und die Freiheit des religiösen und weltanschaulichen Bekenntnisses sind unverletzlich.
(2) Die ungestörte Religionsausübung wird gewährleistet.
(3) Niemand darf gegen sein Gewissen zum Kriegsdienst mit der Waffe gezwungen werden. Das Nähere regelt ein Bundesgesetz.

Artikel 12 a (Wehr- und Dienstpflicht)

(1) Männer können vom vollendeten achtzehnten Lebensjahr an zum Dienst in den Streitkräften, im Bundesgrenzschutz oder in einem Zivilschutzverband verpflichtet werden.
(2) Wer aus Gewissensgründen den Kriegsdienst mit der Waffe verweigert, kann zu einem Ersatzdienst verpflichtet werden. Die Dauer des Ersatzdienstes darf die Dauer des Wehrdienstes nicht übersteigen. Das Nähere regelt ein Gesetz, das die Freiheit der Gewissensentscheidung nicht beeinträchtigen darf und auch eine Möglichkeit des Ersatzdienstes vorsehen muß, die in keinem Zusammenhang mit den Verbänden der Streitkräfte und des Bundesgrenzschutzes steht.
(3) Wehrpflichtige, die nicht zu einem Dienst nach Absatz 1 oder 2 herangezogen sind, können im Verteidigungsfalle durch Gesetz oder auf Grund eines Gesetzes zu zivilen Dienstleistungen für Zwecke der Verteidigung einschließlich des Schutzes der Zivilbevölkerung in Arbeitsverhältnisse verpflichtet werden; Verpflichtungen in öffentlich-rechtliche Dienstverhältnisse sind nur zur Wahrnehmung polizeilicher Aufgaben oder solcher hoheitlichen Aufgaben der öffentlichen Verwaltung, die nur in einem öffentlich-rechtlichen Dienstverhältnis erfüllt werden können, zulässig. Arbeitsverhältnisse nach Satz 1 können bei den Streitkräften, im Bereich ihrer Versorgung sowie bei der öffentlichen Verwaltung begründet werden; Verpflichtungen in Arbeitsverhältnisse im Bereich der Versorgung der Zivilbevölkerung sind nur zulässig, um ihren lebensnotwendigen Bedarf zu decken oder ihren Schutz sicherzustellen.
(4) Kann im Verteidigungsfalle der Bedarf an zivilen Dienstleistungen im zivilen Sanitäts- und Heilwesen sowie in der ortsfesten militärischen Lazarettorganisation nicht auf freiwilliger Grundlage gedeckt werden, so können Frauen vom vollendeten achtzehnten bis zum vollendeten fünfundfünfzigsten Lebensjahr durch Gesetz oder

auf Grund eines Gesetzes zu derartigen Dienstleistungen herangezogen werden. Sie dürfen auf keinen Fall Dienst mit der Waffe leisten.

(5) Für die Zeit vor dem Verteidigungsfalle können Verpflichtungen nach Absatz 3 nur nach Maßgabe des Artikels 80 a Abs. 1 begründet werden. Zur Vorbereitung auf Dienstleistungen nach Absatz 3, für die besondere Kenntnisse oder Fertigkeiten erforderlich sind, kann durch Gesetz oder auf Grund eines Gesetzes die Teilnahme an Ausbildungsveranstaltungen zur Pflicht gemacht werden. Satz 1 findet insoweit keine Anwendung.

(6) Kann im Verteidigungsfalle der Bedarf an Arbeitskräften für die in Absatz 3 Satz 2 genannten Bereiche auf freiwilliger Grundlage nicht gedeckt werden, so kann zur Sicherung dieses Bedarfes die Freiheit der Deutschen, die Ausübung eines Berufes oder den Arbeitsplatz aufzugeben, durch Gesetz oder auf Grund eines Gesetzes eingeschränkt werden. Vor Eintritt des Verteidigungsfalles gilt Absatz 5 Satz 1 entsprechend.

Artikel 17 a (Einschränkung einzelner Grundrechte durch Gesetz für Zwecke der Verteidigung und über Ersatzdienst)

(1) Gesetze über Wehrdienst und Ersatzdienst können bestimmen, daß für die Angehörigen der Streitkräfte und des Ersatzdienstes während der Zeit des Wehr- und Ersatzdienstes das Grundrecht, seine Meinung in Wort, Schrift und Bild frei zu äußern und zu verbreiten (Artikel 5 Absatz 1 erster Halbsatz), das Grundrecht der Versammlungsfreiheit (Artikel 8) und das Petitionsrecht (Artikel 17), soweit es das Recht gewährt, Bitten oder Beschwerden in Gemeinschaft mit anderen vorzubringen, eingeschränkt werden.

(2) Gesetze, die der Verteidigung einschließlich des Schutzes der Zivilbevölkerung dienen, können bestimmen, daß die Grundrechte der Freizügigkeit (Artikel 11) und der Unverletzlichkeit der Wohnung (Artikel 13) eingeschränkt werden.

Artikel 20 (Grundlagen staatlicher Ordnung, Widerstandsrecht)

(1) Die Bundesrepublik Deutschland ist ein demokratischer und sozialer Bundesstaat.

(2) Alle Staatsgewalt geht vom Volke aus. Sie wird vom Volke in Wahlen und Abstimmungen und durch besondere Organe der Gesetzgebung, der vollziehenden Gewalt und der Rechtsprechung ausgeübt.

(3) Die Gesetzgebung ist an die verfassungsmäßige Ordnung, die vollziehende Gewalt und die Rechtsprechung sind an Gesetz und Recht gebunden.

(4) Gegen jeden, der es unternimmt, diese Ordnung zu beseitigen, haben alle Deutschen das Recht zum Widerstand, wenn andere Abhilfe nicht möglich ist.

Artikel 21 (Parteien)

(1) Die Parteien wirken bei der politischen Willensbildung des Volkes mit. Ihre Gründung ist frei. Ihre innere Ordnung muß demokratischen Grundsätzen entsprechen. Sie müssen über die Herkunft ihrer Mittel öffentlich Rechenschaft geben.

(2) Parteien, die nach ihren Zielen oder nach dem Verhalten ihrer Anhänger darauf ausgehen, die freiheitliche demokratische Grundordnung zu beeinträchtigen oder zu beseitigen oder den Bestand der Bundesrepublik Deutschland zu gefährden, sind verfassungswidrig. Über die Frage der Verfassungswidrigkeit entscheidet das Bundesverfassungsgericht.

(3) Das Nähere regeln Bundesgesetze.

Artikel 38 (Wahl)

(1) Die Abgeordneten des Deutschen Bundestages werden in allgemeiner, unmittelbarer, freier, gleicher und geheimer Wahl gewählt. Sie sind Vertreter des ganzen Volkes, an Aufträge und Weisungen nicht gebunden und nur ihrem Gewissen unterworfen.

(2) Wahlberechtigt ist, wer das achtzehnte Lebensjahr vollendet hat; wählbar ist, wer das Alter erreicht hat, mit dem die Volljährigkeit eintritt.

(3) Das Nähere bestimmt ein Bundesgesetz.

Artikel 79 (Änderung des Grundgesetzes)

(1) Das Grundgesetz kann nur durch ein Gesetz geändert werden, das den Wortlaut des Grundgesetzes ausdrücklich ändert oder ergänzt. Bei völkerrechtlichen Verträgen, die eine Friedensregelung, die Vorbereitung einer Friedensregelung oder den Abbau einer besatzungsrechtlichen Ordnung zum Gegenstand haben oder der Verteidigung der Bundesrepublik zu dienen bestimmt sind, genügt zur Klarstellung, daß die Bestimmungen des Grundgesetzes dem Abschluß und dem Inkraftsetzen der Verträge nicht entgegenstehen, eine Ergänzung des Wortlautes des Grundgesetzes, die sich auf diese Klarstellung beschränkt.

(2) Ein solches Gesetz bedarf der Zustimmung von zwei Dritteln der Mitglieder des Bundestages und zwei Dritteln der Stimmen des Bundesrates.

(3) Eine Änderung dieses Grundgesetzes, durch welche die Gliederung des Bundes in Länder, die grundsätzliche Mitwirkung der Länder bei der Gesetzgebung oder die in den Artikeln 1 und 20 niedergelegten Grundsätze berührt werden, ist unzulässig.

Dokument 20:
Erklärung der Ministertagung des Nordatlantikrates
(Dezember 1957)

Wir, die Vertreter von fünfzehn Nationen des Nordatlantischen Bündnisses, bekennen uns im Namen unserer Völker, in dem Glauben an die Heiligkeit der Menschenrechte, die allen Menschen freier Völker durch ihre Verfassung, ihre Gesetze und ihre Lebensart garantiert sind, erneut zu den Grundsätzen und Zielen des Nordatlantikvertrages. Dieser Vertrag ist seit fast neun Jahren in Kraft. Er wurde geschlossen, um das Recht unserer Völker zu wahren, unter Regierungen ihrer eignen Wahl in Frieden und Freiheit zu leben. Diese großen Ziele sind erreicht. Aufbauend auf unserer Erfahrung und im Vertrauen auf den bereits erzielten Erfolg, haben wir uns darüber geeinigt, wie wir unserem Bündnis größere Stärke verleihen können.

Am Ende des Zweiten Weltkrieges wurden die Armeen des Westens fast völlig demobilisiert. Die Sowjetunion demobilisierte nicht. Ihre Expansionspolitik zwang uns zum Abschluß unseres Vertrages und zum Aufbau unserer Streitkräfte.

Wir sind eine Organisation freier Staaten. In den Grundsätzen einig, haben wir gelernt, miteinander zu leben und zu arbeiten in der festen Überzeugung, daß enge Zusammenarbeit und Vereinigung unserer Kräfte unerläßlich sind für unsere Sicherheit und für den Weltfrieden.

Die Ziele unseres Bündnisses sind klar. Wir haben uns gegenseitig das feierliche Versprechen gegeben, jeden Angriff gegen einen unserer Staaten als Angriff gegen alle anzusehen und ihm mit allen zur Verfügung stehenden Kräften Widerstand zu leisten. Getreu der Satzung der Vereinten Nationen bekräftigen wir erneut, daß unser Bündnis niemals Angriffszwecken dienen wird. Wir sind stets bereit, internationale Fragen durch Verhandlungen zu regeln und dabei die berechtigten Interessen aller zu berücksichtigen. Wir wollen dem Zustand der Spannung in der Welt ein Ende setzen; wir wollen den Frieden, Wohlstand und sozialen Fortschritt in der ganzen Welt fördern.

Wir setzen uns weiterhin nachdrücklich für eine umfassende und kontrollierte Abrüstung ein, von der wir glauben, daß sie in Etappen erzielt werden kann. Trotz mancher Enttäuschungen sind wir weiterhin bereit, jeden vernünftigen Vorschlag zur Erreichung dieses Zieles zu erörtern und eine feste Grundlage für einen dauerhaften Frieden zu schaffen. Nur so kann der Menschheit die Angst genommen werden, die das Wettrüsten hervorruft. Die freie Welt steht vor der wachsenden Drohung des internationalen Kommunismus, der sich auf die sowjetische Macht stützt. Noch im letzten Monat haben die kommunistischen Machthaber erneut deutlich ihrer Entschlossenheit Ausdruck gegeben, der ganzen Welt ihre Herrschaft aufzuzwingen, wenn möglich durch Subversion, notfalls mit Gewalt. Im Nordatlantischen Bündnis gibt es keinen Raum für das Streben nach Weltherrschaft. Im festen Glauben an eine friedliche Entwicklung auf demokratischem Wege und stets darauf bedacht, die Tradition und die Ideale unserer Völker und ihre Freiheit zu wahren, werden wir niemals dieser Drohung weichen.

Für die ganze Welt ist es tragisch und gefährlich, daß die unter internationaler kommunistischer Herrschaft stehenden Völker, ihre nationale Unabhängigkeit, ihre menschlichen Freiheiten, ihr Lebensstandard und ihre wirtschaftlichen und technischen Errungenschaften dem Willen zur Weltherrschaft und zur militärischen Machtentfaltung geopfert worden sind. Die Unterdrückung ihrer Freiheit wird nicht ewig dauern. Schon gibt es in diesen Ländern Anzeichen für die wachsende Sehnsucht nach geistiger und wirtschaftlicher Freiheit. Wenn die freien Nationen standhaft sind, dann wird die totalitäre Bedrohung, der sie jetzt ausgesetzt sind, nachlassen. Unser Bündnis, das zur Verteidigung des Friedens geschaffen wurde, wird uns auch den erstrebten wirtschaftlichen und sozialen Fortschritt ermöglichen. Um dies zu erreichen, haben wir vereinbart, eng zusammenzuarbeiten, damit wir fähig werden, die notwendige Last zur Verteidigung der Freiheit zu tragen, ohne unsere persönliche Freiheit und den Wohlstand unserer Völker zu opfern. Wir werden dieses Ziel nur erreichen, wenn wir erkennen, daß wir aufeinander angewiesen sind, und wenn wir unser Handeln und unser Können zur besseren Ausnutzung unserer Kräfte vereinen. Wir werden unsere Anstrengungen nunmehr besonders auf die friedliche Ausnutzung der Atomenergie und die Entwicklung und bessere Organisation der wissenschaftlichen Zusammenarbeit richten.

All den Nationen, die seit Ende des Zweiten Weltkrieges ihre Unabhängigkeit erlangt haben, und allen Völkern, die, wie wir selbst, sich dem Frieden in Freiheit verschrieben haben, bieten wir unsere Mitarbeit auf der Grundlage völliger Gleichberechtigung und im Geiste der Brüderlichkeit an.

In dem Bewußtsein unserer geistigen und materiellen Kraft, überzeugt von dem Wert unserer Grundsätze und unserer Lebensart, haben wir ohne Anmaßung, aber auch ohne Furcht Beschlüsse gefaßt, die unsere Einigkeit, Stärke und Sicherheit zum Wohle unserer eigenen Völker und, wie wir glauben, der ganzen Welt mehren.

Dokument 21
Aus der Verfassung der Deutschen Demokratischen Republik (DDR)
(6. April 1968)

Getragen von der Verantwortung, der ganzen deutschen Nation den Weg in eine Zukunft des Friedens und des Sozialismus zu weisen, in Ansehung der geschichtlichen Tatsache, daß der Imperialismus unter Führung der USA im Einvernehmen mit Kreisen des westdeutschen Monopolkapitals Deutschland gespalten hat, um Westdeutschland zu einer Basis des Imperialismus und des Kampfes gegen den Sozialismus aufzubauen, was den Lebensinteressen der Nation widerspricht, hat sich das Volk der Deutschen Demokratischen Republik, fest gegründet auf den Errungenschaften der antifaschistisch-demokratischen und der sozialistischen Umwälzung der gesellschaftlichen Ordnung, einig in seinen werktätigen Klassen und Schichten das Werk der Verfassung vom 7. Oktober 1949 in ihrem Geiste weiterführend und von dem Willen erfüllt, den Weg des Friedens, der sozialen Gerechtigkeit, der Demokratie, des Sozialismus und der Völkerfreundschaft in freier Entscheidung unbeirrt weiterzugehen, diese sozialistische Verfassung gegeben.

Artikel 1
Die Deutsche Demokratische Republik ist ein sozialistischer Staat deutscher Nation. Sie ist die politische Organisation der Werktätigen in Stadt und Land, die gemeinsam unter Führung der Arbeiterklasse und ihrer marxistisch-leninistischen Partei den Sozialismus verwirklichen.

Die Hauptstadt der Deutschen Demokratischen Republik ist Berlin. Die Staatsflagge der Deutschen Demokratischen Republik besteht aus den Farben Schwarz-Rot-Gold und trägt auf beiden Seiten in der Mitte das Staatswappen der Deutschen Demokratischen Republik.

Das Staatswappen der Deutschen Demokratischen Republik besteht aus Hammer und Zirkel, umgeben von einem Ährenkranz, der im unteren Teil von einem schwarzrotgoldenen Band umschlungen ist.

Artikel 2

(1) Alle politische Macht in der Deutschen Demokratischen Republik wird von den Werktätigen ausgeübt. Der Mensch steht im Mittelpunkt aller Bemühungen der sozialistischen Gesellschaft und ihres Staates. Das gesellschaftliche System des Sozialismus wird ständig vervollkommnet.

(2) Das feste Bündnis der Arbeiterklasse mit der Klasse der Genossenschaftsbauern, den Angehörigen der Intelligenz und den anderen Schichten des Volkes, das sozialistische Eigentum an Produktionsmitteln, die Planung und Leitung der gesellschaftlichen Entwicklung nach den fortgeschrittensten Erkenntnissen der Wissenschaft bilden unantastbare Grundlagen der sozialistischen Gesellschaftsordnung.

(3) Die Ausbeutung der Menschen durch den Menschen ist für immer beseitigt. Was des Volkes Hände schaffen, ist des Volkes eigen. Das sozialistische Prinzip „Jeder nach seinen Fähigkeiten, jedem nach seiner Leistung" wird verwirklicht.

(4) Die Übereinstimmung der politischen, materiellen und kulturellen Interessen der Werktätigen und ihrer Kollektive mit den gesellschaftlichen Erfordernissen ist die wichtigste Triebkraft der sozialistischen Gesellschaft.

Artikel 8

(1) Die allgemein anerkannten, dem Frieden und der friedlichen Zusammenarbeit der Völker dienenden Regeln des Völkerrechts sind für die Staatsmacht und jeden Bürger verbindlich. Die Deutsche Demokratische Republik wird niemals einen Eroberungskrieg unternehmen oder ihre Streitkräfte gegen die Freiheit eines anderen Volkes einsetzen.

(2) Die Herstellung und Pflege normaler Beziehungen und die Zusammenarbeit der beiden deutschen Staaten auf der Grundlage der Gleichberechtigung sind nationales Anliegen der Deutschen Demokratischen Republik. Die Deutsche Demokratische Republik und ihre Bürger erstreben darüber hinaus die Überwindung der vom Imperialismus der deutschen Nation aufgezwungenen Spaltung Deutschlands, die schrittweise Annäherung der beiden deutschen Staaten bis zu ihrer Vereinigung auf der Grundlage der Demokratie und des Sozialismus.

Artikel 19

(1) Die Deutsche Demokratische Republik garantiert allen Bürgern die Ausübung ihrer Rechte und ihre Mitwirkung an der Leitung der gesellschaftlichen Entwicklung. Sie gewährleistet die sozialistische Gesetzlichkeit und Rechtssicherheit.

(2) Achtung und Schutz der Würde und Freiheit der Persönlichkeit sind Gebot für alle staatlichen Organe, alle gesellschaftlichen Kräfte, jeden einzelnen Bürger.

(3) Frei von Ausbeutung, Unterdrückung und wirtschaftlicher Abhängigkeit hat jeder Bürger gleiche Rechte und vielfältige Möglichkeiten, seine Fähigkeiten in vollem Umfange zu entwickeln und seine Kräfte aus freiem Entschluß zum Wohle der Gesellschaft und zu seinem eigenen Nutzen in der sozialistischen Gemeinschaft ungehindert zu entfalten. So verwirklicht er Freiheit und Würde seiner Persönlichkeit. Die Beziehungen der Bürger werden durch gegenseitige Achtung und Hilfe, durch die Grundsätze sozialistischer Moral geprägt.

(4) Die Bedingungen für den Erwerb und den Verlust der Staatsbürgerschaft der Deutschen Demokratischen Republik werden durch Gesetz bestimmt.

Artikel 47

(1) Der Aufbau und die Tätigkeit der staatlichen Organe werden durch die in dieser Verfassung festgelegten Ziele und Aufgaben der Staatsmacht bestimmt.

(2) Die Souveränität des werktätigen Volkes, verwirklicht auf der Grundlage des demokratischen Zentralismus, ist das tragende Prinzip des Staatsaufbaus.

Artikel 86

Die sozialistische Gesellschaft, die politische Macht des werktätigen Volkes, ihre Staats- und Rechtsordnung sind die grundlegende Garantie für die Einhaltung und die Verwirklichung der Verfassung im Geiste der Gerechtigkeit, Gleichheit, Brüderlichkeit und Menschlichkeit.

Dokument 22
Aus der Antwort der Bundesregierung auf die großen Anfragen der drei Fraktionen des Deutschen Bundestages zur politischen Bildung (23. September 1968)

I. Ursachen des Unbehagens an Politik und Staat

Die Formel von Unbehagen an Politik und Staat ist ein ungenauer Begriff. Er findet einerseits Anwendung auf die Unruhe aktiver Minderheiten, die sich mit der Erstarrung und Bürokratisierung demokratischer Ideale nicht abfinden wollen. Diese Unruhe kann heilsam, aber auch zerstörend wirken. Andererseits wird mit Unbehagen auch ein Entfremdungsprozeß breiter Schichten bezeichnet, die sich durch die komplizierten und differenzierten Einflüsse und Spannungen des politischen Geschehens überfordert fühlen. Aus ihrer Unsicherheit leiten sie einen Anspruch auf die Ablehnung her, die ihr Gesamtverhalten gegenüber Regierung und Parteien, Politik und Gesellschaft in zunehmendem Maße bestimmt.

1. Trotz großer Leistungen für die soziale und wirtschaftliche Sicherheit des einzelnen wurde sichtbar, daß die Politik nach wie vor bestimmt Kriegsfolgen zu berücksichtigen hat, die zumindest in nächster Zeit keiner zufriedenstellenden Lösung zugeführt werden können. Zwar fand die Bundesrepublik Deutschland ihren Platz in der Gemeinschaft der freien Welt, aber das große Ziel der Wiedervereinigung mit dem anderen Teil Deutschlands ist noch nicht in sichtbare Nähe gerückt. Auch ist die Begeisterung für den europäischen Gedanken vielfach enttäuscht worden. So leidet das Vertrauen in die eigenen Möglichkeiten; Resignation und Ungeduld treten auf.

2. Demokratie und parlamentarisches Regierungssystem haben nach den bitteren Erfahrungen der Hitlerzeit bei der Bevölkerung der Bundesrepublik breite Zustimmung gefunden. Es gelang überraschend schnell, für die vordringlichsten gesellschaftlichen und wirtschaftlichen Probleme der Nachkriegszeit Lösungen zu finden. An den notwendigen Auseinandersetzungen über die Grundfragen der politischen Orientierung hatte nahezu die ganze Bevölkerung Anteil. Nachdem aber die Grundlinien festgelegt waren, die Auseinandersetzung des Neuanfangs im Laufe der Jahre zwangsläufig der nüchternen Arbeit am Detail gewichen war, konnte der Eindruck einer Konformität der politischen Auffassungen entstehen. Die notwendige politische Alltagsarbeit vermag die Anteilnahme breiterer Schichten der Bevölkerung nicht mehr im gleichen Maße wie vorher zu gewinnen.

3. Seit dem Ende des 2. Weltkrieges ist die Entwicklung auf wissenschaftlichem, technischem und wirtschaftlichem Gebiet schnell vorangegangen. Zudem ist die Bundesrepublik in ein weltweites Geflecht wirtschaftlicher und politischer Beziehungen einbezogen worden. Dadurch ist die Durchsichtigkeit politischer und wirtschaftlicher Prozesse verlorengegangen, und die Tragweite der einzelnen Entscheidungen ist mit zunehmender Differenziertheit immer schwerer faßbar geworden. Der Bürger vermag bei der Fülle von Informationen und den komplizierten Zusammenhängen nur noch schwer zu rationalen Einsichten und klaren Urteilen zu gelangen.

4. Der demokratische Weg von unten nach oben scheint immer unübersichtlicher zu werden. Der Bürger glaubt, zuwenig Möglichkeiten zu haben, außerhalb der Wahlen auf das politische Geschehen Einfluß zu nehmen. Gerade die Intellektuellen empfinden es als bedrohlich, daß der Wirkungsbereich des einzelnen sich mehr und mehr einzuengen scheint und daß die praktische Demokratie von den Vorstellungen abweicht, die im 19. Jahrhundert entwickelt wurden und noch 1945 vielen als realisierbar erschienen. Enttäuschte Hoffnungen lassen aber oft vergessen, daß bittere Erfahrungen Ausgangspunkt für die Entscheidung des Verfassungsgebers waren, in der Bundesrepublik Deutschland ein repräsentativ ausgerichtetes demokratisches System einzuführen. Wenn der Bürger die vermittelnde

Rolle der Parteien in dieser Grundordnung erkennt, wenn sichtbar wird, daß demokratisch organisierte Parteien das Fundament für die Form der Demokratie bilden, die allein den Erfordernissen eines hochentwickelten und differenzierten Gemeinwesens gerecht werden kann, und nicht zuletzt, wenn es dadurch zum echten Dialog zwischen Wählern und Gewählten kommt, dann wird manches Unbehagen gegenüber der gegenwärtigen Form einer repräsentativen Demokratie abgebaut werden.

5. Seit Kriegsende ist auch eine neue Generation herangewachsen, für die der Nationalsozialismus eine historische Erscheinung unter anderen ist. Er hat ihr persönliches Leben zu keiner Zeit unmittelbar berührt. Diese junge Generation sieht nicht, daß eine demokratische Ordnung keineswegs etwas Selbstverständliches ist, sondern etwas, das trotz aller Unvollkommenheit immer wieder vom Grunde auf verteidigt werden muß und nur dann verbessert werden kann, wenn man die Grundlagen bewahrt. Die Jugend mißt die heutigen Erscheinungsformen der Demokratie vielfach an Idealen und ist deshalb oft enttäuscht. Die Enttäuschung ist besonders stark, da Jugendliche ohnehin von Natur aus zu idealisierender Betrachtungsweise neigen und diese Neigung durch mancherlei pädagogische und politische Einflüsse nicht aufgehoben, sondern eher noch verstärkt worden ist.

6. Es besteht kein Zweifel, daß Kritik für das Funktionieren einer demokratischen Ordnung notwendig ist, um jeweilige Unzulänglichkeiten zu beheben. Daher hat die politische Bildung den Bürger immer wieder zu einer kritischen Haltung aufgerufen. Wird Kritik jedoch zum Selbstzweck erhoben und durch einseitige Darstellung bestimmter Vorgänge und deren Überbewertung ein nur negatives Bild des staatlichen Lebens gezeichnet, dann wird auf die Dauer eine Wirkung erzielt, die ein gerechtes und objektives Urteil behindert und die Wirklichkeit in der Bundesrepublik nur noch in der Verzerrung sehen läßt.

II. Ziele politischer Bildungsarbeit

Die politische Bewußtseinsbildung eines Volkes ist ein langfristiger Prozeß. Sie ist zudem nicht allein von den Bemühungen der eigentlichen politischen Bildung abhängig, sondern von vielen Faktoren, insbesondere der praktischen Politik, ihren Erfolgen und Mißerfolgen. Doch die politische Bildungsarbeit vermag zur Klärung des politischen Bewußtseins Wesentliches beizutragen.

Sie hat

— möglichst objektive Informationen über Faktoren und Funktionszusammenhänge politischer Prozesse zu geben;

— das politische Problembewußtsein, die politische Urteilsfähigkeit und Urteilsbereitschaft auszubilden;

— die Erkenntnis des eigenen Standorts im Rahmen der Gesamtgesellschaft zu fördern;

— zur Bejahung der Grundwerte der freiheitlichen Demokratie zu führen;

— die Fähigkeit zu politischem Handeln zu entwickeln;

— das Wesen demokratischer Spielregeln bewußt zu machen und demokratische Verfahrensweisen einzuüben.

Bei diesem Verständnis von Wesen und Aufgaben politischer Bildungsarbeit befindet sich die Bundesregierung weitgehend im Einvernehmen mit der zu ihrer Beratung in Fragen der politischen Bildung berufenen Kommission.

Dem Staatsbürger politische Bildung in diesem Sinne zu ermöglichen, ist Aufgabe aller gesellschaftlichen Gruppen, der Gemeinden, der Länder und des Bundes. Da diese Aufgabe aber keine starren Grenzen gelten läßt, ist für eine wirksame politische Bildungsarbeit eine vielfältige Zusammenarbeit aller Beteiligten erforderlich.

Dokument 23

Ansprache des Bundespräsidenten Heinemann zum 100. Jahrestag der Gründung des Deutschen Reiches (17. Januar 1971)

Meine Damen und Herren!

Gedenktage kommen ungerufen. Sie stellen sich zumal dann ein, wenn sich die Zahl der Jahre nach einem Geschehnis rundet. So wird es morgen 100 Jahre her sein, daß im Spiegelsaal von Versailles der König von Preußen zum deutschen Kaiser ausgerufen wurde. Der 18. Januar 1871 gilt deshalb als der Geburtstag des Deutschen Reiches und damit des deutschen Nationalstaates. Für Generationen ist dieser Tag ein Höhepunkt ihres Geschichtsbewußtseins gewesen.

Uns ist aber heute nicht nach einer Hundertjahrfeier zumute. Das Deutsche Reich als damaliger Ausdruck der endlich erreichten, wenn auch nur kleindeutschen Einheit unseres Volkes ohne die Deutschösterreicher hat sich in zwei Staaten verwandelt. Keiner dieser beiden Staaten ist nach seiner inneren Ordnung mehr mit dem Deutschen Reich von 1871 vergleichbar. Preußen, die Vormacht und gestaltende Kraft jenes Vorganges von 1871, ist ausgelöscht. Berlin, die Hauptstadt des Deutschen Reiches, ist zerschnitten. Wesentliche Teile des Reichsgebietes von 1871 gehören nicht mehr zu uns. Diese nüchternen Feststellungen schließen es aus, daß wir den 18. Januar morgen so feiern, wie er geraume Zeit begangen worden ist.

Hat uns Geschichte überhaupt noch etwas zu sagen? Die junge Generation mag von Geschichte nicht mehr viel hören. Ihr Interesse setzt allenfalls bei 1933 ein und ist im übrigen auf die Zukunft unserer Gesellschaft gerichtet.

Aber: Alle Zukunft erwächst auch aus Vergangenheit. Einige Auffrischungen unseres Gedächtnisses können helfen, aus ihr zu lernen.

Unsere Geschichte ist in vieler Hinsicht anders verlaufen als die unserer Nachbarn. Man hat uns eine „verspätete Nation" genannt. In der Tat haben wir unsere nationale Einheit 1871 später und unvollkommener erlangt als andere Nationen. Der Ruf nach Einheit erhob sich in den Befreiungskriegen gegen Napoleon, bei den unruhigen Studenten auf dem Wartburgfest 1817, in der großartigen Volksfeier 1832 auf dem Hambacher Schloß und sonderlich im Sturm und Drang der Jahre 1848/49. Aber ein jedes Mal wurde der Ruf von jenen Dutzenden von Fürstenstaaten erstickt, in die Deutschland zerrissen blieb.

Durften wir 1871 jubeln? Emanuel Geibel hat es stellvertretend für viele bis in die Schulbücher hinein mit dem Vers getan

„Wie aus Jupiters Stirn einst Pallas Athene, so sprang aus Bismarcks Haupt das Reich waffengerüstet hervor."

Bismarck als Schöpfer der Einheit mit Blut und Eisen — so wurde es gelehrt und in der Fülle der ihm gewidmeten Denkmäler in den deutschen Landschaften dargestellt.

Wir müssen erkennen, daß dieses eine Vereinfachung ist, bedenklich wie jede Vereinfachung, richtig und falsch zugleich. Bismarck erzwang 1871 den kleindeutschen fürstlichen Bundesstaat unter Ausschluß auch der Deutschen in Österreich — das ist richtig.

Aber Bismarck gehört nicht in die schwarzrotgoldene Ahnenreihe derer, die mit der Einheit des Volkes zugleich demokratische Freiheit wollten. Wer also die Linie von den Befreiungskriegen und der Wartburg über Hambach, Frankfurter Paulskirche und Rastatt als Endstation der Revolution von 1848/49 bis nach Sedan und Versailles zieht, verzerrt den Gang der Geschichte. In unserer Nationalhymne des Demokraten Hoffmann von Fallersleben aus dem Jahre 1841 singen wir von Einigkeit und Recht und Freiheit. So aber sang erst die Weimarer Republik. Im Kaiserreich, bis 1918, sang man „Heil Dir im Siegerkranz".

Als das Deutsche Reich vor 100 Jahren in Versailles ausgerufen wurde, war keiner von den 1848ern zugegen, ja, Männer wie August Bebel und Wilhelm Liebknecht und andere Sozialdemokraten, die sich gegen den nationalistischen Übermut des Sieges über Frankreich geäußert hatten, saßen in Gefängnissen. Um den Kaiser standen in Versailles allein die Fürsten, die Generäle, die Hofbeamten, aber keine Volksvertreter.

Die Reichsgründung hatte die Verbindung von demokratischem und nationalem Wollen zerrissen. Sie hat das deutsche Nationalbewußtsein einseitig an die monarchisch-konservativen Kräfte gebunden, die in den Jahrzehnten vorher mehr dem demokratischen Einheitswillen hartnäckig im Wege gestanden hatten.

Für unsere französischen Nachbarn war es eine tiefe Demütigung, daß unser Nationalstaat in ihrem Lande ausgerufen und ihnen zugleich Elsaß-Lothringen weggenommen wurde. Diese Demütigung konnte Frankreich nicht vergessen.

Was 1871 erreicht wurde, war eine äußere Einheit ohne volle innere Freiheit der Bürger. Die Staatsgewalt ging nicht vom Volke aus, sie lag bei den Fürsten und den Senaten der Hansestädte. Zwar wählte das Volk den Reichstag. Der Reichstag aber bestellte nicht die Regierung und hatte nur geringen Einfluß auf die Außen- und Militärpolitik.

Darum ist es kein Zufall, daß wir viele freiheitliche, liberale und demokratische Kräfte in Opposition zum Bismarckreich sehen. Die drei schweren Konflikte der Bismarckzeit in Preußen und später im Reich richteten sich gegen drei Gruppen der deutschen Bevölkerung, die andere Vorstellungen vom deutschen Einheitsstaat hatten. Ich meine den preußischen Verfassungskonflikt der Jahre 1862/63 mit den Liberalen, den Kulturkampf der Jahre 1872 bis 1880 mit dem katholischen Bevölkerungsteil und den Konflikt mit den als „Reichsfeinde" und „vaterlandslose Gesellen" diffamierten Sozialdemokraten durch das Sozialistengesetz von 1878.

Manche haben frühzeitig erkannt und gewarnt, welche Gefahrenquelle in dieser inneren Zerklüftung lag. Einig und geschlossen schien unser Volk erst zu sein, als der Erste Weltkrieg ausbrach und Kaiser Wilhelm II. verkündete: „Ich kenne keine Parteien mehr, ich kenne nur Deutsche!" Bald jedoch schon stellte sich heraus, daß der Gleichheit im Soldatentod auf den Schlachtfeldern auch im Kriege immer noch keine Gleichheit der staatsbürgerlichen Rechte nachfolgen sollte.

Die drei Gruppen der Opposition gegen Bismarck finden wir später in unserer Geschichte wieder. Sie nämlich sind es gewesen, die im Kriegsjahr 1917 die Friedensresolution des Reichstages mit der Warnung vor gewaltsamen Gebietserweiterungen verfaßt haben. Sie sind es auch gewesen, die eineinhalb Jahre später das militärisch zusammengebrochene Kaiserreich in der Republik von Weimar auffingen. Hier bestehen eher historische Zusammenhänge mit der Frankfurter Nationalversammlung des Jahres 1848 als mit dem Spiegelsaal von Versailles.

Die Weimarer Republik hatte die Chance, im Rahmen der nach dem Versailler Vertrag von 1919 verbliebenen Einheit endlich auch die innere Zusammenführung unseres Volkes in einer demokratischen Ordnung hinzuzufügen. Genau dieses aber gelang nicht.

Die schweren Belastungen, unter denen die Weimarer Republik ins Leben trat, ermöglichten den reaktionären und nationalistischen Kräften das billige Spiel, sich aus ihrer Verantwortung für den Ersten Weltkrieg und den militärischen Zusammenbruch des Kaiserreiches davonzustehlen. Anstatt unsere Geschichte unsentimental und kritisch zu sehen, bedienten sich die Kräfte der Dolchstoßlegende, d. h. des Vorwurfes, daß Deutschland im Ersten Weltkrieg von innen auf landesverräterische Weise um den Sieg gebracht worden sei — einer Vergiftung mit nachhaltig böser Wirkung. Große Teile unseres Volkes stellten sich nicht auf den Boden der Weimarer Verfassung. Schon 1920 erlangten ihre Gegner die Mehrheit im Reichstag und behielten sie, bis die Republik ruiniert war und Hitler in die Hände fiel.

Unser Geschichtsbild von Weimar bedarf auch in dieser Hinsicht einer kritischen Überprüfung. Wo vom Ersten Weltkrieg als einem bloßen Unglück ohne deutsche Mitschuld und wo vom Unrecht des Versailler Friedensvertrages von 1919 als Entschuldigung für die nationalsozialistische Machtergreifung gesprochen wird, ist man immer noch nicht mit den Ursachen des Zusammenbruchs von 1918 fertig geworden. Hundert Jahre Deutsches Reich — dies heißt eben nicht einmal Versailles, sondern zweimal Versailles, 1871 und 1919, und dies heißt auch Auschwitz, Stalingrad und bedingungslose Kapitulation 1945.

Wie war das möglich? Längst schon ist jene angebliche Ahnenreihe, die von Arminius und Luther über Friedrich den Großen und Bismarck zu Hitler geführt haben soll, in den Bereich der Legende verwiesen.

Man vergißt allzuleicht die gesellschaftlichen Zusammenhänge insbesondere des Bismarckschen Reiches und der Weimarer Republik, die beide an ihren inneren Zerklüftungen litten und nicht zuletzt daran zugrunde gingen.

Von hier aus aber erlaubt unser Rückblick auch Hoffnung.

Auch unter uns, die wir die nationalstaatliche Einheit verloren haben, lebt der Gedanke an ihre Rückgewinnung weiter. Aber der Lebensbereich unseres Volkes sieht anders aus als vor 100 Jahren.

So sehr Deutschland vor 1871 staatlich zerklüftet war, so sehr lebten seine Menschen damals immerhin in gleichartigen gesellschaftlichen Ordnungen. Deshalb ging es damals allein um eine Überwindung der Kleinstaaterei, um aus Deutschland zumindest einen einheitlichen Wirtschaftsraum zu machen und der ersten industriellen Revolution den Weg aufzuschließen.

Heute scheiden sich an der Elbe-Werra-Linie nicht nur zwei Staatsgewalten, sondern zugleich auch zwei Gesellschaftssysteme von harter Gegensätzlichkeit. Unsere Aufgabe ist deshalb anders anzusetzen als vor 100 Jahren. Sie greift ins Europäische. Sie zielt auf eine gesamteuropäische Grundordnung, in der Staaten und Völker auch bei unterschiedlicher innerer Gestaltung nicht nur nebeneinander bestehen, sondern Krieg und Gewalt gegeneinander ausschließen und sich miteinander zur Erfüllung gemeinsamer Sachaufgaben auf verschiedensten Gebieten verbinden — wie etwa Verkehr, Umweltgestaltung, Forschung, Entwicklungshilfe. Hier liegt ein weiter Weg vor uns.

Die innere Einheit der Bundesrepublik Deutschland dagegen ist ein gutes Stück vorangekommen. Die republikanische Staatsform, ihre Symbole und ihre demokratische Ordnung im Sinne des Grundgesetzes werden von einer Breite der Übereinstimmung getragen, wie sie unsere Geschichte bislang nicht gekannt hat. So wichtig dies auch ist, so wenig entbindet es uns von der täglichen Pflicht beharrlicher Verwirklichung der Maßstäbe, die eben dieses Grundgesetz für unsere Gesellschaft setzt. Unsere Gesellschaft soll nicht nur demokratisch verfaßt, sondern auch und entscheidend sozial sein. Hier fehlt es noch an vielem. Die Geschichte lehrt uns, welch schwere Belastungen aus den Versäumnissen gerechter Gesellschaftsordnung erwachsen.

Die Vorstellungen darüber, wie unsere Gesellschaft künftig aussehen sollte, gehen beträchtlich auseinander. Sie sind zwischen den Parteien, zwischen den Generationen, zwischen den Berufsgruppen und ihren Verbänden umstritten. Eines aber gilt es gerade im Rückblick auf den 18. Januar 1871 mit aller Entschiedenheit festzuhalten. Das sind die im Grundgesetz festgelegten Freiheitsrechte aller Bürger. Im Grundgesetz haben wir uns entschieden für Grundrechte, wie Gewissensfreiheit, Redefreiheit, Versammlungsfreiheit, Freizügigkeit.

Um all dieses ist in unserer Geschichte gekämpft und gelitten worden. All dieses zu bewahren, immer besser zu verwirklichen und mit sozialer Gerechtigkeit zu verbinden, muß unsere gemeinsame Aufgabe bleiben.

Dokument 24

Gemeinsame Erklärung des Deutschen Bundestages zu den Ostverträgen
(17. Mai 1972)

Im Zusammenhang mit der Abstimmung über den Vertrag zwischen der Bundesrepublik Deutschland und der Union der Sozialistischen Sowjetrepubliken vom 12. August 1970 und den Vertrag zwischen der Bundesrepublik Deutschland und der Volksrepublik Polen über die Grundlagen der Normalisierung ihrer gegenseitigen Beziehungen vom 7. Dezember 1970 erklärt der Deutsche Bundestag:

1. Zu den maßgebenden Zielen unserer Außenpolitik gehört die Erhaltung des Friedens in Europa und der Sicherheit der Bundesrepublik Deutschland. Die Verträge mit Moskau und Warschau, in denen die Vertragspartner feierlich und umfassend auf die Anwendung und Androhung von Gewalt verzichten, sollen diesen Zielen dienen. Sie sind wichtige Elemente des Modus vivendi, den die Bundesrepublik Deutschland mit ihren östlichen Nachbarn herstellen will.

2. Die Verpflichtungen, die die Bundesrepublik Deutschland in den Verträgen eingegangen ist, hat sie im eigenen Namen auf sich genommen. Dabei gehen die Verträge von den heute tatsächlich bestehenden Grenzen aus, deren einseitige Änderung sie ausschließen. Die Verträge nehmen eine friedensvertragliche Regelung für Deutschland nicht vorweg und schaffen keine Rechtsgrundlage für die heute bestehenden Grenzen.

3. Das unveräußerliche Recht auf Selbstbestimmung wird durch die Verträge nicht berührt. Die Politik der Bundesrepublik Deutschland, die eine friedliche Wiederherstellung der nationalen Einheit im europäischen Rahmen anstrebt, steht nicht im Widerspruch zu den Verträgen, die die Lösung der deutschen Frage nicht präjudizieren. Mit der Forderung auf Verwirklichung des Selbstbestimmungsrechts erhebt die Bundesrepublik Deutschland keinen Gebiets- oder Grenzänderungsanspruch.

4. Der Deutsche Bundestag stellt fest, daß die fortdauernde und uneingeschränkte Geltung des Deutschlandvertrages und der mit ihm verbundenen Abmachungen und Erklärungen von 1954 sowie die Fortgeltung des zwischen der Bundesrepublik Deutschland und der Union der Sozialistischen Sowjetrepubliken am 13. September 1955 geschlossenen Abkommens von den Verträgen nicht berührt wird.

5. Die Rechte und Verantwortlichkeiten der vier Mächte in bezug auf Deutschland als Ganzes und auf Berlin werden durch die Verträge nicht berührt. Der Deutsche Bundestag hält angesichts der Tatsache, daß die endgültige Regelung der deutschen Frage im ganzen noch aussteht, den Fortbestand dieser Rechte und Verantwortlichkeiten für wesentlich.

6. Hinsichtlich der Bedeutung der Verträge verweist der Deutsche Bundestag darüber hinaus auf die Denkschriften, die die Bundesregierung den gesetzgebenden Körperschaften zusammen mit den Vertragsgesetzen zum Moskauer und Warschauer Vertrag vorgelegt hat.

7. Die Bundesrepublik Deutschland steht fest im atlantischen Bündnis, auf dem ihre Sicherheit und ihre Freiheit nach wie vor beruhen.

8. Die Bundesrepublik Deutschland wird die Politik der europäischen Einigung zusammen mit ihren Partnern in der Gemeinschaft unbeirrt fortsetzen mit dem Ziel, die Gemeinschaft stufenweise zu einer politischen Union fortzuentwickeln. Die Bundesrepublik Deutschland geht dabei davon aus, daß die Sowjetunion und andere sozialistische Länder die Zusammenarbeit mit der EWG aufnehmen werden.

9. Die Bundesrepublik Deutschland bekräftigt ihren festen Willen, die Bindungen zwischen Berlin (West) und der Bundesrepublik Deutschland gemäß dem Viermächteabkommen und den deutschen Zusatzvereinbarungen aufrechtzuerhalten und fortzuentwickeln. Sie wird auch in Zukunft für die Lebensfähigkeit der Stadt und das Wohlergehen ihrer Menschen Sorge tragen.

10. Die Bundesrepublik Deutschland tritt für die Normalisierung des Verhältnisses zwischen der Bundesrepublik Deutschland und der DDR ein. Sie geht davon aus, daß die Prinzipien der Entspannung und der guten Nachbarschaft in vollem Maße auf das Verhältnis zwischen den Menschen und Institutionen bei beiden Teilen Deutschlands Anwendung finden werden.

III Literaturhinweise

1. Dokumentationen und Nachschlagewerke

Siegler, H. (Hrg.)	Archiv der Gegenwart. Bonn, 1972 im 42. Jahrgang
Weltgeschehen, Internationales Europaforum	Dokumentarische Berichte und Chronik für Unterricht und Studium. München seit 1964
Siegler, H. (Hrg.)	Dokumente zur Deutschen Frage (seit der Atlantikcharta 1941). Bisher 5 Bände, Bonn 1961 ff.
Siegler, H. (Hrg.)	Wiedervereinigung und Sicherheit Deutschlands. 1. Band 1944—1963, 6. Aufl., Bonn 1967 2. Band 1963—1967, Bonn 1968
Texte zur Deutschlandpolitik.	Hrg. vom Bundesministerium für gesamtdeutsche Fragen; beginnend mit 13. Oktober 1966, bisher 9 Bände, Bonn 1968 ff.
Ploetz, K.	Auszug aus der Geschichte. 27. Aufl., Würzburg 1968
Ploetz, K.	Geschichte des 2. Weltkrieges. 2. Aufl., Würzburg 1960
Ploetz, K.	Die Deutsche Frage. Wiedervereinigung, Berlin, Deutsche Ostgebiete (Bearbeiter W. Hubatsch). 2. Aufl., Würzburg 1964
Ploetz, K.	Weltgeschehnisse der Nachkriegszeit Band 1 1945—1957 Würzburg 1957 Band 2 1955—1960 Würzburg 1965 Band 3 1960—1965 Würzburg 1969 Weltpolitische Chronik, Quartalshefte als Beilage zur Wochenzeitung DAS PARLAMENT (seit 1972)
Bauer, F. (Hrg.)	Widerstand gegen die Staatsgewalt. Dokumente der Jahrtausende. Fischer-Bücherei, Band 69, Frankfurt (M.) 1965
Bayer, E.	Wörterbuch zur Geschichte (Begriffe und Fachausdrücke). Kröners Taschenausgabe, Band 289, Stuttgart 1960
Beck, Reinhart	Wörterbuch der Zeitgeschichte. Kröners Taschenausgabe, Band 372, Stuttgart 1967
Besson, W.	Geschichte. Fischer-Lexikon, Band 24, Frankfurt (M.) 1961
Edschmid, K. (Hrg.)	150 Jahre deutsche Freiheitsrufe. Vom Wiener Kongreß bis zu Bundespräsident Heuss. Ullstein-Bücher, Band 531, Frankfurt (M.) 1965
Forwick, Friedhelm	Eigentum und Freiheit. Zeugnisse aus der Geschichte. dtv-Dokumente, Band 740, München 1972
Fuchs K./Raab H.	dtv-Wörterbuch zur Geschichte; 2 Bde. dtv-Band 3036/3037, München 1972
Hartmann	Das Geschichtsbuch (Von den Anfängen bis zur Gegenwart). Fischer-Bücherei, Band 6048, Frankfurt (M.) 1970
Herzfeld, H.	Geschichte in Gestalten. 4 Bände, Fischer-Lexikon, Band 37—40, Frankfurt (M.) 1963
Münch, Ingo v.	Dokumente des geteilten Deutschland. Kröners Taschenausgabe, Band 391, Stuttgart 1968

Musulin, J.	Proklamation der Freiheit. Dokumente von der Magna Charta bis zur ungarischen Volkserhebung. Fischer-Bücherei, Band 283, Politik im 20. Jahrhundert, Braunschweig 1964
Olzog, G.	Zeitgeschichte in Bildern und Zahlen. München 1960
Rössler H./Franz, G.	Biographisches Wörterbuch zur Deutschen Geschichte, München 1952
Rössler, H./Franz, G.	Sachwörterbuch zur Deutschen Geschichte. München 1958
Stern, Car. u. a.	Lexikon zur Geschichte und Politik im 20. Jahrhundert. 2 Bände, Köln 1971

2. Geschichtsatlanten

Großer Historischer Schulatlas (Bayer. Schulbuchverlag). 3 Teile, München 1957 ff.

Putzger, Historischer Weltatlas (seit 1887). 91. Aufl., Bielefeld 1969

Westermanns Großer Atlas zur Weltgeschichte. Braunschweig 1969

List, Geschichte unserer Welt in Karten und Dokumenten. München 1965

dtv-Atlas zur Weltgeschichte. Karten und chronologischer Abriß. 2 Bände, 6. Aufl., München 1970

3. Universalgeschichte

Aubin/Zorn (Hrg.)	Handbuch der Deutschen Wirtschafts- und Sozialgeschichte. 1967
Bleicken, J. u. a.	Die Weltgeschichte. Der Weg der Menschheit zu der einen Welt. Von den Anfängen bis zur Gegenwart (Wissen im Überblick). Band 5, Freiburg i. B. 1971
Boumann, P. J.	Kultur und Gesellschaft der Neuzeit, Olten 1962
Dahms, G.	Kleine Geschichte Europas im 20. Jahrhundert. Ullstein-Bücherei, Band 187, Berlin 1958
Franz, G.	Teilung und Wiedervereinigung. Eine weltgeschichtliche Übersicht. Göttingen 1963
Franzel, E.	Geschichte unserer Zeit. Die letzten 100 Jahre. Augsburg 1963
Freyer, Hans	Weltgeschichte Europas. Darmstadt 1969
Hartwig/Grosser/ Horn/Scheffler	Politik im 20. Jahrhundert. Braunschweig 1964
Propyläen Weltgeschichte	(Eine Universalgeschichte, herausgegeben von Golo Mann). 10 Bände, Berlin 1960 ff.; 8. Band, Das 19. Jahrhundert, Berlin 1960; 9. Band, Das 20. Jahrhundert, Berlin 1960; 10. Band, Die Welt von heute, Berlin 1961
Ritter, Gerh. (Hrg.)	Geschichte der Neuzeit:
Hassinger, E.	Das Werden des neuzeitlichen Europa 1300—1600. Braunschweig 2. Aufl. 1966
Hubatsch, W.	Das Zeitalter des Absolutismus 1600—1789, Braunschweig 3. Aufl. 1970
Herzfeld, H.	Die moderne Welt 1789—1945. 2 Bände. Braunschweig, 1. Band 6. Aufl. 1969, 2. Band 4. Aufl. 1970

Rößler, Helm.	Größe und Tragik des christlichen Europa. Europäische Gestalten und Kräfte der deutschen Geschichte 1400—1950. Frankfurt (M.) 1955
Salis	Weltgeschichte der neuesten Zeit (seit 1871). 3 Bände, Zürich 1951 ff. Unser Jahrhundert im Bild. Gütersloh 1964
Schieder (Hrg.)	Handbuch der Europäischen Geschichte. 7 Bände, Stuttgart 1967 ff.
Stöckl, Günther	Russische Geschichte von den Anfängen bis zur Gegenwart (Kröners Taschenausgabe 244). 2. Aufl., Stuttgart 1965
Valjavec/ Schröder (Hrg.)	Weltgeschichte der Gegenwart. 2 Bände, Bern 1962/63

4. Deutsche Geschichte im Überblick

Binder, G.	Epoche der Entscheidungen. Eine Geschichte des 20. Jahrhunderts (mit Dokumenten). 14. Aufl., Stuttgart 1969
Bühler, J.	Deutsche Geschichte. 6 Bände, Berlin 1950 ff.; 5. Band, Vom Ersten zum Zweiten Deutschen Reich, 1954; 6. Band, Vom Bismarck-Reich zum geteilten Deutschland, 1960
Craig, G.	Deutsche Staatskunst von Bismarck bis Adenauer. Düsseldorf 1961
Gebhardt	Handbuch der deutschen Geschichte. 4 Bände, 9. Aufl., Stuttgart 1970
Heiber, H. u. a.	Deutsche Geschichte seit dem Ersten Weltkrieg. 2 Bände, Stuttgart 1971
Hermann, C. H.	Deutsche Militärgeschichte. Eine Einführung. 2. Aufl., Frankfurt (M.) 1968
Holborn, H.	Deutsche Geschichte in der Neuzeit. 2 Bände, Stuttgart 1960 ff.
Just, Leo (Hrg.)	Handbuch der deutschen Geschichte. 5 Bände, Konstanz 1957 ff.
Rassow, P.	Deutsche Geschichte des 19. und 20. Jahrhunderts. Frankfurt (M.) 1967
Mann, Golo	Deutsche Geschichte im Überblick. Ein Handbuch. 2. Aufl., Stuttgart 1962
Rössler, H.	Deutsche Geschichte. Schicksale des Volkes in Europas Mitte. Gütersloh 1961
Sethe, P.	Deutsche Geschichte im letzten Jahrhundert. Frankfurt 1960
Treue, W.	Deutsche Geschichte von den Anfängen bis zum Ende des 2. Weltkrieges. Kröners Taschenausgabe, Band 254. Stuttgart 1958

5. Einzeldarstellungen zur neueren Geschichte

Andrae, Friedrich (Hrg.)	Deutsche Demokratie von Bebel bis Heuss. Geschichte in Lebensbildern. Fischer-Bücherei 936. Frankfurt (M.) 1968
Aschenbrenner, V. u. a.	Die Deutschen und ihre östlichen Nachbarn. Ein Handbuch. Frankfurt (M.) 1967

Bechtel, Heinrich	Wirtschafts- und Sozialgeschichte Deutschlands. Wirtschaftsstile und Lebensformen von der Vorzeit bis zur Gegenwart. München 1967
Bergsträßer, Ludwig	Geschichte der politischen Parteien in Deutschland. 11. Aufl., München 1965
Craig, C. A.	Die preußisch-deutsche Armee, 1640—1945. Düsseldorf 1960
Dehio	Deutschland und die Weltpolitik im 20. Jahrhundert. Fischer-Bücherei, Band 352, Frankfurt (M.) 1961
Deutsche Parlamentsdebatten	Fischer-Bücherei 6064—66, 3 Bände 1. Band 1871—1918, Frankfurt (M.) 1970 2. Band 1919—1933, Frankfurt (M.) 1971 3. Band 1949—1970, Frankfurt (M.) 1971
Eckert, G.	1863—1963 Hundert Jahre deutsche Sozialdemokratie. Bilder und Dokumente. Hannover 1963
Fischer, Fritz	Griff nach der Weltmacht. Die Kriegszielpolitik des kaiserlichen Deutschland 1914/1918. Düsseldorf 1967
Göhring, M.	Bismarcks Erben 1890 bis 1945. Wiesbaden 1960
Hantsch, H.	Die Geschichte Österreichs. 2 Bände (bis 1918), Graz 1953
Hartung, Fritz	Deutsche Verfassungsgeschichte vom 15. Jahrhundert bis zur Gegenwart. 9. Aufl., Stuttgart 1969
Hildebrandt, H.	Die Deutschen Verfassungen des 19. und 20. Jahrhunders. Paderborn 1971
Höhn, R.	Sozialismus und Heer. 2 Bände, Bad Homburg 1959
Hubatsch, E.	Der Weltkrieg 1914—1918. Konstanz 1955
Jung, K. M.	Die Geschichte unseres Jahrhunderts. Europäische Geschichte von 1900 bis 1960. Berlin 1960
Liebing, W.	Deutsche Verfassungen; Deutschlands Weg zur Demokratie, 5. Aufl. 1972 Goldmann Taschenbücher 8020
Lemberg, E.	Nationalismus. 2 Bände (rde 197/198 u. 199), Hamburg 1964
Markert, W. (Hrg.)	Deutsch-russische Beziehungen. München 1964
Meier-Welcker,	Deutsches Heerwesen im Wandel der Zeit. Frankfurt 1956
Pross, H.	Dokumente zur deutschen Politik 1806—1870. Fischer-Bücherei, Band 415. Frankfurt (M.) 1963
Pross, H.	Die Zerstörung der deutschen Politik (Dokumente 1871—1933). Fischer-Bücherei, Band 264. Frankfurt (M.) 1959
Siebert/Wernicke	Das deutsche Parlament. Bonn 1962
Tormin, Walter	Geschichte der deutschen Parteien seit 1848. Stuttgart 1966
Treue, Wilhelm	Parlamentarismus in Deutschland. Entstehung und Entwicklung (hrg. von der Bundeszentrale für Heimatdienst Heft 54). Bonn 1963

6. Zeitgeschichte

a) Weimarer Republik:

Bracher, K. D.	Die Auflösung der Weimarer Republik. Stuttgart 1960
Buchheim, K.	Die Weimarer Republik. München 1960
Carsten, Fr.	Reichswehr und Politik, 1918—1933, Köln 1964
Eschenburg, Th. u. a.	Der Weg zur Diktatur 1918—1933. München 1962
Eyck, F.	Die Geschichte der Weimarer Republik. 2 Bände, Erlenbach-Zürich, 3. Aufl. 1959
Gordon, H.	Die Reichswehr und die Weimarer Republik. Frankfurt (M.) 1959
Mann, Golo	Deutsche Geschichte 1919—1945. Fischer-Bücherei, Band 367
Nolte, E.	Der Faschismus in seiner Epoche. München 1963
Schwarz,	Die Weimarer Republik. Konstanz 1958
Sontheimer, K.	Antidemokratisches Denken in der Weimarer Republik (Die politischen Ideen des deutschen Nationalismus zwischen 1918 und 1933). München 1962
Winkler, H. J.	Die Weimarer Demokratie. Eine politische Analyse der Verfassung und der Wirklichkeit. Berlin 1963

b) 1933—1945:

Bennecke, H.	Hitler und die SA. München 1962
Bracher/ Sauer/Schulz	Die nationalsozialistische Machtergreifung. Köln u. Opladen 1960
Buchheim, H.	Das Dritte Reich. München 1958
Dahms, H. G.	Der spanische Bürgerkrieg. Tübingen 1962
Dahms, H. G.	Geschichte des Zweiten Weltkrieges. Tübingen 1965
Fraenkel/Manwell	Der 20. Juli 1944. Berlin 1964
Gisevius, B.	Adolf Hitler; Versuch einer Deutung. München 1963
Glaser, H.	Das Dritte Reich. Anspruch und Wirklichkeit. Herder-Bücherei, Band 92, Freiburg i. B. 1961
Glum, Fr.	Der Nationalsozialismus. München 1962
Grebing, H.	Der Nationalsozialismus. Ursprung und Wesen. München 1959
Hofer, W.	Der Nationalsozialismus — Dokumente — Fischer-Bücherei, Band 172
Hofer, W.	Die Entfesselung des Zweiten Weltkrieges (mit Dokumenten.) Fischer-Bücherei, Band 323
Hofer, W.	Die Diktatur Hitlers. Konstanz 1960
Jaksch, W.	Europas Weg nach Potsdam. Stuttgart 1958

Jacobsen, H.-A.	1939—1945. Der Zweite Weltkrieg in Chronik und Dokumenten. 5. Aufl. Darmstadt 1961
Kennan, G.	Sowjetische Außenpolitik unter Lenin und Stalin. Stuttgart 1961
Messerschmidt, M.	Die Wehrmacht im NS-Staat. Zeit der Indoktrination. Hamburg 1969
Müller, Klaus-Jürgen	Das Heer und Hitler. Armee und nationalsozialistisches Regime 1933—1940. Stuttgart 1969
Müller, H.	Katholische Kirche und Nationalsozialismus. München 1963
Philippi/Heim	Der Feldzug gegen Sowjetrußland. Stuttgart 1962
Schramm, P. E.	Die Niederlage 1945 (Aus dem Kriegstagebuch des OKW). dtv-Dokumente, Band 80/81. München 1962
Schreeb, G.	Menschenwürde gegen Gewaltherrschaft. Beweggründe der deutschen Opposition gegen Hitler. Osnabrück 1963
Vogelsang, Th.	Reichswehr, Staat und NSDAP. Stuttgart 1962
Wedemeyer, A. C.	Der verwaltete Krieg. Gütersloh 1958

c) seit 1945:

Allemann, F. R.	Bonn ist nicht Weimar. Köln 1956
Balfour, M.	Viermächtekontrolle in Deutschland 1945—1946. Düsseldorf 1959
Bärwald/Marker	Der SED-Staat. Das kommunistische Herrschaftssystem in der Sowjetzone. Bonn 1963
Besson, Waldemar	Die Außenpolitik der Bundesrepublik. Erfahrungen und Maßstäbe. München 1970
Birke-Neumann	Die Sowjetisierung Ostmitteleuropas 1945—1957. Frankfurt (M.) 1959
Brzezinski	Der Sowjetblock. Einheit und Konflikt. Köln 1962
Cartier, Raymond	Mächte und Männer unserer Zeit. München 1971
Dennert, Jürgen	Verschwiegenes Zeitgeschehen. Kriege und Kämpfe der Gegenwart, von denen keiner spricht. Düsseldorf 1970
Deuerlein, E.	Die Einheit Deutschlands (Darstellung und Dokumente, 1941 bis 1949). Band 1, 2. Aufl., Frankfurt (M.) 1961
Deuerlein, E.	Deutschland nach dem 2. Weltkrieg. Konstanz 1963
Deuerlein, E.	Deklamation oder Ersatzfrieden? Die Konferenz von Potsdam 1945. Stuttgart 1970
Forster, Thomas M.	NVA. Die Armee der Sowjetzone. Köln, 3. Aufl. 1966/67
Freund, Michael	25 Jahre Deutschland 1945—1970. Gütersloh 1971
Grewe, W. G.	Deutsche Außenpolitik der Nachkriegszeit. Stuttgart 1960
Grosser, A.	Die Bonner Demokratie. Düsseldorf 1960

Halle, Louis	Der Kalte Krieg. Ursachen, Verlauf, Abschluß. Deutsch. Frankfurt (M.) 1968
Haller, A. v.	Die Letzten wollen die Ersten sein. Der Westen und die Revolution der farbigen Völker. Düsseldorf 1963
Heisenberg/ Sühlo/Bröll	Der andere Teil Deutschlands. Geschichte und Staat. Band 117/117 a, 3. Aufl., München 1971
Heß, Gerh. (Hrg.)	BRD — DDR. Vergleich der Gesellschaftssysteme. Köln 1971
Hillgruber	Berlin, Dokumente 1944—1961. Darmstadt 1961
Jacobsen, H. A.	Mißtrauische Nachbarn. Deutsche Ostpolitik 1919/1970. Eine Dokumentation. Düsseldorf 1970
Lukas	**Geschichte des kalten Krieges.** Gütersloh 1962
Marienfeld, **Wolfg.**	Konferenzen über Deutschland. Die alliierte Deutschlandplanung und -politik 1941—1949. München 1963
Mayne, Rich.	Die Einheit Europas — EWG, Euratom, Montanunion. München 1963
Meissner, Boris (Hrg.)	Die deutsche Ostpolitik 1961—1970. Kontinuität und Wandel. Köln 1970
Noack, P.	Deutschland von 1945—1960. München 1960
Rauch	Geschichte des bolschewistischen Rußland. Wiesbaden 1955
Ressing, **Gerd**	**Versagte der Westen in Jalta und Potsdam?** Frankfurt (M.) 1970
Rexin, M.	**Die Jahre 1945—1959 (Hefte zum Zeitgeschehen).** Hannover 1962
Schoenthal, Kl.	**Amerikanische Außenpolitik.** Köln 1964
Schreeb, G.	**Demokratie in Deutschland (Ein Vergleich zwischen Weimarer Republik und Bundesrepublik).** Osnabrück 1962
Seton-Watson	**Weltgeschichte seit Hiroschima (Das Kräftespiel der Großmächte).** Graz 1962
Thurich, E. und Endlich, H.	Zweimal Deutschland: Lehrbuch für Politik und Zeitgeschichte. **Frankfurt (M.), 2. Aufl. 1970**
Zentner, Chr.	Die Kriege der Nachkriegszeit. Eine illustrierte Geschichte militärischer Konflikte seit 1945. München 1969

Das Lied der Deutschen

Einigkeit und Recht und Freiheit
für das deutsche Vaterland!
Darnach laßt uns alle streben
brüderlich mit Herz und Hand!
Einigkeit und Recht und Freiheit
sind des Glückes Unterpfand –
Blüh' im Glanze dieses Glückes,
blühe deutsches Vaterland!

Unsere Nationalhymne in der Originalhandschrift des Dichters Hoffmann von Fallersleben

REICH DER KAROLINGER

Die Teilung des Karolingischen Reiches durch die Verträge von Verdun (843) und Mersen (870)

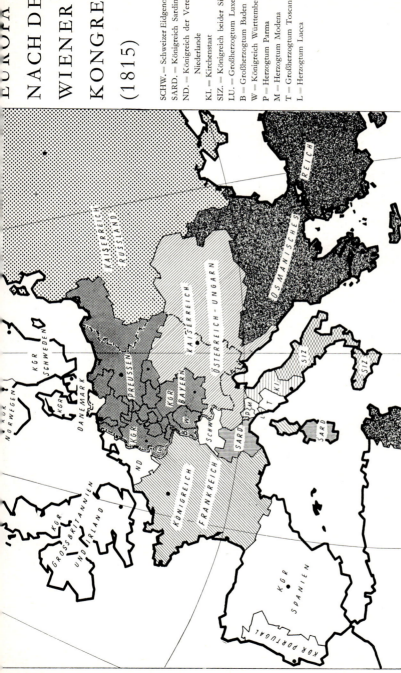

EUROPA VOR DEM 1. WELTKRIEG (1914)

ERKLÄRUNG

D = Dänemark
ND = Niederlande
B = Belgien
S = Schweiz
M = Montenegro
A = Albanien

EUROPA NACH DEM 1. WELTKRIEG (1919)

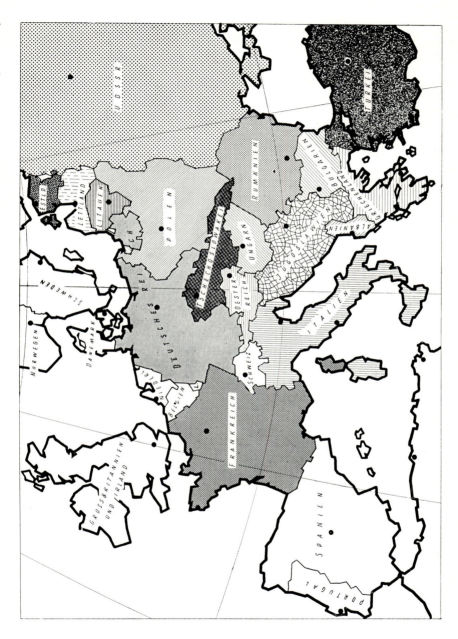

EUROPA
NACH DEM
2. WELTKRIEG
(1948)

ERKLÄRUNG

N = Niederlande
B = Belgien
L = Luxemburg
S = Schweiz
A = Albanien

NATO, WEU UND WARSCHAUER PAKT

NATO

WEU

WARSCHAUER PAKT

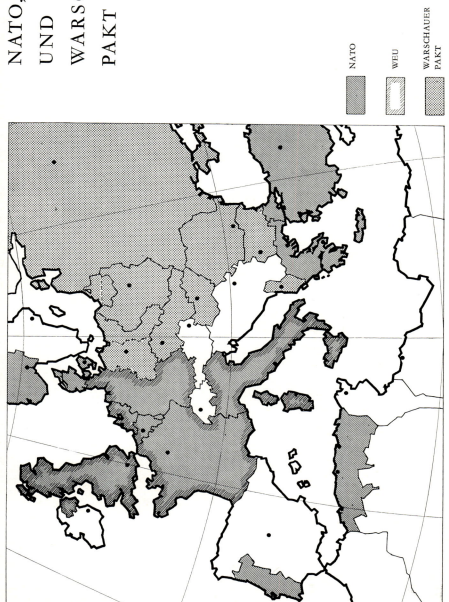